Börsenautonome Rechtsetzung in Teilbereichen des regulierten Marktes

Börsen- und kapitalmarktrechtliche Abhandlungen

Herausgegeben von Horst Hammen

21

Zur Qualitätssicherung und Peer Review der vorliegenden Publikation

Die Qualität der in dieser Reihe erscheinenden Arbeiten wird vor der Publikation durch den Herausgeber der Reihe geprüft.

Notes on the quality assurance and peer review of this publication

Prior to publication, the quality of the work published in this series is reviewed by the editors of the series.

Christoph J. Bender

Börsenautonome Rechtsetzung in Teilbereichen des regulierten Marktes

PETER LANG

Bibliografische Information der Deutschen Nationalbibliothek
Die Deutsche Nationalbibliothek verzeichnet diese Publikation in der Deutschen Nationalbibliografie; detaillierte bibliografische Daten sind im Internet über http://dnb.d-nb.de abrufbar.

Zugl.: Gießen, Univ., Diss., 2020

Gedruckt auf alterungsbeständigem, säurefreiem Papier.

D 26
ISSN 1862-183X
ISBN 978-3-631-84672-8 (Print)
E-ISBN 978-3-631-87101-0 (E-PDF)
E-ISBN 978-3-631-87102-7 (EPUB)
DOI 10.3726/b19404

PL Academic Research ist ein Imprint der Peter Lang GmbH.

Peter Lang – Frankfurt am Main · Bern · Bruxelles · New York · Oxford · Warszawa · Wien

Diese Publikation wurde begutachtet.

www.peterlang.com

Für meine Ehefrau Hannah, unseren Sohn Jakob
und meine Eltern

Vorwort

Die vorliegende Arbeit wurde im November 2020 vom Fachbereich Rechtswissenschaft der Justus-Liebig-Universität Gießen als Dissertation angenommen. Sie befindet sich auf dem Stand Mai 2021. Die in der Zwischenzeit durch das Gesetz zur Stärkung der Finanzmarktintegrität (FISG) erfolgte Änderung des Börsengesetzes konnte noch in den Fußnoten berücksichtigt werden.

Mein besonderer Dank gilt zuvörderst meinem Doktorvater Herrn Professor Horst Hammen. Von ihm stammt die Idee, über die Teilbereiche des Börsenmarktes zu promovieren. Bedanken möchte ich mich auch für die schöne Zeit, die ich als wissenschaftlicher Mitarbeiter an seinem Lehrstuhl verbringen durfte und die große Freiheit, die er mir währenddessen für das Anfertigen der Arbeit gewährt hat. Herrn Professor Jens Ekkenga danke ich für die zügige Erstellung des Zweitgutachtens.

Dank gebührt auch Frau Brigitte Rojan für ihre stets zuverlässige Hilfe und die sehr gute Zusammenarbeit sowie meinen Kolleginnen und Kollegen an den verschiedenen Lehrstühlen im gesamten „Haus 76".

Meinen Eltern, Gudrun und Michael Bender, sowie meiner Schwester Jönna Bender, kann ich für die vielfältige Unterstützung und Entlastung in den vergangenen Jahren nicht genug danken. Mehr als Dank schulde ich meiner Ehefrau Hannah Bender, die mich nicht nur während der Promotion, sondern bereits während des Studiums und mittlerweile auch während des Referendariats bedingungslos unterstützt und entlastet und an manchen schlechten Tagen ertragen hat – ohne ihren liebevollen Beistand wäre die Realisierung dieser Arbeit nicht vorstellbar gewesen.

Linden, im Oktober 2021

Christoph Jonas Bender

Inhaltsverzeichnis

Abkürzungsverzeichnis

a.A.	andere Ansicht
ABl.	Amtsblatt
Abs.	Absatz
AcP	Archiv für die civilistische Praxis
ADR	American Depositary Receipts
a.E.	am Ende
AEUV	Vertrag über die Arbeitsweise der Europäischen Union
a.F.	alte Fassung
AG	Die Aktiengesellschaft
AGB	Allgemeine Geschäftsbedingungen
AktG	Aktiengesetz
Anm. d. Verf.	Anmerkung des Verfassers
Art.	Artikel
BaFin	Bundesanstalt für Finanzdienstleistungsaufsicht
BB	Betriebs-Berater
Bd.	Band
Begr.	Begründung, Begründer
Ber.	Beratung
Beschl.	Beschluss
BGB	Bürgerliches Gesetzbuch
BGBl.	Bundesgesetzblatt
BKR	Zeitschrift für Bank- und Kapitalmarktrecht
BörsZulG	Börsenzulassungsgesetz 1986
BörsZulVO	Börsenzulassungs-Verordnung
BörsO	Börsenordnung
BR	Bundesrat
bspw.	beispielsweise
BSRM	Berlin Second Regulated Market
BT	Bundestag
BVerfG	Bundesverfassungsgericht
BWWB	Baden-Württembergische Wertpapierbörse
CF	Corporate Finance
CSR	Corporate Social Responsibility
DAV	Deutscher Anwaltsverein
DB	Der Betrieb

DCGK	Deutscher Corporate Governance Kodex
ders.	derselbe
dies.	dieselbe, dieselben
Diss.	Dissertation
DJT	Deutscher Juristentag
DÖV	Die Öffentliche Verwaltung – Zeitschrift für Öffentliches Recht und Verwaltungswissenschaften
Drucks.	Drucksache
DStR	Deutsches Steuerrecht
DVBl.	Deutsches Verwaltungsblatt
DVO	Durchführungsverordnung
Einl.	Einleitung
ErwG	Erwägungsgrund
ESG	Environmental Social Governance
ESMA	European Securities and Markets Authority/Europäische Wertpapier- und Marktaufsichtsbehörde
ETF	Exchange Traded Fund
EU	Europäische Union
EuGH	Europäischer Gerichtshof/Gerichtshof der Europäischen Union
EU-ProspektVO	Europäische Prospektverordnung
EuZW	Europäische Zeitschrift für Wirtschaftsrecht
EWiR	Entscheidungen zum Wirtschaftsrecht
EWS	Europäisches Wirtschafts- und Steuerrecht
f., ff.	folgende, fortfolgende
FAZ	Frankfurter Allgemeine Zeitung
FiMaNoG	Finanzmarktnovellierungsgesetz
FISG	Gesetz zur Stärkung der Finanzmarktintegrität
FMFG	Finanzmarktförderungsgesetz
Fn.	Fußnote
FWB	Frankfurter Wertpapierbörse
GebührenO	Gebührenordnung
gem.	gemäß
GG	Grundgesetz
Großkomm.	Großkommentar
GWR	Gesellschafts- und Wirtschaftsrecht
Habil.	Habilitation
Hdb.	Handbuch

HessAGVwGO	Hessisches Gesetz zur Ausführung der Verwaltungsgerichtsordnung
HGB	Handelsgesetzbuch
h.M.	herrschende Meinung
Hrsg.	Herausgeber
Hs.	Halbsatz
IAS	International Accounting Standards
i.d.F.	in der Fassung
IFRS	International Financial Reporting Standards
i.H.v.	in Höhe von
InsO	Insolvenzordnung
IPO	Initial Public Offering
IRZ	Zeitschrift für Internationale Rechnungslegung
i.S.v., i.S.d.	im Sinne von, im Sinne des
i.V.m.	in Verbindung mit
JuS	Juristische Schulung
JZ	Juristenzeitung
Kennz.	Kennziffer
KMU	Kleine und mittlere Unternehmen
KWG	Gesetz über das Kreditwesen
lit.	litera
LSE	London Stock Exchange
MAR	Market Abuse Regulation, Marktmissbrauchsverordnung
MiFID	Markets in Financial Instruments Directive
MiFIR	Markets in Financial Instruments Regulation
MTF	Multilateral Trading Facilities, multilaterale Handelssysteme
m.w.N.	mit weiteren Nachweisen
NJW	Neue Juristische Wochenschrift
Nr.	Nummer
NStZ	Neue Zeitschrift für Strafrecht
NVwZ	Neue Zeitschrift für Verwaltungsrecht
NYSE	New York Stock Exchange
NZG	Neue Zeitschrift für Gesellschaftsrecht
OLG	Oberlandesgericht
OTF	Organised Trading Facility, organisiertes Handelssystem
OWiG	Gesetz über Ordnungswidrigkeiten
RegE	Regierungsentwurf
RL	Richtlinie
Rn.	Randnummer

S.	Seite, Satz
s.	siehe
SME-GM	Small and Medium Enterprises Growth Markets
sog.	sogenannt
SpStr.	Spiegelstrich
TransparenzRL	Transparenzrichtlinie
TUG	Transparenzrichtlinie-Umsetzungsgesetz
UAbs.	Unterabsatz
Urt.	Urteil
US-GAAP	United States Generally Accepted Accounting Principles
v.	vom
VerkProspG	Wertpapierverkaufsprospektgesetz
VerkProspVO	Verkaufsprospektverordnung
VO	Verordnung
Vol.	Volume
Vorbem.	Vorbemerkung
VwGO	Verwaltungsgerichtsordnung
VwVfG	Verwaltungsverfahrensgesetz
VGH	Verwaltungsgerichtshof
WM	Zeitschrift für Wirtschafts- und Bankrecht
WpAV	Verordnung zur Konkretisierung von Anzeige-, Mitteilungs- und Veröffentlichungspflichten nach dem Wertpapierhandelsgesetz, Wertpapierhandelsanzeigeverordnung
WpHG	Wertpapierhandelsgesetz
WPK-Mitt.	Mitteilungen der Wirtschaftsprüferkammer
WpÜG	Wertpapiererwerbs- und Übernahmegesetz
WuB	Entscheidungsanmerkungen zum Wirtschafts- und Bankrecht
ZBB	Zeitschrift für Bankrecht und Bankwirtschaft
ZfbF	Schmalenbachs Zeitschrift für betriebswirtschaftliche Forschung
ZGR	Zeitschrift für Unternehmens- und Gesellschaftsrecht
ZHR	Zeitschrift für das gesamte Handelsrecht und Wirtschaftsrecht
Ziff.	Ziffer
ZIP	Zeitschrift für Wirtschaftsrecht

Einleitung

„[Es] kann der Sinn gesetzlicher Experimentierklauseln gerade nicht in dem Ziel liegen, bestehende Strukturen ungeschmälert zu erhalten."
Hessischer Verwaltungsgerichtshof Kassel, 2007

Die Frage nach der *richtigen* Börsenmarktorganisation verdankt ihren festen Platz in der wissenschaftlichen Debatte rund um die Regulierung des börslichen Wertpapierhandels spätestens seit Anfang der 1980er-Jahre der Einsicht, über die Handelsinfrastruktur einen Beitrag zur Verwirklichung des Anlegerschutzes und der Transaktionskostensenkung leisten zu können.[1] Sie ist zuletzt aufgrund der systemischen Bedeutung der Strukturen des Sekundärmarktes wieder verstärkt in den Fokus des europäischen Kapitalmarktrechts gerückt.[2] Auch das nationale Börsenorganisationsrecht, das unter permanentem Reformdruck steht, war in den vergangenen Jahrzehnten einigen legislatorischen Innovationen unterworfen, infolge derer die börslichen Wertpapierhandelsplätze immer wieder neu ausgerichtet worden sind. Eine der weitreichendsten Organisationsmaßnahmen in diesem Zusammenhang stellte die strukturelle Öffnung des Börsenmarktes für Börsenneulinge aus dem Mittelstand in Form des Geregelten Marktes durch das Börsenzulassungsgesetz von 1986 dar. Zuletzt sind durch das Zweite Finanzmarktnovellierungsgesetz in Form sog. KMU-Wachstumsmärkte weitere Maßnahmen zur Verbesserung der Eigenkapitalausstattung kleiner und mittlerer Unternehmen umgesetzt worden, die sich unmittelbar auf die Börsenorganisation ausgewirkt haben.

Neben den gesetzlichen Marktstrukturen prägen heute verschiedene Handelsplattformen und von einer Vielzahl von Akteuren in unterschiedlicher Intensität regulierte Marktsegmente den institutionalisierten Kapitalmarkt. Die börsenautonome Regulierung einzelner dieser Segmente ist bislang aber fast[3]

---

1 Grundlegend zur Organisation von Wertpapierhandelsplätzen und ihren Auswirkungen auf die einzelnen Komponenten transaktionsbegleitender Kosten des Aktienhandels *Schmidt*, Börsenorganisation, passim.

2 *Binder*, in: Großkomm. HGB, Bankvertragsrecht 11/2, Siebter Teil Rn. 4.

3 *Damrau*, Selbstregulierung, 315 ff., hat dem „Spielraum der Börse bei der Emittentenregulierung in den öffentlich-rechtlichen Marktsegmenten" in der Zeit nach Inkrafttreten des Vierten Finanzmarktförderungsgesetzes immerhin unter verfassungsrechtlichen Aspekten ein eigenes Kapitel gewidmet.

ausschließlich (und durchaus mit einer gewissen Berechtigung[4]) mit Schwerpunktsetzung auf den börslichen Freiverkehrshandel und aus der Perspektive kleiner und mittelgroßer Kapitalmarktaspiranten untersucht worden, denen abseits des öffentlich-rechtlichen Börsenzulassungsverfahrens ein alternativer Weg an den organisierten Kapitalmarkt mit reduzierten Zulassungsanforderungen eröffnet werden sollte.[5] Die Interessen profitabler IPO-Kandidaten und etablierter Börsenwerte sind hierbei zunehmend aus dem Fokus der Reformbestrebungen geraten, obwohl der Regulierungsansatz, besondere Qualitäts- oder Premiumsegmente mit gesteigerten, über die gesetzlichen Pflichten hinausgehenden Listinganforderungen einzurichten, durchaus nicht neu ist. Der Arbeit *Dehlingers* zur Segmentierung des börslichen Freiverkehrshandels mit den Mitteln des Privatrechts lag gar die Annahme zugrunde, es handele sich hierbei um eine mit den Wachstumsmärkten verwandte Erscheinungsform des Börsenorganisationsrechts.[6] Das Börsengesetz selbst gestattet den Börsen seit dem Dritten Finanzmarktförderungsgesetz, mittels ihrer Börsenordnung auch innerhalb der öffentlich-rechtlich verfassten Handelsplätze sog. Teilbereiche zu regulieren, in denen Emittenten zusätzliche, über die gesetzlichen Zulassungsfolgepflichten hinausgehende Sonderpflichten erfüllen müssen; seit dem Finanzmarktrichtlinie-Umsetzungsgesetz ist diese Möglichkeit in § 42 BörsG angelegt.

Dass es – soweit ersichtlich – an tiefer dringenden Vorarbeiten in diesem speziellen Bereich des Börsenrechts, das nach wie vor überwiegend von Praktikern bearbeitet wird,[7] fehlt, ist umso erstaunlicher, als der wirtschaftlich bedeutendste Anteil des nationalen Aktienhandels in einem solchen Teilbereich des regulierten Börsenmarktes, dem *Prime Standard* der Frankfurter Wertpapierbörse, stattfindet. Dabei ist die Ausdifferenzierung der börslichen Handelsplätze in der zuvor skizzierten Weise nicht bloßer Selbstzweck und die Frage nach den Gestaltungsgrenzen, die der Börsenrat in dieser Hinsicht zu beachten hat, für die Börsenpraxis von besonderer Bedeutung. Bei allen Bemühungen, die auf Wachstumsunternehmen zugeschnittene Marktsegmentierung und Segmentregulierung zu optimieren, wird, so scheint es, der Frage, welches Marktprofil

4 *Kumpan*, ZGR 2016, 2 (14 ff.).

5 Hier sind insbesondere die Arbeiten von *Dehlinger*, Vertragliche Marktsegmentregulierung, und *Storm*, Alternative Freiverkehrssegmente, zu nennen; vgl. in diese Richtung aber auch *Gerke/v. Rüth/Schöner*, Informationsbörse, passim.

6 *Dehlinger*, Vertragliche Marktsegmentregulierung, 17.

7 Vgl. auch *Augsberg*, Die Verwaltung 2016, 369 (371).

einem IPO und dem Fortbestand der Börsennotierung der wirtschaftsstärksten Börsenwerte zu dienen imstande ist, keine vergleichbare Aufmerksamkeit gewidmet. Ob die Fragen ausgeblendet werden, weil die Notwendigkeit eines entsprechenden Regulierungszuschnitts bestritten wird oder aber die Sorge vorherrscht, die Fokussierung der Handelsplätze auf *blue chips* gehe einher mit der Vernachlässigung des volkswirtschaftlich unerlässlichen Anliegens, kleine und mittelgroße Unternehmen an den organisierten Kapitalmarkt anzubinden, bleibt an dieser Stelle reine Spekulation. In einer jüngeren Studie haben *Bessler/Schneck* den hier angedeuteten Konflikt wie folgt zusammengefasst:

> „[The] challenge is and has always been to design securities market infrastructure and stock market segments in such a way that companies expect higher benefits than costs from going public, have advantages when continuing their listing for the longer term, and do not have any reason to voluntarily delist from public equity markets.“[8]

Dringendere Fragen wie insbesondere die anhaltende Diskussion um die effizienzoptimale Rechtsverfassung einer Wertpapierbörse, die damit verbundene Problematik ihrer Privatrechtsfähigkeit[9] und die Technisierung der Handelsabläufe scheinen abseits eines wachsenden Rechtfertigungsdrucks auf den börslichen Wertpapierhandel durch außerbörsliche Handelssysteme[10] die aktuelle börsenrechtliche Debatte zu bestimmen. Gleichwohl irritiert, dass die Ermächtigungsgrundlage der Teilbereichsregulierung in § 42 BörsG geradezu ein Schattendasein fristet und redaktionelle Anpassungen der Norm, die infolge der Umsetzung der MiFID II erforderlich gewesen wären, ebenso versäumt worden sind, wie die Neuverknüpfung bestehender Verweisungsketten innerhalb des Börsengesetzes.[11] Unter diesen Vorzeichen unternimmt die vorliegende Arbeit,

---

8 *Bessler/Schneck*, ZBB 2016, 362 (363).

9 Jüngst *Hammen*, in: Festschrift für Theodor Baums zum siebzigsten Geburtstag, 547 (556 ff.).

10 Grundlegend dazu *Kumpan*, Regulierung außerbörslicher Wertpapierhandelssysteme, passim; vgl. auch *Christoph*, Börsenkooperationen und Börsenfusionen, 30; s. ferner *S. Augsberg*, in: Ehlers/Fehling/Pünder, Öffentliches Wirtschaftsrecht, § 35 Börsenrecht Rn. 5; einschränkend *Seiffert*, in: Kümpel/Mülbert/Früh/Seyfried, Bank- und Kapitalmarktrecht, Rn. 14.404.

11 Demnächst wird die Ermächtigungsgrundlage durch das Gesetz zur Stärkung der Finanzmarktintegrität (FISG), das derzeit als Entwurf der Bundesregierung vorliegt und abrufbar ist auf der Seite des Bundesministeriums der Finanzen (https://www.bundesfinanzministerium.de/Content/DE/Gesetzestexte/Gesetze_Gesetzesvorhaben/Abteilungen/Abteilung_VII/19_Legislaturperiode/2020-10-26-Finanzmarktintegritaetsstaerkungsgesetz/2-Regierungsentwurf.pdf?__

die nicht zuletzt aufgrund des Umstandes, dass allein die Frankfurter Wertpapierbörse die Ermächtigung in § 42 des Börsengesetztes nutzt sowie des nahezu vollständigen Fehlens relevanter (öffentlich zugänglicher) Rechtsprechung[12] auf ein gewisses Maß an Abstraktion angewiesen ist, den Versuch, Licht in das Dunkel der Teilbereichsregulierung zu bringen.

---

blob=publicationFile&v=2), geändert. Die Änderung betrifft Abs. 2 der Ermächtigungsgrundlage, soll aber ausdrücklich nur klarstellender Natur sein; um sie geht es später noch. Daneben soll § 50a BörsG um einen neuen Absatz 3 ergänzt werden, nach dem die Geschäftsführung der Börse Entscheidungen über Maßnahmen und Sanktionen nach § 22 Abs. 2 S. 1 und 2 BörsG sowie § 42 Abs. 2 S. 1 BörsG unverzüglich nach der Unterrichtung des Adressaten der jeweiligen Maßnahme oder Sanktion, auf der Internetseite der Börse bekannt machen *kann*. Allerdings: Entscheidungen gem. § 42 Abs. 2 S. 1 BörsG, das heißt insbesondere die Entscheidung der Geschäftsführung für den Ausschluss eines Emittenten aus einem Teilbereich des regulierten Marktes und die Rückstufung der Gesellschaft in den Grundmarkthandel, zu veröffentlichen, ist eine Pflicht der Geschäftsführung, die sich bereits aus dem in § 42 Abs. 2 S. 2 BörsG enthaltenen Verweis auf § 25 Abs. 1 S. 2 BörsG ergibt; ihr steht insofern also gar kein Ermessen zu. Der Gesetzgeber des FISG, demzufolge die Reform einem „gesteigerten Informationsbedürfnis des Kapitalmarktes" Rechnung tragen soll (vgl. Begr. RegE FISG, BR-Drucks. 9/21, 96), wird der Börse also schon bald die Möglichkeit eröffnen, auf eine Anzeige von Pflichtverstößen gegenüber dem Markt vollständig zu verzichten, weil er den Mechanismus des § 42 Abs. 2 S. 2 BörsG scheinbar übersehen hat.

12 Auf das Normenkontrollverfahren vor dem VGH Kassel aus dem Jahre 2007 wird noch mehrfach einzugehen sein.

Erstes Kapitel Autonome Börsensegmentregulierung als eigenständige Kategorie des Kapitalmarktrechts

Die historische Entwicklung des Börsenrechts ist für die Deutung seiner Rechtsinstitute von besonderer Bedeutung.[13] Grund dafür ist der nur geringe Abstraktionsgrad zwischen der Regulierung als solcher und den von ihr erfassten Marktprozessen[14] sowie die unterschiedlichen politischen und rechtlichen Auffassungen, die diese Entwicklung beeinflusst haben.[15] Da auch für die vorliegende Untersuchung die unterschiedlichen Rechtsgrundlagen der Teilbereichsregulierung immer wieder heranzuziehen sein werden, um die regulierungstheoretische Evaluierung börsenautonomer Marktsegmentregulierung zu ermöglichen,[16] geht es zunächst um deren Entwicklung, die nur im Kontext der einzelnen Reformen verständlich ist. Bei der autonomen Regulierung besonderer Marktsegmente für den börslichen

---

13 Zur Bedeutung der historischen Methode auch *Schwark*, Anlegerschutz durch Wirtschaftsrecht, 28; zum Börsenrecht *Bruns*, Effektenhandel an deutschen und ausländischen Börsen, 9 („Es trifft gewiß nicht zu, daß die Kenntnis der bisherigen Entwicklung wichtig ist für die Beurteilung eines bestehenden Zustands. Man wird unterscheiden müssen zwischen Gegebenheiten, die dem Wirken gegenwärtiger Kräfte entstammen und solchen, die nur die derzeitige Erscheinungsform urtümlich-menschlicher Betätigung sind. Fast alle technischen Probleme bedürfen zu ihrer Lösung keiner historischen Vorbetrachtung; alles aber was menschliches Zusammenleben betrifft, wird sie kaum entbehren können. Der Handel mit Effekten ist Teilausschnitt aus einer seit Beginn von Gemeinschaftsleben feststellbaren menschlichen Tätigkeit."); ebenso *Göppert*, Das Recht der Börsen, 6 ff.

14 So auch *Schwark*, Anlegerschutz durch Wirtschaftsrecht, 62 f.; in diese Richtung für die Entwicklung eines eigenständigen Kapitalmarktrechts auch schon *Hopt*, ZHR 141 (1977), 389 (421).

15 Vgl. *Göppert*, Das Recht der Börsen, 6 („Die Eigenart des durch das Börs.G. geschaffenen öffentlichen Börsenrechts läßt sich nur verstehen aus der Eigenart des deutschen Börsenwesens und der in diesem wirkenden Rechtsauffassungen, wie das Börs.G. sie vorgefunden und übernommen hat."), 19, 32 ff.; vgl. auch *Hammen*, WM 2003, 997 (997) („Diese Neuausrichtung ist nur vor dem Hintergrund der Börsenrechtsgeschichte der letzten zwanzig Jahre richtig verständlich.").

16 So auch *Schwark*, Anlegerschutz durch Wirtschaftsrecht, 62 f.; in diese Richtung für die Entwicklung eines eigenständigen Kapitalmarktrechts auch schon *Hopt*, ZHR 141 (1977), 389 (421).

Wertpapierhandel handelt es sich um einen verhältnismäßig jungen Abschnitt der Geschichte des deutschen Börsenrechts.

§ 1 Historische Entwicklung des Prime Standards als Teilbereich für den Aktienhandel

I. Das Börsenzulassungsgesetz zur Einführung eines neuen börslichen Marktabschnitts von 1986

Der Wertpapierhandel mit amtlicher Kursfeststellung war lange Zeit die einzig gesetzlich anerkannte Marktveranstaltung auf einem von einer Börse betriebenen Handelsplatz. Eine weitergehende gesetzliche oder marktautonome Segmentierung, Differenzierung oder gar *Stufung* des börslichen Handels über die Art der Preisermittlung oder die von dem Emittenten zu leistenden Zulassungspflichten gab es nicht. Die amtliche Preisfeststellung in Werten, die aufgrund der strengen Marktzutrittsschranken und Anforderungen an die Emittenten nicht offiziell zu dem Handel an der Börse zugelassen werden konnten, war gem. § 43 BörsG a.F. vielmehr ausdrücklich verboten.[17] Aufgrund der hoheitlich regulierten Marktzugangsschranken für den amtlichen Börsenhandel entwickelte sich aber früh eine weitere Handelsplattform,[18] auf der in organisierter Form parallel zu dem offiziellen Handel mit amtlicher Preisermittlung, „in der Ecke des Börsensaals",[19] auch nicht zugelassene Papiere gehandelt werden konnten. Dieser Freiverkehr diente dem praktischen Bedürfnis nach der organisierten und kosteneffizienten Handelsmöglichkeit für Werte, in denen eine amtliche Preisfeststellung nicht stattfand.[20] Als *Zweitmarkt* außerhalb der eigentlichen Börseninfrastruktur wurde der Freiverkehr von der Börsenaufsicht viele Jahrzehnte geduldet, bis er mit Inkrafttreten des Börsenzulassungsgesetzes von 1986 („BörsZulG") auch rechtlich anerkannt und auf eine börsengesetzliche Grundlage gestellt worden ist.[21] Zugleich wurde in § 78 BörsG a.F. auch das Verbot

---

17 Begr. RegE BörsZulG, BT-Drucks. 10/4296, 18; hierzu auch *Kümpel/Hammen*, Börsenrecht, 232.

18 Zur Entwicklung des Freiverkehrs vgl. *Fink*, Freiverkehr, 26 ff.

19 Vgl. zur historischen Entwicklung des Freiverkehrs *Fink*, Freiverkehr, 26 ff.; auch *Harter/Franke/Hogrefe/Seger*, Wertpapiere, 57.

20 *Hammen*, in: Festschrift für Gerd Nobbe, 583 (584 f.); *Schmidt*, Vorteile und Nachteile eines integrierten Zirkulationsmarktes, 109 f.; *Fink*, Freiverkehr, 26 f.

21 Gesetz zur Einführung eines neuen Marktabschnitts an den Wertpapierbörsen und zur Durchführung der Richtlinien des Rates der Europäischen Gemeinschaften vom 5.

der Kursfeststellung für Werte, die nicht zum Handel mit amtlicher Notierung zugelassen waren, aufgehoben und der Freiverkehrshandel auf diese Weise den börslichen Aufsichtsstrukturen unterstellt.[22]

Im Zuge dieser Novelle wurden auch drei EG-Richtlinien – die BörsenzulassungsRL,[23] die BörsenprospektRL[24] sowie die HalbjahresberichtsRL[25] –, die dazu dienen sollten, ein europäisches Börsenrecht als Teilaspekt einer angestrebten Rechtsvereinheitlichung auf dem europäischen Kapitalbinnenmarkt zu verwirklichen, in nationales Recht umgesetzt.[26] Die Richtlinien sahen innerhalb ihres Anwendungsbereichs deutlich erhöhte Anforderungen an die Zulassung von Wertpapieren zum Börsenhandel mit amtlicher Kursermittlung sowie die an die Zulassung anknüpfenden Folgepflichten in Form von weitreichenden Anlegerschutzvorschriften vor.[27] Insbesondere für Unternehmen des Mittelstandes war das intensive Anlegerschutzkonzept des Richtlinienrechts mit gesteigerten Kosten für die Aufnahme von Eigenkapital über den börsenorganisierten Wertpapiermarkt verbunden. Der Gesetzgeber bemerkte in diesem Zusammenhang, dass für kleine und mittlere Unternehmen infolgedessen „die Beschaffung von Eigenkapital über die Börse praktisch verschlossen [bleibe].“[28] Die Möglichkeit, die Börse als Finanzierungsquelle

---

März 1979, vom 17. März 1980 und vom 15. Februar 1982 zur Koordinierung börsenrechtlicher Vorschriften vom 16.12.1986, BGBl. I, S. 2478.

22 *Schlüter*, Börsenhandelsrecht, 14 f. Rn. 55; vgl. auch *Samm*, Börsenrecht, 98 ff.; dazu auch *Harter/Franke/Hogrefe/Seger*, Wertpapiere, 56 ff.

23 Richtlinie 79/279/EWG des Rates vom 5. März 1979 zur Koordinierung der Bedingungen für die Zulassung von Wertpapieren zur amtlichen Notierung an einer Wertpapierbörse, ABl. EG Nr. L 66, S. 21 ff.

24 Richtlinie 80/390/EWG des Rates vom 22. Juni 1987 zur Koordinierung der Bedingungen für die Erstellung, Kontrolle und Verbreitung des Prospekts, der für die Zulassung von Wertpapieren zur amtlichen Notierung an einer Wertpapierbörse zu veröffentlichen ist, ABl. EG Nr. L 185, S. 81 ff.

25 Richtlinie 82/121/EWG des Rates vom 15. Februar 1982 über regelmäßige Informationen, die von Gesellschaften zu veröffentlichen sind, deren Aktien zur amtlichen Notierung an einer Wertpapierbörse zugelassen sind, ABl. EG Nr. L 048, S. 26 ff.

26 Begründung der Bundesregierung in BT-Drucks. 10/4296, S. 12; auch ErwG (1) der BörsenzulassungsRL und ErwG (2) der HalbjahresberichtsRL, zu den Richtlinien s. auch die nachstehenden Fußnoten.

27 Vgl. zu den neuen Anforderungen ausführlich *Schwark*, NJW 1987, 2041 (2044 f.); auch *Claussen*, ZGR 1984, 1 (14), der den neuen Standard als „überzogen, zumindest [...] übersteuert“ bezeichnet.

28 Vgl. die Begründung der Bundesregierung in BT-Drucks. 10/4296, 10; auch *Hammen*, in: Festschrift für Gerd Nobbe, 583 (587).

auch für mittelgroße Unternehmen zu erschließen, wurde in den 1980er-Jahren allerdings aus volkswirtschaftlichen Gründen als besonders dringend empfunden, um der Unterversorgung deutscher Unternehmen mit Eigenkapitalmitteln entgegenzuwirken.[29] Das Anliegen wurde infolge der erhöhten Zulassungsschranken und -folgepflichten, wie sie die Richtlinien vorsahen, und die hierdurch erschwerte Anbindung von Unternehmen an den organisierten Kapitalmarkt in nicht unerheblichem Maße konterkariert.[30] Wenig überraschend stammen viel beachtete Arbeiten zu der ökonomisch zweckmäßigen Struktur von Wertpapierbörsen aus eben dieser Zeit. Auch die rechtliche Organisation des börslichen Wertpapierhandels rückte unter Effizienzgesichtspunkten verstärkt in den Fokus der börsenrechtlichen, aber insbesondere auch der finanzwissenschaftlichen Forschung.[31]

Um die Möglichkeit dieser Unternehmen, (Eigen-)Kapital über die Börse aufzunehmen, zu erhalten, schuf der Gesetzgeber den Geregelten Markt als zusätzlichen Handelsplatz neben dem Börsenmarkt mit amtlicher Kursfeststellung und dem börslichen Freiverkehrshandel.[32] Der Geregelte Markt, so die ursprüngliche Intention des Gesetzgebers, sollte der Wirtschaft als „Ventil" dienen, um den strengen Richtlinienanforderungen insbesondere an das Zulassungswesen auszuweichen.[33] Der neu geschaffene Handelsplatz wurde hierzu außerhalb des Anwendungsbereichs der Richtlinien, der sich jeweils auf den Handel mit amtlicher Kursermittlung beschränkte, und als weitgehend börsenautonom zu gestaltende Marktalternative mit börsengesetzlich geregelter Preisermittlung organisiert.[34] Vergleichbare Strukturmaßnahmen ausländischer Börsenplätze wie der *Unlisted Securities Market* in London oder der *Second marché* der Pariser Börse, die die Marktanbindung kleiner und mittlerer Unternehmen gewährleisten sollten, dienten dem Gesetzgeber in

---

29 *Hammen*, Festschrift für Gerd Nobbe, 583 (583 ff.).

30 Zu den Zahlen, nach denen das Eigenkapital zu dieser Zeit bilanzrechtlich ca. 20 % der durchschnittlichen Bilanzsumme ausmachte vgl. nur *Claussen*, ZGR 1984, 1 (1 f.) m.w.N.; vgl. auch *Gericke*, Hdb. für die Börsenzulassung, 16 ff.; *Merkt*, in: Hopt/Rudolph/Baum, Börsenreform, 124 ff.; *Schrader*, Geregelter Markt und geregelter Freiverkehr, 1 ff.

31 Stellvertretend *Schrader*, Geregelter Markt und geregelter Freiverkehr, passim.

32 Dazu grundlegend *Kümpel*, in: Festschrift für Klemens Pleyer zum 65. Geburtstag, 59 (59 ff.) („Bildung eines neuen Marktsegments »unterhalb« der amtlichen Notierung an der Börse").

33 *Schwark*, NJW 1987, 2041 (2042).

34 Vgl. jeweils Art. 1 Abs. 1 der HalbjahresberichtsRL, der BörsenzulassungsprospektRL und schließlich der BörsenzulassungsRL; eingehend auch Begr. RegE BörsZulG, BT-Drucks. 10/4296, 10.

dieser Hinsicht als Muster.[35] Die Art der Kursfeststellung sowie die Zulassungs- und Notierungsanforderungen wurden als Gegenstand autonomer Marktregulierung definiert, um es den Börsen zu ermöglichen, das neue Segment inhaltlich flexibel auszugestalten.[36] Börsenorganisatorisch sollte der Geregelte Markt folgerichtig „unterhalb der amtlichen Notierung angesiedelt" werden.[37] Begründet wurde diese Einordnung damit, dass der Interessengegensatz zwischen Anlegerschutz und reduzierten Zulassungsanforderungen der Funktion des Geregelten Marktes entsprechend zugunsten eines erleichterten Marktzutritts für die Aufnahme von Eigenkapital aufgelöst werden müsse.[38] So wurde etwa für den Zugang zum Geregelten Markt darauf verzichtet, Emittenten börsengesetzlich dazu zu verpflichten, sich im Rahmen der Antragstellung von einem Kreditinstitut begleiten zu lassen,[39] um das gesetzgeberische Ziel, „kapitalsuchenden Unternehmen ein erweitertes Angebot an differenzierten Marktmöglichkeiten zur Verfügung zu stellen", durch ein entsprechendes Segmentprofil zu unterstützen.[40]

Eine verstärkte Indienstnahme des Freiverkehrs als *Börsenzugangsmarkt* lehnte der Gesetzgeber demgegenüber ausdrücklich ab.[41] Zwar war auch der privatrechtlich organisierte Freiverkehrshandel keine von den genannten EG-Richtlinien erfasste Marktkategorie, doch sollte der neue Handelsplatz bewusst keine privatrechtliche Organisationsstruktur erhalten – und dementsprechend auch nicht als Teilausschnitt des Freiverkehrshandels organisiert werden –, um als „halbamtlicher Markt" ein gesteigertes Maß an Vertrauen seitens des Börsenpublikums generieren zu können.[42] Auswirken auf den Fortbestand des Freiverkehrshandels sollte sich die

---

35 *Hopt*, WM 1985, 793 (795 ff.); *Schmidt*, Die Bank 1987, 288 (288) mit weiteren Beispielen.

36 Begr. RegE BörsZulG, BT-Drucks. 10/4296, 10 f.; *Kümpel*, in: Festschrift für Klemens Pleyer zum 65. Geburtstag, 59 (60 f.).

37 Begr. RegE BörsZulG, BT-Drucks. 10/4296, 10; *Kümpel*, in: Festschrift für Klemens Pleyer zum 65. Geburtstag, 59 (59 f.).

38 Begr. RegE BörsZulG, BT-Drucks. 10/4296, 11, vgl. aber auch den Vorschlag des Bundesrates, für den Geregelten Markt die gemeinsame Antragstellung mit einem Kreditinstitut vorzusehen (BT-Drucks. 19/4296, 25); s. ferner *Kümpel*, in: Festschrift für Klemens Pleyer zum 65. Geburtstag, 59 (60).

39 Begr. RegE BörsZulG, BT-Drucks. 10/4296, 16.

40 Begr. RegE BörsZulG, BT-Drucks. 10/4296, 11.

41 Zu der unterschiedlichen rechtlichen Qualifizierung der Handelsplätze vgl. *Kümpel*, in: Festschrift für Klemens Pleyer zum 65. Geburtstag, 59 (60) („Insoweit besteht ein wesentlicher Unterschied zum sog. [geregelten und ungeregelten] Freiverkehr, der sich nur faktisch »an« der Börse vollzieht, aber nicht rechtlich zu ihr gehört.").

42 *Schäfer*, ZIP 1987, 953 (953 f.); *Schwark*, Börsengesetz, 2. Auflage 1994, § 71 Rn. 1, nennt den Geregelten Markt gar ein „mit erhöhtem Standing ausgestattetes Marktsegment";

Eröffnung des Geregelten Marktes im Zwischengefüge von amtlicher und privater Kursermittlung aber grundsätzlich nicht. Der freiverkehrliche Wertpapierhandel an den Börsen sollte, so befand der Gesetzgeber, fortan „der Obhut der ihn tragenden Kräfte der Wirtschaft" überlassen werden[43] und künftig „eine ergänzende Funktion" im Sinne eines *Auffangmarktes* übernehmen.[44] Angesiedelt am unteren Ende dieser neuen *Drei-Segmente-Hierarchie*[45] diente der Freiverkehr in der Folge dem Handel in Wertpapieren, die weder zum Amtlichen noch zum Geregelten Markt zugelassen worden waren.[46]

Für den Geregelten Markt übertrug man den Börsen insbesondere, das marktspezifische Zulassungswesen in ihren Börsenordnungen näher auszugestalten (vgl. §§ 72 Abs. 2 Nr. 1, 73 Abs. 1 Nr. 1, 2 BörsG a.F.).[47] Die gesetzlichen Anforderungen an den Unternehmensbericht, den Emittenten vor einer Zulassung zum Handel im Geregelten Markt veröffentlichen mussten, beschränkten sich deshalb darauf, „Angaben über den Emittenten und die Wertpapiere [...], die für die Anlageentscheidung des Publikums von wesentlicher Bedeutung sind", einzufordern (vgl. § 73 Abs. 1 Nr. 2 BörsG a.F.[48]).[49] Es war den Börsen sogar auch erlaubt, auf die Veröffentlichung eines Unternehmensberichts vor der Zulassung des Emittenten

ähnlich auch *Harter/Franke/Hogrefe/Seger*, Wertpapiere, 56; vgl. auch *Hopt*, WM 1985, 793 (797).

43 Begr. RegE BörsZulG, BT-Drucks. 10/4296, 11.

44 Begr. RegE BörsZulG, BT-Drucks. 10/4296, 11.

45 Vgl. *Hammen*, WM 2003, 997 (1000); vgl. auch *Schmidt*, Die Bank 1987, 288 (291) („Topsegment-Mittelsegment-Grundsegment", hier im Rahmen eines Vergleichs mit der Struktur der Londoner Börse).

46 Begr. RegE BörsZulG, BT-Drucks. 10/4296, 11. Dabei entstand der Geregelte Markt nicht ipso iure, sondern musste erst durch die jeweilige Börse in der Börsenordnung eingerichtet werden; vgl. aber auch BT-Drucks. 10/4296, S. 17, wonach „alle Börsen gehalten [sind], den neuen Marktabschnitt auch einzurichten." Dazu auch *Hammen*, WM 2003, 997 (1000); auch *Schwark*, Börsengesetz, 2. Auflage 1994, § 71 Rn. 2; zu dieser Entwicklung und alternativen Vorschlägen zur Verbesserung der Eigenkapitalquote kleiner und mittlerer Unternehmen vgl. auch *Hopt*, WM 1985, 793 (797 f.).

47 *Schwark*, Börsengesetz, 2. Auflage 1994, § 71 BörsG Rn. 4.

48 Später verlangte das Gesetz die Veröffentlichung von Angaben über den Emittenten und die zuzulassenden Wertpapiere in dem Unternehmensbericht, „die notwendig sind, um dem Publikum ein zutreffendes Urteil über den Emittenten und die Wertpapiere zu ermöglichen" (vgl. § 73 Abs. 1 Nr. 2 BörsG i.d.F. nach dem Dritten Finanzmarktförderungsgesetz).

49 Zu den Mindestangaben vgl. auch *Groß*, Kapitalmarktrecht, 2. Auflage 2002, § 73 BörsG Rn. 4.

zum Geregelten Markt vollständig zu verzichten, wenn nur sichergestellt werden konnte, dass das Börsenpublikum auf andere Weise über Emittenten und Wertpapiere unterrichtet wurde (vgl. § 73 Abs. 3 BörsG a.F.).[50] Insgesamt handlungsleitend im Rahmen der Regulierung des neuen Börsenmarktes war die Direktive, dass die Marktzutrittsanforderungen gem. §§ 72 Abs. 2 Nr. 1, 73 Abs. 1 Nr. 1 BörsG a.F. generell nicht dem zuvor beschriebenen Zweck des Handelsplatzes, einen erleichterten Börsenzugang zu eröffnen, zuwiderlaufen durften.[51]

Als nur wenige Jahre später die EmissionsprospektRL,[52] in nationales Recht umgesetzt durch das Wertpapierverkaufsprospektgesetz (VerkProspG),[53] vorschrieb, dass vor dem *öffentlichen Angebot von Wertpapieren* ein Verkaufsprospekt zu veröffentlichen war, wurde der mit der börsenautonomen Regulierung des Zulassungswesens für den Geregelten Markt verfolgte liberale Ansatz des nationalen Gesetzgebers weitgehend entwertet. Der tatbestandliche Anknüpfungspunkt des Richtlinienrechts erfasste nunmehr nämlich auch den Wertpapierhandel in den Strukturen des Geregelten Marktes, da spätestens die Aufnahme des Börsenhandels ein *öffentliches Angebot* i.S.d. VerkProspG darstellte, das insofern unabhängig von dem jeweiligen Zielmarkt der Erstnotiz und der Art der börslichen Kursermittlung Geltung beanspruchte.[54] Hierdurch wurde der zuvor beschriebene Zweck des neu geschaffenen Marktabschnitts in weiten Teilen konterkariert. Emittenten des Geregelten Marktes waren fortan gesetzlich dazu verpflichtet, einen kostenintensiven Verkaufsprospekt zu veröffentlichen, an dessen Fehlerhaftigkeit das Gesetz überdies empfindliche Haftungsfolgen knüpfte.[55] Die inhaltlichen Anforderungen an den Verkaufsprospekt ergaben sich aus der Verkaufsprospektverordnung (VerkProspVO).[56] Nachdem zunächst

---

50 Hinter dieser Regelung stand auch der Gedanke, der Emissionspublizität sei aufgrund der Verbesserung der periodischen Publizitätsleistungen nicht mehr die Bedeutung für den Anleger beizumessen, wie noch vor Erlass des Aktiengesetzes von 1937, vgl. auch *Gericke*, Hdb. für die Börsenzulassung, 19 f.

51 Dazu Begr. RegE BörsZulG, BT-Drucks. 10/4296, 11.

52 Richtlinie 89/298/EWG des Rates vom 17. April 1989 zur Koordinierung der Bedingungen für die Erstellung, Kontrolle und Verbreitung des Prospekts, der im Falle öffentlicher Angebote von Wertpapieren zu veröffentlichen ist, ABl. EG Nr. L 124, S. 8 ff.

53 Wertpapier-Verkaufsprospektgesetz vom 13.12.1990, BGBl. I 1990, S. 2749 ff.

54 *Groß*, Kapitalmarktrecht, 2. Auflage 2002, § 1 VerkProspG Rn. 2.

55 *Groß*, Kapitalmarktrecht, 2. Auflage 2002, § 13 VerkProspG Rn. 1.

56 Verordnung über Wertpapier-Verkaufsprospekte (Verkaufsprospektverordnung) v. 17. Dezember 1990, BGBl. I, 2869; zum Inhalt im Einzelnen vgl. die Kommentierung bei

Verunsicherung darüber bestand, wie sich der prospektähnliche Unternehmensbericht des Geregelten Marktes und der neue Verkaufsprospekt zueinander verhielten, insbesondere, ob die gesetzliche Prospektpflicht auch dann bestand, wenn der Emittent von der Vorlage eines Unternehmensberichts durch die Börse gem. § 73 Abs. 3 BörsG a.F. befreit worden war und ob auch für Emittenten, die einen Unternehmensbericht vorlegten, der hinter den Anforderungen des VerkProspG bzw. der VerkProspVO zurückblieb, die Gefahr der Prospekthaftung drohte,[57] beseitigte der Gesetzgeber diese Unklarheiten schließlich im Zuge des Gesetzes zur weiteren Fortentwicklung des Finanzplatzes Deutschland (Drittes Finanzmarktförderungsgesetz),[58] indem der Unternehmensbericht für den Zugang zum Geregelten Markt fortan mindestens die Angaben enthalten musste, die auch nach Maßgabe des VerkProspG und der VerkProspVO für den Verkaufsprospekt vorgeschrieben waren.[59] Dadurch entfiel die auf die Börsen übertragene Möglichkeit, die Anforderungen an den Unternehmensbericht als Kernstück des Zulassungswesens für den Geregelten Markt in ihren Börsenordnungen autonom zu regeln und dem Zweck des Handelsplatzes entsprechend auszugestalten. Insbesondere war es nicht länger möglich, mit einem Unternehmensbericht reduzierten Umfangs das Prospekthaftungsrecht zu umgehen.[60] Durch die tatbestandliche Erweiterung des Prospektrechts und die damit verbundene faktische Nivellierung der intendierten Rangfolge der Marktsegmente wurde der kostengünstige Börsenzugang für kleine und mittelgroße Unternehmen des nationalen Mittelstands über den Geregelten Markt in Teilen wieder verschlossen.

II. Das Dritte Finanzmarktförderungsgesetz von 1998

Auch im Rahmen des Dritten Finanzmarktförderungsgesetzes spielten die Hierarchisierung des Börsenmarktes und die mit ihr verbundenen Zielvorstellungen des Gesetzgebers eine nicht unwesentliche Rolle. Erstmals wurde

---

Groß, Kapitalmarktrecht, 2. Auflage 2002, VerkProspVO; vgl. ferner *Schäfer*, ZIP 1991, 1557 (1563 ff.).

57 Vgl. auch *Schäfer*, ZIP 1991, 1557 (1559 ff.); demgegenüber aber *Süßmann*, EuZW 1991, 210 (211 f.).

58 Gesetz zur weiteren Fortentwicklung des Finanzplatzes Deutschland (Drittes Finanzmarktförderungsgesetz) vom 24. März 1998, BGBl. I, S. 529 ff.

59 Vgl. zu dieser Entwicklung auch *Hammen*, Festschrift für Gerd Nobbe, 583 (589); *Groß*, Kapitalmarktrecht, 1. Auflage 2000, § 72 BörsG Rn. 1.

60 *Hammen*, Festschrift für Gerd Nobbe, 583 (590).

zu diesem Zweck die börsenautonome Regulierung besonderer Teilbereiche in den öffentlich-rechtlichen Handelsplätzen des Börsenmarktes kodifiziert und entlang enger Regulierungsgrenzen der damaligen Ermächtigungsgrundlage konturiert.[61] § 72 Abs. 3 BörsG a.F. gestattete den Börsen fortan, Emittenten in Teilbereichen des Geregelten Marktes zu einer unterjährigen Berichterstattung in Form eines Zwischenberichts zu verpflichten, der anhand von Zahlenangaben und Erläuterungen ein den tatsächlichen Verhältnissen entsprechendes Bild der Finanzlage und des allgemeinen Geschäftsgangs des Emittenten in dem jeweiligen Berichtszeitraum vermitteln sollte.[62] Damit reagierte der Gesetzgeber auf das gesteigerte Bedürfnis des Anlegerpublikums nach mehr Transparenz auf dem Börsenmarkt, das man für den Aktienhandel als besonders ausgeprägt empfand.[63] Zuletzt waren bereits Rufe diverser Wirtschaftsverbände und des Deutschen Aktieninstituts laut geworden, Unternehmen auch zu einer unterjährigen (Finanz-)Berichterstattung anzuhalten.[64] Hierauf hatten einige Börsen mangels entsprechender Ermächtigungsgrundlage für den Geregelten Markt bisher im Wege satzungsrechtlicher Soll-Vorschriften zu reagieren versucht.[65] Einzig für Emittenten, deren Papiere zum amtlichen Handel zugelassen waren, sah das Gesetz in § 44b BörsG a.F. die Pflicht vor, innerhalb ihres Geschäftsjahres regelmäßig mindestens einen Zwischenbericht zu veröffentlichen. Diese Zwischenberichterstattungspflicht wurde in den damaligen §§ 53 bis 62 BörsZulVO präzisiert, die insbesondere inhaltliche Anforderungen an das Berichtsformat sowie Zeit und Form der Übermittlung des Zwischenberichts an die damaligen Zulassungsstellen der Börsen festlegten.

In Teilbereichen des Geregelten Marktes konnten Aktienemittenten und Emittenten Aktien vertretender Zertifikate fortan zu einer diesen Vorgaben entsprechenden Zwischenberichterstattung verpflichtet werden, indem § 72 Abs. 3 BörsG ausdrücklich auf § 44b BörsG in seiner damaligen Fassung Bezug nahm.[66] Auf dieser Grundlage installierte etwa die Bayerische Börse in München in ihrem Geregelten Markt den *Prädikatsmarkt Select*, in dem

---

61 *Foelsch/Wittmann*, in: Hellner/Steuer, BuB, Rn. 7/607, 7/609a.

62 *Groß*, Kapitalmarktrecht 2. Auflage 2002, § 72 BörsG Rn. 3.

63 Begr. RegE Drittes Finanzmarktförderungsgesetz, BT-Drucks. 13/8933, 54, 81 f.; vgl. auch *Hammen*, Festschrift für Gerd Nobbe, 583 (590); *ders.*, WM 2003, 997 (997 f.); s. ferner *Groß*, Kapitalmarktrecht, 2. Auflage 2002, § 72 BörsG Rn. 3.

64 *Siebel/Gebauer*, WM 2001, 173 (180).

65 Begr. RegE Drittes Finanzmarktförderungsgesetz, BT-Drucks. 13/8933, 54, 81 f.

66 Begr. RegE Drittes Finanzmarktförderungsgesetz, BT-Drucks. 13/8933, 81 f.; auch *Groß*, Kapitalmarktrecht 2. Auflage 2002, § 72 BörsG Rn. 3.

Emittenten vierteljährliche Aktionärsbriefe mit Informationen zu Umsatz- und Ertragsentwicklung, Marktlage, Zahl der Mitarbeiter, Investitionsaufwand und besonderen Ereignissen innerhalb des jeweiligen Berichtszeitraums veröffentlichen mussten.[67] Der Zugang zu diesem Sondersegment setzte die Verleihung eines *Prädikats für Publizität* durch die Börse München voraus, wofür ein entsprechender Antrag eines Handelsteilnehmers und die Zustimmung des Emittenten erforderlich waren.[68]

Eine über die obligatorische Zwischenberichterstattung hinausgehende Pflichtenintensivierung gestattete die Ermächtigungsgrundlage indes nicht,[69] weshalb das Bedürfnis nach einer (segmentspezifischen) Qualitätssteigerung der Informationsversorgung des Anlegerpublikums seinerzeit nur bedingt befriedigt werden konnte.[70] Angemerkt wurde in diesem Zusammenhang auch, dass sich eine weitergehende Pflichtensteigerung innerhalb des Geregelten Marktes – auch in Teilbereichen desselben – konträr zu dem eigentlichen Anliegen dieses Handelsplatzes verhielte, durch reduzierte Zulassungs- und Verhaltensanforderungen einen kostengünstigen Zugang zum börsenorganisierten Kapitalmarkt bereitzustellen. Das Regulierungsniveau des amtlichen Handels bildete vor diesem Hintergrund insgesamt „eine Art Höchstgrenze" für die regulatorische Ausgestaltung des Geregelten Marktes im Allgemeinen und die Teilbereichsregulierung im Besonderen.[71] Wenig überraschend ist daher, dass die Regulierung besonderer Teilbereiche in der Zeit nach dem Dritten Finanzmarktförderungsgesetz insgesamt nur in erheblich eingeschränktem Maße dazu imstande war, einen weiteren Beitrag zur vertikalen Strukturierung des Börsenmarktes zu leisten und man die auf einen Ausschnitt des Geregelten Marktes

---

67 *Siebel/Gebauer*, WM 2001, 173 (180, insbesondere Fn. 365); *Stürwald*, BKR 2002, 1021 (1021).

68 Eingehend hierzu sowie den weiteren segmentspezifischen Anforderungen des Sondersegments *Damrau*, Selbstregulierung, 325 ff.; kritisch zu dieser Konstruktion *Schiemzik*, Segmentwechsel, 51 f.

69 *Damrau*, Selbstregulierung, 326.

70 *Hammen*, WM 2003, 997 (998).

71 So in Bezug auf § 72 Abs. 1 BörsG a.F. bei *Damrau*, Selbstregulierung, 326, der unter Verweis auf die Ermächtigungsgrundlage in § 72 Abs. 3 BörsG a.F. selbst allerdings für eine weitergehende Rechtsetzungsmacht eintritt; dazu auch *Breitkreuz*, Die Ordnung der Börse, 127 f.; vgl. ferner *Kümpel*, in: Festschrift für Klemens Pleyer zum 65. Geburtstag, 59 (73).

beschränkte Zwischenberichtspflicht insgesamt als nicht ausreichend wahrnahm, um das gesteigerte Transparenzbedürfnis des Anlegerpublikums langfristig zu befriedigen.[72]

III. Zur Parallelentwicklung im Freiverkehr: Der *Neue Markt*

Von ungleich größerer Tragweite war hingegen die Entwicklung, die sich zur Zeit des Dritten Finanzmarktförderungsgesetzes parallel zu den strukturellen Neuerungen des Geregelten Marktes im Rahmen des Freiverkehrshandels vollzog. Hier entwickelte sich an der Frankfurter Wertpapierbörse für den Aktienhandel der *Neue Markt*.[73] Das Sondersegment griff die damals vorherrschende Überzeugung auf, ein funktionsfähiger Kapitalmarkt im Allgemeinen und der Effektenhandel über die Börse im Besonderen erforderten ein insgesamt besonders hohes Maß an Markttransparenz, setzte sie konsequent in Gestalt international üblicher Publizitätspflichten um und stellte im Zuge dessen plakativ das begrenzte Regulierungspotenzial des § 72 Abs. 3 BörsG a.F. zur Schau.[74] Denn als Teil der öffentlich-rechtlichen Organisationsstruktur der Börse standen Zulassungs- und Zulassungsfolgepflichten des Geregelten Marktes außerhalb der Ermächtigungsgrundlage nicht zur Disposition des Börsenrates.[75] Entstehung und Entwicklung des Neuen Marktes verdeutlichten die erheblichen Unterschiede mit Blick auf eine flexible und bedürfnisorientierte Marktregulierung zwischen öffentlich-rechtlich strukturiertem und privatrechtlich organisiertem Börsenhandel. Befand der Gesetzgeber noch wenige Jahre zuvor im Rahmen des BörsZulG, der freiverkehrliche Börsenhandel selbst und die ihn tragenden Kräfte der Wirtschaft würden über die weitere Entwicklung dieses Handelsplatzes zu befinden haben,[76] zeigte sich nun, dass die unabhängige Stellung innerhalb des börslichen Organisationsgefüges der privatrechtlichen Struktur des Freiverkehrs gegenüber dem als öffentlich-rechtlicher Handelsplatz konzipierten Geregelten Markt und der Regulierung besonderer Teilbereiche entlang gesetzlich konturierter Gestaltungsgrenzen einen Vorsprung in Sachen Innovationskraft und

---

72 Vgl. etwa *Beck* BKR 2002, 699 (706, dort Fn. 78); s. ferner *Groß*, Kapitalmarktrecht, 3. Auflage 2006, § 54 BörsG Rn. 3 („Die frühere Regelung in § 72 Abs. 3 BörsG a. F. blieb hinter der Neuregelung inhaltlich zurück, da sie nur ermöglichte, eine Zwischenberichtspflicht in der Börsenordnung aufzunehmen.").

73 Grundlegend *Plückelmann*, Der Neue Markt, passim.

74 Dazu *Hammen*, WM 2003, 997 (997).

75 *Damrau*, Selbstregulierung, 325 f.; vgl. auch *Hammen*, WM 2002, 2129 (2131, 2135).

76 Begr. RegE BörsZulG, BT-Drucks. 10/4296, 11.

flexibler Rechtsetzung verschaffte.[77] Den Neuen Markt veranstaltete die Trägergesellschaft der Frankfurter Wertpapierbörse, die Deutsche Börse AG, indem sie das ihr zur Verfügung stehende privatrechtliche Handlungsinstrumentarium für die bedarfsgerechte Regulierung des Sondersegments innerhalb des Freiverkehrshandels einsetzte.[78] Die Regulierung besonderer Teilbereiche in der Börsenordnung durch den Börsenrat in den Koordinaten des § 72 Abs. 3 BörsG a.F. und die damit verbundene zwingende Beachtung der formellen und verfahrensrechtlichen Rechtmäßigkeitsanforderungen wurde demgegenüber vielfach als umständlich und insgesamt zu schwerfällig empfunden.[79]

Der Neue Markt machte sich nun den Geregelten Markt zunutze, indem die Segmentnotierung voraussetzte, dass die Wertpapiere dort zuvor zum Handel zugelassen worden waren, das segmentspezifische Zulassungswesen also ungeachtet der marktstrukturellen Verortung des Neuen Marktes innerhalb des Freiverkehrs ein „öffentlich-rechtlicher Nukleus" prägte.[80] Das neue Segment bediente das bereits zuvor beschriebene Bedürfnis des Anlegerpublikums nach einem internationalen Standards entsprechenden Transparenzniveau, indem auf privatrechtlicher Grundlage das *Regelwerk Neuer Markt* zwischen Börsenträger und Emittenten vereinbart[81] und hierin die von Gesetzes wegen für den börslichen Wertpapierhandel mit amtlicher Notierung zu beachtenden

---

77 Vgl. nur *Foelsch/Wittmann*, in: Hellner/Steuer, BuB, Rn. 7/607 („Lediglich im privatrechtlich organisierten Freiverkehr bestand eine solche Flexibilität.").

78 Vgl. *Gebhardt*, in: Schäfer/Hamann, KMG, § 42 BörsG Rn. 1; auch *Dehlinger*, Vertragliche Marktsegmentregulierung, S. 37 („Vor Inkrafttreten des Vierten Finanzmarktförderungsgesetzes waren wegen fehlender Kompetenz der Wertpapierbörsen zur Teilsegmentbildung im amtlichen Handel und geregelten Markt ihre Trägergesellschaften eingesprungen, um unter Ausnutzung privatrechtlicher Gestaltungsmacht die Prädikatsmärkte zu schaffen.").

79 Vgl. *Schlüter*, Börsenhandelsrecht, 444 Rn. 486; *Foelsch/Wittmann*, in: Hellner/Steuer, BuB, Rn. 7/607.

80 Hierzu auch *Potthoff/Stuhlfauth*, WM-Sonderbeilage 3/1997, 3 (4 f.); auch *Hopt/Baum*, in: Hopt/Rudolph/Baum, Börsenreform, 410; *Kersting*, AG 1997, 222 (223); vgl. auch *Riess/Altmann*, in: Achleitner/Bassen, Investor Relations am Neuen Markt, 195 (199); *Schlüter*, Börsenhandelsrecht, 441 f. Rn. 477.

81 *Schlitt*, AG 2003, 57 (58); *Hammen*, WM 2003, 997 (998); *Schlüter*, Börsenhandelsrecht, 506 Rn. 824 („wegen seiner Flexibilität von den Börsen als Innovationsfaktor entdeckt"); auch *Bachmann*, WM 2001, 1793 (1794). Das Regelwerk Neuer Markt ist abgedruckt bei Kümpel/Hammen/Ekkenga, Kapitalmarktrecht, Kennz. 456.

Publizitätspflichten sogar noch ergänzt und inhaltlich erweitert wurden.[82] Der Neue Markt wurde ganz überwiegend von Emittenten der damals noch jungen, aber aufstrebenden Technologiebranche besetzt.[83] Die Zulassung zum Geregelten Markt hatte den gewünschten Nebeneffekt, dass die Emittenten das hoheitliche Zulassungsverfahren durchlaufen mussten und der Neue Markt deshalb aufgrund der öffentlich-rechtlichen Organisationsstruktur des Geregelten Marktes als Zulassungsmarkt als *regulated market* i.S.v. Art. 16 der damaligen Wertpapierdienstleistungsrichtlinie (WertpapierdienstleistungsRL) eingeordnet wurde.[84] Der Deutsche Börse AG war es in der Folge gestattet, das Segment innerhalb des gesamten europäischen Kapitalbinnenmarktes zu vermarkten und so einem internationalen Anlegerpublikum zu öffnen, dem der Zugang zu den Werten des Neuen Marktes ohne Einschränkungen innerhalb der damaligen Europäischen Gemeinschaft möglich war.[85]

Dem börsenrechtlichen Schrifttum bereitete die marktorganisatorische Einordnung des Neuen Marktes in Anbetracht seiner hybriden Stellung zwischen Geregeltem Markt und Freiverkehrshandel damals indes einige Schwierigkeiten.[86] Unklar war, ob der Neue Markt einem der börsengesetzlich definierten Handelsplätze zugeordnet werden konnte, also Sondersegment des Freiverkehrs[87] oder Teilbereich des Geregelten Marktes[88] war. Es wurden sogar Stimmen

---

82 Vgl. auch *Potthoff/Stuhlfauth*, WM-Sonderbeilage 3/1997, 3 (4), Fn. 5; aber auch *Bauer/Pleyer/Hirche*, BKR 2002, 102 (108), die von einer „Verbindung der Teilrechtsordnungen" mit Blick auf die grundsätzliche Organisationsstruktur des Neuen Marktes sprechen; ein Überblick über die Zulassungsfolgepflichten des Neuen Marktes findet sich bei *Zietsch/Holzborn*, WM 2002, 2393 (2397 ff.); auch *Benz/Kiwitz*, DStR 1999, 1162 (1166).

83 Vgl. *Vismara/Paleari/Ritter*, European Financial Management 2012, 352 (354); vgl. auch *Riess/Altmann*, in: Achleitner/Bassen, Investor Relations am Neuen Markt, 195 (197 ff.).

84 Richtlinie 93/22/EWG des Rates vom 10. Mai 1993 über Wertpapierdienstleistungen (WertpapierdienstleistungsRL), ABl. Nr. L 141, S. 27 ff.; *Grundmann*, in: Schimansky/Bunte/Lwowsky, Bankrechts-Hdb., § 112 Rn. 15; vgl. auch *Hopt/Baum*, in: Hopt/Rudolph/Baum, Börsenreform, 433 f.; *Damrau*, Selbstregulierung, 344.

85 Zu diesem Aspekt, der es der Börse ermöglichte, Handelsbildschirme EU-weit, ohne entsprechende Genehmigung des Aufnahmemitgliedstaates, aufzustellen vgl. *Hammen*, Festschrift für Gerd Nobbe, 583 (590 f.); außerdem *Schwark*, WM 1997, 293 (298).

86 Hierzu auch *Damrau*, Selbstregulierung, 343 f.

87 So etwa *Bachmann*, WM 2001, 1793 (1794); auch Damrau, 344; *Schwartz*, Anlegerschutz im Freiverkehr, 46; wohl auch *Hammen*, WM 2001, 929 (938).

88 *Plückelmann*, Der Neue Markt, 203 ff., 215; außerdem, allerdings ohne nähere Begründung, *Förschle/Helmschrott*, WPK-Mitt. 1997, 188 (189); außerdem *Gebauer*, EWiR

laut, die den Neuen Markt aufgrund seiner besonderen Regulierungsstruktur[89] als *Zwischenform*[90] weder dem einen, noch dem anderen Marktsegment endgültig[91] zuweisen wollten.[92] Die Diskussion wurde neben der hybriden Regulierung des Zulassungswesens auch durch eine Bestimmung in Ziff. 2.3 Abs. 3 des Regelwerks angestoßen, wonach ein Emittent, der das öffentlich-rechtliche Zulassungsverfahren des Geregelten Marktes erfolgreich durchlaufen hatte, auf die dortige Notierung seiner Wertpapiere zugunsten eines Freiverkehrslistings verzichten musste, die Zulassung der Wertpapiere zum Handel im Geregelten Markt ungeachtet dieses Notierungsverzichts aber dennoch fortbestehen sollte.[93]

Die aufwendige Konstruktion des Neuen Marktes außerhalb der börsengesetzlichen Marktstrukturen und der privatrechtliche Kern der Segmentregulierung stellten die Deutsche Börse AG schon bald vor erhebliche Probleme.[94] Vermehrt nutzten sog. *penny stocks* und spekulative Werte, die man als Gefahr

---

2001, 865 (866); *Ostrowski*, ZBB 1999, 19 (26); *Assmann*, in: Assmann/Schneider, WpHG, 3. Auflage 2003, § 2 Rn. 96; *Müller-Michaels/Wecker*, Finanz Betrieb 11/2005, 736 (736 Fn. 7); *Potthoff/Stuhlfauth*, WM-Sonderbeilage 3/1997, 3 (7) gehen vom Neuen Markt als organisiertem Markt i.S.d. Investmentrechts aus und stützen dies auf die Einbindung in die Marktorganisation der Frankfurter Börse sowie die Anerkennung des Marktes bei Handelsteilnehmern und Investoren; aus investment- und aktienrechtlicher Perspektive auch schon Schwark/*Schwark*, KMRK, 3. Auflage 2004, § 49 BörsG Rn. 8; Schwark/*Beck*, KMRK, 3. Auflage 2004, § 2 WpHG Rn. 46 und schließlich – eher beiläufig – der BGH in seiner *Infomatec*-Entscheidung, vgl. BGH Urt. v. 19 Juli 2004, II ZR 402/02 = WM 2004, 1721 (1722).

89 Schon bei *Döhmel*, WM 2002, 2351 (2352) wird der Neue Markt als „eine Art hybrides Gebilde", bzw. „hybrides Marktsegment" bezeichnet; ebenso bei *Meyer*, in: Marsch-Barner/Schäfer, Hdb. börsennotierte AG, 1. Auflage 2005, § 6 Rn. 47, 54 („hybride Rechtsnatur"); vgl. auch *Riess/Altmann*, in: Achleitner/Bassen, Investor Relations am Neuen Markt, 195 (199).

90 *Schlitt*, AG 2003, 57 (58); vgl. auch *Ehricke*, in: Hopt/Voigt, Prospekt- und Kapitalmarktinformationshaftung, 252; *Foelsch/Wittmann*, in: Hellner/Steuer, BuB, Rn. 7/609 („rechtliche Mischkonstruktion"); offen auch bei *Witte/Rafiqpoor*, BB 2002, 2615 (2616 f.).

91 Vgl. etwa *Groß*, Kapitalmarktrecht 2. Auflage 2002, § 71 BörsG Rn. 3, 4, der trotz der Einordnung als Segment des Freiverkehrs den Neuen Markt als Organisierten Markt i.S.d. § 2 Abs. 5 WpHG einstufte.

92 So etwa *Hopt/Baum*, in: Hopt/Rudolph/Baum, Börsenreform, 410.

93 *Plückelmann*, Der Neue Markt, 138 ff.; vgl. auch *Bachmann*, WM 2001, 1793 (1794).

94 Vgl. *Hammen*, Festschrift für Gerd Nobbe, 583 (591), der anschaulich von einem „Funktionsdefizit des privatrechtlichen Instrumentariums" spricht; auch *Baums*, ZHR 166 (2002), 375 (376 f.).

für die Funktionsfähigkeit des Segments ausmachte, den Neuen Markt für ihren Gang an die Börse und besetzten das Segment als attraktive Listingalternative. Fallende Börsenkurse und Reputationseinbußen des Börsenplatzes führten in der Folge dazu, dass die entsprechenden Emittenten aus dem Neuen Markt ausgeschlossen werden sollten.[95] Mangels Sonderkündigungsrecht der Deutsche Börse AG erforderte die privatrechtliche Natur der Listingvereinbarungen hierfür allerdings, dass die Emittenten der Aufhebung des vertraglich vereinbarten Regelwerks, das ihnen zugleich einen Anspruch gegen den Börsenträger auf die Notierung ihrer Aktien in den Strukturen des Neuen Marktes vermittelte, zustimmten. Die Mehrzahl der Problemunternehmen beabsichtige allerdings, ihr Listing in dem einst erfolgreichen und prestigeträchtigen Segment für Wachstumswerte aufrechtzuerhalten und verweigerte die Zustimmung zu einem Segmentausschluss und einer entsprechenden Anpassung der Listingbedingungen.

Nachdem die Deutsche Börse AG in dieser Sache schließlich auch vor Gericht gescheitert war,[96] fiel der NEMAX 50, der Index des Neuen Marktes, von seinem Höchststand im Jahre 2000 von 9694 Punkten auf einen Wert von lediglich noch 308 Punkten zum Ende des Jahres 2002.[97] Die massiven Werteinbußen und der damit einhergehende Ansehensverlust veranlassten die Deutsche Börse AG im Jahre 2003 schließlich dazu, nach sechs Jahren die Schließung des Sondersegments bekannt zu geben.[98]

---

95 *Storm*, Alternative Freiverkehrssegmente, 181 f.; dazu auch *Schlitt*, AG 2003, 57 (58); zu den Problemen einer einseitigen Änderung des Regelwerks vgl. *Bachmann*, WM 2001, 1793 (1794 ff.).

96 OLG Frankfurt am Main Urt. v. 23. April 2002 – 5 U 278/01, WM 2002, 924; hierzu auch *Hammen*, Börsen und multilaterale Handelssysteme, 67 f. und *Hammen*, WM 2003, 997 (998); außerdem *Heyder*, BKR 2002, 806 (808 ff.); vgl. aber auch die Gegenansicht bei *Bauer/Pleyer/Hirche*, BKR 2002, 102 (119); eingehend zu der Problematik einseitiger Regelwerksänderungen auch *Bachmann*, WM 2001, 1793 (1794 ff.).

97 *Foelsch/Wittmann*, in: Hellner/Steuer, BuB, Rn. 7/609 Fn. 1; geringfügig abweichende Werte werden genannt bei *Wittkowski*, ZHR 167 (2003), 130 (131); relativierend in Bezug auf den NEMAX All Share-Index aber *Claussen*, BB 2002, 105 (105), der unter Berücksichtigung von „Übertreibungen nach unten" die Wertminderung des Index „um 50 %" beziffert; zu allgemeinen Rechtsfragen rund um die „Beerdigung" des Neuen Marktes *Witte/Rafiqpoor*, BB 2002, 2615 (2616 ff.).

98 Freilich war die überwiegend privatrechtliche Konzeption des Neuen Marktes nicht die alleinige Ursache für dessen Scheitern. Dieses war vielmehr auch auf die Zulassung zum Handel nicht börsenreifer Unternehmen zurückzuführen, die schließlich in einer großen Zahl von Insolvenzen endete. Auch andere Missstände, wie etwa das Fehlen eines effizienten Insider-Handelsverbots, spielten eine entscheidende Rolle; dazu auch

Für das Scheitern des Neuen Marktes wurde neben der rigiden Regulierungsstruktur des Segments auch die unkritische Zulassungspraxis der Deutsche Börse AG verantwortlich gemacht; der Neue Markt hatte sich zu einem Sondersegment für börsenunreife Unternehmen entwickelt, die ohne Eigenkapitalaufnahme langfristig kaum hätten überleben können.[99] Kurzfristiges Wachstum des neuen Marktsegments, so befand man, spielte bei der Auswahl der Unternehmen mitunter eine größere Rolle, als die Tragfähigkeit der Geschäftsmodelle der Zulassungsaspiranten.[100] Unter dem unmittelbaren Eindruck dieser Entwicklung stellte der Gesetzgeber die Regulierung besonderer Teilbereiche innerhalb der öffentlich-rechtlich verfassten Handelsplätze im Rahmen des Vierten Finanzmarktförderungsgesetzes auf eine neue gesetzliche Grundlage.[101]

IV. Das Vierte Finanzmarktförderungsgesetz von 2002

1. Erweiterung des Regulierungspotenzials durch generalklauselartige Ermächtigungsgrundlagen

Mit dem Vierten Finanzmarktförderungsgesetz reformierte der Gesetzgeber die rechtlichen Rahmenbedingungen der börseneigenen Segmentregulierung innerhalb der Börsenordnung, indem er die engen Regulierungsschranken des bisher auf den Geregelten Markt beschränkten § 72 Abs. 3 BörsG a.F. erheblich erweiterte[102] und das Börsengesetz vor dem Hintergrund „[finanzplatzinterner]

Buck-Heeb, Kapitalmarktrecht, § 3 Rn. 147; *Schanz*, Börseneinführung, § 11 Rn. 6 ff.; BeckHdB-AG/*Harrer*, § 20 Rn. 20); *Grundmann*, in: Schimansky/Bunte/Lwowsky, Bankrechts-Hdb., § 112 Rn. 15; *Grub/Streit*, BB 2004, 1397 (1397); *Claussen*, BB 2002, 105 (105).

99 *Claussen*, BB 2002, 105 (106) („Der zweite Unglücksfall des Neuen Marktes war, dass eine zu große Anzahl von Schwächlingen in diesem Markt zugelassen wurde, es fehlte ihnen die Börsenreife.").

100 Vgl. *Möllers*, AcP 208 (2008), 1 (12); *Claussen*, BB 2002, 105 (106 ff.); *Plückelmann*, Der Neue Markt, 148; die „laxe Zulassungspraxis" macht auch *Damrau*, Selbstregulierung, 351, als eine der Ursachen für die Krise des Neuen Marktes aus; vgl. auch *Bessler/Schneck*, ZBB 2016, 362 (364 f.), die auch darauf hinweisen, dass freilich nicht alle Emittenten des Neuen Marktes „poor performers" waren und die segmentspezifische Regulierung in Form eines privatrechtlichen Regelwerks nicht „optimal" war.

101 Vgl. *Schlitt*, AG 2003, 57 (58); *Weisgerber/Baur/Wagner*, Das Vierte FMFG, 11, 63; auch *Storm*, Alternative Freiverkehrssegmente, 12.

102 *Hammen*, WM 2003, 997 (1002); *Schlitt*, AG 2003, 57 (58).

Entwicklungen" insgesamt neu fasste.[103] Ein Ziel des Vierten Finanzmarktförderungsgesetzes war es unter anderem, die Wettbewerbsfähigkeit deutscher Börsen im europäischen und internationalen Wettbewerb durch eine Erweiterung der börslichen Handlungsspielräume im Wege der Deregulierung zu verbessern und auf diese Weise weitere Anpassungen an internationale Regulierungsstandards zu ermöglichen.[104] Zu diesem Zweck sollte insbesondere eine Stärkung des Anlegerschutzes durch eine insgesamt erhöhte Markttransparenz erreicht werden.[105] Das erweiterte Handlungspotenzial für den Bereich der Teilbereichsregulierung sollte es den Börsen vor diesem Hintergrund ermöglichen, den börslichen Wertpapierhandel flexibel zu gestalten und angemessen auf Veränderungen und Bedürfnisse des Marktes reagieren zu können.[106] Die Regulierung besonderer Teilbereiche innerhalb der öffentlich-rechtlich konzipierten Handelsplätze – dem Geregelten und dem Amtlichen Markt –, betrachtete man hierfür als wesentlichen Baustein, der den Börsen nicht zuletzt im internationalen Wettbewerb der börslichen Sekundärmärkte zu Wettbewerbsvorteilen verhelfen sollte.[107] Gleichzeitig versprach man sich einen Zugewinn an Rechtssicherheit durch die vollständige Überführung der Teilbereichsregulierung auf öffentlich-rechtlichen Boden, der sich wiederum positiv auf den Anlegerschutz auswirken sollte;[108] innerhalb eines *krisenresistenten* aber

---

103 Gesetz zur weiteren Fortentwicklung des Finanzplatzes Deutschland (Viertes Finanzmarktförderungsgesetz) vom 21. Juni 2002, BGBl. I 2002, S. 2010 ff.; RegE BT-Drucks. 14/8017; vgl. *Steuer*, in: Festschrift für Siegfried Kümpel zum 70. Geburtstag, 519 (528); auch *Storm*, Alternative Freiverkehrssegmente, 12; *Weisgerber/Baur/Wagner*, Das Vierte FMFG, 11, 63.

104 Vgl. auch Schwark/Zimmer/*Kumpan*, KMRK, Einl. BörsG Rn. 32; *Spindler/Christoph*, BB 2004, 2197 (2204); außerdem *Seiffert*, in: Kümpel/Mülbert/Früh/Seyfried, Bank- und Kapitalmarktrecht, Rn. 14.311 zur internationalen Ausrichtung des Teilbereichshandels.

105 Begr. RegE BT-Drucks. 14/8017 S. 1, 62 f.; *Möller*, WM 2001, 2405 (2405).

106 Begr. RegE BT-Drucks. 14/8017 S. 63; *Schlüter*, Börsenhandelsrecht, 442 Rn. 478, 453 f. Rn. 535, 489 Rn. 740; *Hutter/Leppert*, NZG 2002, 649 (650); *Storm*, Alternative Freiverkehrssegmente, 12; *Spindler/Christoph*, BB 2004, 2197 (2204); außerdem *Beck*, BKR 2002, 662 (662 f.).

107 Begr. RegE Viertes Finanzmarktförderungsgesetz, BT-Drucks. 14/8017 S. 1, 63, 80 f. („Der Handel in einem solchen Segment gilt als besonderes Qualitätsmerkmal und die Börse kann hierdurch den besonderen Erfordernissen des Marktes Rechnung tragen"); *Grundmann*, in: Schimansky/Bunte/Lwowsky, Bankrechts-Hdb., § 112 Rn. 15; auch *Weber*, NJW 2000, 2061 (2064); *Hutter/Leppert*, NZG 2002, 649 (650).

108 Begr. RegE Viertes Finanzmarktförderungsgesetz, BT-Drucks. 14/8017 S. 1, 62 („Die Phase der starken Ausschläge der Aktienkurse hat Schwächen des rechtlichen

entwicklungsoffenen Rechtsrahmens sollte fortan eine an die inhaltliche Ausgestaltung des Neuen Marktes angelehnte Segmentregulierung möglich sein.[109] In den §§ 42, 50 Abs. 3, 54 S. 2 BörsG a.F. wurden zu diesem Zweck Ermächtigungsgrundlagen in das Börsengesetz aufgenommen, die es den Börsen gestatteten, eine satzungsrechtliche Pflichtenintensivierung in Teilbereichen des Amtlichen und des Geregelten Marktes nach Vorbild des Neuen Marktes zu statuieren.[110] Die Wahl der Börsenordnung, die gem. § 12 Abs. 2 S. 1 Nr. 1 BörsG die Rechtsqualität einer öffentlich-rechtlichen Satzung besitzt, ist damals ganz überwiegend positiv aufgenommen[111] und nach den Erfahrungen mit dem Neuen Markt als „Rückbesinnung auf den öffentlich-rechtlichen Ursprung des Börsenrechts" begrüßt worden.[112] Die neuen Ermächtigungsgrundlagen traten an die Stelle des bisherigen § 72 Abs. 3 BörsG, beschränkten den Regulierungsrahmen aber nicht länger auf die Etablierung einer obligatorischen Zwischenberichterstattung, sondern eröffneten den Börsen die Möglichkeit, weitergehende Zulassungsfolgepflichten in Teilbereichen vorzuschreiben und für Teilbereiche des

---

Rahmens des Wertpapiermarktes und die Notwendigkeit zur Stärkung des Anlegerschutzes aufgezeigt."); vgl. auch *Foelsch/Wittmann*, in: Hellner/Steuer, BuB, Rn. 7/607 f.; *Grundmann*, in: Schimansky/Bunte/Lwowsky, Bankrechts-Hdb., § 112 Rn. 15; *Storm*, Alternative Freiverkehrssegmente, 12; *Schlitt*, AG 2003, 57 (58); vgl. auch *Weisgerber/Baur/Wagner*, Das Vierte FMFG, 11, 63.

109 Vgl. auch *Zielke/Kronner*, Finanz Betrieb 2003, 44 (45 f.) sowie *Storm*, Alternative Freiverkehrssegmente, 12; außerdem *Schlüter*, Börsenhandelsrecht, 442 Rn. 478, dort unter Verweis auf die Pressemitteilung der Deutsche Börse AG vom 26. September 2002 „Deutsche Börse stellt neue Aktienmarktsegmentierung vor – Hohe Transparenzstandards werden in der Börsenordnung verankert/Prime Standard ersetzt die Handelssegmente Neuer Markt und SMAX", wo es heißt, die neuen Marktsegmente werden „in der öffentlich-rechtlichen Börsenordnung geregelt sein, die die Durchsetzbarkeit sichert und damit das Vertrauen der Investoren stärkt".

110 *Gebhardt*, in: Schäfer/Hamann, KMG, § 42 BörsG Rn. 1; *Ledermann*, in: Schäfer/Hamann, KMG, § 50 BörsG Rn. 3 ff., § 54 BörsG Rn. 5 ff.; *Storm*, Alternative Freiverkehrssegmente, 12; *Schlüter*, Börsenhandelsrecht, 442 Rn. 478; *Schlitt*, AG 2003, 57 (58); außerdem *Weisgerber/Baur/Wagner*, Das Vierte FMFG, 11, 63.

111 Vgl. nur *Fenchel*, DStR 2002, 1355 (1356).

112 Schwark/*Heidelbach*, KMRK, 3. Auflage 2004, § 42 BörsG Rn. 2; auch *Schlitt*, AG 2003, 57 (58); nicht nachvollziehbar insofern die Argumentation bei *Witte/Rafiqpoor*, BB 2002, 2615 (2616 f.), die trotz des satzungsrechtlichen Charakters der Börsenordnung der Börse die Befugnis absprechen, das Regelwerk einseitig ändern zu können und auch weiterhin von einer Vertragsbeziehung privatrechtlichen Ursprungs zu den Emittenten des Teilbereichshandels ausgehen.

Geregelten Marktes außerdem segmentspezifische Zulassungsvoraussetzungen zu definieren.[113]

2. *Der segmenteigene Pflichtenbestand in der Anfangsphase der Teilbereichsregulierung*

Mit Wirkung zum 1. Januar 2003 schuf die Frankfurter Wertpapierbörse auf dieser gesetzlichen Grundlage sowohl innerhalb ihres Geregelten als auch innerhalb ihres Amtlichen Marktes einen Teilbereich mit erhöhten Transparenzanforderungen.[114]

Wesentliche Merkmale der neuen Prime Standards, die über einen Verweis der Bestimmungen für den Teilbereich des Geregelten Marktes der Frankfurter Wertpapierbörse auf die Vorgaben für den Amtlichen Markt inhaltlich weitgehend übereinstimmend ausgestaltet worden waren,[115] betrafen die internationale Ausrichtung des Wertpapierhandels in den Teilbereichen nach dem Vorbild des Neuen Marktes und ließen einen an den Informationsbedürfnissen internationaler Investoren orientierten Regulierungszuschnitt erkennen;[116] so waren Teilbereichsemittenten bspw. gem. § 62 Abs. 1 der Börsenordnung der Frankfurter Wertpapierbörse in ihrer damaligen Fassung[117] dazu verpflichtet, einen konsolidierten Abschluss gemäß den International Financial Reporting Standards (IFRS) des *International Accounting Standards Boards* oder nach den US-amerikanischen *Generally Accepted Accounting Principles* (US-GAAP) gemäß den Vorgaben des amerikanischen *Financial Accounting Standards Boards* zu veröffentlichen.[118] Der Abschluss war außerdem einer Prüfung nach den *ISA* zu unterziehen (vgl. § 62 Abs. 2 BörsO FWB a.F.) und bedurfte darüber hinaus einer vorhergehenden Billigung durch den Aufsichtsrat der Gesellschaft (vgl. § 62 Abs. 3 S. 1 BörsO FWB a.F.). Nach denselben internationalen

---

113 Begr. RegE Viertes Finanzmarktförderungsgesetz, BT-Drucks. 14/8017, 81 f.; *Grundmann*, in: Schimansky/Bunte/Lwowsky, Bankrechts-Hdb., § 112 Rn. 15; *Groß*, Kapitalmarktrecht 3. Auflage 2006, § 54 BörsG Rn. 3; *Schlitt*, AG 2003, 57 (58); *Hutter/Leppert*, NZG 2002, 649 (650).

114 Schwark/*Heidelbach*, KMRK, 3. Auflage 2004, § 42 BörsG Rn. 4; *Foelsch/Wittmann*, in: Hellner/Steuer, BuB, Rn. 7/607a.; zu den einzelnen Pflichten auch *Schlitt*, AG 2003, 57 (66 ff.).

115 *Schlitt*, AG 2003, 57 (68).

116 Vgl. *Zielke/Kronner*, Finanz Betrieb 2003, 44 (46).

117 Auszüge der Börsenordnung für die Frankfurter Wertpapierbörse, Stand: 1. Januar 2003, sind in Anhang I dieser Arbeit abgedruckt.

118 *Schlitt*, AG 2003, 57 (66 ff.).

Rechnungslegungsgrundsätzen waren Emittenten des Prime Standards außerdem in den ersten drei Quartalen ihres Geschäftsjahres dazu verpflichtet, Quartalsfinanzberichte zu veröffentlichen, die eine Beurteilung ermöglichen sollten, wie sich die Geschäftstätigkeit des Emittenten in dem jeweiligen Berichtszeitraum und von dem Beginn des Geschäftsjahres bis zu dem jeweiligen Quartalsstichtag entwickelt hatte (vgl. § 63 BörsO FWB a.F.) und zu diesem Zweck diverse Zahlenangaben über die Tätigkeit und die Ergebnisse des Emittenten in dem jeweiligen Berichtszeitraum, wie bspw. eine Bilanz, Gewinn- und Verlustrechnung und Kapitalflussrechnung, sowie Erläuterungen hierzu enthalten musste.[119] Schon damals musste die gesamte teilbereichsspezifische Finanzkommunikation des Emittenten auch in englischer Sprache geleistet werden.[120] Zusätzlich sahen die Regelungen des Prime Standards die Verpflichtung des Emittenten zur Veröffentlichung eines Unternehmenskalenders,[121] die Pflicht zur jährlichen Veranstaltung einer Analystenkonferenz[122] sowie die Pflicht zur Veröffentlichung von Ad-hoc-Mitteilungen in englischer Sprache vor.[123] Die inhaltliche Ausgestaltung des Prime Standards blieb in den ersten Jahren nach der Eröffnung der Sondersegmente sowohl innerhalb des Geregelten als auch des Amtlichen Marktes nahezu unverändert erhalten,[124] ehe verschiedene gesetzgeberische Maßnahmen, auf die noch zurückzukommen sein wird, die schrittweise Anpassung des Pflichtenbestandes erforderlich werden ließen.[125]

---

119 Zu den Vorgängerregelungen des Neuen Marktes vgl. *Riess/Altmann*, in: Achleitner/Bassen, Investor Relations am Neuen Markt, 195 (200); dazu auch *Spindler/Christoph*, BB 2004, 2197 (2204).

120 § 62 Abs. 1 S. 4 BörsO FWB i.d.F. vom 1. Januar 2003. Gem. § 62 Abs. 1 S. 5 BörsO FWB i.d.F. vom 1. Januar 2003 konnte die damalige Zulassungsstelle der Börse einem Emittenten mit Sitz im Ausland auf dessen Antrag allerdings gestatten, seinen konsolidierten Abschluss ganz oder zum Teil ausschließlich in englischer Sprache abzufassen. Das galt entsprechend auch für die Quartalsfinanzberichterstattung (vgl. § 63 Abs. 5 BörsO FWB i.d.F. vom 1. Januar 2003).

121 § 64 BörsO FWB i.d.F. vom 1. Januar 2003.

122 § 65 BörsO FWB i.d.F. vom 1. Januar 2003.

123 § 66 BörsO FWB i.d.F. vom 1. Januar 2003.

124 Vgl. auch die Fassung der Börsenordnung für die Frankfurter Wertpapierbörse vom 15. September 2006.

125 Unten Kapitel 5 § 1.

V. Das Finanzmarktrichtlinie-Umsetzungsgesetz von 2007

Die neue Gestaltungsmacht der Börsen ließ die marktorganisationsrechtliche (und organisatorische) Differenzierung zwischen den beiden öffentlich-rechtlich verfassten Handelsplätzen schon sehr bald überflüssig erscheinen. Nachdem zunächst die Umsetzung der Transparenzrichtlinie (TransparenzRL)[126] durch das Transparenzrichtlinie-Umsetzungsgesetz (TUG)[127] bestehende Unterschiede zwischen den beiden Handelsplätzen erheblich relativiert hatte,[128] indem die Transparenzstandards des Geregelten und Amtlichen Marktes zunächst weitgehend vereinheitlicht, größtenteils aus dem Börsengesetz ausgegliedert und in das Wertpapierhandelsgesetz (WpHG) überführt worden waren,[129] führte auch der Umstand, dass insbesondere die regulatorische Ausgestaltung des Geregelten Marktes weitgehend den Börsen anheimgestellt war, dazu, dass sich die Pflichtenregime beider Handelsplätze kaum mehr unterscheiden und auf lediglich „marginale Aspekte" reduzieren ließen.[130] Gem. § 71 BörsO FWB a.F. galten

---

126 Richtlinie 2004/109/EG des Europäischen Parlaments und des Rates vom 15. Dezember 2004 zur Harmonisierung der Transparenzanforderungen in Bezug auf Informationen über Emittenten, deren Wertpapiere zum Handel auf einem geregelten Markt zugelassen sind, und zur Änderung der Richtlinie 2001/34/EG, ABl. L 390 S. 38 ff.

127 Gesetz zur Umsetzung der Richtlinie 2004/109/EG des Europäischen Parlaments und des Rates vom 15. Dezember 2004 zur Harmonisierung der Transparenzanforderungen in Bezug auf Informationen über Emittenten, deren Wertpapiere zum Handel auf einem geregelten Markt zugelassen sind, und zur Änderung der Richtlinie 2001/34/EG vom 5. Januar 2007.

128 Das lag insbesondere daran, dass der tatbestandliche Anknüpfungspunkt der Berichts- und Veröffentlichungspflichten fortan segment- bzw. handelsplatzunabhängig sämtliche Unternehmen erfasste, die als Inlandsemittenten Aktien oder Schuldtitel begeben hatten, vgl. Begr. RegE TUG, BT-Drucks. 16/2498, 43 ff.; vgl. ferner Baumbach/Hopt/*Kumpan*, § 32 BörsG Rn. 1; auch *Schanz*, Börseneinführung, § 12 Rn. 48; vgl. außerdem *Meyer*, in: Marsch-Barner/Schäfer, Hdb. börsennotierte AG, Rn. 7.51.

129 *Seiffert*, in: Kümpel/Wittig, Bank- und Kapitalmarktrecht, Rn. 4.316; BT-Drucks. 16/4028, S. 87 zu § 32 BörsG („wird eine in der Zwischenzeit nicht mehr zeitgemäße Unterscheidung der beiden Marktsegmente aufgegeben" und „Außerdem werden die bislang bestehenden Unterschiede der beiden Marktsegmente im Bereich der Zulassungsfolgepflichten insbesondere im Hinblick auf die Transparenzpflichten der Emittenten durch die verbindlichen Vorgaben der EU-Transparenzrichtlinie (2004/109/EG) weiter nivelliert.").

130 Eingehend *Spindler*, WM 2003, 2073 (2074, 2082) („Somit werden letztlich die Unterscheidungen zwischen Amtlichen [sic!] und Geregeltem Markt fast vollständig nivelliert."), der in Fn. 19 auf den einzig verbliebenen Unterschied in § 69 Abs. 2 BörsO FWB a.F. hinweist; außerdem *Spindler/Christoph*, BB 2004, 2197 (2204); vgl. auch

nämlich die Zulassungsfolgepflichten des Amtlichen Marktes – von wenigen Ausnahmen abgesehen – teilbereichsunabhängig entsprechend auch für den gesamten Geregelten Markt.[131] Vor diesem Hintergrund wurde das Börsengesetz durch das Gesetz zur Umsetzung der Richtlinie über Märkte für Finanzinstrumente (FinanzmarktRL-Umsetzungsgesetz)[132] zur Umsetzung der Richtlinie über Märkte für Finanzinstrumente (engl. „MiFID")[133] abermals grundlegend neu gefasst.[134]

Die MiFID war als „Kernstück"[135] eines europäischen Harmonisierungsbestrebens für den Bereich der Finanzmarktregulierung, die auch den börsenorganisierten Wertpapierhandel umfasste, Teil des Aktionsplans für Finanzdienstleistungen (engl. *Financial Services Action Plan*) der Europäischen Kommission und sollte der Schaffung eines integrierten EU-Finanzmarktes dienen.[136] Sie trat an die Stelle der WertpapierdienstleistungsRL,[137] deren Anwendungsbereich auf geregelte Märkte (*regulated markets*) die MiFID beibehielt.[138] Das „zweifache Ziel" der Richtlinie, einerseits den Anlegerschutz

---

Ekkenga/Maas, Das Recht der Wertpapieremission, 125 Rn. 173; vgl. auch *Ledermann*, in: Schäfer/Hamann, KMG, § 51 BörsG Rn. 18, § 54 BörsG Rn 6.

131 Näher hierzu *Hammen*, WM 2003, 997 (999); *Schlitt*, AG 2003, 57 (59); auch *Schanz*, Börseneinführung, § 11 Rn. 27; kritisch auch *Schäfer*, in: Marsch-Barner/Schäfer, Hdb. börsennotierte AG, Rn. 12.11; außerdem *Schiemzick*, Segmentwechsel, 43 f.

132 Gesetz zur Umsetzung der Richtlinie über Märkte für Finanzinstrumente und der Durchführungsrichtlinie der Kommission (FinanzmarktRL-Umsetzungsgesetz) vom 16. Juli 2007, BGBl. I 2007, S. 1330 ff.

133 Richtlinie 2004/39/EG des Europäischen Parlaments und des Rates vom 21. April 2004 über Märkte für Finanzinstrumente (engl. *Markets in Financial Instruments Directive* = MiFID).

134 Schwark/Zimmer/*Kumpan*, KMRK, Einl. BörsG Rn. 40.

135 *Hirschberg*, AG 2006, 398 (398).

136 Vgl. hierzu *Veil*, in: Veil, Europäisches Kapitalmarktrecht, § 1 Rn. 14 ff.; auch *Ledermann*, in: Schäfer/Hamann, KMG, Vorbem. BörsG Rn. 20.

137 S. Begr. RegE BT-Drucks. 16/4028 S. 52; außerdem Erwägungsgründe 1 und 2 der MiFID.

138 Vgl. nur Art. 1 Abs. 1, Art. 4 Abs. 1 Nr. 14 MiFID; Daneben gilt die Richtlinie ausweislich ihres Art. 1 Abs. 1 außerdem für Wertpapierfirmen, die im Rahmen ihrer üblichen beruflichen oder gewerblichen Tätigkeit Wertpapierdienstleistungen erbringen und/oder Anlagetätigkeiten ausüben (ErwG (7), zur Begriffsbestimmung Art. 4 Abs. 1 Nr. 1 und 2); Im Übrigen gelten die vier „Rahmenrichtlinien" für die Ordnung des *geregelten Marktes*, vgl. nur Art. 10 der Richtlinie 2003/6/EG des Europäischen Parlaments und des Rates vom 28. Januar 2003 über Insider-Geschäfte und Marktmanipulation (Marktmissbrauch), Art. 1 Abs. 1 der Richtlinie 2003/71/EG des

zu gewährleisten und zugleich die Integrität der einzelstaatlichen Wertpapiermärkte auszubauen,[139] führte zu weitreichenden Änderungen der regulatorischen Rahmenbedingungen für Wertpapierhandelsplätze,[140] die insbesondere auch die rechtliche Organisation des Börsenmarktes betrafen.[141] Die im Zuge der Richtlinienumsetzung vorgenommene Kategorisierung der Handelsplätze sollte fortan dazu beitragen, einheitliche Wettbewerbsbedingungen zwischen konkurrierenden Handelssystemen in einem integrierten europäischen Kapitalbinnenmarkt herzustellen.[142] Ziel war es auch, innerhalb eines vereinheitlichten Rechtsrahmens die tradierten Marktstrukturen in den Mitgliedstaaten, die einem gemeinschaftlichen, unionsweiten Wettbewerb der nationalen Handelsplätze entgegenstanden, zu überwinden, durch neue, genormte Handelsplätze zu ersetzen und dadurch einen weitgehend harmonisierten Wettbewerb zwischen den Mitgliedstaaten zu ermöglichen.[143] Die Handelsplätze, die die Richtlinie hierbei für den Handel in Finanzinstrumenten zur Verfügung stellte, waren fortan ausschließlich geregelte Märkte (*regulated markets*)[144] und multilaterale Handelssysteme (*Multilateral Trading Facilities* = MTF)[145] sowie der Handel mit und von Systematischen Internalisierern[146], wobei es sich bei Letzteren an sich nicht um einen Handelsplatz, sondern um eine Form des Eigenhandels außerhalb von regulierten Märkten und MTF handelte[147].[148]

Europäischen Parlaments und des Rates vom 4. November 2003 betreffend den Prospekt, der beim öffentlichen Angebot von Wertpapieren oder bei deren Zulassung zum Handel zu veröffentlichen ist und Art. 1 Abs. 1 der Richtlinie 2004/109/EG des Europäischen Parlaments und des Rates vom 15. Dezember 2004 zur Harmonisierung der Transparenzanforderungen in Bezug auf Informationen über Emittenten, deren Wertpapiere zum Handel auf einem geregelten Markt zugelassen sind.

139 ErwG (44) MiFID.

140 Vgl. auch *Hirschberg*, AG 2006, 398 (398).

141 *Veil*, in: Veil, Europäisches Kapitalmarktrecht, § 1 Rn. 26.

142 ErwG (5) der Durchführungsverordnung; außerdem *Grundmann*, in: Großkomm. HGB, Bankvertragsrecht 11/2, Siebter Teil Rn. 13.

143 Vgl. auch *Hirschberg*, AG 2006, 398 (400).

144 Zum Begriff siehe Art. 4 Abs. 1 Nr. 14 MiFID.

145 Zum Begriff siehe Art. 4 Abs. 1 Nr. 15 MiFID.

146 Dazu auch *Hammen*, Börsen und multilaterale Handelssysteme, 33.

147 Zum Begriff siehe Art. 4 Abs. 1 Nr. 7 MiFID; vgl. auch *Meyer*, in: Kümpel/Mülbert/Früh/Seyfried, Bank- und Kapitalmarktrecht, Rn. 14.74 ff.; auch *Grundmann*, in: Großkomm. HGB, Bankvertragsrecht 11/2, Siebter Teil Rn. 4.

148 Vgl. zu diesem „numerus clausus" der Handelsplätze auch Art. 2 Nr. 8 der Durchführungsverordnung; auch *Lutter/Bayer/Schmidt*, Europäisches Unternehmens- und

Der Gesetzgeber reagierte auf die durch das Richtlinienrecht vorgezeichneten Handelsplatzkategorien, indem er die Zweiteilung des Börsenmarktes in Amtlichen und Geregelten Markt beseitigte und beide Handelsplätze in einem einzigen Handelsplatz – dem regulierten Markt – zusammenfasste,[149] der die Anforderungen an einen *regulated market* i.S.d. Art. 4 Abs. 1 Nr. 14 MiFID erfüllte und neben dem weiterhin privatrechtlich organisierten Freiverkehrshandel, der seither der europarechtlichen Kategorie eines MTF gemäß Art. 4 Abs. 1 Nr. 15 MiFID entspricht,[150] fortan einen von zwei börslichen Wertpapierhandelsplätzen darstellte.[151] Als öffentlich-rechtlich reguliertes Börsenzugangssegment oberhalb des Freiverkehrshandels wurde der Betrieb des Geregelten Marktes im Zuge der Richtlinienumsetzung eingestellt.[152] Die Rechtsangleichungsmaßnahmen des europäischen Gesetzgebers und die Kategorisierung der Handelsplätze führten zugleich zu einer erheblichen Verschärfung des Marktzutrittsrechts und der organisatorischen Anforderungen an den Betrieb eines regulierten Marktes, der an die Stelle des Amtlichen Marktes getreten war.[153]

Infolge der Umstrukturierung der Börsenhandelsplätze musste auch die Teilbereichsregulierung auf eine neue rechtliche Grundlage gestellt werden.

Kapitalmarktrecht, § 17 Rn. 57; *Meyer*, in: Kümpel/Mülbert/Früh/Seyfried, Bank- und Kapitalmarktrecht, Rn. 14.2.

149 Begr. RegE FinanzmarktRL-Umsetzungsgesetz, BT-Drucks. 16/4028, 87; *Groß*, Kapitalmarktrecht, Vorbem. BörsG Rn. 20c; Schwark/Zimmer/*Kumpan*, Einl. BörsG Rn. 40; *Foelsch/Wittmann*, in: Hellner/Steuer, BuB, Rn. 7/591a.

150 Schwark/Zimmer/*Schwark*, KMRK, § 48 Rn. 5 f.; *Groß*, Kapitalmarktrecht, § 48 BörsG Rn. 1b; Baumbach/Hopt/*Kumpan*, § 48 BörsG Rn. 1; anders hingegen noch *Oulds*, in: Kümpel/Wittig, Bank- und Kapitalmarktrecht, Rn. 14.73; von einem „MTF sui generis" war auch noch die Rede bei *Weber*, NJW 2007, 3688 (3690); beachte aber auch BT-Drucks. 16/4028, 68. Die Bundesregierung begründet hier ausdrücklich, dass auch der Freiverkehr trotz seiner Verortung im Börsengesetz als MTF i.S.d. MiFID einzuordnen ist. Der Bundesrat äußerte gar den Wunsch, sämtliche MTF aufgrund ihrer „Börsenähnlichkeit" dem BörsG und somit der Börsenaufsichtsbehörde zu unterstellen, da die Überwachung börsenähnlicher Einrichtungen bisher nie habe Überwachungsdefizite erkennen lassen, vgl. BT-Drucks. 16/4028, 106.

151 Vgl. auch Schwark/Zimmer/*Schwark*, KMRK, § 48 Rn. 8, der betont, dass der Freiverkehr ein „in wesentlichen Teilen auf privatrechtlicher Ebene stattfindendes Marktsegment" darstellt.

152 Schwark/Zimmer/*Kumpan*, KMRK, Einl. BörsG Rn. 40.

153 Vgl. auch Schwark/Zimmer/*Kumpan*, KMRK, Einl. BörsG Rn. 40; außerdem *Foelsch/Wittmann*, in: Hellner/Steuer, BuB, Rn. 7/591a; außerdem *Grundmann*, in: Großkomm. HGB, Bankvertragsrecht 11/2, Siebter Teil Rn. 13.

Insbesondere die §§ 50 Abs. 3, 54 S. 2 BörsG a.F., die die Regulierung besonderer Teilbereiche innerhalb des Geregelten Marktes betrafen und infolge der Einstellung des Handelsplatzes gegenstandslos geworden waren, konnten aus dem Börsengesetz gestrichen werden.[154] Da es bisher aber nur in den Teilbereichen des Geregelten Marktes möglich war, auch weitergehende *Zulassungs*anforderungen für Emittenten zu statuieren, sich die Gestaltungsmöglichkeiten in den Teilbereichen des Amtlichen und Geregelten Marktes also inhaltlich unterschieden, war schließlich der Gesetzgeber – worauf im Detail noch einzugehen sein wird – gezwungen, mit der Zusammenführung der Handelsplätze auch die Ermächtigungsgrundlagen der Teilbereichsregulierung in einem neuen, einheitlichen § 42 BörsG für den regulierten Markt zusammenzufassen.[155]

VI. Das Zweite Finanzmarktnovellierungsgesetz zur Umsetzung der MiFID II

Gegenstand weiterer Reformen war das Börsenrecht zuletzt[156] im Zuge der Umsetzung der MiFID II[157] durch das Zweite Finanzmarktnovellierungsgesetz (2. FiMaNoG),[158] wobei die Nachfolgerichtlinie die Regelungen der MiFID im Wesentlichen übernommen hat, wie sich aus der Entsprechungstabelle in ihrem Anhang IV ergibt.[159] Die MiFID II verfolgt in erster Linie das Ziel, die Harmonisierung nationaler Vorschriften im Bereich des Kapitalmarktrechts weiter voranzutreiben.[160] Marktorganisationsrechtliche Relevanz besitzt in diesem Zusammenhang insbesondere die Erweiterung der zulässigen Handelsplatzkategorien um sog. *KMU-Wachstumsmärkte* als Börseneinstiegssegmente für kleine und mittelgroße Unternehmen (vgl. Art. 4 Abs. 1 Nr. 12, Art. 33 MiFID II) und *organisierte Handelssysteme*, eine subsidiäre Marktkategorie für den Handel in

---

154 *Schlee*, in: Heidel, Aktienrecht und Kapitalmarktrecht, § 48 BörsG Rn. 1.

155 Begr. RegE FinanzmarktRL-Umsetzungsgesetz BT-Drucks. 16/4028, 88; dazu eingehend noch weiter unten Kapitel 4 § 2 III.

156 Die infolge des Art. 2 des Gesetzes zur Stärkung der Finanzmarktintegrität (FISG) zu erwartenden Änderungen des Börsengesetzes betreffen die §§ 10 Abs. 1, 22 Abs. 2, 42 Abs. 2 und 50a Abs. 3. Auf sie wird, soweit für die vorliegende Untersuchung relevant, in den Fußnoten hingewiesen.

157 Richtlinie 2014/65/EU des Europäischen Parlaments und des Rates vom 15. Mai 2014 über Märkte für Finanzinstrumente sowie zur Änderung der Richtlinien 2002/92/EG und 2011/61/EU.

158 Zweites Finanzmarktnovellierungsgesetz v. 23. Juni 2017, BGBl. 1693.

159 *Groß*, Kapitalmarktrecht, Vorbem. BörsG Rn. 20b.

160 ErwG (7) S. 5 MiFID II; vgl. auch *Güllner*, WM 2017, 938 (939 ff.).

Anleihen, strukturierten Finanzprodukten, Emissionszertifikaten und Derivaten (vgl. Art. 4 Abs. 1 Nr. 23, Art. 18, 20 MiFID II).[161] Die alternativen Handelsplatzarten sind in den §§ 48a, 48b auch in das Börsengesetz aufgenommen worden und können fortan von der jeweiligen Börsenträgergesellschaft nach vorheriger Registrierung (§ 48a Abs. 1 S. 1 BörsG) bzw. schriftlicher Genehmigung durch die Börsenaufsichtsbehörde des Sitzlandes der Börse (§48b Abs. 1 S. 1 BörsG) betrieben werden.[162] Dabei stellen insbesondere die KMU-Wachstumsmärkte i.S.v. § 48a BörsG eine Form segmentspezifischer Regulierung dar, die als Teil des börslichen Freiverkehrs (§ 48 BörsG)[163] organisiert werden können.[164] Aus einer funktionalen Perspektive bilden sie in gewisser Hinsicht das konzeptionelle Gegenstück zu den Teilbereichen des regulierten Marktes; sie sollen deshalb im Zusammenhang mit *Scale*, dem freiverkehrlichen Wachstumssegment der Frankfurter Wertpapierbörse, wieder aufgegriffen werden.[165]

Auf die Regulierung besonderer Teilbereiche hat sich das 2. FiMaNoG hingegen nicht in nennenswerter Weise ausgewirkt. Allein in S. 2 der 122. Begründungserwägung enthält die MiFID II einen Hinweis darauf, dass die börsenautonome Rechtsetzung innerhalb des regulierten Marktes nach dem Verständnis der europäischen Kapitalmarktgesetzgebung auch dazu eingesetzt werden kann, die Richtlinienanforderungen an Wertpapieremittenten durch weitergehende Zusatzpflichten zu ergänzen.[166] Hier nämlich heißt es, es solle einem geregelten Markt nicht verwehrt werden, einen Emittenten, dessen Wertpapiere er zur Zulassung zum Handel in Betracht zieht, strengeren Anforderungen als denen der Richtlinie und – S. 1 – weiterer Basisrechtsakte des europäischen Kapitalmarktrechts in Bezug auf die Marktorganisation und die zulassungsrelevanten Organisationsstrukturen zu unterstellen. Auf die Reichweite des in dieser Zielbestimmung vorausgesetzten börslichen Selbstregulierungspotenzials sowie die

---

161 *Seiffert*, in: Kümpel/Mülbert/Früh/Seyfried, Bank- und Kapitalmarktrecht, Rn. 14.9, 14.221; *Assmann*, in: Assmann/Schneider/Mülbert, Wertpapierhandelsrecht, Art. 3 MAR Rn. 17; *Binder*, in: Großkomm. HGB, Bankvertragsrecht 11/2, Siebter Teil Rn. 169; vgl. ferner Baumbach/Hopt/*Kumpan*, Einl. BörsG Rn. 13.

162 Für den außerbörslichen Betrieb eines KMU-Wachstumsmarktes bzw. eines OTF sehen die §§ 72, 75, 76 WpHG entsprechende Regelungen vor, die zugleich die Richtlinienvorgaben umsetzen.

163 Alternativ ist auch der Betrieb eines KMU-Wachstumsmarktes als außerbörsliches MTF möglich, vgl. §§ 72, 76 WpHG.

164 Begr. RegE 2. FiMaNoG, BT-Drucks. 18/10936, 271.

165 Unten Kapitel 2 § 2 I.

166 Der Segmentierungsgedanke klingt auch an in Art. 51 Abs. 6 UAbs. 1 lit. a) MiFID II.

Frage, wie sich der hier nur angedeutete Regulierungsrahmen auf die autonome Rechtsetzung in einem Teilbereich des nationalen Börsenmarktes auswirkt, wird insbesondere noch im Zusammenhang mit den materiellen Regulierungsgrenzen der Ermächtigungsgrundlage zurückzukommen sein.[167]

VII. Zwischenbefund: Börsenmarktstrukturen im Wandel

Die historische Skizze hat die teils erheblichen Veränderungen verdeutlicht, die der organisatorische Rahmen des börslichen Wertpapierhandels im Laufe der letzten Jahrzehnte durchlaufen hat. Diese reichten von der Öffnung des institutionalisierten Kapitalmarktes *nach unten* in Gestalt des Geregelten Marktes über die segmentspezifische Transparenzsteigerung im Zwischengefüge der börslichen Handelsplätze in Form des Neuen Marktes bis hin zu einer autonomen Segmentregulierung in den Teilbereichen des regulierten Marktes. Heute prägen verschiedene Marktkonzepte und Anforderungsprofile in einer Vielzahl von Marktsegmenten unterschiedlich regulierter Handelsplätze das Erscheinungsbild der börslichen Kapitalmärkte; sie sind an die Stelle eines einheitlichen Börsensegments für den Wertpapierhandel getreten. In Form der KMU-Wachstumsmärkte und organisierten Handelssysteme haben zuletzt weitere Erscheinungsformen differenzierter Wertpapiermärkte Eingang in das Börsengesetz gefunden, das dem Träger der Börse in seinen §§ 48a und 48b unterschiedliche organisatorische Anforderungen auferlegt und zusätzlich vorschreibt, dass der Betrieb dieser Marktformen eine vorherige Registrierung erfordert bzw. von der zuständigen Aufsichtsbehörde genehmigt werden muss.[168] Die Entwicklung veranschaulicht auch, dass die rechtliche Verfassung der börslichen Wertpapierhandelsplätze wiederholt bewusst als Ansatzpunkt börsenpolitischer und volkswirtschaftlicher Krisenprävention oder -bewältigung genutzt worden ist.[169] Insofern werden die über Zulassungswesen und -folgepflichtenregime definierten Marktstrukturen des börslichen Wertpapierhandels kontinuierlich auf ihre Leistungsfähigkeit überprüft. Die Kalibration der Regulierungsintensität über richtlinienrechtliche und gesetzliche Organisationsanforderungen beschränkt sich aber nur vordergründig auf das strukturelle Erscheinungsbild des Börsenmarktes im Sinne der vorgezeichneten Handelsplatzkategorien, ihrer Anzahl und Rangfolge. Geregelter Markt, Neuer Markt und börsliche Teilbereichsregulierung belegen vielmehr, dass auch die Marktbetreiber eingesetzt werden, um diesen äußeren Rahmen zu

167 Unten Kapitel 4 § 2 I. und II.

168 Vgl. §§ 48a Abs. 1 S. 1, 48b Abs. 1 S. 1 BörsG.

169 Grundlegend *Schmidt*, Börsenorganisation, passim.

verfeinern, akute Bedürfnisse des Handels zu adaptieren und in Segmente des Börsenmarktes mit entsprechenden Anforderungsprofilen umzusetzen.[170] Der nachfolgende Abschnitt verfolgt diesen Ansatz auf einer regulierungstheoretischen Ebene und soll ihn positivrechtlich belegen.

§ 2 Regulierungstheoretische Grundlegung

I. Börsliche Handelsplätze und Segmentstrukturen im Einflussbereich des europäischen Kapitalmarktrechts

Damit sich die Zugriffsmöglichkeiten der Marktbetreiber auf den äußeren Rahmen der börslichen Wertpapiermärkte in Form einer bedarfsgerechten Segmentregulierung richtig einordnen lassen, sind dessen rechtliche Grundlagen in einem vorgelagerten Schritt zunächst eingehend zu rekapitulieren.

1. Numerus clausus der Handelsplatzkategorien und börsengesetzlicher Ausgangszustand

Bisher konnte festgestellt werden, dass der gesetzliche Ausgangszustand der börslichen Wertpapiermärkte die unionsrechtlichen Handelsplatzkategorien der MiFID II abbildet, die für den europäischen Kapitalbinnenmarkt abschließend und hinsichtlich ihrer rechtlichen Grundstrukturen indisponibel angeordnet werden.[171] Dieser aus Wettbewerbsgründen und zur Vereinheitlichung der nationalen Kapitalmärkte der Mitgliedstaaten vorgezeichnete *numerus clausus* der Handelsplätze setzt sich gem. Art. 4 Abs. 1 Nr. 24 MiFID II aus dem *regulated market*, den *Multilateral Trading Facilities* (MTF) sowie den *Organised Trading Facilities* (OTF) zusammen.[172] Das 2. FiMaNoG hat diese Kategorisierung aufgegriffen und endgültig klargestellt, dass es sich auch bei dem börslichen Freiverkehr um ein MTF im Sinne des Unionsrechts handelt (vgl. § 48 Abs. 3 S. 2 BörsG).[173] Einzige Form eines gemäß den Anforderungen des

170 Zu diesem Aspekt der Börsenselbstregulierung allgemein *Hammen*, Börsen und multilaterale Handelssysteme, 67 f.

171 ErwG (14), Art. 4 Abs. 1 Nr. 24 MiFID II.

172 Schwark/Zimmer/*Kumpan*, KMRK, Einl. BörsG Rn. 40.

173 *Seiffert*, in: Kümpel/Mülbert/Früh/Seyfried, Bank- und Kapitalmarktrecht, Rn. 14.69; *Grundmann*, in: Großkomm. HGB, Bankvertragsrecht 11/2, Siebter Teil Rn. 4.

Titel III der MiFID II funktionierenden *regulated market* stellt innerhalb des nationalen Rechtsraums der in den §§ 32 ff. BörsG geregelte regulierte Börsenmarkt dar.[174]

Neu in das Börsengesetz eingefügt worden sind der KMU-Wachstumsmarkt in § 48a BörsG und das Organisierte Handelssystem an einer Börse in § 48b BörsG.[175] Die Bestimmungen dienen der Umsetzung verschiedener Richtlinienvorgaben betreffend die weitere Staffelung der angebotenen Handelsplätze für den börslichen und außerbörslichen Wertpapierhandel.[176] Während der KMU-Wachstumsmarkt einen Unterfall eines MTF bzw. an der Börse einen Ausschnitt des Freiverkehrshandels bildet,[177] handelt es sich nach § 48 Abs. 8 S. 1 BörsG bei einem OTF um eine Marktform, die gegenüber den übrigen Handelsplatzarten aus Gründen des Anlegerschutzes nur subsidiär zur Verfügung steht und einen Auffangtatbestand darstellt; der Börsenträger ist also bevorzugt zum Betrieb eines regulierten Marktes in Form einer Börse, eines MTF oder der Zurverfügungstellung von Abschlussmöglichkeiten im Wege systematischer Internalisierung angehalten.[178] Seine Entscheidung, statt der herkömmlichen Handelsplätze den börsenorganisierten Wertpapierhandel in einem OTF anzubieten, muss der Börsenträger gegenüber der Börsenaufsichtsbehörde aus Gründen des Anlegerschutzes sogar rechtfertigen.[179] Zudem können in einem

---

174 *Assmann*, in: Assmann/Schneider/Mülbert, Wertpapierhandelsrecht, Art. 2 MAR Rn. 11, Art. 3 MAR Rn. 14; auch *Seiffert*, in: Kümpel/Wittig, Bank- und Kapitalmarktrecht, Rn. 4.308; auch *Seiffert*, in: Kümpel/Mülbert/Früh/Seyfried, Bank- und Kapitalmarktrecht, Rn. 14.4; grundlegend zu den unterschiedlichen Handelsplätzen *Buck-Heeb*, Kapitalmarktrecht, § 3 Rn. 125 ff. und *Poelzig*, Kapitalmarktrecht, § 7 Rn. 152 ff.

175 Zur Einordnung sog. OTF vgl. *Schäfer*, in: Marsch-Barner/Schäfer, Hdb. börsennotierte AG, Rn. 12.10; *Seiffert*, in: Kümpel/Mülbert/Früh/Seyfried, Bank- und Kapitalmarktrecht, Rn. 14.9, 14.221.

176 § 48a BörsG dient der Umsetzung von Art. 33 MiFID II, § 48b BörsG setzt Art. 18 und 20 MiFID II um, vgl. auch Baumbach/Hopt/*Kumpan*, § 48a BösG Rn. 1, § 48b BörsG Rn. 1.

177 Vgl. Baumbach/Hopt/*Kumpan*, § 48a BörsG Rn. 1.

178 Vgl. Baumbach/Hopt/*Kumpan*, § 48b BörsG Rn. 4; *Assmann*, in: Assmann/Schneider/Mülbert, Wertpapierhandelsrecht, Art. 3 MAR Rn. 17.

179 Vgl. Baumbach/Hopt/*Kumpan*, § 48b BörsG Rn. 5; auch *Assmann*, in: Assmann/Schneider/Mülbert, Wertpapierhandelsrecht, Art. 3 MAR Rn. 17; *Binder*, in: Großkomm. HGB, Bankvertragsrecht 11/2, Siebter Teil Rn. 169; zu OTF allgemein vgl. *Seiffert*, in: Kümpel/Mülbert/Früh/Seyfried, Bank- und Kapitalmarktrecht, Rn. 14.2.

OTF nur Anleihen, strukturierte Finanzprodukte, Emissionszertifikate und Derivate, nicht aber auch Aktien gehandelt werden.[180]

Auch der Betrieb eines KMU-Wachstumsmarktes gem. § 48a Abs. 1 S. 1 BörsG erfordert, dass das entsprechende Segment des Freiverkehrshandels bei der Börsenaufsichtsbehörde als ein solcher Wachstumsmarkt registriert worden ist.[181] Ohne entsprechende Registrierung der Marktveranstaltung bleiben freiverkehrliche Wachstumssegmente also Teil des einfachen Freiverkehrshandels.[182] Das gilt selbst dann, wenn gemäß ihrer Regularien die in § 48a Abs. 1 S. 1 BörsG genannten Anforderungen erfüllt werden oder das Segment überwiegend (vgl. § 48 Abs. 1 S. 1 Nr. 1 BörsG) von kleinen und mittleren Unternehmen beansprucht wird, das heißt solchen Emittenten, deren durchschnittliche Marktkapitalisierung auf der Grundlage ihrer Notierung zum Jahresende in den letzten drei Kalenderjahren weniger als 200 Millionen Euro betragen hat (vgl. § 48 Abs. 1 S. 1 Nr. 1, § 2 Abs. 10 BörsG); denn grundsätzlich sind die Entlastungseffekte für KMU von dem besonderen Status der börslichen oder außerbörslichen Handelsplattform abhängig.[183]

Für den börslichen Wertpapierhandel bleibt es damit im Ausgangspunkt zunächst bei der Zweiteilung der Handelsplätze in regulierten Markt (*regulated market* i.S.v. Art. 4 Abs. 1 Nr. 21 MiFID II) und Freiverkehrshandel (MTF i.S.v. Art. 4 Abs. 1 Nr. 22 MiFID II, § 48 Abs. 3 S. 2 BörsG).[184]

2. *Marktautonome Rechtsetzung als Regulierungsansatz des europäischen Kapitalmarktrechts*

Die vordergründig rigide anmutende Grundstruktur bricht das europäische Kapitalmarktrecht auf und öffnet sie für eine marktautonome, segmentspezifische

---

180 *Assmann*, in: Assmann/Schneider/Mülbert, Wertpapierhandelsrecht, Art. 2 MAR Rn. 14, Art. 3 MAR Rn. 17; *Binder*, in: Großkomm. HGB, Bankvertragsrecht 11/2, Siebter Teil Rn. 169.

181 Baumbach/Hopt/*Kumpan*, § 48a BörsG Rn. 1, 3.

182 So auch *Seiffert*, in: Kümpel/Mülbert/Früh/Seyfried, Bank- und Kapitalmarktrecht, Rn. 14.114.

183 Dazu noch weiter unten Kapitel 2 § 2 I.1. und 2.

184 *Schäfer*, in: Marsch-Barner/Schäfer, Hdb. börsennotierte AG, Rn. 12.10. Dass auch der Betrieb eines Freiverkehrs im Ermessen des Börsenträgers steht und von der Genehmigung der Börsengeschäftsführung abhängt, wird hierbei nicht übersehen, muss aber nicht weiter vertieft werden, da an allen deutschen Wertpapierbörsen bedeutende Teile des Handels in dem jeweils eingerichteten Freiverkehrshandel stattfinden.

Sonderrechtsetzung, ohne dabei die abschließende Kategorisierung der Handelsplätze aufzugeben.

a. *Differenzierung des regulierten Marktes durch marktautonome Rechtsetzung*

Als Rahmenrechtsakt der europäischen Finanzmarktregulierung hat zunächst die MiFID II vor Kurzem die bereits beschriebenen Handelsplatzkategorien – OTF und KMU-Wachstumsmarkt – neu eingeführt und sich in dieser Hinsicht auch auf die Regulierung der nationalen Wertpapierbörsen ausgewirkt.[185] Insbesondere die Regulierung besonderer Wachstumsmärkte lässt sich im Wesentlichen auf den Gedanken eines vertikal strukturierten, ausdifferenzierten Marktangebots für den Handel mit Wertpapieren unterschiedlicher Emittentenklassen über die Börse zurückführen, wie er bereits im Rahmen der historischen Skizze und im Zusammenhang mit dem Geregelten Markt von 1986 begegnet ist. Um dieses Anliegen im Interesse einer einheitlichen Rechtsanwendung weiter zu konkretisieren, hat die ESMA in ihren technischen Regulierungsstandards der dritten Stufe des Lamfalussy-Verfahrens[186] zu MiFID II und MiFIR[187] in Bezug auf diese neue Marktkategorie ausgeführt, die Regulierung derartiger Sondersegmente, die zu weiten Teilen dem jeweiligen Marktbetreiber überlassen wird, dürfe nicht über die Anforderungen hinausgehen, die an Emittenten des regulierten Börsenmarktes gestellt werden.[188] Außerdem müsse der besondere Zuschnitt kleiner und mittlerer und bisher kapitalmarktunerfahrener Unternehmen berücksichtigt werden, denen nicht derselbe kostenintensive und verhaltenssteuernde Offenlegungsstandard zugemutet werden könne, wie etablierten Unternehmen des hierarchisch ranghöheren regulierten Börsenmarktes.[189]

---

185 Zum Lamfallusy-Verfahren der europäischen Finanzmarktregulierung vgl. *Kolassa*, in: Schimansky/Bunte/Lwowsky, Bankrechts-Hdb., § 135 Rn. 45 ff.

186 ESMA Final Report: Technical Advice to the Commission on MiFID II and MiFIR, ESMA/2014/1569 v. 19. Dezember 2014; zum Lamfalussy-Verfahren allgemein vgl. *Poelzig*, Kapitalmarktrecht, § 2 Rn. 41 ff.; vgl. ferner *Kolassa*, in: Schimansky/Bunte/Lwowsky, Bankrechts-Hdb., § 135 Rn. 45 ff.

187 Verordnung (EU) Nr. 600/2014 des Europäischen Parlaments und des Rates vom 15. Mai 2014 über Märkte für Finanzinstrumente und zur Änderung der Verordnung (EU) Nr. 648/2012.

188 *ESMA*, MiFID II/MiFIR-2014/1569, 354 f., 356, dort insbesondere Technical advice 2. und 3.

189 *ESMA*, MiFID II/MiFIR-2014/1569, 354, dort insbesondere Nr. 11 und 12 („ESMA has had regard to the treatment of issuers seeking admission to a Regulated Market, as a benchmark against which to consider the appropriate requirements for SME-GM

Hierzu nun formuliert die MiFID II als eine Art *Gegenkonzept* – wie schon ihre Vorgängerrichtlinie[190] – in ihren Erwägungsgründen allerdings auch, es solle einem geregelten Markt nicht verwehrt sein, Emittenten von Finanzinstrumenten, deren Zulassung zum Handel er in Betracht ziehe, strengeren Anforderungen als denen der Richtlinie zu unterwerfen.[191] Die in dieser Hinsicht von einem geregelten Markt statuierten Verhaltensvorgaben für die Zulassung von Finanzinstrumenten zum Handel sollen außerdem nach S. 1 der 122. Begründungserwägung die Anforderungen der Börsenzulassungsrichtlinie (BörsZulRL)[192] sowie der Prospektrichtlinie (ProspektRL)[193] an den Marktzutritt unberührt lassen. Die hier in Bezug genommenen weiteren Basisrechtsakte des europäischen Kapitalmarktrechts deuten ihrerseits das Potenzial der Börsen an, die von ihnen betriebenen Märkte und Handelsplätze autonom zu gestalten und Verhaltensanforderungen zu definieren, die über die Vorgaben des europäischen Richtlinien- und Verordnungsrechts hinausgehen. Der Ansatz, die Grundpflichten innerhalb des regulierten Börsenmarktes um zusätzliche Sonderpflichten zu erweitern, widerspricht auch nicht der konzeptionellen Ausrichtung von KMU-Wachstumsmärkten; diese nämlich können ausschließlich als Teilausschnitt eines MTF implementiert werden. Er bestätigt vielmehr die Relevanz im Wege proportionaler Segmentregulierung geschaffener Anforderungsprofile für die Funktionsfähigkeit des gesamten Marktes, wie sie auch die ESMA in diesem

---

issuers in these areas. As a general principle, a proportionate approach for SME-GMs should entail a set of standards which are not more burdensome than those for Regulated Markets."); vgl. auch ErwG (4) Verordnung (EU) 2019/2115 des Europäischen Parlaments und des Rates vom 27. November 2019 zur Änderung der Richtlinie 2014/65/EU und der Verordnungen (EU) Nr. 596/2014 und (EU) 2017/1129 zur Förderung der Nutzung von KMU-Wachstumsmärkten („Um bei der Einhaltung der gesetzlichen Vorgaben an geregelten Märkten die höchsten Standards zu beizubehalten, sollten die in dieser Verordnung vorgesehenen Maßnahmen ungeachtet der Tatsache, dass nicht alle KMU an KMU-Wachstumsmärkten notiert sind und nicht alle an KMU-Wachstumsmärkten notierten Unternehmen KMU sind, auf die an KMU-Wachstumsmärkten notierten Unternehmen beschränkt bleiben.").

190 Vgl. noch ErwG (57) der MiFID.

191 ErwG (122) S. 2 der MiFID II.

192 Richtlinie 2001/34/EG des Europäischen Parlaments und des Rates vom 28. Mai 2001 über die Zulassung von Wertpapieren zur amtlichen Börsennotierung und über die hinsichtlich dieser Wertpapiere zu veröffentlichenden Informationen.

193 Richtlinie 2003/71/EG des Europäischen Parlaments und des Rates vom 4. November 2003 betreffend den Prospekt, der beim öffentlichen Angebot von Wertpapieren oder bei deren Zulassung zum Handel zu veröffentlichen ist.

Zusammenhang hervorgehoben hat.[194] Vor diesem Hintergrund wenig überraschend wird er an unterschiedlichen Stellen des europäischen Richtlinien- und Verordnungsrechts aufgegriffen.

Art. 8 Abs. 1 BörsZulRL etwa lässt zu, dass die Mitgliedstaaten die Börsenzulassung von Wertpapieren von strengeren als den in den Artikeln 42 bis 63 der Richtlinie genannten oder zusätzlichen Bedingungen abhängig machen können, sofern diese strengeren oder zusätzlichen Bedingungen nur für sämtliche oder einzelne Kategorien von Emittenten in gleichem Maße gelten und vor den Zulassungsanträgen an die Börsen veröffentlicht worden und einsehbar sind.[195] Emittenten sollen hierdurch in die Lage versetzt werden, Ausmaß und Umfang des erweiterten Pflichtenprogramms, das über den gesetzlichen Grundbestand hinausreicht, abschätzen und ihrer Listingentscheidung zugrunde legen zu können. Sofern sich, wie etwa in Art. 43 Abs. 3 BörsZulRL, der die Höhe des voraussichtlichen Kurswertes nach Börseneinführung und die Eigenkapitalausstattung des antragstellenden Unternehmens betrifft, die Richtlinie zunächst ausdrücklich nur an die Mitgliedstaaten richtet (vgl. Art. 288 Abs. 3 AEUV), kommt hierin lediglich ihr mindestharmonisierender Charakter zum Ausdruck.[196] Modifikationen und Abweichungen von der richtlinienrechtlich vorskizzierten Verfassung der börslichen Handelsplätze sind also durchaus denkbar und vor allem im Bereich des Zulassungswesens notwendig, um, wie von der BörsZulRL gefordert, die „Zulassung von Wertpapieren zur amtlichen Notierung [...] hinreichend elastisch" zu gestalten, „auch, um den Mitgliedstaaten die Möglichkeit zu geben, etwa auftretenden besonderen Situationen Rechnung zu tragen", und so „die derzeitigen strukturellen Unterschiede zwischen den Wertpapiermärkten der Mitgliedstaaten berücksichtigen zu können".[197] Das meint auch ErwG (122) S. 1

---

194 Früh in Bezug auf eine Verschärfung der Transparenzstandards für den Freiverkehrshandel *Lenenbach*, Kapitalmarktrecht, Rn. 3.224.

195 Vgl. auch *Merkt*, Teilgutachten G zum 64. DJT, 104.

196 Das gilt bspw. auch für Art. 71 der BörsenzulassungsRL, nach dem die Mitgliedstaaten Unternehmen strengeren oder zusätzlichen Verpflichtungen in Bezug auf die Veröffentlichung eines Halbjahresfinanzberichts unterwerfen dürfen, solange dies in nichtdiskriminierender Weise erfolgt; vgl. Schwark/Zimmer/*Heidelbach*, KMRK, § 42 BörsG Rn. 4; auch *Schwark*, NJW 1987, 2041 (2042); auch *Bröcker*, in: Claussen, Bank- u. Börsenrecht, § 6 Rn 6; zur Ermittlung des mindestharmonisierenden Charakters eines Rechtsakts durch Auslegung und anhand der Erwägungsgründe vgl. auch *Poelzig*, Kapitalmarktrecht, § 2 Rn. 48 f., die auch hervorhebt, dass der Harmonisierungsgrad auch innerhalb eines Rechtsakts variieren kann.

197 ErwG (5) der BörsZulRL, s. außerdem ErwG (11) der Richtlinie.

der MiFID II, wenn es heißt, die Bestimmungen der Richtlinie in Bezug auf die Zulassung von Finanzinstrumenten zum Handel nach den von einem geregelten Markt vorgegebenen Zulassungsanforderungen ließen die Anwendung der Prospekt- und BörsenzulassungsRL unberührt. Und den Art. 8 Abs. 1, 43 Abs. 3 und 71 BörsZulRL lässt sich entnehmen, dass diese weitergehende Regulierung insofern *diskriminierungsfrei* zu gestalten ist, als sie entweder *alle* oder eine bestimmte *Emittentenkategorie* vollständig erfassen muss.[198] Da hiernach zusätzliche Zulassungsanforderungen für eine von anderen unterscheidbare Gruppe von Emittenten statuiert werden können, muss auch eine Segmentierung innerhalb des regulierten Marktes statthaft sein, die sich anhand unterschiedlicher Regulierungsniveaus für die kategorisch geschiedenen Emittentengruppen vollzieht. In den Koordinaten des § 42 Abs. 1 BörsG ist in dieser Hinsicht anerkannt, dass sich die Unterscheidung auch über die fakultative Ausgestaltung des Segmentzugangs[199] treffen lässt und das aus den formellen Regulierungsgrenzen der Ermächtigungsgrundlage abgeleitete Antragserfordernis den Anforderungen an ein diskriminierungsfreies Trennungskriterium genügt.[200]

Der Segmentierungsgedanke begegnet wieder in der Transparenzrichtlinie-Änderungsrichtlinie (TransparenzRL-ÄnderungsRL).[201] Die Richtlinie, auf die auch noch im Zusammenhang mit der teilbereichseigenen Pflicht zu einer quartalsweisen Finanzberichterstattung zurückzukommen sein wird, stellt in ihren Begründungserwägungen ausdrücklich klar, dass „der Betreiber eines geregelten Marktes von Emittenten, deren Wertpapiere zum Handel an diesem Markt

---

198 Vgl. auch *Schiemzick*, Segmentwechsel, 47; außerdem ErwG (5) S. 4 der TransparenzRL-ÄnderungsRL („in einigen oder allen Segmenten dieses Markts zusätzliche Finanzinformationen veröffentlichen"); dazu auch *Meyer*, in: Marsch-Barner/Schäfer, Hdb. börsennotierte AG, Rn. 7.53.

199 Zu den formellen Regulierungsgrenzen unten Kapitel 4 § 1.

200 Schwark/Zimmer/*Heidelbach*, KMRK, § 42 BörsG Rn. 8; *Schiemzick*, Segmentwechsel, 47; vgl. auch *Mues*, ZBB 2001, 353 (359).

201 Richtlinie 2013/50/EU des Europäischen Parlaments und des Rates vom 22. Oktober 2013 zur Änderung der Richtlinie 2004/109/EG des Europäischen Parlaments und des Rates zur Harmonisierung der Transparenzanforderungen in Bezug auf Informationen über Emittenten, deren Wertpapiere zum Handel auf einem geregelten Markt zugelassen sind, der Richtlinie 2003/71/EG des Europäischen Parlaments und des Rates betreffend den Prospekt, der beim öffentlichen Angebot von Wertpapieren oder bei deren Zulassung zum Handel zu veröffentlichen ist, sowie der Richtlinie 2007/14/EG der Kommission mit Durchführungsbestimmungen zu bestimmten Vorschriften der Richtlinie 2004/109/EG; dazu auch *Meyer*, in: Marsch-Barner/Schäfer, Hdb. börsennotierte AG, Rn. 7.53.

zugelassen sind, verlangen [kann], dass sie in *einigen* oder *allen* Segmenten dieses Markts zusätzliche regelmäßige Finanzinformationen veröffentlichen."[202] Ähnlich formuliert auch der 23. Erwägungsgrund der BörsZulRL als Zielsetzung in Bezug auf dem amtlichen Handel (heute: dem regulierten Markt) nachgeordnete Marktsegmente, es müsse bei wesentlicher Gleichwertigkeit der Bilanzierungspflichten in einem *nachgeordneten Markt*[203] der Aufstieg in einen ranghöheren Handelsplatz unter erleichterten Voraussetzungen möglich sein.[204]

Noch deutlicher spricht schließlich die ProspektRL, auf die ErwG (122) S. 1 MiFID II ebenfalls verweist und die am 21. Juli 2019 von der Europäischen Prospektverordnung (EU-ProspektVO)[205] abgelöst worden ist, in ihrem 15. ErwG davon, die Offenlegungsstandards der Richtlinie berührten nicht das Recht eines Mitgliedstaats, einer zuständigen Behörde oder einer Börse mittels ihrer Börsenordnung, weitere besondere Anforderungen im Zusammenhang mit der Zulassung von Wertpapieren zum Handel an einem geregelten Markt, insbesondere in Bezug auf die Entscheidungsstrukturen innerhalb des antragstellenden Unternehmens, festzulegen, wobei solche zusätzlichen Anforderungen nicht die Erstellung, den Inhalt oder die Verbreitung des von der zuständigen Behörde gebilligten Prospekts beschränken dürften.[206] Die EU-ProspektVO[207]

---

202 ErwG (5) TransparenzRL-ÄnderungsRL, Hervorhebungen nur hier; vgl. auch *Meyer*, in: Marsch-Barner/Schäfer, Hdb. börsennotierte AG, Rn. 7.53.

203 Vgl. zu diesem Aspekt auch *Hammen*, Börsen und multilaterale Handelssysteme, 29.

204 ErwG (23) der BörsenzulassungsRL unter Verweis auf Art. 23 dieser Richtlinie, der im Wesentlichen Befreiungsmöglichkeiten und -tatbestände für die im amtlichen Handel bestehende Prospektpflicht vorsieht. In ErwG (23) heißt es: „Des weiteren [sic!] gibt es an vielen Börsen nachgeordnete Märkte, an denen die Aktien von Unternehmen gehandelt werden, die nicht zur amtlichen Notierung zugelassen sind. In einigen Fällen werden die nachgeordneten Märkte durch Stellen geregelt und beaufsichtigt, die von amtlichen Organen anerkannt sind, welche den Unternehmen hinsichtlich der Rechnungslegung Pflichten auferlegen, die im wesentlichen [!] den Auflagen entsprechen, die die amtlich notierten Unternehmen zu erfüllen haben. [...]".

205 Verordnung (EU) 2017/1129 des Europäischen Parlaments und des Rates vom 14. Juni 2017 über den Prospekt, der beim öffentlichen Angebot von Wertpapieren oder bei deren Zulassung zum Handel an einem geregelten Markt zu veröffentlichen ist und zur Aufhebung der Richtlinie 2003/71/EG.

206 Dazu auch Schwark/Zimmer/*Heidelbach*, KMRK, § 42 BörsG Rn. 12.

207 Verordnung (EU) 2017/1129 des Europäischen Parlaments und des Rates vom 14. Juni 2017 über den Prospekt, der beim öffentlichen Angebot von Wertpapieren oder bei deren Zulassung zum Handel an einem geregelten Markt zu veröffentlichen ist und zur Aufhebung der Richtlinie 2003/71/EG.

hat diese Begründungserwägung nahezu wortlautidentisch übernommen und fortgeführt.[208] Anders als die MiFID II und die BörsZulRL bezieht sich das Prospektrecht allerdings ausdrücklich auch auf das börsliche Satzungsrecht (engl. *rulebook*) als Grundlage „[weiterer besonderer] Anforderungen im Zusammenhang mit der Zulassung von Wertpapieren zum Handel an einem geregelten Markt“ und verbindet hierdurch den Regulierungsansatz des europäischen Kapitalmarktrechts mit der börsenautonomen Rechtsetzung in den Teilbereichen des nationalen Börsenmarktes.

b. Verhältnis zu § 42 BörsG

Der in den zitierten Rechtsquellen des europäischen Kapitalmarktrechts und insbesondere den ihnen vorangestellten Erwägungsgründen dokumentierte Regulierungsansatz, der teils die einzelstaatlichen Kapitalmärkte, teils explizit die börsliche Selbstregulierung (vgl. insbesondere ErwG (8) EU-ProspektVO)[209] adressiert und es ausdrücklich gestattet, von den insoweit mindestharmonisierenden Vorgaben des Richtlinien- und Verordnungsrechts abzuweichen, wirkt sich nun an unterschiedlichen Stellen auf die zuvor dargestellten organisatorischen Grundstrukturen der börslichen Wertpapiermärkte aus.

Die in ihrem jeweiligen Regelungsschwerpunkt die Zulassung und den Betrieb geregelter Märkte für den Wertpapierhandel (MiFID II),[210] das hierauf bezogene Zulassungswesen (BörsZulRL und ProspektRL/EU-ProspektVO) sowie das Zulassungsfolgepflichtenregime (TransparenzRL-ÄnderungsRL) betreffenden Rahmenrechtsakte sind beredtes Zeugnis dafür, dass die an sich abschließenden Handelsplatzkategorien des europäischen Kapitalmarktrechts lediglich einen gemeinschaftlichen Mindeststandard hinsichtlich der äußeren, rechtlichen Verfassung des börslichen Wertpapierhandels bilden und die einzelnen Handelsplätze, insbesondere aber der geregelte Markt des Unionsrechts (der regulierte Börsenmarkt; in Art. 8 Abs. 1, 43 Abs. 3 BörsZulRL ist jeweils noch

208 ErwG (8) Prospektverordnung. In der Englischen Fassung lautet dieser : „The disclosure requirements of this Regulation do not prevent a Member State or a competent authority or an exchange, through its rulebook, from imposing other particular requirements in the context of the admission to trading of securities on a regulated market, notably regarding corporate governance. Such requirements should not directly or indirectly restrict the drawing up, the content and the dissemination of a prospectus approved by a competent authority.“

209 Zum Begriff eingehend *Damrau*, Selbstregulierung, 59 ff.

210 S. dort insb. Art. 1 Abs. 2 lit. c) MiFID II.

die Rede von „amtlicher Markt"), eine die Richtlinienvorgaben übersteigende Regulierung vorsehen können, deren Elemente innerhalb des europäischen Kapitalbinnenmarktes nicht notwendig einheitlich ausgestaltet sein müssen.[211] Das ist dann auch einer der Gründe, warum die handelsplatzspezifischen Sonderpflichten Emittenten bekannt bzw. öffentlich zugänglich sein müssen, ehe sie einen Handelsplatz mit erweitertem, individuellem Pflichtenbestand zum Zielmarkt ihrer Emission bestimmen.[212] Dass die Pflichtenregime auch innerhalb eines integrierten und in weiten Teilen harmonisierten Kapitalbinnenmarktes divergieren können, bringt auch der 11. Erwägungsgrund der BörsZulRL zum Ausdruck; hier bekennt der Unionsgesetzgeber, die rechtlichen Unterschiede im Bereich des börslichen Zulassungswesens nur *koordinieren*, nicht aber *eliminieren* zu wollen und lediglich „auf ausreichendem Niveau eine Gleichwertigkeit der vorgeschriebenen Schutzbestimmungen" zu erreichen zu suchen.[213] Auch die EU-ProspektVO verfolgt einen *kohärenten Ansatz*,[214] der divergierende Einzelmaßnahmen der Mitgliedstaaten zwar reduzieren soll, abseits eines standardisierten Prospektrechts aber Raum für ergänzende Zulassungsanforderungen lässt, die nur Erstellung, Inhalt und Verbreitung des Prospekts nicht beschränken dürfen.[215] So sollen insbesondere auch zusätzliche unterjährige Finanzinformationen, die nicht bereits Gegenstand nationaler Rechtsvorschriften sind, Emittenten von den Betreibern geregelter Märkte auferlegt werden können.[216] Festzustellen ist also, dass das europäische Kapitalmarktrecht potenzielle Abweichungen in den einzelstaatlichen Rechtsregimen durchaus zulässt, dies allerdings nur insoweit, als der gemeinschaftliche Mindeststandard anleger- und funktionsschützender Rechtsvorschriften beachtet und durch eine weitergehende Sonderrechtsetzung nicht beeinträchtigt wird.[217] Diese Öffnung der zuvor beschriebenen kategorialen Marktstrukturen in ihren Randbereichen korrespondiert dabei im Wesentlichen mit dem Regelungsanliegen der

---

211 Dazu auch *Seiffert*, in: Kümpel/Mülbert/Früh/Seyfried, Bank- und Kapitalmarktrecht, Rn. 14.1, der die MiFID II als den „Grundstein einer möglichst einheitlichen Finanzmarktverfassung" beschreibt.

212 Vgl. die Vorgaben in Art. 8 Abs. 1 BörsZulRL. Das gilt aber nicht nur im Falle eines IPO, sondern gleichermaßen auch für die Umplatzierung von Aktien über die Börse.

213 Dazu auch *Bröcker*, in: Claussen, Bank- u. Börsenrecht, § 6 Rn. 5 f.

214 ErwG (5) EU-ProspektVO.

215 Vgl. insbesondere die ErwG (5) und (8) der EU-ProspektVO.

216 ErwG (5) TransparenzRL-ÄnderungsRL; auch *Meyer*, in: Marsch-Barner/Schäfer, Hdb. börsennotierte AG, Rn. 7.53.

217 In diese Richtung auch *Bröcker*, in: Claussen, Bank- u. Börsenrecht, § 6 Rn. 5.

Ermächtigungsgrundlage in § 42 BörsG für den regulierten Börsenmarkt, der es den Börsen erlaubt, einen von ihnen betriebenen Wertpapierhandelsplatz[218] in einem Teilbereich frei zu gestalten und sich so auch in einem *Markt der Märkte* innerhalb des nationalen, aber auch europäischen Kapitalbinnenmarktes entsprechend zu positionieren.[219] Das europäische Kapitalmarktrecht steht der börsenautonomen Rechtsetzung in diesen Randbereichen jedenfalls offen gegenüber und verdeutlicht durch ihre wiederholte Inbezugnahme in diversen Basisrechtsakten die grundlegende Bedeutung eines solchen Regulierungsansatzes als Element eines integrierten europäischen Kapitalmarktrechts. Zu einem Gesamtbild verbunden kennzeichnet ihn (i.) die grundsätzliche Zulässigkeit der Intensivierung von Transparenz- und materiellen Verhaltenspflichten (ErwG (122) MiFID II, ErwG (8) EU-ProspektVO) (ii.) in der Börsenordnung für den Wertpapierhandel in einem regulierten Börsenmarkt (ErwG (122) MiFID II, ErwG (8) EU-ProspektVO) (iii.) für eine bestimmte Emittentenkategorie bei Fortbestand der unionsrechtlich koordinierten Listingvoraussetzungen (Art. 8 Abs. 1 BörsZulRL).

Die Frage, wie sich das Regulierungspotenzial der Börsen in einem Teilbereich des regulierten Marktes und die europarechtliche Motivlage zueinander verhalten, wird vor allem im Zusammenhang mit der Bestimmung der formellen und materiellen Gestaltungsgrenzen der Ermächtigungsgrundlage von Bedeutung sein.[220] Bereits an dieser Stelle sei daran erinnert, dass es sich bei § 42 BörsG um einen *Nicht-Umsetzungsakt* handelt, eine Bestimmung also, die nicht unmittelbar auf europäisches Richtlinienrecht zurückzuführen ist oder seiner Umsetzung dient.[221] Entscheidend wird deshalb sein, die Ermächtigungsgrundlage, die einem Regulierungsansatz entspricht, der zahlreiche unionsrechtliche

---

218 Die Ermächtigungsgrundlage beschränkt sich auf den regulierten Markt an einer Börse, der gem. Art. 4 Abs. 1 Nr. 21, Art. 44 ff. MiFID II nur für den Handel in Finanzinstrumenten zur Verfügung steht; zu den Wesensmerkmalen vgl. auch Schwark/Zimmer/*Kumpan*, KMRK, § 2 WpHG Rn. 187. Deshalb können bspw. an Warenbörsen keine Teilbereiche eingerichtet werden, weil es an einer entsprechenden Ermächtigungsgrundlage fehlt.

219 Vgl. auch *Groß*, Kapitalmarktrecht, § 42 BörsG Rn. 2; *Foelsch/Wittmann*, in: Hellner/Steuer, BuB, Rn. 7/420b; auch Baumbach/Hopt/*Kumpan*, § 42 BörsG Rn. 1; dazu auch *Bröcker*, in: Claussen, Bank- u. Börsenrecht, § 6 Rn. 43.

220 Unten Kapitel 4 § 2 I. und II.; vgl. zu Art. 8 Abs. 1 BörsZulRL auch *Schiemzick*, Segmentwechsel, 47.

221 Vgl. bereits oben Kapitel 1 § 1 IV. sowie Schwark/Zimmer/*Kumpan*, KMRK, Einl. BörsG Rn. 32.

Rechtsquellen des Kapitalbinnenmarktes begleitet, als Vorschrift zu würdigen, die innerhalb des mehrschichtigen Regulierungsgefüges des europäischen Finanzmarktrechts nicht isoliert betrachtet werden kann.[222]

3. *Nationale Börsenmarktverfassung und Teilbereichsregulierung*

Auch innerhalb des nationalen Rechtsraums ist die Verfassung der börslichen Handelsplätze in ihrem Kern einem autonomen Zugriff der Börsen und ihrer Träger entzogen, was sich in unterschiedlicher Weise auch auf die Rechtsetzung in den Teilbereichen auswirkt.

a. *Öffnung der tradierten Marktstrukturen durch Teilbereichs- und freiverkehrliche Sondersegmentregulierung; Begriffsbestimmung und Abgrenzung zu anderen Formen der Marktunterteilung*

Nur § 42 Abs. 1 BörsG erlaubt den Börsen die Regulierung besonderer Segmentprofile innerhalb, die über die rechtlichen Anforderungen innerhalb der Grundstrukturen des regulierten Marktes hinausgehen. Im Zusammenhang mit den Vorgängernormen der Ermächtigungsgrundlage war deshalb bisweilen die Rede von einer *Durchbrechung* des zuvor beschriebenen *numerus clausus* der Handelsplatzarten.[223] Dabei beruht auch die Regulierung besonderer Teilbereiche in ihrem Ausgangspunkt auf der Prämisse eines börsengesetzlich skizzierten Urzustands, der sich aus den unionsrechtlich definierten Handelsplatzkategorien zusammenfügt, sich also über die verordnungsrechtlichen und gesetzlichen Regelungskomplexe zu Marktzutritt und -verhalten definiert, und den die börsenautonome Rechtsetzung in einem Teilbereich in unterschiedlicher Weise voraussetzt.[224] Innerhalb des nationalen Börsenrechts sind dies der regulierte

---

222 Dazu auch S. *Augsberg*, in: Ehlers/Fehling/Pünder, Öffentliches Wirtschaftsrecht, § 35 Börsenrecht Rn. 6 („Das nationale Börsenrecht muss sich zudem gegenüber internationalen, namentlich auch europäischen, Regelungsversuchen öffnen.“, „Europäisierung des Börsenrechts“); vgl. auch *Seiffert*, in: Kümpel/Mülbert/Früh/Seyfried, Bank- und Kapitalmarktrecht, Rn. 14.310, der die internationale Ausrichtung des Teilbereichshandels hervorhebt; grundlegend zu den sich überlagernden Rechtsquellen des Kapitalmarktrechts vgl. auch *Poelzig*, Kapitalmarktrecht, § 2 Rn. 39 ff.

223 *Schiemzick*, Segmentwechsel, 44; auch *Breitkreuz*, Die Ordnung der Börse, 44, der von *unechten Marktsegmenten* spricht.

224 Zur rechtlichen Organisation des Börsenhandels in den unterschiedlichen Segmenten auch *Lenenbach*, Kapitalmarktrecht, Rn. 3.80 f.

Börsenmarkt (§ 32 BörsG) und der Freiverkehrshandel (§ 48 BörsG) in jeweils unsegmentierter Form.[225]

In diesem Zusammenhang sei auch angemerkt, dass die schematisch-algorithmische und eher technische Organisation des eigentlichen Börsenhandels in unterschiedlichen Handelsarten des jeweiligen Handelsplatzes keine Segmentierung in einem börsenorganisationsrechtlichen Sinne darstellt.[226] Denn die technischen Handelssysteme und Kursfeststellungsverfahren werden regelmäßig segment- und handelsplatzübergreifend eingesetzt, unterteilen den Markt also nicht entlang unterschiedlicher Transparenzniveaus und Pflichtenstandards und berühren das rechtliche Umfeld des Wertpapierhandels deshalb grundsätzlich nicht unmittelbar.[227] Der Einsatz unterschiedlicher Handelsverfahren und Kursfeststellungsarten bleibt hier deshalb außer Betracht, wenn ihm nicht zugleich die Segmentierung des börslichen Handelsplatzes über die Dichte emittentenbezogener Verhaltensanforderungen zugrunde liegt.

Schließlich lässt sich auch § 48 Abs. 1 S. 4 BörsG keine § 42 BörsG vergleichbare Aussage entnehmen; denn innerhalb des freiverkehrlichen Systems kann durchaus eine *handelsplatzvereinnahmende* Pflichtensteigerung gegenüber sämtlichen Emittenten etabliert werden, deren Wertpapiere mit ihrer Zustimmung in den Freiverkehrshandel einbezogen worden sind. Dann aber fehlt es an unterschiedlichen, die börsenautonome Segmentregulierung charakterisierenden Transparenz- und Regulierungsniveaus innerhalb desselben Handelsplatzes. Die Gestaltungsmöglichkeiten innerhalb des Freiverkehrshandels folgen auf nationaler Ebene bereits aus dessen privatrechtlicher Konzeption,[228] die auch bedingt, dass der Regelsetzung durch den Börsenträger keine der Regulierung teilbereichsspezifischer Anforderungsprofile innerhalb des börslichen Satzungsrechts vergleichbaren Schranken auferlegt sind.[229] Die äußeren Strukturen des Freiverkehrs sind außerhalb der organisatorischen Anforderungen an den

---

225 *Schäfer*, in: Marsch-Barner/Schäfer, Hdb. börsennotierte AG, Rn. 12.10; *Baums*, Unternehmensfinanzierung, § 8 Rn. 9. Außer Acht bleibt an dieser Stelle der außerbörsliche Wertpapierhandel, hierzu grundlegend *Kumpan*, Regulierung außerbörslicher Wertpapierhandelssysteme, passim.

226 Schwark/Zimmer/*Heidelbach*, KMRK, § 32 BörsG Rn. 19.

227 Vgl. auch *Dehlinger*, Vertragliche Marktsegmentregulierung, 33 Fn. 2; *Schlüter*, Börsenhandelsrecht, 530 Rn. 963; zur Ordnungsfunktion vertikaler Marktsegmente noch unten Kapitel 3 § 2 I.

228 Grundlegend zur rechtlichen Organisation des börslichen Freiverkehrshandels *Fink*, Freiverkehr, passim.

229 Vgl. etwa Schwark/Zimmer/*Schwark*, KMRK, § 48 BörsG Rn. 12.

Marktveranstalter deshalb insgesamt wesentlich weicher gezeichnet, als die des regulierten Grundmarktes, der dem öffentlichen Recht zuzuordnen ist.[230] Es heißt bspw. in § 3 der AGB für den Freiverkehrshandel an der Börse Stuttgart, der Börsenträger könne die im Freiverkehr gehandelten Wertpapiere in *Handelssegmente* und *Produktgruppen* untergliedern und jeweils gesonderte Regelungen erlassen. Die Regularien des Freiverkehrs in Hamburg und Hannover ermächtigen den Börsenträger, im Einvernehmen mit dem Freiverkehrsausschuss, die im Freiverkehr gehandelten Wertpapiere in *Handelssegmente*, *Teilsegmente* und *Wertpapiergruppen* zu untergliedern.[231] Je nach Ausgestaltung der Segmente des Freiverkehrsmarktes, insbesondere für den Fall der Regulierung von Sondersegmenten mittels unterschiedlicher Listingbedingungen, sind diese den Teilbereichen des regulierten Marktes aber jedenfalls funktional vergleichbar.[232] Auf die unterschiedlichen Erscheinungsformen dieses Segmentierungsgedankens im Rahmen des Freiverkehrshandels wird deshalb sogleich noch näher einzugehen sein.[233]

Sowohl in den Teilbereichen des regulierten Marktes als auch in freiverkehrlichen Sondersegmenten[234] geht es um ein von den korrespondierenden Grundmarktstrukturen niveaudifferentes Sonderpflichtenregime, das als solches nur dort identifiziert werden kann, wo ein auf die gesetzlichen, weitgehend abschließend in BörsG, BörsZulVO und anderen kapitalmarktrechtlichen Rechtsakten wie dem WpHG, WpÜG und der Marktmissbrauchsverordnung (engl. Market Abuse Regulation, MAR)[235] geregelten Folgepflichten beschränkter Grundmarkthandel an der Börse fortbesteht.[236] Für das handelsobjekt- und subjektbezogene Zulassungswesen des regulierten Marktes folgt hieraus, dass

230 Schwark/Zimmer/*Heidelbach*, KMRK, § 32 BörsG Rn. 1; *Groß*, Kapitalmarktrecht, § 32 BörsG Rn. 5 f.

231 Vgl. jeweils § 3 der AGB für den Freiverkehr der Börse Hamburg bzw. Hannover.

232 Zu den Freiverkehrsmärkten noch unten Kapitel 2 § 2.

233 Unten Kapitel 2.

234 *Storm*, Alternative Freiverkehrssegmente, 180 ff., 226 ff.

235 Verordnung (EU) Nr. 596/2014 des Europäischen Parlaments und des Rates vom 16. April 2014 über Marktmissbrauch (Marktmissbrauchsverordnung) und zur Aufhebung der Richtlinie 2003/6/EG des Europäischen Parlaments und des Rates und der Richtlinie 2003/124/EG und 2004/72/EG der Kommission (ABl. Nr. L 173).

236 Dazu auch *Gebhardt*, in: Schäfer/Hamann, KMG, § 42 BörsG Rn. 4 f.; zum Begriff der vertikalen Handelsplatzsegmentierung vgl. auch *Kirchner*, Segmentierte Aktienmärkte, 30 Die unterschiedlichen Ausprägungen dieser formellen Grenzen der Teilbereichsregulierung werden noch unter Kapitel 4 § 1 dargestellt.

derjenige Emittent, der die gesetzlichen Zulassungsvoraussetzungen erfüllt (vgl. insbesondere § 32 Abs. 3, 4 BörsG) und dessen Wertpapiere den Anforderungen des Art. 35 der Verordnung (EG) Nr. 1287/2006 (Finanzinstrumente-Aufzeichnungspflicht-DVO)[237] (vgl. § 32 Abs. 3 Nr. 1 BörsG) genügen, einen einklagbaren Zulassungsanspruch gegen die Geschäftsführung der Börse geltend machen kann.[238]

Die Differenzierung zwischen Grund- und Sonderpflichtenbestand bedingt aber zugleich, dass das segmentspezifische Sonderpflichtenregime stets nur auf Antrag des Emittenten in Geltung gesetzt wird, der nämlich ohne seine Mitwirkung[239] grundsätzlich nicht dazu angehalten werden kann, weitergehende Verhaltens- oder Offenlegungspflichten zu befolgen (vgl. §§ 33 Abs. 1 Nr. 2, Abs. 2 S. 2 Hs. 2, 48 Abs. 1 S. 4 BörsG).[240] Wie auch die Sondersegmente des freiverkehrlichen Wertpapierhandels modifizieren Teilbereiche des regulierten Marktes somit die rechtlichen Strukturen des börslichen Transaktionsumfelds nur insoweit, als es um eine hiervon kontrastierte Erweiterung verbindlicher Marktverhaltensvorgaben im Sinne des zu beachtenden Rechtsrahmens geht. Nur in diesem Bereich ist es dem börslichen Markt überhaupt möglich, von dem Gebot der Einheitlichkeit der Wertpapierhandelsplätze abzuweichen, ein Handelsumfeld einzurichten, das sich von anderen Wertpapiermärkten unterscheidet und

---

237 Verordnung (EG) Nr. 1287/2006 der Kommission vom 10. August 2006 zur Durchführung der Richtlinie 2004/39/EG des Europäischen Parlaments und des Rates betreffend die Aufzeichnungspflichten für Wertpapierfirmen, die Meldung von Geschäften, die Markttransparenz, die Zulassung von Finanzinstrumenten zum Handel und bestimmte Begriffe im Sinne dieser Richtlinie.

238 *Hammen*, WM 2003, 997 (998); *Foelsch/Wittmann*, in: Hellner/Steuer, BuB, Rn. 7/592b; dazu auch *Seiffert*, in: Kümpel/Mülbert/Früh/Seyfried, Bank- und Kapitalmarktrecht, Rn. 14.451 f.

239 Diese Mitwirkungshandlung kann sich auch auf die bloße Billigung des nicht auf Initiative der Gesellschaft von einem Dritten gestellten Antrags auf Zulassung zum Handel beschränken, vgl. etwa Art. 17 Abs. 1 UAbs. 3 MAR; s. ferner *Kumpan*, DB 2016, 2039 (2040); Schwark/Zimmer/*Kumpan*, KMRK, § 2 WpHG Rn. 195 f.; Klöhn/*Klöhn*, MAR, Art. 17 MAR Rn. 57; *Assmann*, in: Assmann/Schneider/Mülbert, Wertpapierhandelsrecht, Art. 2 MAR Rn. 13; *Brellochs*, in: Habersack/Mülbert/Schlitt, Hdb. der Kapitalmarktinformation, § 1 Rn. 29 („Der Emittent muss daher an der Einbeziehung seiner Finanzinstrumente aktiv mitgewirkt haben, um in den Anwendungsbereich dieser Normen zu gelangen.").

240 *Gebhardt*, in: Schäfer/Hamann, KMG, § 42 BörsG Rn. 4; *Brockhausen*, in: Becker/Förschler/Klein, MiFID, Rn. 249; *Seiffert*, in: Kümpel/Mülbert/Früh/Seyfried, Bank- und Kapitalmarktrecht, Rn. 14.321.

dadurch das Grundmuster nach Bedarf zu verfeinern. Gleichwohl ändert eine solche Pflichtenerweiterung noch nichts daran, dass die äußere Verfassung des gesetzlichen Grundmarktes der Dispositionsbefugnis der Börse entzogen ist.[241] Die Regulierung besonderer Teilbereiche gem. § 42 Abs. 1 BörsG stellt hiervon keine Ausnahme dar.[242]

b. Einheitliche Handelsplatzstrukturen als Gebot institutioneller Transparenz

Die Ermächtigungsgrundlage beschränkt den Börsenrat vielmehr aus guten Gründen dahin gehend, Teilbereiche innerhalb des regulierten Marktes einzurichten,[243] sodass die börsenautonome Segmentierung zu einer weitergehenden Profilierung der unionsrechtlich vereinheitlichten Handelsplatzstrukturen führt.[244] § 42 Abs. 1 BörsG belegt damit zugleich, dass es den Börsen gerade nicht möglich sein soll, atypische Handelsplatzstrukturen einzurichten, die sich keiner der unions- und börsenrechtlichen Marktkategorien zuordnen lassen.[245] Denn wie bereits erwähnt setzen wesentliche Anliegen der europäischen Finanzmarktregulierung, wie die Förderung einheitlicher Wettbewerbsbedingungen unter den nationalen Kapitalmärkten durch Konformität der Handelsplätze für den Wertpapierhandel, die Indisponibilität dieser gesetzlichen Grundmarktstrukturen voraus.[246] Damit nicht zu vereinbaren wäre etwa die Einrichtung einer die regulatorischen Anforderungen an den regulierten Markt unterschreitenden Handelsplatzkategorie durch die Börsen nach Vorbild des Geregelten Marktes von 1986, mit dem die Vorgaben des europäischen Richtliniengebers umgangen werden sollten.[247] Autonom geschaffene Segmentprofile haben vielmehr die gesetzlichen Anforderungen an ihren korrespondierenden Grundmarkt zu beachten.[248] In dieser Hinsicht ist weder eine Rechtsetzung *contra legem* zulässig,

---

241 *Schäfer*, in: Marsch-Barner/Schäfer, Hdb. börsennotierte AG, Rn. 12.10; auch *Gebhardt*, WM-Sonderbeilage 2/2003, 3 (5).

242 Dazu auch *Seiffert*, in: Kümpel/Wittig, Bank- und Kapitalmarktrecht, Rn. 4.311 f.

243 *Schäfer*, in: Marsch-Barner/Schäfer, Hdb. börsennotierte AG, Rn. 12.10.

244 Dazu auch *Hammen*, WM 2003, 997 (1001).

245 *Gebhardt*, WM-Sonderbeilage 2/2003, 3 (5); *Schäfer*, in: Marsch-Barner/Schäfer, Hdb. börsennotierte AG, Rn. 12.10; *Hammen*, WM 2003, 997 (1001).

246 *Schäfer*, in: Marsch-Barner/Schäfer, Hdb. börsennotierte AG, Rn. 12.10; auch *Breitkreuz*, Die Ordnung der Börse, 44.

247 Vgl. auch *Schäfer*, in: Marsch-Barner/Schäfer, Hdb. börsennotierte AG, Rn. 12.10.

248 In diese Richtung auch *Seiffert*, in: Kümpel/Wittig, Bank- und Kapitalmarktrecht, Rn. 14.308.

noch können gesetzliche Vorgaben in autonom regulierten Sondersegmenten außer Kraft gesetzt werden. Ein Absenken der Marktzugangsschwelle ist deshalb auch innerhalb des Freiverkehrshandels spätestens seit der Geltung der MAR nur noch eingeschränkt möglich.[249]

Sowohl die Ermächtigungsgrundlage als auch § 48 Abs. 1 S. 1 BörsG dokumentieren vor diesem Hintergrund zugleich, dass die *institutionelle Transparenz* des börsenorganisierten Wertpapierhandels wesentlicher Bestandteil eines effizienten Anlegerschutzkonzepts ist;[250] das Anlegerpublikum soll die rechtliche Leistungsfähigkeit des Zielmarktes seines Investments, das heißt insbesondere die Informationsmodelle, verhaltensbezogenen Anforderungsprofile und segmentabhängigen Preisbildungsmechanismen, bewerten und seiner Investitionsentscheidung zugrunde legen können.[251] Auch und vor allem aus diesem Grund ist in gleichem Maße entscheidend, dass sich börsenautonom geschaffene Teilbereiche und Sondersegmente des Freiverkehrs entweder dem einen oder dem anderen börslichen Handelsplatz zuordnen lassen,[252] sich also nicht infolge systemwidriger Überschneidungen der beiden Rechtsregime als Mischform aus reguliertem Markt und Freiverkehr darbieten.[253] Es folgt daraus auch, dass Eingriffe in die Grundstrukturen des Marktes in Form einer weitergehenden Ausdifferenzierung und Segmentierung keinem Selbstzweck dienen, sondern unter Gesichtspunkten der Gesamtmarkttransparenz und somit des Anlegerschutzes zu beurteilen sind,[254] wozu als Teilaspekte auch Effizienz- und Kostenerwägungen zu zählen sind.[255] Dass sich der Gedanke der institutionellen Transparenz

---

249 Auch KMU-Wachstumsmärkte stellen hiervon als Teilausschnitt des Freiverkehrshandels aufgrund der begrenzten Privilegierungstatbestände keine echte Ausnahme dar. Punktuelle Erleichterungen für Emittenten bestehen dort nur von Gesetzes wegen und knüpfen an den besonderen Marktstatus an, vgl. nur die Erwägungsgründe 132 bis 135 der MiFID II, außerdem Art. 4 Abs. 1 Ziff. 12 und Art. 33 MiFID II.

250 Auch *Seiffert*, in: Kümpel/Wittig, Bank- und Kapitalmarktrecht, Rn. 14.307.

251 *Schäfer*, in: Marsch-Barner/Schäfer, Hdb. börsennotierte AG, Rn. 12.10; auch *Seiffert*, in: Kümpel/Wittig, Bank- und Kapitalmarktrecht, Rn. 4.310 ff.; *Hammen*, WM 2003, 997 (1000 f.); *Schwark*, NJW 1987, 2041 (2043); *Merkt*, Teilgutachten G zum 64. DJT, 104.

252 Zur schwierigen Abgrenzung der Handelsplätze aus Sicht des Anlegerpublikums vgl. *Seiffert*, in: Kümpel/Mülbert/Früh/Seyfried, Bank- und Kapitalmarktrecht, Rn. 14.321.

253 So auch *Schäfer*, in: Marsch-Barner/Schäfer, Hdb. börsennotierte AG, Rn. 12.10.

254 In diese Richtung auch *Seiffert*, in: Kümpel/Mülbert/Früh/Seyfried, Bank- und Kapitalmarktrecht, Rn. 14.307.

255 *Grundmann*, in: Großkomm. HGB, Bankvertragsrecht 11/2, Siebter Teil Rn. 12.

der äußeren Strukturen des börslichen Wertpapierhandels auch in den Motiven des europäischen Kapitalmarktrechts wiederfindet, wird letztendlich durch die abschließende Kategorisierung der Handelsplätze und die Verpflichtung auf einen gemeinsamen verbindlichen Mindeststandard belegt.[256]

II. Zwischenbefund: §§ 42, 48 Abs. 1 S. 4 BörsG als Öffnungsklauseln

In den §§ 42, 48 Abs. 1 S. 4 des Börsengesetzes ist die *Öffnung* der gesetzlichen Grundmarktstrukturen für eine ergänzende Regulierungstätigkeit des jeweiligen Marktbetreibers *nach oben* angelegt, eine entsprechende Gestaltungsmacht wird in gewissen Grenzen vorausgesetzt.[257] Die Öffnungsklauseln entsprechen somit grundsätzlich den Zielprojektionen des europäischen Kapitalmarktrechts, das die Möglichkeit der Börsen, kapitalmarktrechtliche Offenlegungs- und Verhaltenspflichten zu statuieren, die über die Vorgaben der jeweiligen Basisrechtsakte hinausgehen, voraussetzt und auf diese Weise die Sonderstellung der Börsen unter den Wertpapierhandelsplätzen und im System der Marktregulierung verdeutlicht.[258] Die Grundstrukturen selbst stehen hingegen nicht zur Disposition des börslichen Regelgebers. Deshalb können atypische Grundhandelsmärkte nicht auf die zitierten Ermächtigungen gestützt werden, da sie zu dem Ziel des europäischen Kapitalmarktrechts, einen gemeinsamen Kapitalbinnenmarkt durch Typisierung und Standardisierung zu etablieren, in Widerspruch stünden. Insofern sind die Akteure der Marktregulierung an die jeweilige Handelsplatzverfassung gebunden und dem damit verbundenen Mindeststandard verpflichtet.[259] Die Relativierung der kategorialen Unterscheidung der Handelsplätze infolge der Öffnung des Rechtsregimes für eine marktautonome Rechtsetzung entbindet hiervon nicht.[260] Damit ist aber grundsätzlich nicht gemeint, dass die regulatorische Ausgestaltung eines Handelsplatzes nicht die rechtliche Verfassung einer anderen Handelsplatzkategorie in den hierfür maßgeblichen Gestaltungsgrenzen imitieren darf; die Schranken einer solchen markteigenen

256 *Grundmann*, in: Großkomm. HGB, Bankvertragsrecht 11/2, Siebter Teil Rn. 13; außerdem *Schäfer*, in: Marsch-Barner/Schäfer, Hdb. börsennotierte AG, Rn. 12.10.

257 Ähnlich auch Schiemzick, Segmentwechsel, 44 („Mit den neu eingefügten §§ 42, 50 Abs. 3, 54 S. 2 BörsG bricht der Gesetzgeber den bereits lange Zeit in der Kritik stehenden *numerus clausus* der börsengesetzlichen Marktsegmente auf.“).

258 *Grundmann*, in: Großkomm. HGB, Bankvertragsrecht 11/2, Siebter Teil Rn. 2, 13.

259 *Schäfer*, in: Marsch-Barner/Schäfer, Hdb. börsennotierte AG, Rn. 12.10.

260 Hierzu schon oben Kapitel 1 § 2 I.3.

Regulierung ergeben sich in dieser Hinsicht eher aus funktionalen Erwägungen, indem eine Segmentstufe nicht die ihr nachfolgende(n) Hierarchieebene(n) *überholen* sollte.[261] Die ESMA hat diesen Aspekt in Bezug auf die Regulierung von KMU-Wachstumsmärkten explizit hervorgehoben.[262] Eine enge Verbindung besteht insofern zu der aus Gründen des Anlegerschutzes zu beachtenden institutionellen Transparenz des Börsenmarktes, die verlangt, dass der rechtliche Rahmen des sekundärmarktlichen Transaktionsumfelds übersichtlich und plausibel gestaltet wird, und die auch die Teilbereichsregulierung in den Koordinaten des § 42 Abs. 1 BörsG beeinflussen kann.[263]

§ 3 Teilbereichsregulierung als autonomes Satzungsrecht

Soweit nun feststeht, dass die autonome Regulierung besonderer Segmente des Börsenmarktes ihre äußere Grenze in den tradierten (Grund-)Marktstrukturen findet, stellt sich als Folgeproblem die Frage, wie segment- bzw. – innerhalb des regulierten Marktes – teilbereichsspezifisches Sonder- und gesetzliches Grundmarktpflichtenregime zueinander in Beziehung gesetzt werden können. Mit Blick auf § 42 Abs. 1 BörsG ist dazu erforderlich, den Geltungsgrund der Teilbereichsverfassung gegenüber einem abgrenzbaren Kreis von Emittenten darzustellen und die Teilbereichsregulierung innerhalb des regulierten Marktes als Ausschnitt des börslichen Satzungsrechts zu würdigen. Beides gelingt am ehesten, wenn dabei zugleich das teilbereichseigene Zulassungswesen berücksichtigt wird.[264]

I. § 42 Abs. 1 BörsG und börsliche Satzungsautonomie

Die Grundlage teilbereichsspezifischen Satzungsrechts in seiner heutigen Form ist bereits im Zuge des Vierten Finanzmarktförderungsgesetzes in das BörsG aufgenommen worden.[265] Gem. § 42 Abs. 1 BörsG *kann* die Börsenordnung, die gem. § 12 Abs. 2 S. 1 Nr. 1 BörsG als Satzung erlassen wird, die Einrichtung besonderer Teilbereiche in einem Ausschnitt des regulierten Marktes vorsehen. Als Satzungsrecht stellen die Bestimmungen der Börsenordnung Rechtsnormen

---

261 *Damrau*, Selbstregulierung, 325 f.

262 *ESMA*, MiFID II/MiFIR-2014/1569, 354.

263 Dieser Gedanke wird erneut aufgegriffen in Kapitel 4 § 1 III. und Kapitel 4 § 4 II.2.b.

264 Weitere Einzelheiten im Zusammenhang mit der Zulassung zu einem Teilbereich des regulierten Marktes werden in Kapitel 5 § 1 I. dargestellt.

265 *Fleischer*, NJW 2002, 2977 (2982).

dar, die von einer dem Staat eingegliederten öffentlich-rechtlichen Organisation, nämlich der gem. § 2 Abs. 1 BörsG teilrechtsfähigen Anstalt *Börse*, aufgrund ihrer autonomen Rechtsetzungsbefugnis erlassen worden sind.[266] Diese Regelungsautonomie unterscheidet das börsliche Satzungsrecht von Rechtsverordnungen der Exekutive, die nach Maßgabe des Art. 80 Abs. 1 S. 1GG durch ein formelles Ermächtigungsgesetz vorgeprägt sein müssen,[267] denn eine Begrenzung der börslichen Rechtsetzungskompetenzen nach Inhalt, Zweck und Ausmaß ergibt sich bereits aus der auf den Anstaltszweck der Börse beschränkten Satzungsautonomie als solcher.[268] Deshalb kann die Verleihung autonomer Satzungsgewalt auch pauschal in Bezug auf „Wesen, Zweck und Aufgabenkreis der betreffenden öffentlich-rechtlichen Institution" erfolgen;[269] das ist in § 16 Abs. 2 S. 1 BörsG geschehen.[270]

Es kann aber auch erforderlich sein, die Befugnis zu autonomer Rechtsetzung weiter anhand besonderer Verfahrens- und Formanforderungen sowie inhaltsbezogener Regulierungsschranken, die neben die allgemeine Satzungsautonomie treten, zu präzisieren und dadurch zu limitieren,[271] wenn nämlich der konkrete Regelungsgegenstand aufgrund gesteigerter Grundrechtssensibilität nach einem erhöhten Legitimationsniveau verlangt. Denn auch die Rechtsetzung durch einen Selbstverwaltungsträger befreit den Gesetzgeber nicht davon, die börsenautonomen Regulierungsaktivitäten ab einer gewissen Intensität zu „kanalisieren".[272] Gestützt auf die allgemeine Satzungsautonomie und legitimiert durch den börslichen Anstaltszweck können vor allem technische und organisationsrechtliche Hilfsnormen in das Organisationsstatut der Börse aufgenommen werden, um den Börsenhandel in unterschiedlichen Marktsegmenten zu unterstützen.[273] Dass § 16 BörsG für die Börsenordnung eine

---

266 Zur Börsenordnung Schwark/Zimmer/*Schwark*, KMRK, § 12 BörsG Rn. 19.

267 Schwark/Zimmer/*Schwark*, KMRK, § 12 BörsG Rn. 20.

268 Zum Anstaltszweck allgemein *Berg*, NJW 1985, 2294 (2300).

269 S. *Kümpel*, in: Festschrift für Klemens Pleyer zum 65. Geburtstag, 59 (65) m.w.N.

270 Schwark/Zimmer/*Schwark*, KMRK, § 12 BörsG Rn. 19; auch *Lenenbach*, Kapitalmarktrecht, Rn. 3.73.

271 Vgl. auch *Kümpel/Hammen*, Börsenrecht, 128 f.; dazu auch *Lenenbach*, Kapitalmarktrecht, Rn. 3.73.

272 So *Reimer*, in: Grundlagen des Verwaltungsrechts Band I, § 9 Rn. 39; vgl. auch *Möstl*, in: Ehlers/Pünder, Allgemeines Verwaltungsrecht, § 19 Rn. 28; außerdem *Wiede*, Börse als verwaltungsrechtliches Problem, 48, 53 f.

273 *Augsberg*, Rechtsetzung zwischen Staat und Gesellschaft, 167, der den Bestimmungen der Börsenordnung gar nur „eine bloße Hilfsfunktion gegenüber dem sonstigen

Ermächtigungsgrundlage für grundrechtsintensives Handeln der Börsenorgane darstellen kann, wird vor diesem Hintergrund dann wohl auch überwiegend abgelehnt[274] und der anstaltlichen Satzungsgebung die Möglichkeit der Regulierung bedeutender Sachverhalte regelmäßig abgesprochen;[275] lediglich Regelungen „*ohne erhebliches Gewicht*“ sollen in autonomen Satzungen getroffen werden können.[276] Insbesondere aber das für den Umfang der Delegation maßgebende demokratische Legitimationsniveau des rechtsetzenden Organs soll im Falle einer öffentlich-rechtlichen Anstalt als Normautorin nicht hinreichend ausgebildet sein.[277]

Als teilrechtsfähige Anstalt des öffentlichen Rechts (§ 2 Abs. 1 BörsG) und Bestandteil der mittelbaren Staatsverwaltung übt die Börse derivative Staatsgewalt i.S.d. Art. 20 Abs. 3 GG aus, die eine entsprechende demokratische Legitimation erfordert[278] und aufgrund derer die Börsenorgane, insbesondere auch in ihrer Eigenschaft als Behörden im verwaltungsrechtlichen Sinne,[279] zu uneingeschränkt grundrechtsgebundenem Handeln verpflichtet werden.[280] Der Hessische Verwaltungsgerichtshof hat im Zusammenhang mit der Entscheidung über die Grundlagen der Ablehnung eines Zulassungsantrags zum Prime Standard der Frankfurter Wertpapierbörse durch die Geschäftsführung der Börse hinsichtlich der Grundrechtsrelevanz der Sonderrechtsetzung in dem Teilbereich ausgeführt, dass „[die] rechtlich gegebene Möglichkeit eines Unternehmens,

---

Börsengeschehen“ zugesteht, deren „Legitimation aus dem Anstaltszweck als ausreichend“ anzusehen sei.

274 Kritisch zur Börsenordnung als Rechtsgrundlage grundrechtsrelevanter Eingriffe schon *Mues*, Börse als Unternehmen, 162 („Als Ermächtigungsgrundlage für grundrechtsrelevante Eingriffe gegenüber Handelsteilnehmern scheiden Börsenordnungen aus.“); *Krebs*, NVwZ 1985, 609 (611 ff.); dazu auch *Scholz*, Selbst- und Fremdregulierung, 182.

275 Vgl. etwa *Hommelhoff*, ZHR 153 (1989), 181 (210 f.), der es als unvereinbar mit der Wesentlichkeitstheorie erachtet, der Börse die Regulierung emittentenbezogener Verhaltens- und Zulassungsgfolgepflichten zu ermöglichen; zur Besetzung anstaltlicher Gremien im Unterschied zu körperschaftlichen Organen vgl. *Groß*, in: Grundlagen des Verwaltungsrechts Band I, § 13 Rn. 69 f.

276 *Clemens*, in: Festschrift für Ernst-Wolfgang Böckenförde zum 65. Geburtstag, 259 (264, Hervorhebung im Original), auch 267.

277 Hierzu auch *Augsberg*, Rechtsetzung zwischen Staat und Gesellschaft, 168; vgl. auch *Kluth*, Funktionale Selbstverwaltung, 494 ff.

278 Maunz/Dürig/*Grzeszick*, Art. 20 Rn. 94.

279 Für die Geschäftsführung der Börse vgl. nur *Groß*, Kapitalmarktrecht, § 15 BörsG Rn. 1.

280 *Kluth*, Funktionale Selbstverwaltung, 502; *Schnapp/Kaltenborn*, JuS 2000, 937 (938 f.).

seine wirtschaftliche Betätigung durch die Emission von Aktien an der Börse zu finanzieren, […] einem an den Gewährleistungskern des Art. 12 Abs. 1 des Grundgesetzes – GG – angelehnten Annexbereich [...] zuzuordnen [sei], der zugleich an das durch Art. 14 Abs. 1 GG geschützte Recht am eingerichteten und ausgeübten Gewerbebetrieb [angrenze]. Mit der Eröffnung eines neuen Segments innerhalb des amtlichen Markts durch die Schaffung des Prime Standards [greife] die [Frankfurter Wertpapierbörse] in das Konkurrenzverhältnis zwischen den Emittenten [...] ein." In dem damaligen Verfahren hielt der Hessische Verwaltungsgerichtshof „[eine] Verletzung der Rechte der Antragstellerin […] [für] denkbar, weil es der Antragsgegnerin darum [gehe], mit dem Prime Standard ein besonders attraktives Marktsegment zu schaffen." Denn hierdurch, so das Gericht weiter, bestünde immerhin die Möglichkeit, dass ein Emittent, der beabsichtige, einen Antrag auf Zulassung seiner Aktien zu einem Teilbereich des regulierten Marktes zu stellen, Wettbewerbsnachteile erleide, indem der Zugang zu einem hierarchisch höheren Börsensegment erschwert werde.[281] Die auf § 42 Abs. 1 BörsG gestützte Teilbereichsregulierung in der als Satzung zu erlassenden Börsenordnung stellt also grundrechtsrelevante Rechtsetzung in einem Bereich dar, den der Gesetzgeber den Börsen für eine marktautonome Ausgestaltung überlassen hat. In seinem *Facharzt*-Beschluss entschied das Bundesverfassungsgericht hierzu, dass „[die] Bestimmtheit der Ermächtigungsnorm [...] der Grundrechtsrelevanz der Regelung entsprechen [müsse], zu der ermächtigt wird." Greife die Regelung erheblich in die Rechtsstellung der Betroffenen ein, so müssten höhere Anforderungen an den Bestimmtheitsgrad der Ermächtigung gestellt werden, als wenn es sich um einen Regelungsbereich handele, der die Grundrechtsausübung weniger tangierte;[282] im kommunalen Selbstverwaltungsrecht ist in dieser Hinsicht bisweilen von einer „Doppelschaltung" der Normsetzungslegitimation die Rede.[283] Vor diesem Hintergrund kann es deshalb auch in Fällen, in denen eine Rechtsvorschrift einen lediglich begrenzten oder abgrenzbaren Kreis von Normadressaten erfasst, erforderlich

---

281 So VGH Kassel, Urt. v. 28. März 2007 – 6 N 3224/04 = WM 2007, 1264 (1265); zur Grundrechtsrelevanz kapitalmarktrechtlicher Publizitätspflichten vgl. *Leible*, ZHR 1998, 594 (614 ff.).

282 So BVerfGE 62, 203 (210) = DB 1983, 320 (321); vgl. auch Maunz/Dürig/*Kirchof*, Art. 83 Rn. 96.

283 *Reimer*, in: Grundlagen des Verwaltungsrechts Band I, § 9 RN. 39; vgl. auch Schwark/Zimmer/*Schwark*, KMRK, § 12 BörsG Rn. 20.

sein, die Regelungsdichte der einschlägigen Delegationsnorm entsprechend zu erhöhen.[284]

Eine solch ergänzende Funktion übernimmt § 42 Abs. 1 BörsG,[285] der die Teilbereichsregulierung in sowohl formelle als auch materiell-inhaltliche Gestaltungsgrenzen zwängt und dessen Regelungsbereich sich mit keinem der in § 16 BörsG aufgezählten Pflichtinhalte der Börsenordnung deckt.[286] Insbesondere die Organisation der Börse im Sinne von § 16 Abs. 1 S. 2 Nr. 2 BörsG bezieht sich nur auf ihre innere Ordnung und die damit verbundenen Aufgaben, Funktionen und Beziehungen der Börsenorgane untereinander.[287] Nicht umfasst hiervon ist die Marktorganisation in einem institutionellen Sinne, die Schaffung segmentspezifischer Anforderungsprofile innerhalb eines Handelsplatzes.[288] Lediglich die bereits angesprochenen unterschiedlichen Handelsarten und Kursermittlungsverfahren können gem. § 16 Abs. 1 S. 2 Nr. 3 BörsG im Rahmen der allgemeinen Satzungsautonomie festgelegt werden. § 42 BörsG leistet mit Blick auf die Grundrechtsrelevanz regulatorischer Eingriffe in die börslichen Sekundärmarktstrukturen[289] und insbesondere den in Abs. 2 der Ermächtigungsgrundlage angelegten Sanktionsmechanismus auch nicht eine bloß organisationsrechtliche Hilfestellung deklaratorischer Natur, sondern geht mit seinem eng umgrenzten Regulierungsprogramm über den von § 16 BörsG statuierten obligatorischen Mindestinhalt der Börsenordnung weit hinaus. Da die Aufzählung in § 16 Abs. 2 BörsG jedoch nicht abschließend ist, wie sich sowohl § 16 Abs. 1 S. 1 als auch § 16 Abs. 3 S. 2 BörsG entnehmen lässt,[290] wäre es ebenso denkbar gewesen, die Ermächtigungsgrundlage als einen zusätzlichen Absatz in § 16 BörsG zu formulieren. Für ihre regulierungstechnische Eigenständigkeit in § 42 BörsG spricht letztendlich aber die Stellung der Norm im 4. Abschnitt des Börsengesetzes über die *Zulassung von Wertpapieren zum Börsenhandel* und die damit verbundene systematische Nähe zu den letzten börsengesetzlichen

---

284 Die Wesentlichkeitstheorie kann vor diesem Hintergrund auch die Regelungsdichte der Delegationsnorm bedingen, vgl. Maunz/Dürig/*Grzeszick*, Art. 20 Rn. 106.

285 *Seiffert*, in: Kümpel/Wittig, Bank- und Kapitalmarktrecht, Rn. 14.310.

286 Zu den normimmanenten Gestaltungsgrenzen sogleich unter Kapitel 4 §§ 1 bis 3.

287 H.M., vgl. Schwark/Zimmer/*Schwark*, KMRK, § 16 BörsG Rn. 15; *Groß*, Kapitalmarktrecht, § 16 BörsG Rn. 2 f.

288 Zu den obligatorischen Inhalten der Börsenordnung vgl. auch *Seiffert*, in: Kümpel/Mülbert/Früh/Seyfried, Bank- und Kapitalmarktrecht, Rn. 14.107.

289 VGH Kassel WM 2007, 1264 (1265).

290 Schwark/Zimmer/*Schwark*, KMRK, § 16 BörsG Rn. 25.

Zulassungsfolgepflichten in den §§ 40 und 41 BörsG.[291] Hierdurch wird auch deutlich, dass die Ermächtigungsgrundlage die börsliche Selbstprogrammierung innerhalb eines spezifischen Ausschnitts nach Maßgabe der gesetzlichen Delegation konturiert,[292] innerhalb ihres Anwendungsbereichs mithin *lex specialis* gegenüber § 16 Abs. 1 S. 1 BörsG ist und dadurch zugleich einem Rückgriff auf die allgemeine Satzungsautonomie, über die eine ergänzende oder modifizierende Teilbereichsausgestaltung außerhalb der Grenzen des § 42 Abs. 1 BörsG erreicht werden könnte, entgegensteht.[293]

II. Marktsegmentierung durch den Börsenrat

Der Erlass der Börsenordnung fällt in den Kompetenzbereich des Börsenrates (§ 12 Abs. 1, 2 BörsG),[294] der innerhalb der börslichen Leitungsstruktur als Rechtsetzungs- und Aufsichtsorgan fungiert und sich aus Vertretern der Handelsteilnehmer, Anleger, Skontroführer und Emittenten zusammensetzt (vgl. § 12 Abs. 1 S. 2, 4 BörsG).[295] Letztere können auf diese Weise die Handelsplatzstruktur *ihrer* Börse beeinflussen und indirekt das teilbereichsspezifische Anforderungsprofil mitgestalten.[296]

1. Segmentregulierung im Ermessen des Börsenrats

§ 42 Abs. 1 BörsG stellt die Einrichtung besonderer Teilbereiche des regulierten Marktes in das Ermessen des Börsenrats („Die Börsenordnung *kann* [...]“)[297] und erklärt die Teilbereichsregulierung so, in Abgrenzung zu § 16 Abs. 1 S. 2,

---

291 Vgl. dazu Schwark/Zimmer/*Heidelbach*, KMRK, § 41 BörsG Rn. 1; *Groß*, Kapitalmarktrecht, § 40 BörsG Rn. 1; *Grundmann*, in: Großkomm. HGB, Bankvertragsrecht 11/2, Siebter Teil Rn. 22; *Lenenbach*, Kapitalmarktrecht, Rn. 3.197.

292 *Jestaedt*, in: Ehlers/Pünder, Allgemeines Verwaltungsrecht, § 11 Rn. 27; *Damrau*, Selbstregulierung, 301, 326; auch *Groß*, in: Grundlagen des Verwaltungsrechts Band I, § 17 Rn. 66.

293 Zur teilbereichsspezifischen Pflichtensteigerung als Abgrenzungskriterium des Teilbereichshandels vgl. *Gebhardt*, in: Schäfer/Hamann, KMG, § 42 BörsG Rn. 5.

294 *Groß*, Kapitalmarktrecht, § 42 BörsG Rn. 3; Schwark/Zimmer/*Heidelbach*, KMRK, § 42 BörsG Rn. 6; ungenau *Lenenbach*, Kapitalmarktrecht, Rn. 3.205, der die Börsenträgergesellschaft als Urheberin des Frankfurter Prime Standard benennt.

295 Baumbach/Hopt/*Kumpan*, § 12 BörsG Rn. 1.

296 *Rudolph*, BB 2002, 1036 (1038); *Seiffert*, in: Kümpel/Mülbert/Früh/Seyfried, Bank- und Kapitalmarktrecht, Rn. 14.216; auch *Augsberg*, Rechtsetzung zwischen Staat und Gesellschaft, 168.

297 *Groß*, Kapitalmarktrecht, § 42 BörsG Rn. 3.

Abs. 2 BörsG, zu einem fakultativen Bestandteil der Börsenordnung.[298] Eine Unterteilung des regulierten Marktes *ipso iure* bewirkt § 42 BörsG also nicht.[299] Der Börsenrat als Rechtsetzungsgremium hat sein Ermessen hinsichtlich des *Ob* und *Wie* der Segmenteinrichtung und -ausgestaltung vielmehr am Anstaltswohl auszurichten,[300] sodass grundsätzlich auch keine Pflicht für die Börse besteht, Teilbereiche gem. § 42 BörsG überhaupt einzurichten.[301] Extremsituationen, in denen die Funktionsfähigkeit des börslichen Wertpapierhandels davon abhinge, dass der Börsenrat auf der Grundlage von § 42 Abs. 1 BörsG tätig wird und eine Ermessensreduzierung auf null stattfindet, erscheinen kaum realistisch und sind auch bisher nicht aufgetreten. Allenfalls innerhalb eines bereits bestehenden Teilbereichs mag es vorstellbar sein, dass die Änderung des Regelwerks erforderlich wird, um die Funktionsfähigkeit und Stabilität des Segments zu erhalten bzw. wiederherzustellen. Auch hierzu ist es bislang, soweit ersichtlich, noch nicht gekommen.

Die Einrichtung besonderer Teilbereiche kann auch nicht vonseiten einzelner Emittenten oder dem Anlegerpublikum klageweise erzwungen werden.[302] Der Entscheidung des Börsenrates fehlt insofern als innerorganisatorischer Strukturmaßnahme schon die erforderliche Rechtsqualität; es handelt sich bei der Entscheidung der Börse, einen Teilbereich zu eröffnen, insbesondere nicht um einen Verwaltungsakt gegenüber den Emittenten des Grundmarkthandels, da es bei einer entsprechenden Anpassung der Börsenordnung um eine Angebotserweiterung hinsichtlich des Börsennutzungsverhältnisses geht, durch die aber nicht auf das anstaltliche Grundverhältnis nach § 32 BörsG durchgegriffen wird. Dessen rechtliche Ausgestaltung wird nämlich grundsätzlich unverändert beibehalten.[303] Der Gesetzgeber hat den Handlungsfreiraum des Börsenrates im Zuge des Vierten Finanzmarktförderungsgesetzes bestätigt und in § 12 Abs. 6 BörsG zusätzlich klargestellt, dass der Börsenrat die ihm börsengesetzlich zugewiesenen Aufgaben und Befugnisse ausschließlich im öffentlichen Interesse wahrnimmt.[304] Dem Schutz des Selbstverwaltungsrechts entspricht es, dass auch

---

298 *Damrau*, Selbstregulierung, 302; auch Baumbach/Hopt/*Kumpan*, § 42 BörsG Rn. 1.

299 Dazu bereits oben Kapitel 1 § 3 II.1.

300 S. dazu noch Schwark/Zimmer/*Schwark*, KMRK, 4. Auflage 2010, § 12 BörsG Rn. 14.

301 Schwark/Zimmer/*Heidelbach*, KMRK, § 42 BörsG Rn. 6, 18; *Groß*, Kapitalmarktrecht, § 42 BörsG Rn. 3.

302 Schwark/Zimmer/*Heidelbach*, KMRK, § 42 BörsG Rn. 18.

303 *Stelkens*, in: Stelkens/Bonk/Sachs, VwVfG, § 35 Rn. 201.

304 Schwark/Zimmer/*Schwark*, KMRK, § 12 BörsG Rn. 4.

Ansprüche gegen den Börsenrat auf Einrichtung einer entsprechenden Handelsplatzstruktur ausscheiden.[305]

Welche zusätzlichen Pflichten zur Segmentregulierung innerhalb eines bereits bestehenden Teilbereichs eingesetzt werden sollen, hat ebenfalls ausschließlich der Börsenrat zu entscheiden, und zwar „anknüpfend an den Zweck der Ermächtigung und unter Beachtung des Verhältnismäßigkeitsprinzips".[306] Deshalb haben Emittenten oder Investoren nicht nur keinen Anspruch gegen die Börse auf die Regulierung eines Teilbereichs, sie können auch die besondere Ausgestaltung eines existenten Segmentprofils, indem etwa bestimmte Vorschriften in die Börsenordnung aufgenommen oder aus ihr gestrichen werden, nicht verlangen.[307] Auf diese Weise wird vor allem eine auf Einzelinteressen bedachte Zwangssegmentierung des regulierten Marktes verhindert und das Börsenselbstverwaltungsrecht im Interesse aller Marktteilnehmer gestärkt.

2. *Umfang des Genehmigungsvorbehalts der Börsenaufsichtsbehörde*

Als Teilausschnitt der Börsenordnung ist die Regulierung besonderer Teilbereiche von der Börsenaufsichtsbehörde zu genehmigen (§ 16 Abs. 3 S. 1 BörsG).[308] Die Genehmigung ist Voraussetzung für die Geltungskraft der Börsenordnung, berührt aber ihren rechtsqualitativen Charakter eines anstaltsautonomen Rechtsaktes nicht.[309] Mit der endgültigen Überführung der Teilbereichsregulierung in das börsliche Satzungsrecht im Rahmen des Vierten Finanzmarktförderungsgesetzes, sollte die Einbindung der Börsenaufsichtsbehörde in den Prozess der Segmentregulierung erreicht und Anleger- und Funktionsschutz dadurch insgesamt erhöht werden.[310] In der Börsenordnung ist die Teilbereichsausgestaltung gegenüber der privatrechtlichen Segmentregulierung innerhalb des Freiverkehrs deshalb einem erweiterten staatlichen Zugriff ausgesetzt.[311] Die Unterschiede werden im Einzelnen noch im Zusammenhang mit der

305 Schwark/Zimmer/*Heidelbach*, KMRK, § 42 BörsG Rn. 6, 18.

306 Begr. RegE Viertes Finanzmarktförderungsgesetz, BT-Drucks. 14/8017, 81; auch *Möller*, WM 2001, 2405 (2406).

307 Schwark/Zimmer/*Heidelbach*, KMRK, § 42 BörsG Rn. 18.

308 Baumbach/Hopt/*Kumpan*, § 42 BörsG Rn. 1.

309 *Groß*, Kapitalmarktrecht, § 16 BörsG Rn. 7; Baumbach/Hopt/*Kumpan*, § 16 BörsG Rn. 1a.

310 Baumbach/Hopt/*Kumpan*, § 42 BörsG Rn. 1.

311 Vgl. auch *Rudolph*, BB 2002, 1036 (1038); auch Baumbach/Hopt/*Kumpan*, § 42 BörsG Rn. 1.

Regulierung des *Prime Standards für Unternehmensanleihen*, einem auf privatrechtlicher Grundlage angebotenen Anleihesegment innerhalb des regulierten Marktes, dargestellt.[312] Indem die Börsenaufsichtsbehörde in die Regelsetzung in den Teilbereichen eingebunden wird, können Funktionsbeeinträchtigungen, die von einer defizitären Segmentregulierung ausgehen und auf den börslichen Grundmarkthandel übergreifen könnten, eher verhindert werden.[313] Der Börsenaufsichtsbehörde steht insbesondere das Recht zu, zu verlangen, dass bestimmte Vorschriften in das börsliche Regelwerk aufgenommen werden, wenn und soweit derartige Ergänzungen erforderlich erscheinen, damit Aufsichtsbehörde und Börse die ihnen obliegenden Aufgaben erfüllen können (vgl. § 16 Abs. 3 S. 2 BörsG).[314] Insofern ist auch anerkannt, dass die Börsenaufsicht die Börsenordnung sogar unabhängig davon um einzelne Vorschriften ergänzen darf, dass die Börsenordnung ihr von der jeweiligen Börse vorgelegt worden ist, um Änderungen genehmigen zu lassen.[315] Dass durch das Initiativrecht der Börsenaufsichtsbehörde nach § 16 Abs. 3 S. 2 BörsG die Regulierung besonderer Teilbereiche auch staatlicherseits angestoßen werden kann, ist allerdings nicht der Fall.[316] Denn § 16 Abs. 3 S. 2 BörsG gestattet es der Börsenaufsichtsbehörde nun einmal nicht, wesentliche Teile der Börsenordnung eigenständig zu regulieren.[317] Ein derart weitreichendes Initiativrecht würde der börslichen Satzungsautonomie widersprechen und verkennen, dass die Befugnisse im Rahmen von § 16 Abs. 3 S. 1 BörsG auf eine bloße Rechtmäßigkeitskontrolle beschränkt sein sollen.[318] Die Ergänzungsbefugnis der Börsenaufsichtsbehörde ist gem. § 16 Abs. 3 S. 2 Hs. 2 BörsG zudem auf Fälle beschränkt, in denen die Aufnahme bestimmter Vorschriften zur Erfüllung der der Börse obliegenden gesetzlichen Aufgaben notwendig ist; die in das Ermessen des Börsenrats gestellte Segmentregulierung innerhalb des regulierten Marktes wird man hierunter wohl nicht

---

312 Dazu unten Kapitel 4 § 4.

313 Vgl. auch Baumbach/Hopt/*Kumpan*, § 42 BörsG Rn. 1.

314 *Christoph*, Börsenkooperationen und Börsenfusionen, 145; vgl. auch *Hammen*, Börsen und multilaterale Handelssysteme, 59.

315 Schwark/Zimmer/*Schwark*, KMRK, § 16 BörsG Rn. 5 sowie Schwark/Zimmer/*Kumpan*, KMRK, § 3 BörsG Rn. 11; s. auch *Christoph*, Börsenkooperationen und Börsenfusionen, 145.

316 Zur Reichweite der Regelung auch *Christoph*, Börsenkooperationen und Börsenfusionen, 145.

317 Schwark/Zimmer/Schwark, KMRK, § 16 BörsG Rn. 4 ff.

318 Schwark/Zimmer/*Schwark*, KMRK, § 16 BörsG Rn. 4; auch *Christoph*, Börsenkooperationen und Börsenfusionen, 145.

mehr subsumieren können.[319] Im Übrigen stehen für die staatliche Börsenaufsicht die vor allem in den §§ 3 ff. BörsG geregelten Mechanismen zur Verfügung, um Einfluss auf die Gestaltung der Handelsabläufe und der Börsengeschäftsabwicklung zu nehmen (vgl. § 3 Abs. 1 S. 3 BörsG). Geht es hingegen um die Ergänzung einzelner Vorschriften im Rahmen der regulatorischen Ausgestaltung besonderer Teilbereiche, kommt es insbesondere auf die Frage an, ob die Befugnisse der Börsenaufsichtsbehörde den in der Ermächtigungsgrundlage abgesteckten Regulierungsrahmen zu beachten haben. Dafür wiederum spricht, dass die Befugnisse der Börsenaufsichtsbehörde nach § 16 Abs. 3 BörsG nach herrschender Ansicht nicht über eine präventive Rechtmäßigkeitskontrolle hinausgehen.[320] Es wäre auch widersinnig und mit dem staatlichen Kontrollumfang nicht vereinbar, der Börsenaufsichtsbehörde eine Ergänzungsbefugnis hinsichtlich solcher Teilbereichsbestimmungen zuzugestehen, deren Genehmigung sie hätte verweigern müssen, weil zuvor die Grenzen der Ermächtigungsgrundlage durch den Börsenrat nicht hinreichend beachtet worden sind.

In der umgekehrten Konstellation, in der die Aufsichtsbehörde ihre Genehmigung zur Regulierung besonderer Teilbereiche vollständig oder teilweise verweigert, muss die Börse die Zustimmung im Wege der Verpflichtungsklage erstreiten, da die Verweigerung der Genehmigung nach § 16 Abs. 3 S. 1 BörsG im Verhältnis zur Börse einen Verwaltungsakt darstellt.[321] Dies kommt etwa dann in Betracht, wenn die entsprechende Änderung der Börsenordnung formelle oder materielle Regulierungsvorgaben aus § 42 Abs. 1 BörsG verletzt. Eine Zweckmäßigkeitskontrolle im Rahmen des Genehmigungsverfahrens wird demgegenüber von der herrschenden Meinung abgelehnt.[322] Deshalb darf die Regulierung besonderer Teilbereiche etwa nicht allein aufgrund der konkreten Ausrichtung der jeweiligen Börse versagt werden,[323] sodass auch Börsen mit einem eher nationalen oder gar regionalen Zuschnitt Bestimmungen nach § 42 BörsG zum Gegenstand ihrer Börsenordnungen machen können. Dennoch soll sich der Prüfungsumfang noch auf die „Konkordanz" der Satzungsbestimmungen mit den „ersichtlichen Zielen und dem Sinn des Gesetzes" erstrecken.[324]

---

319 Dazu auch *Christoph*, Börsenkooperationen und Börsenfusionen, 145.

320 Schwark/Zimmer/*Schwark*, KMRK, § 16 BörsG Rn. 4.

321 *Groß*, Kapitalmarktrecht, § 16 BörsG Rn. 7; Schwark/Zimmer/*Schwark*, KMRK, § 16 BörsG Rn. 30.

322 Schwark/Zimmer/*Schwark*, KMRK, § 16 BörsG Rn. 4.

323 In diese Richtung auch *Christoph*, Börsenkooperationen und Börsenfusionen, 145.

324 Schwark/Zimmer/*Schwark*, KMRK, § 16 BörsG Rn. 4.

Die Börsenaufsichtsbehörde kann im Rahmen ihrer Rechtsaufsicht die Genehmigung nach § 16 Abs. 3 S. 1, 2 BörsG daher verweigern bzw. die Aufnahme weitergehender Teilbereichsbestimmungen verlangen, wenn und soweit die angedachte Segmentregulierung die *Zwecke der Ermächtigungsgrundlage* nicht beachtet oder in nur unzureichender Weise zu erreichen imstande ist. Es kann dabei auch um die Grundfunktionen vertikal angeordneter Börsensegmente gehen, denen die Ermächtigungsgrundlage grundsätzlich verpflichtet ist, und um die es weiter unten noch gehen wird;[325] abgeleitet aus dem Gebot der institutionellen Gesamtmarkttransparenz[326] können sie der Genehmigung einer rein formalistischen Segmentierung des regulierten Börsenmarktes entgegenstehen, die nicht imstande ist, eine echte Hierarchisierung der Anforderungsprofile herzustellen und Anleger- und Funktionsschutz zu fördern.[327]

III. Teilbereichszulassung

Der Grund dafür, dass der Umgang mit dem teilbereichsspezifischen Regelbestand in den Koordinaten des Kapitalmarktrechts Verunsicherung hervorruft, liegt insbesondere darin, dass die Zulassung zu einem Teilbereich voraussetzt, dass die Wertpapiere des Antragstellers zuvor zum Handel in dem korrespondierenden regulierten Markt der Börse zugelassen worden sind und der Emittent bereits den aus dieser Grundmarktzulassung (§ 32 Abs. 1 BörsG) resultierenden kapitalmarktrechtlichen Verhaltens- und Offenlegungspflichten unterliegt.[328] Das Sonderpflichtenregime hingegen knüpft als eine Art *zweite Schicht* kapitalmarktrechtlicher Verhaltensvorgaben an eine rechtlich selbstständige (Zulassungs-)Entscheidung der Börse an und wird als solche in unterschiedlicher Weise innerhalb des Systems anleger- und funktionsschützender Rechtsvorschriften, das den Handel in den Grundstrukturen des Börsenmarktes begleitet, registriert. Auf den kapitalgesellschaftsrechtlichen Status des Emittenten wirkt sich die Zulassung zu einem Teilbereich des regulierten Marktes aber nicht aus.

---

325 Vgl. hierzu auch *Schiemzick*, Segmentwechsel, 44 f., insbesondere Fn. 123; *Rudolph*, BB 2002, 1036 (1038).

326 Dazu bereits oben Kapitel 1 § 2 I.3.b.

327 Dazu noch weiter unten Kapitel 3 § 2.

328 *Schanz*, Börseneinführung, § 12 Rn. 9, 12, 18, 42, 46.

1. Rechtsqualität der Teilbereichszulassung

Rechtsgrund der Teilbereichswirkungen im Verhältnis von Börse und Emittenten ist eine auf den jeweiligen Teilbereich gerichtete Zulassungsentscheidung der Börse.[329] Nur mittelbar ergibt sich dies aus § 42 Abs. 2 BörsG, der die Möglichkeit der Börse voraussetzt, auch den Zugang zu einem Teilbereich zu kontrollieren. Die von der Geschäftsführung der Börse in ihrer Eigenschaft als Verwaltungsbehörde zu treffende Zulassungsentscheidung ergeht auf der Grundlage der satzungsrechtlich definierten Zulassungsparameter gegenüber dem antragstellenden Emittenten und setzt in diesem Verhältnis das teilbereichsspezifische Sonderpflichtenregime in Geltung.[330] Folgerichtig und nach unbestrittener Ansicht ergeht die Zulassungsentscheidung zu einem Teilbereich des regulierten Marktes als Verwaltungsakt i.S.d. § 35 S. 1 VwVfG.[331]

a. Zuständigkeit, Verfahrens- und Formvorgaben für die Zulassungsentscheidung der Börse; Verfahren bei Ablehnung eines Zulassungsantrags

Die formellen Grenzen der Teilbereichsregulierung, deren unterschiedliche Facetten weiter unten noch behandelt werden, setzen voraus, dass die Zulassung zu einem Teilbereich des regulierten Marktes beantragt werden muss.[332] Dem gesellschaftsinternen Entscheidungsprozess[333] folgt deshalb ein Antrag des Emittenten, der auf die Zulassung seiner Aktien zum Handel in dem jeweiligen Teilbereich gerichtet ist. Für den Prime Standard an der Frankfurter Wertpapierbörse wird das Antragserfordernis in § 48 Abs. 1 S. 1 BörsO FWB umgesetzt, an dessen Beispiel hier weitere Besonderheiten des teilbereichsspezifischen Zulassungswesens erläutert werden sollen.

---

329 *Schäfer*, in: Marsch-Barner/Schäfer, Hdb. börsennotierte AG, Rn. 12.36; *Groß*, Kapitalmarktrecht, § 42 BörsG Rn. 6.

330 Schwark/Zimmer/*Heidelbach*, KMRK, § 42 BörsG Rn. 7.

331 Ganz h.M., vgl. nur Schwark/Zimmer/*Heidelbach*, KMRK, § 42 BörsG Rn. 16; *Groß*, Kapitalmarktrecht, § 42 BörsG Rn. 6; *Kümpel/Hammen*, Börsenrecht, 197 ff.; *Gebhardt*, WM-Sonderbeilage 2/2003, 3 (6); *Ganzer/Borsch*, BKR 2003, 484 (486); *Harrer/Fisher/Evans*, RiW 2003, 81 (87) sowie *Grub/Streit*, BB 2004, 1397 (1397) in Bezug auf die Grundmarktzulassung.

332 Dazu Kapitel 4 § 1 II.

333 Einen Überblick über die gesellschaftsrechtlichen Maßnahmen zur Vorbereitung eines Börsengangs bietet *Poelzig*, Kapitalmarktrecht, § 7 Rn. 174 ff.

Der Antrag ist – das wurde bereits vorweggenommen – an die Geschäftsführung der Börse zu richten (vgl. § 15 Abs. 1 S. 1 BörsG), die gem. § 48 Abs. 3 der Börsenordnung über die Teilbereichszulassung entscheidet.[334] Die Zuständigkeit der Börsengeschäftsführung ergibt sich zwar nicht unmittelbar aus der Ermächtigungsgrundlage, sie lässt sich systematisch aber mit ihrer in § 32 Abs. 1 BörsG gesetzlich begründeten Zuständigkeit für die korrespondierende Grundmarktzulassung und mit § 42 Abs. 2 BörsG rechtfertigen, der den Zulassungswiderruf regelt und als *actus contrarius* des Zulassungsverwaltungsaktes ebenfalls der Börsengeschäftsführung überträgt.[335] Sie folgt zugleich aus der Rolle der Geschäftsführung als Leitungsorgan der Börse.[336]

Das Gesetz sieht keine besonderen Formerfordernisse für das Zulassungsverfahren vor, sodass sich die Börse im Rahmen der Verfahrensausgestaltung auf ihr allgemeines verwaltungsrechtliches Organisationsrecht berufen kann.[337] Die Frankfurter Wertpapierbörse stellt Emittenten im Interesse der Verfahrensbeschleunigung ein standardisiertes Antragsformular auf ihrer Homepage zur Verfügung, in dem die antragstellende Gesellschaft unter anderem eine Ansprechperson für Rückfragen sowie Art und Gattung der zuzulassenden Wertpapiere benennen und Auskunft über weitere zulassungsrelevante Umstände, wie etwa die Eröffnung des Insolvenzverfahrens über das Vermögen des Emittenten, erteilen muss.[338]

Die Zulassung zum Prime Standard der Frankfurter Wertpapierbörse setzt, anders als seinerzeit die Aufnahme in den Neuen Markt,[339] nicht voraus, dass

---

334 Vgl. auch *Schäfer*, in: Marsch-Barner/Schäfer, Hdb. börsennotierte AG, Rn. 12.36; *Seiffert*, in: Kümpel/Mülbert/Früh/Seyfried, Bank- und Kapitalmarktrecht, Rn. 14.313; zu den Überlegungen im Rahmen des Vierten Finanzmarktförderungsgesetzes, die Zuständigkeit für die Zulassungsentscheidung auf die BaFin zu übertragen vgl. *Hammen*, WM 2007, 1297 (1299, 1304 f.).

335 Vgl. auch *Grub/Streit*, BB 2004, 1397 (1398), dort allerdings noch zu den Zulassungsstellen der Börsen.

336 Schwark/Zimmer/*Schwark*, KMRK, § 15 BörsG Rn. 1.

337 *Schmitz*, in: Stelkens/Bonk/Sachs, VwVfG, § 10 Rn. 13; *Gebhardt*, WM-Sonderbeilage 2/2003, 3 (6); für eine weite Auslegung der Ermächtigungsgrundlage plädiert *Schäfer*, in: Marsch-Barner/Schäfer, Hdb. börsennotierte AG, Rn. 12.36.

338 Das Antragsformular für Aktien und Aktien vertretende Zertifikate zum Prime Standard der Frankfurter Wertpapierbörse ist abrufbar unter https://www.deutsche-boerse-cash-market.com/resource/blob/36388/0b88b5be439625f411a217bd28e1e91e/data/Antragsformular-Prime-Standard.pdf (zuletzt abgerufen am 31. März 2021); vgl. auch *Schmitz*, in: Stelkens/Bonk/Sachs, VwVfG, § 10 Rn. 13 f.

339 Ziff. 2.2 Abs. 1 Regelwerk Neuer Markt, abgedruckt bei *Potthoff/Stuhlfauth*, WM-Sonderbeilage 3/1997, 3 (12 ff.).

der Emittent von einem Kredit- oder Finanzdienstleistungsinstitut begleitet oder von einem Listingpartner für die Dauer der Notierung unterstützt wird. Der Emittent kann die Zulassung zu einem Teilbereich deshalb auch alleine beantragen. Davon unberührt bleibt aber die Regelung des § 32 Abs. 2 S. 1 BörsG für die Grundmarktzulassung, und zwar auch im Falle einer simultanen Antragstellung nach § 48 Abs. 1 S. 3 BörsO FWB. Unterschiede hinsichtlich der Anforderungen an das Zulassungsverfahren ergeben sich deshalb insbesondere dann, wenn Grundmarkt- und Teilbereichszulassungsverfahren zeitlich auseinanderfallen und nacheinander betrieben werden.[340]

Gem. § 48 Abs. 1 S. 2 der Frankfurter Börsenordnung muss sich der Zulassungsantrag auf alle Aktien des Emittenten derselben Gattung beziehen. Damit überträgt die Börsenordnung das Verbot der Teilzulassung aus § 7 BörsZulVO auch auf den Handel in Teilbereichen des regulierten Marktes,[341] um wie dort Kursverzerrungen aufgrund verminderter Liquidität in den zuzulassenden Wertpapieren zu vermeiden.[342] Durch die Regelung in der Börsenordnung soll also auch für den Teilbereichshandel verhindert werden, dass ungerechtfertigt hohe Börsenpreise infolge einer künstlichen Angebotsverknappung entstehen können.[343] Da auch durch nachfolgende Erhöhungen des Grundkapitals und die Ausgabe neuer Aktien Angebotsverknappungen herbeigeführt werden können, wird § 7 BörsZulVO für den Grundmarkthandel durch das Gebot der Vollzulassung in den § 40 BörsG und § 69 BörsZulVO ergänzt, nach dem auch für später ausgegebene, „junge" Aktien derselben Gattung die Zulassung zum Handel an der Börse beantragt werden muss. § 48 Abs. 1 S. 2 BörsO FWB erfasst indes nur den Fall der erstmaligen Zulassung eines Gattungsteils zu einem Teilbereich.[344] Nun wurde das komplementäre Gebot der Vollzulassung zwar für den Teilbereichshandel nicht eigens satzungsrechtlich normiert, es spricht aber viel dafür, die Bestimmung im Interesse eines liquiden Börsenhandels in den Teilbereichswerten als umfassendes Vollzulassungsgebot auszulegen, um den Handel derselben Aktiengattung in unterschiedlichen Segmenten des regulierten Marktes zu verhindern. Zu Recht wird in diesem Zusammenhang aber darauf hingewiesen,

---

340 Vgl. auch *Schiemzick*, Segmentwechsel, 46; vgl. außerdem *Schäfer*, in: Marsch-Barner/Schäfer, Hdb. börsennotierte AG, Rn. 12.36.; *Schlitt*, AG 2003, 57 (64).

341 Hierzu auch *Groß*, Kapitalmarktrecht, §§ 1–12 BörsZulVO Rn. 12 ff.

342 Schwark/Zimmer/*Heidelbach*, KMRK, § 40 BörsG Rn. 2; dazu auch *Foelsch/Wittmann*, in: Hellner/Steuer, BuB, Rn. 7/606a; auch *Bloß/Schneider*, WM 2009, 879 (880).

343 *Gebhardt*, in: Schäfer/Hamann, KMG, § 7 BörsZulVO Rn. 1.

344 Hierzu auch *Gebhardt*, in: Schäfer/Hamann, KMG, § 69 BörsZulVO Rn. 2.

dass die Relevanz der Vorschriften über die Vollzulassung für den Wertpapierhandel in Teilbereichen praktisch gering ist, da das satzungsrechtliche Sonderpflichtenregime schon nicht beschränkt auf einen Teil der zum Handel im regulierten Grundmarkt zugelassenen Aktien derselben Gattung erfüllt werden kann, für einen anderen hingegen nicht:[345] Unterliegt der Emittent erweiterten Verhaltens- und Offenlegungspflichten in Teilbereichen, so erstrecken sich diese zwangsläufig auch auf gattungsgleiche Aktien aus einer dem Segmentaufstieg nachfolgenden Kapitalerhöhung.

Für die Entscheidung der Börsengeschäftsführung über den Zulassungsantrag sehen weder das Gesetz noch die Börsenordnung eine bestimmte Frist vor. Auf ihrer Homepage gibt die Frankfurter Wertpapierbörse einen Entscheidungszeitraum von bis zu zehn Werktagen für die Entscheidung über die Grundmarktzulassung an, sofern die einzureichenden Unterlagen vollständig und auch die übrigen Zulassungsvoraussetzungen gegeben sind.[346] Fallen Grundmarkt- und Teilbereichszulassungsverfahren zeitlich auseinander, sollte die isolierte Entscheidung über eine Teilbereichsnotierung des Emittenten keinesfalls länger als die veranschlagten zehn Tage in Anspruch nehmen, denn Börse und Emittent unterhalten in diesem Fall bereits Beziehungen zueinander und die Gesellschaft ist der Geschäftsführung der Börse hinreichend bekannt. Aufgrund der rechtsqualitativen Einordnung der Teilbereichszulassung als Verwaltungsakt wird die in Verwaltungsverfahren allgemein geltende Frist von drei Monaten (§ 75 S. 2 VwGO) jedenfalls als absolute zeitliche Obergrenze für die Entscheidung zu beachten sein;[347] in der Emissionspraxis freilich werden Antragszeitpunkt und der Zeitpunkt der Notierungsaufnahme im zeitlichen Vorfeld eines IPO eng zwischen der Gesellschaft und der Geschäftsführung der Börse abgestimmt. § 50 BörsZulVO schreibt im Zusammenhang mit dem Zulassungsverfahren allerdings auch vor, dass die Grundmarktzulassung frühestens an dem auf das Datum der Einreichung des Zulassungsantrags bei der Geschäftsführung folgenden Handelstag erfolgen darf.[348] Nach dem zuvor Gesagten kann nichts anderes für die Zulassung zu einem Teilbereich gelten. Sie wird gem. § 49 BörsO FWB

---

345 *Schäfer*, in: Marsch-Barner/Schäfer, Hdb. börsennotierte AG, Rn. 12.37.

346 So die IPO-Line Going Public für den Listingprozess Regulierter Markt, abrufbar unter http://www.deutsche-boerse-cash-market.com/dbcm-de/primary-market/going-public/ipo-line-going-public/Zulassungsverfahren/1426170 (zuletzt abgerufen am 31. März 2021).

347 So auch *Gebhardt*, WM-Sonderbeilage 2/2003, 3 (6 f.).

348 Zur Fristberechnung *Stage*, Strafbare Marktmanipulation, § 6 Rn. 100.

auch nach denselben Vorschriften veröffentlicht, die für die Veröffentlichung der Grundmarktzulassung zu beachten sind. Das sind gem. § 45 Abs. 6 der Börsenordnung die §§ 51, 72a BörsZulVO; die Zulassungsentscheidung wird also von der Geschäftsführung im Bundesanzeiger und auf der Homepage der Börse bekannt gegeben.[349] Die Kosten für die Veröffentlichung im Bundesanzeiger trägt der antragstellende Emittent (§ 51 BörsZulVO).[350] Im Übrigen ist die Veröffentlichung im Internet als Serviceleistung der Börse zu verstehen, die auch der Vermarktung des Segments dient und für die dem Emittenten mangels entsprechender Zahlungsverpflichtung keine weiteren Kosten in Rechnung gestellt werden können, die nicht bereits durch die Antragsgebühren gedeckt wären.[351]

Mangels entsprechender Regelung und um eine zutrittshemmende Wirkung zu vermeiden, kann § 49 BörsO FWB in einem Umkehrschluss auch entnommen werden, dass eine ablehnende Entscheidung der Börsengeschäftsführung nicht veröffentlicht werden darf. § 35 BörsG, der nur für den Antrag auf Zulassung zum Grundmarkthandel gilt, lässt sich die Wertung entnehmen, dass die Bekanntgabe einer ablehnenden Zulassungsentscheidung nur dann erforderlich ist, wenn Belange des Funktions- oder Anlegerschutzes dies erfordern.[352] Lehnt die Geschäftsführung der Börse einen Teilbereichszulassungsantrag ab, sagt dies aber grundsätzlich nichts darüber aus, inwiefern der Emittent im Übrigen zu kapitalmarktgerechtem Verhalten innerhalb des Grundmarktpflichtenregimes imstande sein wird. Unabhängig davon ist die ablehnende Entscheidung, die als belastender Verwaltungsakt einzuordnen ist, nach § 39 VwVfG zu begründen.[353]

Ist der Antrag auf Aufnahme in den Teilbereichshandel bei gleichzeitiger Beantragung der Grundmarktzulassung nach § 48 Abs. 1 S. 3 BörsO FWB abzulehnen, kommt es für die Behandlung des übrigen Antragsrests darauf an, ob die antragstellende Gesellschaft gleichwohl am Grundmarkthandel teilnehmen möchte, ohne zugleich auch im Prime Standard gelistet zu sein.[354] Das ist

---

349 *Schäfer*, in: Marsch-Barner/Schäfer, Hdb. börsennotierte AG, Rn. 12.36.

350 Für die Grundmarktzulassung vgl. *Lenenbach*, Kapitalmarktrecht, Rn. 3.182.

351 Vgl. den Gebührentatbestand in § 1 Abs. 1 Nr. 3 der Gebührenordnung für die Frankfurter Wertpapierbörse vom 15. Dezember 2018.

352 *Groß*, Kapitalmarktrecht, § 35 BörsG Rn. 2; vgl. zu dem Zweck der Vorschrift allgemein auch Schwark/Zimmer/*Heidelbach*, KMRK, § 35 BörsG Rn. 1, 3.

353 *Schanz*, Börseneinführung, § 12 Rn. 39 f.; *Jäger*, NZG 1999, 381 (382).

354 Die Frankfurter Wertpapierbörse stellt zur Vereinfachung des Antragsverfahrens auf ihrer Homepage ein entsprechendes Antragsformular zur Verfügung, das sich auf die Zulassung der Aktien zum Prime Standard des regulierten Markts beschränkt; zum

gegebenenfalls durch Auslegung der Zulassungsanträge zu ermitteln und unter wirtschaftlichen Gesichtspunkten zu beurteilen,[355] kann in der Praxis aber bereits dem Prospekt entnommen werden.[356]

Der Verweis in § 45 Abs. 6 BörsO FWB auf § 72a BörsZulVO, nach dessen altem Abs. 2 Veröffentlichungen nach §§ 49 bis 51 BörsZulVO bis zum 31. Dezember 2008 zusätzlich in einem Börsenpflichtblatt publik zu machen waren, geht ins Leere, seitdem der Absatz zum 31. März 2012 gestrichen worden ist. Bisher ist versäumt worden, die Börsenordnung entsprechend zu korrigieren.

Antragsverfahren allgemein vgl. Schwark/Zimmer/*Heidelbach*, KMRK, § 32 BörsG Rn. 32, 40 ff.

355 Keine Einwände bestehen hinsichtlich einer rechtlichen Verklammerung beider Zulassungsanträge dergestalt, dass die Zulassung nach § 32 Abs. 1 BörsG von einer Aufnahme in den jeweiligen Teilbereichshandel abhängig gemacht werden soll. Die Antragstellung ist mangels einseitiger rechtsgestaltender Wirkung grundsätzlich kein bedingungsfeindlicher Akt. § 35 BörsG kommt aber auch dann nicht zur Anwendung, wenn einer Grundmarktzulassung an sich keine Bedenken vonseiten der Börsengeschäftsführung entgegenstehen, der Antrag auf Aufnahme in den Teilbereichshandel an einer anderen Börse aber abzulehnen ist. Zwar sind *örtliche Verhältnisse* grundsätzlich auch alle zulassungsrelevanten börsenrechtlichen Vorschriften eines Börsenplatzes, die als lokale Spezifika zurücktreten, wenn die übrigen Börsen die Zulassung der Wertpapiere beabsichtigen, vgl. Schwark/Zimmer/*Heidelbach*, KMRK, § 35 BörsG Rn. 3. In einer solchen Konstellation wird aber nicht die Grundmarktzulassung aufgrund örtlicher Verhältnisse abgelehnt, sondern durch die rechtliche Abhängigkeit von der auf einen Teilbereich beschränkten Zulassungsentscheidung zu Fall gebracht. Deshalb kann auch über § 35 Abs. 3 S. 1, 2 BörsG nicht die Aufnahme in einen Teilbereich erzwungen werden. Auch insofern wird die rechtliche Selbstständigkeit der Zulassungsverfahren deutlich.

356 S. Art. 13 Abs. 1 EU-ProspektVO i.V.m. Anhang I, X. Einzelheiten zum Wertpapierangebot und zur Zulassung zum Handel, lit A. sowie, im Falle der Zulassung von Aktien zum Handel, Anhang 11 Nr. 6.1 Delegierte Verordnung (EU) 2019/980 der Kommission vom 14. März 2019 zur Ergänzung der Verordnung (EU) 2017/1129 des Europäischen Parlaments und des Rates hinsichtlich der Aufmachung, des Inhalts, der Prüfung und der Billigung des Prospekts, der beim öffentlichen Angebot von Wertpapieren oder bei deren Zulassung zum Handel an einem geregelten Markt zu veröffentlichen ist, und zur Aufhebung der Verordnung (EG) Nr. 809/2004 der Kommission. Hiernach ist in einem Prospekt anzugeben, ob die angebotenen Wertpapiere Gegenstand eines Antrags auf Zulassung zum Handel sind oder sein werden und auf einem geregelten (= regulierten) Markt platziert werden sollen.

Die weiteren Folgen der Zulassungsentscheidung in Bezug auf den Entstehungszeitpunkt der teilbereichsspezifischen Sonderpflichten werden weiter unten noch erörtert.[357]

b. Simultane Antragstellung nach § 48 Abs. 1 S. 3 BörsO FWB

Sind die Aktien des Emittenten noch nicht zum regulierten Markt zugelassen worden, kann der Antrag auf Teilbereichszulassung auch zusammen mit dem Antrag auf Zulassung zum Grundmarkthandel nach § 32 Abs. 1 BörsG gestellt werden (vgl. § 48 Abs. 1 S. 3 BörsO FWB).[358] Die Zulassungsentscheidung hinsichtlich des Teilbereichshandels stellt ungeachtet dieser Verfahrenserleichterung aber weiterhin einen rechtlich selbstständigen Verwaltungsakt dar.[359] Auch im Falle simultaner Antragstellung ergehen gegenüber dem antragstellenden Emittenten also zwei rechtlich eigenständige Zulassungsverwaltungsakte; die Zulassungsentscheidung nach § 32 Abs. 1 BörsG ergeht aber in jedem Fall in der logischen Sekunde vor der Zulassung zum Teilbereichshandel.[360] Aufgrund der Emissionspraxis der letzten Jahre ist ohnehin davon auszugehen, dass viele Emittenten die Zulassung nach § 32 Abs. 1 BörsG lediglich als Voraussetzung für den Teilbereichshandel beantragen, ohne aber langfristig am Handel in den Grundstrukturen teilnehmen zu wollen.[361]

An beide Zulassungsverwaltungsakte schließen sich nun jeweils unterschiedliche Folgepflichten an,[362] nämlich die kapitalmarktrechtlichen *Grund*pflichten im Falle der Zulassungsentscheidung nach § 32 BörsG und im Falle einer Zulassung zu einem Teilbereich die satzungsrechtlich definierten *Sonder*pflichten nach § 42 Abs. 1 BörsG.[363] Ungeachtet der nunmehr aktivierten Pflichtenregime handelt es sich in beiden Fällen aber um einen begünstigenden Verwaltungsakt,

---

357 Dazu Kapitel 5 § 1 I.

358 Schwark/Zimmer/*Heidelbach*, KMRK, § 32 BörsG Rn. 42; *Schlitt*, AG 2003, 57 (64).

359 Ganz h.M., vgl. *Gebhardt*, WM-Sonderbeilage 2/2003, 3 (6); Schwark/Zimmer/*Schwark*, KMRK, § 42 BörsG Rn. 16; *Schiemzick*, Segmentwechsel, 46; Ganzer/Borsch, BKR 2003, 484 (486); *Groß*, Kapitalmarktrecht, § 42 BörsG Rn. 6; *Gebhardt*, in: Schäfer/Hamann, KMG, § 42 BörsG Rn. 17; *Schäfer*, in: Marsch-Barner/Schäfer, Hdb. börsennotierte AG, Rn. 12.36.

360 *Gebhardt*, WM-Sonderbeilage 2/2003, 3 (7); *Schiemzick*, Segmentwechsel, 46.

361 Vgl. dazu auch *Bösl*, CF 2017, 23 (23 ff.).

362 Vgl. auch *Schiemzick*, Segmentwechsel, 46.

363 Ähnlich Schwark/Zimmer/*Heidelbach*, KMRK, § 42 BörsG Rn. 7 („Nur wenn der Emittent sich durch einen entsprechenden Antrag hierfür entscheidet, können die von der BörsO aufzustellenden separaten Regeln ihre Wirkung entfalten.“).

denn der Emittent ist im Falle der Zulassung zum Handel antragsgemäß beschieden, sein Rechtskreis entsprechend erweitert worden.[364]

2. Rechtliche Selbstständigkeit der Verwaltungsverfahren

Der rechtsqualitativen Eigenständigkeit der Zulassungsentscheidungen entspricht die rechtliche Selbstständigkeit der ihnen vorgeschalteten Verwaltungsverfahren.

a. Zulassungserfordernis nach § 32 Abs. 1, 3 BörsG

Das Grundmarktzulassungsverfahren nach § 32 BörsG kennzeichnet, dass der Antrag nur gemeinsam mit einem Kredit- oder Finanzdienstleistungsinstitut bzw. einem nach § 53 Abs. 1 S. 1 KWG oder § 53b Abs. 1 S. 1 KWG tätigen Unternehmen an die Geschäftsführung der Börse gerichtet werden kann (§ 32 Abs. 2 BörsG)[365] sowie die in § 32 Abs. 3 Nr. 2 BörsG bzw. Art. 3 Abs. 3 EU-ProspektVO normierte Pflicht, vor der Zulassung zum Börsenhandel einen von der BaFin gebilligten Wertpapierprospekt zu veröffentlichen.[366] Die Zulassung zum Handel setzt weiter voraus, dass die Wertpapiere, die Gegenstand des Zulassungsantrags sind, den in Art. 35 der Finanzinstrumente-Aufzeichnungspflicht-DVO[367] niedergelegten Anforderungen an die freie Handelbarkeit der Wertpapiere[368] sowie den emittenten- und wertpapierbezogenen Anforderungen der BörsZulVO

---

364 *Foelsch/Wittmann*, in: Hellner/Steuer, BuB, Rn. 7/591.

365 Baumbach/Hopt/*Kumpan*, § 32 BörsG Rn. 3.

366 Zu den Zulassungsvoraussetzungen im Einzelnen vgl. *Lenenbach*, Kapitalmarktrecht, Rn. 3.184 ff. und 3.192 f.

367 Verordnung (EG) Nr. 1287/2006 der Kommission vom 10. August 2006 zur Durchführung der Richtlinie 2004/39/EG des Europäischen Parlaments und des Rates betreffend die Aufzeichnungspflichten für Wertpapierfirmen, die Meldung von Geschäften, die Markttransparenz, die Zulassung von Finanzinstrumenten zum Handel und bestimmte Begriffe im Sinne dieser Richtlinie.

368 Gem. Art. 35 Abs. 1 der Finanzinstrumente-Aufzeichnungspflicht-DVO gelten Wertpapiere als frei handelbar, wenn sie zwischen den Parteien eines Geschäfts gehandelt und anschließend übertragen werden können und wenn alle Wertpapiere innerhalb dergleichen Kategorie wie das besagte Wertpapier fungibel sind. Letztendlich geht es aus Sicht der Börse darum, zu beurteilen, ob eine Aktie fair, ordnungsgemäß und effizient gehandelt werden kann (vgl. Art. 35 Abs. 4 Finanzinstrumente-Aufzeichnungspflicht-DVO) und sich demgemäß ein ordnungsgemäßer, d.h. insbesondere aktiver und liquider Handel in den Werten entwickeln kann.

entsprechen (§ 32 Abs. 2 Nr. 1 BörsG).[369] Liegen die in § 32 Abs. 3 BörsG zusammengefassten Voraussetzungen vor, besteht ein einklagbarer Anspruch des Emittenten auf Zulassung seiner Wertpapiere zum Handel an der Börse in Form einer gebundenen Entscheidung der Börsengeschäftsführung.[370]

Nur wenn der Emittent seine Zulassungsfolgepflichten an einer anderen Börse verletzt hat, Wertpapiere des Emittenten im Antragszeitpunkt also bereits an einem anderen regulierten Markt zum Handel zugelassen worden sind, wandelt sich der Zulassungsanspruch trotz Vorliegens der Voraussetzungen nach Abs. 3 gem. § 32 Abs. 4 BörsG in einen Anspruch auf eine Ermessensentscheidung, im Rahmen derer die Börsengeschäftsführung dann Schwere und Häufigkeit der Pflichtverstöße als Indikatoren für das zukünftige Verhalten des Emittenten berücksichtigen muss.[371] Die ablehnende Entscheidung der Börsengeschäftsführung ist in diesem Fall nur noch in den Grenzen des § 114 VwGO, das heißt im Hinblick auf etwaige Ermessensfehler bzw. eine unzweckmäßige Ermessensbetätigung, gerichtlicher Nachprüfung zugänglich.[372]

b. Struktur der Teilbereichszulassungsentscheidung gem. § 48 Abs. 4 BörsO FWB

Das teilbereichsspezifische Zulassungswesen weist eine ganz ähnliche Struktur auf. Auch die Zulassung zu dem Sondersegment des regulierten Marktes ist in § 48 Abs. 4 S. 1 BörsO FWB zunächst als gebundene Entscheidung der Börsengeschäftsführung ausgestaltet.[373] Hiernach ist dem Zulassungsantrag stattzugeben, wenn der Geschäftsführung der Börse keine Umstände bekannt sind, wonach der antragstellende Emittent die weiteren Zulassungsfolgepflichten

---

369 Das sind für Aktien eines Inlandsemittenten insbesondere die §§ 1–9 BörsZulVO, die die Rechtsgrundlage des Emittenten, den voraussichtlichen Kurswert der zuzulassenden Aktien, die Bestehensdauer der Gesellschaft, die Rechtsgrundlage der Wertpapiere sowie deren Handelbarkeit, ihre Stückelung und – in dem praktisch äußerst seltenen Fall der Ausgabe effektiver Stücke – ihre technische Druckausstattung, den Antragsumfang sowie gewisse Mindestanforderungen an den zu erwartenden Streubesitzanteil betreffen; dazu vgl. auch *Lenenbach*, Kapitalmarktrecht, Rn. 3.185.

370 *Groß*, Kapitalmarktrecht, § 32 BörsG Rn. 39.

371 Schwark/Zimmer/*Heidelbach*, KMRK, § 32 BörsG Rn. 61 f.; vgl. auch BeckHdB-AG/*Harrer*, § 20 Rn. 128.

372 Zum Zulassungsverfahren eingehend *Jäger*, NZG 1999, 381 (382 ff.).

373 *Gebhardt*, WM-Sonderbeilage 2/2003, 3 (7); BeckHdB-AG/*Harrer*, § 20 Rn. 22.

nicht ordnungsgemäß erfüllen wird (vgl. § 48 Abs. 4 S. 1 BörsO FWB).[374] Damit beinhaltet das teilbereichsspezifische Zulassungswesen ausdrücklich auch ein prognostisches Element,[375] durch das die Erfolgsaussichten eines Teilbereichslistings in das Vorfeld der Zulassungsentscheidung verlagert werden.[376] Ein Zulassungsantrag kann deshalb auf der Grundlage von § 48 Abs. 4 S. 1 BörsO FWB auch dann abgelehnt werden, wenn der Antragsteller erklärt bzw. zu erkennen gibt, den teilbereichsspezifischen Sonderpflichten des Prime Standards nicht oder nicht vollständig während der Dauer seines Listings in dem Teilbereich nachkommen zu wollen.[377]

Umstände, aufgrund derer die Missachtung teilbereichsspezifischer Sonderpflichten zu besorgen ist, werden gem. § 48 Abs. 4 S. 2 BörsO FWB aF *regelmäßig vermutet*, wenn der Emittent seine Pflichten aus einer bereits bestehenden Grundmarktzulassung nicht oder nicht ordnungsgemäß erfüllt hat.[378] Es obliegt in diesen Fällen also zunächst dem antragstellenden Emittenten, die Vermutungswirkung zu entkräften. Dafür muss der Antragsteller darlegen, dass (und warum) trotz früherer Pflichtverletzungen von der ordnungsgemäßen Erfüllung der zusätzlichen Verhaltensvorgaben in der Börsenordnung ausgegangen werden kann.[379]

Bis zur Änderung der Börsenordnung zum 23. November 2020 durch die Elfte Änderungssatzung zur Börsenordnung für die Frankfurter Wertpapierbörse sah § 48 Abs. 4 S. 2 Nr. 1 der Börsenordnung ergänzend hierzu vor, dass Umstände, die die Vermutung begründen, der antragstellende Emittent werde die weiteren Pflichten nicht ordnungsgemäß erfüllen, auch dann vorliegen, wenn ein Antrag auf Eröffnung des Insolvenzverfahrens über das Vermögen des Emittenten der Aktien oder des Emittenten der vertretenen Aktien gestellt worden war. Infolge des Betrugsskandals um die zwischenzeitig in Insolvenz geratene *Wirecard AG*

374 Zur Zulassungsentscheidung allgemein *Ganzer/Borsch*, BKR 2003, 484 (486); vgl. auch *Schäfer*, in: Marsch-Barner/Schäfer, Hdb. börsennotierte AG, Rn. 12.38; BeckHdB-AG/*Harrer*, § 20 Rn. 22.

375 *Gebhardt*, WM-Sonderbeilage 2/2003, 3 (7); *Schäfer*, in: Marsch-Barner/Schäfer, Hdb. börsennotierte AG, Rn. 12.38; *Schanz*, Börseneinführung, § 12 Rn. 13; *Schlitt*, AG 2003, 57 (61).

376 Vgl. bereits Schwark/*Schwark*, KMRK, 3. Auflage 2004, § 50 BörsG Rn. 3 zu der Sondervorschrift für die Teilbereiche des Geregelten Marktes; vgl. außerdem *Foppe*, SPAC AG, 201.

377 *Mitental/Anders*, DStR 2003, 1893 (1899); BeckHdB-AG/*Harrer*, § 20 Rn. 22.

378 Vgl. auch *Schäfer*, in: Marsch-Barner/Schäfer, Hdb. börsennotierte AG, Rn. 12.38.

379 *Gebhardt*, WM-Sonderbeilage 2/2003, 3 (7).

ist diese Vermutungsregelung nunmehr als echtes Zulassungshindernis in § 48 Abs. 5 BörsO FWB normiert worden; über das Vermögen des Emittenten zuzulassender oder nach § 48 Abs. 4 der Börsenordnung zugelassener Aktien darf fortan weder die Eröffnung des Insolvenzverfahrens beantragt noch darf ein solches Verfahren bereits eröffnet worden sein, ohne dass der antragstellende Emittent bei Vorliegen eines solchen Sachverhalts noch die dadurch begründeten Zweifel an einem teilbereichskonformen Publizitätsverhalten in der Zukunft ausräumen könnte.

c. *Verflechtung der Zulassungsverfahren*

Zunächst ist festzustellen, dass die Voraussetzungen, unter denen die Erteilung von Grundmarkthandels- und Teilbereichszulassung in das Ermessen der Börsengeschäftsführung gestellt werden, der Emittent also seinen Zulassungsanspruch einbüßt (§ 32 Abs. 4 BörsG und § 48 Abs. 4 S. 2 BörsO FWB), keineswegs immer übereinstimmen.

§ 48 Abs. 4 S. 2 BörsO FWB knüpft an die in § 32 Abs. 4 BörsG getroffene Regelung an und erfasst die Situation, in der bereits im Zeitpunkt der Antragstellung nach § 48 Abs. 1 S. 1 BörsO FWB (Antrag auf Zulassung zu einem Teilbereich des regulierten Marktes) eine Zulassung zu dem Grundmarkthandel *derselben* Börse erteilt worden ist.[380] Die Regelung wird dadurch auf der Ebene des teilbereichseigenen Zulassungswesens um die Fälle ergänzt, in denen der Aufstieg in den Prime Standard der Notierung im regulierten Markt nachfolgt, es sich also nicht um einen Fall simultaner Antragstellung nach § 48 Abs. 1 S. 3 BörsO FWB handelt. Fälle simultaner Antragstellung sind für den Fall einer beabsichtigten Mehrfachnotierung an unterschiedlichen Börsenplätzen vielmehr allein über § 32 Abs. 4 BörsG und im Rahmen einer Erstemission über § 48 Abs. 4 S. 1 BörsO FWB zu lösen. Die Börsenordnung geht an dieser Stelle davon aus, dass Emittenten mit der Erfüllung segmentspezifischer Sonderpflichten *erst recht* überfordert sein werden, wenn sie bereits ihren Grundpflichten aus der Zulassung nach § 32 Abs. 1 BörsG nicht oder nicht ordnungsgemäß nachgekommen sind.[381] Die ohnehin nach § 48 Abs. 4 S. 1 der Börsenordnung anzustellende Prognoseentscheidung fällt hier also im Interesse der Segmentstabilität zulasten des Emittenten aus, dem es nunmehr obliegt, die Vermutungswirkung des Regelbeispiels

---

380 Zu den Voraussetzungen des § 32 Abs. 4 BörsG vgl. Schwark/Zimmer/*Heidelbach*, KMRK, § 32 BörsG Rn. 61 f.

381 *Schäfer*, in: Marsch-Barner/Schäfer, Hdb. börsennotierte AG, Rn. 12.38; *Gebhardt*, WM-Sonderbeilage 2/2003, 3 (7).

zu entkräften. Durch das Zusammenspiel von § 48 Abs. 4 S. 2 BörsO FWB und § 32 Abs. 4 BörsG kann die Geschäftsführung der Börse sicherstellen, dass das antragstellende Unternehmen in jedem Fall die für den Teilbereichshandel erforderliche Seriosität besitzt.[382]

Bisher wurden Emittenten, über deren Vermögen das Insolvenzverfahren eröffnet worden war, infolge des alten § 48 Abs. 4 S. 2 Nr. 1 der Börsenordnung die Zulassung zum Prime Standard erheblich erschwert. Begründen ließ sich die Regelung mit der Erwartung, dass ein bei dem von der Zahlungsunfähigkeit bedrohten Emittenten eingesetzter Insolvenzverwalter die erweiterten Publizitätspflichten aus Kostengründen nicht mehr würde erfüllen können. Diese Befürchtung hatte sich bereits im Rahmen einer Reihe von Insolvenzen am Neuen Markt bewahrheitet.[383] Da auch § 43 Abs. 1 BörsG den Insolvenzverwalter nur dazu verpflichtet, dem zahlungsunfähigen Emittenten diejenigen Mittel bereitzustellen, die zur „Erfüllung der Pflichten nach diesem Gesetz" erforderlich sind,[384] die in der Börsenordnung definierten Teilbereichspflichten mithin ausklammert, konnte die Insolvenz des Emittenten regelmäßig auch dessen Rückstufung aus einem Teilbereich in den Grundmarkthandel erfordern, sofern die Gesellschaft überhaupt weiter an den börslichen Kapitalmarkt angeschlossen bleiben sollte.[385] § 43 BörsG schmälerte die Vermutungswirkung des früheren § 48 Abs. 4 S. 2 Nr. 1 der Börsenordnung im Rahmen des teilbereichsspezifischen Zulassungswesens daher grundsätzlich nicht.[386]

Hierauf kommt es nun nicht mehr an; denn § 48 Abs. 5 BörsO FWB steht der Zulassung von Aktien eines insolventen Emittenten zum Teilbereichshandel pauschal entgegen. Im Kontext des § 32 Abs. 4 BörsG, also für die Grundmarktzulassung, ist die Insolvenz des Antragstellers demgegenüber auch weiterhin nur dann als Versagensgrund aufzufassen, wenn der Emittent infolge seiner Zahlungsunfähigkeit Pflichten aus der Zulassung an einem *anderen* regulierten Markt missachtet hat oder nicht mehr nachkommen kann.

---

382 Zu der Kombination von Prognose und Vergangenheitsbetrachtung auch Schlitt, AG 2003, 57 (61).

383 *Gebhardt*, WM-Sonderbeilage 2/2003, 3 (7).

384 Schwark/Zimmer/*Heidelbach*, KMRK, § 43 BörsG Rn. 1 f.; dazu auch *Lenenbach*, Kapitalmarktrecht, Rn. 3.200.

385 Die Insolvenz für sich hat aber noch keinen Einfluss auf den Fortbestand der Börsenzulassung, vgl. VG Frankfurt am Main v. 8. März 2019 – Az. 2 K 6239/17.F; s. ferner *Schäfer/Zwirlein*, ZHR 183 (2019), 454 (455).

386 Vgl. hierzu allgemein *Gebhardt*, WM-Sonderbeilage 2/2003, 3 (7); auch *Schäfer*, in: Marsch-Barner/Schäfer, Hdb. börsennotierte AG, Rn. 12.38.

Die Geschäftsführung der Börse soll die Zulassung zum regulierten Grundmarkthandel grundsätzlich aber „[auch] aus anderen Gründen [...] nach sachgemäßer Prüfung" ablehnen können.[387] Das ist richtig, da nicht ersichtlich ist, dass § 32 Abs. 4 BörsG die umfassende Aufklärungspflicht der Börsengeschäftsführung aus § 24 VwVfG einschränken will.[388] Vielmehr hat die Börse *alle* entscheidungsrelevanten Informationen über den Emittenten heranzuziehen und ihrer Entscheidung zugrunde zu legen.[389] Aus § 35 Abs. 1, Abs. 2 S. 2 BörsG, der besagt, dass sich die Geschäftsführungen der Börsen gegenseitig über die von ihnen abgelehnten Zulassungsanträge „unter Angabe der Gründe für die Ablehnung" informieren, ergibt sich auch, dass die Verweigerung der Zulassung nicht auf den in § 32 Abs. 4 BörsG beschriebenen Sachverhalt beschränkt sein kann. Die nachfolgenden Ausführungen werden allerdings zeigen, dass sich dieser Befund nicht ohne Weiteres auch auf die Zulassung zu einem Teilbereich des regulierten Marktes übertragen lässt.

d. Satzungsrechtliches Zulassungsermessen in Teilbereichen

In diesem Zusammenhang hat – soweit ersichtlich – bisher nur *Gebhardt* den Gedanken aufgeworfen, den Teilbereichszutritt mittels einer *segmentspezifischen Ermessensentscheidung* im Rahmen des Zulassungswesens zu steuern.[390] Dabei war die Frage, inwiefern aufgrund der Ermächtigungsgrundlage neben dem börsenautonom eröffneten Entscheidungsspielraum in § 48 Abs. 4 S. 1 BörsO FWB und dem zu seiner Präzisierung normierten Regelbeispiel in S. 2 satzungsrechtliches Zulassungsermessen zur Regulierung besonderer Teilbereiche eingesetzt werden kann, bereits im Rahmen des Vierten Finanzmarktförderungsgesetzes Gegenstand reger Diskussion.

aa. Satzungsrechtliches Zulassungsermessen im Rahmen des Vierten Finanzmarktförderungsgesetzes – Unzulässigkeit einer teilbereichsspezifischen Zulassungsermessensentscheidung aus rechtsstaatlichen Gründen?

Ein Rückblick: Damals schlug der Bundesrat vor, § 50 Abs. 3 BörsG a.F., der die Regulierung segmentspezifischer Zulassungskriterien in Teilbereichen

387 Schwark/Zimmer/*Heidelbach*, KMRK, § 32 BörsG Rn. 61.

388 Zum Umfang des Amtsuntersuchungsgrundsatzes vgl. *Kallerhoff*, in: Stelkens/Bonk/Sachs, VwVfG, § 24 Rn. 25 ff.

389 *Gebhardt*, WM-Sonderbeilage 2/2003, 3 (7).

390 *Gebhardt*, in: Schäfer/Hamann, KMG, § 42 BörsG Rn. 23.

des Geregelten Marktes betraf, einen Satz 2 anzufügen. Hierdurch sollte für den Geregelten Markt klargestellt werden, dass ein „Anspruch auf Notierung in einem bestimmten Handelssegment [nicht] besteht [...].“[391] Der Bundesrat begründete seinen Vorschlag damit, dass auf diese Weise verdeutlicht würde, „dass ein Anspruch auf Zulassung im geregelten Markt nur insoweit bestehen [könne], als es sich um die Zulassung im *allgemeinen Segment* [handele]“,[392] also dem Grundmarkthandel in seiner gesetzlichen Ausgestaltung. Die Entscheidung, Emittenten auch zu dem Handel in einem Teilbereich zuzulassen, sollte der jeweiligen Börse vorbehalten sein, die allein darüber zu befinden habe, „ob sie Emittenten für das jeweilige Segment akzeptiert.“[393]

Die Bundesregierung lehnte den Vorschlag des Bundesrats ab. Da die Zulassungsvoraussetzungen für Teilbereiche des Geregelten Marktes in der Börsenordnung zu regeln waren, sei es aus „rechtsstaatlichen Gründen“ unzulässig, einem Unternehmen, das diese Zulassungsvoraussetzungen erfüllt, die Teilnahme am Handel in einem Teilbereich zu verwehren.[394] Der Antragsteller habe in einem solchen Fall vielmehr einen *Zulassungsanspruch*.[395] Wenn die Börse den Segmentzugang auf bestimmte Unternehmen beschränkt wissen wollte, dann müssten eben „die Zugangsvoraussetzungen in der Börsenordnung entsprechend definiert werden.“[396] Kriterien aber, „die nicht in der Börsenordnung niedergelegt sind,“ im Rahmen der Zulassungsentscheidung zu berücksichtigen, sei den Börsen verwehrt und *börsenordnungsfremde* Erwägungen könnten nicht als „Versagungsgrund“ eines Zulassungsantrags zu einem Teilbereich des Geregelten Marktes herangezogen werden.[397] Damit war die Diskussion um einen ergänzenden Satz 2 des damaligen § 50 Abs. 3 BörsG beendet.

bb. Folgen für die börsenautonome Segmentzutrittsregulierung nach § 48 Abs. 4 S. 1, 2 BörsO FWB

Dass die Bundesregierung bemerkte, der Segmentzugang könne in der Börsenordnung auf bestimmte Unternehmen begrenzt werden,[398] spiegelt wider, dass

391 Begr. RegE Viertes Finanzmarktförderungsgesetz, BT-Drucks. 14/8017, 156.
392 Begr. RegE Viertes Finanzmarktförderungsgesetz, BT-Drucks. 14/8017, 156, Hervorhebung nur hier.
393 Begr. RegE Viertes Finanzmarktförderungsgesetz, BT-Drucks. 14/8017, 156.
394 Begr. RegE Viertes Finanzmarktförderungsgesetz, BT-Drucks. 14/8017, 178.
395 Begr. RegE Viertes Finanzmarktförderungsgesetz, BT-Drucks. 14/8017, 178.
396 Begr. RegE Viertes Finanzmarktförderungsgesetz, BT-Drucks. 14/8017, 178.
397 Begr. RegE Viertes Finanzmarktförderungsgesetz, BT-Drucks. 14/8017, 178.
398 Begr. RegE Viertes Finanzmarktförderungsgesetz, BT-Drucks. 14/8017, 178.

die Diskussion ihrerzeit um eine Norm geführt wurde, aufgrund derer auch Zulassungsanforderungen materiellen Gehalts für Teilbereiche, wie bspw. ein besonderes Unternehmensprofil und eine bestimmte Unternehmensgröße oder Branchenzugehörigkeit, formuliert werden konnten, die Teilbereichsregulierung also, anders als heute,[399] nicht auf die Statuierung zusätzlicher Informations- und Offenlegungspflichten beschränkt war.[400] Was der Bundesrat forderte aber war, eine Ermessenskomponente als Teil der segmentspezifischen Zulassungsentscheidung nicht erst auf satzungsrechtlicher Ebene in der Börsenordnung freizugeben, sondern bereits in die börsengesetzliche Ermächtigungsgrundlage zu implementieren. Eine ungewöhnliche Konstellation, die sich aber auch heute noch in § 18 S. 2 BörsG findet, der die Öffnung der Börseneinrichtungen für weitere Geschäftszweige im Rahmen der Börsenordnung regelt, einen Benutzungsanspruch der Beteiligten insofern aber ausschließt.[401] Vom Standpunkt der Bundesregierung war eine solche Ergänzung rein deklaratorischer Natur, da die Regelung des Regierungsentwurfs dem Anliegen des Bundesrats, die Entscheidung über die Segmentzulassung in das Ermessen der Börse zu stellen, „bereits hinreichend Rechnung" trug.[402] Denn auf der Grundlage von § 50 Abs. 3 BörsG a.F. war es zulässig, zugleich nach dem erklärten Verständnis der Bundesregierung aber aus *rechtsstaatlichen Gründen* auch erforderlich, das Zulassungsermessen an satzungsrechtlich definierten Parametern auszurichten und auf diese Weise die willkürliche Berücksichtigung *börsenordnungsfremder* Kriterien als Versagungsgrund für die Segmentzulassung auszuschließen.[403]

Was bedeutet das für die Regulierung des Teilbereichszutritts? Es kann zunächst festgestellt werden, dass dem Maßstab der Bestimm- und Vorhersehbarkeit sowohl die Regelungen in § 48 Abs. 4 S. 1 als auch S. 2 der Frankfurter Börsenordnung genügen. Während S. 1 der Satzungsbestimmung auf die zur Ausgestaltung des Teilbereichshandels normierten Sonderpflichten Bezug nimmt, dient § 48 Abs. 4 S. 2 BörsO FWB der Konkretisierung des satzungsrechtlich eröffneten Ermessensspielraums hinsichtlich der Ablehnung des Zulassungsantrags. Wie von der Bundesregierung gefordert werden also die Gründe,

---

399 Vgl. aber auch noch unten Kapitel 4 § 2 III.

400 Dazu schon oben Kapitel 1 § 1 IV.

401 Die praktische Bedeutung der Vorschrift ist gering, vgl. Schwark/Zimmer/*Schwark*, KMRK, § 18 BörsG Rn. 1 ff.; *Groß*, Kapitalmarktrecht, § 18 BörsG Rn. 1; Baumbach/Hopt/*Kumpan*, § 18 BörsG Rn. 1.

402 Begr. RegE Viertes Finanzmarktförderungsgesetz, BT-Drucks. 14/8017, 178.

403 Begr. RegE Viertes Finanzmarktförderungsgesetz, BT-Drucks. 14/8017, 178.

die den segmentspezifischen Zugangsvoraussetzungen entgegenstehen können („werden regelmäßig vermutet"), integraler Bestandteil der Zulassungsentscheidung und das Zulassungsverfahren wird für den Antragsteller insgesamt transparenter ausgestaltet. Insofern unterscheiden sich die Anforderungen an das öffentlich-rechtliche Zulassungswesen in den Teilbereichen des regulierten Marktes auch von dem Zugang zu privatrechtlich organisierten Sondersegmenten des Freiverkehrshandels, der sich über den Abschluss eines entsprechenden Listingvertrags mit dem Börsenträger als Marktbetreiber vollzieht.[404] Zugleich trägt die satzungsrechtliche Umgrenzung der Zulassungsentscheidung den Vorgaben des Art. 8 Abs. 1 BörsZulRL Rechnung, nach denen strengere Emittentenpflichten als diejenigen der Richtlinie öffentlich bekannt und einsehbar sein müssen, bevor die Zulassung beantragt werden kann. So verhindert sie auch, dass die Entscheidung über die Aufnahme eines Unternehmens in den Teilbereichshandel in unzulässiger Weise in das *freie Ermessen* der Börsengeschäftsführung gestellt ist.[405]

cc. Abschließender Charakter der Regelvermutungstatbestände in § 48 Abs. 4 S. 2 BörsO FWB

Eng verknüpft damit ist die Frage nach dem abschließenden Charakter der Regelung in § 48 Abs. 4 S. 2 BörsO FWB, die auch nach der Änderung der Börsenordnung zum 23. November 2020 nicht an Relevanz verloren hat. Dieser wird regelmäßig bestritten und behauptet, dass die Geschäftsführung der Börse „auch aufgrund anderer Umstände" den Zulassungsantrag nach § 48 Abs. 1 BörsO FWB ablehnen könne.[406] Gefordert wird insofern lediglich die Gleichwertigkeit von börsenordnungsfremden und satzungsrechtlich definierten Versagungsgründen.[407] Diese Ansicht aber fordert nicht nur mit Blick auf die Äußerungen des Gesetzgebers im Rahmen des Vierten Finanzmarktförderungsgesetzes und die strukturellen Unterschiede zu § 32 Abs. 4 BörsG für den Grundmarkthandel erheblichen Widerspruch heraus. Es fällt zunächst auf, dass Umstände nach Abs. 4 S. 1 nur „regelmäßig" in den in § 48 Abs. 4 S. 2 BörsO FWB genannten

---

404 Vgl. etwa Schwark/Zimmer/*Schwark*, KMRK, § 48 BörsG Rn. 20 f.; Baumbach/Hopt/*Kumpan*, § 48 BörsG Rn. 6.

405 Zu dieser Frage im Rahmen der Einbeziehung in den Freiverkehrshandel vgl. auch *Schanz*, Börseneinführung, § 12 Rn. 45; noch strenger *Schlitt*, AG 2003, 57 (61) („gebundene Entscheidung […] kein Ermessen").

406 *Gebhardt*, WM-Sonderbeilage 2/2003, 3 (7).

407 *Gebhardt*, WM-Sonderbeilage 2/2003, 3 (7).

Fällen anzunehmen sein sollen, die Vermutungswirkung also durchaus auch – *entgegen der Regel* – ausbleiben kann, ohne dass der antragstellende Emittent zunächst zu seiner eigenen Entlastung vortragen müsste. Das wäre etwa dann der Fall, wenn ein Emittent in der Vergangenheit seine Pflichten aus der Grundmarktzulassung verletzt hat, die Geschäftsführung der Börse aber gleichwohl nicht davon ausgehen muss, dass der Emittent nunmehr das teilbereichsspezifische Sonderpflichtenregime nicht befolgen wird können. Die Flexibilität der Börse wird auf diese Weise in gleich zweifacher Hinsicht gestärkt. Erstens kann die Vermutungswirkung im Rahmen der Zulassungsentscheidung im Interesse eines zügigen Zulassungsverfahrens flexibler gehandhabt werden und zweitens bleibt zu beachten, dass, selbst wenn die Tatbestände des Abs. 4 S. 2 *abschließend* genannt werden, es dem Börsenrat doch weiterhin frei steht, die Enumeration bei Bedarf um weitere Vermutungsregeln zu ergänzen und damit, dem gesetzgeberischen Anliegen entsprechend, Zugangskriterien zu definieren, die *in der Börsenordnung niedergelegt sind.*[408] Dass das nicht zugleich für § 32 Abs. 4 BörsG gelten kann bzw. muss, wurde bereits unter Verweis auf § 35 BörsG dargelegt.[409] Das steht einer Einordnung der Regelungen des § 48 Abs. 4 BörsO FWB als satzungsrechtlich fixierte Zugangsparameter für den Teilbereichshandel aber nicht entgegen, sondern bestärkt lediglich die rechtliche Selbstständigkeit der Zulassungsverfahren. Der abschließende Charakter der Regelbeispiele trägt zugleich dem Umstand Rechnung, dass der Gesetzgeber den börseneigenen Ermessensspielraum im Rahmen der Teilbereichszulassungsentscheidung anhand von satzungsrechtlich definierten Kriterien abgesteckt wissen wollte.[410] Dies mag sich einerseits mit der wirtschaftlichen Bedeutung eines Segmentaufstiegs aus Sicht des Unternehmens erklären, andererseits aber auch in den Folgewirkungen der Zulassungsentscheidung begründet liegen.[411] Der abschließende Charakter der Regelung entspricht aber auch eher den Vorgaben des europäischen Kapitalmarktrechts, nach denen der Maßstab der Zulassungsprüfung dem Emittenten im Vorfeld seiner Antragstellung bekannt sein muss.[412] Auch ist zu berücksichtigen, dass es sich bei dem Zugang zu einem Teilbereich eben nicht

---

408 Begr. RegE Viertes Finanzmarktförderungsgesetz, BT-Drucks. 14/8017, 178.

409 Vgl. auch Schwark/Zimmer/*Heidelbach*, KMRK, § 32 BörsG Rn. 62.

410 Begr. RegE Viertes Finanzmarktförderungsgesetz, BT-Drucks. 14/8017, 178.

411 Zur Ankündigung des Segmentwechsels im Rahmen eines Aufstiegs in den Geregelten Markt und den damit verbundenen Kursbewegungen vgl. *Schmidt/Schrader*, ZfbF-Sonderheft 31/1993, 227 (248).

412 Art. 8 Abs. 1 BörsZulRL, dazu soeben oben.

um die Aufnahme in eine privatrechtliche Listingalternative in den Strukturen des Freiverkehrshandels handelt und deshalb auch höhere Anforderungen an die rechtliche Gestaltung des Zulassungswesens zu stellen sind.[413] Deshalb lässt sich konstatieren, dass der Teilbereichszugang zwar in Form einer segmentspezifischen Ermessensentscheidung gesteuert werden kann, die ermessensleitenden Parameter aber in der Börsenordnung definiert sein müssen, damit der Zulassungsaspirant seiner Entscheidung für einen Segmentaufstieg bereits zugrunde legen kann, was von ihm verlangt wird.

3. Zulassung von Aktienzertifikaten in Teilbereichen

Eine weitere Besonderheit im Rahmen des Zulassungswesens ergibt sich, wenn Zertifikate, die Aktien vertreten, zum Handel in einem Teilbereich des regulierten Marktes zugelassen werden sollen. Aufgrund der geringen praktischen Relevanz der Frage beschränkt sich die nachfolgende Darstellung auf das Wesentliche.

a. Struktur und terminologischer Wandel infolge des 2. FiMaNoG

Grund für die geringe praktische Bedeutung des Zertifikatshandels in den Teilbereichen des regulierten Marktes ist die besondere Struktur dieser Wertpapierart. Die Zertifikate dienen im Wesentlichen dazu, den Handel in ausländischen Aktien zu erleichtern, indem statt der Aktien die von Depot- und Wertpapiersammelbanken emittierten Aktienzertifikate gehandelt werden, die das wirtschaftliche Eigentum des Zertifikatsinhabers verkörpern.[414] Die Zertifikate stellen den Zugang zu einem Aktiendepot dar, während die Bank als Zertifikatemittentin nach treuhänderischem Modell rechtliche Eigentümerin der Aktien bleibt.[415] Nicht also die Aktie, sondern die Zertifikate, die das wirtschaftliche Eigentum des Zertifikatsinhabers abbilden, sind Gegenstand des Börsenhandels.[416] Dem Zertifikatsinhaber oder ist es durch den mit der Bank zu schließenden Depotvertrag aber grundsätzlich möglich, dass die Bank als Aktionärin das ihm wirtschaftlich zustehende Mitgliedschaftsrecht auch seinen Vorstellungen

---

413 Zu den Unterschieden sogleich eingehend unten Kapitel 2 § 1 II.1.

414 Vgl. auch *Zachert*, ZIP 1993, 1426 (1430).

415 Schwark/Zimmer/*Kumpan*, KMRK, § 2 WpHG Rn. 21; *Harrer*, in: Müller/Rödder, Beck'sches Hdb. der AG, § 22 Rn. 80 f.; dies gilt jedenfalls für die bedeutendste Form von Aktienzertifikaten, die American Depositary Receipts (ADR). Neben ADR sind Global Depositary Receipt sowie Crest Depositary Interests (CDIs) zu nennen.

416 *Oulds*, in: Kümpel/Wittig, Bank- und Kapitalmarktrecht, Rn. 14.34.

entsprechend ausübt.[417] Zweck der Aktienzertifikate ist es, den Handel mit ausländischen Aktien im Inland zu erleichtern.[418]

Aktienzertifikate wurden bis vor Kurzem in § 2 Abs. 1 S. 1 Nr. 2 WpHG a.F., der auf Art. 4 Abs. 1 Nr. 18 lit. a der MiFID zurückging, als eine der typischen Erscheinungsformen der durch das WpHG erfassten Wertpapierarten genannt.[419] Das 2. FiMaNoG hat hier einige terminologische Änderungen gebracht und die Begriffsmerkmale aus Art. 4 Abs. 1 Nr. 45 der MiFID II in das nationale Recht inkorporiert. § 2 Abs. 1 Nr. 2 WpHG spricht statt von Zertifikaten fortan von *Hinterlegungsscheinen, die Aktien vertreten.*[420] § 2 Abs. 31 WpHG definiert Hinterlegungsscheine für die Zwecke des WpHG als Wertpapiere, die auf dem Kapitalmarkt handelbar sind und die ein Eigentumsrecht an Wertpapieren von Emittenten mit Sitz im Ausland verbriefen, zum Handel auf einem organisierten Markt zugelassen sind und unabhängig von den Wertpapieren des jeweiligen Emittenten mit Sitz im Ausland gehandelt werden können. Eine entsprechende Anpassung ist auch in § 1 Abs. 11 S. 1 Nr. 1 KWG vorgenommen worden, die nahezu wortlautidentische Definition für das Bankaufsichtsrecht findet sich nunmehr in § 1 Abs. 11 S. 2 KWG. Entscheidend ist demnach nunmehr, dass es sich bei den repräsentierten Aktien um solche eines Emittenten mit Sitz im Ausland handeln muss (engl. *non-domiciled issuers*).[421] Sowohl das WpHG als auch das KWG haben deshalb den Aktienemittenten als *ausländisches Unternehmen* in den Tatbestand aufgenommen.[422] Da dies nach bisherigem Begriffsverständnis nicht zwingend war, bilden *Aktienzertifikate* nach den

---

417 Schwark/Zimmer/*Kumpan*, KMRK, § 2 WpHG Rn. 22; s. ferner das Merkblatt der *BaFin* vom 20. Dezember 2011, zuletzt geändert am 22. Februar 2021, Hinweise zu Finanzinstrumenten nach § 1 Abs. 11 Sätze 1 bis 5 KWG (Aktien, Vermögensanlagen, Schuldtitel, sonstige Rechte, Anteile an Investmentvermögen, Geldmarktinstrumente, Devisen, Rechnungseinheiten, Emissionszertifikate und Kryptowerte), dort Nr. 2. b) aa) (2).

418 Schwark/Zimmer/*Kumpan*, KMRK, § 2 WpHG Rn. 22.

419 Schwark/Zimmer/*Kumpan*, KMRK, § 2 WpHG Rn. 21.

420 Vgl. auch Art. 2 Abs. 1 Nr. 25 MiFIR; dazu *Assmann*, in: Assmann/Schneider/Mülbert, Wertpapierhandelsrecht, § 2 WpHG Rn. 281.

421 Schwark/Zimmer/*Kumpan*, KMRK, § 2 WpHG Rn. 21; kritisch dazu *Assmann*, in: Assmann/Schneider/Mülbert, Wertpapierhandelsrecht, § 2 WpHG Rn. 23, der in Bezug auf das einengende Definitionsmerkmal des gebietsfremden Emittenten von einer „[gesetzgeberischen] Fehlleistung" spricht.

422 *Assmann*, in: Assmann/Schneider/Mülbert, Wertpapierhandelsrecht, § 2 WpHG Rn. 281.

Änderungen durch das 2. FiMaNoG weder eine wertpapierdienstleistungsrechtliche noch eine banken- oder finanzdienstleistungsaufsichtsrechtliche Kategorie.

Die entsprechende redaktionelle Anpassung des § 42 Abs. 1 BörsG ist bisher aber nicht vorgenommen worden. Teilbereiche können also weiterhin für Aktien vertretende Zertifikate reguliert werden, ohne dass die einschränkenden Definitionsmerkmale der MiFID II auch Eingang in das Börsengesetz gefunden hätten. Es spricht aber viel dafür, dass sich der Kreis der teilbereichsfähigen Aktienzertifikate verkleinert hat, ohne dass hiervon praktische Auswirkungen zu erwarten wären.

An den strukturellen Eigenheiten dieser Wertpapierart hat sich aber auch durch die Beschränkung auf Aktien eines ausländischen Emittenten grundsätzlich nichts geändert, sodass der nachfolgenden Betrachtung weiter der unveränderte Wortlaut des Börsengesetzes zugrunde gelegt werden kann. Für den Bereich der Teilbereichsregulierung ist entscheidendes Strukturmerkmal der Aktienzertifikate, dass es zu einer Zweitverbriefung des Aktienrechts und einer *Emittentendopplung* kommt.[423] Die Problematik im Zusammenhang mit der Einrichtung besonderer Teilbereiche des regulierten Marktes erschließt sich, wenn man sich die Wirkweise und den begrenzten Bereich der Normunterworfenen der Börsenordnung vergegenwärtigt.

b. Regelungsradius teilbereichsspezifischer Satzungsvorschriften

Dass der Wortlaut der Ermächtigungsgrundlage die zuvor beschriebene Emittentendopplung nicht reflektiert und die Emittenten der vertretenen Aktien vollständig ausblendet, hat seine Gründe. Denn wie bereits dargestellt wird die Börsenordnung von der Börse als öffentlich-rechtliche Satzung erlassen.[424] Dabei wird die Rechtsetzungsgewalt des Börsenrats durch den in § 2 Abs. 1 BörsG näher beschriebenen börslichen Anstaltszweck sachlich und personell begrenzt; anstaltliche Satzungen können nur für den Sach- und Personenkreis Rechtswirkungen entfalten, für den die Anstalt geschaffen worden ist.[425] Die Bindung *anstaltsfremder Außenseiter*, die nicht unmittelbar der Institution angehören, ist grundsätzlich nicht möglich.[426] So liegen die Dinge etwa hinsichtlich

---

423 *Oulds*, in: Kümpel/Wittig, Bank- und Kapitalmarktrecht, Rn. 14.34.

424 Oben Kapitel 1 § 3 I.

425 *Erbguth*, Allgemeines Verwaltungsrecht, § 26 Rn. 2; *Augsberg*, Rechtsetzung zwischen Staat und Gesellschaft, 167.

426 *Clemens*, in: Festschrift für Ernst-Wolfgang Böckenförde zum 65. Geburtstag, 259 (270); zur Börsenordnung als Satzung *Kümpel*, in: Festschrift für Klemens Pleyer zum 65. Geburtstag, 59 (66 f.).

der Anleger, die, obgleich sie gem. § 12 Abs. 1 S. 2 BörsG im Börsenrat vertreten sind, aufgrund ihrer nur mittelbaren Teilnahme am Handel (vgl. § 19 und § 19a BörsG) und mangels eines das anstaltstypische Benutzungsverhältnis begründenden Zulassungsakts in keinem Verhältnis zur Börse stehen, kraft dessen dieser ihnen gegenüber Rechtsetzungsbefugnisse erwachsen könnten.[427] Börsliche Normsetzung ist grundsätzlich auf die an der Börse zugelassenen und innerhalb des normsetzenden Gremiums repräsentierten Emittenten, Handels- und sonstigen Marktteilnehmer beschränkt.[428]

Für die Regulierung des Aktienzertifikatshandels in Teilbereichen folgt daraus, dass die (gebietsfremden) *Aktien*emittenten auch von den satzungsrechtlichen Teilbereichsbestimmungen nicht erfasst werden können. Zwischen Börse und Aktiengesellschaft besteht in diesem Fall kein Leistungs- und Benutzungsverhältnis, da nicht die Aktien der Gesellschaft, sondern lediglich die von einer Bank emittierten Zertifikate gehandelt werden sollen und nur Letztere als Emittentin an die Börse herantritt.[429] Unmittelbar normunterworfen sind demnach lediglich die Depot- und Wertpapiersammelbanken, die eine Zulassung ihrer Zertifikate zum Handel an der Börse beantragt haben.[430] Sollen Zertifikate, die Aktien vertreten, nun im Prime Standard der Frankfurter Wertpapierbörse gehandelt werden, bedarf es einiger regulatorischer Kreativität.

c. *Geltungserstreckung durch individuelle Anerkennungs- und Unterwerfungserklärung*

Der zuvor beschriebene begrenzte Geltungsradius der Börsenordnung erfordert eine besondere Geltungserstreckung des teilbereichsspezifischen Pflichtenbestandes auf den anstaltsfremden Aktienemittenten.[431] Diese Außenwirksamkeit des teilbereichsspezifischen Pflichtenbestands ist in § 48 Abs. 2 BörsO FWB

---

427 *Groß*, ZHR 165 (2001), 141 (158); *Kastl*, Der Rückzug kapitalmarktfähiger Unternehmen von der Börse, 140.

428 *Ossenbühl*, in: Isensee/Kirchhof (Hrsg.), Hdb. des Staatsrechts, Band V, § 105 Rn. 25, 34 ff. („Korrespondenzgebot"); *Kluth*, Funktionale Selbstverwaltung, 494 ff.; außerdem *Augsberg*, Rechtsetzung zwischen Staat und Gesellschaft, 168 f.

429 Vgl. auch ErwG (12) der MiFIR; zu dem Verhältnis von Emittenten und Börse vgl. *Müssig*, Börsenbenutzungsverhältnisse, 143 ff.; *Lorenz*, Die Wertpapierbörse und ihr Träger, 58.

430 Zu der Zulassung von Zertifikaten, die Aktien vertreten, s. auch § 12 BörsZulVO.

431 *Clemens*, in: Festschrift für Ernst-Wolfgang Böckenförde zum 65. Geburtstag, 259 (270).

angelegt.[432] Hiernach muss im Falle der Zertifikatezulassung auch der Emittent der vertretenen Aktien den Zulassungsantrag unterzeichnen und sich gegenüber der Geschäftsführung der Börse schriftlich dazu verpflichten, die teilbereichsspezifischen Sonderpflichten in den §§ 51 bis 56 der Börsenordnung *anstelle des Emittenten* der Aktien*zertifikate* zu erfüllen. Diese Satzungsbestimmung entspricht § 12 Abs. 1 Nr. 1 BörsZulV für die Zulassung von Zertifikaten, die Aktien vertreten, zum regulierten Grundmarkthandel und ergänzt sie insofern, als dort nur „die in den §§ 40 und 41 des Börsengesetzes genannten Pflichten des Emittenten zugelassener Aktien" genannt sind, die Zusatzpflichten in Teilbereichen mithin ausgeklammert werden. Sie richtet sich, anders als im Kontext der Diskussion um die unmittelbare satzungsrechtliche Bindung Externer,[433] aber nicht an den Aktien-, sondern ausschließlich an den Zertifikatemittenten und erschließt sich vollends, wenn man sich die parallele Regelungssystematik im Zusammenhang mit der börsenautonomen Regulierung der Anforderungen an ein Delisting vor der Neuregelung des § 39 BörsG in Erinnerung ruft.

Um einen ausreichenden Schutz der von dem Börsenrückzugsverfahren betroffenen Anleger zu gewährleisten, sahen manche Börsenordnungen nämlich vor, dass der rückzugswillige Emittent seinen Anteilseignern ein Kaufangebot zu unterbreiten hatte, als dessen Schuldner er fortan zur Verfügung stehen sollte.[434] Gegen eine solche Verpflichtung zur Abgabe eines Kaufangebots wurde vorgebracht, es handele sich bei einer solchen Vorgabe des börslichen Satzungsrechts um eine „Überschreitung der allgemeinen verwaltungsrechtlichen Grenzen der Satzungsautonomie", denn eine Bestimmung, die den Emittenten zur Abgabe eines Kaufangebots gegenüber Dritten verpflichte, stelle die Regelung eines Rechtsverhältnisses dar, das als solches, da es sich jedenfalls bei den Aktionären nicht um „Nutzer der Börse im juristischen Sinne" handele, außerhalb der börslichen Satzungsautonomie liege. Kritisiert wurde insbesondere die Geltungsweise einer „mittelbare[n] Regelung eines Rechtsverhältnisses bezüglich eines Nicht-Anstaltsunterworfenen", die sich in einem Rechtsverhältnis zu Dritten letztendlich doch eher „faktisch unmittelbar" auswirken würde.[435]

Die Situationen sind nun insofern vergleichbar, als dass in beiden Fällen ein Anstaltsunterworfener kraft Satzungsrecht zur rechtsgeschäftlichen (Ein-) Bindung Dritter angehalten werden soll. Sie unterscheiden sich aber auch,

---

432 *Augsberg*, Rechtsetzung zwischen Staat und Gesellschaft, 167 ff.
433 *Damrau*, Selbstregulierung, 275 ff.
434 Dazu auch *Kastl*, Der Rückzug kapitalmarktfähiger Unternehmen von der Börse, 140.
435 Zur Kritik insgesamt *Hellwig/Bormann*, ZGR 2002, 465 (476 ff.).

da es hier, im Falle der Bindung anstaltsfremder Aktienemittenten, um die Anerkennung teilbereichsspezifischer Satzungsbestimmungen gegenüber der Geschäftsführung der Börse geht, während dort, im Falle eines Pflichtangebots anlässlich eines bevorstehenden Marktaustritts, die rechtsgeschäftliche Drittbeziehung unmittelbar durch Normen der Börsenordnung ausgestaltet werden sollte.[436] Wie und mit welchen Mitteln aber der Zertifikatemittent den Emittenten der vertretenen Aktien zur Bindung gegenüber der Börsengeschäftsführung bewegt – ob er sich eine entsprechende Option bereits im Rahmen des zwischen ihm und der Gesellschaft zu schließenden Depotvertrags ausbedingt – lassen Börsengesetz und Börsenordnung offen.[437] Der Zertifikatemittent kann den Zulassungsantrag allerdings nur stellen, nachdem auch der Aktienemittent den Antrag unterzeichnet hat.[438] Die Börsenordnung statuiert daher die Obliegenheit des *Zertifikatsemittenten*, der Geschäftsführung der Börse einen auch von dem *Aktien*emittenten unterschriebenen Zulassungsantrag vorzulegen. Er ist es, der sich in diesem Verhältnis der Bereitschaft des Aktienemittenten zur Mitunterzeichnung des Zulassungsantrags und vor allem auch zu einem für die Dauer des Listings teilbereichskonformen Publizitätsverhalten gewiss sein muss, da der Börse gegenüber der anstaltsfremden Gesellschaft auch nicht die Sanktionsmechanismen des § 42 Abs. 2 BörsG zur Verfügung stehen.[439] Zum Schutz des Börsenhandels sieht § 48 Abs. 4 S. 2 BörsO FWB konsequenterweise auch die Möglichkeit der Börsengeschäftsführung vor, den Zulassungsantrag des *Zertifikateemittenten* abzulehnen, wenn der *Aktienemittent* seine Pflichten aus einer bestehenden oder früheren Zulassung zum Börsenhandel nicht oder nicht ordnungsgemäß erfüllt hat. Adressat der Regelung in § 48 Abs. 2 der Frankfurter Börsenordnung ist mithin allein der Emittent der Aktien vertretenden Zertifikate, der spätestens infolge der Zulassung nach § 32 Abs. 1 BörsG auch in dem erforderlichen Benutzungsverhältnis zur Börse steht und sich im Regelungsbereich der Börsenordnung bewegt.[440] Belastet mit dem teilbereichsspezifischen Pflichtenregime wird der Aktienemittent nur, wenn es dem Emittenten der

---

436 Zum Kreis der Normunterworfenen in Bezug auf das börsliche Satzungsrecht vgl. auch *Seiffert*, in: Kümpel/Mülbert/Früh/Seyfried, Bank- und Kapitalmarktrecht, Rn. 14.434; Schwark/Zimmer/*Schwark*, KMRK, § 16 BörsG Rn. 26.

437 Zur typischen Struktur sog. American Depositary Shares vgl. *Weber*, Sponsored American Depositary Shares, 25 ff.; auch *Poelzig*, Kapitalmarktrecht, § 3 Rn. 75.

438 Insofern ist die Situation nicht anders als in § 12 Abs. 1 Nr. 1 BörsG dargestellt.

439 Zu dem Ausschlusstatbestand im Einzelnen noch unten Kapitel 5 § 2 I. und II.

440 Ähnlich auch *Kastl*, Der Rückzug kapitalmarktfähiger Unternehmen von der Börse, 141.

Zertifikate gelungen ist, ihn zu einer entsprechenden Verpflichtungserklärung in Bezug auf die einschlägigen Satzungsbestimmungen gegenüber der Börsengeschäftsführung zu bewegen. Eine Bindung des Aktienemittenten tritt deshalb nicht unmittelbar durch § 48 Abs. 2 der Börsenordnung, sondern erst im Wege einer individuellen Anerkennungserklärung gegenüber der Geschäftsführung der Börse in Bezug auf den Sonderpflichtenbestand ein.[441]

d. Zusammenfassung: Aktienzertifikate und Rechtsnatur der (vertraglichen) Unterwerfungserklärung des Aktienemittenten

Muss sich gem. § 48 Abs. 2 BörsO FWB der Aktienemittent gegenüber der Börsengeschäftsführung schriftlich dazu verpflichten, *anstelle* des Emittenten der Aktienzertifikate die satzungsrechtlichen Teilbereichspflichten zu befolgen, so stellt sich eingedenk der in § 2 Abs. 1 BörsG niedergelegten und auf den Bereich des öffentlichen Rechts ausgerichteten Teilrechtsfähigkeit der Börse unweigerlich die Frage nach der Rechtsnatur dieser individuellen Anerkennungserklärung, insbesondere, ob diese als öffentlich-rechtlicher Vertrag i.S.d. §§ 54 ff. VwVfG qualifiziert werden kann oder als privatrechtliche Rechtsbeziehung nach § 311 Abs. 1 BGB einzuordnen ist. Die Frage entstammt denselben Erwägungen, die auch den Wirkungsradius des börslichen Satzungsrechts beschränken.[442] Denn ob die Börse überhaupt privatrechtsfähig und Gläubigerin eines schuldrechtlichen Leistungsanspruchs sein kann, stellt, wie zu Beginn dieser Arbeit bereits angedeutet, eine der drängendsten Fragen der börsenrechtlichen Forschung dar.[443] Da hier nicht der Raum ist, um sie abschließend zu beantworten, soll die Problematik nur kurz skizziert werden.

Ausgehend von der insbesondere im Rahmen des börslichen Gebühren- und Kostenrechts vorausgesetzten Gläubigereigenschaft der Börse (vgl. § 17 Abs. 1

---

441 *Augsberg*, Rechtsetzung zwischen Staat und Gesellschaft, 170; ferner vgl. Schwark/Zimmer/*Schwark*, KMRK, § 16 BörsG Rn. 26 f.; von dem Zertifikateemittenten wird hingegen schon keine teilbereichsspezifische Finanzberichterstattung verlangt, wie sich den *Being-Public*-Richtlinien der Frankfurter Wertpapierbörse entnehmen lässt, vgl. http://www.deutsche-boerse-cash-market.com/dbcm-de/primary-market/being-public/ipo-line-being-public/regulierter-markt/!ipo-1343530-1343542 (zuletzt abgerufen am 31. März 2021).

442 Dazu bereits weiter oben; vgl. auch *Ossenbühl*, in: Isensee/Kirchhof (Hrsg.), Hdb. des Staatsrechts, Band V, § 105 Rn. 25, 34 ff.; *Kluth*, Funktionale Selbstverwaltung, 494 ff.; s. ferner *Augsberg*, Rechtsetzung zwischen Staat und Gesellschaft, 168 f.

443 Zuletzt *Hammen*, in: Festschrift für Theodor Baums zum siebzigsten Geburtstag, passim; vgl. auch *Burgi*, WM 2009, 2337 (2339).

BörsG, § 32 Abs. 5 S. 2 hess. BörsenVO) hat *Hammen* kürzlich die über § 2 Abs. 1 BörsG und das Öffentliche Recht hinausgehende Rechtsfähigkeit der Börse in einem von § 15 Abs. 3 S. 1 BörsG definierten Bereich börslicher Aufgabenwahrnehmung begründet[444] und zur Privatrechtsfähigkeit der Börse ausgeführt, „dass privatrechtliche Rechtsverhältnisse mit ihr nur in dem ihr zugeschriebenen Aufgabenbereich entstehen können."[445] Hiernach reicht die Privatrechtsfähigkeit der Börse also nur soweit, wie dies von Vorschriften des Börsengesetzes vorausgesetzt wird.[446] Nicht privatrechtsfähig ist die Börse hingegen in den Aufgabenbereichen, die das Börsengesetz dem (privatrechtlich verfassten)[447] Träger der Börse zuweist.[448]

Die Erklärung des Aktienemittenten nach § 48 Abs. 2 BörsO FWB nun mit der Begründung dem Privatrecht zuordnen zu wollen, das Börsengesetz schließe, wie noch darzulegen sein wird,[449] die Regulierung des (öffentlich-rechtlichen) Börsenmarktes durch den Börsenträger aus, weshalb die Börse selbst die insofern erforderliche Rechtsfähigkeit besitzen müsse, wäre aber verfehlt. Denn das allein ändert noch nichts daran, dass der Handel in den Strukturen des regulierten Marktes nach den Vorgaben des europäischen Kapitalmarktrechts dem öffentlichen Recht und somit der verwaltungsgerichtlichen Rechtsprechung unterliegt.[450] Das wäre immerhin nach § 40 Abs. 2 S. 1 VwGO der Fall, wenn die Unterwerfungserklärung des Aktienemittenten gegenüber der Geschäftsführung der Börse einen dem öffentlichen Recht zuzuweisenden Verwaltungsvertrag begründen würde; diese Einordnung erscheint indes nicht minder

---

444 Eingehend hierzu *Hammen*, in: Festschrift für Theodor Baums zum siebzigsten Geburtstag, 547 (556 ff.).

445 *Hammen*, in: Festschrift für Theodor Baums zum siebzigsten Geburtstag, 547 (558 f.).

446 *Hammen*, in: Festschrift für Theodor Baums zum siebzigsten Geburtstag, 547 (559).

447 Unionsrechtlich ist es keinesfalls zwingend, dass es sich bei dem Träger der Börse um ein Privatrechtssubjekt handelt. Die MiFID II unterscheidet lediglich zwischen der Börse und dem Marktbetreiber und sieht jeweils unterschiedliche Anforderungen vor. Das Instrument der Beleihung eines Privatrechtssubjekts zur Wahrnehmung hoheitlicher Aufgaben stellt insofern eine Eigenart des nationalen Börsenrechts dar, vgl. dazu *Kaufhold*, ZHR 184 (2020), 562 (592 f.).

448 *Hammen*, in: Festschrift für Theodor Baums zum siebzigsten Geburtstag, 547 (558 f.); vgl. auch *Eva*, Die Rechtsstellung der für die Börse tätigen Personen, 144, 237; *Burgi*, WM 2009, 2337 (2339).

449 Dazu unten Kapitel 2 § 1 II.

450 Dazu ebenfalls weiter unten, vgl. aber hier schon Art. 44 Abs. 4 MiFID II; dazu auch *Burgi*, WM 2009, 2337 (2339); im Gegenteil dazu zu § 48 BörsG vgl. Schwark/Zimmer/*Schwark*, KMRK, § 48 BörsG Rn. 5, 8.

problematisch, denn auch im Rahmen einer dem öffentlichen Recht zuzuordnenden Vertragsbeziehung würden wesentliche Anliegen der in das Satzungsrecht integrierten Teilbereichsregulierung konterkariert und insbesondere eine einseitige Änderung des Regelwerks ist auch den §§ 54 ff. VwVfG grundsätzlich unbekannt.[451] Dass aber dem Markt im Falle des Zertifikatshandels die entscheidungsrelevanten Daten von dem Emittenten der Aktien bereitzustellen sind, der ihnen näher steht als der Emittent der Aktienzertifikate, ist notwendige Konsequenz der oben beschriebenen Emittentendopplung und Zweifachverbriefung des Aktienrechts. Art. 3 Abs. 1 Nr. 21 MAR, der den Emittentenbegriff der MAR im Falle von Hinterlegungsscheinen, die Finanzinstrumente repräsentieren, auf den Emittenten des repräsentierten Finanzinstruments erstreckt, und die in der 12. Begründungserwägung der MiFIR zum Ausdruck gebrachte Zielsetzung des europäischen Kapitalmarktgesetzgebers belegen anschaulich dieses Regelungsanliegen, das sich im Rahmen des börslichen Satzungsrechts aber nur behaftet mit den in § 48 Abs. 2 BörsO FWB angelegten Fragen um die rechtsqualitative Einordnung der Anerkennungserklärung umsetzen lässt.[452] Die Problematik mag erklären, warum die Frankfurter Wertpapierbörse bisher zu keinem Zeitpunkt seit Eröffnung der Teilbereiche Zertifikate, die Aktien vertreten, in dem Prime Standard ihres regulierten Marktes gelistet hat.

IV. Segmentregulierung als börsengesetzliche Kategorie

Steht fest, dass Grund- und Teilbereichszulassungsentscheidung jeweils in Form eines Zulassungsverwaltungsaktes ergehen, stellt sich weiter die Frage, wie sich die Folgewirkungen dieser Zulassungsentscheidungen zueinander verhalten.

---

451 *Bonk/Neumann/Siegel*, in: Stelkens/Bonk/Sachs, VwVfG, § 54 Rn. 18 f., 67.

452 In der Praxis der Frankfurter Wertpapierbörse besteht die Anerkennungserklärung nach § 48 Abs. 2 der Börsenordnung aus einer einfachen Unterschrift des Aktienemittenten unter Ziff. 5.2 des (veralteten) Antragsformulars, das der Zertifikateemittent der Geschäftsführung der Börse vorlegen muss. Einen Vertragsschluss wird man unter Zuhilfenahme des § 151 S. 1 BGB, der über § 62 S. 2 VwVfG auch auf den öffentlich-rechtlichen Vertrag anzuwenden wäre, konstruieren können; die Geschäftsführung wird mit der Zulassung der Aktienzertifikate regelmäßig nämlich auch die Bindung des Aktienemittenten und dessen Verpflichtung zur Befolgung der Zusatzpflichten beabsichtigen. Das Antragsformular (Stand: 1. Januar 2010) für die Zulassung zum Prime Standard der Frankfurter Wertpapierbörse ist abrufbar unter https://www.deutsche-boerse-cash-market.com/resource/blob/36388/0b88b5be439625f411a217bd28e1e91e/data/Antragsformular-Prime-Standard.pdf (zuletzt abgerufen am 31. März 2021).

Die Teilbereichszulassung setzt gem. § 48 Abs. 1 BörsO FWB das segmentspezifische Sonderpflichtenregime im Verhältnis zu dem antragstellenden Emittenten in Geltung, das dieser fortan ergänzend zu den kapitalmarktrechtlichen Grundpflichten zu beachten hat.[453] Die formalrechtliche Trennung der Zulassungsverfahren aus § 32 BörsG und § 48 Abs. 1 BörsO FWB[454] erklärt die sich überschneidenden, aber in gleicher Weise selbstständigen Pflichtenkreise aus *Grund-* und teilbereichsspezifischen *Sonder*pflichten, die beide in unterschiedlicher Weise innerhalb des Börsengesetzes, das tatbestandlich an die *Ordnungsgemäßheit des Börsenhandels*, die Befolgung *börsenrechtlicher Vorschriften* und schließlich die *Pflichten des Emittenten aus der Zulassung* anknüpft, registriert werden.

1. Börsenrechtliche Vorschriften und Börsenhandel in Teilbereichen des regulierten Marktes – Erweiterung der Börsenaufsicht um den Teilbereichshandel

Aus einer börsenaufsichtsrechtlichen Perspektive ist zunächst entscheidend, dass der Börsenaufsicht insbesondere die Beaufsichtigung des *ordnungsgemäßen Funktionierens des Börsenhandels* obliegt[455] und sie sicherstellen soll, dass *börsenrechtliche Vorschriften* von den Marktteilnehmern befolgt werden.[456] Indem der teilbereichsspezifische Regelbestand als Teil des börseneigenen Satzungsrechts einen Ausschnitt der Gesamtheit *börsenrechtlicher Vorschriften* bildet, die neben dem Börsengesetz, Börsenrechtsverordnungen und börslichen Regelwerken ohne Rechtsnormqualität auch die Börsenordnung als Satzung erfassen, reflektieren die jeweiligen Aufsichtsbefugnisse auch das auf den Teilbereichshandel ausgerichtete Satzungsrecht der Börse.[457] Gem. § 3 Abs. 1 S. 3 BörsG

453 *Gebhardt*, in: Schäfer/Hamann, KMG, § 42 BörsG Rn. 17; *Schiemzik*, Segmentwechsel, 46 („zwei rechtlich voneinander getrennte Zulassungsverwaltungsakte").

454 Zu den Zulassungsverfahren vgl. bereits oben Kapitel 1 § 3 III.2.

455 Dazu *Seiffert*, in: Kümpel/Mülbert/Früh/Seyfried, Bank- und Kapitalmarktrecht, Rn. 14.385.

456 Allgemein zu den börseneigenen Aufsichtsstrukturen als Teilausschnitt des börslichen Selbstverwaltungsrechts Schwark/Zimmer/*Kumpan*, KMRK, § 3 BörsG Rn. 1, 7 ff., § 7 BörsG Rn. 2; vgl. auch *Seiffert*, in: Kümpel/Mülbert/Früh/Seyfried, Bank- und Kapitalmarktrecht, Rn. 14.390 und 14.392.

457 VGH Kassel, Urt. v. 7. Mai 2014 – 6 A 876/10 = WM 2014, 1277 ff.; VGH Kassel, Urt. v. 16. April 2008 – 6 UE 142/07 = ZIP 2008, 1525 f.; *Hammen*, WM 2007, 1297 (1304); Baumbach/Hopt/*Kumpan*, § 22 BörsG Rn. 1; ferner s. Schwark/Zimmer/*Kumpan*, KMRK, § 22 BörsG Rn. 8; vgl. außerdem Schwark/Zimmer/*Beck*, KMRK, 4. Auflage

etwa erstrecken sich die Aufsichtsbefugnisse der Börsenaufsichtsbehörde auf die Einhaltung *börsenrechtlicher Vorschriften*, die *ordnungsgemäße Durchführung des Handels* sowie die Ordnungsgemäßheit der Börsengeschäftsabwicklung.[458] Näher am Börsengeschehen steht die Handelsüberwachungsstelle, die, wenn sie Tatsachen feststellt, die die Annahme rechtfertigen, dass *börsenrechtliche Vorschriften* verletzt werden oder Missstände bestehen, die die ordnungsgemäße Durchführung des Handels an der Börse und der Börsengeschäftsabwicklung beeinträchtigen können, die Börsenaufsichtsbehörde und die Geschäftsführung der Börse hierüber zu unterrichten hat (§ 7 Abs. 5 S. 1 BörsG). Geht ein solcher Verstoß von einem Handelsteilnehmer aus, kann die Börsengeschäftsführung gem. § 15 Abs. 4 S. 1 BörsG mit geeigneten Maßnahmen reagieren und den Handelsteilnehmer insbesondere vorläufig von der Teilnahme am Handel ausschließen (§ 15 Abs. 4 S. 2 BörsG). Auch der Sanktionsausschuss kann mit Verweis oder Ordnungsgeld gegen einen Handelsteilnehmer vorgehen, der *börsenrechtliche Vorschriften* vorsätzlich oder fahrlässig verletzt hat (§ 22 Abs. 2 S. 1 BörsG).[459] Die Ermächtigungsgrundlagen sind freilich auf den pflichtwidrig agierenden Handelsteilnehmer i.S.d. § 19 BörsG zugeschnitten und erlangen deshalb im Zusammenhang mit der Regulierung zusätzlicher Emittentenpflichten in einem Teilbereich des regulierten Marktes nur eingeschränkte Bedeutung. Dennoch wird durch die Integration der Teilbereichsregulierung in die Börsenordnung der Aufsichtsradius von Handelsüberwachungsstelle und Börsenaufsichtsbehörde um das teilbereichsspezifische Sonderpflichtenregime erweitert. Wird diese Überwachungstätigkeit im Falle der Verletzung einer *Grundmarktpflicht* insbesondere ergänzt durch die Befugnisse des Sanktionsausschusses aus § 22 Abs. 2 S. 1 BörsG und der Börsengeschäftsführung aus § 39 Abs. 1 BörsG, schließen sich an die Missachtung teilbereichsspezifischer Sonderpflichten durch einen Emittenten vorrangig die Sanktionsmechanismen der Geschäftsführung der Börse aus § 42 Abs. 2 BörsG an, die hierbei von

---

2010, § 22 BörsG Rn. 17, der auch die privatrechtlichen Freiverkehrsrichtlinien unter den Begriff der börsenrechtlichen Vorschriften subsumieren will.

458 § 3 Abs. 4 S. 1, 3 BörsG erweitert die Befugnisse und Aufgaben der Börsenaufsichtsbehörde in Fällen, in denen Anhaltspunkte vorliegen, die auf eine Missachtung börsenrechtlicher Vorschriften hindeuten. Entsprechendes gilt für § 3 Abs. 5 S. 2 BörsG, wonach der Börsenaufsichtsbehörde eine Anordnungsbefugnis zusteht, um derartige Verstöße zu verhindern.

459 *Foelsch/Wittmann*, in: Hellner/Steuer, BuB, Rn. 7/567.

Handelsüberwachungsstelle und Börsenaufsichtsbehörde unterstützt wird.[460] Da auch kein getrennter Grund- und Teilbereichshandel stattfindet, wirkt sich der eigenständige Geltungsgrund der satzungsrechtlich definierten Sonderpflichten in dieser börsenaufsichtsrechtlichen Hinsicht also nicht auf die Anwendbarkeit derjenigen Aufsichtsbefugnisse aus, die nur in ihrem Ursprung auf den Handel innerhalb des regulierten Grundmarktes zugeschnitten sind.

2. *Wirkweise der auf den Teilbereichshandel beschränkten Zulassungsentscheidung*

Anders liegen die Dinge, wenn die Zulassungsfolgepflichten des Emittenten den tatbestandlichen Anknüpfungspunkt einer börsengesetzlichen Sanktionsnorm darstellen.

a. *Teilbereichszulassung als einseitig akzessorischer Verwaltungsakt; zugleich zur Frage der Einbeziehung von Wertpapieren in den Teilbereichshandel, § 33 Abs. 1 BörsG*

Teilbereichsspezifischer Zulassungsverwaltungsakt und Grundmarktzulassung nach § 32 Abs. 1 BörsG stehen ungeachtet ihrer formalrechtlichen Trennung in einem besonderen Verhältnis zueinander. Die Zulassung zu einem Teilbereich kann nämlich nur von Emittenten beantragt werden, deren Aktien bereits zum Handel innerhalb des korrespondierenden Grundmarktes zugelassen worden sind.[461] Darauf wird sogleich näher einzugehen sein.

Die Einbeziehung von Wertpapieren in den Handel in einem Teilbereich des regulierten Marktes nach § 33 BörsG kommt hingegen nicht in Betracht.[462] Denn dem Emittenten der Wertpapiere dürfen infolge einer solchen Einbeziehung keine Folgepflichten entstehen, denen er nicht bereits aufgrund der Zulassung zu einem anderen regulierten Markt unterliegt.[463] Im Falle eines Teilbereichslistings ist dies aber gerade nicht mehr der Fall, da sich der rechtliche Rahmen des börslichen Handelsumfelds verändert. Deshalb setzt die Notierung in einem

---

460 Zu dem Umfang der von der Handelsüberwachungsstelle ausgeübten Marktaufsicht vgl. Schwark/Zimmer/*Kumpan*, KMRK, § 3 BörsG Rn. 22 ff.

461 Vgl. § 48 Abs. 1 S. 1 BörsO FWB, dazu auch *Schlitt*, AG 2003, 57 (63); vgl. auch Schwark/Zimmer/*Heidelbach*, KMRK, § 42 BörsG Rn. 7.

462 Schwark/Zimmer/*Heidelbach*, KMRK, § 33 BörsG Rn. 6, 17 ff.; *Foelsch/Wittmann*, in: Hellner/Steuer, BuB, Rn. 7/598a.

463 So auch bei *Lenenbach*, Kapitalmarktrecht, Rn. 3.199; ferner vgl. *Poelzig*, Kapitalmarktrecht, § 7 Rn. 187.

Teilbereich in Form des Antragsverfahrens auch die Bereitschaft des Emittenten voraus, die erweiterten Zulassungsfolgepflichten für die Dauer des Listings zu erfüllen.[464] Eine andere Frage ist, ob der nur in den Grundmarkthandel einbezogene Emittent eine isolierte Zulassung seiner Wertpapiere zu einem Teilbereich an dieser Börse beantragen kann.[465] § 33 Abs. 2 S. 1 letzter Hs. BörsG schließt die Anwendung des § 42 BörsG jedenfalls nicht explizit aus. Bedenken im Zusammenhang mit der Beendigung des Teilbereichslistings, die grundsätzlich zu einer Einführung in den Grundmarkthandel führt und insofern auch die dortige Zulassung der Wertpapiere voraussetzt (vgl. § 57 Abs. 4 BörsO FWB),[466] lässt sich begegnen, wenn man berücksichtigt, dass eine Einbeziehung in die Grundstrukturen des börslichen Wertpapierhandels in einer solchen Konstellation auf der Grundlage von § 33 Abs. 1 BörsG auch ohne korrespondierende Grundmarktzulassung von Amts wegen möglich wäre.[467] Die Frankfurter Wertpapierbörse beschränkt den Teilbereichshandel derzeit gem. § 48 Abs. 1 S. 1 BörsO FWB dennoch auf solche Wertpapiere, die zum regulierten Markt *zugelassen* wurden („Für Aktien […], die zum regulierten Markt (General Standard) zugelassen sind […]").[468] Der isolierte Aufstieg einbezogener und andernorts zugelassener Wertpapiere in den Teilbereichshandel scheidet hiernach aus.

Die angesprochene *Verklammerung der Zulassungsverfahren* lässt sich nun im Wesentlichen auf zwei Arten darstellen. Sie könnte zunächst ein Verhältnis der Akzessorietät beschreiben, in dem der rechtliche Fortbestand der Teilbereichszulassung von der Wirksamkeit der Zulassung nach § 32 BörsG abhängig ist. Ein akzessorischer Verwaltungsakt liegt immer dann vor, wenn die Wirksamkeit eines Verwaltungsakts von der eines anderen Verwaltungsakts abhängig ist.[469] Diese Abhängigkeit äußert sich darin, dass sich der Verwaltungsakt nach § 43 Abs. 2 VwVfG „auf andere Weise" erledigt, wenn und soweit die Wirksamkeit des Hauptverwaltungsakts entfällt.[470] In diesem Fall teilt die

---

464 *Schanz*, Börseneinführung, § 12 Rn. 15; *Schlitt*, AG 2003, 57 (63).

465 Zur Ausgestaltung des Einbeziehungsverfahrens in der Börsenordnung s. *Lenenbach*, Kapitalmarktrecht, Rn. 3.194 f.

466 Zu den Folgen der Beendigung eines Teilbereichslistings eingehend noch unten Kapitel 5 § 4.

467 Zu dem Einbeziehungsverfahren allgemein vgl. *Lenenbach*, Kapitalmarktrecht, Rn. 3.194 f., 3.199.

468 *Schlitt*, AG 2003, 57 (63).

469 *Stelkens*, in: Stelkens/Bonk/Sachs, VwVfG, § 35 Rn. 226; auch *Hammen*, WM 2017, 2133 (2139).

470 *Sachs*, in: Stelkens/Bonk/Sachs, VwVfG, § 43 Rn. 219.

Teilbereichszulassung das rechtliche Schicksal der Grundmarktzulassung nach § 32 Abs. 1 BörsG.[471] Andererseits könnte der Fortbestand der Grundmarktzulassung auch bloße Rechtmäßigkeitsvoraussetzung der Zulassung zu einem Teilbereich des regulierten Marktes sein, sodass die Teilbereichszulassung grundsätzlich wirksam bleibt, auch wenn die Zulassung nach § 32 BörsG widerrufen worden ist. So entfiele bei der Beendigung der Grundmarktzulassung – etwa im Falle eines Widerrufs nach § 39 Abs. 1 BörsG – lediglich eine Rechtmäßigkeitsvoraussetzung der Teilbereichszulassung, wenn der Fortbestand der einen nicht von dem der anderen Zulassungsentscheidung abhängen soll. Im letztgenannten Fall wäre die Teilbereichszulassung zwar fortan rechtswidrig, da der Emittent nicht länger die in § 42 Abs. 1 BörsG, § 48 Abs. 1 S. 1 BörsO FWB genannten Voraussetzungen erfüllte, ihre Wirksamkeit entfiele aber nicht *ipso iure*. Die Geschäftsführung der Börse müsste den Emittenten vielmehr zunächst auf der Grundlage von § 42 Abs. 2 S. 1 BörsG, § 57 Abs. 2 S. 1 BörsO FWB (bzw. in diesem Fall § 49 VwVfG) von der weiteren Teilnahme am Teilbereichshandel ausschließen.[472]

Nun kann die Zulassung zu einem Teilbereich aus unterschiedlichen Gründen aber nicht fortbestehen, nachdem die Wirksamkeit der Grundmarktzulassung entfallen ist. Denn die Konzeption der Teilbereichsregulierung in § 42 Abs. 1 BörsG setzt die Geltung des gesetzlichen Pflichtenbestandes gegenüber dem Emittenten als Anknüpfungspunkt in mehrfacher Hinsicht voraus. Zum einen erfordert die Funktionsfähigkeit des Teilbereichshandels, dass die zum Handel an der Börse zugelassenen Emittenten unter Aspekten des Anleger- und Funktionsschutzes den gesetzlichen und verordnungsrechtlichen Mindeststandards unterliegen, die der satzungsrechtliche Pflichtenzusatz nicht zu kompensieren bestimmt ist.[473] Zum anderen ist eine teilbereichsspezifische Pflichtensteigerung und -modifikation nur dort möglich, wo die gesetzliche Transparenzbasis als Legalisierungsgrundlage des satzungsrechtlichen Sonderpflichtenbestandes zu beachten ist.[474] Der Widerruf der Grundmarktzulassung nach § 39 Abs. 1 BörsG beendet deshalb von Rechts wegen (gem. § 43 Abs. 2 VwVfG) die Wirksamkeit der Zulassung zu einem Teilbereich, weil diese

471 Vgl. auch *Hammen*, WM 2017, 2133 (2139).

472 *Hutter/Leppert*, NZG 2002, 649 (650); vgl. auch *Sachs*, in: Stelkens/Bonk/Sachs, VwVfG, § 44 Rn. 1.

473 In diese Richtung auch Schwark/Zimmer/*Heidelbach*, KMRK, § 42 BörsG Rn. 14.

474 Zu der Notwendigkeit des Fortbestehens der gesetzlichen Grundpflichten vgl. auch *Hammen*, WM 2003, 997 (1002).

wesensgemäß einen zum Handel innerhalb des korrespondierenden regulierten Marktes zugelassenen Emittenten voraussetzt. Entsprechendes gilt, wenn der Teilbereichsemittent nach § 39 Abs. 2 S. 1 BörsG beantragt, die Zulassung nach § 32 Abs. 1 BörsG zu widerrufen.[475] In beiden Fällen bedarf es keines gesonderten Gegenaktes der Geschäftsführung, um den Emittenten auch aus dem Teilbereichshandel auszuschließen.

Akzessorisch verhält sich aber nur die Teilbereichszulassung zu der korrespondierenden Grundmarktzulassung, umgekehrt gilt dies nicht. Deshalb lässt bspw. ein Teilbereichsausschluss nach § 42 Abs. 2 S. 1 BörsG die Zulassung zum regulierten Grundmarkthandel nach § 32 Abs. 1 BörsG grundsätzlich unberührt.[476] Die Frankfurter Wertpapierbörse hat dies in § 57 Abs. 3 ihrer Börsenordnung klargestellt.[477] Beispiele für akzessorische Verwaltungsakte sind auch die in § 36 Abs. 2 Nr. 4 VwVfG genannten Auflagen.[478] Von ihnen unterscheidet sich die Zulassung zu einem Teilbereich des regulierten Marktes als eigenständiger Verwaltungsakt aber insofern, als dass die Auflage regelmäßig dem Schutz Dritter dienen soll und gegenüber dem Adressaten des Hauptverwaltungsaktes eine belastende Zusatzregelung darstellt, indem sie ihm ein Tun, Dulden oder Unterlassen auferlegt. Aufgrund der unterschiedlichen Interessenlage besteht deshalb regelmäßig auf den *Erlass einer Auflage* auch kein einklagbarer Anspruch. Es wurde aber bereits festgestellt, dass die Zulassung zu einem Teilbereich des regulierten Marktes ungeachtet der segmentspezifischen Sonderpflichten als begünstigender Verwaltungsakt gegenüber dem Antragsteller ergeht. Dieser einseitig akzessorische Zulassungsverwaltungsakt, der von der Wirksamkeit eines anderen Verwaltungsaktes abhängt, bezieht sich also inhaltlich auf die Regelung dieses *Hauptverwaltungsaktes* – die Grundmarktzulassung –, die er modifizieren und ergänzen soll.[479]

---

475 Die Möglichkeit, durch einseitige Willenserklärung auf eine öffentlich-rechtlich gewährte Rechtsposition zu verzichten ist, obgleich nur in Ausnahmefällen gesetzlich geregelt, als eigenständiges Institut anerkannt, stellt aber streng genommen nur einen Unterfall der Erledigung eines Verwaltungsakts auf andere Weise i.S.d. § 43 Abs. 2 VwVfG dar, vgl. *Sachs*, in: Stelkens/Bonk/Sachs, VwVfG, § 53 Rn. 29 f., § 43 Rn. 209a.

476 *Hutter/Leppert*, NZG 2002, 649 (650); BeckHdB-AG/*Harrer*, § 20 Rn. 25.

477 Zum Ausschlussverfahren noch eingehend unten Kapitel 5 § 2 I.; vgl. außerdem BeckHdB-AG/*Harrer*, § 20 Rn. 25.

478 *Stelkens*, in: Stelkens/Bonk/Sachs, VwVfG, § 36 Rn. 83.

479 *von Alemann/Scheffcyk*, in: Bader/Ronellenfitsch, BeckOK-VwVfG, § 35 Rn. 72.

b. *Pflichten aus der Zulassung und Zulassungsfolgepflichten in Teilbereichen*

Der Regelungsgehalt dieses Hauptverwaltungsaktes nach § 32 Abs. 1 BörsG ist vielseitig.[480] Infolge der Zulassungsentscheidung ist es dem Emittenten zunächst gestattet, für den Handel in seinen Wertpapieren, auf die sich der Antrag bezieht, die börsliche Infrastruktur aus Handels- und Abwicklungssystemen zu nutzen.[481] Daneben sind auf die Gesellschaft und ihre Wertpapiere fortan zahlreiche kapitalmarktrechtliche Rechtsakte anzuwenden, die in unterschiedlicher Weise eine Vielzahl von Zulassungsfolgepflichten normieren.[482] Werden Aktien zum Handel im regulierten Markt zugelassen, gilt die Gesellschaft gem. § 3 Abs. 2 AktG als börsennotierte Aktiengesellschaft i.S.d. Kapitalgesellschaftsrechts.[483] Damit verbunden sind eine Reihe von aktien-, bilanz- und kapitalmarktrechtlichen Folgewirkungen.[484] § 161 AktG etwa, nach dem Vorstand und Aufsichtsrat jährlich erklären müssen, inwieweit die Gesellschaft den Empfehlungen des Deutschen Corporate Governance Kodex (*DCGK*)[485] entsprochen und diese angewendet hat, gilt grundsätzlich[486] nur für solche Aktiengesellschaften i.S.d. § 3 Abs. 2 AktG.[487] Die Gesellschaft, deren Wertpapiere zum Handel

---

480 *Seiffert*, in: Kümpel/Mülbert/Früh/Seyfried, Bank- und Kapitalmarktrecht, Rn. 14.217.

481 *Groß*, Kapitalmarktrecht, § 32 BörsG Rn. 5; auch dazu auch *Seiffert*, in: Kümpel/Mülbert/Früh/Seyfried, Bank- und Kapitalmarktrecht, Rn. 14.450.

482 Vgl. auch *Foelsch/Wittmann*, in: Hellner/Steuer, BuB, Rn. 7/598b ff.; *Schiemzick*, Segmentwechsel, 92 ff., 111 ff.; auch *Schlüter*, Börsenhandelsrecht, 444 Rn. 489 und 451 Rn. 523 ff.; BeckHdB-AG/*Harrer*, § 20 Rn. 17 ff.

483 Zu dem Begriff der börsennotierten Aktiengesellschaft vgl. nur Hüffer/Koch/*Koch*, AktG, § 3 Rn. 5 f.; *Vedder*, in: Grigoleit, AktG, § 3 Rn. 4 und § 23 Rn. 40 zu der umstrittenen Frage, ob die Satzung die Gesellschaft zu einer solchen i.S.d. § 3 Abs. 2 AktG bestimmen kann; s. ferner *Solveen*, in: Hölters, AktG, § 3 Rn. 6 f.

484 Im Einzelnen vgl. MüKo-AktG/*Heider*, § 3 Rn. 41 ff.; vgl. auch BeckHdB-AG/*Harrer*, § 20 Rn. 17 ff.

485 Der DCGK i.d.F. vom 16. Dezember 2019 ist abrufbar unter https://www.dcgk.de//files/dcgk/usercontent/de/download/kodex/191216_Deutscher_Corporate_Governance_Kodex.pdf (zuletzt abgerufen am 8. Dezember 2020).

486 Gem. § 161 Abs. 1 S. 2 AktG müssen auch Vorstand und Aufsichtsrat bestimmter nicht börsennotierter Gesellschaften eine Entsprechenserklärung veröffentlichen, wenn die Gesellschaft andere Wertpapiere als Aktien zum Handel an einem regulierten Markt ausgegeben hat und ihre Aktien auf Veranlassung der Gesellschaft über ein MTF gehandelt werden können, vgl. dazu Hüffer/Koch/*Koch*, AktG, § 161 Rn. 6b; *Hölters*, in: Hölters, AktG, § 161 Rn. 11.

487 *Grigoleit/Zellner*, in: Grigoleit, AktG, § 161 Rn. 11; *Hölters*, in: Hölters, AktG, § 161 Rn. 8 f. Von der Frage des Anwendungsbereichs des § 161 AktG unabhängig heißt es

im regulierten Markt zugelassen worden sind, wird außerdem gem. § 264d HGB als kapitalmarktorientierte Kapitalgesellschaft eingestuft und in der Folge gem. § 267 Abs. 3 S. 2 HGB stets als große Kapitalgesellschaft im Sinne des Bilanzrechts fingiert. Für sie sind daher in jedem Fall verschärfte Anforderungen im Rahmen der Rechnungslegung zu beachten.[488] Daneben formen insbesondere die Zulassungsfolgepflichten des WpHG, des WpÜG sowie der MAR den Rahmen rechtlicher Verhaltens- und Offenlegungsanforderungen innerhalb des börslichen Grundmarkthandels.[489] In dieser Hinsicht ist die Zulassung zu einem Teilbereich des regulierten Marktes grundsätzlich irrelevant, da sich der rechtliche Status des Emittenten nicht dadurch verändert, dass auf ihn aufgrund eines zweiten Zulassungsverwaltungsaktes der Börsengeschäftsführung erhöhte Transparenzstandards innerhalb des regulierten Marktes anwendbar sind. Vielmehr bleibt der Emittent auch in einem Teilbereich des regulierten Marktes eine in den Grundstrukturen des börslichen Wertpapierhandels börsennotierte Aktiengesellschaft i.S.d. § 3 Abs. 2 AktG.[490]

Das satzungsrechtliche Pflichtenregime in Teilbereichen wird erst durch einen zusätzlichen und – wie bereits dargestellt – rechtlich eigenständigen Verwaltungsakt in Gestalt der Zulassung zu einem Teilbereich des regulierten Marktes in Ergänzung zu den kapitalmarktrechtlichen Zulassungsfolgepflichten aus der Grundmarktzulassung nach § 32 Abs. 1 BörsG in Geltung gesetzt.[491] Die in der Börsenordnung definierten Zusatzpflichten sind deshalb erst verbindlich zu befolgen (vgl. § 42 Abs. 2 S. 1 BörsG), *nachdem* dem Emittenten gegenüber auch der auf den Teilbereichshandel gerichtete Zulassungsverwaltungsakt ergangen ist.[492] Sie folgen aber nicht bereits aus der regulären Grundmarktzulassung, da die Zulassung zu einem Teilbereich mit besonderen Pflichten erst beantragt werden

---

in der Präambel des DCGK, die Empfehlungen und Anregungen des DCGK könnten auch nicht kapitalmarktorientierten Gesellschaften zur Orientierung dienen.

488 Baumbach/Hopt/*Merkt*, HGB, § 267 HGB Rn. 9.

489 *Groß*, Kapitalmarktrecht, § 32 BörsG Rn. 41 m.w.N.; *Schiemzick*, Segmentwechsel, 92 ff., 111 ff.; vgl. insbesondere auch den Überblick bei *Schanz*, Börseneinführung, § 12 Rn. 48 ff.

490 *Drescher*, in: Spindler/Stilz, Aktiengesetz Bd. 1, § 3 Rn. 5 („unabhängig vom konkreten Marktsegment").

491 *Schanz*, Börseneinführung, § 12 Rn. 59; auch Schwark/Zimmer/*Heidelbach*, KMRK, § 42 BörsG Rn. 7 („Nur wenn der Emittent sich durch einen entsprechenden Antrag hierfür entscheidet, können die von der BörsO aufzustellenden separaten Regeln ihre Wirkung entfalten.").

492 *Schanz*, Börseneinführung, § 12 Rn. 59.

muss.[493] Das gilt selbst dann, wenn sich Emittenten des regulierten Marktes auf freiwilliger Basis an den Anforderungen des DCGK orientieren, die teilweise mit dem Sonderpflichtenbestand des Prime Standards übereinstimmen.[494]

Da es nun aus Gründen des Anlegerschutzes und im Interesse des ordnungsgemäßen Funktionierens des börslichen Wertpapierhandels unerlässlich ist, dass zumindest die in den kapitalmarktrechtlichen Rechtsakten definierten *Grundpflichten* beachtet werden, knüpft auch das Börsengesetz an das Tatbestandsmerkmal *Pflichten aus der Zulassung* in § 32 Abs. 4 und insbesondere in den §§ 22 Abs. 2 S. 2, 39 Abs. 1 BörsG weitreichende Befugnisse der Börsenorgane. Nach dem zuvor Gesagten ist für die Anwendbarkeit der genannten Ermächtigungsgrundlagen im Ausgangspunkt zunächst entscheidend, dass das infolge der Teilbereichszulassung aktivierte Pflichtenregime seinem Geltungsgrund entsprechend rechtlich eigenständig neben die gesetzlichen Grundpflichten tritt.[495] Deshalb sind satzungsrechtliche *Teilbereichspflichten nach § 42 Abs. 1 BörsG* (vgl. § 42 Abs. 2 S. 1 BörsG) auch keine Pflichten *aus* der Zulassung i.S.d. Börsengesetzes. Ihre Geltung beruht nur insofern auf der Zulassungsentscheidung nach § 32 Abs. 1 BörsG, als von dieser der rechtliche (Fort-)Bestand der akzessorischen Teilbereichszulassung abhängig ist.[496] Die aus dem Verwaltungsakt *Teilbereichszulassung* folgenden Pflichten sind aber konzeptionell andere, als diejenigen aus dem zeitlich vorgeschalteten Verwaltungsakt *Grundmarktzulassung*.[497] Für die Anknüpfung auf Tatbestandsebene ist deshalb entscheidend, welchem der beiden Pflichtenkreise die infrage stehende Pflichtverletzung zuzuordnen ist – dem gesetzlichen Grundmarkt- oder dem satzungsrechtlichen

---

493 Zwischen *Zulassung* und *Einführung* der Wertpapiere in den Handel im Kontext des Ordnungsgeldtatbestandes in § 22 Abs. 2 S. 2 BörsG differenzierend auch Schwark/Zimmer/*Kumpan*, KMRK, § 22 BörsG Rn. 13.

494 Deutlicher noch sprach § 31 BörsG i.d.F. nach dem Vierten Finanzmarktförderungsgesetz betreffend die Aufgaben der damaligen Zulassungsstelle in Abs. 1 S. 2 von den „Pflichten, die sich aus der Zulassung [zum Grundmarkthandel; Anm. d. Verf.] für den Emittenten und für das antragstellende Institut oder Unternehmen ergeben"; dazu auch noch unten Kapitel 5 § 1 II.

495 Vgl. auch Schwark/Zimmer/*Heidelbach*, KMRK, § 42 BörsG Rn. 7.

496 *Gebhardt*, in: Schäfer/Hamann, KMG, § 42 BörsG Rn. 17; auch *Schiemzik*, Segmentwechsel, 46 („zwei rechtlich voneinander getrennte Zulassungsverwaltungsakte").

497 *Schanz*, Börseneinführung, § 12 Rn. 10 Fn. 29; ähnlich auch Schwark/Zimmer/*Heidelbach*, KMRK, § 42 BörsG Rn. 7; differenzierend auch Schwark/Zimmer/*Kumpan*, KMRK, § 22 BörsG Rn. 13; zur Zwischenberichterstattungspflicht in dem Teilbereich des Geregelten Marktes vgl. *Hammen*, WM 2003, 997 (1001)

Sonderpflichtenregime. Zur Veranschaulichung dieser Problematik mag die Frage dienen, ob die Geschäftsführung der Börse einen Zulassungsantrag nach § 32 Abs. 1 auf der Grundlage von § 32 Abs. 4 BörsG auch dann ablehnen dürfte, wenn der antragstellende Emittent seine satzungsrechtlichen *Pflichten aus der Zulassung* zu einem *Teilbereich* des regulierten Marktes an einer anderen Börse verletzt hat (vgl. § 32 Abs. 4 BörsG).[498] Wenn allerdings die auf den Grundmarkthandel ausgerichteten Sanktionstatbestände auch dann angewendet werden sollen, wenn Sonderpflichten in Teilbereichen missachtet worden sind, rückt eben diese Rechtsfolgenübertragung unweigerlich in die Nähe eines Analogieschlusses, der aufgrund des sanktionierenden, teils *strafähnlichen*[499] Charakters nicht unerheblichen Bedenken unterliegt.[500] In besonderem Maße gilt dies für den Ordnungsgeldtatbestand in § 22 Abs. 2 S. 2 BörsG, auf dessen Verhältnis zu § 42 Abs. 2 S. 1 BörsG noch an späterer Stelle einzugehen sein wird.[501] Denn dass auch sanktionierend wirkende Ordnungsgelder Strafe im Sinne von Art. 103 Abs. 2 GG sein können und deshalb grundsätzlich wie bußgeldbewehrte Ordnungswidrigkeitentatbestände an Art. 103 Abs. 2 GG zu messen sind, hat das Bundesverfassungsgericht bereits für § 335 Abs. 1 HGB, der ganz ähnlich der vorliegenden Konstellation die Durchführung eines Ordnungsgeldverfahrens wegen Nichtbefolgung von Rechnungslegungspflichten betrifft, jedenfalls insofern festgestellt, als es um die anhand des verfassungsrechtlichen Maßstabs abzuleitenden Bestimmtheitsanforderungen an den Sanktionstatbestand geht.[502]

---

498 S. auch *Kümpel/Hammen*, Börsenrecht, 199 f., die als Beispiel den Zulassungswiderruf anführen.

499 Zur Entwicklung des Ordnungsgeldtatbestandes und seiner Funktion vgl. auch *Hammen*, in: Festschrift für Hartmut Schmidt zum 65. Geburtstag, 313 (316).

500 BVerfG, Beschl./K v. 9. Januar 2014 – 1 BvR 299/13 Rz. 13 f.; ebenso Maunz/Dürig/*Remmert*, Art. 103 Abs. 2 Rn. 56

501 Unten Kapitel 5 § 2 I.2.b.; dazu aber bereits Schwark/Zimmer/*Kumpan*, KMRK, § 22 BörsG Rn. 13.

502 Vgl. BVerfG, Beschl./K v. 9. Januar 2014 – 1 BvR 299/13 Rz. 13 f.; ebenso aus verfassungsrechtlicher Perspektive auch Maunz/Dürig/*Remmert*, Art. 103 Abs. 2 Rn. 56; konkret zu § 22 Abs. 2 S. 2 BörsG vgl. *Hammen*, in: Festschrift für Hartmut Schmidt zum 65. Geburtstag, 313 (316). In dieser Dimension wendet sich Art. 103 Abs. 2 GG dann auch an die Exekutive, vgl. Maunz/Dürig/*Remmert*, Art. 103 Abs. 2 Rn. 8 Fn. 5 m.w.N. Das gilt übrigens auch für den *Verweis*, für den aber mangels Regelungslücke in § 42 Abs. 2 BörsG schon keine Analogie in Betracht kommt, vgl. Maunz/Dürig/*Remmert*, Art. 103 Abs. 2 Rn. 59.

3. *Pflichten „auf Grund der Zulassung"?*

Unmittelbar anwendbar wären die zuvor genannten §§ 22 Abs. 2 S. 2, 32 Abs. 4 und 39 Abs. 1 des Börsengesetzes nur dann, wenn die satzungsrechtlich definierten Pflichten in Teilbereichen ungeachtet der ihnen eigentümlichen Geltungsgrundlage als solche aus der *Grundmarktzulassung* fingiert würden.

a. Der Zulassungsbegriff des § 42 Abs. 1 BörsG

Dafür ist zunächst der für den Tatbestand der Ermächtigungsgrundlage zentrale Zulassungsbegriff genauer zu beleuchten, der als Anknüpfungspunkt des Sonderpflichtenregimes dienen soll.

Der Referentenentwurf des FinanzmarktRL-Umsetzungsgesetzes ging nämlich noch davon aus, die Entscheidung über die *Zulassung* von Wertpapieren zum Börsenhandel auf die BaFin zu übertragen und damit an das im Zuge der Reform geänderte Prospektrecht anzugleichen.[503] Die neue Ermächtigungsgrundlage der Teilbereichsregulierung sprach deshalb zunächst davon, Emittenten „zusätzliche Voraussetzungen für die *Einführung*" und „weitere Unterrichtungspflichten des Emittenten aufgrund der *Einführung*" in Teilbereichen auferlegen zu können.[504] Es sollte nämlich nicht der *Zulassungsverwaltungsakt*, sondern die *Einführung* der Wertpapiere in den Handel gem. § 38 Abs. 1 S. 1 BörsG als anderer Rechtsakt[505] der Geschäftsführung der Börse erhalten bleiben und dieser dadurch auch weiterhin die Entscheidungsgewalt über die Handelsaufnahme zustehen.[506] Der Einführungsverwaltungsakt sollte auf diese Weise zugleich als Geltungsgrund des satzungsrechtlichen Pflichtenbestandes dienen, um die Regulierung besonderer

---

503 *Hammen*, WM 2007, 1297 (1299); dazu auch Schwark/Zimmer/*Heidelbach*, KMRK, § 32 BörsG Rn. 8 ff.; s. ferner *Groß*, Kapitalmarktrecht, § 42 BörsG Rn. 5.

504 Vgl. auch Begr. RegE FinanzmarktRL-Umsetzungsgesetz, BT-Drucks. 16/4028, 88 (Hervorhebung nur hier); auch *Seiffert*, in: Kümpel/Wittig, Bank- und Kapitalmarktrecht, Rn. 14.308.

505 Die Verwaltungsakteigenschaft der Einführungsentscheidung ist nicht unbestritten, vgl. etwa *Groß*, Kapitalmarktrecht, § 38 BörsG Rn. 2 (privatrechtliche Tätigkeit); demgegenüber Baumbach/Hopt/*Kumpan*, § 38 BörsG Rn. 1; *Seiffert*, in: Kümpel/Mülbert/Früh/Seyfried, Bank- und Kapitalmarktrecht, Rn. 14.313 und *Lenenbach*, Kapitalmarktrecht, Rn. 3.196 (Verwaltungsakt).

506 Vgl. Schwark/Zimmer/*Heidelbach*, KMRK, § 38 BörsG Rn. 2. Noch deutlicher war an dieser Stelle die Vorauflage, vgl. Schwark/Zimmer/*Heidelbach*, KMRK, 4. Auflage 2010, § 38 BörsG Rn. 1. Zur Aufgabenverteilung zwischen Zulassungsstelle und Börsengeschäftsführung vgl. ferner *Schlüter*, Börsenhandelsrecht, 488 Rn. 732.

Teilbereiche im Rahmen der Börsenordnung auch zukünftig zu ermöglichen.[507] Als nun die Zulassungsentscheidung wegen kompetenzrechtlicher Bedenken[508] und insbesondere aufgrund des Protests einiger Börsen nicht von den damaligen Zulassungsstellen auf die BaFin, sondern auf die Börsengeschäftsführungen übertragen wurde, musste der Tatbestand des § 42 Abs. 1 BörsG durch das Gesetz zur Umsetzung der BeteiligungsRL entsprechend korrigiert werden.[509] Hintergrund der Korrektur war damals auch, dass der Ordnungsgeldtatbestand in § 22 Abs. 2 S. 2 BörsG die Verletzung von Pflichten aus der Zulassung – und nicht aus der Einführung – voraussetzte und ohne die redaktionelle Anpassung der Ermächtigungsgrundlage „ins Leere gegangen wäre."[510] Da schon aufgrund des Zuschnitts des Prospektrechts auf den Grundmarkthandel zu keinem Zeitpunkt der Reform zur Debatte stand, auch die Entscheidung über die Zulassung eines Emittenten zu einem börsenautonom regulierten Teilbereich auf die BaFin übertragen zu wollen,[511] spricht viel dafür, dass mit dem Zulassungsbegriff des § 42 Abs. 1 BörsG derselbe (Verwaltungs-)Akt der Börsengeschäftsführung gemeint ist, wie in § 32 Abs. 1 BörsG, und zwar unabhängig davon, dass die eigentliche Entscheidung über den Segmentzutritt und die Ingeltungsetzung der erweiterten Verhaltens- und Offenlegungspflichten ihrerseits als rechtlich selbstständiger Verwaltungsakt außerhalb des Normtextes ergeht.[512]

b. Satzungsrechtlich definierte Pflichten auf Grund der Grundmarktzulassung

aa. Regelungsgehalt und Funktionalität der Teilbereichszulassung

Der Regelungsgehalt der Teilbereichszulassung erschöpft sich aber nicht darin, das erweiterte Pflichtenprogramm in Geltung zu setzen.[513] Durch sie erhält das Börsennutzungsverhältnis vielmehr eine von den Eigenheiten des Teilbereichshandels geprägte besondere Gestalt. So ist der Emittent fortan etwa als dem

---

507 Schwark/Zimmer/*Heidelbach*, KMRK, § 42 BörsG Rn. 2 f.; dazu auch *Hammen*, WM 2007, 1297 (1299).

508 Eingehend *Hammen*, WM 2007, 1297 (1299 f., 1304 f.).

509 Vgl. Begr. RegE Gesetz zur Umsetzung der BeteiligungsRL, BT-Drucks. 16/10536, 13, 24; *Groß*, Kapitalmarktrecht, § 42 BörsG Rn. 5.

510 Schwark/Zimmer/*Heidelbach*, KMRK, § 42 BörsG Rn. 3.

511 Vgl. aber *Hammen*, WM 2007, 1297 (1299 ff.).

512 Zur Zulassungsentscheidung der Börsengeschäftsführung auf der Grundlage des von der BaFin gebilligten Prospekts vgl. auch Schwark/Zimmer/*Heidelbach*, KMRK, § 32 BörsG Rn. 10.

513 Vgl. zu diesem Aspekt Schwark/Zimmer/*Heidelbach*, KMRK, § 42 BörsG Rn. 7.

Teilbereichshandel zugehörig zu kennzeichnen, bei der Indexierung der Sondersegmente des regulierten Marktes zu berücksichtigen und in erweitertem Maße börslichen Ordnungsmaßnahmen aus § 42 Abs. 2 BörsG ausgesetzt. Diese Regelungen lassen die der Grundmarktzulassung unberührt.

Auch eine separate Einführung in den Teilbereichshandel findet, wie bereits weiter oben im Zusammenhang mit dem Zulassungsverfahren angedeutet, nicht statt. Vielmehr notieren die Werte des Emittenten auch weiterhin innerhalb des regulierten (Grund-)Marktes. Einen getrennten Handel von Werten des Prime und General Standards gibt es auch an der Frankfurter Wertpapierbörse nicht. An die Grundmarktzulassung muss sich deshalb innerhalb der von § 38 Abs. 4 S. 1 BörsG vorgegebenen Frist die Einführung in den Handel anschließen, und zwar unabhängig davon, ob in der Zwischenzeit auch die Zulassung zu einem Teilbereich beantragt worden ist.[514] Nur deshalb besteht die Zulassung nach § 32 Abs. 1 BörsG auch noch, wenn der Emittent aus einem Teilbereich des regulierten Marktes auf der Grundlage von § 42 Abs. 2 S. 1 BörsG ausgeschlossen worden ist, und legitimiert weiterhin dessen Teilnahme am Grundmarkthandel (vgl. auch § 57 Abs. 4 BörsO FWB).[515] Daraus folgt auch, dass die Zulassung nach § 32 Abs. 1 BörsG und die Zulassung zu einem Teilbereich stets an derselben Börse bestehen müssen.[516] Emittenten, die zum Handel an einer der Regionalbörsen zugelassen worden sind, können also nicht die Zulassung zum Prime Standard der Frankfurter Wertpapierbörse isoliert von der dortigen Grundmarktzulassung beantragen. Die Frage, ob auch solche Wertpapiere zum Handel in einem Teilbereich zugelassen werden können, die gem. § 33 BörsG lediglich in den Grundmarkthandel einbezogen worden sind, wurde bereits weiter oben erörtert.[517] Die Teilbereichszulassung aber besteht auch unabhängig

---

514 Die Frist nach § 38 Abs. 4 S. 1 BörsG kann nach S. 2 auf Antrag des Emittenten verlängert werden, wenn ein berechtigtes Interesse des Emittenten der zugelassenen Wertpapiere an der Verlängerung dargetan wird. Ein solches Interesse kann angenommen werden, wenn der Emittent die Einführung der zugelassenen Wertpapiere in den Grundmarkthandel von einer positiven Entscheidung über seinen noch ausstehenden Antrag auf Zulassung zu einem Teilbereich abhängig machen will; vgl. auch *Schanz*, Börseneinführung, § 12 Rn. 81, der von der *rechtserhaltenden Funktion* der Handelsaufnahme für den Zulassungsverwaltungsakt spricht.

515 Vgl. auch BeckHdB-AG/*Harrer*, § 20 Rn. 25.

516 Vgl. auch § 48 Abs. 1 BörsO FWB („Für Aktien oder Aktien vertretende Zertifikate, die zum regulierten Markt (General Standard) *zugelassen* sind […]"; Hervorhebung nur hier).

517 Oben Kapitel 1 § 3 IV.2.a.

von einer separaten Einführung der Aktien in einen gesonderten Handel in den Teilbereichen. Werden Grundmarkt- und Teilbereichszulassung gleichzeitig, die Einführung aber nicht fristgerecht beantragt, so erlischt zunächst nur die Grundmarktzulassung gem. § 38 Abs. 4 S. 1 BörsG, während sich die Teilbereichszulassung aufgrund ihrer rechtlichen Abhängigkeit vom Bestand der Grundmarktzulassung gem. § 43 Abs. 2 VwVfG erledigt.[518] Der auf einen Teilbereich des regulierten Marktes beschränkte Zulassungsverwaltungsakt stellt deshalb auch nur unter Zugrundelegung eines sehr weiten Begriffsverständnisses noch eine *Zulassung* in einem marktzutrittsrechtlichen Sinne dar.

Seine Funktion besteht vorrangig darin, einen erhöhten Transparenzstandard innerhalb des regulierten Marktes zu legitimieren, der nicht bereits unmittelbar durch die auf den Grundmarkthandel gerichtete Zulassungsentscheidung gesetzlich begründet wird und so weitere, in der Börsenordnung definierte Zulassungsfolgepflichten *auf Grund der (Grundmarkt-)Zulassung* für verbindlich zu erklären und die besonderen Pflichten in Teilbereichen des regulierten Marktes mit der Zulassungsentscheidung nach § 32 Abs. 1 BörsG zu verknüpfen.[519] Angedeutet wird dies bereits durch den Wortlaut der Ermächtigungsgrundlage, der von derselben Zulassungsentscheidung wie § 32 BörsG als *Anknüpfungspunkt* der teilbereichsspezifischen Sonderpflichten ausgeht, durch § 42 Abs. 2 S. 1 BörsG aber auch zum Ausdruck bringt, dass ihr Geltungsgrund ein anderer sein muss. Schließlich deutet auch der Standort der Ermächtigungsgrundlage im vierten Abschnitt des Börsengesetzes über die Zulassung von Wertpapieren zum regulierten Markt, der außer der Ermächtigungsgrundlage nur noch das in § 40 enthaltene Gebot der Vollzulassung und in § 41 eine anlassbezogene Auskunftspflicht des Emittenten als die einzigen im Börsengesetz verbliebenen Folgepflichten enthält,[520] in diese Richtung.[521] Deshalb geht die Norm auch davon aus, dass es sich bei den Pflichten nach § 42 Abs. 1 BörsG nicht um Pflichten handelt, die unmittelbar *aus der Zulassung* resultieren, sondern *auf Grund* derselben bestehen und einseitig akzessorisch an ihren Fortbestand gebunden sind.[522]

---

518 Zu § 38 Abs. 4 S. 1 BörsG vgl. auch *Poelzig*, Kapitalmarktrecht, § 7 Rn. 192.

519 Ähnlich Schwark/Zimmer/*Heidelbach*, KMRK, § 42 BörsG Rn. 7.

520 Schwark/Zimmer/*Heidelbach*, KMRK, § 41 BörsG Rn. 1; *Groß*, Kapitalmarktrecht, § 40 BörsG Rn. 1; *Grundmann*, in: Großkomm. HGB, Bankvertragsrecht 11/2, Siebter Teil Rn. 22; *Lenenbach*, Kapitalmarktrecht, Rn. 3.197.

521 Bei *Seiffert*, in: Kümpel/Mülbert/Früh/Seyfried, Bank- und Kapitalmarktrecht, Rn. 14.414 werden gar die „§§ 40 bis 42 BörsG" als die börsengesetzlichen Zulassungsfolgepflichten des Emittenten zitiert.

522 Hierzu auch Schwark/Zimmer/*Heidelbach*, KMRK, § 42 BörsG Rn. 7.

bb. Folgen für die Rechtsanwendung

Das führt dazu, dass der Pflichtenbegriff als tatbestandlicher Bezugspunkt börsengesetzlicher Vorschriften unterschiedliche Dimensionen annehmen kann. Im Rahmen der Gesetzesanwendung ist dann entscheidend, welchem Pflichtenkreis die infrage stehende Zulassungsfolgepflicht zugeordnet werden kann – dem Grund- oder dem teilbereichsspezifischen Sonderpflichtenkreis. So sieht das Gesetz etwa in § 42 Abs. 2 BörsG eine Spezialvorschrift für den Teilbereichshandel vor, die der Regelung des § 39 Abs. 1 BörsG in den Grenzen ihres Anwendungsbereichs vorgeht.[523] Überhaupt wirkt sich die rechtsformale Eigenständigkeit der Teilbereichsregulierung vornehmlich im Rahmen der Sanktionierung von Pflichtverletzungen aus. Es kann deshalb, um auf das oben gewählte Beispiel zurückzukommen, schon aus Gründen der Verhältnismäßigkeit rechtswidrig sein, wenn die Börsengeschäftsführung einen Antrag auf Zulassung zum regulierten Grundmarkt nach § 32 Abs. 4 BörsG ablehnt, obwohl der antragstellende Emittent (nur) die ihm obliegenden *Teilbereichspflichten* an einer anderen Börse nicht ordnungsgemäß erfüllt hat. Dass nämlich ein Emittent gegen satzungsrechtlich definierte Sonderpflichten in Teilbereichen des regulierten Marktes verstoßen hat, sagt noch nichts über seine Bereitschaft und Fähigkeit aus, die gesetzlichen Grundpflichten ordnungsgemäß zu befolgen. Grundsätzlich gebieten daher Verhältnismäßigkeitserwägungen im Rahmen der Ermessensbetätigung der Börsenorgane, die infrage stehende Pflicht als eine solche nach § 42 BörsG oder des gesetzlichen Pflichtenkreises zu identifizieren. Das wird auch an späterer Stelle noch relevant.[524]

4. Marktsegmente als Ausführungsplätze für den Wertpapierhandel

Die Frage, inwiefern das kapitalmarktrechtliche Regelungsgeflecht die Regulierung besonderer Teilbereiche registriert, setzt sich auch auf einer europarechtlichen Ebene fort. Der bereits aus den Begründungserwägungen der TransparenzRL-ÄnderungsRL bekannte Regulierungsansatz, innerhalb eines Handelsplatzes unterschiedliche Marktsegmente einzurichten,[525] wird nämlich noch an anderer Stelle des europäischen Kapitalmarktrechts aufgegriffen.

---

523 Dazu Baumbach/Hopt/*Kumpan*, § 42 BörsG Rn. 2.

524 Dazu noch weiter unten Kapitel 5 § 2 I.3.

525 ErwG (5) der TransparenzRL-ÄnderungsRL.

a. Unterscheidung nach DVO (EU) 2017/575

Als Element eines effektiven Anlegerschutzes hat die MiFID II auch die anhand unterschiedlicher Messgrößen bestimmte Ausführungsqualität von Handelsaufträgen, die Wertpapierdienstleistungsunternehmen für ihre Kunden über die Börse oder außerbörsliche Handelsplattformen abwickeln, verstärkt in den Blick genommen.[526] Art. 27 der Richtlinie enthält die Verpflichtung dieser Unternehmen zur *kundengünstigsten Ausführung von Aufträgen*, sein Abs. 3 sieht eine Berichtspflicht der Wertpapierhandelsplätze vor, nach der mindestens einmal jährlich gebührenfrei Informationen über die Qualität der Ausführung von Aufträgen, die über diesen Handelsplatz abgewickelt worden sind, zur Verfügung zu stellen sind. Für den börslichen Wertpapierhandel ist diese Verpflichtung in § 26e BörsG umgesetzt worden.[527] Die konkreten Daten, auf die sich die Berichtspflicht bezieht, werden in der DVO (EU) 2017/575, einer im Rahmen des Komitologieverfahrens erlassenen Delegierten Verordnung, näher beschrieben.[528] Die DVO (EU) 2017/575 bestimmt spezifische Inhalte, Form und Periodizität der Daten, die zur Bewertung der Ausführungsqualität der Öffentlichkeit und Wertpapierfirmen zur Verfügung gestellt werden müssen, und legt zugleich den Umfang der Berichtspflicht im Detail fest (vgl. § 26e S. 2 BörsG).[529] Um die ihnen auferlegte Verpflichtung vollumfänglich erfüllen zu können – der Börsenträger, der der Veröffentlichungspflicht nicht mindestens einmal jährlich nachkommt, kann immerhin gem. § 50 Abs. 2 Nr. 21, Abs. 8 BörsG bereits bei fahrlässigem Handeln mit einem Bußgeld belegt werden –[530] veröffentlichen Handelsplätze gem. Art. 3 Abs. 1 S. 1 der DVO (EU) 2017/575 „für jedes von ihnen betriebene Marktsegment und jedes Finanzinstrument […]" Informationen, die eine Beurteilung der Qualität der Auftragsausführung

---

526 Hierzu allgemein Schwark/Zimmer/*Kumpan*, KMRK, § 26e BörsG Rn. 1 ff.

527 *Binder*, in: Großkomm. HGB, Bankvertragsrecht 11/2, Siebter Teil Rn. 161.; Baumbach/Hopt/*Kumpan*, § 26e BörsG Rn. 1; Schwark/Zimmer/*Kumpan*, KMRK, § 26e BörsG Rn. 1; *Dehio/Fritzsche*, in: Heidel, Aktienrecht und Kapitalmarktrecht, § 26e BörsG Rn. 1.

528 Delegierte Verordnung (EU) 2017/575 der Kommission vom 8. Juni 2016 zur Ergänzung der Richtlinie 2014/65/EU des Europäischen Parlaments und des Rates über Märkte für Finanzinstrumente durch technische Regulierungsstandards bezüglich der Daten, die Ausführungsplätze zur Qualität der Ausführung von Geschäften veröffentlichen müssen; s. ferner Schwark/Zimmer/*Kumpan*, KMRK, § 26e BörsG Rn. 1.

529 Art. 1 und ErwG (1) DVO (EU) 2017/575.

530 Schwark/Zimmer/*Kumpan*, KMRK, § 26e BörsG Rn. 1 sowie Schwark/Zimmer/*Böse*, KMRK, § 50 BörsG Rn. 19.

an dem jeweiligen Handelsplatz erlauben,[531] einschließlich *Bezeichnung und Kennung des Marktsegments* der Auftragsausführung (vgl. Art. 3 Abs. 1 UAbs. 3 Ziff. iii) DVO (EU) 2017/575). Der Begriff des *Marktsegments*, der hier allein von Interesse ist, wird dabei weder in der MiFID II noch in der Verordnung definiert.[532] Eine Annäherung erlaubt immerhin der 4. Erwägungsgrund der DVO (EU) 2017/575, der besagt, dass Handelsplätze zur Vermeidung eines unangemessenen Vergleichs zwischen den Ausführungsplätzen und zur Gewährleistung der Relevanz der erfassten Daten in Segmenten, „die unterschiedliche Orderbücher führen oder anders reguliert werden bzw. andere Kennungen für Marktsegmente verwenden," gesonderte Berichte über die Ausführungsqualität veröffentlichen müssen.[533]

Unterschiedliche Segmentkennungen im Sinne verschiedener *Market Identifier Codes oder MICs*, die basierend auf der ISO 10383 als Identifikatoren für börsliche und außerbörsliche Wertpapierhandelsplätze generiert und zugeteilt werden, gibt es für die Handelsplätze der Frankfurter Wertpapierbörse bisher nur für den regulierten Markt (FRAA) und den freiverkehrlichen Wertpapierhandel (FRAB);[534] Teilbereichs- und Grundmarktwerte aber teilen sich dasselbe offene Orderbuch sowohl in XETRA als auch im Spezialistenmodell, wo im fortlaufenden Handel bzw. Auktionsverfahren eine segmentunabhängige Preisfeststellung stattfindet. Seit Kurzem existiert auch ein eigenständiger MIC für *Scale* (FRAS) als designierter KMU-Wachstumsmarkt der Frankfurter Wertpapierbörse.[535] Die Frankfurter Wertpapierbörse hat

---

531 Die Betrachtung kann sich hier auf die Berichtspflichten der Handelsplätze beschränken und die der *Ausführungsplätze* nach UAbs. 2 ausklammern, da der Aktienhandel in Teilbereichen des regulierten Marktes Finanzinstrumente betrifft, die der Handelspflicht nach Art. 23 der VO (EU) Nr. 600/2014 des Europäischen Parlaments und des Rates vom 15. Mai 2014 über Märkte für Finanzinstrumente und zur Änderung der Verordnung (EU) Nr. 648/2012 (*MiFiR*) unterliegen. Die Begriffe werden dabei innerhalb der DVO teilweise synonym verwendet, vgl. nur Art. 1 DVO (EU) 2017/575.

532 Nur in Art. 51 Abs. 6 UAbs. 1 lit. a) MiFID II ist noch die Rede von von einem geregelten Markt betriebenen Marktsegmenten.

533 Schwark/Zimmer/*Kumpan*, KMRK, § 26e BörsG Rn. 2.

534 Eine Liste aller generierten *Market Identifier Codes* ist abrufbar unter https://www.iso20022.org/sites/default/files/ISO10383_MIC/ISO10383_MIC.pdf (Abrufdatum: 31. März 2021).

535 Zu *Scale* noch Kapitel 2 § 2 I.

ihre Berichterstattung nach Art. 3 Abs. 1 DVO (EU) 2017/575 seit März 2019 entsprechend erweitert.[536]

Demgegenüber ist dem Prime Standard als Ausschnitt des regulierten Grundmarkthandels trotz seiner relativ erhöhten Regulierungsdichte bisher kein segmenteigener Market Identifier Code zugewiesen worden, was wohl auch daran liegt, dass innerhalb des regulierten Marktes weder ein separater Wertpapierhandel noch eine segmentbezogene Kursermittlung für Werte des Teilbereichshandels stattfindet. Entscheidend für die Anerkennung des Prime Standards als Marktsegment i.S.d. DVO (EU) 2017/575 kann demnach nur die Frage sein, ob der Teilbereich *anders reguliert* wird als der korrespondierende Grundmarkthandel.

b. Einordnung des Teilbereichshandels

Dass sich die Regulierung besonderer Teilbereiche in den Bestimmungen der jeweiligen Börsenordnung und ihrer Durchsetzung über § 42 Abs. 2 S. 1, 2 BörsG erschöpft, wurde bereits festgestellt. In welchem Umfang die Aufsichtsbefugnisse der Börsenorgane auch den Teilbereichshandel erfassen, hängt hingegen maßgeblich von dem in dem Tatbestand der jeweiligen Ermächtigungsgrundlage verwendeten Pflichtenbegriff ab.[537] Im Vergleich dazu wird das funktionale Gegenkonzept der Teilbereiche, die Wachstumssegmentregulierung, auch außerhalb des Systems des § 48a BörsG für den börslichen Wertpapierhandel[538] an unterschiedlichen Stellen registriert, so etwa in Art. 17 Abs. 9 MAR oder Art. 15 Abs. 1 lit. b) der EU-ProspektVO. Anders als der Teilbereichshandel hängt aber der besondere Status des Freiverkehrshandels oder eines Teils desselben als KMU-Wachstumsmarkt und damit verbunden die sachliche Anwendbarkeit der einschlägigen Normen von der entsprechenden Registrierung des MTF nach Art. 33 Abs. 1 MiFiD II bei der zuständigen Aufsichtsbehörde ab.[539] Deshalb ist auch, obwohl es sich sowohl im Falle der Teilbereichs- als auch der Wachstumssegmentregulierung schwerpunktmäßig um börsenautonome Rechtsetzung

---

536 Die Reports sind abrufbar unter https://www.deutsche-boerse-cash-market.com/dbcm-de/instrumente-statistiken/statistiken/berichte-zur-besten-ausfuehrung. Dort findet sich auch die Ankündigung der Börse, Scale nach der Registrierung des Segments als KMU-Wachstumsmarkt in die Berichterstattung einzubeziehen (Abrufdatum: 31. März 2021).

537 Dazu soeben Kapitel 1 § 3 IV.2.b.

538 Die Parallelnorm für den Wertpapierhandel über außerbörsliche MTF findet sich in § 76 WpHG.

539 Zu § 48a BörsG vgl. Baumbach/Hopt/*Kumpan*, § 48a BörsG Rn. 1.

handelt (vgl. § 42 Abs. 1 BörsG und §§ 48 Abs. 1 S. 2, 48a BörsG), nicht der segmentspezifische Normen- oder Pflichtenbestand normativer Anknüpfungspunkt einer weitergehenden Regulierung, sondern das Börsensegment als solches. *Anders regulierte* Marktsegmente i.S.d. DVO (EU) 2017/575 könnten deshalb nur solche sein, an die staatlicherseits unterschiedliche, statusbedingte Folgeregelungen geknüpft werden. Mit dem Verordnungsanliegen, unangemessene Vergleiche der Ausführungsqualität zwischen unterschiedlich regulierten Ausführungsplätzen zu verhindern (vgl. ErwG (4) DVO (EU) 2017/575), lässt sich dies allerdings nur schwer vereinbaren. Denn insbesondere eine vertikale Börsensegmentierung kann, wie noch darzulegen sein wird, erhebliche Auswirkungen auf die Ausführungsqualität in Teilbereichs- und Grundmarkthandel haben.[540] Dass den unterschiedlichen Transparenzstandards in General und Prime Standard bisher keine unterschiedlichen Segmentkennungen zugewiesen wurden, ist insofern unschädlich, da auch ErwG (4) der DVO (EU) 2017/575 von einem Alternativverhältnis der Segmentcharakteristika ausgeht („oder anders reguliert werden"). Hinzu kommt, dass das europäische Kapitalmarktrecht selbst zwischen *marktautonomer* und *staatlicher* Regelsetzung differenziert – vgl. etwa Art. 19 Abs. 11 lit. a) und b) MAR –, diese Unterscheidung aber weder in der DVO (EU) 2017/575 angelegt ist, noch ihren Zwecken zuträglich wäre.

Bisher veröffentlicht die Börse für den Handel in Werten des Prime Standards keinen eigenen Bericht über die Ausführungsqualität.[541] Entsprechend der MIC-Segmentierung sind diese Daten in den Reports über den regulierten Grundmarkthandel enthalten. Aus unterschiedlichen, im weiteren Verlauf der Untersuchung darzulegenden Gründen, kann es aber durchaus erforderlich sein, die Qualität des Teilbereichshandels zum Schutz der Anleger eigenständig zu erfassen und auf diese Weise die Unterscheidung zum Handel in den Grundstrukturen des regulierten Marktes zu dokumentieren.[542]

---

540 Zu den Auswirkungen der Teilbereichsregulierung auf den Grundmarkthandel vgl. noch unten Kapitel 5 § 1 IV.2.

541 Zu den Reports der Frankfurter Wertpapierbörse vgl. http://www.deutsche-boerse-cash-market.com/dbcm-de/instrumente-statistiken/statistiken/berichte-zur-besten-ausfuehrung (Abrufdatum: 31. März 2021.)

542 Dazu insbesondere Kapitel 5 § 1 IV.2.

5. *Zusammenfassung: Mehrdimensionalität des gesetzlichen Pflichtenbegriffs*

a. *Differenzierte Anwendung börsengesetzlicher Vorschriften auf den Teilbereichshandel*

Kapitalmarktrechtliches Grundmarktpflichtenregime und teilbereichsspezifischer Sonderpflichtenbestand gelten gegenüber den Emittenten aufgrund zweier rechtlich eigenständiger Zulassungsverwaltungsakte. Die Unterscheidbarkeit beider Pflichtenkreise ist vor allem im Rahmen des börsenautonomen sowie des börsenaufsichtsrechtlichen Sanktionensystems relevant, da es zu Einordnungsschwierigkeiten im Bereich der Sanktionierung von Pflichtverletzungen kommen kann, wenn sich die beiden Pflichtenkreise inhaltlich überschneiden. Im Zuge der Normanwendung muss dann nämlich zunächst die Frage beantwortet werden, welchem Pflichtenkreis die infrage stehende Zulassungsfolgepflicht zuzuordnen ist; das wird erheblich erschwert, wenn sich die Regulierung eines Teilbereichs in unwesentlichen Modifikationen der gesetzlichen Grundpflichten erschöpft, ohne satzungsrechtliche Zusatzpflichten zu kreieren oder sich die Börsenordnung auf eine Wiederholung gesetzlicher Transparenzstandards deklaratorischer Natur beschränkt und sich Teilbereichs- und Grundmarkthandel dadurch auch regulatorisch kaum voneinander trennen lassen.

Besondere Schwierigkeiten bereitet in dieser Hinsicht die Anwendung des Ordnungsgeldtatbestands aus § 22 Abs. 2 S. 2 BörsG im Falle der Missachtung satzungsrechtlich definierter Sonderpflichten in Teilbereichen. Das liegt daran, dass die §§ 32 Abs. 4 und 39 Abs. 1 BörsG für den Teilbereichshandel keine praktische Relevanz besitzen, während der Ordnungsgeldtatbestand von herausragender Bedeutung für die Sanktionspraxis der Frankfurter Wertpapierbörse ist, unabhängig von der Qualität der jeweiligen Pflichtverletzung.[543] Die Reform des Prospektrechts im Rahmen des FinanzmarktRL-Umsetzungsgesetzes, die damit verbundene Debatte über die Zuständigkeitsverteilung zwischen Börsengeschäftsführung und BaFin und die sich hieran anschließende redaktionelle Korrektur der Ermächtigungsgrundlage durch das Gesetz zur Umsetzung der BeteiligungsRL deuten jedenfalls darauf hin, dass die nach § 42 Abs. 1 BörsG in der Börsenordnung definierten Zulassungsfolgepflichten in den Kategorien des Börsengesetzes wie Pflichten aus der Grundmarktzulassung zu behandeln sind. Mit Blick auf die rechtliche Eigenständigkeit der Zulassungsentscheidungen ist diese Behandlung der Sonderpflichten in Teilbereichen in den Kategorien des Börsengesetzes aber mit einigen Unsicherheiten behaftet, die anschaulich

543 Dazu noch eingehend unten Kapitel 5 § 2 I.2.b.

insbesondere im Umgang mit den Sanktionsmöglichkeiten des Sanktionsausschusses zutage treten. Einfacher und aus Gründen der Rechtssicherheit vorzugswürdig wäre es, die genannten Bestimmungen,[544] insbesondere aber § 22 Abs. 2 S. 2 BörsG um den Zusatz *„oder Pflichten nach § 42 Abs. 1 BörsG“* zu ergänzen und dadurch klarzustellen, dass auch der (satzungsrechtliche) Sonderpflichtenkreis des Teilbereichshandels tatbestandlich erfasst wird. Inwieweit dann die uneingeschränkte Anwendung des Tatbestandes und die Ausschöpfung des Ordnungsgeldrahmens in Betracht kommen, ist hingegen, ebenso wie bei § 32 Abs. 4 BörsG, eine Frage der Verhältnismäßigkeit, im Rahmen derer den Besonderheiten der Teilbereichsregulierung als satzungsrechtlicher Pflichtenzusatz hinreichend Rechnung getragen werden kann.[545]

b. Folgen für die Regulierung besonderer Teilbereiche

Bisher hängt die Reflexion des Sonderpflichtenkreises in den Rechtsvorschriften des Grundmarkthandels jedenfalls im Ausgangspunkt von den tatbestandlichen Kapazitäten der jeweiligen Rechtsvorschrift ab. Innerhalb börsengesetzlicher Kategorien findet eine indirekte Reflexion dort statt, wo das Sonderpflichtenregime als Teil des börslichen Satzungsrechts einen Ausschnitt *börsenrechtlicher Vorschriften* bildet oder im Zusammenhang mit der Regulierung eines *ordnungsgemäßen Börsenhandels* adressiert wird, insbesondere also in einem aufsichtsrechtlichen Kontext.[546] Liegt dem Gesetz ersichtlich die Unterscheidung zwischen gesetzlichen Grund- und teilbereichsspezifischen Sonderpflichten zugrunde, wie dies etwa für den Zulassungswiderruf nach § 39 Abs. 1 BörsG der Fall ist, haben Letztere innerhalb des gesetzlichen Rechtsrahmens keinen eigenständigen Geltungsanspruch, der über die Auswirkungen des § 42 Abs. 2 BörsG hinausginge.

Insgesamt fehlt es an eigenständigen Regelungskomplexen, die einen *Teilbereich*, den *Teilbereichshandel* oder den *teilbereichsspezifischen Pflichtenkreis* als solchen, das heißt intakt, isoliert und außerhalb seines originären Anwendungsbereichs,

---

544 Das gilt nicht für § 39 Abs. 1 BörsG, da § 42 Abs. 2 BörsG in dieser Hinsicht die speziellere Regelung für den Teilbereichshandel enthält.

545 In jedem Fall führt die Anwendbarkeit eines weiteren Sanktionstatbestands auf den Teilbereichshandel zu Abgrenzungsfragen in Bezug auf den in § 42 Abs. 2 BörsG niedergelegten Teilbereichsausschluss, die weiter unten im Zusammenhang mit den Sanktionstatbeständen beantwortet werden soll.

546 Hierzu soeben Kapitel 1 § 3 IV.1.

tatbestandlich erfassen.[547] Allein dort, wo sich die börsenautonome Regulierung besonderer Teilbereiche als solche unmittelbar unter gesetzliche oder verordnungsrechtliche Tatbestandsmerkmale subsumieren lässt, kann überhaupt von einem originären Geltungsanspruch die Rede sein. Für die Teilbereichs*regulierung* ist dies zumindest nicht ausgeschlossen, wie bspw. die selektive Inbezugnahme des börsenautonomen Pflichtenbestandes in Art. 19 Abs. 11 lit. a) MAR (*Vorschriften des Handelsplatzes* zum Zwecke der Bestimmung des Eigenhandelsverbotszeitraums) zeigt. Das hängt aber auch damit zusammen, dass die marktautonome Regelsetzung insbesondere in den Motiven des europäischen Kapitalmarktrechts wesentlich präsenter erscheint, als auf Ebene des nationalen Börsenrechts.[548] Grundsätzlich gilt deshalb, dass die Regulierung besonderer Teilbereiche keine eigenständige Kategorie des Kapitalmarktrechts bildet und der teilbereichsspezifische Pflichtenbestand außerhalb von § 42 BörsG in der Konsequenz bislang auch zu keinen gesellschafts-, bilanz- oder kapitalmarktrechtlichen Regelungsverschärfungen (oder gar -erleichterungen) für den Teilbereichsemittenten führt, der rechtlich weiterhin eine in den Grundstrukturen des regulierten Marktes *börsennotierte Aktiengesellschaft* im Sinne des Kapitalgesellschaftsrechts bleibt.[549] Bei KMU-Wachstumsmärkten hingegen liegen die Dinge anders, weil die Rechtsordnung an den besonderen Marktstatus gewisse Erleichterungen knüpft.[550] Anders als bei ihnen ist bislang aber auch eine Status begründende Registrierung des Teilbereichshandels als Sondersegment des regulierten Marktes, mit der auch die Genehmigung der Segmentregulierung als Teil der Börsenordnung nach § 16 Abs. 3 S. 1 BörsG nicht vergleichbar ist, nicht erforderlich. Vorlagen des in dieser Hinsicht offeneren europäischen Kapitalmarktrechts, wie etwa in der DVO (EU) 2017/575, werden im nationalen Rechtsraum bisher nicht aufgegriffen.[551] Aus all dem kann für die Regulierung besonderer Teilbereiche nur der Schluss gezogen werden, dass der mit Segmentaufstieg und Teilbereichslisting verbundenen Erwartungshaltung des Marktes und den ökonomisch-funktionalen Erwägungen, die hinter der Einrichtung hierarchisierter Segmentstrukturen stehen und um die es weiter unten noch gehen wird, allein im Wege einer segmentadäquaten und dadurch funktionsfördernden Regelsetzung durch die Börse selbst begegnet werden muss.

---

547 Der Handel in einem Teilbereich des regulierten Markts ist insbesondere für die Börsennotierung des Emittenten i.S.d. § 3 Abs. 2 AktG irrelevant, vgl. *Drescher*, in: Spindler/Stilz, Aktiengesetz Bd. 1, § 3 Rn. 5.

548 Dazu oben Kapitel 1 § 2 I.2.

549 Vgl. abermals *Drescher*, in: Spindler/Stilz, Aktiengesetz Bd. 1, § 3 Rn. 5 („unabhängig vom konkreten Marktsegment“).

550 So etwa in Art. 17 Abs. 9 MAR oder Art. 15 Abs. 1 lit. b) der EU-ProspektVO.

551 Vgl. oben Kapitel 1 § 3 IV. 4.

Zweites Kapitel Phänomenologie marktautonomer Segmentierung und segmentspezifischer Anforderungsprofile

§ 1 Hybride Marktstrukturen?

Neben den Teilbereichen des regulierten Börsenmarktes prägen heute vor allem freiverkehrliche Sondersegmente den börslichen Wertpapierhandel. Daneben existiert, entgegen der abschließenden Klassifizierung der Handelsplätze, eine Form der Marktsegmentregulierung, die sich aufgrund ihrer regulatorischen Ausgestaltung weder unter § 42 BörsG noch unter § 48 BörsG subsumieren lässt. Sie bedarf daher einer gesonderten Betrachtung und ist insbesondere von den Teilbereichen innerhalb des regulierten Marktes abzugrenzen. Abseits ihrer börsenorganisationsrechtlichen Einordnung wirft sie außerdem eine Reihe rechtlicher Folgeprobleme auf.

I. Konzeption eines marktstrukturellen Hybrids

Ungeachtet der Bedeutung der Gesamtmarkttransparenz für Anleger- und Funktionsschutz können in der Börsenpraxis Gestaltungs(um)wege beobachtet werden, die in vergleichbarer Weise bereits in der Zeit vor dem Vierten Finanzmarktförderungsgesetz eingesetzt wurden, um die kapitalmarktrechtlichen Transparenzstandards in einzelnen Sondersegmenten zu erhöhen.[552] Diese Marktmischformen, deren rechtliche Verfassung als *hybride Regulierungsstruktur* beschrieben werden kann, setzt sich aus öffentlich-rechtlichen und privatrechtlichen Elementen zusammen. Eine hybride Marktregulierung mittels öffentlich-rechtlicher und privatrechtlicher Handlungsformen ist zwar zunächst nicht ungewöhnlich, denn gem. § 48 Abs. 1 S. 1, 2 und 3 BörsG wird auch der Freiverkehrshandel durch eine Kombination aus dem Privatrecht zuzuordnenden Geschäftsbedingungen und der Handelsordnung, die gem. § 12 Abs. 2 Nr. 1 BörsG als öffentlich-rechtliche Satzung erlassen wird, reguliert.[553] Hybride Marktsegmente kennzeichnet hingegen ihre Zwischenstellung im

---

552 Zur Regulierungsstruktur des Neuen Marktes vgl. oben Kapitel 1 § 1 III.

553 Schwark/Zimmer/*Schwark*, KMRK, § 48 BörsG Rn. 8 f.

Gefüge der Handelsplätze, die bewirkt, dass *Zulassungs-* und *Einführungsmarkt* und die auf sie und die dort gehandelten Wertpapiere anwendbaren Rechtsregime divergieren können. Für den Neuen Markt, dessen börsenorganisatorische Stellung schon damals Zuordnungsschwierigkeiten bereitete,[554] wurde ganz überwiegend darauf abgestellt, dass der eigentliche Wertpapierhandel innerhalb des Freiverkehrs stattfand.[555] Kennzeichnend war insofern, dass Zulassung und Notierung nicht innerhalb desselben Handelsplatzes erfolgten und Emittenten des Neuen Marktes sogar auf eine Einführung ihrer Aktien in den Handel im Geregelten Markt verzichten mussten.[556]

Innerhalb des nationalen Börsenrechts führt dies zu der Frage, ob derartige Strukturen dem regulierten Markt oder dem Freiverkehr zuzuordnen sind.[557] Mit Teilbereichen des regulierten Börsenmarktes bestehen insofern Überschneidungen, als dass für Wertpapiere, die innerhalb einer hybriden Marktstruktur gehandelt werden sollen, eine (öffentlich-rechtliche) Zulassung gem. § 32 BörsG vorausgesetzt wird.[558] Dies ist die sonst ausschließlich dem regulierten Markt eignende Markteintrittsvoraussetzung, die die Emittenten zugleich den gesetzlichen, an die Zulassung zu einem regulierten Markt anknüpfenden Folgepflichten unterwirft.[559] Weitere Verhaltens- und Offenlegungspflichten werden innerhalb hybrider Märkte dann in Form privatrechtlicher Listingbedingungen vereinbart, ohne dass freilich die aus der Zulassung zum regulierten Markt resultierenden Zulassungsfolgepflichten entfielen. Insofern überschneiden sich die Marktstrukturen also mit den Sondersegmenten des Freiverkehrshandels; für die organisationsrechtliche Einordnung derartiger Börsensegmente kommt es deshalb entscheidend darauf an, ob auf den Handelsplatz der Zulassung (Zulassungsmarkt) oder den der Notierung der Wertpapiere (Notierungsmarkt) abzustellen ist. Es gibt aber auch Segmente, in denen das dargestellte Regulierungsmuster aus öffentlich-rechtlichen und privatrechtlichen Elementen gewählt wird, die Wertpapiere aber weiterhin innerhalb des Handelsplatzes ihrer Zulassung notieren; der *Prime Standard für Unternehmensanleihen* der Frankfurter

554 Vgl. zum Meinungsstand bereits oben Kapitel 1 § 1 III.

555 Stellvertretend *Dehlinger*, Vertragliche Marktsegmentregulierung, 33 f.

556 Ziff. 2.3 Abs. 3 des Regelwerks Neuer Markt.

557 Vgl. auch *Dehlinger*, Vertragliche Marktsegmentregulierung, 33, der die Frage trotz des öffentlich-rechtlichen Zulassungswesens zugunsten des Freiverkehrs beantwortet. Nach *Dehlinger* ist der Handelsplatz der Notierung entscheidend (34).

558 *Dehlinger*, Vertragliche Marktsegmentregulierung, 33 f.

559 Am Beispiel des Neuen Marktes schon *Hammen*, in: Kümpel/Hammen/Ekkenga, Kapitalmarktrecht, Loseblatt, Stand: 4/03, Kennz. 060 Rn. 479.

Wertpapierbörse etwa soll einen Ausschnitt des regulierten Marktes darstellen, obwohl die wesentlichen Zugangsvoraussetzungen und Folgepflichten des Segments in einem zwischen Börsenträger und Anleiheemittenten abgeschlossenen Listingvertrag und den *Allgemeinen Geschäftsbedingungen der Deutsche Börse AG für die Teilnahme am Prime Standard für Unternehmensanleihen* geregelt werden.[560] Beide Formen der Marktsegmentierung müssen, da das segmentspezifische Anforderungsprofil außerhalb des börslichen Satzungsrechts und der dafür vorgesehenen Ermächtigungsgrundlage geschaffen wird, von der Teilbereichsregulierung nach § 42 BörsG unterschieden und abgegrenzt werden.[561] Zunächst aber soll gezeigt werden, dass hybrid regulierte Börsensegmente und die sie kennzeichnende Diskrepanz von Zulassungs- und Notierungsmarkt mit zwei wesentlichen Grundsätzen des Marktorganisationsrechts kaum in Einklang gebracht werden können.

1. Verbot der Parallelnotierung (§ 48 Abs. 1 S. 1 BörsG)

Zunächst geht es dabei um das in § 48 Abs. 1 BörsG normierte Verbot der Parallelnotierung[562], das den Freiverkehrshandel auf solche Werte konzentriert, die weder zum Handel im regulierten Markt derselben Börse *zugelassen* (§ 32 Abs. 1 BörsG), noch zum Handel in den regulierten Markt dieser Börse *einbezogen* (§ 33 Abs. 1 BörsG) worden sind.[563] Vergleichbare Bestimmungen gab es für den Handel in den Amtlichen und Geregelten Märkten der Börsen bereits in der Zeit vor dem FinanzmarktRL-Umsetzungsgesetz.[564]

560 Auf den Prime Standard für Unternehmensanleihen der Frankfurter Wertpapierbörse soll an späterer Stelle in Kapitel 4 § 4 noch eingegangen werden.

561 Unten Kapitel 4 § 4 II.

562 Der Begriff *Parallelnotierung* ist dem Begriff der *Doppelnotierung* vorzuziehen, da durchaus mehrere freiverkehrliche Handelsplätze mit unterschiedlicher Ausgestaltung an derselben Börse bestehen können.

563 *Schlee*, in: Heidel, Aktienrecht und Kapitalmarktrecht, § 48 BörsG Rn. 2; Schwark/Zimmer/*Schwark*, KMRK, § 48 BörsG Rn. 13; *Ledermann*, in: Schäfer/Hamann, KMG, § 57 a. F. Rn. 15; *Foelsch/Wittmann*, in: Hellner/Steuer, BuB, Rn. 7/591a; *Lenenbach*, Kapitalmarktrecht, Rn. 3.208.

564 Missverständlich daher die Formulierung bei Baumbach/Hopt/*Kumpan*, § 32 BörsG Rn. 1 („Die Doppelnotierung in mehreren Marktabschnitten derselben Börse ist nicht mehr ausdrücklich verboten"); vgl. aber *Schlee*, in: Heidel, Aktienrecht und Kapitalmarktrecht, § 48 BörsG Rn. 2; *Foelsch/Wittmann*, in: Hellner/Steuer, BuB, Rn. 7/591a; *Seiffert*, in: Kümpel/Wittig, Bank- und Kapitalmarktrecht, Rn. 4.307.

Die Hauptfunktion der Norm besteht nun darin, eine Aufteilung des Handels auf unterschiedliche börsliche Handelsplätze zu verhindern und dadurch der Fragmentierung vorhandener Liquidität vorzubeugen.[565] Es geht darum, die Liquidität des börslichen Sekundärmarktes zu schützen, auf diese Weise sicherzustellen, dass sich marktgerechte Preise bilden können[566] und schließlich zu verhindern, dass unterschiedliche Börsenpreise (vgl. auch § 24 Abs. 1 S. 2 BörsG) für ein Wertpapier an derselben Börse ermittelt werden.[567] Als Nebeneffekt kann die konzentrationsbedingte Erhöhung der Abschlussmöglichkeiten schließlich zu einer Transaktionskostensenkung beitragen, indem die Auftragsausführung zugunsten des Anlegerpublikums beschleunigt wird.[568]

Das Verbot der Parallelnotierung wurde auch zur Zeit des Neuen Marktes diskutiert,[569] der die Zulassung der Wertpapiere zum Geregelten Markt unter gleichzeitigem Notierungsverzicht des Emittenten in diesem Handelsplatz voraussetzte.[570] Um diesen Konflikt aufzulösen, wurde damals die in den §§ 32, 33 und 38 BörsG angelegte Unterscheidung zwischen *Zulassung*, *Einbeziehung* und *Einführung* in den Börsenhandel bemüht[571] und argumentiert, dass, da die Zulassung als solche ohne darauffolgende Notierung der Papiere nicht zu einem preisbildenden Wertpapierhandel führen könne, die Werte des Neuen Marktes aber nicht im Geregelten Markt, sondern in den Strukturen des Freiverkehrs[572]

565 Vgl. auch *Schanz*, Börseneinführung, § 11 Rn. 43 Fn. 62, der zutreffend darauf hinweist, dass Wertpapiere, die zu einem regulierten Markt zugelassen worden sind, durchaus im Freiverkehrshandel einer anderen Börse teilnehmen können, ohne mit § 48 Abs. 1 S. 1 BörsG in Konflikt zu stehen.

566 *Schlee*, in: Heidel, Aktienrecht und Kapitalmarktrecht, § 48 BörsG Rn. 2; *Foelsch/Wittmann*, in: Hellner/Steuer, BuB, Rn. 7/591a.

567 Begr. RegE Vierten Finanzmarktförderungsgesetz, BT-Drucks. 14/8017, 81; *Storm*, Alternative Freiverkehrssegmente, 180 f; *Foelsch/Wittmann*, in: Hellner/Steuer, BuB, Rn. 7/591a; *Damrau*, Selbstregulierung, 345; *Potthoff/Stuhlfauth*, WM-Sonderbeilage 3/1997, 3 (5).

568 *Schmidt*, Börsenorganisation, 109 f.

569 *Storm*, Alternative Freiverkehrssegmente, 180 f.

570 Ziff. 2.3 Abs. 1 Regelwerk Neuer Markt, abgedruckt bei *Potthoff/Stuhlfauth*, WM-Sonderbeilage 3/1997, 3 (12 ff.).

571 Dazu etwa *Potthoff/Stuhlfauth*, WM 1997 Sonderbeilage Nr. 3, 1, 4 f.; auch *Schlitt*, AG 2003, 57 (58).

572 So jedenfalls die damals vorherrschende Ansicht, die den Neuen Markt als freiverkehrliches Sondersegment mit hybrider Regulierungsstruktur einordnete, vgl. bereits Kapitel 1 § 1 III.

gehandelt werden sollten,[573] Liquiditätszersplitterung und unterschiedliche Börsenpreisbildung durch den Handel im Neuen Markt nicht zu befürchten stünden. Dementsprechend wurde eine teleologische Reduktion des § 48 Abs. 1 BörsG vorgeschlagen, schließlich sei der Schutzzweck der Norm schon nicht tangiert.[574] Auch zur Zeit des Neuen Marktes wurde die bereits zuvor erwähnte Unterscheidung zwischen Zulassung (§ 32 BörsG), Einführung (§ 38 BörsG) und Einbeziehung (§ 33 BörsG) in dem damaligen § 48 BörsG aber überhaupt nicht nachvollzogen.[575] Wie damals untersagt § 48 Abs. 1 S. 1 BörsG heute den Freiverkehrshandel in Werten, die weder zum regulierten Markt *zugelassen* noch in diesen *einbezogen* worden sind. Allein die Einbeziehung von Wertpapieren nach § 33 BörsG aber berührt die soeben dargestellten Schutzzwecke des § 48 BörsG, da sie, im Gegensatz zu einer isolierten Zulassung gem. § 32 BörsG, den Börsenhandel in den einbezogenen Wertpapieren ermöglicht.[576] Die Einführung i.S.v. § 38 Abs. 1 S. 1 BörsG stellt demgegenüber einen eigenständigen Verwaltungsakt dar, der einen vorherigen Antrag des Emittenten voraussetzt (§ 38 Abs. 1 S. 1 BörsG); anders als die Einbeziehung gem. § 33 Abs. 1 BörsG kann die Handelsaufnahme nach erfolgter Zulassung also nicht von Amts wegen erfolgen.[577] Ohne die Einführung zugelassener Wertpapiere in den Handel des regulierten Marktes kommt es also gar nicht zu einer Parallelnotierung, die in Konflikt zu § 48 Abs. 1 S. 1 BörsG stünde. Die Konstellation wird freilich mit Blick auf § 38 Abs. 4 S. 1 BörsG relevant, um den es sogleich gehen soll. Da aber die Schutzzwecke des § 48 Abs. 1 S. 1 BörsG nicht tangiert werden, solange kein paralleler Handel in mehreren Handelsplätzen derselben Börse stattfindet, lässt sich die mangelnde Differenzierung nur mit einem redaktionellen Versehen erklären, das bei der Anwendung des § 48 BörsG entsprechend zu berücksichtigen sein wird.[578]

---

573 Ziff. 2.3 Abs. 3 Regelwerk Neuer Markt, abgedruckt bei *Potthoff/Stuhlfauth*, WM-Sonderbeilage 3/1997, 3 (12 ff.); dazu auch *Plückelmann*, Der Neue Markt, 138 ff.

574 Vgl. etwa Schwark/*Schwark*, KMRK, 3. Auflage 2004, § 49 BörsG a.F. Rn. 3, § 57 BörsG a.F. Rn. 3; hierzu auch *Storm*, Alternative Freiverkehrssegmente, 180 f. m.w.N.

575 Zu den Unterschieden auch *Seiffert*, in: Kümpel/Mülbert/Früh/Seyfried, Bank- und Kapitalmarktrecht, Rn. 14.314.

576 Schwark/Zimmer/*Kumpan*, KMRK, § 33 BörsG Rn. 1 ff.

577 Schwark/Zimmer/*Heidelbach*, KMRK, § 38 BörsG Rn. 2; *Samm*, Börsenrecht, 89; *Schlüter*, Börsenhandelsrecht, 488 Rn. 731 ff.; auch *Baums*, Unternehmensfinanzierung, § 8 Rn. 9.

578 Zur Methodik *Reimer*, Methodenlehre, Rn. 614.

2. *Gebot der Prospektaktualität (§ 38 Abs. 4 S. 1 BörsG)*

Die hybride Struktur des Neuen Marktes konfligierte daneben auch mit dem Gebot der Prospektaktualität. Nach § 38 Abs. 4 S. 1 BörsG erlischt eine zuvor erteilte *Zulassung* zum regulierten Markt nämlich kraft Gesetzes, wenn die Wertpapiere nicht innerhalb von drei Monaten nach Veröffentlichung der Zulassungsentscheidung der Geschäftsführung in den Börsenhandel *eingeführt* werden.[579] Hintergrund der Regelung ist die gesetzliche Vermutung, dass sich nach Ablauf von drei Monaten Umstände, die der Zulassungsentscheidung zugrunde lagen, wesentlich verändert haben können und der zum Zwecke der Zulassung veröffentlichte Prospekt[580] nicht länger die aktuelle Lage des Emittenten widerspiegelt.[581]

Zur Zeit des Neuen Marktes erfasste das Gebot der Prospektaktualität in § 37 Abs. 4 BörsG a.F. noch ausschließlich den Amtlichen Markt.[582] Die Frankfurter Börse nutzte damals die Ermächtigung in §§ 50 Abs. 1, 54 S. 2 BörsG a.F. und verwies in dem damaligen § 57 Abs. 3 ihrer Börsenordnung zur Ausgestaltung des Geregelten Marktes auf die Vorschriften des Amtlichen Marktes betreffend die Zulassung und das Zulassungsverfahren. § 37 Abs. 4 BörsG a.F. aber betraf nicht die Zulassung oder das dieser vorgeschaltete Verwaltungsverfahren, sondern die Einführung der Wertpapiere *nach* erfolgter Zulassung und sollte deshalb, so argumentierte man, von dem Verweis des § 57 Abs. 3 BörsO FWB a.F. überhaupt nicht erfasst werden.[583] Einer Erstreckung des § 37 Abs. 4 BörsG a.F. auf den Geregelten Markt wurden entweder die fehlende Analogiefähigkeit der Norm[584] oder Bedenken in Bezug auf den Umfang des Verweises auf die Vorschriften des Amtlichen Marktes entgegengehalten, die sich aus der Systematik der Börsenordnung ergeben sollten.[585]

---

579 Dazu auch *Seiffert*, in: Kümpel/Mülbert/Früh/Seyfried, Bank- und Kapitalmarktrecht, Rn. 14.455.

580 Deshalb erlischt auch die Pflicht, Nachträge zu einem bereits gebilligten Wertpapierprospekt zu veröffentlichen, erst mit der Aufnahme des Handels an einem geregelten Markt, vgl. Art. 23 Abs. 1 und ErwG (65) EU-ProspektVO.

581 Schwark/Zimmer/*Heidelbach*, KMRK, § 38 BörsG Rn. 26; Baumbach/Hopt/*Kumpan*, § 38 BörsG Rn. 4; *Hammen*, WM 2002, 2349 (2350); außerdem *Gebhardt*, in: Schäfer/Hamann, KMG, § 37 BörsG Rn. 17 f.

582 *Hammen*, WM 2002, 2349 (2349 ff.), der auch darlegt, wie das Problem in Bezug auf den Neuen Markt gelöst werden konnte.

583 *Hammen*, WM 2002, 2349 (2350 f.); *Döhmel*, WM 2002, 2351 (2353 ff.).

584 So bei *Döhmel*, WM 2002, 2351 (2355).

585 So *Hammen*, WM 2002, 2349 (2350 f.).

Das freilich ist Rechtsgeschichte. Denn mit Ausnahme der §§ 48 bis 48b BörsG beherbergt das Börsengesetz seit seiner Neufassung durch das FinanzmarktRL-Umsetzungsgesetz heute keine unterschiedlichen Regelungskreise für unterschiedliche Handelsplatzkategorien mehr. § 38 Abs. 1 S. 1 BörsG, in dem der Begriff der *Einführung* legaldefiniert wird, zeigt vielmehr, dass es § 38 Abs. 4 S. 1 BörsG um die Einführung der Papiere in den Handel des Zulassungsmarktes geht, die Regelung mithin die Kongruenz von Zulassungs- und Notierungsmarkt in Form des regulierten Börsenmarktes voraussetzt.[586] Eine Umgehungsregulierung auf Ebene des börslichen Satzungsrechts dergestalt, dass der Handel der Wertpapiere in einem anderen Börsensegment als dem der Zulassung stattfindet, kommt deshalb heute nicht mehr in Betracht.

II. Kongruenz von *Zulassungs*- und *Notierungs*markt

1. Zur Abgrenzung von reguliertem Markt und Freiverkehr

Die marktorganisationsrechtlichen Unwägbarkeiten des Neuen Marktes sowie die handelsplatzstrukturellen Konflikte, die hybride Marktformen hervorrufen, verdeutlichen, dass das regulatorische Muster nicht zuletzt seit der Zusammenführung von Amtlichem und Geregeltem Markt in einen öffentlich-rechtlichen Handelsplatz keine börsengesetzlich vorgesehene Form der Segmentierung des börslichen Wertpapierhandels darstellt. Sie führen zurück zu der zuvor aufgeworfenen Frage, ob für die organisationsrechtliche Qualifikation eines Marktsegments auf den Zulassungs- oder den Notierungsmarkt abzustellen ist. Für das nationale Börsenrecht kapriziert sich die Frage auf die Unterscheidung zwischen reguliertem Markt und Freiverkehr, deren Abgrenzung regelmäßig anhand einer staatlichen Genehmigung, Regulierung und Überwachung des regulierten Marktes vorgenommen wird (vgl. § 2 Abs. 1 BörsG und § 2 Abs. 11 WpHG) – Merkmale, an denen es dem Freiverkehr als privatrechtlich konzipiertem Zweitmarkt gerade fehlen soll.[587]

---

586 Vgl. dazu auch *Hammen*, WM 2002, 2349 (2350 f.).

587 Baumbach/Hopt/*Kumpan*, § 2 BörsG Rn. 2b, § 48 BörsG Rn. 1; *Groß*, Kapitalmarktrecht, § 48 BörsG Rn. 2 ff.; vgl. ferner Schwark/Zimmer/*Schwark*, KMRK, § 48 BörsG Rn. 8 f. („Regelungssystem ist gemischt") sowie die Vorauflage Schwark/Zimmer/*Schwark*, KMRK 4. Auflage 2010, § 48 BörsG Rn. 3, hier noch unter besonderem Verweis darauf, dass die Aufsichtsbefugnisse der Börsengeschäftsführung, der Handelsüberwachungsstelle und der Börsenaufsichtsbehörde den Freiverkehr nicht zu einem organisierten Markt werden lassen.

Ob die zuvor genannten Kriterien im Hinblick auf § 48 Abs. 1 S. 1, 2, Abs. 2 BörsG eine sachgerechte Differenzierung zwischen Freiverkehr und reguliertem Markt ermöglichen, erscheint allerdings zweifelhaft.[588] Denn auch der Freiverkehrshandel bedarf der Genehmigung durch die Geschäftsführung der Börse – einer Behörde im verwaltungsrechtlichen Sinne[589] – und sein Betrieb sogar der schriftlichen Erlaubnis der Börsenaufsichtsbehörde (§ 48 Abs. 3 S. 1 BörsG).[590] Er wird zudem – wenn auch nicht ausschließlich, so doch in weiten Teilen[591] – von staatlichen Stellen reguliert, da die Handelsordnung für den Freiverkehr gem. § 12 Abs. 2 S. 1 Nr. 1 BörsG als Satzung erlassen wird und schließlich, infolge des erweiterten Anwendungsbereichs einschlägiger kapitalmarktrechtlicher Regelungskomplexe wie der MAR, wesentliche kapitalmarktrechtliche Verhaltenspflichten auch auf Emittenten von Freiverkehrswerten erstreckt worden sind.[592] Schließlich ist der Freiverkehrshandel auch über § 48 Abs. 2, 3 S. 5 BörsG vollständig in den börsengesetzlichen Aufsichtsstrukturen bestehend aus Handelsüberwachungsstelle (vgl. § 7 Abs. 1 S. 1 BörsG) und Börsenaufsichtsbehörde (vgl. § 3 Abs. 1 S. 2 BörsG) integriert,[593] was in der „Börsenähnlichkeit" des Handelsplatzes begründet liegt.[594] Eindeutig unterscheiden lassen sich die Handelsplatzkategorien allein anhand der genannten Kriterien also kaum mehr, die Frage nach einem geeigneten Abgrenzungsmerkmal stellt sich vielmehr neu. Da nun, wie sogleich dargelegt werden soll, allein das handelsplatzspezifische Zulassungswesen ab der staatlichen Genehmigung der Marktveranstaltung als *Börse*[595] kategorisch verschieden für regulierten Markt und

588 In diese Richtung auch Hüffer/Koch/*Koch*, AktG, § 3 Rn. 6; auf die rechtliche Organisationsstruktur abstellend auch *Seiffert*, in: Kümpel/Mülbert/Früh/Seyfried, Bank- und Kapitalmarktrecht, Rn. 14.305, wie hier dann auch Rn. 14.45.

589 Schwark/Zimmer/*Schwark*, KMRK, § 15 BörsG Rn. 2.

590 *Foelsch/Wittmann*, in: Hellner/Steuer, BuB, Rn. 7/608a; *Seiffert*, in: Kümpel/Mülbert/Früh/Seyfried, Bank- und Kapitalmarktrecht, Rn. 14.71 und Rn. 14.306 und 14.317.

591 *Seiffert*, in: Kümpel/Mülbert/Früh/Seyfried, Bank- und Kapitalmarktrecht, Rn. 14.316 („Nähe zu einem organisierten Markt") und Rn. 14.320.

592 *Seiffert*, in: Kümpel/Mülbert/Früh/Seyfried, Bank- und Kapitalmarktrecht, Rn. 14.71; *Poelzig*, NZG 2016, 528 (530).

593 Schwark/Zimmer/*Kumpan*, KMRK, § 3 BörsG Rn. 15 und Schwark/Zimmer/*Schwark*, KMRK, § 48 BörsG Rn. 29; s. außerdem *Storm*, Alternative Freiverkehrssegmente, 226.

594 Vgl. die Stellungnahme des Bundesrats, FinanzmarktRL-Umsetzungsgesetz, in BT-Drucks. 16/4028, 106.

595 Zur Börse als Wertpapierhandelsplatz mit staatlicher Erlaubnis vgl. auch *Lenenbach*, Kapitalmarktrecht, Rn. 3.23 f.

Freiverkehrshandel ausgestaltet ist,[596] rücken Zulassungs- und Einbeziehungsverfahren auf der Suche nach einer Antwort auf die Frage nach einem geeigneten Differenzierungskriterium unweigerlich in den Fokus der Betrachtung.

Art. 4 Abs. 1 Nr. 21 MiFID II, dem § 2 Abs. 1 BörsG für den regulierten Börsenmarkt nachempfunden ist, setzt nämlich voraus, dass der Handel in einem regulierten Markt nur in *zugelassenen* Wirtschaftsgütern und Rechten stattfindet. Für den freiverkehrlichen Grundmarkthandel hingegen fehlt es an einem entsprechenden Zulassungsverfahren,[597] das auch unter den Handelsplatzkategorien der MiFID II das einzig verbleibende materielle Unterscheidungskriterium zwischen *regulated market* und MTF (vgl. Art. 4 Abs. 1 Nr. 21 und 22 MiFID II) darstellt, mithin als besonderes Qualitätsmerkmal dem börslichen Wertpapierhandel in einem regulierten Markt vorbehalten bleibt.[598] Auf nationaler Ebene gilt deshalb auch das öffentlich-rechtliche Zulassungswesen des regulierten Marktes nach § 32 BörsG nicht entsprechend für den Freiverkehrshandel; gem. § 48 Abs. 3 S. 5 BörsG ist nämlich unter anderem der 4. Abschnitt des Börsengesetzes über die Zulassung von Wertpapieren zum Börsenhandel auf den Freiverkehrshandel nicht entsprechend anwendbar.[599] Vielmehr ist hier die Ausgestaltung des Zulassungswesens dem Börsenträger in den Geschäftsbedingungen des Freiverkehrshandels übertragen (vgl. § 48 Abs. 1 S. 1, 3 BörsG) und erfolgt ausschließlich auf privatrechtlicher Grundlage.[600] Außerhalb der engen Grenzen des § 826 BGB (bspw. Kontrahierungszwang aufgrund von willkürlicher Diskriminierung) besteht deshalb auch kein einklagbarer Anspruch des Emittenten auf Einbeziehung seiner Wertpapiere in den Freiverkehrshandel.[601] Wenn

---

596 So wohl auch *Schanz*, Börseneinführung, § 12 Rn. 3, dort Fn. 5; vgl. auch *Foelsch/Wittmann*, in: Hellner/Steuer, BuB, Rn. 7/426f; *Storm*, Alternative Freiverkehrssegmente, 226 ff.; *Groß*, Kapitalmarktrecht, § 48 BörsG Rn. 3.

597 So auch *Storm*, Alternative Freiverkehrssegmente, 240, der aber weiter zwischen freiverkehrlichem Grundmarkthandel und Sondersegmenten differenziert; vgl. auch *Groß*, Kapitalmarktrecht, § 48 BörsG Rn. 3.

598 *Foelsch/Wittmann*, in: Hellner/Steuer, BuB, Rn. 7/426 f.; *Hammen*, Börsen und multilaterale Handelssysteme, 17.

599 Baumbach/Hopt/*Kumpan*, § 48 BörsG Rn. 6; *Foelsch/Wittmann*, in: Hellner/Steuer, BuB, Rn. 7/608a; *Storm*, Alternative Freiverkehrssegmente, 227.

600 *Foelsch/Wittmann*, in: Hellner/Steuer, BuB, Rn. 7/591a, 7/608d f.

601 Baumbach/Hopt/*Kumpan*, § 48 BörsG Rn. 6, hier auch das Beispiel willkürlicher Diskriminierung; ebenso bei *Groß*, Kapitalmarktrecht, § 48 BörsG Rn. 8; *Foelsch/Wittmann*, in: Hellner/Steuer, BuB, Rn. 7/608e; zu MTF allgemein *Meyer*, in: Kümpel/Mülbert/Früh/Seyfried, Bank- und Kapitalmarktrecht, Rn. 14.59; vgl. aber auch *Seiffert*, in: Kümpel/Mülbert/Früh/Seyfried, Bank- und Kapitalmarktrecht, Rn. 14.218.

mitunter behauptet wird, der Zulassungsbegriff des europäischen Kapitalmarktrechts setze keineswegs zwingend eine dem öffentlichen Recht zuzuordnende Erlaubnis zur Teilnahme am Handel voraus,[602] so schenkt dieser Ansatz der unterschiedlichen Funktionsweise von regulierten Märkten und MTF keine hinreichende Beachtung; nur Letztere können auch abseits des Börsenhandels von einer Wertpapierfirma auf privatrechtlicher Grundlage betrieben werden (vgl. Art. 4 Abs. 1 Nr. 22 MiFID II).[603] Das „ öffentliche Interesse an der Funktionsfähigkeit des börsenmäßig organisierten Wertpapierhandels [...] [aber erfordert es], dass die an der Börse handelbaren Wertpapiere zunächst förmlich zum Börsenhandel zugelassen werden [...]."[604] Das europäische Kapitalmarktrecht geht deshalb auch davon aus, dass der nach den Systemen eines regulierten Marktes betriebene Wertpapierhandel dem öffentlichen Recht des Herkunftsmitgliedstaats des jeweiligen regulierten Börsenmarktes unterliegt (vgl. Art. 44 Abs. 4 MiFID II);[605] ihm liegt insofern die Unterscheidung von (öffentlich-rechtlichem) Aufsichts- und (zivilrechtlichem) Wertpapierhandelsrecht zugrunde, wobei die Marktaufsicht im Falle des Handels von Wertpapieren in einem regulierten Markt bereits an der Zulassung der Handelsobjekte ansetzt[606] und sich über ihren Ausschluss vom Handel fortsetzt.[607] Zweck dieser Vorgaben ist es, den Handel in einem regulierten Markt aufgrund der öffentlich-rechtlichen Natur seiner Aufsichtsstrukturen und insbesondere des Zulassungs- und Sanktionswesens der Rechtsprechung der einzelstaatlichen Verwaltungsgerichte zuzuweisen.[608]

---

602 So aber *Storm*, Alternative Freiverkehrssegmente, 232 ff., der zwischen der Zulassung gem. § 32 BörsG und der Einbeziehung von Wertpapieren in freiverkehrliche Sondersegmente aufgrund ihrer funktionalen Vergleichbarkeit nicht differenzieren will und alternative Freiverkehrssegmente als Börsen im materiellen Sinne qualifiziert.

603 *Seiffert*, in: Kümpel/Mülbert/Früh/Seyfried, Bank- und Kapitalmarktrecht, Rn. 14.58 ff.

604 *Seiffert*, in: Kümpel/Mülbert/Früh/Seyfried, Bank- und Kapitalmarktrecht, Rn. 14.313.

605 Vgl. deshalb auch *Dehlinger*, Vertragliche Marktsegmentregulierung, 34; dazu in Bezug auf die ehemals dem Privatrecht zuzuordnenden, nunmehr aber ebenfalls als öffentlich-rechtliche Satzung zu qualifizierenden Börsengeschäftsbedingungen auch *Hammen*, WM 2007, 1297 (1297).

606 DAV-Ausschuss Bank- und Kapitalmarktrecht, NZG 2019, 537 (537 f.).

607 In diese Richtung auch *Wolf*, WM 2001, 1785 (1787 f.).

608 In ErwG (31) der Verordnung (EU) Nr. 1031/2010 der Kommission vom 12. November 2010 über den zeitlichen und administrativen Ablauf sowie sonstige Aspekte der Versteigerung von Treibhausgasemissionszertifikaten gemäß der Richtlinie 2003/87/EG des Europäischen Parlaments und des Rates über ein System für den Handel mit Treibhausgasemissionszertifikaten in der Gemeinschaft heißt es: „[...] Unbeschadet einschlägiger Bestimmungen der Richtlinie 2003/6/EG, insbesondere etwa im

Folgerichtig versteht auch der nationale Gesetzgeber unter der Zulassung im Sinne des europäischen Börsenorganisationsrechts *die Erlaubnis des Eintritts in ein öffentlich-rechtliches Marktsegment*.[609] Die Einbeziehung in den Freiverkehrshandel stellt demgegenüber auch im Falle ihrer Ablehnung keinen Verwaltungsakt dar, sondern ist rein privatrechtlicher Natur[610] und gegebenenfalls mit einer Leistungsklage gegen den Börsenträger vor den Zivilgerichten zu erstreiten.[611] Auch ein etwaiger Kontrahierungszwang im Sinne einer „zivilrechtlichen Missbrauchsaufsicht" würde hieran nichts ändern.[612] Entsprechendes gilt auch für die *Aufhebung* des privatrechtlichen Einbeziehungsvertrages, da der Börsenträgergesellschaft auch das öffentlich-rechtliche Handlungsinstrumentarium der Börse nicht zur Verfügung steht.[613] Regulierter Markt und freiverkehrlicher Handelsplatz können deshalb eher anhand des Zulassungswesens voneinander abgegrenzt werden,[614] wobei die *hoheitliche Erlaubnis*, für den Handel in den betroffenen Wertpapieren die Einrichtungen der Börse zu nutzen, ein Alleinstellungsmerkmal des regulierten Börsenmarktes bildet.[615]

---

einzelstaatlichen Recht für Marktmissbrauch vorgesehener strafrechtlicher Sanktionen, gilt für geregelte Märkte das öffentliche Recht des Herkunftsmitgliedstaats. Sie unterliegen daher der Rechtsprechung der Verwaltungsgerichte im Herkunftsmitgliedstaat. […]"; s. ferner *Burgi*, WM 2009, 2337 (2339).

609 *Dehlinger*, Vertragliche Marktsegmentregulierung, 34; vgl. auch *Baums*, Unternehmensfinanzierung, § 8 Rn. 9; zur Abgrenzung auch *Lenenbach*, Kapitalmarktrecht, Rn. 3.12, 3.18, 3.177 f.; zur einzelfallabhängigen Einordnung einer kapitalmarktrechtlichen Regelung als öffentliches Recht oder Privatrecht vgl. auch *Poelzig*, Kapitalmarktrecht, § 2 Rn. 58 ff.

610 Vgl. auch *Seiffert*, in: Kümpel/Mülbert/Früh/Seyfried, Bank- und Kapitalmarktrecht, Rn. 14.220; wie hier auch BeckHdB-AG/*Harrer*, § 20 Rn. 130.

611 *Schanz*, Börseneinführung, § 12 Rn. 43; zur Einbeziehung in den Freiverkehr vgl. auch *Schlüter*, Börsenhandelsrecht, 401 Rn. 266; außerdem *Binder*, in: Großkomm. HGB, Bankvertragsrecht 11/2, Siebter Teil Rn. 168; Schwark/Zimmer/*Schwark*, KMRK, § 48 BörsG Rn. 20 f.

612 *Schanz*, Börseneinführung, § 12 Rn. 46; vgl. auch *Dehlinger*, Vertragliche Marktsegmentregulierung, 34; zu MTF allgemein *Meyer*, in: Kümpel/Mülbert/Früh/Seyfried, Bank- und Kapitalmarktrecht, Rn. 14.59.

613 *Wolf*, WM 2001, 1785 (1788).

614 Vgl. aber auch *Seiffert*, in: Kümpel/Mülbert/Früh/Seyfried, Bank- und Kapitalmarktrecht, Rn. 14.45. Hiernach soll eine Abgrenzung von einem MTF ausschließlich über die Rechtsform der Börse als Anstalt des öffentlichen Rechts möglich sein.

615 So auch *Dehlinger*, Vertragliche Marktsegmentregulierung, 34; zur Zulassung auch *Samm*, Börsenrecht, 89, 97; außerdem *Groß*, ZHR 165 (2001), 141 (146 f.); vgl. auch *Foelsch/Wittmann*, in: Hellner/Steuer, BuB, Rn. 7/426f.; allgemein auch *Schlüter*,

2. *Maßgeblichkeit des Zulassungsmarktes für die börsenorganisationsrechtliche Qualifikation eines Handelssegments*

Auf dieser Grundlage und unter Berücksichtigung des Verbots der Parallelnotierung und des Gebots der Prospektaktualität lassen sich nun einige Aussagen in Bezug auf die organisationsrechtliche Qualität börsenautonom regulierter Marktsegmente ableiten: Befinden sich Zulassungs- und Notierungsmarkt an derselben Börse, bestimmt der Handelsplatz der Zulassung bzw. Einbeziehung darüber, ob es sich um einen Teilbereich des regulierten Marktes oder ein Sondersegment des Freiverkehrs handelt. Der Neue Markt war deshalb, seiner ursprünglichen Intention entsprechend, aufgrund des öffentlich-rechtlichen Zulassungswesens des Geregelten Marktes auch *regulated market* i.S.d. MiFID.[616] Keine echte Ausnahme von diesem Grundsatz stellt die Möglichkeit dar, Wertpapiere, die bereits zum Handel an einer Börse zugelassen wurden, nach § 33 Abs. 1 BörsG in den regulierten Markt einer anderen Börse *einzubeziehen*. Dann werden Zulassungs- und Notierungsmarkt zwar an unterschiedlichen Börsenplätzen organisiert, der rechtliche Rahmen des Handels verändert sich aber weder für den Emittenten noch das Anlegerpublikum.[617] Zulassungsfolgepflichten können in einer solchen Konstellation nämlich allenfalls dem Handelsteilnehmer auferlegt werden, der den Antrag auf Einbeziehung in den Handel an die Geschäftsführung der Börse richtet (§ 33 Abs. 2 S. 1, 2 BörsG).[618] Und auch die Regulierung der Einbeziehung von Wertpapieren in den Freiverkehrshandel zeichnet kein anderes Bild.[619] Entsprechend der dem Freiverkehr zugedachten *Zweitmarktfunktion*[620] ist dort ausschließlich der Handel in Wertpapieren zulässig, die *an einer anderen*

Börsenhandelsrecht, 374 Rn. 120 ff., 401 Rn. 266 und 444 Rn. 489 zur Einbeziehung in den Freiverkehr; zu den geringeren Einbeziehungsvoraussetzungen an MTF auch *Spindler/Kasten*, WM 2006, 1749 (1754 f.); wie hier außerdem BeckHdB-AG/*Harrer*, § 20 Rn. 119, 130.

616 Vgl. auch *Weber*, NJW 2000, 2061 (2062).

617 So auch bei *Lenenbach*, Kapitalmarktrecht, Rn. 3.199.

618 Dass in § 33 Abs. 2 S. 2 Hs. 2 BörsG nicht auch die Anwendbarkeit von § 42 BörsG ausgeschlossen wird, versteht sich in insofern von selbst, da die Teilnahme am Teilbereichshandel einen Zulassungsantrag des Emittenten erfordert und dessen Wertpapiere bereits zum regulierten Grundmarkt nach § 32 BörsG *zugelassen* – also nicht bloß einbezogen – sein müssen. Einem Unternehmen, das gegen seinen Willen nicht den kapitalmarktrechtlichen Transparenzpflichten unterstellt werden kann, darf erst recht keine teilbereichsspezifische Sonderpflichtenlast auferlegt werden.

619 *Seiffert*, in: Kümpel/Mülbert/Früh/Seyfried, Bank- und Kapitalmarktrecht, Rn. 14.217.

620 *Fink*, Freiverkehr, 26 ff.; außerdem Begr. RegE BörsZulG, BT-Drucks 10/4296, 10.

Börse zum regulierten Markt zugelassen wurden. Auch durch die Einbeziehung von Wertpapieren in den Freiverkehrshandel einer anderen Börse ändert sich noch nichts an dem Rechtsrahmen, dem der Handel der Wertpapiere fortan untersteht, da eine Einbeziehung nur in die freiverkehrlichen Grundstrukturen möglich ist (vgl. § 48 Abs. 1 S. 4 BörsG), im Zweifelsfall also keine veränderten Zulassungsfolgepflichten für den Emittenten zu begründen vermag.[621] Die zwingende Kongruenz von Zulassungs- und Notierungsmarkt liegt aber gerade darin begründet, dass die rechtlichen Grundlagen der Zulassungsentscheidung in Bezug auf die antragsgegenständlichen Wertpapiere eines Emittenten auch die Folgepflichten für die Dauer ihrer Handelbarkeit über die Börse bestimmen. Es wird also die Bereitschaft des Emittenten, diesen Pflichten während der Notierung an der Börse nachzukommen, bereits im Rahmen der Zulassungsentscheidung relevant, wenn die Börsengeschäftsführung bzw. Börsenträgergesellschaft über die Aufnahme in den Handel zu befinden hat.[622] Mit der Zulassung werden sodann dem Markt die Bereitschaft des Emittenten zu regelkonformem Verhalten und die entsprechende Zuversicht der Börse signalisiert.[623] Wenn sich rechtlicher Rahmen von Zulassungs- und Notierungsmarkt nun aber gegeneinander verschieben, beruht auch die Zulassungsentscheidung auf unzutreffenden bzw. unvollständigen Annahmen, weshalb die organisationsrechtliche Qualität eines Börsensegments die Rechtsnatur des jeweiligen *Zulassungs-* oder *Einbeziehungsmarktes* notwendig teilt.[624] Auf diese Weise lässt sich im Interesse effektiven Anlegerschutzes letztendlich auch die rechtliche Verfassung des sekundärmarktlichen Transaktionsumfeldes unter dem Aspekt institutioneller Gesamtmarkttransparenz besser einordnen und ihre Leistungsfähigkeit zuverlässig evaluieren. Hybride Märkte, die sich durch ein Auseinanderfallen von Zulassungs- und Notierungsmarkt kennzeichnen, können diese Ordnung beeinträchtigen, indem Anleger äußersten Falls nicht länger in der Lage sind, zu beurteilen, ob ihr Investment nun in Unternehmen des regulierten Börsenmarktes, Freiverkehrswerte oder in besondere Marktsegmente oder Teilbereiche fließt.[625]

621 *Seiffert*, in: Kümpel/Mülbert/Früh/Seyfried, Bank- und Kapitalmarktrecht, Rn. 14.321.
622 Vgl. nur § 32 Abs. 4 BörsG und § 48 Abs. 4 BörsO FWB.
623 Zur Zulassungsentscheidung allgemein vgl. Schwark/Zimmer/*Heidelbach*, KMRK, § 32 BörsG Rn. 1 ff.
624 Zur Abgrenzung von Zulassung und Einbeziehung auch *Seiffert*, in: Kümpel/Mülbert/Früh/Seyfried, Bank- und Kapitalmarktrecht, Rn. 14.217.
625 Zur Intransparenz des Marktgeschehens aus Sicht des Anlegerpublikums aufgrund mangelnder Unterscheidbarkeit von Börsen- und Freiverkehrswerten vgl. auch *Seiffert*, in: Kümpel/Mülbert/Früh/Seyfried, Bank- und Kapitalmarktrecht, Rn. 14.321.

§ 2 Freiverkehrliche Sondersegmentregulierung

Die Möglichkeit, innerhalb des Freiverkehrs besondere Marktsegmente einzurichten, ist in § 48 Abs. 1 S. 4 BörsG nur angedeutet und bedingt durch den Umstand, dass die Beziehung zwischen Börsenträger und Emittenten auf vertraglicher Grundlage weitgehend privatautonom gestaltet werden kann.[626] Regulierungsschranken ergeben sich in diesem Bereich der Marktsegmentierung allein aus den in § 48 BörsG akzentuierten Grenzen, die entlang eines ordnungsgemäßen Freiverkehrshandels verlaufen, sowie den §§ 305 ff. BGB, wenn es sich – wovon grundsätzlich auszugehen sein wird – bei den zwischen Börsenträger und Freiverkehrsemittenten vereinbarten Listing- und Teilnahmeverträgen um Allgemeine Geschäftsbedingungen handelt.[627] Eine weitergehende Beschränkung des so definierten Rechtsetzungsfreiraums des Börsenträgers erfolgt – anders als innerhalb des Anwendungsbereichs des öffentlich-rechtlichen Satzungsrechts – hingegen nicht. Der überwiegend[628] in den Formen des Privatrechts ausgestaltete Freiverkehrshandel weist dadurch ein gegenüber dem regulierten Markt gesteigertes Maß an Flexibilität auf.[629]

Wenig überraschend konzentriert sich die börsliche Segmentregulierung, insbesondere an den Regionalbörsen, nach wie vor auf den Freiverkehrshandel.[630] So findet sich etwa in § 3 der Freiverkehrsregularien der Börsen Hamburg und Hannover eine Bestimmung, nach der der Börsenträger im Einvernehmen mit dem Freiverkehrsausschuss die im Freiverkehr gehandelten Wertpapiere in „Handelssegmente, Teilsegmente und Wertpapiergruppen“ untergliedern und

---

626 Eingehend zur Segmentierung des Freiverkehrshandels die Arbeiten von *Storm*, Alternative Freiverkehrssegmente und *Dehlinger* Vertragliche Marktsegmentregulierung.

627 Baumbach/Hopt/*Kumpan*, § 48 BörsG Rn. 4; *Lenenbach*, Kapitalmarktrecht, Rn. 3.214.

628 Die Handelsordnung für den Freiverkehr erlässt der Börsenrat gem. §§ 48 Abs. 1 S. 1, 2, 12 Abs. 2 S. 1 Nr. 1 Var. 5 BörsG als Satzung.

629 *Dehlinger*, Vertragliche Marktsegmentregulierung, 62.

630 *Fink*, Freiverkehr, 43. Die nachfolgende Zusammenstellung der Segmentierungsbestrebungen konzentriert sich überwiegend auf die Regionalbörsen. Segmente und Teilbereiche der Frankfurter Wertpapierbörse werden im Verlauf dieser Arbeit immer wieder Gegenstand der Betrachtung sein. Der Prime Standard für Unternehmensanleihen, der in Frankfurt ebenfalls mit den Mitteln des Privatrechts reguliert wird, wird unten in Kapitel 4 § 4 untersucht. Ausgeblendet werden können auch die Handelsplätze der *Tradegate Exchange*, die keine weitergehende Untersegmentierung aufweisen und sich durch besondere Preisfeststellungsverfahren im Rahmen des elektronischen Handelssystems *Tradegate* auszeichnen.

für diese gesonderte Regelungen erlassen kann.[631] Ähnlich erlauben die Allgemeinen Geschäftsbedingungen für den Stuttgarter Freiverkehr dem Börsenträger, die im Freiverkehr gehandelten Wertpapiere in Handelssegmente und Produktgruppen zu untergliedern, für diese eigene Ausschüsse zu bilden und gesonderte Regelungen zu erlassen.[632] Und gem. § 16 Abs. 5 AGB Freiverkehr Berlin kann die Geschäftsführung der Börse für definierte Gruppen von Emittenten zusätzliche Anforderungen an die Einbeziehung in den Freiverkehr aufstellen.[633] An allen Börsen weist der Freiverkehr eine mitunter fein differenzierte Segmentstruktur auf, die derjenigen des regulierten Marktes äußerlich überlegen erscheint und deren charakteristische Gemeinsamkeiten und Regulierungsansätze aufgrund der funktionalen Vergleichbarkeit dieser Segmente mit den Teilbereichen des regulierten Marktes sich in der nachstehenden Übersicht darzustellen lohnt.

I. Frankfurter Wertpapierbörse

Am 1. März 2017 eröffnete im Freiverkehr der Frankfurter Wertpapierbörse *Scale*, das den bis dahin bestehenden *Entry Standard*, ein freiverkehrliches Sondersegment für den Aktien- und Anleihehandel, als speziell auf kleine und mittlere Unternehmen zugeschnittenes Handelssegment abgelöst hat.[634]

---

631 § 3 AGB Freiverkehr Hamburg/Hannover, Stand: August 2017, abrufbar unter https://www.boersenag.de/Regelwerke (Abrufdatum: 31. März 2021).

632 § 3 der Geschäftsbedingungen für den Freiverkehr an der Baden-Württembergischen Wertpapierbörse in der Fassung des Beschlusses der Geschäftsführung vom 23. September 2020, veröffentlicht am 24. September 2020, Stand: 12. Oktober 2020, abrufbar unter https://www.boerse-stuttgart.de/-/media/files/geschaeftspartner/regelwerke/de/geschaeftsbedingungen-fuer-den-freiverkehr/fassungen/201012geschftsbedingungen-freiverkehr12102020.ashx?la=de-de&hash=2E8C0CEF-75C19074BA296DF381F21F14 (Abrufdatum: 31. März 2021).

633 Die Geschäftsbedingungen für den Freiverkehr an der Börse Berlin, Stand: November 2021, sind abrufbar unter https://www.boerse-berlin.de/data/files/boerse_berlin_geschaeftsbedingungen_fuer_den_freiverkehr_november_2012.pdf (Abrufdatum: 31. März 2021).

634 Vgl. die Pressemitteilung der Deutsche Börse AG vom 1. März 2017 „Neues KMU-Segment Scale gestartet", und die Pressemitteilung der Deutsche Börse AG vom 21. November 2016, „Neues SME-Segment soll Unternehmen Zugang zu Wachstumskapital erleichtern"; zu *Scale* allgemein BeckHdB-AG/*Harrer*, § 20 Rn. 57 ff.; zum früheren Entry Standard im Freiverkehr der Frankfurter Wertpapierbörse *Mai*, AG 2005, R516 (R516 f.); *Mai*, AG 2005, R494 (R494).

Hintergrund dieser Neuerung war die europarechtliche Kategorie des KMU-Wachstumsmarktes, wie sie infolge des 2. FiMaNoG in § 48a Eingang in das Börsengesetz gefunden hatte,[635] und als Gegenentwurf der Teilbereichsregulierung nun genauer beleuchtet werden soll.

1. *Begriff und Funktionsweise des KMU-Wachstumsmarktes gem. Art. 33 MiFID II, § 48a BörsG*

§ 48a BörsG setzt Artikel 33 der seit dem 3. Januar 2018 geltenden MiFID II um und regelt Inhalt und Verfahren bei der Qualifizierung eines multilateralen Handelssystems als KMU-Wachstumsmarkt, d.h. als Sondersegment für Unternehmen, die unter die Definition eines KMU in § 2 Abs. 10 BörsG fallen. Für außerbörsliche MTF findet sich eine entsprechende Regelung in § 76 WpHG.[636]

Ziel dieser Wachstumsmärkte ist es, spezialisierte, auf die Bedürfnisse kleiner und mittlerer Emittenten zugeschnittene Marktsegmente bereitzustellen, durch ihre unionsrechtliche Anerkennung und verschiedene Privilegierungstatbestände den Bekanntheitsgrad und das Ansehen solcher Märkte zu steigern und auf diese Weise die Finanzierungssituation der Emittentenkategorie insgesamt zu verbessern.[637] Die Richtlinie definiert KMU als Unternehmen, deren durchschnittliche Marktkapitalisierung auf der Grundlage der Notierungen zum Jahresende in den letzten drei Kalenderjahren weniger als 200.000.000 Euro betragen hat (Art. 4 Abs. 1 Nr. 13 MIFID II; die Bestimmung ist in § 2 Abs. 10 BörsG umgesetzt worden).[638] Gem. Art. 4 Abs. 1 Nr. 13 MiFiD II handelt es sich bei einem KMU-Wachstumsmarkt um ein in Einklang mit Art. 33 der Richtlinie entsprechend registriertes MTF bzw. einen Teilausschnitt eines solchen.[639] Dementsprechend stellt § 48a Abs. 1 S. 1 BörsG nunmehr klar, dass der Börsenträger einen Freiverkehr bei der Börsenaufsichtsbehörde als Wachstumsmarkt registrieren lassen kann.[640] Kennzeichnend für das auf kleine und mittlere

---

635 Eingehend *Veil*, in: Festschrift für Theodor Baums zum siebzigsten Geburtstag, 1267 ff.

636 Begr. RegE 2. FiMaNoG, BT-Drucks. 18/10936, 271.

637 ErwG (132) S. 3 MIFID II; vgl. auch *Kumpan*, ZGR 2016, 2 (17); Baumbach/Hopt/*Kumpan*, § 48a BörsG Rn. 1.

638 Zur Bedeutung kleiner und mittlerer Unternehmen für die Regulierung des europäischen Kapitalmarktes vgl. *Kumpan*, ZGR 2016, 2 ff.

639 Zu den Grundstrukturen von Scale vgl. *Meyer*, in: Marsch-Barner/Schäfer, Hdb. börsennotierte AG, Rn. 7.57 ff.

640 § 48 Abs. 3 S. 2 BörsG stellt nunmehr entsprechend klar, dass der Freiverkehr ungeachtet seiner weitgehenden Regulierung durch das BörsG als ein solches MTF gilt; vgl. auch Begr. RegE 2. FiMaNoG, BT-Drucks. 18/10936, 270.

Unternehmen ausgerichtete Segment ist deshalb vor allem,[641] dass nicht mehr als 50 % der zum Handel zugelassenen Unternehmen die für Wachstumsunternehmen definierten Größenkriterien überschreiten dürfen (vgl. Art. 33 Abs. 3 lit. a) MiFID II, § 48a Abs. 1 S. 1 Nr. 1 BörsG). Wird diese Schwelle langfristig nicht beachtet, kann die Registrierung des MTF als KMU-Wachstumsmarkt äußerstenfalls sogar durch die zuständige Behörde aufgehoben werden (vgl. Art. 33 Abs. 5 lit. b) MIFID II, § 48a Abs. 2 S. 1 BörsG). ErwG (135) S. 3 MiFID II sieht allerdings vor, dass das 50 %-Kriterium flexibel gehandhabt werden und es sich nicht auf den Status des Marktsegments auswirken soll, wenn der Schwellenwert nur vorübergehend nicht eingehalten werden kann, solange absehbar ist, dass die Anforderungen an KMU-Wachstumsmärkte ab dem folgenden Jahr wieder erfüllt werden können.[642]

Um die Verwaltungslast für die in der Regel jungen und kapitalschwachen Emittenten gering zu halten, soll nach den Vorstellungen des europäischen Richtliniengebers eine möglichst flexible Segmentregulierung zur Ausgestaltung der KMU-Wachstumsmärkte eingesetzt werden.[643] Wie schon erwähnt hat die ESMA in diesem Zusammenhang zu verstehen gegeben, dass das segmentspezifische Pflichtenregime für Emittenten in einem KMU-Wachstumsmarkt nicht strenger sein dürfe, als die Anforderungen, die an Emittenten des regulierten Marktes gestellt werden.[644] Grund dafür sind die unterschiedlichen Unternehmensprofile und Finanzierungsphasen, die sich in den jeweiligen Segmenten wiederfinden und denen auch im Rahmen der Segmentregulierung hinreichend Rechnung zu tragen ist.[645] So stehen etwa internationale Rechnungslegungsstandards aufgrund der mit ihnen verbundenen Kostenlast nach dem ausdrücklich erklärten Verständnis der europäischen Wertpapieraufsichtsbehörde in Widerspruch zu

---

641 Die weiteren Anforderungen finden sich in § 48a Abs. 1 S. 1 Nr. 2 bis 7 BörsG.

642 Vgl. auch *ESMA*, MiFID II/MiFIR-2014/1569, 347 f. Nr. 23 und 31.

643 ErwG (132) S. 4 MiFID II.

644 *ESMA*, MiFID II/MiFIR-2014/1569, 354.

645 *ESMA*, MiFID II/MiFIR-2014/1569, 354 („SME-GM [Small and medium sized enterprise-growth market = KMU-Wachstumsmarkt; Anm. d. Verf.] issuers are also likely to operate less well established businesses than issuers admitted to Regulated Markets, and may be more dependent on external sources of finance while they develop their businesses towards profitability. [...] ESMA has had regard to the treatment of issuers seeking admission to a Regulated Market, as a benchmark against which to consider the appropriate requirements for SME-GM issuers in these areas. As a general principle, a proportionate approach for SME-GMs should entail a set of standards which are not more burdensome than those for Regulated Markets.“).

der konzeptionellen Ausrichtung von KMU-Wachstumsmärkten,[646] die vor diesem Hintergrund als Einstiegssegmente für Börsenneulinge dienen und ihnen den Gang an die Börse durch eine bedürfnisgerechte Segmentausgestaltung erleichtern sollen.

2. *Scale und statusspezifische Entlastungseffekte*

a. *Anforderungsprofil*

Vor diesem Hintergrund hat die Deutsche Börse AG im Einverständnis mit der Frankfurter Wertpapierbörse das auf kleine und mittlere Unternehmen zugeschnittene Sondersegment *Scale* innerhalb des Frankfurter Freiverkehrs eingerichtet.[647]

aa. *Einbeziehung in Scale*

Die Aufnahme in *Scale* erfordert zunächst einen Antrag des Emittenten, den dieser gemeinsam mit einem von der Deutsche Börse AG anerkannten *Capital Market Partners* stellen muss (16 Abs. 1 S. 1 AGB Freiverkehr Frankfurt[648]).[649] Der Capital Market Partner kann Kredit- oder Finanzdienstleistungsinstitut oder ein nach §§ 53 Abs. 1 S. 1, 53b Abs. 1 S. 1 KWG vergleichbares ausländisches Institut sein und für die Dauer des Listings auch ein Unternehmen aus dem Bereich Rechtsberatung oder Wirtschaftsprüfung (vgl. § 25 Abs. 1 lit. a), b) AGB Freiverkehr Frankfurt).[650] Er dient der Börse als Ansprechpartner während der Notierung des Emittenten, dem er in unterstützender und beratender Funktion zur Seite stehen soll (§ 25 Abs. 2 lit. a), b) AGB Freiverkehr Frankfurt).[651]

---

646 *ESMA*, MiFID II/MiFIR-2014/1569, 354; vgl. auch *Veil*, in: Festschrift für Theodor Baums zum siebzigsten Geburtstag, 1267 (1274).

647 Vgl. die Pressemitteilung der Deutsche Börse AG vom 1. März 2017 „Neues KMU-Segment Scale gestartet"; zu Scale allgemein vgl. auch *Meyer*, in: Marsch-Barner/Schäfer, Hdb. börsennotierte AG, Rn. 7.57 ff.

648 Die Allgemeinen Geschäftsbedingungen der Deutsche Börse AG für den Freiverkehr an der Frankfurter Wertpapierbörse vom 9. Dezember 2019 sind abrufbar unter https://www.deutsche-boerse-cash-market.com/resource/blob/42002/00c2d70dd0cfeb05e772a0b83247d0a0/data/AGB-Freiverkehr-2019-12-09.pdf (Abrufdatum: 31. März 2021).

649 Zu den Einbeziehungsanforderungen im Einzelnen vgl. auch *Meyer*, in: Marsch-Barner/Schäfer, Hdb. börsennotierte AG, Rn. 7.58.

650 *Weitnauer*, GWR 2017, 235 (236).

651 Vgl. auch BeckHdB-AG/*Harrer*, § 20 Rn. 64 ff. Der Vertrag zwischen dem Emittenten und einem Capital Market Partner ist dem Börsenträger im Rahmen des Antragsverfahrens vorzulegen (§ 17 Abs. 3 lit. a) AGB Freiverkehr Frankfurt). Der Emittent muss

Leistungen in diesem Bereich muss der Capital Market Partner gegebenenfalls der Börse gegenüber nachweisen.[652] Im Rahmen der Einbeziehung bestätigt der Capital Market Partner die Geeignetheit des Emittenten für das Wachstumssegment gegenüber dem Börsenträger (§ 17 Abs. 2 lit. a) AGB Freiverkehr Frankfurt).[653] Insgesamt wird auf diese Weise ein Kontrollmechanismus installiert, der die Befolgung des Regelwerks sicherstellen und im Rahmen des Betreuungsvertragsschlusses eine erste Vorselektion unter den Kapitalmarktaspiranten erreichen soll. So verpflichtet sich der Capital Market Partner gem. § 25 Abs. 2 lit. c) aa) AGB Freiverkehr Frankfurter etwa auch dazu, den Börsenträger unverzüglich zu informieren, wenn er Kenntnis davon erlangt, dass die Einbeziehungsvoraussetzungen des Emittenten nicht oder nicht mehr vorliegen. Ihm kommt damit letztendlich die Funktion eines *gatekeepers* zu, durch den die Funktionsfähigkeit des Segments langfristig gewährleistet werden soll. Zugleich steht mit dem Capital Market Partner gem. § 17 Abs. 5 AGB Freiverkehr Frankfurt neben dem Emittenten ein zusätzlicher Schuldner zur Verfügung, auf den der Börsenträger bei Unrichtigkeiten und Unvollständigkeiten der in dem Zulassungsantrag gemachten Angaben im Falle einer hierdurch entstandenen Schädigung zugreifen kann. Auch das Notierungsentgelt schulden Emittent und Capital Market Partner als Gesamtschuldner (§ 39 Abs. 2 und 5 AGB Freiverkehr Frankfurt).[654]

---

die Betreuung durch einen Capital Market Partner während der gesamten Dauer der Notierung in *Scale* nachweisen können und bei Beendigung eines Betreuungsverhältnisses innerhalb eines Monats ein neues Unternehmen aus dem Kreis der Capital Market Partner beauftragen (§ 21 Abs. 1 lit. f) AGB Freiverkehr Frankfurt). Tut er dies nicht, kann die Deutsche Börse AG gem. § 27 Abs. 2 lit. e) AGB Freiverkehr Frankfurt die Einbeziehung des Emittenten in *Scale* nach Ablauf einer Nachfrist kündigen.

652 Gem. § 25 Abs. 2 lit. b) AGB Freiverkehr Frankfurt hat der betreuende Capital Market Partner der Deutsche Börse AG mindestens einmal jährlich nachzuweisen, dass er ein Informationsgespräch mit dem Emittenten über bestimmte, in der Anlage 1 zu den AGB niedergelegte Mindestinhalte, wie insbesondere die mit der Einbeziehung in Scale verbundenen Einbeziehungsfolgepflichten, geführt hat. Hierüber hat der Capital Market Partner ein Gesprächsprotokoll anzufertigen und an die Deutsche Börse AG zu übermitteln. Darüber hinaus ist die Deutsche Börse AG berechtigt, weitere Nachweise über die erbrachten Unterstützungs- und Beratungsleistungen zu fordern.

653 Die Bestätigungserklärung muss dem den AGB Freiverkehr Frankfurt als Anlage 3 beigefügten Muster entsprechen und beinhaltet im Wesentlichen die Bestätigung des Capital Market Partner, dass eine angemessene Legal und Financial Due Diligence bei dem Emittenten für die Zwecke des Börsengangs durchgeführt worden ist.

654 Vgl. auch BeckHdB-AG/*Harrer*, § 20 Rn. 66.

Die Einbeziehung in *Scale* erfolgt in jedem Fall unter gleichzeitiger Einbeziehung in das *Basic Board* des Freiverkehrs.[655] Die Verknüpfung mit dem freiverkehrlichen Grundmarkt wirkt sich in zweierlei Hinsicht aus, zunächst auf das anwendbare Folgepflichtenregime und schließlich hinsichtlich der Wirkungen eines Segmentausschlusses oder -austritts. Beide Aspekte werden sogleich noch näher ausgeführt.

Obgleich als Wachstumssegment beworben erfordert die Einbeziehung in *Scale*, dass das Unternehmen des Emittenten im Zeitpunkt der Antragstellung mindestens zwei Jahre bestanden hat (§ 17 Abs. 1 lit. c) AGB Freiverkehr Frankfurt). Auch die entsprechenden Jahresfinanzberichte für die der Antragstellung vorausgehenden zwei Geschäftsjahre sind im Rahmen der Einbeziehung vorzulegen (§ 17 Abs. 3 lit. c) AGB Freiverkehr Frankfurt). Die Regelungen heben *Scale*-Unternehmen in einer fortgeschrittenen Wachstumsphase von jungen Risikoemittenten ab.[656] Das Segment unterscheidet sich in dieser Hinsicht von der europarechtlichen Konzeption, da die MiFID II den Begriff der KMU ausschließlich anhand von Größenkriterien wie der Marktkapitalisierung definiert[657] und es hiernach zunächst unerheblich ist, ob Emittenten auf einem KMU-Wachstumsmarkt ein bestimmtes Alter erreicht haben[658] Art. 4 Abs. 1 Nr. 13 MiFID II und auch § 2 Abs. 10 BörsG legen zwar einen Referenzzeitraum von drei Jahren zugrunde, statuieren damit aber noch keine Mindestbestehensdauer für Emittenten auf einem KMU-Wachstumsmarkt. Hiervon weicht Scale ab.

bb. Einbeziehungsfolgepflichten in Scale

Sollen Aktien oder Aktienzertifikaten in Scale einbezogen werden, ist eine Marktkapitalisierung von mindestens 30 Millionen Euro erforderlich, der Stückpreis darf nicht unter 1 Euro liegen (vgl. § 17 Abs. 1 lit. e) aa) bis dd) AGB Freiverkehr Frankfurt). Eine ausreichende Streuung der Aktien von mind. 20 % bzw. 1 Million Stück soll für einen liquiden Markt in dem jeweiligen Wert sorgen

655 Zu den Folgepflichten aus der Einbeziehung in den freiverkehrlichen Grundmarkthandel vgl. *Meyer*, in: Marsch-Barner/Schäfer, Hdb. börsennotierte AG, Rn. 7.59.

656 *Weitnauer*, GWR 2017, 235 (238); auch *Kumpan*, ZGR 2016, 2 (11 ff.), der die besondere Bedeutung junger Wachstumsunternehmen betont.

657 Die MiFID II setzt hiernach eine bereits bestehende Anbindung an den organisierten Kapitalmarkt voraus. Art. 2 lit. f) ProspektVO liegt ein weiteres Verständnis zugrunde. Anknüpfungspunkte sind hier die durchschnittliche Gesamtbeschäftigtenzahl, die Gesamtbilanzsumme und der Jahresnettoumsatz der Vorjahre.

658 *Kumpan*, ZGR 2016, 2 (12).

(§ 17 Abs. 1 lit. f) AGB Freiverkehr Frankfurt). Anleihen dagegen dürfen in Teilschuldverschreibungen i.H.v. maximal 1000 Euro gestückelt sein, wobei das zu platzierende Emissionsvolumen mindestens 20 Millionen Euro betragen muss (vgl. § 19 Abs. 1 lit. b), c) AGB Freiverkehr Frankfurt). Ein aktuelles Anleiherating muss der Emittent im Rahmen des Antragsverfahrens nur dann vorlegen, wenn von ihm ausgegebene Aktien nicht zugleich an einem regulierten Markt zugelassen sind oder sein Jahresumsatz in den der Antragstellung vorangegangenen drei Geschäftsjahren nicht jeweils mindestens 300 Millionen Euro betragen hat (§ 19 Abs. 2 lit. b) der AGB).[659] Die umzusetzenden Volumina stellen somit insgesamt gegenüber den Anforderungen des Vorgängersegments *Entry Standard* sogar eine nicht unerhebliche Verschärfung dar.[660] Die Regelungen der Deutsche Börse AG in diesem Zusammenhang verhindern immerhin, insbesondere hinsichtlich der Anforderungen an das Unternehmensalter, dass Investoren in *Scale* zu Risikofinanziers in der Start-up-Phase werden.

Das auf Steigerung der Visibilität der Wachstumsunternehmen ausgerichtete Sondersegment schreibt außerdem vor, dass Aktienemittenten einen von einem Research Provider erstellten Research Report vorlegen (vgl. § 17 Abs. 1 lit. g) AGB Freiverkehr Frankfurt). Das Dokument ist, ebenso wie das von einem Anleiheemittenten vorzulegende Anleiherating, während der Notierung in *Scale* in regelmäßigen Abständen zu aktualisieren (§ 21 Abs. 1 lit. c) bzw. § 22 Abs. 1 lit. a) AGB Freiverkehr Frankfurt). Als besonderen Service und zur Steigerung der Attraktivität des Segments übernimmt die Börse Frankfurt die Kosten für die Erstellung des Research Reports für Aktienemittenten.[661] Diese sind darüber hinaus verpflichtet, nach Ablauf eines jeden Geschäftsjahres einen geprüften Jahresabschluss und Lagebericht zu veröffentlichen, sowie Halbjahresabschlüsse und Zwischenlageberichte vorzulegen (§ 21 Abs. 1 lit. a), b) AGB Freiverkehr Frankfurt). Ähnlich wie im Prime Standard des regulierten Marktes sind auch *Scale*-Emittenten zur Übermittlung eines jährlich zu aktualisierenden Unternehmenskalenders und zur Durchführung einer Analysten- und Investorenveranstaltung verpflichtet (§ 21 Abs. 1 AGB Freiverkehr Frankfurt). Entsprechendes gilt für Anleiheemittenten, wobei an die Stelle des Research Reports das Unternehmens- und Anleiherating tritt (§ 22 AGB Freiverkehr Frankfurt).[662]

---

659 Zum Anleihehandel in *Scale* auch *Meyer*, in: Marsch-Barner/Schäfer, Hdb. börsennotierte AG, Rn. 7.60.

660 *Weitnauer*, GWR 2017, 235 (236).

661 Zu den Research Reports auch *Meyer*, in: Marsch-Barner/Schäfer, Hdb. börsennotierte AG, Rn. 7.59a.

662 *Meyer*, in: Marsch-Barner/Schäfer, Hdb. börsennotierte AG, Rn. 7.59a f.

Für den Fall der Verletzung einzelner der vorgenannten Einbeziehungsfolgepflichten sieht § 23 der AGB Freiverkehr Frankfurt eine von der konkreten Pflicht abhängige Vertragsstrafe vor, die bis zu 100.000,00 Euro betragen kann, wenn vorsätzlich etwa Jahresabschluss und Lagebericht nicht rechtzeitig publiziert bzw. übermittelt worden sind. Der Börsenträger ist dann sogar berechtigt, eine solche Vertragsstrafe unter Nennung des Verpflichteten und der konkreten Art des Pflichtverstoßes zu veröffentlichen (§ 24 Abs. 1 AGB Freiverkehr Frankfurt). Das gilt auch dann, wenn ein Aktienemittent entgegen seiner Verpflichtung nicht bei der Erstellung des Research Reports mitwirkt (§ 24 Abs. 2 AGB Freiverkehr Frankfurt).

cc. Beendigung der Einbeziehung in Scale

Die Einbeziehung in *Scale* kann sowohl von der Deutsche Börse AG als auch von dem Emittenten unter bestimmten Voraussetzungen mit einer Frist von drei Monaten, unter Umständen aber auch fristlos gekündigt werden (§ 27 Abs. 1, 2 AGB Freiverkehr Frankfurt). Eine fristlose Kündigung kann insbesondere dann gerechtfertigt sein, wenn Emittenten auch nach Ablauf einer angemessenen Frist die ihnen obliegenden Einbeziehungsfolgepflichten der §§ 21, 22 nicht oder nicht vollständig erfüllt haben (§ 27 Abs. 2 lit. c) AGB Freiverkehr Frankfurt). Das gilt unabhängig davon, ob der Emittent den Pflichtverstoß auch zu vertreten hat.

Die Kündigung der Einbeziehung in *Scale* lässt die Einbeziehung in den freiverkehrlichen Grundmarkthandel, das sog. Basic Board, gem. § 27 Abs. 1 S. 2 AGB Freiverkehr Frankfurt unberührt. Insofern bedarf es einer separaten Kündigung (vgl. §§ 27 Abs. 4, 30 AGB Freiverkehr Frankfurt). Im Basic Board gelten über § 28 der AGB die Pflichten der §§ 21, 22 hinsichtlich Jahres-, Halbjahres- und Zwischenlagebericht entsprechend, sodass infolge des Segmentausschlusses grundsätzlich nur eine geringfügige Entlastung des Emittenten eintritt.[663] Wurde die Einbeziehung in *Scale* aufgrund einer außerordentlichen Kündigung der Deutsche Börse AG beendet, kann eine Wiederaufnahme in Scale frühestens nach Ablauf von sechs Monaten und überhaupt nur dann beantragt werden, wenn der zur außerordentlichen Kündigung berechtigende Grund weggefallen ist (§ 27 Abs. 5 lit. a) AGB Freiverkehr Frankfurt).

---

663 Dazu auch *Meyer*, in: Marsch-Barner/Schäfer, Hdb. börsennotierte AG, Rn. 7.60a, der treffend darauf hinweist, dass das Basic Board (wohl zu Unrecht) nicht als eigenständiges Börsensegment des Freiverkehrshandels an der Frankfurter Wertpapierbörse ausgewiesen wird.

dd. *Kosten eines Listings in Scale*

Zur Segmentdarstellung und -vermarktung berechnet die Deutsche Börse den *Scale All Share Index*, der die Entwicklung des gesamten Segments abbilden soll.[664] Dies hat seinen Preis: Die Einbeziehungsentgelte in *Scale* liegen – trotz der Fokussierung auf kleine und mittlere (Wachstums-)Unternehmen – jedenfalls für Aktien und Aktienzertifikate noch über denen des Prime Standards innerhalb des regulierten Marktes und deutlich über dem, was Emittenten innerhalb des früheren *Entry Standard* für ein Listing zahlen mussten.[665] Die variable Komponente des Einbeziehungsentgelts knüpft an die Marktkapitalisierung des Emittenten an und steigt aufgrund der breiteren Staffelung der einzelnen Stufen für jede weitere Million Euro Marktkapitalisierung.[666] Laut der Beispielrechnung im Entgeltverzeichnis der AGB Freiverkehr Frankfurt fällt bei einem Börsenwert von 260 Millionen Euro ein Einbeziehungsentgelt von 89.000 Euro[667] an.[668] Für Anleihen wird hingegen ein pauschaliertes Einbeziehungsentgelt i.H.v. 10.000 Euro fällig. Zusätzlich fällt jeweils ein jährliches Notierungsentgelt i.H.v. 5.000 Euro für Aktien und 2.500 Euro für Anleihen an.

b. *Wachstumssegment im Anwendungsbereich der MAR*

Derzeit notieren 46 Aktien in *Scale* für den Handel in Aktien und zwei Anleihen in *Scale* für Anleihen.[669] Wie sich dem Register aller KMU-Wachstumsmärkte der ESMA entnehmen lässt, ist *Scale*, nachdem dies entgegen der öffentlichen Wahrnehmung in der Anfangsphase des Segments nicht der Fall war, seit Dezember 2019 als KMU-Wachstumsmarkt i.S.d. MiFID II registriert.[670] Dazu

---

664 Pressemitteilung Deutsche Börse AG v. 13. März 2017, „Deutsche Börse startet Scale All Share Index", abrufbar unter www.deutsche-boerse-cash-market.com.

665 Vgl. auch *Sickinger*, „Das Börsensegment Scale: Eine Zwischenbilanz" in einem Börsen-Zeitung Spezial v. 6. Dezember 2017, S. 22 f.; *Rubner/Pospiech*, NJW-Spezial 2017, 143 (144).

666 *Weitnauer*, GWR 2017, 235 (237).

667 Da ab einer Marktkapitalisierung von 250 Millionen Euro kein zusätzliches Einbeziehungsentgelt pro angefangene Millionen Euro Marktkapitalisierung anfällt, stellt der Betrag von 89.000 Euro zugleich das höchstmögliche Einbeziehungsentgelt in Scale dar.

668 Zu den Gebühren eines Prime Standard-Listings noch weiter unten Kapitel 5 § 1 III.

669 Eine Liste aller *Scale*-Emittenten findet sich auf der Homepage der Deutsche Börse AG, abrufbar unter http://www.deutsche-boerse-cash-market.com/dbcm-de/primary-market/marktstruktur/segmente/scale (zuletzt abgerufen am 31. März 2021).

670 Vgl. dazu die Pressemitteilung der Deutsche Börse AG vom 16. Dezember 2019, „Scale ist jetzt registrierter KMU-Wachstumsmarkt"; das Register kann abgerufen werden

verpflichtet, *Scale* aufgrund der inhaltlichen Ausrichtung des Segments als KMU-Wachstumsmarkt zu betreiben, war die Frankfurter Wertpapierbörse freilich nicht, denn auch die MiFID II sieht in ihrem Art. 33 Abs. 1 lediglich die *Möglichkeit* des Betreibers eines MTF vor, den Handelsplatz als KMU-Wachstumsmarkt bei der zuständigen Behörde registrieren zu lassen.[671] Lange war unklar, ob die Deutsche Börse AG eine weitergehende Öffnung ihrer Handelsplätze nach unten durch eine Registrierung des Wachstumssegments als KMU-Wachstumsmarkt befürchtete und daher zunächst vermeiden wollte. Infolge der verpflichtenden Einbeziehung in das *Basic Board* erfassten indes auch die verschärften Zulassungsfolgepflichten der MAR mangels entsprechender Registrierung auch Emittenten in *Scale*, denen unabhängig von ihrer Größe oder ihres Alters der segmentstatusabhängige Schutz des europäischen Kapitalmarktrechts für KMU mangels Registrierung des Segments nicht zuteilwerden konnte.[672] Das galt nicht nur für die Entlastungen, die in der MAR selbst angelegt sind, wie etwa in Art. 17 Abs. 9 MAR oder Art. 18 Abs. 6 lit. a), b) MAR, sondern auch für die Regelungen über den EU-Wachstumsprospekt in Art. 15 Abs. 1 lit. b) EU-ProspektVO.[673] Gegenüber den erweiterten Zulassungsfolgepflichten der MAR für Freiverkehrsemittenten führen diese Bereichsausnahmen zwar ohnehin zu nur geringfügigen Entlastungseffekten,[674] diese blieben aber aus, solange die Status begründende Registrierung des Segments als KMU-Wachstumsmarkt

---

unter https://www.esma.europa.eu/databases-library/registers-and-data (zuletzt abgerufen am 31. März 2021); s. ferner BeckHdB-AG/*Harrer*, § 20 Rn. 132 („KMU Standard").

671 Vgl. außerdem ErwG (134) MiFID II, der erklärt, es solle dem Betreiber eines Marktes für kleine und mittlere Unternehmen freistehen, diese Handelsplattform auch weiterhin zu betreiben, ohne sie als KMU-Wachstumsmarkt registrieren zu lassen.

672 Vgl. auch *Meyer*, in: Marsch-Barner/Schäfer, Hdb. börsennotierte AG, Rn. 7.59 und 7.60a.

673 Zu Art. 17 Abs. 9 und Art. 18 Abs. 6 MAR vgl. auch *ESMA*, MiFID II/MiFIR-2014/1569, 365; vgl. außerdem *Weber*, NJW 2018, 995 (996); *Parmentier*, EuZW 2018, 53 (55); eingehend *Schulz*, WM 2018, 212 (218 ff.).

674 S. auch ErwG (3) Verordnung (EU) 2019/2115 des Europäischen Parlaments und des Rates vom 27. November 2019 zur Änderung der Richtlinie 2014/65/EU und der Verordnungen (EU) Nr. 596/2014 und (EU) 2017/1129 zur Förderung der Nutzung von KMU-Wachstumsmärkten („Es hat sich jedoch gezeigt, dass Emittenten von zum Handel an einem KMU-Wachstumsmarkt zugelassenen Finanzinstrumenten verglichen mit den Emittenten von zum Handel an anderen MTFs oder geregelten Märkten zugelassenen Finanzinstrumenten lediglich in den Genuss relativ weniger rechtlicher Erleichterungen kommen.").

noch nicht erfolgt war. Es überrascht also kaum, dass Effizienz und Zukunftsfähigkeit des Konzepts aufgrund der regulatorischen Ausgestaltung schon frühzeitig infrage gestellt wurden.[675]

II. Baden-Württembergische Wertpapierbörse Stuttgart

Eine funktionale Unterteilung prägt auch die Struktur des Stuttgarter Börsenmarktes, die sich bei näherem Hinsehen aus einer Vielzahl von Segmenten und Handelsplattformen zusammensetzt. Hiervon soll, nachdem die unterschiedlichen *Bond*-Segmente durch eine Änderung des Regelwerks im Juli 2020[676] eingestellt worden und in der Handelsinitiative *Bondbox* aufgegangen sind, lediglich der *Freiverkehr Plus* genauer betrachtet werden. Die Handelsplattformen *4x*, *Euwax*, *IF-X* und *ETF Bestx* sind entweder als spezielle Handelsarten und –systeme ausgebildet, die, wie bspw. *ETF Bestx*, eine Profilierung gegenüber dem Grundmarkthandel durch besondere Spread-Anforderungen und das mindestens handelbare Volumen erreichen, oder sich auf den Handel von Fondanteilen aktiv gemanagter Fonds oder den Derivatehandel (*IF-X*, bzw. *Euwax*) beschränken. Unterschiedliche Transparenzstandards sind hiermit aber grundsätzlich nicht verbunden, weshalb sie an dieser Stelle ausgeblendet werden können. Die Segmente sind allesamt innerhalb des Freiverkehrs anzusiedeln.

1. Freiverkehrliche Sondersegmente für den Anleihehandel

Die *Bond*-Segmente der Stuttgarter Börse richteten sich ausschließlich an Anleiheemittenten. Von ihnen wurde bis Juli 2020 *BOND-X* als Qualitätssegment für den Anleihehandel beworben. Die Anleihe, die auf Antrag eines Handelsteilnehmers in *BOND-X* gelistet werden konnte, wurde von einem *Quality-Liquidity-Provider* (QLP, vgl. § 1 Abs. 5 BörsO BWWB[677]) betreut, wodurch

---

675 *Veil*, in: Festschrift für Theodor Baums zum siebzigsten Geburtstag, 1267 (1278 f.); ebenfalls kritisch *Kumpan*, ZGR 2016, 2 (22, 31 f.).

676 Vgl. die 21. Änderungssatzung der Börsenordnung der Baden-Württembergischen Wertpapierbörse vom 30. Juni 2020 und die Änderungen der Geschäftsbedingungen für den Freiverkehr an der Baden-Württembergischen Wertpapierbörse vom 16. Juni 2020, jeweils abrufbar im Archiv auf der Homepage der Börse in Stuttgart.

677 Börsenordnung der Baden-Württembergischen Wertpapierbörse i.d.F. des Beschlusses des Börsenrats vom 26. Oktober 2020, bekannt gemacht am 27. Oktober 2020, in Kraft getreten am 30. Oktober 2020, zuletzt geändert durch die 23. Änderungssatzung vom 26. Oktober 2020, abrufbar unter https://www.boerse-stuttgart.de/-/media/files/geschaeftspartner/regelwerke/de/boersenordnung-der-bwwb/fassungen/201030_boersenordnung (Abrufdatum: 31. März 2021).

die laufende Handelbarkeit für private Anleger ermöglicht werden sollte (vgl. §§ 74 Abs. 3, 77 BörsO BWWB a.F.). Zusätzliche Emittentenpflichten sah das Regelwerk aber nicht vor. *Bondm*, ein besonderes Handelssegment für Anleihen mittelständischer Unternehmen, zeichnete sich demgegenüber durch zusätzliche Transparenz- und Publizitätspflichten der gelisteten Emittenten aus. Neben der Veröffentlichung von aktualisierten Unternehmensratings (vgl. § 51 Abs. 3 Nr. 3 AGB Freiverkehr BWWB a.F.), musste sich der Anleiheemittent für die Dauer der Notierung seiner Wertpapiere in *Bondm* auch durch einen *Bondm*-Coach unterstützen lassen (vgl. § 51 Abs. 3 Nr. 1 AGB Freiverkehr BWWB). Die segmentspezifische Pflichtenintensivierung war auf vertraglicher Grundlage zulässig, da *Bondm* strukturell als Teil des Stuttgarter Freiverkehrs organisiert war (vgl. Präambel IX. Abschnitt der AGB Freiverkehr BWWB a.F.).

2. *Freiverkehr Plus*

Entsprechendes gilt für den *Freiverkehr Plus*, geregelt in den §§ 36 ff. der AGB Freiverkehr BWWB; hierbei handelt es sich um ein spezielles Handelssegment für Aktien oder Aktien vertretende Zertifikate mittelständischer Unternehmen im Freiverkehr der Stuttgarter Wertpapierbörse. Der Freiverkehr Plus zeichnet sich, so die Präambel des Regelwerks, „durch ein über die übrigen Regelungen des Freiverkehrs hinausgehendes Mindestmaß an Publizität und Transparenz aus", indem „der Aspekt der transparenten Unternehmenskommunikation berücksichtigt [wird], um den Investoren die Anlageentscheidung zu erleichtern".[678] Das Folgepflichtenregime entspricht ganz überwiegend dem des Prime Standards im regulierten Markt der Frankfurter Wertpapierbörse (vgl. § 38 AGB Freiverkehr BWWB), insbesondere sind periodische Publizitätspflichten auch in englischer Sprache zu erfüllen und ein Finanzkalender mit den Daten der Hauptversammlung, einer Bilanzpressekonferenz sowie einer Analystenveranstaltung zu veröffentlichen.[679] Eine quartalsweise Berichtspflicht besteht hingegen nicht. Voraussetzung für die Aufnahme in das Handelssegment *Freiverkehr Plus* ist außerdem, dass der Emittent einen von der BaFin gebilligten

---

678 S. die Präambel zu Kapital VI. der Geschäftsbedingungen für den Freiverkehr an der Baden-Württembergischen Wertpapierbörse Stand: 03. August 2020, abrufbar unter https://www.boerse-stuttgart.de/-/media/files/geschaeftspartner/regelwerke/de/geschaeftsbedingungen-fuer-den-freiverkehr/fassungen/200803_geschaeftsbedingungen-freiverkehr.ashx?la=de-de&hash=1BFC09BFE265F5F19A99565EBBD89B20 (Abrufdatum: 31. März 2021).

679 Zu den teilbereichsspezifischen Folgepflichten im Einzelnen unten Kapitel 5 § 1 II.

Wertpapierprospekt veröffentlicht hat. Eines Prospekts bedarf es allerdings nicht, wenn die betreffenden Aktien oder Aktien vertretenden Zertifikate bisher im regulierten Markt der Börse gehandelt wurden und die Aufnahme in den Freiverkehr Plus im Zusammenhang mit einem Delisting der Aktien oder Aktienzertifikate im regulierten Markt und einem Downgrading in den Freiverkehr steht (vgl. § 36 Abs. 3 AGB Freiverkehr BWWB). Aufgrund der Regulierung als Teilausschnitt des Freiverkehrshandels sind die Emittenten des *Freiverkehr Plus* indes nicht dazu verpflichtet, auch das öffentlich-rechtliche Börsenzulassungsverfahren zu durchlaufen. Dabei wäre im Unterschied zu den ehemaligen Bond-Segmenten sogar eine Regulierung des *Freiverkehr Plus* auf der Grundlage des § 42 BörsG und eine Überführung in den regulierten Markt möglich.

III. Börse Berlin

Vergleichsweise einfach strukturiert kommen demgegenüber die Handelsplätze der Berliner Börse daher, die aber unterschiedlich ausgerichtete elektronische Handelsplattformen anbietet: *Equiduct* ermöglicht die Preisfeststellung in europäischen Standardwerten, die an der Berliner Börse zum Handel in den regulierten Markt oder Freiverkehr einbezogen worden sind, in verschiedenen Handelsarten, zum Beispiel in einem elektronischen Orderbuch, kombiniert mit einem quote-driven Market-Maker-System. Daneben orientiert sich die *Xontro*-Plattform als Referenzsystem innerhalb der Handelszeiten an den in Xetra ermittelten Börsenpreisen und erlaubt auf diese Weise über unterschiedliche Orderarten wie Market oder Limit, „Stop Buy“ oder „Stop Loss“-Orders eine Auftragsausführung zu einem Preis, der sich möglichst nah an dem innerhalb eines besonders liquiden Marktes bestimmten Kurs bewegt. Auch in Berlin bleibt der regulierte Grundmarkt unsegmentiert.

1. BSRM – Berlin Second Regulated Market

Eine börsenorganisatorische Segmentierung findet sich allein im Berliner Freiverkehr in Form des *Berlin Second Regulated Market* (*BSRM*). Die Börsengeschäftsführung kann den *BSRM* gemäß § 54 BörsO Berlin[680] als Teil des Freiverkehrs einrichten. Die Teilnahme am Handel und die Einbeziehung von Finanzinstrumenten im Sinne von § 2 Abs. 4 WpHG in den *BSRM* werden

680 Börsenordnung der Berliner Börse vom 17. Dezember 2018, abrufbar unter https://www.boerse-berlin.de/data/files/boerse_berlin_boersenordnung_dezember_2018.pdf (Abrufdatum: 31. März 2021).

gemäß § 54 Abs. 2 BörsO Berlin näher in den von der Börse Berlin AG zu erlassenden Geschäftsbedingungen für den Freiverkehr ausgestaltet, während der *BSRM* in § 17 AGB Freiverkehr Berlin als *Teilbereich* überschrieben und näher ausgestaltet wird.[681]

Konzeptionell steht der *BSRM* nur für ein Zweitlisting von bereits an einem anderen nationalen regulierten oder gleichwertigen ausländischen organisierten Markt zugelassenen Finanzinstrumenten zur Verfügung (vgl. § 17 Abs. 1 AGB Freiverkehr Berlin). Dieser Heimatmarkt muss stets *regulated market* im Sinne der MiFID II sein. Der *BSRM* steht also ausschließlich für den Handel in solchen Werten zur Verfügung, die mindestens an einer anderen Börse oder einem organisierten Markt im Ausland das öffentlich-rechtliche Marktzulassungsverfahren durchlaufen haben; hier ist der Handel also, anders als in den Grundstrukturen des Freiverkehrs (§ 16 Abs. 1 AGB Freiverkehr Berlin), nicht in solchen Werten möglich ist, die entweder überhaupt nicht börsennotiert oder nur in einen anderen Freiverkehr oder ein sonstiges MTF einbezogen wurden. § 54 Abs. 1 S. 2 BörsO Berlin deklariert daher den *Berlin Second Regulated Market* ungeachtet seiner börsenorganisatorischen Lokalisierung innerhalb des Freiverkehrs auch als *regulated market* im Sinne der MiFID II und gibt dadurch Anlass zu einigen weitergehenden Ausführungen.

2. *Börsenorganisatorische Einordnung des BSRM*

An den Heimatmarkt der in den *BSRM* einzubeziehenden Wertpapiere werden in der Berliner Börsenordnung nur insoweit Anforderungen gestellt, als es sich hierbei um einen *regulated market* i.S.d. MiFID II handeln muss, die Wertpapiere also zu (irgend-)einem regulierten Börsenmarkt im Inland bzw. einem organisierten Markt im Anwendungsbereich der MiFID II zugelassen sein müssen. Damit schließt die Vorschrift der Geschäftsbedingungen für den Freiverkehr an der Börse Berlin zwar auch den regulierten Markt der Berliner Börse selbst als Heimatmarkt nicht ausdrücklich aus, sodass die Konstellation denkbar ist, in der Wertpapiere zum Berliner regulierten Markt zugelassen worden sind, sodann aber in den *BSRM* einbezogen werden. Allerdings wird man mit Blick auf den vorangestellten § 53 der Berliner Börsenordnung und einem Umkehrschluss zu § 54 annehmen können, dass Heimatmarkt i.S.d. § 54 Abs. 1 S. 1 BörsO Berlin jeder regulierte Markt *mit Ausnahme* des Berliner Börsenmarktes

681 Die Geschäftsbedingungen für den Freiverkehr an der Börse Berlin sind abrufbar unter http://www.boerse-berlin.de/data/files/boerse_berlin_geschaeftsbedingungen_fuer_den_freiverkehr_november_2012.pdf (Zuletzt abgerufen am 31. März 2021).

sein kann. Der *BSRM* gerät dadurch auch nicht in Konflikt mit dem Verbot der Parallelnotierung und erfüllt lediglich eine Auffang- bzw. die ihm zugedachte Zweitmarktfunktion. Diese Zweitmarktfunktion kann freilich nicht nur der Freiverkehrshandel erfüllen, sondern, nach näherer Maßgabe von § 33 BörsG, auch der regulierte Markt selbst.[682] Eine solche Einbeziehung in den regulierten Markt der Berliner Börse meint wohl auch § 17 AGB Freiverkehr Berlin. Insofern ist der *BSRM* in der Tat geregelter Markt im Sinne des europäischen Kapitalmarktorganisationsrechts (vgl. § 54 Abs. 1 S. 2 BörsO Berlin). Zu einem „Teil des Freiverkehrs", wie § 54 Abs. 1 S. 1 der Börsenordnung bestimmt, wird der *BSRM* erst dann, wenn die Voraussetzungen für eine Einbeziehung in den regulierten Markt nachträglich wegfallen und die Geschäftsführung der Berliner Börse die Einbeziehung widerrufen hat. Das ergibt sich aber nicht erst aus § 17 Abs. 2 S. 1 AGB Freiverkehr Berlin, sondern folgt bereits aus dem in § 33 Abs. 4 S. 2 BörsG enthaltenen Verweis auf § 39 Abs. 1 BörsG; hiernach nämlich kann die Geschäftsführung der Börse die Einbeziehung widerrufen (vgl. § 33 Abs. 4 S. 2 BörsG), wenn ein ordnungsgemäßer Börsenhandel auf Dauer nicht mehr gewährleistet ist und die Geschäftsführung die Notierung im regulierten Markt eingestellt hat.[683] Dann jedenfalls kann über den Fortbestand der Einbeziehung in den Freiverkehrshandel, d.h. die Einbeziehung der Wertpapiere nach § 48 Abs. 1 BörsG, gesondert entschieden werden (§ 17 Abs. 2 S. 3 AGB Freiverkehr Berlin). Auf diese Weise eröffnet der *BSRM* als echter Zweitmarkt in Berlin den Handel in börsenplatzfremden Wertpapieren ganz unabhängig von dem Fortbestand der Zulassung der Wertpapiere zum Handel im regulierten Markt einer anderen Börse.

IV. Börse Düsseldorf

Auch in Düsseldorf gelten unterschiedliche Transparenzstandards innerhalb des Freiverkehrshandels.

---

682 *Foelsch/Wittmann*, in: Hellner/Steuer, BuB, Rn. 7/598a.

683 Der zweite Halbsatz des § 39 Abs. 1 BörsG spielt für den Verweis in § 33 Abs. 4 S. 2 BörsG hingegen keine Rolle, da für den Emittenten, dessen Wertpapiere in den regulierten Markt einbezogen worden sind, aus der Einbeziehung keine Folgepflichten resultieren, die er an dieser Börse missachten könnte.

1. *Der Primärmarkt als freiverkehrliches Sondersegment an der Börse Düsseldorf*

Der *Primärmarkt*, geregelt in Abschnitt IV und den §§ 12 ff. der Geschäftsbedingungen der Börse Düsseldorf AG für den Freiverkehr an der Börse Düsseldorf,[684] stellt ein besonderes Marktsegment für die Eigen- und Fremdkapitalaufnahme von Unternehmen und Kreditinstituten dar, das dem Handel in Aktien, Anleihen oder hybriden Finanzinstrumenten offensteht. Im *Primärmarkt*[685] der Börse Düsseldorf müssen Emittenten „besondere Publizitätsstandards" einhalten „und den Anleger fortlaufend mit allen wichtigen Informationen rund um das Unternehmen [...] versorgen." Das Segment, so wirbt die Düsseldorfer Börse, kennzeichne deshalb eine „verbesserte Risikotransparenz".[686] Wesentlicher Baustein der Segmentstruktur ist die Notierungsunterstützung des Emittenten durch einen Kapitalmarktpartner (vgl. § 12 AGB Freiverkehr Düsseldorf). Als Kapitalmarktpartner können Unternehmen zugelassen werden, die Dienstleistungen erbringen, die im Rahmen von Erstemission und Folgeplatzierungen von Wertpapieren relevant sind und die einen entsprechenden Vertrag mit dem Börsenträger, der BÖAG Börsen AG, abgeschlossen haben (§ 12 Abs. 1, 2 S. 1 AGB Freiverkehr Düsseldorf). Der Kapitalmarktpartner soll das Unternehmen insbesondere bei der Befolgung der segmenteigenen Zulassungsfolgepflichten unterstützen (vgl. §§ 12 Abs. 1 S. 2, 14 Abs. 4 AGB Freiverkehr Düsseldorf). In den *Primärmarkt* aufgenommen werden können Wertpapiere nur auf gemeinsamen Antrag eines Emittenten und eines Kapitalmarktpartners (§ 14 Abs. 1 S. 1, 2 AGB Freiverkehr Düsseldorf). Die Einbeziehung setzt außerdem die Vorlage diverser Unterlagen voraus:[687] Neben einem von der BaFin gebilligten Wertpapierprospekt in deutscher und englischer Sprache (den der Emittent jedenfalls dann

---

684 Die Geschäftsbedingungen, Stand: 10. Januar 2019, sind abrufbar unter www.boerse-duesseldorf.de/dieboerse/informationen/regelwerke (zuletzt abgerufen am 31. März 2021).

685 So die Bezeichnung auf www.primaermarkt.de (zuletzt abgerufen am 8. Dezember 2020). Nur klarstellend sei hier angemerkt, dass es sich freilich nicht um den IPO-Markt an der Düsseldorfer Börse handelt. Der *Primärmarkt* ergänzt das Segment *Sekundärmarkt* an der Börse Düsseldorf und ist wie dieses Teil des börslichen Zirkulationsmarktes.

686 So die Pressemitteilung der Börse Düsseldorf, abrufbar unter www.primaermarkt.de/pressemitteilungen?id=1250 (zuletzt abgerufen am 31. März 2021).

687 §§ 12, 14 der Geschäftsbedingungen für den Freiverkehr der Börse Düsseldorf. Dem Kapitalmarktpartner kommt gem. § 14 Abs. 4 außerdem eine Überwachungsfunktion zu.

doppelverwerten können soll, wenn er bereits zum regulierten Markt der Düsseldorfer Börse zugelassen worden ist), ist die Vorlage eines aktuellen Handelsregisterauszugs, des aktuellen Gesellschaftsvertrags und der letzten drei Jahresabschlüsse oder der die Jahresabschlüsse ersetzenden Konzernabschlüsse erforderlich.[688] Zusätzlich muss der Emittent eine Erklärung unterzeichnen, in der er sich unwiderruflich zur Einhaltung der Folgepflichten gem. § 18 der Geschäftsbedingungen für den Freiverkehr für die Dauer der Aufnahme seiner Wertpapiere in den Primärmarkt verpflichtet und zukünftigen Änderungen der Geschäftsbedingungen durch die Börse Düsseldorf AG zustimmt.[689] Weitere der Börse vorzulegende Datenblätter mit Informationen über den Emittenten, die Geschäftsführung der Gesellschaft, die Verwendung des Emissionserlöses, einer Kurzbeschreibung des operativen Geschäfts sowie diversen Finanzkennzahlen des Emittenten vervollständigen die umfangreichen, gleichwohl nicht abschließend[690] genannten Antragsunterlagen.[691] Für die Dauer der Aufnahme ihrer Wertpapiere in den Primärmarkt unterwirft sich der Emittent weitreichenden Folgepflichten.[692] Satzungsänderungen und Kapitalmaßnahmen sind ebenso wie sonstige für die Preisermittlung wesentliche Umstände fortlaufend offenzulegen, unabhängig von der Ad-hoc-Publizitätspflicht des Emittenten. Die periodischen Publizitätspflichten im *Primärmarkt* beinhalten außerdem die Veröffentlichung von Jahresfinanz-, Lage- und Halbjahresfinanzberichten sowie die Verpflichtung, am Anfang eines jeden Geschäftsjahres einen Unternehmenskalender zu publizieren. § 14 des Regelwerks erklärt außerdem die Zulassung der Wertpapiere zum regulierten Markt der Börse Düsseldorf zu einer Voraussetzung für die Aufnahme der Wertpapiere in den Handel innerhalb des Freiverkehrs

---

688 Existiert der Emittent noch keine drei Jahre, so sind statt der Jahres-, bzw. Konzernabschlüsse ein Gründungsprüfungsbericht und die Eröffnungsbilanz vorzulegen, § 14 Abs. 2 Nr. 4 der Geschäftsbedingungen für den Freiverkehr der Börse Düsseldorf.

689 Den Geschäftsbedingungen für den Freiverkehr der Börse Düsseldorf ist als Anhang 1 ein formularmäßiges Muster einer „Erklärung zur Einhaltung der Verpflichtungen gemäß den Geschäftsbedingungen der Börse Düsseldorf AG für den Freiverkehr an der Börse Düsseldorf“ beigefügt.

690 So kann die Geschäftsführung die Einreichung weiterer Unterlagen und ergänzende Angaben verlangen, wenn diese für ihre Entscheidung oder für eine ausreichende Unterrichtung des Publikums erforderlich sind, § 14 Abs. 3 der Geschäftsbedingungen für den Freiverkehr der Börse Düsseldorf.

691 Vollständige Auflistung in § 14 Abs. 2 der Geschäftsbedingungen für den Freiverkehr der Börse Düsseldorf.

692 § 18 der Geschäftsbedingungen für den Freiverkehr der Börse Düsseldorf.

im Sondersegment *Primärmarkt*. Alternativ genügt auch die Einbeziehung der Wertpapiere in den freiverkehrlichen *Sekundärmarkt* der Börse Düsseldorf, geregelt in den §§ 8 ff. der Geschäftsbedingungen für den Freiverkehr. Einbeziehungsfähig sind hier Wertpapiere, die bereits an einem anderen regulierten Markt zugelassen sind und gehandelt werden. Handelt es sich um Anleihen oder Genussscheine, so sind diese einbeziehungsfähig, wenn andere Wertpapiere des Emittenten bereits zum regulierten Markt der Börse Düsseldorf zugelassen worden sind. Insofern besteht auch hier ein Link zum regulierten Börsenmarkt, der aber den freiverkehrlichen Sekundärmarkt in seiner Ausgestaltung noch nicht als hybride Marktstruktur qualifiziert. Die Verknüpfung mit dem regulierten Markt fehlt nur dann, wenn die Wertpapiere in den allgemeinen Freiverkehr einbezogen worden sind und fortan im Primärmarkt der Börse gehandelt werden sollen. Umgekehrt weist der Primärmarkt eine hybride Marktstruktur auf, wenn sich der Zugang zu dem freiverkehrlichen Sondersegment in Widerspruch zu § 48 Abs. 1 S. 1 BörsG, der das Verbot der Parallelnotierung[693] beinhaltet, über eine Zulassung der Wertpapiere zum regulierten Markt der Düsseldorfer Börse vollziehen soll.[694]

2. *Der freiverkehrliche Sekundärmarkt der Börse Düsseldorf als Listingalternative*

Einbeziehungsfähig in das Segment *Sekundärmarkt* sind gem. § 8 Abs. 1 S. 1 AGB Freiverkehr Düsseldorf Wertpapiere, die zum Zeitpunkt der Antragstellung bereits an einer anderen inländischen Börse zum regulierten Markt zugelassen oder an einem ausländischen organisierten Markt im Sinne des § 2 Abs. 11 WpHG gehandelt werden. Darüber hinaus können gem. S. 2 Anleihen und Genussscheine gehandelt werden, wenn bereits ein anderes, von demselben Emittenten ausgegebenes Wertpapier zum regulierten Markt der Düsseldorfer Börse zugelassen worden ist oder in das freiverkehrliche Sondersegment *Primärmarkt* einbezogen wurde oder, schließlich, Wertpapiere desselben Emittenten bereits im *Sekundärmarkt* gehandelt werden. Da die Einbeziehung nicht zugelassener Anleihen und Genussscheine unter bestimmten Voraussetzungen grundsätzlich möglich ist, handelt es sich bei dem Sekundärmarkt aber nicht um

---

693 Dazu bereits oben Kapitel 2 § 1 I.1.

694 Wenn § 19 Abs. 5 AGB Freiverkehr Düsseldorf bestimmt, dass nach dem Widerruf der Aufnahme eines Wertpapiers in den Primärmarkt der Handel von Amts wegen innerhalb des allgemeinen Freiverkehrs fortzusetzen ist, verdeutlicht dies den Konflikt mit der in § 48 Abs. 1 S. 1 BörsG getroffenen Regelung.

einen *regulated market* im Sinne der MiFID II. Der Aufnahmeantrag kann gem. § 9 Abs. 1 AGB Freiverkehr Düsseldorf nur von einem zum Handel an der Börse Düsseldorf zugelassenen Handelsteilnehmer gestellt werden; die Zustimmung des Emittenten zur Einbeziehung seiner Wertpapiere ist gem. § 10 Abs. 2 der AGB nicht erforderlich. Das hat zur Folge, dass mit der Segmentaufnahme keine Pflichtenintensivierung für den Emittenten verbunden sein kann und es sich bei dem Sekundärmarkt um einen echten freiverkehrlichen Zweitmarkt für andernorts börsennotierte Werte handelt.

V. Börse München

Aus München ist das Segment *m:access* bekannt, das zwar schon seit 2005 besteht,[695] dessen Struktur zuletzt aber einige börsenorganisationsrechtlich relevante Veränderungen durchlaufen hat.[696] Dabei wurde das eigenständige Regelwerk des Sondersegments in die allgemeinen Geschäftsbedingungen für den Freiverkehr an der Börse München integriert. Das Segment soll der Finanzierung mittelständischer Unternehmen über den öffentlichen Kapitalmarkt dienen und steht dem Handel in Aktien und Anleihen offen, die gem. § 48 Abs. 1 S. 1 BörsG nicht bereits zum regulierten Markt der Börse München zugelassen worden sind (§ 7 Abs. 1 lit. c) AGB Freiverkehr München).[697] Die Einbeziehung in *m:access* muss gem. § 13 Abs. 1 AGB Freiverkehr München von einem an der Börse München zugelassenen Emissionsexperten mit Genehmigung des Emittenten beantragt werden. Die Notierungsfolgepflichten von Emittenten von Aktien in § 14 AGB Freiverkehr München stimmen teilweise mit den Zulassungsfolgepflichten des Prime Standards für Aktien und Aktien vertretende Zertifikate der Frankfurter Wertpapierbörse überein,[698] teils gehen sie sogar

---

695 *Struwe*, in: Handelsblatt v. 7. September 2008, „Neuer Handelsplatz ‚M:Access' – Die Börse entdeckt den Mittelstand".

696 Geschäftsbedingungen für den Freiverkehr an der Börse München, Stand: 03. Januar 2018, abrufbar unter www.boerse-muenchen.de/organisation/regelwerke (zuletzt abgerufen am 31. März 2021).

697 §§ 14, 15 AGB Freiverkehr München.

698 So etwa der unterjährige Emittentenbericht, der sechs Monate nach Veröffentlichung des Jahresabschlusses veröffentlicht werden soll, § 14 Abs. 2 lit. (b); die Veröffentlichung eines Unternehmenskalenders, § 14 Abs. 2 lit. (d) und die Teilnahme an einer Analystenkonferenz, § 14 Abs. 2 lit. (e). Im Unterschied zum Prime Standard für Aktien und Aktien vertretende Zertifikate sind Veröffentlichungen aber nur in deutscher Sprache zu tätigen.

darüber hinaus,[699] wodurch ein erhöhter Transparenzstandard für das Investorenpublikum geschaffen werden soll.

Nicht immer aber konnte *m:acess* ohne Weiteres dem Münchener Freiverkehrshandel zugeordnet werden. Bis zu einer Änderung des Regelwerks im Juli 2016 konnten neben Freiverkehrsemittenten nämlich auch Emittenten, deren Wertpapiere zum regulierten Markt der Börse München zugelassen worden waren, den Zugang zu *m:access* beantragen.[700] Dabei sollte das segmenteigene Regelwerk von *m:access* für beide Emittentengruppen gleichermaßen gelten, *m:access* also als gemeinsames Sondersegment für den Handel in Werten des regulierten Marktes und des Freiverkehrs zur Verfügung stehen[701] und in marktorganisationsrechtlicher Hinsicht *zwischen* den börsengesetzlichen Handelsplätzen anzusiedeln sein.[702] Einen Teilbereich im Sinne von § 42 BörsG stellte das Segment freilich schon wegen der Zugangsmöglichkeit für Emittenten unterschiedlicher Wertpapierarten nicht dar. Vielmehr sollten Emittenten des regulierten Marktes zur Befolgung des privatrechtlich verfassten Regelwerks verpflichtet sein, ohne dass zugleich die Preisfeststellung in Werten des regulierten Marktes in den Freiverkehrshandel verlagert werden sollte und die Papiere in unterschiedlichen Handelsplätzen parallel notierten. Die Börse München nutzte auf diese Weise also privatrechtliche Handlungsformen, um einen Ausschnitt des regulierten Börsenmarktes auszugestalten.[703] Dieser Zustand börsenorganisationsrechtlicher Indifferenz ist schließlich infolge einer Änderung des Regelwerks am 1. Juli 2016 beseitigt worden. Nicht länger haltbar erscheint

699 So sind etwa die Kernaussagen des geprüften Jahresabschlusses in einer Pressemitteilung zu veröffentlichen, § 14 Abs. 2 lit. (a). Gem. § 14 Abs. 3 *soll* außerdem jährlich eine Investorenkonferenz durchgeführt werden. Der begleitende Emissionsexperte hat zudem gemäß § 17 Abs. 3 dafür Sorge zu tragen, dass der Emittent den Publizitätsverpflichtungen aus § 14 Abs. 2, bzw. § 15 Abs. 2 jedenfalls innerhalb des ersten Jahres ab Notierungsaufnahme nachkommt.

700 Vgl. das damals noch eigenständige Regelwerk für das Marktsegment m:access an der Börse München, Stand: 17. Dezember 2013.

701 §§ 12, 13 des Regelwerks m:access, Stand: 17. Dezember 2013.

702 Vgl. *Storm*, Alternative Freiverkehrssegmente, 27 („lässt aber auch den regulierten Markt als Grundlage für seine Notierung zu“) sowie die Grafik bei *Schanz*, Börseneinführung, § 11 Rn. 59; wohl auch *Müller-Michaels/Wecker*, Finanz Betrieb 11/2005, 736 (742).

703 Dieses Regulierungsmuster findet sich heute noch im Frankfurter *Prime Standard für Unternehmensanleihen*. Zur Unzulässigkeit einer solchen Segmentregulierung noch weiter unten Kapitel 4 § 4.

nunmehr, *m:access* zwischen reguliertem Markt und Freiverkehr verorten zu wollen, nachdem die Börse München das Segment vollständig in die freiverkehrlichen Geschäftsbedingungen integriert und damit zugleich klargestellt hat, dass *m:access* auch marktorganisatorisch einen Ausschnitt des Freiverkehrshandels darstellt. Teilbereiche des regulierten Marktes gibt es auch in München nicht.

VI. Hanseatische Wertpapierbörse Hamburg und die Börse Hannover

Die einheitliche Trägerschaft der Börsen in Hamburg und Hannover durch die BÖAG Börsen AG erlaubt abschließend eine einheitliche Betrachtung der beiden Börsenplätze.[704] Die Regelwerke stimmen in wesentlichen Teilen, insbesondere für den jeweils eingerichteten Freiverkehrshandel, überein. Teilbereiche innerhalb des regulierten Marktes werden an keiner der beiden Börsen betrieben.

1. *Mittelstandsbörse Deutschland in Hamburg und Hannover*

In den Freiverkehren beider Börsen findet sich das Sondersegment *Mittelstandsbörse Deutschland*, das sich nach § 12 der AGB Freiverkehr Hamburg[705] durch „ein über die übrigen Regelungen des Freiverkehrs hinausgehendes Maß an fortlaufender Transparenz und Publizität" auszeichnet und in dem sowohl Aktien, als auch Unternehmensanleihen gehandelt werden können; die nachfolgende Betrachtung beschränkt sich deshalb auf die Börse in Hamburg. Unternehmen des Mittelstands verpflichten sich hier gegenüber dem Börsenträger als Betreiber des Freiverkehrs, „ein über die übrigen Regelungen des Freiverkehrs hinausgehendes Maß an fortlaufender Transparenz und Publizität einzuhalten" (§ 12 AGB Freiverkehr Hamburg). Der Emittent muss sich im Rahmen der Antragstellung und für die Dauer seiner Notierung von einem an der Hamburger Börse zur Teilnahme am Börsenhandel zugelassenen Unternehmen unterstützen lassen (vgl. § 13 AGB Freiverkehr Hamburg). Dieser Handelsteilnehmer verpflichtet sich gem. § 17 Abs. 1 lit. g) AGB Freiverkehr Hamburg gegenüber der Börse, dafür Sorge zu tragen, dass der Emittent für die Dauer der Notierung in der

704 Die BÖAG Börsen AG ist daneben auch Börsenträger der Börse Düsseldorf. Der Handelsplatz unterscheidet sich aber in vielfacher Hinsicht von denen in Hamburg und Hannover.

705 Die AGB für die Freiverkehre der Börsen Hamburg und Hannover, Stand jeweils August 2017, sind abrufbar unter https://www.boersenag.de/Regelwerke (Abrufdatum: 31. März 2021).

Mittelstandsbörse Deutschland den segmentspezifischen Zulassungsfolgepflichten nachkommt. Jeder Wert ist von einem im Rahmen des Antragsverfahrens zu benennenden Spezialisten zu betreuen, der durch das permanente Bereitstellen aktueller Kauf- und Verkaufsofferten für ausreichend Liquidität in dem Segment sorgen soll (vgl. § 18 AGB Freiverkehr Hamburg). Emittenten der Mittelstandsbörse sind außerdem zur Veröffentlichung eines geprüften Jahresabschlusses, zur Übermittlung eines Zwischenberichts an die Börse sowie – noch auf vertraglicher Grundlage – zur Veröffentlichung und Mitteilung kursrelevanter Tatsachen verpflichtet (vgl. §§ 20, 21 AGB Freiverkehr Hamburg).

2. *Der High Risk Market im Freiverkehr der Hanseatischen Wertpapierbörse Hamburg*

Nur im Freiverkehr der Hamburger Börse findet sich neben der Mittelstandsbörse der *High Risk Market*, geregelt in den §§ 23 ff. der AGB für den Freiverkehr. Gehandelt werden können hier Wertpapiere (vornehmlich Aktien und Unternehmensanleihen), die an keinem regulierten Markt im In- oder einem vergleichbaren organisierten Markt im Ausland zugelassen worden sind, insbesondere also zu keinem Zeitpunkt das Zulassungsverfahren der §§ 32 ff. BörsG durchlaufen haben und die deshalb vor allem keine Einbeziehungsfolgepflichten und nur erheblich reduzierte Publizitätspflichten im Allgemeinen erfüllen müssen.[706] Das Segment ist als echtes freiverkehrliches Sondersegment zu qualifizieren. Einbezogen werden können Wertpapiere von Unternehmen, die nach Auffassung des Freiverkehrsausschusses ein erhöhtes Risikoprofil aufweisen (vgl. § 23 AGB Freiverkehr Hamburg). Der Antrag auf Aufnahme in den *High Risk Market* kann von einem zum Börsenhandel zugelassenen Wertpapierdienstleistungsunternehmen gestellt werden, das sich zugleich gegenüber der Geschäftsführung der Börse dazu verpflichtet, die für die Einbeziehung und den Handel notwendigen Informationen über das Unternehmen bereitzustellen (§ 24 AGB Freiverkehr Hamburg). Für den Emittenten folgen aus der Notierung in dem Sondersegment die in § 26 der AGB genannten Folgepflichten; er hat bspw. einen Finanzkalender und ein jährlich aktualisiertes Unternehmenskurzporträt zu veröffentlichen (vgl. § 26 Abs. 1 lit. d), e) AGB Freiverkehr Hamburg). Der Freiverkehrsausschuss kann die Aufnahme eines Emittenten in den *High Risk Market* jederzeit, auch ohne dafür Gründe anzugeben und insbesondere dann, wenn der Emittent die segmenteigenen Folgepflichten missachtet hat, kündigen (vgl. § 27 Abs. 1 S. 1, 2 AGB Freiverkehr Hamburg). Gem. § 27 Abs. 2 der AGB

---

706 Vgl. auch *Meyer*, in: Marsch-Barner, Hdb. börsennotierte AG, Rn. 7.48b.

bewirkt eine Beendigung der Aufnahme des Emittenten in den *High Risk Market* zugleich die Beendigung der Einbeziehung in den freiverkehrlichen Grundmarkt.

VII. Zusammenfassung: Strukturelle Gemeinsamkeiten der freiverkehrlichen Sondersegmentregulierung

Anhand der vorstehenden Umschau wird deutlich, dass sich die autonome Regelsetzung der Börsen zur Segmentierung der von ihnen betriebenen Handelsplätze unverändert auf den Freiverkehrshandel konzentriert, während weitere Teilbereiche i.S.v. § 42 BörsG außerhalb des regulierten Marktes der Frankfurter Wertpapierbörse an keiner der Regionalbörsen eingerichtet worden sind.[707] Hier findet sich in den Freiverkehren dafür eine mitunter filigrane Marktsegmentierung in Form von unterschiedlichen Transparenzstandards und Anforderungsprofilen, die teils der Visibilität des Segments dienen sollen, indem ein Kontrast gegenüber dem freiverkehrlichen Grundmarkt etabliert wird (bspw. der *Freiverkehr Plus*), teils aber auch auf die Bedürfnisse des Handels einer konkreten Wertpapierart oder Emittentenkategorie zugeschnitten sind (bspw. die *Mittelstandsbörse Deutschland* in den Freiverkehren der Börsen Hamburg und Hannover).

Mit der Marktkategorie des KMU-Wachstumsmarktes hat auch der europäische Kapitalmarktgesetzgeber erstmals eine weitergehende Differenzierung des Freiverkehrs, einem MTF in den Kategorien des europäischen Kapitalmarktrechts, anerkannt. Die unterschiedlichen Erscheinungsformen der Segmentierung der börslichen Handelsplätze, etwa der Prime Standard als Teilbereich und der *High Risk Market* als freiverkehrliches Sondersegment, lassen sich, aus einem funktionalen Betrachtungswinkel, als die Extrempunkte auf einem Barometer zur Darstellung einer segmentspezifischen Regulierungsdichte beschreiben, denen, ausgerichtet an unterschiedlichen Emittenten- und Investorenbedürfnissen, zwar in ihrem jeweiligen Regulierungsbestand antinomische Konzepte zugrunde liegen, die aber schlussendlich das Marktprofil – aus einer abstrahierenden Perspektive – *verfeinern* und dadurch insgesamt für mehr Unternehmen attraktiv machen.[708] Sie verwirklichen dadurch letztendlich die bereits im Zusammenhang mit der 122. Begründungserwägung der MiFID II und den Erläuterungen der ESMA betreffend die Regulierung besonderer KMU-Wachstumsmärkte angedeutete Regulierungsstrategie des europäischen Kapitalmarktrechts in Form von proportionalen Anforderungsprofilen in

---

707 *Seiffert*, in: Kümpel/Mülbert/Früh/Seyfried, Bank- und Kapitalmarktrecht, Rn. 14.323 betont, dass sich die regulatorische Ausgestaltung des Freiverkehrshandels an der Regulierung des öffentlich-rechtlichen Handelsplatzes orientiert.

708 So auch bei *Bröcker*, in: Claussen, Bank- u. Börsenrecht, § 6 Rn. 42.

den Marktsegmenten des börslichen Wertpapierhandels.[709] Auf diese Weise können einer Vielzahl von Emittentenkategorien, denen regelmäßig auch die adäquate Vermarktung des Segments durch den Betreiber des Handelsplatzes angeboten wird, unterschiedliche, aber im Einzelfall kompatible Anschlussmöglichkeit an den börslichen Kapitalmarkt angeboten werden. Insofern deutet sich bereits an, dass die Segmentierung börslicher Handelsplätze keinen Selbstzweck verfolgt.

Die Sondersegmente des Freiverkehrshandels weisen im Übrigen einige börsenplatzübergreifende Gemeinsamkeiten auf, die über vergleichbare Publizitätsleistungspflichten hinausgehen; das sind zum einen die materiellen Segmentzugangsvoraussetzungen, insbesondere die Begleitung des Listings durch einen Handelsteilnehmer oder ein Kredit- oder Finanzdienstleistungsinstitut (unten Kapitel 2 §2 VII.1.) und zum anderen die begrenzte Wirkkraft segmentspezifischer Sanktionsmechanismen, die die grundmarktlichen Belange des Emittenten grundsätzlich unberührt lassen (unten Kapitel 2 §2 VII.2.). Beide Aspekte sollen noch an späterer Stelle mit den Elementen der Teilbereichsregulierung abgeglichen werden, um die Leistungsfähigkeit des börslichen Satzungsrechts auf der Grundlage der Ermächtigungsgrundlage beurteilen zu können.

1. *Materielle Zugangsanforderungen, insbesondere Listingpartnerschaften*

In den Sondersegmenten des börslichen Freiverkehrshandels stellt die Begleitung des Emittenten durch einen Handelsteilnehmer oder ein auf andere Weise besonders qualifiziertes Finanzdienstleistungsunternehmen eines der wesentlichen Regulierungselemente zur Gestaltung der Anforderungsprofile dar.[710] Der *Kapitalmarktpartner*,[711]

709 Dazu oben Kapitel 1 § 2 I.2.a.

710 § 13 S. 2 AGB Freiverkehr Hamburg/Hannover bestimmt, dass die Antragsteller, also neben dem Emittenten auch der antragstellende Handelsteilnehmer, die Erfüllung der nachfolgend aufgeführten Emittentenpflichten sicherzustellen haben. Eine vergleichbare Regelung existiert in § 25 Abs. 2 lit. e) der AGB Freiverkehr Hamburg für den *High Risk Market*.

711 §§ 12 ff. AGB Freiverkehr Düsseldorf. Der Antrag auf Aufnahme in den Düsseldorfer *Primärmarkt* kann gem. § 14 der AGB nur gemeinsam mit einem vorher zu bestimmenden Kapitalmarktpartner gestellt werden, der das Unternehmen während der Dauer des Listings insbesondere bei der Befolgung der Zulassungsfolgepflichten unterstützen soll.

Coach,[712] *Emissionsexperte*[713] oder *Capital Markets Partner*[714] soll den Emittenten während des Antragsverfahrens und für die Dauer der Segmentzugehörigkeit, insbesondere hinsichtlich der ordnungsgemäßen Erfüllung segmentspezifischer Folgepflichten, unterstützen, die Befolgung des Regelwerks sicherstellen und somit insgesamt zur Stabilität des Segments beitragen.[715] Neben dem Emittenten steht dem Markt und auch der Börse zudem ein weiteres Haftungssubjekt zur Verfügung, was insbesondere im Falle materieller Einbußen infolge von Falschangaben im Zuge des Antragsverfahrens relevant werden könnte. Nur selten verzichten die Börsen deshalb bei der Regulierung ihrer freiverkehrlichen Sondersegmente darauf, materielle Verhaltensvorgaben im Rahmen des Einbeziehungsverfahrens zu statuieren. Nur für den *BSRM* der Berliner Börse lässt sich dies damit erklären, dass die Wertpapiere hier bereits zum Handel an einem anderen regulierten Markt zugelassen worden sind und die Zulassungsentscheidung und Überwachung im Rahmen dieser Parallelnotierung eine hinreichende Sicherheit und Seriosität der gelisteten Werte vermittelt. Bei Wachstums- oder Risikowerten verfolgt die Notierungsbegleitung noch einen weitergehenden Zweck. Hier geht es darum, Vertrauen der Marktteilnehmer in Segmentwerte und -konzept zu generieren und zum Schutz der Funktionsfähigkeit des gesamten Börsenplatzes langfristig zu erhalten. In besonderem Maße gilt dies, wenn der börsliche Handel in einem Segment auf Risikowerte – wie im *High Risk Market* der Hamburger Wertpapierbörse – ausgerichtet ist.

2. *Segmentbezogenheit besonderer Sanktionsmechanismen – Rückstufung und Segmentausschluss statt Zwangsdelisting*

Neben einer ähnlichen Gestaltung des Segmentzugangsverfahrens gleicht sich auch die Notierungsbeendigung in den besonderen Freiverkehrssegmenten in einem wesentlichen Punkt. Es fällt nämlich auf, dass sich der segmenteigene Sanktionsmechanismus in nahezu allen Fällen auf die Handelbarkeit der betroffenen Werte

712 § 41 AGB Freiverkehr Stuttgart. Hier müssen sich Emittenten in dem Anleihesegment *Bondm* bei der Einhaltung der segmentspezifischen Folgepflichten von einem *Bondm-Coach* unterstützen lassen.

713 §§ 3 f., 7 Regelwerk *m:access*. Ein Emissionsexperte begleitet die Unternehmen bei einem Listing in *m:access*.

714 §§ 17 Abs. 1 lit. a), 25 AGB Freiverkehr Frankfurt für den KMU-Wachstumsmarkt *Scale* im Freiverkehr der Frankfurter Wertpapierbörse.

715 Vgl. etwa § 41 Abs. 1 AGB Freiverkehr Stuttgart für den *Bondm-Coach* oder § 12 Abs. 2 AGB Freiverkehr Düsseldorf für den Kapitalmarktpartner im *Primärmarkt* der Börse Düsseldorf.

in dem jeweiligen Segment beschränkt, ein Segmentausschluss die Einbeziehung in den korrespondierenden Grundmarkthandel also grundsätzlich unberührt lässt.[716] Eine Ausnahme hiervon stellt die Regelung des *High Risk Markets* in Hamburg dar, weil die Rückstufung in den allgemeinen Freiverkehrshandel in der Marktwahrnehmung einem Aufstieg in der Segmenthierarchie gleichkäme. Hier entfällt deshalb im Falle einer Kündigung der Aufnahme durch die Börse auch die Einbeziehung in den freiverkehrlichen Grundmarkt (vgl. § 27 Abs. 2 AGB Freiverkehr Hamburg). Diese Ausnahme verdeutlicht, dass die Regulierung besonderer Segmente stets an der vorgefundenen gesetzgeberischen oder börslichen Regulierung anknüpft und eine Fortsetzung der Notierung deshalb auch im Falle segmentbezogener Pflichtverletzung grundsätzlich unbedenklich erscheint und ohne Gefahren für den Handel stattfinden kann, sofern sich das sanktionswürdige Verhalten nicht zugleich als Verletzung gesetzlicher oder vertraglicher Grundpflichten erweist. Diese Erwägungen finden sich auch im Kontext von § 42 Abs. 2 BörsG wieder.[717]

---

716 Vgl. § 17 Abs. 2 S. 3 AGB Freiverkehr Berlin für den *BSRM* („Über den Fortbestand der Einbeziehung in den Freiverkehr wird gesondert entschieden."); § 19 Abs. 5 S. 1 AGB Freiverkehr Düsseldorf („Nach dem Widerruf der Aufnahme eines Wertpapiers in den Primärmarkt wird das Wertpapier grundsätzlich in den allgemeinen Freiverkehr einbezogen."), eine vergleichbare Regelung für das freiverkehrliche Marktsegment *Sekundärmarkt* der Börse Düsseldorf fehlt; § 16 Abs. 2 S. 1 AGB Freiverkehr Hamburg/Hannover („Die Kündigung der Aufnahme eines Wertpapiers in das Handelssegment ‚Mittelstandsbörse Deutschland' berührt die Einbeziehung des Wertpapiers in den Freiverkehr nicht."); § 18 Abs. 1 S. 3 AGB Freiverkehr München für *m:access* („Die Einbeziehung in den Freiverkehr als Primärlisting im Sinne des § 7 Abs. 1 lit. (b) bleibt hiervon unberührt."); § 58 Abs. 3 AGB Freiverkehr Stuttgart für das Anleihesegment *Bondm* („Die Kündigung der Aufnahme von Wertpapieren in das Handelssegment Bondm lässt die Einbeziehung der Wertpapiere in den Freiverkehr unberührt."), § 64 Abs. 3 AGB Freiverkehr Stuttgart für den *Freiverkehr Plus* („Die Kündigung der Aufnahme von Aktien oder aktienvertretenden Zertifikaten in das Handelssegment Freiverkehr Plus lässt die Einbeziehung der Aktien oder aktienvertretenden Zertifikate in den Freiverkehr unberührt.") sowie § 78 Abs. 4 BörsO BWWB für *BOND-X* („Die Rücknahme bzw. der Widerruf der Aufnahme von Anleihen in das Handelssegment BOND-X lässt die Zulassung von Anleihen zum Handel im regulierten Markt bzw. die Einbeziehung von Anleihen zum Handel im regulierten Markt sowie im Freiverkehr unberührt."); § 27 Abs. 1 S. 2 AGB Freiverkehr Frankfurt für *Scale* („Die Kündigung der Einbeziehung in Scale lässt die Einbeziehung in das Basic Board im Übrigen unberührt.") und für den Teilbereich Prime Standard im regulierten Markt der Frankfurter Wertpapierbörse vgl. § 57 Abs. 3 BörsO FWB („Der Widerruf lässt die Zulassung zum regulierten Markt (General Standard) im Übrigen unberührt.").

717 Unten Kapitel 5 § 2 I.1.b.bb.aaa.

Drittes Kapitel Ökonomischer Nutzen teilbereichsspezifischen Sonderrechts

Unter Berücksichtigung der regulatorischen Selbst- und rechtlichen Eigenständigkeit des Sonderpflichtenregimes sowie den unterschiedlichen Erscheinungsformen der Marktsegmentierung innerhalb des Freiverkehrs, geht es nun um die Grundfunktionen, die die Regulierung vertikal strukturierter Börsensegmente übernehmen soll (unten Kapitel 3 § 2). Diese lassen sich nur dann richtig einordnen, wenn auch die regulierungstheoretischen Generalanforderungen an die Reglementierung des börslichen Wertpapierhandels feststehen (unten Kapitel 3 § 1). Auf dieser Grundlage können dann einzelne Leistungskriterien der Teilbereichseinrichtung am Beispiel der Frankfurter Wertpapierbörse dargestellt werden.

§ 1 Grundfunktionen des börslichen Wertpapierhandels und Teilbereichsregulierung

I. Börsenhandel und Börsenregulierung zur Förderung operativer Markteffizienz

Die Grundfunktionen des Handels von Wertpapieren über die Börse werden gemeinhin in der Zurverfügungstellung eines Markt- bzw. Handelsplatzes (Marktplatzfunktion) sowie der Sicherstellung einer ordnungsgemäßen Preisbildung für das Transaktionsgut (Bewertungsfunktion)[718] gesehen,[719] wobei insbesondere in der finanzwissenschaftlichen Forschung zahlreiche Unterkategorien zur Präzisierung der Handelsplatzfunktion beschrieben werden.[720] Schutz und Förderung dieser Grundfunktionen können regelmäßig allein über eine

718 Dazu *Kress*, Effizienzorientierte Kapitalmarktregulierung, 36 ff.

719 Dazu auch *Seiffert*, in: Kümpel/Mülbert/Früh/Seyfried, Bank- und Kapitalmarktrecht, Rn. 14.414; vgl. außerdem *Kalss*, Anlegerinteressen, 54; auch *Klenke*, Börsendienstleistungen, 98 f.; außerdem *Lenenbach*, Kapitalmarktrecht, Rn. 3.34.

720 *Grundmann*, in: Großkomm. HGB, Bankvertragsrecht 11/1, Fünfter Teil Rn. 8. Hier werden die effiziente Mittelallokation, das Setzen von Verhaltensanreizen für das Unternehmensmanagement sowie die Möglichkeit der Risikodiversifikation für Investoren als weitere Teilfunktionen genannt.

strukturgerechte Börsenregulierung, insbesondere des Marktzutrittsrechts und der Handelsabläufe, erreicht werden.[721] Wichtig ist deshalb die Unterscheidung zwischen den eigentlichen Zwecken des börslichen Wertpapierhandels und den Aufgaben seines regulatorischen Rahmens, als dessen „Kernfunktion" bisweilen die Unterstützung eben jener Börsengrundfunktionen beschrieben wird[722] und der erheblichen Einfluss auf die Leistungsfähigkeit des gesamten Handelsplatzes haben kann.[723] Dazu einige Beispiele: Die Effizienz des über eine hohe Orderkonzentration eröffneten börslichen Handelsplatzes etwa kann durch weitere liquiditätsstiftende Maßnahmen, wie den Einsatz eines zentralen Kontrahenten,[724] die verbindliche Vorgabe eines Mindestemissionsvolumens oder die Regulierung eines bestimmten Streubesitzanteils, weiter verbessert werden.[725] Entsprechendes gilt im Rahmen der Kursermittlung (Bewertungsfunktion), die sich grundsätzlich zunächst über den Mechanismus von Angebot und Nachfrage vollzieht (§ 24 Abs. 2 S. 1 BörsG; Grundsatz der *formellen Preiswahrheit*),[726] infolge eines erhöhten Informationsstandes den Kurs als elementare Bewertungsgrundlage eines Unternehmens[727] und „Aggregation aller verfügbaren Informationen"[728] aber immer weiter dem *wahren Unternehmenswert* annähert.[729] Letzteres liegt

---

721 *Gerke/v. Rüth/Schöner*, Informationsbörse, 32 f.; vgl. auch *Augsberg*, Die Verwaltung 2016, 369 (375).

722 *Grundmann*, in: Großkomm. HGB, Bankvertragsrecht 11/1, Fünfter Teil Rn. 13 a.E., 30; *Augsberg*, Die Verwaltung 2016, 369 (375).

723 Zu dieser Trennung *Grundmann*, in: Großkomm. HGB, Bankvertragsrecht 11/1, Fünfter Teil Rn. 13, 29 ff.; auch *Rudolph/Röhrl*, in: Hopt/Rudoloh/Baum, Börsenreform, 190 f., sprechen von „transaktionsprozeßgestaltenden Börsenleistungen" und betonen den Einfluss der Börsenregulierung auf die Leistungsfähigkeit der Börse; vgl. außerdem *S. Augsberg*, Die Verwaltung 2016, 369 (373 ff.).

724 Hierzu eingehend *Kunz*, Ausgewählte Rechtsprobleme des Zentralen Kontrahenten, 62 ff.

725 *Schmidt*, in: Schmidt/Schurig/Welcker, Struktur und Leistungsangebot, 143 („Die Erhöhung der Wahrscheinlichkeit des Abschlusses eines Geschäfts ist die elementare Leistung der Händlerversammlung."); vgl. hierzu sowie zu den ökonomischen Grundlagen der Börsenorganisation allgemein *Rudolph/Röhrl*, in: Hopt/Rudolph/Baum, Börsenreform, 161 ff.; zur Bedeutung der Marktliquidität aus einer ökonomischen Perspektive vgl. auch *Grundmann*, in: Großkomm. HGB, Bankvertragsrecht 11/2, Siebter Teil Rn. 11.

726 Schwark/Zimmer/*Kumpan*, KMRK, § 24 BörsG Rn. 7.

727 *Kunz*, Marktsystem und Information, 19 („Marktpreise wirken wie Brenngläser").

728 *Kress*, Effizienzorientierte Kapitalmarktregulierung, 37.

729 *Kress*, Effizienzorientierte Kapitalmarktregulierung, 37.

vor allem daran, dass die auf dem Emissionsmarkt gezeichneten Wertpapiere zugleich das Produkt der nachfolgenden Sekundärmarkttransaktionen bilden,[730] der Emittent auch nach der Weiterveräußerung der Wertpapiere Schuldner der in den Papieren verbrieften Ansprüche und Rechte bleibt[731] und die Finanzierungsbeziehung lediglich von dem Alt- auf einen Neuaktionär bzw. -obligationär übergeht.[732] Die Bonität des durch die Anlagetitel verkörperten Unternehmens, die Einschätzung seiner weiteren wirtschaftlichen Entwicklung und Ertragskraft, beeinflussen daher auch auf dem börslichen Sekundärmarkt die Kauf- und Verkaufsentscheidungen potenzieller Investoren – und damit zugleich die Preisbildung.[733] Der strukturell bessere Informationsstand über den Emittenten setzt sich in der Folge also auch auf dem Sekundärmarkt fort.[734] Im Unterschied zu der erstmaligen Platzierung der Wertpapiere im Rahmen des Emissionsgeschäfts stellt sich das Informationsungleichgewicht hier zusätzlich so dar, dass Käufer *und* Verkäufer im Verhältnis zu dem Emittenten einen relativ schlechteren Informationsstand in Bezug auf die Anlagetitel haben und zur Überwindung dieser Informationsbarriere zu einem Großteil auf das Publikationsverhalten des Emittenten angewiesen sind.[735] Eben hier setzen dann auch obligatorische Informationsleistungsmodelle wie § 42 BörsG an,[736] die neben die von Gesetzes wegen zu leistenden Transparenzstandards des Aktien-, Bilanz- und Kapitalmarktrechts treten[737] und als Grundlage einer effizienten Mittelallokation den börslichen Wertpapierhandel und seine Grundfunktionen zu unterstützen bestimmt sind.[738]

---

730 So auch bei *Seiffert*, in: Kümpel/Mülbert/Früh/Seyfried, Bank- und Kapitalmarktrecht, Rn. 14.414.

731 *Kümpel*, Kapitalmarktrecht, 22 Rn. 12.

732 *Kalss*, Anlegerinteressen, 5 f.

733 *Kümpel*, Kapitalmarktrecht, 22 Rn. 12.

734 *Kalss*, Anlegerinteressen, 13, 41 ff.; dazu auch *Seiffert*, in: Kümpel/Mülbert/Früh/Seyfried, Bank- und Kapitalmarktrecht, Rn. 14.414.

735 Vgl. auch *Seiffert*, in: Kümpel/Mülbert/Früh/Seyfried, Bank- und Kapitalmarktrecht, Rn. 14.414; *Poelzig*, Kapitalmarktrecht, § 1 Rn. 30 ff.

736 Vgl. auch *Augsberg*, Die Verwaltung 2016, 369 (375).

737 *Schmidt*, in: Schmidt/Schurig/Welcker, Struktur und Leistungsangebot, 150; s. ferner *Bartsch*, Effektives Kapitalmarktrecht, 29.

738 Grundlegend *Poelzig*, Kapitalmarktrecht, § 1 Rn. 30 ff.; vgl. auch *Schmidt*, Börsenorganisation, 81; *Grundmann*, in: Großkomm. HGB, Bankvertragsrecht 11/1, Fünfter Teil Rn. 13 ff.; *Rudolph/Röhrl*, in: Hopt/Rudolph/Baum, Börsenreform, 183 f.; *Kress*, Effizienzorientierte Kapitalmarktregulierung, 33.

II. Asymmetrischer Informationsstand der Marktseiten und Gefahr der Negativauslese

Der Hinweis auf den asymmetrischen Informationsstand unter den Teilnehmern des Sekundärmarkthandels bedarf einiger ergänzender Ausführungen. Um seine Folgen richtig einschätzen zu können, soll an dieser Stelle das Phänomen adverser Selektion knapp erläutert werden.

Stehen der Kapitalgeberseite nicht ausreichend Informationen über die angebotenen Investitionsmöglichkeiten zur Verfügung, so ist sie gezwungen, sich selbst um Informationsgewinnung, -auswertung und -verifizierung zu bemühen, um einen möglichst großen Abbau der beschriebenen Informationsasymmetrie zu erreichen.[739] Erforderlich ist dies vor allem deshalb, weil es sich bei Wertpapieren um sog. *Erfahrungsgüter* handelt.[740] Dieser Informationsgewinnungsprozess verursacht Kosten für das Anlegerpublikum, die aufgrund einer renditeschmälernden Wirkung die Attraktivität der Anlage insgesamt reduzieren und äußerstenfalls zu einem vollständigen Versagen des Marktmechanismus führen können.[741] Dahinter steht aus ökonomischer Perspektive die Überlegung, dass sich die zu investierenden Mittel von dem jeweiligen Markt – und zwar auch von den an sich renditestarken und qualitativ hochwertigen Anlagemöglichkeiten – abwenden werden, wenn der Investorenseite eine hinreichend sichere Beurteilung der Werthaltigkeit der Anlage nicht bzw. nur unter der renditemindernden Aufwendung von Ressourcen möglich erscheint und sich infolge gegenüber solchen Anlagetiteln „eine gewisse Scheu" entwickeln

739 Dazu schon *Gilson/Kraakman*, Virginia Law Rev. Vol. 70 (1984), 549 (563 ff., 594 f.), die drei Arten der Informationsgenerierung beschreiben. Neben der Suche nach neuen Informationen können Investoren auch bereits gesammelte Informationen erneut auswerten, um einen zusätzlichen Erkenntnisgewinn zu erzielen. Schließlich können sie auch die Präzision ihrer Informationen sowie deren Quelle einer erneuten Überprüfung unterziehen, um hieraus Vorhersagen ableiten zu können; zur Knappheit als Merkmal eines wirtschaftlichen Guts vgl. *Hopf*, Informationen für Märkte und Märkte für Informationen, 69 f.; auch *Lenenbach*, Kapitalmarktrecht, Rn. 3.157; zur Gefahr eines möglichen Marktversagens infolge von Informationsknappheit *DAV-Ausschuss Bank- und Kapitalmarktrecht*, NZG 2019, 537 (537 f.).

740 *DAV-Ausschuss Bank- und Kapitalmarktrecht*, NZG 2019, 537 (537 f.); *Poelzig*, Kapitalmarktrecht, § 1 Rn. 32.

741 *Assmann*, in: Nörr, 40 Jahre Bundesrepublik Deutschland – 40 Jahre Rechtsentwicklung, 251 (278); *Rudolph/Röhrl*, in: Hopt/Rudolph/Röhrl, Börsenreform, 233; *Gerke/v. Rüth/Schöner*, Informationsbörse, 22 f.; *DAV-Ausschuss Bank- und Kapitalmarktrecht*, NZG 2019, 537 (537 f.).

wird.[742] In jedem Fall werden Anleger in dieser Konstellation einen Risikoabschlag auf ihr Investment vornehmen, dessen Qualität sie ex ante nicht hinreichend sicher beurteilen können.[743] Die reduzierte Investitionsbereitschaft reicht dann in der Folge aber womöglich nicht mehr aus, um die Kosten bzw. den Finanzierungsbedarf derjenigen Emittenten zu decken, die eine qualitativ hochwertige Anlage am Markt anbieten können und deshalb zu Unrecht unterbewertet sind.[744] Solche Unternehmen sind nunmehr gezwungen, den Markt zu verlassen, wodurch sich der Anteil qualitativ geringwertiger Anlagetitel weiter erhöht und die Abschläge potenzieller Investoren auf die Summe, die sie bereit sind zu investieren, weiter zunehmen. Auf diese Weise kommt es zu einer Negativauslese (*adverse Selektion)* mit der Folge, dass trotz bestehender Nachfrage nach seriösen Investitionsmöglichkeiten aufseiten der Kapitalgeber, überwiegend solche kapitalsuchenden Unternehmen den Markt beanspruchen, die von einem intransparenten Transaktionsumfeld profitieren.[745] Lohnende Wertanlagen könnten in einem solchen Umfeld dann nicht länger realisiert werden. Begünstigt wird ein solcher Trend zusätzlich in einem Markt, in dem Emittenten keine Möglichkeit zur Verfügung steht, die Qualität der von ihnen angebotenen Anlageprodukte glaubhaft zu kommunizieren.[746] Hinsichtlich der Regulierung segmentspezifischer Anforderungsprofile liegt es vor diesem Hintergrund nahe, Marktstrukturen einzurichten, die einer solchen asymmetrischen Informationsverteilung entgegensteuern.[747] Ökonomisch wird der Handel über die Börse nämlich umso effizienter, je eher es den Märkten gelingt, Transaktionskosten der zuvor beschriebenen Art weiter zu reduzieren.[748] Immerhin ist es „die [über

742 *Schimmöller*, Kapitalmarktstrukturen, 183; dazu auch *Ekkenga*, Anlegerschutz, 31 f.

743 *Grothe*, Publizität und Markttransparenz, 69 ff.

744 *Grothe*, Publizität und Markttransparenz, 69.

745 *Assmann*, Prospekthaftung, 23 f.; *Damrau*, Selbstregulierung im Kapitalmarktrecht, 19 f.; *Grothe*, Publizität und Markttransparenz, 69 f.

746 Grundlegend *Akerlof*, The Market for „Lemons", Quarterly Journal of Economics 84 (1970), 488 (495) („The purchaser's problem, of course, is to identify quality." und „dishonest dealings tend to drive honest dealings out of the market"); dazu auch *Poelzig*, Kapitalmarktrecht, § 1 Rn. 32 ff.; außerdem, ein freiwilliges Publizitätsverhalten der Emittenten befürwortend, *Easterbrook/Fischel*, Virginia Law Rev. Vol. 70 (1984), 669 (673 ff.); *Gilson/Kraakman*, Virginia Law Rev. Vol. 70 (1984), 549 (602 f.); instruktiv auch *Shapiro*, 13 Bell J. Econ. 1982, 20 (21); *Gerke/v. Rüth/Schöner*, Informationsbörse, 26 f.

747 *Kress*, Effizienzorientierte Kapitalmarktregulierung, 20.

748 *Rudolph/Röhrl*, in: Hopt/Rudolph/Röhrl, Börsenreform, 233, nach denen „der Wertpapierhandel dort [stattfindet], wo er mit den geringsten Transaktionskosten

die Orderkonzentration] hinausgehende Organisationsleistung einer Börse [,die bestimmt], wie attraktiv es für einen Effektenhandelsbetrieb ist, seine Aufträge an die Börse zu bringen",[749] denn börsengehandelte Papiere werden „einen um so größeren Kreis von Nachfragern interessieren, je niedriger dank der [...] Bemühungen von Wertpapierbörsen die Transaktionskosten sind."[750] An diesem Maßstab ist auch die Teilbereichsregulierung zu messen und auf ihre Tauglichkeit als „effizientes Organisationsdesign" des börslichen Wertpapierhandels zu überprüfen.[751] Konkret bildet mit Blick auf § 42 BörsG den Maßstab einer effizienten Teilbereichsregulierung die von *H. Schmidt* formulierte Annahme, wonach sich Strukturen, „die geeignet sind, ein zum Börsenhandel zugelassenes Effekt als Titel besonders hoher Qualität erscheinen zu lassen [...], [...] zugleich als Mittel zur Verringerung von Transaktionsrisiken" erweisen werden.[752] Vor dem Hintergrund dieser ökonomischen Erwägungen wendet sich die Untersuchung in dem nachfolgenden Abschnitt nun den Leistungszielen zu, die der Regulierung besonderer Teilbereiche des regulierten Marktes zugewiesen sind.

§ 2 Zieldualismus vertikaler Segmentierung

Die Hierarchisierung verschiedener Segmentprofile innerhalb eines Börsenhandelsplatzes verfolgt nach dem zuvor Gesagten keinen Selbstzweck. Segmentspezifische Anforderungsprofile innerhalb des börslichen Sekundärmarktes verfolgen im Wesentlichen zwei Grundanliegen, die sich als Ordnungs- (unten Kapitel 3 § 2 I.) und Profilierungsfunktion (unten Kapitel 3 § 2 II.) beschreiben lassen und auf den Teilbereichshandel übertragen in weitere Teilfunktionen

---

durchgeführt werden kann"; ähnlich in Bezug auf die börslichen Nutzungsentgelte auch *Seiffert*, in: Kümpel/Mülbert/Früh/Seyfried, Bank- und Kapitalmarktrecht, Rn. 14.441; auch *Ekkenga*, Anlegerschutz, 31 f.

749 *Schmidt*, Vorteile und Nachteile eines integrierten Zirkulationsmarktes, 283, 292; auch *Grundmann*, in: Großkomm. HGB, Bankvertragsrecht 11/1, Fünfter Teil Rn. 13.

750 So *Schmidt*, in: Schmidt/Schurig/Welcker, Struktur und Leistungsangebot, 141; vgl. auch *Gerke/v. Rüth/Schöner*, Informationsbörse, 32 f. sowie *Ekkenga*, Anlegerschutz, 31 f.

751 *Köndgen*, in: Fleischer/Zimmer, Effizienz als Regelungsziel, 100 (106); auch *Schmidt*, in: Schmidt/Schurig/Welcker, Struktur und Leistungsangebot, 143; *Rudolph/Röhrl*, in: Hopt/Rudolph/Baum, Börsenreform, 168, auch 233; vgl. außerdem *Mues*, Börse als Unternehmen, 98 („reibungserhöhende oder -mindernde Wirkung").

752 *Schmidt*, Börsenorganisation, 83; zum Kapitalmarktrecht als Methode vgl. *Schneider*, AG 2001, 269 (271).

aufgespalten werden können; sie bilden zugleich den Referenzpunkt der Regulierung segmentspezifischer Anforderungsprofile.[753]

I. Ordnungs- und Orientierungsfunktion

1. Darstellung unterschiedlicher Risikoprofile zum Schutz des Anlegerpublikums

Einem Ordnungsanliegen verpflichtet ermöglicht eine Rangfolge unter den verschiedenen Marktsegmenten eines Handelsplatzes zunächst, dem Anlegerpublikum die an einem Börsenplatz gehandelten Wertpapiere übersichtlich und in einer plausibel geordneten Darstellung anhand von Anlagerisiken und Emittentenkategorien zu präsentieren.[754] Die gestufte Darbietung über proportional regulierte Segmentprofile erlaubt eine erste Orientierung der Investitionsentscheidung hinsichtlich der Lage des Emittenten sowie der Marktverhältnisse, insbesondere Liquidität des Handels, in Bezug auf die jeweiligen Wertpapiere.[755] Eine interessengerechte Allokation freier Ressourcen wird auf diese Weise unterstützt, indem etwa die Anteile junger Wachstums- und etablierter Großunternehmen in eigenen, strukturgerechten Marktsegmenten gelistet werden können.[756] Dementsprechend kommt das Ordnungsanliegen auch darin zum Ausdruck, dass sich neben börslichen Qualitäts- oder Premiumsegmenten besondere Risikomärkte ausbilden, die, wie etwa der Hamburger *High Risk Market*, konzeptionell eine andere Emittentenkategorie ansprechen[757] und diese Ausrichtung auch entsprechend kommunizieren.[758] Beide Segmentprofile verfolgen in ihrem Ausgangspunkt aber das hier beschriebene Ordnungsanliegen und können sich

753 So auch *Schmidt*, Die Bank 1987, 288 (295) („auch die künftigen Marktsegmente werden sich an dem messen lassen müssen, was die vertikale Segmentierung leisten soll").

754 Grundlegend zu Ordnungs- und Abstufungsfunktion *Schmidt*, Die Bank 1987, 288 (289 ff., 295 ff.).

755 *Schmidt*, Die Bank 1987, 288 (295); *Giersch/Schmidt*, Offene Märkte für Beteiligungskapital, 73 Ziff. 167, 76 Ziff. 176; zur Bedeutung einer vertikalen Marktsegmentierung für die Preisfindung und Informationsverarbeitung vgl. *Kirchner*, Segmentierte Aktienmärkte, 30 ff.

756 *Schmidt*, Die Bank 1987, 288 (289, 295).

757 *Weichert*, Risikokapitalmarkt, 133 f.

758 *Bessler/Schneck*, ZBB 2016, 362 (381); auch *Bröcker*, in: Claussen, Bank- u. Börsenrecht, § 6 Rn. 42.

gleichermaßen effizienzfördernd auf die Mittelallokation über den börslichen Handel auswirken.[759]

Da eine solche Hierarchisierung der Marktsegmente in ihrem Schwerpunkt über die segmentspezifischen Listinganforderungen – insbesondere den Zulassungsbedingungen – erreicht wird,[760] kann ein deutlich ausgebildetes Anforderungsprofil dem Anlegerpublikum sogar die Beurteilung erleichtern, ob sein Engagement in einen Wachstumswert oder die Beteiligung an einem etablierten Großunternehmen fließt.[761] Differenziert ausgestaltete und untereinander in abgestufter Form regulierte Segmente erlauben dem Anleger, zwischen unterschiedlichen Risikoprofilen zu differenzieren, indem schon aufgrund der Segmentzugehörigkeit eine kategorische Risikoerhöhung über die Börse signalisiert wird.[762] Insofern erhöht eine an diesem Ordnungsanliegen ausgerichtete Segmentregulierung zugleich die Transparenz des Börsenmarktes insgesamt, als deren wesentliches Ziel bereits die Möglichkeit der Investorenschaft identifiziert worden ist, die rechtliche Leistungsfähigkeit des Zielmarktes ihres Investments beurteilen zu können.[763] Zugleich aber reduziert die Ordnungsfunktion dadurch auch den bereits zuvor im Zusammenhang mit dem Phänomen adverser Selektion angesprochenen Suchaufwand und die Kosten, die anfallen, um eine dem eigenen Risikoprofil entsprechende Investitionsmöglichkeit aufzufinden, indem unterschiedliche Risikokategorien der Anlagemöglichkeiten entsprechenden Segmenten zugewiesen werden, die so zugleich eine Kennzeichnungs- und Warnfunktion übernehmen.[764]

---

759 Vgl. auch *Dehlinger*, Vertragliche Marktsegmentregulierung, 17, geht von einer Verwandtschaft der unterschiedlichen Segmentgattungen aus.

760 *Weichert*, Risikokapitalmarkt, 210.

761 *Riess/Altmann*, in: Achleitner/Bassen, Investor Relations am Neuen Markt, 195 (198); noch zum Neuen Markt vgl. auch *Claussen*, BB 2002, 105 (107 f.).

762 *Schmidt*, Die Bank 1987, 288 (289, 298); *Giersch/Schmidt*, Offene Märkte für Beteiligungskapital, 73 Ziff. 167; auch *Assmann*, ZBB 1989, 49 (57); *Claussen*, BB 2002, 105 (107 f.).

763 *Schrader*, Geregelter Markt und geregelter Freiverkehr, 10.

764 *Kunz*, Marktsystem und Information, 46 ff., hier zu den Suchkosten als Kategorie eines Modellmarkts, das von Qualitätsunsicherheit im *Akerlof*schen Sinne ausgeht; zu den Folgen mangelhafter Kontrolle des Segmentzutritts am Beispiel des Neuen Marktes *Claussen*, BB 2002, 105 (107 f.).

2. *Störfaktoren*

Bildet den Kern der Ordnungsfunktion eine plausible Trennung unterschiedlicher Risikoklassen, werden Ordnungs- und Orientierungsfunktion insbesondere dann beeinträchtigt, wenn sich risikoreiche Investmentoptionen und etablierte, diversifizierte Großunternehmen dasselbe Börsensegment *teilen*.[765] In diesem Fall nämlich treten solide und verhältnismäßig riskante Anlageformen jedenfalls „formal gesehen" unter demselben Etikett gegenüber dem Investorenpublikum und dessen heterogenen Anlagepräferenzen auf.[766] Für unerfahrene Anleger kann aus einem solchen *Etikettenschwindel* die Gefahr der Täuschung resultieren, da die Anlagemöglichkeiten insgesamt als homogen wahrgenommen werden können.[767] Schließlich erscheint es auch allokativ ineffizient, wenn Wertpapiere derselben Risiko- oder Emittentenkategorie nicht auch mit denselben oder vergleichbaren Kosten und Risiken gehandelt werden können.[768] Dem Bedürfnis nach einem segmentspezifischen Anlegerschutzniveau kann jedenfalls nur ausreichend Rechnung getragen werden, wenn riskante Anlageformate auch als solche zu erkennen sind und nicht innerhalb einer Segmentstruktur auftreten, die dem Markt einen verminderten Risikogehalt oder gar die Solidität der Wertanlage suggeriert.[769]

Entsprechendes gilt, wenn große und reife Börsenwerte Wachstumssegmente besetzen und von einem Aufstieg in der Segmenthierarchie – etwa aus Kostengründen oder aufgrund unternehmenspolitischer Erwägungen – absehen wollen.[770] Auf Dauer kann dies nämlich die spezifische Aufgabe derartiger Börseneinstiegssegmente, jungen und am Kapitalmarkt bisher unbekannten Unternehmen eine (Einstiegs-)Plattform bereitzustellen, auf der sie am Markt wahrgenommen werden, beeinträchtigen.[771] Folglich ist der Ordnungscharakter einer hierarchischen Segmentarchitektur nicht nur für das Anlegerpublikum

---

765 *Schmidt*, Die Bank 1987, 288 (295).

766 *Giersch/Schmidt*, Offene Märkte für Beteiligungskapital, 30 Ziff. 56, hier zu der Emissionspraxis in den USA.

767 *Giersch/Schmidt*, Offene Märkte für Beteiligungskapital, 30 Ziff. 56; auch *Claussen*, BB 2002, 105 (107 f.) zur Zulassungspraxis am Neuen Markt.

768 *Peiseler*, Börsencomputersysteme, 189; *Giersch/Schmidt*, Offene Märkte für Beteiligungskapital, 78 Ziff. 178 sprechen in diesem Zusammenhang von „Mehrfachzuordnungen".

769 *Weichert*, Risikokapitalmarkt, 212; ähnlich *Claussen*, BB 2002, 105 (107 f.).

770 Vgl. schon Begr. RegE BörsZulG, BT-Drucks. 10/4296, 25.

771 *Giersch/Schmidt*, Offene Märkte für Beteiligungskapital, 76 Ziff. 176.

relevant, sondern in gleichem Maße auch für Emittenten in unterschiedlichen Größenklassen und Finanzierungsphasen von Interesse.

II. Profilierungsfunktion und segmentabhängige Handelsverfahren

1. Anlegerschutz und börsliches Leistungsspektrum

Einen hiervon nur geringfügig abweichenden Ansatz verfolgt auch die Profilierungsfunktion hierarchisch strukturierter Börsenmärkte, wenn nämlich – vor allem aus Emittentenperspektive – die Ordnungs- und Orientierungsfunktion von einem *horizontalen* in einen *vertikalen* Schnitt umgesetzt und in ihrer spezifischen Ausprägung und besonderen Wirkrichtung als Abstufung unterschiedlicher Segmentprofile wahrgenommen wird.[772] Denn durch eine vertikale Segmentierung des Börsenmarktes mittels segmentspezifischer und hinsichtlich ihrer Intensität differenzierter Listinganforderungen können die Bedürfnisse unterschiedlicher Emittentenkategorien im Rahmen der Regulierung besser berücksichtigt werden.[773] Segmentspezifische Anforderungsprofile erlauben zunächst, in den unteren, weniger streng regulierten Segmenten eine Öffnung des Marktes in Form von Einstiegssegmenten für Erstemittenten zuzulassen[774] und gewährleisten auf diese Weise die Möglichkeit eines kosteneffizienten Marktzutritts für kleine und mittlere Unternehmen. Mit dem Begriff der Profilierungsfunktion lässt sich die vertikale Strukturierung der Börsensegmente außerdem als ein mit den spezifischen Emittenteninteressen übereinstimmendes Mittel zur Überwindung von Marktpathologien beschreiben, die, wie bereits dargestellt, insbesondere infolge einer asymmetrischen Informationsverteilung zwischen den Transaktionsbeteiligten des Primär- und Sekundärmarktes sowie börsenorganisationsrechtlichen Marktzugangsstrukturen auftreten können.[775]

---

772 Ähnlich wie hier auch *Bröcker*, in: Claussen, Bank- u. Börsenrecht, § 6 Rn. 42.

773 Vgl. auch Begr. RegE FinanzmarktRL-Umsetzungsgesetz, BT-Drucks. 16/4028, 87; *Seiffert*, in: Kümpel/Wittig, Bank- und Kapitalmarktrecht, Rn. 4.314; von einem „Stufenverhältnis" der Marktsegmente ist auch die Rede bei *Schlüter*, Börsenhandelsrecht, 441 Rn. 476 ff.

774 *Rudolph/Röhrl*, in: Hopt/Rudolph/Röhrl, Börsenreform, 233; konkret zur Regulierung vertikaler Marktsegmente *Giersch/Schmidt*, Offene Märkte für Beteiligungskapital, 76 Ziff. 176 („Die vertikale Segmentierung soll also den Markt effizient und nach unten offen halten [sic!]. Leistet sie das nicht, dann wäre sie überflüssig und könnte sich nicht durchsetzen.").

775 Hierzu soeben Kapitel 3 § 2

Als Gegenstück zu einer solchen Ausrichtung der Börsenorganisation auf kleine und mittlere Unternehmen[776] kann auf dieselbe Weise also auch etablierten Großunternehmen mit internationalem Zuschnitt die Möglichkeit einer interessengerechten Segmentregulierung und insbesondere der Profilierung angeboten und so einem möglichen Marktversagen infolge adverser Selektion vorgebeugt werden.[777] Mit § 42 BörsG als Experimentierklausel[778] können dann, ohne die gesetzlichen Anleger- und Funktionsschutzstandards innerhalb des korrespondierenden Grundmarkthandels aufgeben zu müssen,[779] erhöhte segmentspezifische Listinganforderungen für unterschiedliche Unternehmenskategorien etabliert werden.[780] Auf diese Weise lassen sich Zielantinomien hinsichtlich der Möglichkeit effizienter Selbstselektion einerseits und der Förderung der Eigenkapitalausstattung junger Wachstumsunternehmen durch die Anbindung an den börslichen Sekundärmarkt andererseits beseitigen, die von einem einheitlichen Anforderungsprofil für den gesamten Börsenhandel auszugehen drohten.[781] Eine vertikale Abstufung zwischen den Marktsegmenten vorzunehmen bedeutet dann auch, den Markt orientiert an der „Heterogenität der Transaktionsbedürfnisse der Investoren“[782] auszugestalten und auf diese Weise zu einer Steigerung der Gesamtmarkteffizienz beizutragen. Risikomarkt und *blue-chip*-Segment können also innerhalb desselben Handelsplatzes betrieben und von derselben Börse angeboten werden, sodass das börsliche Leistungsspektrum insgesamt weiter differenziert wird[783] und die Börse von unterschiedlichen

776 Vgl. zum Freiverkehr *Leuering/Simon*, NJW-Spezial 2006, 27 (27 f.).

777 Kapitel 3 § 2 II.2.

778 VGH Kassel WM 2007, 1266 (1269 f.); hierzu auch *Giersch/Schmidt*, Offene Märkte für Beteiligungskapital, 87 Ziff. 207.

779 Vgl. schon *Storm*, Alternative Freiverkehrssegmente, 171; auch *Seiffert*, in: Kümpel/Mülbert/Früh/Seyfried, Bank- und Kapitalmarktrecht, Rn. 14.311.

780 *Hopt*, Disclosure Rules as a Primary Tool for Fostering Party Autonomy – Observations from a Functional and Comparative Legal Perspective, in: Grundmann/Kerber/Weatherhill, Party Autonomy and the Role of Information in the Internal Market, 246 (250).

781 Vgl. auch *Lüthje*, Funktionsfähigkeit, 78 f. zur „Selektionsfunktion“ der Aktienbörse.

782 *Rudolph/Röhrl*, in: Hopt/Rudolph/Baum, Börsenreform, 201.

783 *Ostrowski* ZBB 1999, 19 (24 f.); *Rudolph/Röhrl*, in: Hopt/Rudolph/Baum, Börsenreform, 224; *Häuser/Rosenstock*, Börse und Kapitalmarkt, 127 f.; zu der konzeptionellen Ausrichtung des Prime Standards als Premiumsegment für große, international agierende Börsenwerte vgl. *Weitnauer*, Hdb. Venture Capital, Teil I. Exit Rn. 120.

Investorengruppen profitieren kann,[784] da die geringer regulierten Marktsegmente insbesondere von professionellen Marktteilnehmern wie institutionellen Investoren aus Kostengründen und einer gesteigerten Renditeerwartung nach wie vor bevorzugt werden.[785] Emittenten wird zudem die Möglichkeit eröffnet, zwischen unterschiedlichen börslichen Anforderungsprofilen zu wählen[786] und durch die Wahl eines für ihre Zwecke adäquat regulierten Marktsegments auch ihre Börseneinführung im Rahmen eines IPO entsprechend zu vermarkten.[787]

Berührungspunkte mit dem zuvor beschriebenen Ordnungsanliegen bestehen hier insofern, als dass auch eine nach Risikoklassen geordnete Segmentierung für den Markt unweigerlich einen entsprechenden Kontrast durch die Zuordnung der Werte zu einem bestimmten Segment herstellt. Eine echte Ordnung ist demgegenüber bei einer Anordnung nach Branchenzugehörigkeit oder emittierter Wertpapierart denkbar, eine echte Profilierung, wie sie für die Zwecke dieser Arbeit von Interesse ist, dann, wenn sich der Kontrast aufgrund von unterschiedlichen Regulierungsniveaus in den Segmenten eines Handelsplatzes einstellt, insbesondere also dann, wenn ein auf die gesetzlichen Pflichten beschränkter Grundmarkthandel fortbesteht.[788] So kann sich, wenn Ordnungs- und Profilierungsfunktion über entsprechende Listingvoraussetzungen hinreichend ausgebildet sind, bereits aus der Zuordnung eines Unternehmens zu einem bestimmten Segment ablesen lassen, wie das Risikoprofil des Emittenten einzustufen ist und seitens der Börse bewertet wird.[789]

Im Rahmen der Diskussion über das effizienzoptimale Marktplatzdesign für den börslichen Wertpapierhandel hat *Hopt* früh darauf hingewiesen, dass nur ein nach Segmenten abgestufter Anlegerschutz sinnvoll erscheint und einem pauschalen, undifferenzierten Einheitsschutzniveau unter Effizienzgesichtspunkten insgesamt überlegen ist.[790] Denn nur innerhalb eines proportional

---

784 *Rudolph/Röhrl*, in: Hopt/Rudolph/Baum, Börsenreform, 191; *Schmidt*, in: Hummel/Breuer, Hdb. Europäischer Kapitalmarkt, 397 (398 ff.); *Schiemzick*, Segmentwechsel, 116, 284; *Seiffert*, in: Kümpel/Wittig, Bank- und Kapitalmarktrecht, Rn. 4.314.

785 *Schiemzick*, Segmentwechsel, 116; s. ferner *Kersting*, AG 1997, 222 (222).

786 *Hutter/Leppert*, NZG 2002, 649 (650).

787 *Giersch/Schmidt*, Offene Märkte für Beteiligungskapital, 79 f. Ziff. 181.

788 Ein Stufenverhältnis der Marktsegmente in der Zeit nach dem Vierten Finanzmarktförderungsgesetz beschreibt auch *Schlüter*, Börsenhandelsrecht, 441 Rn. 476 ff.

789 *Giersch/Schmidt*, Offene Märkte für Beteiligungskapital, 73 Ziff. 167, 91 Ziff. 217.

790 *Hopt*, Disclosure Rules as a Primary Tool for Fostering Party Autonomy – Observations from a Functional and Comparative Legal Perspective, in: Grundmann/Kerber/Weatherhill, Party Autonomy and the Role of Information in the Internal Market, 246 (250).

regulierten Börsenmarktes lässt sich den unterschiedlichen Schutzinteressen und -bedürfnissen aller Investorengruppen hinreichend Rechnung tragen. Ein einheitlicher Schutzstandard in allen Marktsegmenten („leveling up all segments") führt demgegenüber dazu, dass bestimmten Investorentypen Investmentmöglichkeiten genommen werden, etwa, weil Risikokapitalanlagen eine Notiz in den aus ihrer Sicht überregulierten Marktsegmenten zu vermeiden suchen.[791] Ein einheitliches Anlegerschutzniveau könnte also die operative, aber insbesondere auch die allokative Funktionsfähigkeit des börslichen Kapitalmarktes eher mindern und Anlagetitel, deren Attraktivität nicht von einem erhöhten Anlegerschutzmaß abhängig ist,[792] dauerhaft von der Börse verdrängen. Unnötige *Belastungseffekte* sind also zu vermeiden bzw. auf solche Segmente zu beschränken, in denen ihr Nutzen für Anlegerschaft und Emittenten die mit ihnen verbundenen Kosten übersteigt.[793] Es erscheint deshalb sachgerecht, „Art und Ausmaß der Anlegerschutzregelungen [...] von Börse zu Börse" unterschiedlich auszugestalten und eine segmentspezifische, mit der Zielgruppe des Segmentzuschnitts kompatible Regulierungsintensität einzusetzen, um das jeweilige Transaktionsumfeld zu gestalten.[794] Der Profilierungsgedanke findet schließlich auch auf Ebene des europäischen Kapitalmarktrechts Anklang, wo es noch in den Begründungserwägungen der ProspektRL hieß, es sei zu beachten, dass die Anleger zwischen einem breiten Spektrum konkurrierender Anlagemöglichkeiten wählen könnten und *Informationsbedürfnis* und *Schutzumfang* den jeweiligen Verhältnissen anzupassen seien.[795] Hierzu hat der Gesetzgeber erkannt, dass auch unterschiedlichen Marktverhältnissen und Handelsbedingungen in einzelnen Segmenten durch die Art der Kursermittlung Rechnung getragen werden könne,[796] die Preise von Finanzinstrumenten also *segmentabhängig* und ihren

---

791 *Hopt*, Disclosure Rules as a Primary Tool for Fostering Party Autonomy – Observations from a Functional and Comparative Legal Perspective, in: Grundmann/Kerber/Weatherhill, Party Autonomy and the Role of Information in the Internal Market, 246 (250), vgl. auch *Giersch/Schmidt*, Offene Märkte für Beteiligungskapital, 76 Ziff. 176, 80 Ziff. 182.

792 *Assmann*, in: Nörr, 40 Jahre Bundesrepublik Deutschland – 40 Jahre Rechtsentwicklung, 251 (271); *Gerke/v. Rüth/Schöner*, Informationsbörse, 29; auch *Weichert*, Risikokapitalmarkt, 133 f.

793 Vgl. auch *Schmidt*, Kredit und Kapital 1983, 184 (185 f.).

794 *Schmidt*, Kredit und Kapital 1983, 184 (186 f.); auch *Weichert*, Risikokapitalmarkt, 133 f.

795 ErwG (41) SpStr. 2 ProspektRL.

796 Begr. RegE Viertes Finanzmarktförderungsgesetz, BT-Drucks. 14/8017, 74; dazu auch *Reuschle*, Viertes Finanzmarktförderungsgesetz, Einführung Rn. 14.

Umsatzmerkmalen „zweckentsprechend“ in unterschiedlichen Handelsverfahren ermittelt werden könnten.[797] Je nach konzeptioneller Ausrichtung soll dies auch für unterschiedliche Teilbereiche innerhalb des regulierten Marktes und den korrespondierenden Grundmarkthandel gelten.[798] So könnten bspw. in besonders liquiden Werten die Preise im Wege fortlaufender Notierung festgestellt werden, während sich bei illiquiden Werten, meist in den rangniedrigeren Segmenten, der Handel in einem Auktionsverfahren und gegebenenfalls unterstützt durch einen Liquiditätsspender anbietet.[799]

2. *Selbsteinordnung durch Segmentaufstieg*

Die nun bereits mehrfach angedeuteten Vorzüge strengerer Listinganforderungen in den ranghöheren Marktsegmenten mögen nicht ohne Weiteres auf den ersten Blick ersichtlich sein, geht mit ihnen doch regelmäßig ein erhöhter Verwaltungsaufwand aufgrund der Verpflichtung zu kostenintensiven Publizitätsleistungen einher.[800] Auch als Marktstruktur, die der Überwindung asymmetrischer Informationsstände zu dienen geeignet ist, ist die Regulierung besonderer Teilbereiche nicht sofort zu erkennen. Dabei kann die Entscheidung für ein Listing in einem Segment mit relativ erhöhter Regulierungsdichte unter unternehmenspolitischen sowie ökonomischen Gesichtspunkten als Mittel *strategischer Selbstselektion* eingesetzt werden, durch die der Emittent seine Visibilität am Markt steigern und in der Wahrnehmung desselben einen Kontrast zu den Emittenten herstellen kann, deren Papiere weiterhin innerhalb des korrespondierenden

797 *Rudolph/Röhrl*, in: Hopt/Rudolph/Baum, Börsenreform, 193; *Schmidt*, Die Bank 1987, 288 (296); *Schmidt*, Vorteile und Nachteile eines integrierten Zirkulationsmarktes, 284 ff.; *Giersch/Schmidt*, Offene Märkte für Beteiligungskapital, 76 Ziff. 176; auch *Häuser/Rosenstock*, Börse und Kapitalmarkt, 135 ff.

798 Ber. Finanzausschuss Viertes Finanzmarktförderungsgesetz, BT-Drucks. 14/8601, 2.

799 Begr. RegE Viertes Finanzmarktförderungsgesetz, BT-Drucks. 14/8017, 74; auch *Giersch/Schmidt*, Offene Märkte für Beteiligungskapital, 36 Ziff. 69, hier zu den Handelsverfahren an der NYSE, bzw. NASDAQ; Entsprechend ließen sich auch die *pre-* und *post-trade*-Transparenzphasen segmentspezifisch an den unterschiedlichen Handelsarten ausrichten; während eine eingeschränkte *pre-trade*-Transparenz den market impact großer Orders institutioneller Investoren verhindert, bewirkt eine eingeschränkte *post-trade*-Transparenz denselben Effekt in einem *Market-Maker*-System, in dem sich der Liquiditätsspender, insbesondere nach größeren Ordertransaktionen, am Markt wieder glattstellen muss, vgl. auch *Rudolph/Röhrl*, in: Hopt/Rudolph/Baum, Börsenreform, 208.

800 Dazu auch *Meyer*, in: Marsch-Barner/Schäfer, Hdb. börsennotierte AG, Rn. 7.55.

Grundmarkthandels notieren.[801] Der Wechsel in ein dichter reguliertes Marktsegment kann etwa dazu genutzt werden, eine positive unternehmensspezifische Börsenstimmung, die im Rahmen der Öffentlichkeitsarbeit des Emittenten noch weiter ausgebaut werden soll, zu schaffen oder zu erhalten.[802] Eine ähnliche Funktion übernehmen KMU-Wachstumsmärkte im Rahmen des Freiverkehrs, indem sie besondere Anforderungen an Emittenten stellen, die sie von denen des freiverkehrlichen Grundmarkthandels absetzen.[803]

Durch das insgesamt verbesserte Standing am Kapitalmarkt kann sich die Finanzierungssituation des Unternehmens auch über die Eigenkapitalaufnahme hinaus verbessern. Relevant wird dieser Aspekt insbesondere dann, wenn mit dem Teilbereichslisting keine Folgeemissionen unmittelbar verknüpft sind und sich der Segmentaufstieg vor allem auf den Sekundärmarkthandel auswirkt. Denkbar ist etwa die Möglichkeit, auch die Fremdkapitalaufnahme fortan zu günstigeren Konditionen durchsetzen zu können, was sich zum einen mit der geschilderten Eigenkapitalsituation des Unternehmens und zum anderen der verbesserten Unternehmensreputation erklären lässt.[804] Die verbesserte Position am Markt kann außerdem dazu genutzt werden, bessere Konditionen bei Vertragspartnern auszuhandeln und neue Partner (Lieferanten etc.) und insbesondere qualifiziertes Führungspersonal zu gewinnen. [805] Der weitere Beleg dieser Annahmen bleibt freilich empirischen Studien vorbehalten.

An der Frankfurter Wertpapierbörse werden schließlich auch verschiedene Auswahlindizes, wie bspw. der *Prime All Share Index*, berechnet.[806] Die größte Bedeutung kommt freilich dem DAX zu, der die Entwicklung der dreißig[807]

---

801 *Weichert*, Risikokapitalmarkt, 133; auch *Mai*, AG 2004, R282 („attraktives Schaufenster").

802 *Schiereck/Hartmann*, in: Festschrift für Hartmut Schmidt zum 65. Geburtstag, 205 (218); *Grupp*, Börseneintritt und Börsenaustritt, 16; Baumbach/Hopt/*Kumpan*, § 42 BörsG Rn. 1.

803 Vgl. auch *Kumpan*, ZGR 2016, 2 (27, 31); auch für *Scale* an der Frankfurter Wertpapierbörse wird der *Scale All Share Index* berechnet, vgl. den Leitfaden zu den Aktienindizes der Deutsche Börse AG.

804 *Klöhn/Schmolke*, NZG 2015, 689 (691).

805 *Grupp*, Börseneintritt und Börsenaustritt, 31.

806 Weitere Auswahlindizes sind bspw. der DAX®, DAX ESG 50®, TecDAX®, MDAX®, SDAX®, HDAX®, der Midcap Market Index®, der DAX ex Financials® und der DAX ex Financials 30®.

807 Ab September 2021 wird der DAX infolge einer Änderung der Regularien um zehn Werte auf insgesamt 40 Werte erweitert. Die entsprechende Pressemeldung der Börse ist abrufbar unter https://qontigo.com/deutscher-leitindex-dax-wird-durch

größten und umsatzstärksten deutschen Börsenunternehmen abbildet, als wirtschaftlicher Leitindex und Marktbarometer fungiert und (noch)[808] Emittenten des Prime Standards vorbehalten ist.[809] Für die meisten der Indizes[810], die die Wertentwicklung ihres Referenzmarktes abbilden sollen,[811] war das Listing im Prime Standard des regulierten Marktes bislang eines von verschiedenen *Basiskriterien*[812] und formelle Voraussetzung für die Indexierung.[813] Das galt sogar ganz unabhängig von dem konkreten teilbereichsspezifischen Anforderungsprofil und dessen regulatorischer Ausgestaltung. Lediglich ein Antrag auf Widerruf der Teilbereichszulassung gem. § 54 Abs. 1 BörsO FWB durfte bisher im Zeitpunkt der Indexberechnung noch nicht vorliegen.[814] Grundsätzlich – und unabhängig von der bevorstehenden Änderung der Regularien der Leitindizes – hat die Indexzugehörigkeit für Emittenten positive Effekte, da ihnen erhöhte Aufmerksamkeit zuteilwird und Indizes über das Teilbereichslisting hinaus eine weitere „Plattform für Visibilität“ bieten.[815] Insbesondere gilt dies für institutionelle Investoren wie ETFs (*Exchange Traded Funds*), die in ihren Portfolios einzelne

---

-zusatzliche-qualitatskriterien-und-angleichung-an-internationale-standards-gestarkt/(Abrufdatum: 31. März 2021).

808 Infolge der Änderung des Indexleitfadens stellt ein Listing im Prime Standard der Frankfurter Wertpapierbörse zukünftig keine Voraussetzung der Indexfähigkeit des Emittenten mehr dar, vielmehr ist eine Notierung im regulierten Grundmarkt fortan ausreichend. Das Kriterium wurde mit der (wenig überzeugenden) Begründung aufgegeben, dem Indexanbieter im Falle einer Regelwerksverletzung eine unabhängigere und schnellere Reaktionsmöglichkeit zur Verfügung stellen zu wollen. Die Pressemitteilung der Deutsche Börse AG vom 24. November 2020, „Deutscher Leitindex DAX wird durch zusätzliche Qualitätskriterien und Angleichung an internationale Standards gestärkt“, ist abrufbar unter https://deutsche-boerse.com/dbg-de/media/pressemitteilungen/Deutscher-Leitindex-DAX-wird-durch-zus-tzliche-Qualit-tskriterien-und-Angleichung-an-internationale-Standards-gest-rkt-2346282 (Abrufdatum: 31. März 2021).

809 Ziff. 3.1 des Leitfadens zu den Aktienindizes der Deutsche Börse AG; dazu *Foelsch/Wittmann*, in: Hellner/Steuer, BuB, Rn. 7/503.

810 Einzelne Indizes knüpfen auch an ein Grundmarktlisting oder den KMU-Wachstumsmarkt *Scale* an.

811 *Foelsch/Wittmann*, in: Hellner/Steuer, BuB, Rn. 7/503.

812 Ziff. 4.1.1.1 des Leitfadens zu den Aktienindizes der Deutsche Börse AG; auch *Lenenbach*, Kapitalmarktrecht, Rn. 3.180; *Weitnauer*, Hdb. Venture Capital, Teil I. Exit Rn. 121.

813 Dazu auch *Meyer*, in: Marsch-Barner/Schäfer, Hdb. börsennotierte AG, Rn. 7.66.

814 Ziff. 4.1.1.1 des Leitfadens zu den Aktienindizes der Deutsche Börse AG.

815 So in Ziff. 3.4 des Leitfadens zu den Aktienindizes der Deutsche Börse AG.

Indizes abbilden und die laut ihren Anlagerichtlinien überhaupt nur in indexfähige Werte investieren dürfen.[816] Durch die Aufnahme in einen Index wird für Aktienwerte überdies ein Performancevergleich ermöglicht, der die Attraktivität des Investments weiter steigen lässt und der zugleich eine gesteigerte Analystencoverage gewährleistet.[817] Hierdurch können sich Marktkapitalisierung und Liquidität in dem jeweiligen Aktienwert weiter erhöhen.[818]

Selbsteinordnungsmechanismen wie der Aufstieg in einen Teilbereich des regulierten Marktes stellen in ihrem Ausgangspunkt demnach ein Mittel zur Informationsübertragung dar;[819] es geht darum, der Marktgegenseite das Vorhandensein bestimmter Eigenschaften glaubhaft zu signalisieren, Informationen zu verifizieren[820] und dadurch Such- und Verifizierungskosten der Marktgegenseite zu reduzieren.[821] Sind im Falle des Teilbereichshandels wirtschaftliche Situation und Ertragslage des Unternehmens die für das Anlegerpublikum entscheidungsrelevanten Daten, vermittelt und bestätigt der Aufstieg in einen Teilbereich des regulierten Marktes die in diesem Zusammenhang publizierten Unternehmensinformationen; der Emittent hat sich immerhin freiwillig einem strengeren Pflichten- und Sanktionenregime unterstellt.[822] Der originäre Informationsgehalt eines freiwilligen Segmentaufstiegs, der über § 42 Abs. 2 BörsG noch verstärkt wird, ist in Relation zu der segmentspezifischen Zusatzpublizität deshalb sogar von ungleich höherem Gewicht.[823]

Dieser Selbstselektionsmechanismus steht auch im Rahmen eines börsenorganisatorisch initiierten Segmentwechsels in unterschiedlicher Ausprägung zur Verfügung. *Schrader* hat in einer viel beachteten Studie gezeigt, dass die

---

816 *Mitental/Anders*, DStR 2003, 1893 (1898 f.); *Riess/Altmann*, in: Achleitner/Bassen, Investor Relations am Neuen Markt, 195 (198).

817 Vgl. allgmein hierzu *Mitental/Anders*, DStR 2003, 1893 (1897 f.); auch *Schiereck/Hartmann*, in: Festschrift für Hartmut Schmidt zum 65. Geburtstag, 205 (207), nach denen strikter regulierte Börsensegmente eine intensivere Presseberichterstattung erfahren.

818 *Mitental/Anders*, DStR 2003, 1893 (1898).

819 Eingehend zur Selbsteinordnung als Reaktion auf Informationsungleichgewichte *R. Schmidt*, Informationen und Institutionen auf Finanzmärkten, 183 ff.; vgl. auch *Schiereck/Hartmann*, in: Festschrift für Hartmut Schmidt zum 65. Geburtstag, 205 (207); Baumbach/Hopt/*Kumpan*, § 42 BörsG Rn. 1.

820 Vgl. auch *Damrau*, Selbstregulierung, 118 ff., 134 ff.

821 *Kunz*, Marktsystem und Information, 89, dort insbesondere Fn. 99.

822 Vgl. auch *Kim*, Journal of Corporate Finance 2014, 342 (345) („channel for credible commitment").

823 Vgl. auch *Damrau*, Selbstregulierung, 321 f.

Entscheidung für einen Segmentaufstieg von Unternehmen des geregelten Freiverkehrs in den neu geschaffenen Geregelten Markt Ende der 1980er-Jahre gegenüber einer Notierung des Emittenten im einfachen Freiverkehrshandel mit reduzierten Listinganforderungen am Markt insgesamt positiv aufgenommen worden ist. Damals nämlich wurden Unternehmen, die keinen Antrag auf Zulassung zum Geregelten Markt gestellt hatten, bei Ablauf der Übergangsfrist automatisch in den einfachen Freiverkehr herabgestuft.[824] Und *Bessler/Schneck* haben jüngst eine Studie vorgelegt, in der sie die Auswirkungen auf die Bewertung von Unternehmen untersucht haben, die aufgrund der Einstellung des Neuen Marktes im Juni 2003 zwischen einem Wechsel in den Prime oder General Standard der börslichen Handelsplätze zu entscheiden hatten.[825] Die betroffenen Emittenten konnten zwischen einem Listing im Prime Standard, der gegenüber dem General Standard in seiner Anfangszeit noch deutlich strenger reguliert war und dessen wesentliche Transparenzpflichten, wie etwa die Pflicht zu quartalsweiser Finanzberichterstattung, an die des Neuen Marktes anknüpften,[826] und einem Listing innerhalb des jeweiligen Grundmarkthandels von Amtlichem und Geregeltem Markt wählen. Hierarchisch wurde der General Standard gegenüber den Listingvoraussetzungen des Neuen Marktes als das niedrigere Marktsegment eingestuft, das insbesondere für national agierende Unternehmen zur Verfügung stehen sollte („Domestic Standard").[827] Auch hier hatte der in seinem Ausgangspunkt börsenorganisatorisch initiierte Segmentwechsel für Unternehmen, die in den dichter regulierten Prime Standard aufstiegen, langfristig positive Kurseffekte zur Folge.[828] Für die Signalwirkung war letztendlich aber entscheidend, dass das segmentspezifische Regulierungskonzept den Eigenarten des Unternehmens entsprach.[829] Darum geht es auch noch weiter unten.

3. *Voraussetzung funktionseffizienter Selbsteinordnungsmechanismen*

Damit der Markt das freiwillige Listing in einem Teilbereich des regulierten Marktes als strategische Selbstselektion wahrnimmt und anerkennt, sind an

---

824 *Schrader*, Geregelter Markt und geregelter Freiverkehr, 222.

825 *Bessler/Schneck*, ZBB 2016, 362 (362 ff.).

826 Vgl. auch *Riess/Altmann*, in: Achleitner/Bassen, Investor Relations am Neuen Markt, 195 (203).

827 *Bessler/Schneck*, ZBB 2016, 362 (364).

828 *Bessler/Schneck*, ZBB 2016, 362 (376 ff.); vgl. auch *Schiereck/Hartmann*, in: Festschrift für Hartmut Schmidt zum 65. Geburtstag, 205 (207 ff.).

829 *Bessler/Schneck*, ZBB 2016, 367 und 373 f.

die regulatorische Ausgestaltung ranghöherer Marktsegmente einige generelle Anforderungen zu stellen. Die zuvor beschriebenen positiven Effekte, die von einem Aufstieg in der Segmenthierarchie ausgehen können, liegen begründet in dem Umstand, dass das Informationsverhalten des Emittenten in Fällen, in denen es über die kapitalmarktrechtliche Pflichtpublizität hinausgeht, einen Teil der Börsenreputation für sich beanspruchen kann (sog. *reputation borrowing*),[830] die Börse also, durch die Aufnahme des Emittenten in *ihren* Teilbereich, eine entsprechende Reputationsbürgschaft eingeht.[831] Deshalb sind Selbsteinordnungsmechanismen wie die Notiz in einem Teilbereich des regulierten Marktes auch über das teilbereichsspezifische Zulassungswesen und die Notierungsanforderungen umzusetzen.[832] Die an defizitäres Publizitätsverhalten in Teilbereichen anknüpfenden Sanktionsmechanismen und Reputationseinbußen (vgl. §§ 42 Abs. 2 S. 2, 25 Abs. 1 S. 2, 3 BörsG) legen der Informationsbereitschaft des Emittenten schließlich die *Signalkosten* auf,[833] die notwendig sind, um ein entsprechendes Qualitätssignal zur Überwindung asymmetrischer Informationsstände überhaupt aussenden zu können und seine Imitation durch Unternehmen, die der Markt über die Regulierung eines Teilbereichs mit erhöhten Listinganforderungen bewusst diskriminieren will, zu verhindern.[834] Deshalb droht das von einem Teilbereichslisting ausgehende Signal etwa dann zu verblassen, wenn sich – dies wurde bereits angedeutet[835] – teilbereichsspezifische Pflichten von solchen des Grundmarktes kaum mehr unterscheiden, die Anforderungen an ein

830 *Klöhn/Schmolke*, NZG 2015, 689 (692); *Schrader*, Geregelter Markt und geregelter Freiverkehr, 200; zum Investmentbanking vgl. *Grundmann*, in: Großkomm. HGB, Bankvertragsrecht 11/1, Fünfter Teil Rn. 27; auch *Assmann*, in: Nörr, 40 Jahre Bundesrepublik Deutschland – 40 Jahre Rechtsentwicklung, 251 (279); auch Baumbach/Hopt/*Kumpan*, § 42 BörsG Rn. 1.

831 Zum Investmentbanking vgl. *Grundmann*, in: Großkomm. HGB, Bankvertragsrecht 11/1, Fünfter Teil Rn. 27; auch *Assmann*, in: Nörr, 40 Jahre Bundesrepublik Deutschland – 40 Jahre Rechtsentwicklung, 251 (279).

832 Kritisch hinsichtlich des Anforderungsprofils des Frankfurter Prime Standard wohl auch *Meyer*, in: Marsch-Barner/Schäfer, Hdb. börsennotierte AG, Rn. 7.54 („die Schwelle zum Prime Standard niedriger geworden").

833 Vgl. allgemein zu den Signalkosten im Zusammenhang mit einem Listing in den besonderen Anleihesegmenten *Thießen/Döweling*, CF 2017, 136 (139); zur disziplinierenden Dimension der Unternehmensreputation vgl. auch *Klöhn/Schmolke*, NZG 2015, 689 (691 f.).

834 *Schiereck/Hartmann*, in: Festschrift für Hartmut Schmidt zum 65. Geburtstag, 205 (207).

835 Oben Kapitel 1 § 3 IV.5.a.

Teilbereichslisting insgesamt reduziert sind oder die auf den Teilbereichshandel zugeschnittenen Sanktionsmechanismen nicht umgesetzt werden.[836] Während es, um ein Beispiel zu nennen, für national ausgerichtete Mittelständler unverhältnismäßig erscheinen mag, nach internationalen Rechnungslegungsstandards zu bilanzieren, kommt der Verpflichtung, Finanzberichte nach nationalen Rechnungslegungsvorschriften auch ins Englische übersetzen zu lassen, keine vergleichbare, exklusivitätswahrende Funktion zu, da dieses Signal vergleichsweise einfach und kostengünstig kopiert werden kann. Die Sonderpflichten in dem Teilbereich des regulierten Marktes der Frankfurter Wertpapierbörse werden im Einzelnen noch weiter unten dargestellt.[837] Bis hierhin lässt sich konstatieren, dass die Notierung in einem Teilbereich des regulierten Marktes nur dann als positives Signal gewertet werden kann, wenn sich der Segmentwechsel auch aus Sicht des Marktes in ein Segment mit strengeren Offenlegungs- und Zulassungsfolgepflichten oder insgesamt erhöhten Anforderungen an den Segmentzugang darstellt.[838] Das Signal bleibt demgegenüber aus oder kann im Falle unplausibler Wechselaktivitäten sogar negativ ausfallen, wenn sich der Segmentaufstieg ohne erkennbares Regulierungsgefälle vollzieht.[839]

4. Exkurs: Ordnungs- und Profilierungsanliegen im Rahmen von „iX“

Ordnungs- und Profilierungsfunktion haben aber nicht erst durch die Ermächtigungsgrundlagen der Teilbereichsregulierung Eingang in das Börsenorganisationsrecht gefunden, sie prägten bereits im Rahmen des letztendlich gescheiterten[840] Fusionsvorhabens zwischen der London Stock Exchange (LSE) und der Frankfurter Wertpapierbörse (bekannt unter dem Projektnamen „*iX*“) wesentliche Strukturen der geplanten Kooperation.[841] Als Teil des

---

836 Dazu noch weiter unten Kapitel 5 § 2 I.3.; von einem *Gütesiegeleffekt* ist auch die Rede bei Baumbach/Hopt/*Kumpan*, § 42 BörsG Rn. 1; ähnlich auch bei *Meyer*, in: Marsch-Barner/Schäfer, Hdb. börsennotierte AG, Rn. 7.54 f.

837 Unten Kapitel 5 § 1 II.

838 *Schiereck/Hartmann*, in: Festschrift für Hartmut Schmidt zum 65. Geburtstag, 205 (207); *Schrader*, Geregelter Markt und geregelter Freiverkehr, 52 ff.; dazu auch *Meyer*, in: Marsch-Barner/Schäfer, Hdb. börsennotierte AG, Rn. 7.54 f.

839 *Schiereck/Hartmann*, in: Festschrift für Hartmut Schmidt zum 65. Geburtstag, 205 (207).

840 Zu den Gründen dieses Scheiterns vgl. *Bopp*, Fusionen und Kooperationen deutscher Börsen und ihrer Träger, 4 ff.

841 *Bopp*, Fusionen und Kooperationen deutscher Börsen und ihrer Träger, 4 ff. bietet einen guten Überblick über den geplanten Börsenverbund; rechtliche Einzelfragen

Börsenverbundes sollte unter dem regulatorischen Dach der LSE nämlich ein Sondersegment für etablierte Börsenwerte eingerichtet und dadurch der Handel in europäischen Standardwerten auf ein Marktsegment konzentriert werden.[842] Wachstumswerte sollten demgegenüber weiterhin im Freiverkehr der Frankfurter Wertpapierbörse gehandelt werden und auf diese Weise ein nach Risiko- und Anlagepräferenzen gegliederter Gesamtbörsenmarkt geschaffen werden.[843] Trotz der Verlagerung des *blue-chip*-Handels sollte der Grundmarkthandel innerhalb des Amtlichen und Geregelten Marktes an der Frankfurter Wertpapierbörse als Zulassungssegment der in London notierten Werte fortbestehen[844] und die in den beiden Handelsplätzen der Frankfurter Wertpapierbörse notierten Unternehmen die Wahl zwischen einem Listing in London und der Einführung ihrer Papiere in den Frankfurter Börsenmarkt erhalten.[845] Auch war beabsichtigt, die Gesamtzahl der in dem neuen Qualitätssegment handelbaren Werte auf die nach Börsenwert und Marktkapitalisierung 500 größten Emittenten zu beschränken.[846] Die Kooperationsstruktur ist, von wirtschaftspolitischen Erwägungen abgesehen, vor dem Hintergrund zu betrachten, dass eine weitergehende Segmentierung des Börsenmarktes zu diesem Zeitpunkt nur in den engen Grenzen des § 72 Abs. 3 BörsG i.d.F. nach dem Dritten Finanzmarktförderungsgesetz und nur für den Geregelten Markt zulässig war,[847] während ein hybrides Regulierungsmodell an der Frankfurter Wertpapierbörse bereits durch die Wachstumssegmentregulierung innerhalb des Freiverkehrs besetzt wurde.[848] Dass schließlich das Ende des Neuen Marktes nur wenige Jahre nach dem gescheiterten Börsenfusionsvorhaben wesentlich dazu beigetragen hat, die beabsichtigte strukturelle Trennung des Handels von Wachstums- und etablierten Börsenwerten auf öffentlich-rechtlicher Grundlage in das Ermessen der

---

werden erörtert bei *Kümpel/Hammen*, WM-Sonderbeilage 3/2000, 3 ff., *Schneider/Burgard*, WM-Sonderbeilage 3/2000, 24 ff. und *Schwark*, WM 2000, 2517 ff.

842 Eingehend *Kümpel/Hammen*, WM-Sonderbeilage 3/2000, 3 ff.; vgl. auch *Reckers*, WM 2000, 1631 (1631).

843 *Schwark*, WM 2000, 2517 (2517 f.).

844 Ein entsprechender Anspruch hierauf erwuchs den betroffenen Unternehmen schon aus ihrer fortbestehenden Börsenzulassung gegen die Frankfurter Wertpapierbörse, vgl. *Kümpel/Hammen*, WM-Sonderbeilage 3/2000, 3 (5).

845 *Kümpel/Hammen*, WM-Sonderbeilage 3/2000, 3 (5).

846 *Reckers*, WM 2000, 1631 (1631); *Schwark*, WM 2000, 2517 (2517).

847 Vgl. zur Rechtslage nach dem Dritten Finanzmarktförderungsgesetz *Groß*, Kapitalmarktrecht, 2. Auflage 2002, § 72 BörsG Rn. 3 und oben Kapitel 1 § 1 II.

848 *Schwark*, WM 2000, 2517 (2518) („ähnlich dem Modell für den Neuen Markt").

Börsen zu stellen, hat sich bereits im Rahmen der Darstellung der geschichtlichen Entwicklung abgezeichnet.

III. Zwischenbefund aus ökonomisch-funktionaler Perspektive

1. *Generelle Tauglichkeit hierarchischer Marktstrukturen zur Transaktionskostensenkung*

Von einem Ordnungs- und Profilierungsanliegen getragen ist die Regulierung segmentspezifischer Anforderungsprofile innerhalb eines Handelsplatzes vorrangig der operativen Effizienz des börslichen Wertpapierhandels verpflichtet.[849] Berücksichtigt man die hier dargestellten Grundfunktionen zugleich als die der Ermächtigungsgrundlage zugrunde liegenden Gesetzeszwecke und Referenzpunkte, steht auch fest, dass die Regulierung besonderer Teilbereiche sowohl aus Emittenten- als auch Investorenperspektive mehr als eine bloße „Marketingmaßnahme" darstellt.[850] Ihre generelle Tauglichkeit in Bezug auf die Effizienz des Handelsplatzdesigns lässt sich nach dem zuvor Gesagten kaum mehr in Abrede stellen. Die Regulierung vertikaler Marktsegmente soll handelsbedingte Kosten reduzieren, indem ein Transaktionsumfeld innerhalb des börslichen Sekundärmarktes geschaffen wird, das dem Markt zur Überwindung von Informationsasymmetrien, Unternehmen als Mittel strategischer Selbstselektion und dem Publikum als Instrument eines börsenorganisationsrechtlichen Anlegerschutzes dient. Zugleich bleibt der Markt aufgrund des Stufenverhältnisses auch für Erstemissionen offen und aufgrund der differenzierten Pflichtenlast für unterschiedliche Anlagekategorien attraktiv.[851] Dabei stehen Teilbereiche im Sinne von § 42 Abs. 1 BörsG aufgrund ihrer Lokalisierung innerhalb des regulierten Marktes an der Spitze der Segmenthierarchie.[852] Bisher ging auch die segmentbezogene Indexberechnung der Deutsche Börse AG, die die Zulassung zu einem Teilbereich als formelles Anknüpfungskriterium voraussetzte, davon aus, dass die Regulierung des Prime Standards eine Abstufung unterschiedlicher Emittentenkategorien bewirkt.[853] Dadurch sollte der Handel in den einzelnen Segmenten unverfälscht dargestellt werden können und der Aussagewert der

849 *Schmidt*, Die Bank 1987, 288 (296) („leistet sie das nicht, dann wäre sie eigentlich überflüssig").

850 So aber *S. Augsberg*, in: Ehlers/Fehling/Pünder, Öffentliches Wirtschaftsrecht, § 35 Börsenrecht Rn. 22.

851 So auch *Giersch/Schmidt*, Offene Märkte für Beteiligungskapital, 80 Ziff. 182.

852 *Merkt*, Unternehmenspublizität, 141.

853 Vgl. insbesondere auch die grafische Darstellung bei *Meyer*, in: Marsch-Barner/Schäfer, Hdb. börsennotierte AG, Rn. 7.63.

Referenzmarktindizes nicht dadurch reduziert werden, dass zugleich auch die Performance inkompatibler Emittentengruppen abgebildet wird.[854] Entsprechend kritisch ist die Änderung des DAX-Leitfadens zu betrachten, wonach zukünftig auch Emittenten des General Standard in den Leitindex aufgenommen werden können.

2. *Verwässerung der Grundfunktionen*

Als die Grundfunktionen beeinträchtigender Etikettenschwindel ist der Umstand beschrieben worden, dass sich unterschiedliche Anlagekategorien innerhalb desselben Marktsegments mischen können. Dies ist in zwei Richtungen denkbar und kann einerseits dadurch geschehen, dass etablierte Unternehmen ein Segment für kleine und mittlere Unternehmen als „preisgünstiges Substitut" besetzen,[855] oder, andererseits, junge und unreife Emittenten mit vergleichsweise geringerem Kapitalbedarf ein an international agierende Großunternehmen gerichtetes Sondersegment als „attraktives Schaufenster"[856] beanspruchen. Ursächlich dafür können segmentspezifische Listinganforderungen oder Sanktionsmechanismen sein, die lediglich eine rein formale Segmentierung des Börsenmarktes herbeiführen, ohne die jeweiligen Unternehmen auch im Bewusstsein des Anlegerpublikums voneinander abzuheben und die Signalkosten und den Wert eines freiwilligen Aufstiegs in den Teilbereichshandel insgesamt reduzieren.[857] Beschränkt sich die Teilbereichsregulierung nämlich auf eine nur geringfügige Modifikation der gesetzlichen Basistransparenz, können auch Emittenten in den Teilbereichshandel aufsteigen, die eher dem Grundmarkthandel zuzuordnen wären, etwa, weil sie vornehmlich national agieren oder sich für keinen der Auswahlindizes qualifizieren können. Positive Kurseffekte im Vorfeld des Segmentwechsels können dann allenfalls auf die verbesserten Liquiditätsverhältnisse, nicht aber das segmentspezifische Anforderungsprofil zurückgeführt

---

854 Zur Funktion des DAX allgemein vgl. *Meyer*, in: Marsch-Barner/Schäfer, Hdb. börsennotierte AG, Rn. 7.64.

855 *Schrader*, Geregelter Markt und geregelter Freiverkehr, 36, 104; vgl. auch Begr. RegE BörsZulG, BT-Drucks. 10/4296, 25; anders wohl *Hopt*, WM 1985, 793 (799), der sich gegen eine Obergrenze in den hierarchisch niedrigeren Börsensegmenten ausspricht.

856 So in Bezug auf ein Listing im Prime Standard der Frankfurter Wertpapierbörse *Mai*, AG 2004, R282; zur Zulassungspraxis am Neuen Markt vgl. *Claussen*, BB 2002, 105 (107 f.).

857 *Schmidt*, Die Bank 1987, 288 (296); *Schiereck/Hartmann*, in: Festschrift für Hartmut Schmidt zum 65. Geburtstag, 205 (207); auch *Meyer*, in: Marsch-Barner/Schäfer, Hdb. börsennotierte AG, Rn. 7.53; auch *Ganzer/Borsch*, BKR 2003, 484 (487); dazu auch *Claussen*, BB 2002, 105 (107 f.).

werden.[858] Investoren wären durch ein solches Marktdesign vielmehr gezwungen, erneut Suchkosten aufwenden, um die ihrer Anlage- und Risikopräferenz entsprechende Investitionsmöglichkeit identifizieren zu können. Und aus Emittentenperspektive bedeutete eine rein formale Segmentierung des Börsenmarktes die Gefahr, zwischen unterschiedlichen Anlageformaten übersehen zu werden und dadurch Kapital vorenthalten zu bekommen, das den Anlagepräferenzen des Investorenpublikums entsprechend an sich für die jeweilige Unternehmung bestimmt gewesen wäre, das Anlegerpublikum aber im Vertrauen auf eine ungestörte Ordnungsfunktion in Werte eines *falschen* Marktsegments investiert hat.

Erst im Rahmen der Einführung des Geregelten Marktes durch das BörsZulG hat der Gesetzgeber die Gefahr einer solchen Verwässerung von Ordnungs- und Profilierungsfunktion infolge der Inanspruchnahme des rangniedrigeren Marktabschnitts durch „‚zwischenberichtsunwillige‘ Weltunternehmen“ erkannt und in diesem Zusammenhang sogar eine quantitative Beschränkung des Marktzugangs anhand von unternehmensbezogenen Größenkriterien erwogen.[859] Zur Erinnerung: Die Zweiteilung des Börsenmarktes ist damals unter Verweis auf die börslichen Gestaltungsmöglichkeiten zur Strukturierung des regulierten Marktes aufgegeben und ihre Funktionen vollständig der Teilbereichsregulierung übertragen worden.[860] Das Anforderungsprofil eines ranghöheren Marktsegments sollte deshalb auf eine Weise verdichtet sein, die den Segmentzugang faktisch und gegebenenfalls auch rechtlich auf die segmentkompatible Emittentengruppe beschränkt[861] und zielgruppenfremde Unternehmen den rangniedrigeren Segmenten zuweist.[862] In jedem Fall erfordern Verwässerungstrends Anreize in Form einer segmentadäquaten

858 *Schrader*, Geregelter Markt und geregelter Freiverkehr, 87, hier zu dem Verhältnis der NASDAQ zu AMEX.

859 Vgl. die Stellungnahme des Bundesrats im Zuge des Gesetzgebungsverfahrens, Begr. RegE BörsZulG, BT-Drucks. 10/4296, 25. Der Vorschlag hat sich letztendlich nicht durchsetzen können, vgl. die Gegenäußerung der Bundesregierung, Begr. RegE BörsZulG, BT-Drucks. 10/4296, 29 („Die Wahl zwischen mehreren unterschiedlichen Marktsegmenten soll der Entscheidung des Emittenten überlassen bleiben. Die gesetzliche Zuweisung der Aktien zu den einzelnen Marktsegmenten nach der Größe des Emittenten erscheint im Hinblick auf das angestrebte Ziel, die Eigenkapitalversorgung der Unternehmen durch erleichterten Börsenzugang zu verbessern, nicht sachgerecht.“); dazu auch *Schrader*, Geregelter Markt und geregelter Freiverkehr, 36.

860 Begr. RegE FinanzmarktRL-Umsetzungsgesetz, BT-Drucks. 16/4028, 87.

861 Zu den geringen Unterschieden zwischen den Marktsegmenten vgl. auch *Meyer*, in: Marsch-Barner/Schäfer, Hdb. börsennotierte AG, Rn. 7.53.

862 Vgl. auch *Schrader*, Geregelter Markt und geregelter Freiverkehr, 104.

Ausgestaltung der Listinganforderungen durch die Börsen, durch die auch höhere Marktsegmente gegenüber dem kostengünstigeren Grundmarkt oder freiverkehrlichen Listingalternativen attraktiv bleiben.[863] Damit ist zugleich die Frage nach der Durchlässigkeit der Segmentebenen angesprochen, die vor allem in den Randbereichen der einzelnen Marktsegmente virulent wird.[864] Jedenfalls aus der Unzulässigkeit einer starren Zuordnung zu einem Teilbereich des regulierten Marktes, die dem europäischen Rahmen und den hierzu ausgebildeten formellen Regulierungsgrenzen der Ermächtigungsgrundlage entnommen werden kann,[865] ergibt sich nämlich, dass ein Segmentwechsel sowohl in Form eines Aufstiegs in ein ranghöheres Segment als auch eines Segmentabstiegs in den Grundmarkthandel jederzeit möglich sein muss.[866] Das kann auch erforderlich sein, wenn Unternehmen aus einem Einstiegssegment *herauswachsen* oder dem strengen Anforderungsprofil eines Teilbereichs nicht länger entsprechen.[867] Schließlich können sich differenzierte Listinganforderungen so auch positive auf die Realwirtschaft auswirken, indem die Aussicht eines Segmentaufstiegs weitere Wachstumsanreize setzt. Als Fundament der Qualitätssegmentierung sollte ein nach § 42 Abs. 1 BörsG eingerichteter Teilbereich konzeptionell jedenfalls nur die „Spitze der Pyramide" aller Unternehmen erfassen.[868] Denn nur wenn sich die Anforderungen von Teilbereichs- und Grundmarkthandel nicht nur formal, sondern auch qualitativ voneinander absetzen, kann eine „Trennung Sinn haben"[869] und sich unter dem Aspekt operativer Börseneffizienz langfristig positiv auf den gesamten Börsenmarkt auswirken.[870]

---

863 *Hopt*, WM 1985, 793 (799); ähnlich auch *Giersch/Schmidt*, Offene Märkte für Beteiligungskapital, 79 f. Ziff. 180, 181, 182.

864 *Giersch/Schmidt*, Offene Märkte für Beteiligungskapital, 73 Ziff. 167.

865 Dazu noch unten Kapitel 4 § 1.

866 Die Voraussetzungen eines freiwilligen Teilbereichsrückzugs werden noch in Kapitel 5 § 3 untersucht.

867 *Giersch/Schmidt*, Offene Märkte für Beteiligungskapital, 78 Ziff. 177.

868 Dazu auch *Giersch/Schmidt*, Offene Märkte für Beteiligungskapital, 78 Ziff. 178. Hier ist im Zusammenhang mit der vertikalen Segmentierung des Aktienmarktes auch die Rede von unterschiedlichen „Schichten in der Pyramide"; zur internationalen Ausrichtung der Teilbereichsregulierung *Seiffert*, in: Kümpel/Wittig, Bank- und Kapitalmarktrecht, Rn. 4.314; auch *Seiffert*, in: Kümpel/Mülbert/Früh/Seyfried, Bank- und Kapitalmarktrecht, Rn. 14.311.

869 *Weichert*, Risikokapitalmarkt, 212; auch *Hopt*, WM 1985, 793 (799).

870 Nach *Giersch/Schmidt*, Offene Märkte für Beteiligungskapital, 76 Ziff. 176 soll eine vertikale Segmentierung des Börsenmarktes diesen „effizient und nach unten offen halten." Ist dies nicht der Fall, „dann wäre sie [die vertikale Segmentierung des Börsenmarktes; Anm. d. Verf.] überflüssig und könnte sich nicht durchsetzen."

Viertes Kapitel Die Regulierung besonderer Teilbereiche in den Koordinaten des Börsengesetzes – zugleich zu den Gestaltungsgrenzen der Ermächtigungsgrundlage

Im Bewusstsein der regulierungstheoretischen und ökonomisch-funktionalen Grundlagen, die auch unter Berücksichtigung freiverkehrlicher Vergleichsmärkte Gegenstand der vorstehenden Kapitel waren, geht es nun um die Regulierung besonderer Teilbereiche in den Koordinaten ihrer börsengesetzlichen Ermächtigungsgrundlage. Diese sind von besonderer praktischer Relevanz. So war Anstoß eines der wenigen öffentlichen Gerichtsverfahren börsenorganisationsrechtlichen Ursprungs die Frage nach den normimmanenten Gestaltungsgrenzen des § 42 Abs. 1 BörsG, die die Börse im Rahmen der Regulierung des teilbereichsspezifischen Sonderpflichtenbestands zu beachten hatte.[871] Es verwundert angesichts der wirtschaftlichen Bedeutung des Teilbereichshandels sowie des hohen Konfliktpotenzials umso mehr, dass diesen Grenzen, die regelmäßig allein mithilfe verwaltungsrechtsdogmatischer Vokabeln und Verweisen auf die Gesetzesmaterialien konturiert werden sollen,[872] bisher keine höhere Aufmerksamkeit zuteilgeworden ist.

Der nachfolgende Abschnitt befasst sich daher zunächst mit den formellen (unten Kapitel 4 § 1) und materiellen Schranken (unten Kapitel 4 § 2) der Teilbereichsregulierung und konkretisiert den so entwickelten Gestaltungsrahmen weiter mithilfe rechtssystematischer Ordnungsgedanken (unten Kapitel 4 § 3). Auf die (materiellen) Grenzen der Gestaltungsmöglichkeiten nach dem Dritten Finanzmarktförderungsgesetz muss in diesem Zusammenhang nicht erneut eingegangen werden.[873] § 72 Abs. 3 BörsG enthielt, wie eingangs bereits dargestellt, in seiner damaligen Fassung nämlich eine ausdrückliche Begrenzung

---

871 VGH Kassel Urt. v. 28. März 2007 – 6 N 3224/04 = WM 2007, 1264 ff.

872 Vgl. etwa *Groß*, Kapitalmarktrecht, § 42 BörsG Rn. 3 f.

873 Vgl. hierzu bereits Kapitel 1 § 1 II.

der Teilbereichsregulierung in materieller Hinsicht, indem die Regulierung weitergehender Sonderpflichten bereits gegenständlich auf die Zwischenberichterstattung nach Vorbild des Amtlichen Marktes beschränkt war. Im Gegensatz dazu beruhen die Gestaltungsmöglichkeiten in den Teilbereichen heute auf einer offenen und, wie noch zu zeigen sein wird, inhaltlich dynamischen Ermächtigungsgrundlage, die eine Unterscheidung von zulässigen und unzulässigen Sonderpflichten in den Teilbereichen des regulierten Marktes erheblich erschwert.[874]

§ 1 Formelle Regulierungsgrenzen im Rahmen der Teilbereichseinrichtung

Die Grenzbestimmung in formeller Hinsicht betrifft zunächst die Frage nach Anzahl und Ausmaß der Teilbereichseinrichtung durch die Börse; inwieweit darf der regulierte Grundmarkt in Form derartiger Sondersegmente unterteilt und vereinnahmt werden? Dabei geht es grundsätzlich zunächst darum, die börsenautonome Rechtsetzung für den regulierten Markt auf Teilbereiche dieses Handelsplatzes zu begrenzen sowie die unterschiedlichen Ausprägungen, die mit dieser formellen Schranke verbunden sind.

I. Fortbestand des Handels in einem auf die gesetzlichen Zulassungs- und Zulassungsfolgepflichten beschränkten Grundmarkt

Zunächst dokumentiert der Wortlaut der Ermächtigungsgrundlage (*Teil*bereiche), dass der teilbereichseigene Sonderpflichtenkreis stets nur einen von dem korrespondierenden Grundmarkthandel abgrenzbaren Bereich umfassen kann[875] und im Umkehrschluss eine handelsplatzweite Pflichtensteigerung auf der Grundlage der Ermächtigungsnorm nicht zulässig ist.[876] Aus diesem Grund qualifizierten manche auch – hierauf wurde bereits im Rahmen der historischen Skizze hingewiesen –[877] den Umstand, dass die Frankfurter Wertpapierbörse in der Zeit nach dem Vierten Finanzmarktförderungsgesetz für den *gesamten* Geregelten Markt besondere Zulassungs- und Zulassungsfolgepflichten statuierte, als

874 Dazu auch *Hammen*, WM 2003, 997 (1002).

875 *Hammen*, WM 2003, 997 (1001); auch *Stürwald*, BKR 2002, 1021 (1023).

876 Vgl. nur *Stürwald*, BKR 2002, 1021 (1023); ähnlich auch *Damrau*, Selbstregulierung, 326 zu § 72 Abs. 3 BörsG i.d.F. nach dem Dritten Finanzmarktförderungsgesetz; ebenso *Zietsch/Holzborn*, WM 2002, 2356 (2358).

877 Oben Kapitel 1 § 1 V.

Verstoß gegen diese formelle Grenze der Ermächtigungsgrundlage.[878] Noch früher, nämlich bereits im Rahmen des Dritten Finanzmarktförderungsgesetzes gab der Gesetzgeber zu verstehen, dass eine solche handelsplatzweite Regulierung eines besonderen Marktsegments unstatthaft und für Börsenaspiranten ein alternatives Grundmarktlisting zu den gesetzlichen Zulassungs- und Notierungsbedingungen zu erhalten sei.[879] Um dies zu gewährleisten, beschränkte man die Gestaltungsbefugnisse der Börsen bewusst auf einen Ausschnitt des damaligen geregelten Grundmarkthandels.[880] Die formelle Begrenzung der Teilbereichsregulierung auf besondere Segmente innerhalb eines Handelsplatzes bekräftigte der Gesetzgeber schließlich auch im Rahmen des Vierten Finanzmarktförderungsgesetzes[881] und des FinanzmarktRL-Umsetzungsgesetzes.[882]

Die gesetzgeberische Intention ist in ihrem Ausgangspunkt damit zu erklären, dass der Geregelte Markt seinerzeit als Eintrittssegment des börslichen Kapitalmarktes konzipiert und die Listinganforderungen hier ganz bewusst unterhalb denen des Amtlichen Handels gehalten werden sollten.[883] Eine vollständige Pflichtenerhöhung wäre diesem Anliegen offen zuwidergelaufen.[884] Deshalb beschränkte die damalige Ermächtigungsgrundlage in einem der autonomen Gestaltung der Börsen überlassenen Handelsplatz (vgl. §§ 72 Abs. 2 Nr. 1, 73 Abs. 1 Nr. 1, 2 BörsG a. F.) implizit auch die Gestaltungsmöglichkeiten hinsichtlich der rechtlichen Anforderungen an die Teilnahme im Grundmarkthandel des Geregelten Marktes.[885] Art 43 Abs. 3 der BörsZulRL schreibt außerdem vor, dass ein höherer Betrag des voraussichtlichen Börsenkurswertes oder des Eigenkapitals des Börsenaspiranten nur dann vorgeschrieben werden kann, wenn es in dem jeweiligen Mitgliedstaat daneben einen anderen regulierten Börsenmarkt gibt, der anerkannt, offen und dessen Funktionsweise ordnungsgemäß ist und dessen Zulassungsanforderungen sich auf die gesetzlichen Grundpflichten in Bezug auf

---

878 Vgl. auch *Schäfer*, in: Marsch-Barner/Schäfer, Hdb. börsennotierte AG, Rn. 12.11; auch *Hammen*, WM 2003, 997 (1000 f.); ebenso *Schlitt*, AG 2003, 57 (59).

879 *Zietsch/Holzborn*, WM 2002, 2356 (2358).

880 Begr. RegE Drittes Finanzmarktförderungsgesetz, BT-Drucks. 13/8933, 82; auch *Hammen*, WM 2003, 997 (1001); *Schlitt*, AG 2003, 57 (59).

881 Begr. RegE Viertes Finanzmarktförderungesetz, BT-Drucks. 14/8017, 80; dazu auch *Möller*, WM 2001, 2405 (2406); auch *Schlitt*, AG 2003, 57 (59)

882 Begr. RegE FinanzmarktRL-Umsetzungsgesetz, BT-Drucks. 16/4028, 88.

883 *Schäfer*, in: Marsch-Barner/Schäfer, Hdb. börsennotierte AG, Rn. 12.11; kritisch *Giersch/Schmidt*, Offene Märkte für Beteiligungskapital, 78 Ziff. 178.

884 *Stürwald*, BKR 2002, 1021 (1023).

885 Vgl. auch *Damrau*, Selbstregulierung, 326.

Marktkapitalisierung und Eigenkapitalausstattung beschränken.[886] Und auch aus einer funktionalen Perspektive lässt sich unter Berücksichtigung der zuvor beschriebenen Profilierungs- und Abstufungsfunktion die Notwendigkeit des Fortbestands der Grundmarktstrukturen des jeweiligen Handelsplatzes begründen.[887] Vorschriften wie § 32 Abs. 4 BörsG und § 33 Abs. 1 Nr. 1 lit. a) BörsG gehen insofern von einer börsenplatzübergreifenden Gleichwertigkeit kapitalmarktrechtlicher Zulassungs- und Zulassungsfolgepflichten für börsennotierte Gesellschaften aus. Diesen „börsengesetzlich skizzierten Grundmarkt ganz aufzugeben“ ist den Börsen also verwehrt, da eine derart weitgehende Umgestaltung des börslichen Handelsumfelds Emittenten der gesetzlich zugewiesenen und volkswirtschaftlich notwendigen Möglichkeit beraubte, den organisierten Kapitalmarkt beanspruchen zu können, indem sie die gesetzlichen Zulassungs- und Zulassungsfolgepflichten erfüllen.[888]

II. Fakultative Ausgestaltung des Teilbereichszugangs

Eine weitere Ausprägung der formellen Gestaltungsgrenzen stellt das Gebot der fakultativen Ausgestaltung des Segmentzugangs dar.[889] Ein Antragserfordernis lässt sich der Ermächtigungsgrundlage zwar nicht unmittelbar entnehmen, wird aber insofern angedeutet, als dass ein Emittent die Sonderpflichten nur dann zu beachten hat, wenn er zu dem jeweiligen Teilbereich *zugelassen* worden ist (§ 42 Abs. 1 BörsG).[890]

Umgekehrt gilt also, dass es nach § 42 Abs. 1 BörsG nicht zulässig wäre, Emittenten, die eine Zulassung zum Handel im regulierten Markt nach § 32 Abs. 1 BörsG beantragt haben, unter vordefinierten Kriterien – etwa dem

---

886 Dabei lässt sich die Richtlinienvorgabe auch so auslegen, dass ein auf die gesetzlichen Pflichten beschränkter Grundmarkthandel nur innerhalb des jeweiligen Mitgliedstaats zur Verfügung stehen muss, nicht aber auch an dem Börsenplatz, der zusätzliche Vorgaben hinsichtlich der Marktkapitalisierung des Börsenaspiranten vorschreibt.

887 Vgl. auch *Schäfer*, in: Marsch-Barner/Schäfer, Hdb. börsennotierte AG, Rn. 12.11; auch *Gebhardt*, in: Schäfer/Hamann, KMG, § 42 BörsG Rn. 3; auch *Hammen*, WM 2003, 997 (1001).

888 *Hammen*, in: Festschrift für Gerd Nobbe, 583 (594); ebenso unter besonderer Hervorhebung des Anstaltszwecks *Kümpel/Hammen*, WM-Sonderbeilage 3/2000, 3 (5); außerdem *Hammen*, WM 2003, 997 (1002); dazu auch *Hammen*, ZBB 2001, 84 (85 ff.); auch *Fenchel*, DStR 2002, 1355 (1356).

889 Dazu Schwark/Zimmer/*Heidelbach*, KMRK, § 42 BörsG Rn. 7.

890 Zum Zulassungsverfahren bereits oben Kapitel 1 § 3 III.; vgl. außerdem Schwark/Zimmer/*Heidelbach*, KMRK, § 42 BörsG Rn. 7.

Überschreiten bestimmter Größenmerkmale oder aufgrund gewisser gesellschaftsrechtlicher oder wirtschaftlicher Eigenschaften des Emittenten – als Folge jenes Zulassungsantrags automatisch einem Teilbereich des regulierten Marktes mit erhöhten Listinganforderungen zuzuweisen. Eine solche Eingruppierung in den Teilbereichshandel nämlich käme der Einbeziehung in einen Teilbereich des regulierten Marktes gleich, die aber aus Gründen, die bereits dargestellt wurden, ausscheiden muss.[891] Gegen die Zuweisung eines Emittenten zu einem bestimmten Marktsegment bestehen im Interesse einer plausiblen Ordnung des Wertpapiermarktes grundsätzlich natürlich keine Bedenken, solange mit ihr nicht die Beachtung weitergehender Sonderpflichten verbunden ist. Denn ohne Zustimmung des Emittenten können diesem keine zusätzlichen Verhaltens- oder Offenlegungspflichten auferlegt werden (vgl. §§ 33 Abs. 2, 48 Abs. 1 S. 4, 48a Abs. 3 S. 2 BörsG).[892]

Die Teilnahme am Teilbereichshandel ist deshalb in den Koordinaten des § 42 BörsG stets fakultativ auszugestalten.[893] In dieser besonderen Ausprägung der formellen Regulierungsgrenzen wird die aus dem Richtlinienrecht abgeleitete Beschränkung marktautonomer Rechtsetzung in den Teilbereichen des regulierten Marktes verwirklicht, nach der den Grundpflichtenbestand übersteigende Anforderungen an Emittenten diskriminierungsfrei und den Börsenaspiranten vor dem an die Börse gerichteten Zulassungsantrag bekannt sein müssen (vgl. Art. 8 Abs. 1 BörsZulRL).[894] Europarechtlich vorgeschrieben ist allerdings auch das Antragserfordernis in Teilbereichen nicht, denn eine diskriminierungsfreie Regulierung zusätzlicher Sonderpflichten kann sich nach den Vorgaben der BörsZulRL auch an *alle* oder eine vorab definierte Kategorie von Emittenten richten.[895] Eine sich uneingeschränkte Geltung beimessende Bestimmung wie bspw. § 54a BörsO Düsseldorf, der besondere Übermittlungspflichten für sämtliche Unternehmen des Grundmarkthandels gegenüber der Geschäftsführung

---

891 Dazu schon weiter oben Kapitel 1 § 3 IV.2.a.

892 Zu § 33 BörsG vgl. *Lenenbach*, Kapitalmarktrecht, Rn. 3.199; auch *Brockhausen*, in: Becker/Förschler/Klein, MiFID, Rn. 249.

893 Schwark/Zimmer/*Heidelbach*, KMRK, § 42 BörsG Rn. 7 f.; *Harrer/Fisher/Evans*, RIW 2003, 81 (82).

894 Schwark/Zimmer/*Heidelbach*, KMRK, § 42 BörsG Rn. 8; auch *Merkt*, Teilgutachten G zum 64. DJT, 104.

895 Vgl. bereits oben Kapitel 1 § 2 I.2.

der Börse vorschreibt, begegnet mit Blick auf die formellen Gestaltungsgrenzen der Ermächtigungsgrundlage aber zumindest einigen Bedenken.[896]

Dem Antragserfordernis des § 42 BörsG trägt § 48 Abs. 1 S. 1 BörsO FWB Rechnung, indem die Zulassung zum Prime Standard stets von dem Emittenten beantragt werden muss.[897] Ohne entsprechende Anhaltspunkte im Rahmen der Antragstellung ist davon auszugehen, dass sich der Zulassungsantrag des Emittenten lediglich auf die Grundmarktzulassung bezieht. Die Geschäftsführung der Börse darf also nicht ohne Weiteres davon ausgehen, der Emittent strebe die Notierung in einem hierarchisch höheren Börsensegment an, verbunden mit der Bereitschaft, segmentspezifische Sonderpflichten befolgen zu wollen.[898] Auch dies stellt eine besondere Ausprägung der formellen Rechtsetzungsgrenzen dar. Das Gebot, wonach der Teilbereichszutritt fakultativ zu gestalten ist, lässt sich auch dem gesetzgeberischen Anliegen entnehmen, nach dem ein auf die gesetzlichen Pflichten beschränkter Grundmarkthandel stets neben dem Teilbereichshandel fortbestehen und dem antragstellenden Emittenten offenstehen muss.[899] Ohne entsprechenden Antrag bleibt ein Emittent demnach auch bei vorheriger Grundmarktzulassung im Grundmarkthandel des regulierten Marktes notiert.[900] Schließlich stellt die bewusste Entscheidung für einen Segmentaufstieg einen Ausschnitt der Profilierungsfunktion des Teilbereichshandels dar, indem die Signalwirkung des Segmentaufstiegs gegenüber einem erzwungenen, ordnungspolitisch initiierten Segmentwechsel noch verstärkt wird.[901]

Der Hessische Verwaltungsgerichtshof in Kassel hat in diesem Zusammenhang als entscheidend festgestellt, dass „kein rechtlicher Zwang besteht, sich am Handel in [einem Teilbereich des regulierten Marktes] zu beteiligen." Der nur wirtschaftlich-faktische Zwang, ein Uplisting in ein hierarchisch höherrangiges Börsensegment vorzunehmen, ausgelöst durch einen „möglichen Wettbewerbsvorsprung der zum Prime Standard zugelassenen Emittenten", ist also für die Beurteilung der Rechtmäßigkeit der Teilbereichsregulierung unbeachtlich, solange die inhaltliche Ausgestaltung des teilbereichsspezifischen

896 Außerhalb des Anwendungsbereichs der Ermächtigungsgrundlage der Teilbereichsregulierung werden derartige technische Bestimmungen allerdings eine hinreichende Grundlage in der in § 16 BörsG verankerten allgemeinen Satzungsautonomie der Börse finden.

897 Schwark/Zimmer/*Heidelbach*, KMRK, § 42 BörsG Rn. 7.

898 So auch *Stage*, Strafbare Marktmanipulation, § 6 Rn. 96 f.

899 So auch Schwark/Zimmer/*Heidelbach*, KMRK, § 42 BörsG Rn. 7.

900 *Beck*, BKR 2002, 699 (706).

901 Dazu schon Kapitel 3 § 2 II.2.

Pflichtenregimes auch die materiellen Grenzen der Ermächtigungsgrundlage beachtet.[902] Der Verwaltungsgerichtshof hob seinerzeit die Bedeutung der fakultativen Ausgestaltung des Teilbereichshandels bei der Bewertung des normativen Eingriffs in die grundrechtlich geschützten Positionen des antragstellenden Emittenten hervor und betonte, es sei von erheblichem Gewicht, dass dem Unternehmen der Handel im General Standard ohne erweiterte Berichtspflichten offen stehe.[903]

III. Mehrfachsegmentierung des regulierten Marktes

Darf sich die Regulierung besonderer Teilbereiche nicht auf den gesamten regulierten Markt erstrecken, findet sie also eine ihrer äußeren Grenzen in dem Fortbestand eines auf die gesetzlichen Pflichten beschränkten Bereichs des Grundmarkthandels, ist eine solche formelle Begrenzung auch dann noch gewahrt, wenn mehrere unterschiedlich ausgestaltete Teilbereiche innerhalb eines regulierten Marktes betrieben werden, solange nur die Möglichkeit erhalten bleibt, ein Grundmarktlisting zu den gesetzlichen Bedingungen beantragen zu können.[904] Eine zahlenmäßige Beschränkung hinsichtlich der börsenautonomen Entscheidung, innerhalb des regulierten Marktes mehrere Teilbereiche mit unterschiedlichen Anforderungsprofilen einzurichten, lässt sich § 42 BörsG jedenfalls nicht entnehmen und auch der Wortlaut der Ermächtigungsgrundlage, der – in Abs. 1 – im Plural von der Einrichtung von Teilbereichen spricht und – in Abs. 2 – den Ausschluss eines Emittenten „aus dem entsprechenden Teilbereich des regulierten Markts“ erlaubt, deutet auf die Möglichkeit hin, den regulierten Markt durch mehr als einen Teilbereich zu strukturieren. § 42 Abs. 2 S. 1 BörsG lässt sich zugleich entnehmen, dass im Falle einer auf unterschiedliche Teilbereiche derselben Börse verteilten Mehrfachnotierung der börsenordnungspolitische Teilbereichsausschluss auf den Teilbereich beschränkt ist, dessen Pflichtenregime der Emittent konkret missachtet hat. Bedenken hiergegen bestehen auch vonseiten des Gesetzgebers nicht, der wiederholt hervorgehoben hat, die Regulierung besonderer Teilbereiche habe der Börsenrat an den unterschiedlichen Bedürfnissen des Marktes auszurichten.[905] Entscheidend ist

902 VGH Kassel WM 2007, 1264 (1268 f.).

903 VGH Kassel WM 2007, 1264 (1269); ähnlich auch Schwark/Zimmer/*Heidelbach*, KMRK, § 42 BörsG Rn. 7.

904 *Schäfer*, in: Marsch-Barner/Schäfer, Hdb. börsennotierte AG, Rn. 12.33.

905 Begr. RegE Viertes Finanzmarktförderungsgesetz, BT-Drucks. 14/8017, 80, 82; zuletzt Begr. RegE FinanzmarktRL-Umsetzungsgesetz, BT-Drucks. 16/4028, 88.

im Rahmen der Mehrfachsegmentierung, wie bereits eingangs festgestellt, allein, dass ein Ausschnitt des regulierten Marktes fortbesteht, der sich auf die gesetzlichen Zulassungspflichten beschränkt und auf den sich das börseneigene Sonderpflichtenregime nicht erstreckt.[906]

Die Mehrfachsegmentierung des regulierten Marktes findet ihre Grenzen aber in der Einsicht, dass eine Überlastung des Grundmarkthandels mit einer Vielzahl unterschiedlicher Segmente mit dem Interesse eines effektiven Anlegerschutzes und den eigentlichen Zwecken der Segmentierung nur schwer vereinbart werden kann.[907] Dies ergibt sich unabhängig von etwaigen am Anstaltswohl auszurichtenden Zweckmäßigkeitserwägungen des Börsenrats bereits aus dem ungeschriebenen kapitalmarktrechtlichen Gebot *institutioneller Gesamtmarkttransparenz*.[908] Hiernach nämlich ist im Interesse des Anleger- und Funktionsschutzes stets erforderlich, dass Investoren anhand einer zweckgerechten, transparenten Marktstruktur in der Lage sein müssen, beurteilen zu können, in welches Teilsegment, in welcher gesetzlichen Handelsplatzkategorie und vor allem unter welchen rechtlichen Rahmenbedingungen ihr Investment erfolgt.[909] Ordnung und Abstufung des Produktangebots können aus einer funktionalen Perspektive also nur dann erreicht werden, wenn die hierzu eingesetzten Mittel in der Marktwahrnehmung zu voller Geltung gelangen und ihrerseits nicht eine Vorselektion oder Differenzierung erforderlich machen.[910]

IV. Qualitative Anforderungen an den Grundmarkthandel?

1. Rechtlicher Fortbestand der Grundmarktstrukturen als Listingalternative

Schwieriger zu beantworten im Zusammenhang mit den formellen Regulierungsgrenzen ist die Frage, welche Anforderungen an den verbleibenden Grundmarkt*rest* zu stellen sind, ob der Handel in den gesetzlichen Strukturen bloß – wie der Verwaltungsgerichtshof forderte – *rechtlich* oder darüber hinaus auch *faktisch* fortbestehen muss. Die Frage ist eng verzahnt mit der ökonomischen

906 S. Begr. RegE Viertes Finanzmarktförderungsgesetz, BT-Drucks. 14/8017, 80, 82; Begr. RegE FinanzmarktRL-Umsetzungsgesetz, BT-Drucks. 16/4028, 88; vgl. auch *Gebhardt*, in: Schäfer/Hamann, KMG, § 42 BörsG Rn. 15; *Schäfer*, in: Marsch-Barner/Schäfer, Hdb. börsennotierte AG, Rn. 12.33.

907 *Merkt*, Teilgutachten G zum 64. DJT, 103 f.; s. ferner *Hammen*, WM 2003, 997 (1000).

908 Vgl. auch *Merkt*, Teilgutachten G zum 64. DJT, 104.

909 *Rudolph*, BB 2002, 1036 (1038).

910 Vgl. auch *Merkt*, Teilgutachten G zum 64. DJT, 104.

Betrachtung der Auswirkungen der Teilbereichseinrichtung auf den regulierten Gesamtmarkt, um die es später noch gehen wird. Faktisch zum Erliegen käme der Grundmarkthandel etwa dann, wenn infolge von Liquiditätsverlagerungen oder einer aufmerksamkeitsaufzehrenden Teilbereichsherausstellung die rechtliche Möglichkeit eines Grundmarktlistings nach § 32 Abs. 1 BörsG wirtschaftlich sinnvoll nicht länger genutzt werden könnte.[911]

Der Gesetzgeber erwartet in dieser Hinsicht, dass es neben dem Handel in einem oder mehreren Teilbereichen des regulierten Marktes auch „immer einen Handel in Aktien oder Aktien vertretenden Zertifikaten [...] geben [müsse], der sich auf die gesetzlichen Mindestvoraussetzungen beschränkt."[912] Dass ein funktionsfähiger Grundmarkthandel für die nicht teilbereichsfähigen Wertpapierarten wie Schuldverschreibungen oder Optionen aufrechtzuerhalten ist, versteht sich dabei von selbst.[913] Konkrete Qualitätsanforderungen an den börslichen *Aktienhandel* in den Grundstrukturen des regulierten Marktes aber werden weder in der Ermächtigungsgrundlage noch vonseiten des Gesetzgebers eingefordert. Auch kennt § 42 Abs. 2 S. 1 BörsG keinen Ausnahmetatbestand für Fälle, in denen die Rückstufung des Emittenten in einen illiquiden Grundmarkt erfolgen müsste. Vielmehr werden freiwilliges Downgrading und börsenordnungspolitischer Teilbereichsausschluss dem Emittenten unabhängig von der Qualität des Aktienhandels in den gesetzlichen Grundmarktstrukturen zugemutet (vgl. auch § 57 Abs. 4 BörsO). Wenn also der Hessische Verwaltungsgerichtshof hervorhebt, dass allein die *rechtliche* Möglichkeit eines Grundmarktlistings die Gestaltungsgrenzen des § 42 BörsG nicht beschränkt, so gilt dies zunächst unabhängig davon, ob sich der Notierungsschwerpunkt im regulierten Markt einer Börse (nahezu) vollständig in einen Teilbereich desselben verschoben hat.[914] Die Liquidität eines Handelsplatzes ist zwar wesentliches Attraktionsmerkmal des börslichen Wertpapierhandels,[915] ihr Schutz durch die MiFID II sogar zu einer kapitalmarktrechtlich relevanten Kategorie erhoben[916] und

---

911 Hierzu insgesamt weiter unten Kapitel 5 § 1 IV.2.

912 Begr. RegE Viertes Finanzmarktförderungsgesetz, BT-Drucks. 14/8017, 80.

913 Dazu auch *Hammen*, WM 2003, 997 (1002).

914 Dazu VGH Kassel WM 2007, 1264 (1268 f.).

915 *Klenke*, Börsendienstleistungen, 98.

916 Art. 4 Abs. 1 Nr. 25 MiFID II, wo ein *liquider Markt* definiert wird als ein Markt für Finanzinstrumente, auf dem kontinuierlich kauf- oder verkaufsbereite vertragswillige Käufer oder Verkäufer verfügbar sind und dessen Qualität anhand von Durchschnittsfrequenz und -volumen der Geschäfte, Zahl und Art der Marktteilnehmer sowie dem

durch das 2. FiMaNoG auch in § 48b Abs. 4 in das Börsengesetz aufgenommen worden, doch dient die *Illiquidität* des Handelsplatzes dort ausschließlich zur Beurteilung der Frage, ob der *Börsenträger* als Betreiber eines OTF Eigenhandel in öffentlichen Schuldtiteln betreiben darf.[917] Eine die Regulierungsgrenzen der Ermächtigungsgrundlage des § 42 BörsG beschränkende Ausstrahlungswirkung kann der Definition, die der Risikominimierung des Eigenhandels eines OTF-Betreibers dienen soll, aufgrund der beschränkten rechtlichen Relevanz also kaum zukommen. Auch für den Freiverkehrshandel wird nur der Börsenträger in § 48 Abs. 4 BörsG dazu verpflichtet sicherzustellen, dass mindestens drei aktive Handelsteilnehmer verfügbar sind, denen es jeweils möglich ist, mit allen übrigen Handelsteilnehmern zum Zwecke der Preisbildung zu interagieren. Die Vorschrift, die der Umsetzung von Art. 18 Abs. 7 MiFID II dient, soll bezwecken, dass ein Handel in den im Freiverkehr notierten Werten *auch tatsächlich stattfindet*.[918] Für außerbörsliche MTF findet sich eine entsprechende Vorschrift in § 72 Abs. 1 S. 1 Nr. 3 WpHG. Eine Beschränkung der Segmentierung des Freiverkehrshandels durch den Börsenträger ergibt sich aber auch aus dieser Regelung nicht, denn sie beruht ja gerade auf der Überlegung, es könnten sich an MTF und OTF geringere Handelsaktivitäten entfalten, als an einem öffentlich-rechtlich regulierten Börsenmarkt.[919] Es geht daher nicht um die Fragmentierung von Liquidität in unterschiedlichen Segmenten desselben Handelsplatzes, sondern um die Gewährleistung einer ordnungsgemäßen Preisbildung zum Schutz der Anleger, der jedenfalls für den börslichen Freiverkehrshandel wegen § 24 Abs. 1 S. 2 BörsG eine gesteigerte Bedeutung beizumessen ist.[920] Für den regulierten Markt hingegen fehlt es bereits an Referenzwerten hinsichtlich der in den Grundstrukturen vorgefundenen Handelsqualität, die ein objektives Rechtmäßigkeitsurteil über das börsliche Satzungsrecht vor dem Hintergrund seiner Ermächtigungsgrundlage erlaubten. Logische Folge der aus den nunmehr möglichen, der Segmentstabilität aber in hohem Maße abträglichen, Schwankungen resultierenden Rechtsunsicherheit wäre allein die zahlenmäßige Limitierung des Teilbereichszutritts, die der Gesetzgeber indes gerade nicht vorgesehen hat. Die formellen Regulierungsgrenzen der Ermächtigungsgrundlage sind deshalb nicht

---

durchschnittlichen Spread unter Berücksichtigung der speziellen Marktstrukturen eines Finanzinstruments zu bewerten ist.

917 Vgl. auch Baumbach/Hopt/*Kumpan*, § 48b BörsG Rn. 2.

918 Baumbach/Hopt/*Kumpan*, § 48 BörsG Rn. 10.

919 Baumbach/Hopt/*Kumpan*, § 48 BörsG Rn. 10.

920 Zur Bedeutung von § 24 BörsG vgl. nur *Groß*, Kapitalmarktrecht, § 24 BörsG Rn. 4 f.

verletzt, wenn zwar der gesamte Handel innerhalb des regulierten Marktes in einem Teilbereich stattfindet, für Emittenten aber nach wie vor die rechtliche Möglichkeit des Segmentwechsels bzw. eines Grundmarktlistings offensteht.

2. Schlussfolgerung und Auswirkung auf die formellen Grenzen der Börsensegmentregulierung nach § 42 Abs. 1 BörsG

Die Liquidität des Wertpapierhandels innerhalb eines Handelsplatzes ist von grundlegender Bedeutung für die Preisbildungsfunktion des Börsenhandels (vgl. § 24 BörsG). Sie definiert sich aber nicht ausschließlich über das Kriterium der Marktbreite. §§ 26c ff. und § 48 Abs. 4 BörsG zeigen vielmehr, dass Liquiditätszufuhr und -schutz in den Aufgabenbereich des jeweiligen Marktveranstalters fallen können und über Parameter wie Markttiefe – insbesondere Durchschnittsvolumina und Anzahl vorhandener Angebote und durchgeführter Transaktionen –, Ausführungsgeschwindigkeit oder Werte der durchgeführten Geschäfte zu bestimmen ist. Gegebenenfalls also kann der Grundmarkthandel durch geeignete liquiditätsspendende Maßnahmen der Börsengeschäftsführung aufrechtzuerhalten und die Qualität der Preisbildung – etwa durch die Integration eines Market Making Systems (vgl. §§ 79 f. BörsO FWB) und der Einbeziehung sog. *Designated Sponsors* (vgl. §§ 81 f. BörsO FWB) in den Handel – zu sichern sein,[921] ehe eine zahlenmäßige Limitierung des Teilbereichshandels überhaupt in Betracht kommt, um einen nicht näher bestimmbaren Anteil potenzieller Teilbereichsemittenten von einem Uplisting abzuhalten. Das gilt schon grundsätzlich mit Blick auf die allgemeine Betriebspflicht des Börsenträgers (§ 5 BörsG)[922] sowie den börslichen Anstaltszweck (§ 2 Abs. 1 BörsG) und den hiermit verbundenen Zulassungsanspruch des Börsenaspiranten in den gesetzlichen Grundmarktstrukturen (§ 32 BörsG).[923] Insofern ist auch entscheidend, ob für Teilbereichs- und Grundmarkthandel unterschiedliche Handelssysteme

---

921 Vgl. auch Baumbach/Hopt/*Kumpan*, § 24 BörsG Rn. 3, § 26c BörsG Rn. 1, § 48 BörsG Rn. 10; außerdem *Seiffert*, in: Kümpel/Mülbert/Früh/Seyfried, Bank- und Kapitalmarktrecht, Rn. 14.289.

922 Zur Betriebspflicht des Börsenträgers vgl. *Seiffert*, in: Kümpel/Mülbert/Früh/Seyfried, Bank- und Kapitalmarktrecht, Rn. 14.38.

923 Ähnlich auch *Kümpel/Hammen*, WM-Sonderbeilage 3/2000, 3 (5) im Zusammenhang mit dem letztendlich gescheiterten Fusionsvorhaben der LSE und der Frankfurter Wertpapierbörse, im Rahmen dessen der Grundmarkthandel für Unternehmen aufrechtzuerhalten gewesen wäre, die einen Börsenwechsel nach London nicht hätten vornehmen wollen, dazu schon oben Kapitel 3 § 2 II.4.

zur Preisfeststellung eingesetzt werden. Wo dies nicht der Fall ist, wie etwa an der Frankfurter Wertpapierbörse, folgt die Erforderlichkeit der Aufrechterhaltung des Grundmarkthandels jedenfalls aus der in § 42 Abs. 2 S. 1 BörsG und § 57 Abs. 4 BörsO FWB getroffenen Wertung, wonach segmentspezifische Sanktionsmechanismen den Emittenten in seinen grundmarktlichen Beziehungen unberührt lassen und eine Notierungsaufnahme innerhalb des regulierten Marktes im Falle eines Teilbereichsausschlusses oder -austritts von Amts wegen durch die Geschäftsführung der Börse vorzunehmen ist.[924] Eine zwischen Teilbereichs- und Grundmarkthandel differenzierende Berichtspflicht der Börse über die Ausführungsqualität in unterschiedlichen Marktsegmenten nach § 26e BörsG in Übereinstimmung mit der hier erwogenen Interpretation der DVO (EU) 2017/575 könnte immerhin, wo dies erforderlich ist, einen Beitrag zum Schutz der Grundmarkthandelsqualität im Falle der Teilbereichsregulierung leisten.[925]

§ 2 Materielle Regulierungsgrenzen im Rahmen der Teilbereichseinrichtung

Neben dem rechtlichen Fortbestand des Grundmarkthandels enthält § 42 BörsG auch Vorgaben an die Teilbereichsregulierung in materieller, inhaltlicher Hinsicht. Die beiden Hauptkomponenten dieses materiellen Grenzverlaufs, die zunächst dargestellt werden sollen, sind die Beschränkung der Regulierung von besonderen Teilbereichen auf bestimmte Arten von Wertpapieren (unten Kapitel 4 § 2 I.) sowie die segmentspezifische Pflichtenintensivierung in Gestalt von *Unterrichtungspflichten* (unten Kapitel 4 § 2 II.). Im Anschluss hieran soll auf der Grundlage der bereits zu Beginn der Arbeit geschilderten börsenorganisatorischen Neuerungen im Rahmen des FinanzmarktRL-Umsetzungsgesetzes[926] der Aufbau der Ermächtigungsgrundlage genauer untersucht und gezeigt werden, dass sich die Regulierung besonderer Teilbereiche entgegen der ganz herrschenden Ansicht nicht darauf beschränkt, Emittenten in den Teilbereichen zusätzliche Transparenzpflichten aufzuerlegen (unten Kapitel 4 § 2 III.).

924 Zu den Sanktionsmechanismen im Einzelnen noch weiter unten Kapitel 5 § 2
925 Dazu bereits oben Kapitel 1 § 3 IV.4.
926 Oben Kapitel 1 § 1 V.

I. Teilbereichsregulierung für den Aktien- und Aktienzertifikatehandel – eine plausible Beschränkung des Regulierungspotenzials?

Die Regulierung besonderer Teilbereiche ist zunächst wertpapierbezogen und gem. § 42 Abs. 1 BörsG auf den Aktienhandel beschränkt konzipiert.[927] Eine weitergehende Differenzierung zwischen unterschiedlichen Aktienarten (§ 10 AktG) oder -gattungen (§ 11 AktG) enthält die Ermächtigungsgrundlage allerdings nicht.[928] Anders als zu Zeiten des Neuen Marktes müssen die Aktien des Teilbereichsaspiranten im Prime Standard der Frankfurter Wertpapierbörse auch nicht mehr aus einer Kapitalerhöhung stammen, um den Zufluss frischen Kapitals infolge des Segmentaufstiegs zu gewährleisten, was freilich eher eine Frage der inhaltlichen Ausgestaltung der Zulassungsanforderungen als der Ausrichtung ihrer Ermächtigungsgrundlage darstellt. Die Zulassung kann sich also ausschließlich auf Aktien aus den Depots der Altaktionäre beziehen.[929]

Die Darstellung der börsenautonomen Segmentregulierung an den einzelnen Börsenplätzen hat nun aber gezeigt, dass die Börsen im Rahmen des Freiverkehrshandels auf privatrechtlicher Grundlage einen in Sondersegmenten organisierten Anleihehandel anbieten,[930] der insbesondere für kleine und mittelständische Unternehmen als Alternative zur klassischen Bankenfinanzierung unverändert von Bedeutung ist.[931] Tatsächlich werden zahlenmäßig sogar mehr auf den Anleihehandel ausgerichtete Sondersegmente betrieben, als reine Aktiensegmente.[932] Diese Marktsegmente unterscheiden sich in Art und Umfang der Zulassungsfolgepflichten teilweise nur unwesentlich von denen des Prime Standards des regulierten Marktes und weisen häufig sogar ganz ähnliche Pflichten und Publizitätselemente auf wie der Teilbereich.[933] An der Frankfurter Wertpapierbörse trägt das Sondersegment für den Anleihehandel sogar

---

927 *Gebhardt*, WM-Sonderbeilage 2/2003, 3 (4); der Zertifikatehandel kann an dieser Stelle zunächst ausgeblendet werden.

928 *Schlitt*, AG 2003, 57 (60 f.); zu den Aktiengattungen vgl. *Parmentier*, in: Ekkenga, Hdb. der AG-Finanzierung, Rn. 68 ff.

929 Dazu auch *Schlitt*, AG 2003, 57 (61).

930 Schwark/Zimmer/*Heidelbach*, KMRK, § 42 BörsG Rn. 7.

931 *Thießen/Döweling*, CF 2017, 136 (136, 138).

932 Die Sondersegmente und Teilbereiche an den einzelnen Börsenplätzen wurden oben in Kapitel 2 § 2 dargestellt; vgl. auch *Thießen/Döweling*, CF 2017, 136 (136, 138).

933 Vgl. bspw. nur die *bondm*-Segmentierung der Stuttgarter Wertpapierbörse, dazu bereits oben Kapitel 2 § 2 II.1.

den Namen *Prime Standard für Unternehmensanleihen*, in Anlehnung an den gleichnamigen Teilbereich des regulierten Marktes für Aktien und Aktienzertifikate. [934] Ein praktisches Bedürfnis nach transparenten Fremdkapitalmärkten wird hiernach kaum mehr in Abrede zu stellen sein. Hinzu kommt, dass das Volumen von Fremdkapitaltiteln konstant über dem emittierter Aktien liegt.[935] Vor diesem Hintergrund drängt sich die Frage auf, wie sich die Beschränkung börsenautonomer Teilbereichsregulierung auf den Handel in Eigenkapitaltiteln begründen lässt und ob die Ermächtigungsgrundlage einer Analogiebildung offensteht.

1. *Aktien und Aktienzertifikate – zugleich zur Analogiefähigkeit der Ermächtigungsgrundlage*

Produktgruppenspezifisch ausgerichtet und auf den Aktienhandel konzentriert schließt § 42 Abs. 1 BörsG *de lege lata* die Regulierung besonderer Teilbereiche innerhalb des regulierten Börsenmarktes für Fremdkapitaltitel kategorisch aus.[936] Mag man aufgrund der besonderen Finanzierungssituation kleiner und mittlerer Unternehmen sowie den vielseitigen Erscheinungsformen (freiverkehrlicher) Sondersegmente für den Anleihehandel auch auf ein Bedürfnis nach besonders regulierten Teilbereichen für Anleiheemittenten des regulierten

---

934 Vgl. auch die strengen Vorschriften des Regelwerks für das Sondersegment *m:access* im Freiverkehr der Börse München oder die ehemaligen *bond*-Segmente an der Stuttgarter Börse.

935 Vgl. zuletzt den Monatsbericht der Deutschen Bundesbank für den Monat März 2021, 12 ff. und Statistischer Teil zum Monatsbericht, 50 ff.; vgl. auch *Lenenbach*, Kapitalmarktrecht, Rn. 2.62; vgl. auch den kritischen Beitrag „Der Mittelstandsanleihe droht der Todesstoß“ von *Frühauf*, Der Mittelstandsanleihe droht der Todesstoß, FAZ v. 3. August 2016, wo zwar von einer relativ hohen Zahl leistungsgestörter Mittelstandsanleihen die Rede ist, zugleich aber die Existenzberechtigung derartiger Märkte und deren Bedeutung insbesondere für institutionelle Investoren betont wird. Auch *Hasler*, CF 2015, 27 (31), der trotz eines Rückgangs des Emissionsvolumens von Mittelstandsanleihen (27) den Fortbestand des Anleihemarktes prognostiziert (31).

936 Vgl. auch Schwark/Zimmer/*Heidelbach*, KMRK, § 42 BörsG Rn. 7 („Die Anleihesegmente für Mittelstandanleihen sind folgerichtig nicht als Teilbereiche des regulierten Marktes, sondern des Freiverkehrs ausgestaltet."); s. ferner *Mitental/Anders*, DStR 2003, 1893 (1894); *Schlitt*, AG 2003, 57 (59); deutlich auch *Ledermann*, in: Schäfer/Hamann, KMG, § 50 BörsG Rn. 4 („Im Gegenschluss ist die Statuierung einer entsprechenden Pflicht für die Emittenten anderer Wertpapiere, wie etwa Schuldverschreibungen, unzulässig.“); vgl. auch *Schäfer*, in: Marsch-Barner/Schäfer, Hdb. börsennotierte AG, Rn. 12.33.

Marktes schließen, so fehlt es der Börse in dieser Hinsicht schlechthin an einer entsprechenden Satzungsermächtigung.[937] Als Ermächtigungsgrundlage mit einem das Grundprogramm der allgemeinen börslichen Satzungsautonomie übersteigenden Normgehalt versperrt § 42 BörsG, wie bereits erläutert, als *lex specialis* insoweit, als es um die Regulierung besonderer Teilbereiche für Schuldtitel innerhalb des regulierten Marktes geht, auch einen Rekurs auf § 16 BörsG.[938] Es konnte stattdessen ein *Ausweichen* der Börsen in privatrechtliche Handlungsformen und den Freiverkehrshandel beobachtet werden, in den die Mehrzahl der Sondersegmente für den Anleihehandel regulatorisch integriert ist. Eine Sonderstellung nimmt der *Prime Standard für Unternehmensanleihen* im regulierten Markt der Frankfurter Wertpapierbörse ein, auf den an späterer Stelle noch unter besonderer Beachtung der in diesem Abschnitt herausgearbeiteten Ergebnisse einzugehen sein wird.[939]

a. Gesteigertes Informationsbedürfnis für den Aktienhandel

Um die Analogiefähigkeit der Ermächtigungsgrundlage bejahen zu können, ist zunächst entscheidend, inwiefern der Gesetzgeber Erwägungen in Bezug auf die Beschränkung der börslichen Rechtsetzung für den Handel in Aktien in den Normgebungsprozess der Ermächtigungsgrundlage hat einfließen lassen und eine entsprechende Anwendung der Norm auf andere Wertpapierarten überhaupt in Betracht gezogen werden kann. Dies setzt zunächst voraus, dass die bereits angesprochene Ausklammerung börsenfähiger Fremdkapitaltitel als Regelungslücke identifiziert werden kann, die Teilbereichseinrichtung für den Börsenhandel in (Mittelstands-)Anleihen also trotz eines entsprechenden Regulierungsbedarfs unbewusst nicht sanktioniert worden und die Ermächtigungsgrundlage insofern planwidrigerweise unvollständig ist.[940]

Gesetzgeberisches Anliegen im Rahmen des Dritten Finanzmarktförderungsgesetzes, das – wie eingangs erwähnt – den Börsen in Gestalt des damaligen § 72 Abs. 3 BörsG erstmals eine Frühform der Teilbereichsregulierung übertragen

---

937 Vgl. nur *Groß*, Kapitalmarktrecht, § 42 BörsG Rn. 3; zum ehemaligen Sondersegment der Baden-Würtembergischen Wertpapierbörse in Stuttgart *EUWAX-Regulated* für den Handel mit Inhaberschuldverschreibungen vgl. *Mülbert*, WM 2007, 1149 (1152), dort Fn. 19.

938 Dazu bereits oben Kapitel 1 § 3 I.

939 Auf den Prime Standard für Unternehmensanleihen, der börsenorganisationsrechtlich noch einen Ausschnitt des regulierten Marktes darstellt, wird noch genauer einzugehen sein, vgl. unten Kapitel 4 § 4.

940 *Reimer*, Methodenlehre, Rn. 568 ff.; *Larenz/Canaris*, Methodenlehre, 220 ff.

hat, war es unter anderem, die Risikokapitalausstattung kleiner und mittlerer Unternehmen zu verbessern und die Kapitalaufnahme börsennotierter Unternehmen über den organisierten Kapitalmarkt zu erleichtern.[941] Zu diesem Zweck sollte die börsliche Eigenkapital- gegenüber der damals vorherrschenden (bankengestützten) Fremdkapitalfinanzierung deutscher Unternehmen ausgebaut und weiter gefördert werden.[942] §72 Abs. 3 BörsG a.F. gestattete hierzu in seiner damaligen Fassung die Einrichtung von Teilbereichen innerhalb des Geregelten Marktes mit obligatorischer Zwischenberichterstattung, beschränkte diese Teilbereiche aber ausdrücklich auf den Handel in Aktien und Aktienzertifikaten, da – so befand der Gesetzgeber des Dritten Finanzmarktförderungsgesetzes – „das Informationsbedürfnis bei diesen Wertpapieren besonders hoch [sei].“[943] Da im Falle der Teilbereiche die regulatorische Gestaltung des sekundärmarktlichen Transaktionsumfelds betroffen ist, muss von den strukturellen Unterschieden beider Finanzierungsformen an dieser Stelle insbesondere die Dauerhaftigkeit der Kapitalüberlassung im Rahmen des Aktienerwerbs auf dem Primärmarkt hervorgehoben werden, aufgrund derer ein transparenter Zirkulationsmarkt als Desinvestitionsplattform für den Aktienhandel von ungleich größerer Bedeutung ist, als dies im Rahmen des Anleihehandels mit seinen (in der Regel[944]) zeitlich befristeten Laufzeiten der Fall ist.[945] Die Beschränkung der Teilbereichsregulierung auf Eigenkapitaltitel und ein mit diesen einhergehendes *gesteigertes Publizitätsbedürfnis* des Anlegerpublikums im Gegensatz zu Fremdkapitaltiteln kann zudem historisch begründet werden. Denn die Krise des Neuen Marktes betraf ausschließlich Aktienemittenten und Anleger, die in Aktien investiert hatten, da das auf Wachstumsunternehmen der Technologiebranche ausgerichtete Sondersegment der Eigenkapitalzufuhr an junge Emittenten zu dienen bestimmt war.[946] Zusätzlich trat die Aktie als Instrument zur Investition privaten Kapitals zu dieser Zeit erstmals in den Vordergrund und übernahm in bis dahin unbekanntem Ausmaß sowohl für den nationalen Markt als auch für die

---

941 Begr. RegE Drittes Finanzmarktförderungsgesetz, BT-Drucks. 13/8933, 1, 55 ff.

942 Begr. RegE Drittes Finanzmarktförderungsgesetz, BT-Drucks. 13/8933, 55.

943 Begr. RegE Drittes Finanzmarktförderungsgesetz, BT-Drucks. 13/8933, 81 f.; s. auch *Ledermann*, in: Schäfer/Hamann, KMG, § 50 BörsG Rn. 4.

944 Zu sog. *ewigen Anleihen* aus einer schuldrechtlichen Perspektive vgl. *Thomas*, ZHR 171 (2007), 684 (685 ff.).

945 Allgemein zu der Unterscheidung zwischen Eigen- und Fremdkapital s. *Poelzig*, Kapitalmarktrecht, § 1 Rn. 5 f.; vgl. ferner *Sester*, ZGR 2009, 310 (331).

946 *Merkt*, Teilgutachten G zum 64. DJT, 105 ff.; *Baums*, ZHR 166 (2002), 375 (376 f.); *Spindler*, WM 2003, 2073 (2076).

private Wertanlage und Altersvorsorge eine wichtigere Rolle.[947] Dass sich eine der Begründung des Dritten Finanzmarktförderungsgesetzes vergleichbare klare und eindeutige Aussage in Bezug auf die teilbereichsfähige Wertpapierart schon den Materialien des Vierten Finanzmarktförderungsgesetzes nicht mehr entnehmen lässt, ist vor diesem Hintergrund unschädlich, da auch diese Novelle unter dem Eindruck unzureichenden Anlegerschutzes stand, wie er besonders deutlich durch eine „Phase der starken Ausschläge der Aktienkurse“ offenbar geworden war.[948] Defizite in diesem Bereich galt es nach Auffassung des Gesetzgebers damals umso dringender zu beheben, als auch in Kreisen unerfahrener Anleger eine stetig wachsende Akzeptanz der Aktie als Anlageinstrument beobachtet werden konnte, die man nicht zuletzt auf die anfänglichen Erfolge des Neuen Marktes zurückführte.[949] Wie selbstverständlich geht deshalb auch die Gesetzesbegründung, die Teilbereichseinrichtung auch innerhalb des Amtlichen Marktes zu ermöglichen, von einer Beschränkung der Teilbereichsregulierung auf den Aktienhandel aus. [950] Damit hat sich der Gesetzgeber des Vierten Finanzmarktförderungsgesetzes in den entscheidenden Aspekten der Begründung im Rahmen des Dritten Finanzmarktförderungsgesetzes angeschlossen.

Eine Zäsur erfährt diese Begründungslinie erst im Rahmen der Umsetzung der MiFID einige Jahre später. Die Begründung des FinanzmarktRL-Umsetzungsgesetzes kommt nämlich ohne eine Begrenzung auf den Aktienhandel aus und spricht viel allgemeiner von zusätzlichen Zulassungs- und zusätzlichen Folgepflichten für die *Emittenten von Wertpapieren*,[951] was aber bedingt ist durch den Ansatz des Europäischen Kapitalmarktrechts, das zwar nicht unmittelbar der Ermächtigungsnorm zugrunde liegt, in ErwG (57) der MiFID aber betonte, „[es] sollte einem geregelten Markt nicht verwehrt sein, die Emittenten von Wertpapieren oder Finanzinstrumenten [...] strengeren Anforderungen als denen dieser Richtlinie zu unterwerfen.“

947 Begr. RegE Vierten Finanzmarktförderungsgesetz, BT-Drucks. 14/8017, 62 („Akzeptanz der Aktie als Anlageinstrument“).
948 Begr. RegE Vierten Finanzmarktförderungsgesetz, BT-Drucks. 14/8017, 62.
949 Begr. RegE Vierten Finanzmarktförderungsgesetz, BT-Drucks. 14/8017, 62.
950 Begr. RegE Vierten Finanzmarktförderungsgesetz, BT-Drucks. 14/8017, 80 f.
951 Begr. RegE FinanzmarktRL-Umsetzungsgesetz, BT-Drucks. 16/4028, 88.

b. Keine analoge Anwendung der Ermächtigungsgrundlage zur Regulierung besonderer Teilbereiche für den Anleihehandel

In dieser europarechtlich gefärbten Begründung des FinanzmarktRL-Umsetzungsgesetzes nun die Öffnung der Ermächtigungsgrundlage für Schuldtitel im Wege der Analogiebildung erblicken zu wollen, wäre indes voreilig; das soll sogleich noch näher ausgeführt werden.[952] Neben dem nahezu unveränderten Wortlaut der Ermächtigungsgrundlage, dessen redaktionelle Anpassung lediglich die Zusammenlegung von Geregeltem und Amtlichem Markt reflektieren sollte,[953] verweist nämlich auch die Begründung des FinanzmarktRL-Umsetzungsgesetzes darauf, dass inhaltlich „die Gestaltungsmöglichkeiten der Börse denjenigen für den geregelten Markt“ entsprechen sollten.[954] Konzeptionell schließt die Teilbereichseinrichtung damit zunächst an die materiellen Vorgaben für den Geregelten sowie den Amtlichen Markt an, deren Beschränkung auf den Aktienhandel, insbesondere im Zuge des Dritten und auch Vierten Finanzmarktförderungsgesetzes, noch deutlich eingehender begründet worden ist. Hat sich also der Gesetzgeber im Rahmen des Dritten Finanzmarktförderungsgesetzes ausdrücklich für eine Beschränkung der Teilbereichseinrichtung auf eine bestimmte Wertpapierart ausgesprochen,[955] erscheint schon fragwürdig, ob ohne eine entsprechende Revision dieser legislativen Entscheidung der Fortbestand des Ausgangskonzepts angezweifelt und eine analoge Erweiterung des Normbereichs überhaupt in Betracht gezogen werden kann. Dabei wird auch zu berücksichtigen sein, dass der Gesetzgeber die materiellen Grenzen der Teilbereichsregulierung seither nicht neu ausgerichtet hat, obwohl hierzu ausreichend Gelegenheit bestand. Eine absichtsvolle Ausklammerung von Schuldtiteln und anderen Finanzinstrumenten aus dem Anwendungsbereich der Teilbereichsregulierung könnte daher auch über das FinanzmarktRL-Umsetzungsgesetz hinaus als *bewusste Regelungslücke* fort- und der Analogiefähigkeit des § 42 BörsG entgegenstehen,[956] sodass der Verweis des Gesetzgebers auf ein gesteigertes Informationsbedürfnis des Aktienhandels[957] weiterhin die analoge Erstreckung

---

952 Vgl. auch *Veil*, WM 2008, 1093 (1094) („Der nationale Gesetzgeber war darum bemüht, die europäischen Vorgaben möglichst ‚eins zu eins' in das nationale Bank- und Kapitalmarktrecht zu transformieren.“).

953 Vgl. hierzu noch sogleich Kapitel 4 § 2 III.

954 Begr. RegE FinanzmarktRL-Umsetzungsgesetz, BT-Drucks. 16/4028, 88; *Seiffert*, in: Kümpel/Wittig, Bank- und Kapitalmarktrecht, Rn. 4.313.

955 Begr. RegE Drittes Finanzmarktförderungsgesetz, BT-Drucks. 13/8933, 81 f.

956 Vgl. *Bydlinski*, Juristische Methodenlehre, 475.

957 Begr. RegE Drittes Finanzmarktförderungsgesetz, BT-Drucks. 13/8933, 81 f.

des § 42 BörsG auf andere Wertpapierarten verbietet und in der Folge zu einer Diskrepanz zwischen dem weiter oben beschriebenen europarechtlichen Regulierungsansatz und dem börsenautonomen Rechtsetzungspotenzial in den Teilbereichen des nationalen Börsenmarktes führt.

2. *Teilbereichsregulierung im regulatorischen Mehrebenensystem des europäischen Kapitalmarktrechts*

a. *Die Basisrechtsakte des europäischen Kapitalmarktrechts als Erkenntnisquelle börsenautonomer Rechtsetzung*

Dass nämlich das europäische Kapitalmarktrecht das börsliche Selbstregulierungspotenzial auch innerhalb des regulierten Marktes in einem umfangreicheren Maße voraussetzt, als es den Börsen aufgrund der Ermächtigungsgrundlage de lege lata zur Verfügung steht, ist zu Beginn der Arbeit bereits festgestellt worden.[958] Insofern könnte sich die *Lückenhaftigkeit* der Ermächtigungsgrundlage im Sinne einer echten Rechtslücke[959] nur mit der Umsetzung der MiFID begründen lassen, als deren ErwG (57) erklärte, es sollten die Mitgliedstaaten ihren Börsenmärkten[960] nicht verwehren, ein über die Vorgaben des Richtlinienrechts hinausgehendes Pflichtenprogramm für Emittenten von „Wertpapieren oder Finanzinstrumenten" zu statuieren.[961] Unter Wertpapiere in diesem Sinne waren nach Art. 4 Abs. 1 Nr. 18 MiFID nämlich neben Aktien und Aktienzertifikaten insbesondere auch Schuldverschreibungen und andere verbriefte Schuldtitel sowie diverse Optionsscheine in Bezug auf Eigen- und Fremdkapitaltitel. Unter Finanzinstrumenten verstand die Richtlinie darüber hinaus laut Art. 4 Abs. 1 Nr. 17 die in Anhang I Abschnitt C aufgelisteten Papiere, also zunächst alle übertragbaren Wertpapiere, aber insbesondere auch Geldmarktinstrumente oder Anteile an Organismen für gemeinsame Vermögensanlagen.

---

958 Oben Kapitel 1 § 2 I.2. und § 2 II.

959 Vgl. auch *Kudlich/Christensen*, JZ 2009, 943 (946).

960 Die MIFID spricht in ihrer deutschen Fassung von „einem geregelten Markt" und orientiert sich damit an der Terminologie des europäischen Kapitalmarktrechts. Geregelter Markt in diesem Sinne ist in Deutschland ausschließlich der regulierte Börsenmarkt, vgl. auch *Hammen*, Börsen und multilaterale Handelssysteme, 39.

961 Auch im Rahmen des FinanzmarktRL-Umsetzungsgesetzes orientierte sich der Gesetzgeber, wie bereits erwähnt, an dieser offeneren Wortwahl des Richtliniengebers und begründete die Möglichkeit der Teilbereichsinstallation für Emittenten von „Wertpapieren", vgl. Begr. RegE FinanzmarktRL-Umsetzungsgesetz, BT-Drucks. 16/ 4028, 88.

Eine Beschränkung börsenautonomer Marktregulierung auf den Aktienhandel ist also europarechtlich nicht zwingend angezeigt. Hieran hat sich auch durch die MiFID II nichts geändert, die in ihrem ErwG (122) S. 2 die in ErwG (57) der MiFID niedergelegte Zielvorgabe im Wesentlichen fortführt.[962]

Eine Rechtslücke liegt grundsätzlich ohnehin nur dann vor, wenn das „*Normprogramm* [einer] höherrangigen Rechtsquelle [auf der darunter liegenden Ebene] nur unvollständig realisiert ist",[963] wenn also, mit anderen Worten, ein in einer normenhierarchisch höherrangigen Norm begründetes Regelungsziel nicht oder nur unvollständig auf einer tiefer liegenden Ebene umgesetzt worden ist.[964] Nun stellen die Begründungserwägungen einer Richtlinie zwar die jeweiligen Regelungsziele des Rechtsakts vor, sie selbst aber enthalten zunächst keinen konkreten Umsetzungsauftrag hinsichtlich der von ihnen formulierten Zielvorgaben.[965] Insofern besteht hier die Besonderheit, dass es der MiFID II selbst an einer die Rechtsverbindlichkeit der zuvor genannten Begründungserwägung anordnenden Regelung in ihrem verfügenden Teil fehlt.[966] Mit Blick auf ErwG (122) S. 2 MiFID II kapriziert sich die Frage also darauf, was für ein im Rahmen der Erwägungsgründe geäußertes Regelungsanliegen gelten soll, das im verfügenden Teil der Richtlinie, der allein in den nationalen Rechtsordnungen abzubilden ist,[967] keine Resonanz erfahren hat. Die Begründungserwägungen nämlich sollen lediglich als kommentarartige „Richtschnur" für die Interpretation eben dieses verbindlichen Teils dienen und „das primäre *policy statement* des Richtliniengebers" offenlegen.[968] Sie sind dadurch zwar integraler Bestandteil des Gesetzgebungsdokuments und werden zusammen mit diesem amtlich publiziert,[969] nehmen aber an der Rechtsquellenqualität des verfügenden Teils

---

962 Dass in ErwG (122) der MiFID II fortan nur noch von „Finanzinstrumenten" die Rede ist, ist unschädlich, da deren Definition durch Verweis in Art. 4 Abs. 1 Nr. 15 der Richtlinie auf Anhang I Abschnitt C weiterhin sämtliche übertragbaren Wertpapiere erfasst.

963 Vgl. auch *Kudlich/Christensen*, JZ 2009, 943 (946, Hervorhebung nur hier).

964 Dazu *Kudlich/Christensen*, JZ 2009, 943 (946) mit Beispielen.

965 Vgl. auch *Veil*, in: Veil, Europäisches Kapitalmarktrecht, § 1 Rn. 16, § 2 Rn. 15; auch *Ruffert*, in: Calliess/Ruffert, Verfassungsrecht der Europäischen Union, Art. 288 AEUV Rn. 26 ff.

966 Das gilt übrigens auch für ErwG (8) der EU-ProspektVO sowie ErwG (5) der TransparenzRL-ÄnderungsRL.

967 *Veil*, in: Veil, Europäisches Kapitalmarktrecht, § 2 Rn. 16.

968 *Köndgen*, in: Riesenhuber, Europäische Methodenlehre, § 6 Rn. 51, Hervorhebung im Original.

969 *Pfefferle*, Anwendbarkeit des AGB-Rechts, 323.

der Richtlinie selbst nicht teil.[970] Über die Bedeutung nationaler Gesetzesmaterialien gehen die Erwägungsgründe des Unionsrechts allerdings noch hinaus. Denn die in den Begründungserwägungen ausgedrückten Zielprojektionen des Richtliniengebers teilen die „Autorität und Dignität des publizierten Normtextes".[971] Nicht umsonst geht auch der EuGH davon aus, der verfügende Teil eines Unionsrechtsakts sei untrennbar mit seiner Begründung verbunden.[972] In einer Konstellation wie der vorliegenden ist also die jeweilige Richtlinie weder unvollständig noch lückenhaft auf nationaler Ebene umgesetzt worden. Vielmehr stellt sich die bereits zuvor aufgeworfene Frage, inwiefern die weiter oben zwischen den Erwägungsgründen des europäischen Richtlinien- und Verordnungsrechts und § 42 BörsG gezeichneten Verbindungslinien die börsenautonome Rechtsetzung in den Teilbereichen des regulierten Marktes zu determinieren geeignet sind.

Dass die Grenzen börsenautonomer Sondersegmentregulierung in den maßgeblichen Rechtsakten des europäischen Kapitalmarktes im Vergleich zu § 42 Abs. 1 BörsG erheblich großzügiger gehandhabt werden, steht an dieser Stelle bereits fest.[973] Es sei hier nur daran erinnert, dass das börsliche Regulierungspotenzial auf europäischer Ebene (i.) die grundsätzliche Zulässigkeit der Intensivierung von Publizitäts- und Verhaltenspflichten[974] (ii.) in der Börsenordnung für den Handel innerhalb des regulierten Marktes[975] für (iii.) eine bestimmte Emittentenkategorie bei Fortbestand der gesetzlichen Listingvoraussetzungen,[976] (iv.) unabhängig von der ausgegebenen Wertpapierart,[977] voraussetzt.[978] In diesem Zusammenhang lässt sich insbesondere ErwG (122) S. 1 MiFID II durch die Bezugnahme auf die Börsenzulassungs- und (frühere) ProspektRL entnehmen, dass die Basisrechtsakte des europäischen Kapitalmarktrechts ergänzend und in Bezug aufeinander zu lesen sind.[979] S. 2 der 122. Begründungserwägung der

970 *Köndgen*, in: Riesenhuber, Europäische Methodenlehre, § 6 Rn. 49.
971 *Köndgen*, in: Riesenhuber, Europäische Methodenlehre, § 6 Rn. 50.
972 *Köndgen*, in Riesenhuber, Europäische Methodenlehre, § 6 Rn. 51.
973 Oben Kapitel 1 § 2 I.
974 ErwG (8) EU-ProspektVO.
975 ErwG (8) EU-ProspektVO.
976 Art. 8 Abs. 1, 2 BörsenzulassungsRL; vgl. auch *Merkt*, Teilgutachten G zum 64. DJT, 104.
977 ErwG (122) MIFID II, die einschlägigen Bestimmungen der BörsenzulassungsRL, die zitierte Begründungserwägung der EU-ProspektVO sowie ErwG (5) der TransparenzRL-ÄnderungsRL.
978 Kapitel 1 § 2 I.2.
979 Dazu schon *Parmentier*, EuZW 2016, 45 (51).

MiFID II in Bezug auf den organisatorischen Rahmen des börslichen Wertpapierhandels entspricht die 8. Begründungserwägung der EU-ProspektVO für die Marktzutrittspublizität in Form des zu erstellenden Wertpapierprospekts. Was den Bereich der Zulassungsfolgepflichten, insbesondere hinsichtlich (periodischer) Finanzberichterstattungspflichten angeht, ist auf europäischer Ebene die TransparenzRL[980] maßgebend, die zuletzt 2013 durch die TransparenzRL-ÄnderungsRL[981] ergänzt und teilweise neu gefasst worden ist. Auch dort heißt es, der Betreiber eines geregelten Marktes könne von Emittenten, deren Wertpapiere (!) zum Handel an dieser Börse zugelassen sind, verlangen, zusätzliche periodische Finanzinformationen in einzelnen oder sogar allen Segmenten des Börsenmarktes offenzulegen.[982] Dieser – überwiegend in den Begründungserwägungen angedeutete – Regulierungsansatz,[983] dessen Themen sich nur vereinzelt auch in den verbindlichen Teilen der jeweiligen Rechtsakte wiederfinden, sieht also eine Beschränkung auf eine bestimmte Wertpapierart überhaupt nicht vor. Insbesondere aus Art. 8 Abs. 1, 2 der BörsenzulassungsRL, der ausdrücklich die Mitgliedstaaten adressiert, ergibt sich, dass strengere Anforderungen sowohl für Emittenten von Eigen- als auch Fremdkapitaltiteln statuiert werden dürfen.[984]

Dass innerhalb des Freiverkehrs durchaus eine Sondersegmentierung mittels zusätzlicher Zulassungsfolgepflichten für den Anleihehandel eingerichtet werden kann, ist in dieser Hinsicht zunächst aber irrelevant, denn es verlangen die Erwägungsgründe von den Mitgliedstaaten, dass es einem geregelten Markt – auf

---

980 Richtlinie 2004/109/EG des Europäischen Parlaments und des Rates vom 15. Dezember 2004 zur Harmonisierung der Transparenzanforderungen in Bezug auf Informationen über Emittenten, deren Wertpapiere zum Handel auf einem geregelten Markt zugelassen sind, und zur Änderung der Richtlinie 2001/34/EG.

981 Richtlinie 2013/50/EU des Europäischen Parlaments und des Rates vom 22. Oktober 2013 zur Änderung der Richtlinie 2004/109/EG des Europäischen Parlaments und des Rates zur Harmonisierung der Transparenzanforderungen in Bezug auf Informationen über Emittenten, deren Wertpapiere zum Handel auf einem geregelten Markt zugelassen sind, der Richtlinie 2003/71/EG des Europäischen Parlaments und des Rates betreffend den Prospekt, der beim öffentlichen Angebot von Wertpapieren oder bei deren Zulassung zum Handel zu veröffentlichen ist, sowie der Richtlinie 2007/14/EG der Kommission mit Durchführungsbestimmungen zu bestimmten Vorschriften der Richtlinie 2004/109/EG.

982 ErwG (5) TransparenzRL-ÄnderungsRL.

983 Dazu bereits oben Kapitel 1 § 2 I.2.

984 Zu Art. 8 der BörsenzulassungsRL auch *Merkt*, Teilgutachten G zum 64. DJT, 103 f.

nationaler Ebene also nur dem regulierten Börsenmarkt – nicht verwehrt werden dürfe, die Zulassungs- und Zulassungsfolgepflichten für Emittenten zu steigern. Und ErwG (8) der EU-ProspektVO beruft sogar ausdrücklich das börsliche Satzungsrecht zu einer weitergehenden Pflichtenregulierung für unterschiedliche Wertpapierarten.[985] Deshalb lässt sich auch die hybride Regulierung des regulierten Börsenmarktes mit den Mitteln des Privatrechts durch den Börsenträger nicht mit einem Verweis auf das Unionsrecht legitimieren,[986] denn die Regulierung des Freiverkehrs – einem MTF, in den Kategorien des Unionsrechts (vgl. auch § 48 Abs. 3 S. 2 BörsG) – und börsenautonome Rechtsetzung innerhalb des regulierten Marktes sind kategorisch zu unterscheiden.[987]

Hinsichtlich der Ermächtigungsgrundlage kommt also, von der Wortsinngrenze der Gesetzesauslegung abgesehen,[988] allenfalls eine richtlinien*erwägungs*konforme Interpretation in Betracht. Der nationale Rechtsanwender hat die Erwägungsgründe aber zunächst nur zur Interpretation des verbindlichen Richtlinientexts, nicht aber zur Auslegung nationaler Rechtsvorschriften heranzuziehen, wenn dieses nicht auf den verfügenden Teil der Richtlinie zurückgeführt werden kann.[989] Deshalb wird teilweise vertreten, man solle bei der Auslegung nationalen Rechts „[eine] Regelungsabsicht, die im verfügenden Teil [der Richtlinie] keinen Anhalt findet, [...] nicht berücksichtigen" können.[990] Auch eine richtlinienkonforme Auslegung vermag eine Ausweitung des Anwendungsbereichs der Ermächtigungsgrundlage auf andere Wertpapiere deshalb

985 Damit ist innerhalb des nationalen Rechtsraums nur die Börsenordnung für den regulierten Markt angesprochen, die gem. § 12 Abs. 2 Nr. 1 BörsG als Satzung erlassen wird. Zwar wird gem. § 12 Abs. 2 Nr. 1 BörsG auch die Handelsordnung für den Freiverkehr, die gem. § 48 Abs. 1 S. 2. BörsG den Ablauf des Handels innerhalb des Freiverkehrs regelt, als öffentlich-rechtliche Satzung erlassen; die Teilnahme am freiverkehrlichen Börsenhandel und insbesondere die Voraussetzungen für die Einbeziehung von Wertpapieren zum Handel werden aber nicht in einer Satzung, sondern gem. § 48 Abs. 1 S. 3 BörsG in dem Privatrecht zuzuordnenden Geschäftsbedingungen des Börsenträgers geregelt.

986 Zu § 42 BörsG in seiner Dimension als Kollisionsnorm und dem regulatorischen Gerüst des *Prime Standards für Unternehmensanleihen* der Frankfurter Wertpapierbörse noch unten Kapitel 4 § 4.

987 Ähnlich auch *Binder*, in: Großkomm. HGB, Bankvertragsrecht 11/2, Siebter Teil Rn. 166.

988 Zum Wortsinn als Schranke richtlinienkonformer Auslegung nationaler Rechtsvorschriften vgl. *Roth/Jopen*, in: Riesenhuber, Europäische Methodenlehre, § 13 Rn. 46 f.

989 *Köndgen*, in: Riesenhuber, Europäische Methodenlehre, § 6 Rn. 51.

990 *Riesenhuber*, in: Riesenhuber, Europäische Methodenlehre, § 10 Rn. 38.

nicht zu begründen. Dies gilt umso mehr, als § 42 BörsG, ebenso wie die Vorgängervorschriften in der Zeit nach dem Vierten Finanzmarktförderungsgesetz, auf keinem unmittelbaren unionsrechtlichen Fundament steht, sondern auf Initiative des nationalen Gesetzgebers und Reaktion auf die Krise des Neuen Marktes Eingang in das Börsengesetz gefunden hat.[991] Der Gesetzgeber hat sich also insgesamt europarechtskonform verhalten, als er die im Rahmen des Dritten Finanzmarktförderungsgesetzes angelegte Konzentration des Teilbereichshandels auf den Aktienhandel auch im Zuge der Umsetzung der MiFID beibehalten und nicht auf andere Wertpapierarten erweitert hat. Er hat die börsenautonome Rechtsetzung in Teilbereichen des regulierten Marktes für den nationalen Kapitalmarkt gleichwohl weitreichenden formellen und materiellen Gestaltungsgrenzen unterworfen, die das Unionsrecht in dieser Dimension weder vorzeichnet noch verbindlich festsetzt, sodass die Ermächtigungsgrundlage den in den Basisrechtsakten des europäischen Kapitalmarktrechts skizzierten Regulierungsansatz zu marktautonomer Segmentregulierung in nicht unerheblicher Weise verkürzt.

b. Zwischenbefund: Zur begrenzten Aufnahmefähigkeit der Ermächtigungsgrundlage hinsichtlich eines europäischen Konzepts marktautonomer Rechtsetzung

Auf der Ebene des Unionsrechts entsprechen die Erwägungsgründe der wesentlichen Kapitalmarktrechtsakte – insbesondere Nr. 122 S. 2 MiFID II, Nr. 8 EU-ProspektVO und Nr. 5 der TransparenzRL-ÄnderungsRL – dem Normprogramm der Ermächtigungsgrundlage, die selbst keinem unmittelbaren unionsrechtlichen Hintergrund verpflichtet und nicht zur Umsetzung europarechtlicher Regulierungsvorgaben in das Börsengesetz aufgenommen worden ist.[992] Die Beziehung dieser Rechtsvorschriften untereinander kennzeichnet, dass sich die jeweilige Begründungserwägung im verfügenden Teil der Richtlinie bzw. Verordnung, der sie vorangestellt worden ist, nicht wiederfindet, gleichzeitig aber von einem über die formellen und materiellen Grenzen des § 42 Abs. 1 BörG hinausgehenden Regelungspotenzial der Börsen ausgeht. Es stellt sich vor diesem Hintergrund die Frage, ob die Ermächtigungsgrundlage weiterhin als eine rein nationale Vorschrift betrachtet und Wertungen des Europarechts deshalb

991 Kapitel 1 § 1 IV.

992 Oben Kapitel 1 § 2 zur unionsrechtlichen Ausgangslage.

verschlossen bleiben kann.[993] Der EuGH[994] und die europarechtliche Methodenlehre[995] gehen mittlerweile davon aus, dass auch Normen, die selbst keine Umsetzungsakte darstellen, unionsrechtskonform auszulegen sind, sodass den Wertungen übergeordneter Rechtsakte des Unionsrechts hinreichend Rechnung getragen wird und die von der Richtlinie verfolgten Ziele im nationalen Rechtsraum optimal durchgesetzt werden. Dies gilt selbst für Rechtsnormen, die zeitlich vor der Richtlinie erlassen worden sind, was insbesondere hinsichtlich der MiFID II sowie der EU-ProspektVO von Bedeutung ist.[996] § 42 Abs. 1 BörsG ist als Rechtsvorschrift zu betrachten, deren Interpretation auch durch die Vorgaben des europäischen Richtlinien- und Verordnungsrechts beeinflusst werden kann, sofern die Ziele des europäischen Kapitalmarktgesetzgebers nicht fragmentarisch innerhalb des nationalen Rechtsraums außer Betracht bleiben sollen. Die in den Erwägungsgründen ausgedrückte subjektive Zielsetzung des europäischen Kapitalmarktgesetzgebers ist einem Zweck, der sich aus einer einzelnen Vorschrift der Richtlinie ableiten lässt, hinsichtlich ihres interpretatorischen Gewichts im Rahmen der Auslegung nationalen Rechts zudem in jeder Hinsicht gleichwertig.[997] Indem die Richtlinienziele nämlich im Rahmen der Erwägungsgründe Ausdruck finden, dokumentiert der Gesetzgeber ja gerade, dass er ihnen, jedenfalls im Unterschied zu einer bloßen Empfehlung (vgl. Art. 288 Abs. 5 AEUV), ein gewisses Maß an Rechtsverbindlichkeit beimessen und einen bestimmten Grad der Harmonisierung in den Mitgliedstaaten anstoßen wollte.[998] Damit, dass seine Absicht womöglich überhaupt keinen Anklang im Recht der Mitgliedstaaten findet bzw. finden kann, wollte er sich also nicht abfinden, eine Rechtslage, nach der eine börsenautonome Pflichtenverschärfung für Emittenten, deren Wertpapiere im regulierten Markt eines Mitgliedstaates gehandelt werden, ausgeschlossen wäre, nicht hinnehmen. Deshalb ist seine

---

993 Vgl. auch Schwark/Zimmer/*Kumpan*, KMRK, Einl. BörsG Rn. 59 und Schwark/Zimmer/*Schwark*, KMRK, 4. Auflage 2010, Einl. BörsG Rn. 25 zur richtlinienkonformen Auslegung des Börsengesetzes („Diese Bestimmungen sind richtlinienkonform auszulegen.[…] Soweit das BörsG originär deutsches Recht enthält, gelten die allgemeinen Auslegungsregeln. ").

994 EuGH v. 24. Mai 2012 – Rs. C-97/11 *Amia*, Rn. 31.

995 *Roth/Jopen*, in: Riesenhuber, Europäische Methodenlehre, § 13 Rn. 15.

996 *Roth/Jopen*, in: Riesenhuber, Europäische Methodenlehre, § 13 Rn. 15.

997 *Grundmann*, Auslegung des Gemeinschaftsrechts, 261.

998 Zu einer stärkeren Gewichtung von Erwägungsgründen, die ohne Entsprechung im verfügenden Teil der Richtlinie geblieben sind, vgl. auch *Pfefferle*, Anwendbarkeit des AGB-Rechts, 327 ff.

Zielvorstellung auch integraler Bestandteil des Rechtsakts geworden und entsprechend autoritativ gefasst.[999] Schließlich ist es eher eine regulierungstechnische Frage, ob die Zielsetzung des Richtliniengebers, wie bspw. noch in Art. 8 der BörsZulRL geschehen, in einen eigenen Artikel in dem eigentlichen Text der Richtlinie gegossen wird, oder in den Erwägungsgründen zum Ausdruck gebracht wird.[1000]

Vor diesem Hintergrund wird sich die börsenautonome Teilbereichsregulierung als eine flexible Handlungsalternative der Märkte gegenüber der Börsengesetzgebung in einem regulatorischen Mehrebenensystem wie dem europäischen Kapitalmarktrecht[1001] nicht auf den Standpunkt stellen können, Wertungen und Zielvorgaben der unionsrechtlichen Finanzmarktregulierung nicht verpflichtet zu sein.[1002] Eine solche Einstellung wäre mit der aus Art. 288 Abs. 3 AEUV folgenden Pflicht zur Beachtung der Richtlinienziele nur sehr schwer in Einklang zu bringen.[1003] In diesem Sinne wird in ErwG (2) der BörsZulRL, auf die in ErwG (122) S. 1 MiFID II Bezug genommen wird, die Koordinierung der Zulassungsverfahren an den Wertpapierbörsen der Mitgliedstaaten zur Förderung des Anlegerschutzes auf den einzelstaatlichen Kapitalmärkten zu einem Ziel der Richtlinie erklärt, durch das eine weitergehende gegenseitige Durchdringung der nationalen Märkte hin zu einem europäischen Kapitalbinnenmarkt erreicht werden soll. Dieser Zielsetzung des europäischen Kapitalmarktrechts entspricht das im Zusammenhang mit der Überführung der Teilbereichsregulierung in das börsliche Satzungsrecht im Rahmen des Vierten Finanzmarktförderungsgesetzes geäußerte Anliegen des Gesetzgebers, einen *entwicklungsoffenen Regulierungsrahmen* zu schaffen, der imstande ist, internationale Aspekte der Finanzmarkt- und

---

999 *Martens*, Methodenlehre des Unionsrechts, 178 f.

1000 *Drygala*, ZIP 1997, 968 (970).

1001 Von einem Mehrebenensystem und sich überlagernden Rechtsquellen des Kapitalmarktrechts ist auch die Rede bei *Poelzig*, Kapitalmarktrecht, § 2 Rn. 39 ff.

1002 Vgl. auch *Damrau*, Selbstregulierung, 244 ff., der betont, dass auch private Normen und erst recht solche, die unter staatlicher Beteiligung in Geltung gesetzt worden sind (245), taugliche Mittel zur Umsetzung von Richtlinienvorgaben in innerstaatliches Recht darstellen können.

1003 *Roth/Jopen*, in: Riesenhuber, Europäische Methodenlehre, § 13 Rn. 16; *Ruffert*, in: Calliess/Ruffert, Verfassungsrecht der Europäischen Union, Art. 288 AEUV Rn. 41.

insbesondere Börsenregulierung aufzunehmen und in konkrete, bedarfsgerechte Verhaltensnormen des nationalen Kapitalmarktes umzusetzen.[1004]

Obgleich aber die Zielvorstellungen des Richtliniengebers, wie in ErwG (122) S. 2 der MIFID II oder ErwG (8) EU-ProspektVO, deutlich zum Ausdruck gebracht werden ist fraglich, ob eine Indienstnahme der Ermächtigungsgrundlage in § 42 Abs. 1 BörsG als *Umsetzungshebel* derzeit überhaupt in Betracht kommt. Mag man noch von dem Erfordernis einer richtlinienkonformen Auslegung ausgehen,[1005] findet diese Pflicht ihre Grenzen in dem möglichen und in diesem Fall eindeutigen Wortsinn der nationalen Vorschrift.[1006] Die Begründungserwägungen als Zielprojektionen eines europarechtlichen Regulierungsansatzes marktautonomer Rechtsetzung für den nationalen Kapitalmarkt müssen sich deshalb bis auf Weiteres damit begnügen, in § 42 BörsG eine immerhin teilweise, wenn auch in ihrem Ursprung wohl unbewusste Umsetzung erfahren zu haben. Damit ist das nationale Kapitalmarktrecht insofern zwar richtlinienkonform ausgestaltet, die anhand der Erwägungsgründe identifizierten Zielvorgaben des Richtlinienrechts gleichwohl nur in unvollkommener Weise innerhalb des nationalen Rechtsraums abgebildet. Eine *Ausstrahlungswirkung* wird man dem Regulierungsrahmen aber dennoch nicht vollständig absprechen können, insbesondere im Rahmen zukünftiger Reformbemühungen des Gesetzgebers, der das europarechtlich vorgezeichnete Selbstregulierungspotenzial bisher nur unvollständig an die Börsen weitergegeben hat.

II. Weitere Unterrichtungspflichten – Zur Beschränkung des teilbereichsspezifischen Pflichtenregimes auf zusätzliche Publizitätsleistungspflichten

Im Zusammenhang mit der Beschränkung der Teilbereichsregulierung auf den Aktienhandel konnte festgestellt werden, dass § 42 Abs. 1 BörsG ein besonderes Informationsbedürfnis des Aktionärspublikums befriedigen soll. In den Teilbereichen des regulierten Marktes kann die Börse deshalb „ergänzend zu den vom Unternehmen einzureichenden Unterlagen zusätzliche Voraussetzungen" und auf Grund der Zulassung der Aktien zum Handel in einem solchen Teilbereich „weitere Unterrichtungspflichten" des Emittenten vorschreiben

1004 Begr. RegE Viertes Finanzmarktförderungsgesetz, BT-Drucks. 14/8017, 62 f.; allgemein zu den Aspekten der Flexibilität und Sachnähe *Hammen*, Börsen und multilaterale Handelssysteme, 67 f.

1005 *Roth/Jopen*, in: Riesenhuber, Europäische Methodenlehre, § 13 Rn. 15 m.w.N.

1006 *Roth/Jopen*, in: Riesenhuber, Europäische Methodenlehre, § 13 Rn. 46 ff.

(§ 42 Abs. 1 BörsG).[1007] Gemeinsam mit der Beschränkung auf den Aktienhandel formen diese Voraussetzungen die materiellen Grenzen börsenautonomer Rechtsetzung in den Teilbereichen des regulierten Marktes, wobei der Begrenzung der Rechtsetzungsmacht des Börsenrates auf die Statuierung zusätzlicher Publizitäts- und Offenlegungspflichten die weitaus größere praktische Bedeutung und ein deutlich höheres Konfliktpotenzial zukommen. Zum einen liegt dies daran, dass die Börsen bis zur Umsetzung der MiFID für den Geregelten Markt auf der Grundlage des damaligen § 50 Abs. 3 BörsG durchaus auch materielle, d.h. insbesondere gesellschaftsrechtliche oder emittenten- und emissionsbezogene Segmentzulassungsanforderungen formulieren durften, diese also nicht darauf beschränkt waren, dem antragstellenden Emittenten weitere Transparenzpflichten vorzuschreiben.[1008] Zum anderen beruht eine der wenigen öffentlich zugänglichen Gerichtsentscheidungen über einen Rechtsstreit zwischen der Frankfurter Wertpapierbörse und einem den Teilbereichszugang beantragenden Emittenten auf der Frage nach der Reichweite eben jener börslichen Gestaltungsbefugnisse des Börsenrates in den Teilbereichen des regulierten Marktes.[1009]

Sowohl bei den zusätzlichen Zulassungsvoraussetzungen, die sich – jedenfalls sprachlich – an den „vom Unternehmen einzureichenden Unterlagen" anlehnen, als auch – insofern ist der Wortlaut der Ermächtigungsgrundlage eindeutig – bei den weitergehenden „Unterrichtungspflichten" soll es sich nach dem vermeintlichen Willen des Gesetzgebers um „Transparenzvorschriften handeln, die dem Interesse des Publikumsschutzes oder des ordnungsgemäßen Börsenhandels dienen".[1010] Die Beschränkung auf zusätzliche Publizitätspflichten leuchtet zunächst angesichts des der Teilbereichsregulierung zugrunde liegenden Gedankens ein, einem erhöhten Informationsbedürfnis des Aktienhandels begegnen zu wollen.[1011] Immerhin hat sich die Bestimmung der inhaltlichen Schranken der Ermächtigungsgrundlage auch an diesem Normzweck zu orientieren.[1012] Verpflichtet werden können Emittenten auf der Grundlage von § 42 Abs. 1 BörsG hiernach also nur zu gesteigertem Offenlegungsverhalten und einem Mehr

1007 Vgl. auch *Schäfer*, in: Marsch-Barner/Schäfer, Hdb. börsennotierte AG, Rn. 12.33.

1008 Oben Kapitel 1 § 1 IV.

1009 VGH Kassel WM 2007, 1264 ff.; dazu sogleich Kapitel 4 § 2 II.1.c.

1010 Begr. RegE Vierten Finanzmarktförderungsgesetz 14/8017, 80; Begr. RegE FinanzmarktRL-Umsetzungsgesetz 16/4028, 88.

1011 Begr. RegE Drittes Finanzmarktförderungsgesetz, BT-Drucks. 13/8933, 81 f.

1012 *Spindler*, WM 2003, 2073 (2077).

an Unternehmenstransparenz. Die Ermächtigungsgrundlage knüpft insofern also nicht an die Konzeption des Neuen Marktes an, denn die privatrechtliche Ausgestaltung der einzelnen Rechtsbeziehungen zwischen Börsenträger und Emittenten unterlag keinen vergleichbaren Schranken wie die satzungsrechtliche Teilbereichseinrichtung.[1013] Zwar bildete ein verschärftes Publizitätsregime auch den Schwerpunkt der Zulassungs- und Zulassungsfolgepflichten des Neuen Marktes,[1014] doch konnten daneben auch konkrete Verhaltenspflichten des Emittenten vorgegeben werden, zu deren Befolgung sich dieser vertraglich verpflichten musste. Die Aufnahme in den Neuen Markt setzte bspw. voraus, dass sich der Emittent und seine Altaktionäre für einen gewissen Zeitraum einer Haltevereinbarung unterwarfen und innerhalb eines bestimmten Zeitraums nach der Emission keine weiteren Aktien über die Börse veräußerten.[1015] Solche Lock-up-Vereinbarungen, die Verpflichtung, eine höhere Zahl von handelbaren Aktien im Rahmen der Emission zur Börse zuzulassen oder die Bedingung, eine bestimmte Marktkapitalisierung zu erreichen, können nach dem zuvor Gesagten nach wohl überwiegender Meinung nicht auf § 42 Abs. 1 BörsG gestützt und zur Voraussetzung der Aufnahme in einen Teilbereich des regulierten Marktes[1016] gemacht werden. Freilich können auch Publizitätsvorschriften verhaltenssteuernd wirken und materiellen Regelungen, konkreten Verhaltensanforderungen oder gesellschaftsrechtlichen Strukturvorgaben nahekommen und in ihrer Wirkrichtung vergleichbar sein,[1017] sie können dem Emittenten aber keine direkten verhaltenssteuernden und insbesondere unmittelbar sanktionsbewehrten Vorgaben auferlegen. Die Ermächtigungsgrundlage bleibt insofern, insbesondere hinsichtlich der Anforderungen an das Zulassungswesen, in einem wesentlichen Punkt hinter den Gestaltungsmöglichkeiten im Rahmen der börslichen Freiverkehrsmärkte zurück.[1018]

1013 *Dehlinger*, Vertragliche Marktsegmentregulierung, 63 ff.

1014 Dazu auch *Weber*, NJW 2004, 28 (29), der betont, dass es sich bei der inhaltlichen Ausgestaltung des Prime Standard mit Blick auf den Neuen Markt „im Wesentlichen um Altbekanntes" handelte.

1015 *Plückelmann*, Der Neue Markt, 177 ff.; dazu auch *Nowak/Gropp*, ZfbF 2002, 19 (19 ff.).

1016 So noch für den Geregelten Markt bei *Beck*, BKR 2002, 699 (707).

1017 *Merkt*, Teilgutachten G zum 64. DJT, 103 f.

1018 Dazu oben Kapitel 2 § 2 IV.1.

1. *Gesetzliche Grundpflichten als Transparenzbasis*

a. *Ausgangspunkt: Wesentlichkeitstheorie*

Um in dieser Hinsicht den Umgang mit der Ermächtigungsgrundlage zu erleichtern,[1019] erscheint es lange überfällig, die materiellen Grenzen, innerhalb derer sich die Einrichtung von Teilbereichen bewegen darf, näher auszuleuchten. Wenn hier von den materiellen Grenzen der Teilbereichseinrichtung die Rede ist, dann verbirgt sich dahinter nichts anderes, als die aus der verwaltungsrechtlichen Dogmatik bekannte Wesentlichkeitstheorie, zu deren Konkretisierung die Fülle an Literatur kaum noch überblickt werden kann und der einen weiteren Beitrag hinzuzufügen ebenso wenig gewinnbringend wie für die vorliegende Untersuchung zielführend wäre. Mithilfe der Wesentlichkeitstheorie wird die Reichweite des aus Art. 20 Abs. 2 GG abgeleiteten Parlamentsvorbehalts zu bestimmen versucht, wonach aufgrund der unmittelbaren demokratischen Legitimation des Gesetzgebers solche Entscheidungen im Rahmen eines förmlichen Gesetzes zu treffen sind, die aufgrund ihrer *Wesentlichkeit* nicht der Exekutive übertragen, sondern dem parlamentarischen Gesetzgeber zugewiesen werden sollen.[1020] Im Zusammenhang mit § 42 BörsG liegt die Problematik nun darin begründet, dass die Regulierung besonderer Teilbereiche bis zum Vierten Finanzmarktförderungsgesetz auf die Vorgabe einer Zwischenberichtspflicht beschränkt war, das börsliche Regulierungspotenzial dann erheblich erweitert worden ist, indem die Ermächtigungsgrundlage nahezu vollständig geöffnet und als *Generalklausel der Teilbereichsregulierung* ausgestaltet wurde.[1021] Der Gesetzgeber merkte hierzu an, als das zur Rechtsetzung berufene Organ der Börse habe der Börsenrat zu entscheiden, welche zusätzlichen Offenlegungspflichten für einen speziellen Teilbereich geeignet seien. Unter Beachtung des Verhältnismäßigkeitsprinzips sei insofern an den Zweck der Ermächtigungsgrundlage anzuknüpfen.[1022] Präzisiert werden die mahnenden Worte des Gesetzgebers weiter

1019 VGH Kassel WM 2007, 1264 ff.; außerdem die Pressemitteilung der Deutsche Börse AG vom 13. Juni 2008, „Deutsche Börse und Porsche beenden einvernehmlich Auseinandersetzung über Quartalsberichte", in der von einem „seit geraumer Zeit anhängigen Rechtsstreit" die Rede ist; zuvor bereits *ohne Verfasser*, AG 2005, R 28 („Porsche zieht Antrag auf Prime Standard zurück").

1020 Maunz/Dürig/*Grzeszick*, Art. 20 Rn. 134 f.

1021 Dazu bereits oben Kapitel 1 § 1 II. und IV.; der Begriff Generalklausel findet sich in diesem Zusammenhang bei *Spindler*, WM 2003, 2073 (2074 Fn. 28).

1022 Begr. RegE Viertes Finanzmarktförderungsgesetz, BT-Drucks. 14/8017, 81; *Möller*, WM 2001, 2405 (2406).

durch die Erinnerung, dass eine „Umgestaltung oder weit reichende Erweiterung der im geltenden Recht ohnehin geregelten Publizität" im Rahmen der Börsenordnung nicht in Betracht komme, da „die wesentlichen Transparenzpflichten eines Unternehmens durch Gesetz festzulegen [seien]."[1023] § 42 BörsG ist also Ausdruck der gesetzgeberischen Entscheidung, eine weitergehende Regulierung kapitalmarktrechtlicher Verhaltenspflichten durch die Börse überhaupt zuzulassen, denn wie bereits festgestellt ist die Ermächtigungsgrundlage innerhalb ihres Anwendungsbereichs *lex specialis* gegenüber der allgemeinen Satzungsautonomie.[1024] Dass dabei die Ermächtigungsgrundlage die Reichweite der Delegation von Rechtsetzungsbefugnissen eher hinsichtlich ihrer formellen als der materiellen Grenzen konkretisiert, hat auch der Hessische Verwaltungsgerichtshof Kassel in einem prominenten – bis heute aber einmaligen – Fall thematisiert. Kern des Streits war die seinerzeit nur in Teilbereichen verbindliche Pflicht, quartalsweise Finanzberichte nach internationalen Rechnungslegungsstandards zu veröffentlichen, die in der Zwischenzeit infolge der Umsetzung der TransparenzRL-ÄnderungsRL entfallen ist.

b. *Unzulässigkeit teilbereichsspezifischer Quartalsfinanzberichterstattung nach Spindler*

Gegen eine solche Pflicht zu einer Quartalsfinanzberichterstattung hat seinerzeit vor allen *Spindler* erhebliche Bedenken geäußert.[1025] Kritisiert wurde an der damaligen Regelung in § 63 der Frankfurter Börsenordnung insbesondere, dass dem nationalen Kapitalmarktrecht eine Pflicht zu quartalsweiser Offenlegung von Finanzberichten fremd sei und sich die Vorgabe einer entsprechenden Verpflichtung allenfalls aus privatrechtlichen Regelwerken – wie im Falle des Neuen Marktes – oder Leitfäden und Rechnungslegungsstandards ergeben könne.[1026] Insofern wurde also schon die Reichweite der Ermächtigungsgrundlage in dieser materiellen Hinsicht angezweifelt, wobei die Auslegung des unbestimmten Begriffs der *Unterrichtungspflichten* als Angriffspunkt diente. *Spindler* hat hierzu unter Verweis auf eine Stellungnahme des Bundesrats zum Regierungsentwurf

---

1023 Begr. RegE Viertes Finanzmarktförderungsgesetz, BT-Drucks. 14/8017, 81; *Schlee*, in: Heidel, Aktienrecht und Kapitalmarktrecht, § 42 BörsG Rn. 3; *Schäfer*, in: Marsch-Barner/Schäfer, Hdb. börsennotierte AG, Rn. 12.34; *Möller*, WM 2001, 2405 (2406).

1024 Dazu oben Kapitel 1 § 3 I.; dazu auch *Damrau*, Selbstregulierung, 324 ff.

1025 *Spindler*, WM 2003, 2073 (2074 ff.).

1026 So *Spindler*, WM 2003, 2073 (2074); ähnlich *Ganzer/Borsch*, BKR 2003, 484 (484 f.); außerdem *Stürwald*, BKR 2002, 1021 (1022).

des Vierten Finanzmarktförderungsgesetzes die Frage aufgeworfen, ob eine Pflicht, die nach dem erklärten Willen des Gesetzgebers keinen Eingang in das Gesetz gefunden hat, überhaupt tauglicher Regulierungsgegenstand des Börsenrats als Satzungsgeber sein könne.[1027] Auf diesen Aspekt soll sogleich noch näher eingegangen werden.[1028] Außerdem wurde der Nutzen einer quartalsweisen Finanzberichterstattung angezweifelt, zum einen aus Sicht des Anlegerpublikums unter dem Gesichtspunkt eines *information overload*, zum anderen aus Emittentenperspektive und mit Blick auf die nicht unerheblichen Kosten dieser Berichtsform sowie die Gefahr einer kurzfristigen Rückbindung der Unternehmensführung an den Kapitalmarkt.[1029] Der zentrale Kritikpunkt betraf indes die Frage, ob eine Quartalsberichterstattungspflicht eine am Maßstab der Wesentlichkeitstheorie gemessene unzulässige Verschärfung der gesetzlichen Publizitätspflichten darstellte und ihre Unverhältnismäßigkeit wurde unter Verweis auf einen möglichen Eingriff in Art. 12 Abs. 1 GG zu begründen versucht.[1030] Dieser Kritik aber ist der Hessische Verwaltungsgerichtshof nicht gefolgt.

c. *Materielle Grenzen in der Judikatur des Hessischen Verwaltungsgerichtshofs Kassel*

In dem Verfahren nach § 47 Abs. 1 Nr. 2 VwGO i.V.m. § 15 HessAGVwGO wandte sich seinerzeit die Porsche Automobil SE an den Hessischen Verwaltungsgerichtshof, um die Unvereinbarkeit des damaligen § 63 der Frankfurter Börsenordnung mit den immanenten Gestaltungsgrenzen des § 42 BörsG feststellen zu lassen.[1031] Die Börsenordnung sah damals in der streitgegenständlichen Satzungsbestimmung die Veröffentlichung von Quartalsfinanzberichten nach internationalen Rechnungslegungsstandards für Emittenten vor, die ein Listing ihrer Aktien im Prime Standard des Amtlichen Marktes der Frankfurter Wertpapierbörse anstrebten. § 42 BörsG – damals in der Fassung, die die Norm durch das Vierte Finanzmarktförderungsgesetz erhalten hatte – erlaubte den

---

1027 *Spindler*, WM 2003, 2073 (2077).

1028 Dazu *Ganzer/Borsch*, BKR 2003, 484 (486).

1029 *Spindler*, WM 2003, 2073 (2077 f., 2080).

1030 Spindler, WM 2003, 2073 (2079 ff.), der im Übrigen vollkommen zu Recht die Missachtung der formellen Regulierungsgrenzen der Ermächtigungsgrundlage moniert; dazu bereits *Hammen*, WM 2003, 997 (999 f.); wie *Spindler* auch *Ganzer/Borsch*, BKR 2003, 484 (486 ff.).

1031 Vgl. auch *ohne Verfasser*, „Porsche reicht Klage gegen Frankfurter Wertpapierbörse ein“, AG 2003, R270.

Börsen zwar lediglich die Implementierung segmentspezifischer Zulassungs*folge*pflichten, stimmte aber insofern mit der heutigen Fassung inhaltlich überein.

Neben einer behaupteten Grundrechtsbeeinträchtigung[1032] war ein wesentlicher Begründungsansatz des Normenkontrollantrags der Antragstellerin die Behauptung, „die Begründung einer solchen Pflicht [zur Quartalsfinanzberichterstattung] in der Börsenordnung der Antragsgegnerin [der Frankfurter Wertpapierbörse; Anm. d. Verf.] [sei] von der in § 42 BörsG enthaltenen Satzungsermächtigung nicht gedeckt [...], weil es sich um eine unzulässige weitreichende Erweiterung der gesetzlichen Publizitätspflichten handele."[1033] Hierauf erwiderte die Frankfurter Wertpapierbörse, dass „die durch § 42 BörsG gezogenen Grenzen der Satzungsermächtigung eingehalten" worden seien, da schon seit „Inkrafttreten des Transparenzrichtlinienumsetzungsgesetzes [...] die die Kapitalgesellschaften schon von Gesetzes wegen treffenden Unterrichtungspflichten gegenüber der Öffentlichkeit erheblich verstärkt [worden seien]."[1034]

Der Hessische Verwaltungsgerichtshof bestätigte zunächst ausführlich das ordnungsgemäße formelle Zustandekommen der Satzungsbestimmung, auf das hier nicht weiter eingegangen werden muss,[1035] ehe er sich der inhaltlichen Vereinbarkeit der Satzungsbestimmung mit höherrangigem Recht widmete und einen „Vergleich der in § 63 BörsO getroffenen Regelung mit den §§ 39 bis 41 BörsG und mit dem Zweiten Kapitel der Börsenzulassungs-Verordnung jeweils in der zum Zeitpunkt der Neufassung der Börsenordnung [...] geltenden Fassung" anstellte.[1036] Entscheidend für den Rechtmäßigkeitsmaßstab, so das Gericht, sei der *Erlasszeitpunkt* der jeweiligen Satzungsbestimmung und somit die gesetzliche Ausgangslage, von der der Börsenrat im Rahmen der Teilbereichsausgestaltung auszugehen habe; später bevorstehende Verschärfungen dieser gesetzlichen Grundtransparenz „haben außer Betracht zu bleiben."[1037] Damit folgte der Verwaltungsgerichtshof im Ausgangspunkt der Argumentationslinie der Frankfurter Wertpapierbörse, indem er das gesetzliche Publizitätsregime und den teilbereichsspezifischen Sonderpflichtenbestand einer vergleichenden Betrachtung unterzog.[1038]

1032 VGH Kassel WM 2007, 1264 (1265).
1033 VGH Kassel WM 2007, 1264 (1265).
1034 VGH Kassel WM 2007, 1264 (1265).
1035 VGH Kassel WM 2007, 1264 (1266 f.).
1036 VGH Kassel WM 2007, 1264 (1267).
1037 VGH Kassel WM 2007, 1264 (1267).
1038 VGH Kassel WM 2007, 1264 (1268).

Außer Betracht ließ der Gerichtshof auch den konkreten Zuschnitt desjenigen Unternehmens, das sich aufgrund einer Bestimmung der Börsenordnung für Teilbereiche in seinen Rechten verletzt sah. Da es bei dem Verfahren nach § 47 VwGO allein um die objektive Vereinbarkeit eines Teils der Börsenordnung mit ihrer Ermächtigungsgrundlage gehe, könne eine Rechtsverletzung nicht allein auf den Umstand gestützt werden, dass einzelne satzungsrechtliche Offenlegungspflichten kleinere Emittenten schwerer belasteten als etablierte Großunternehmen.[1039]

Bei der Beurteilung der Vereinbarkeit der segmentspezifischen Satzungsbestimmung mit der börsengesetzlichen Ermächtigungsgrundlage verwies der VGH Kassel schließlich auf die Funktion der Teilbereichsregulierung, die darin bestehen sollte, „unterschiedlichen Erfordernissen des Marktes Rechnung zu tragen." Wenn dieser Zweck nicht verfehlt werden solle, dann müssten auch die besonderen Pflichten in solchen Segmenten in „einem [...] erheblichen Maße über die gesetzlichen Vorgaben hinausgehen" können.[1040] Da der Hessische Verwaltungsgerichtshof dieses unterhalb der aus dem Parlamentsvorbehalt abgeleiteten Wesentlichkeitsschwelle angesiedelte *erhebliche Maß* satzungsrechtlicher Zusatzpflichten jedenfalls im Falle der Quartalsfinanzberichterstattung noch nicht als überschritten ansah, wies er den Normenkontrollantrag als unbegründet zurück.

d. Vorrang einer gesetzgeberischen Entscheidung am Beispiel der Quartalsfinanzberichterstattung in Teilbereichen

Gegen die von *Spindler* vorgetragenen Argumente gegen die Zulässigkeit einer teilbereichsspezifischen Quartalsfinanzberichterstattung wendete das Gericht ein, dass allein aufgrund des Umstandes, dass sich der Bundesrat im Rahmen des Gesetzgebungsverfahrens mit seinem Vorschlag, eine Quartalsberichtspflicht von Gesetzes wegen einzuführen, nicht habe durchsetzen können, nicht ohne Weiteres auf die Unzulässigkeit einer solchen Berichtspflicht in Teilbereichen des Amtlichen Marktes geschlossen werden könne.[1041] Damit hat es folgende Bewandtnis.

1039 VGH Kassel WM 2007, 1264 (1268).

1040 VGH Kassel WM 2007, 1264 (1268).

1041 VGH Kassel WM 2007, 1264 (1269 f.); vgl. auch Baumbach/Hopt/*Kumpan*, § 42 BörsG Rn. 1.

aa. Beschränkung des Regulierungspotenzials in Teilbereichen aufgrund beredten Schweigens des Gesetzgebers?

Im Zuge des Vierten Finanzmarktförderungsgesetzes schlug der Bundesrat vor, eine börsengesetzliche *Verordnungs*ermächtigung zur Regelung der Quartalsfinanzberichterstattung zu schaffen.[1042] Der Bundesrat attestierte der bisherigen Börsenpraxis, nach der die Zwischenberichterstattung in Form von Quartalsberichten allein mittels individueller Vereinbarungen oder auf der Grundlage von § 72 Abs. 3 BörsG i.d.F. nach dem Dritten Finanzmarktförderungsgesetz in Form von Soll-Vorschriften ausgestaltet wurde, nämlich erhebliche Unzulänglichkeiten und bemängelte, die auf diese Weise praktizierte Zwischenberichterstattung erfülle „ihren Zweck des Anlegerschutzes und der Transparenz nicht in hinreichendem Maße".[1043] Insbesondere, so der Bundesrat weiter, sei es auf dieser Grundlage nicht möglich – und zwar auch nicht in den Börsenordnungen –, eine „sanktionsbewehrte Vorgabe" hinsichtlich der Pflicht zu einer quartalsweisen Berichterstattung zu treffen.[1044] Die Verpflichtung des Emittenten zu „regelmäßiger und zeitnaher Unterrichtung des Publikums" in Form der Quartalsberichterstattung sei daher durch eine Regelung in der Börsenzulassungsverordnung und „deren Beachtung mittels Sanktionsbewehrung" sicherzustellen.[1045]

Der Vorschlag des Bundesrates hat sich nicht durchsetzen können. Die Bundesregierung lehnte eine entsprechende börsengesetzliche Verankerung der Quartalsberichterstattung mit der Begründung ab, der Fortgang der Diskussion „über eine für alle börsennotierten Unternehmen verbindliche Vorschrift zur Veröffentlichung von Quartalsberichten" auf europäischer Ebene, wie sie insbesondere im Zusammenhang mit der HalbjahresberichteRL[1046] angestoßen worden war, solle vorerst abgewartet werden.[1047] Diese ablehnende Haltung der Bundesregierung wurde von manchen als „beredtes Schweigen" interpretiert, „mit dem der Bund von seinem aus Art. 74 Abs. 1 Nr. 11 GG resultierenden

1042 VGH Kassel WM 2007, 1264 (1267).

1043 Stellungnahme Bundesrat Viertes Finanzmarktförderungsgesetz, BT-Drucks. 14/8017, 154.

1044 Stellungnahme Bundesrat Viertes Finanzmarktförderungsgesetz, BT-Drucks. 14/8017, 154.

1045 Stellungnahme Bundesrat Viertes Finanzmarktförderungsgesetz, BT-Drucks. 14/8017, 154.

1046 Richtlinie 82/121/EWG über regelmäßige Informationen, die von Gesellschaften zu veröffentlichen sind, deren Aktien zur amtlichen Notierung an einer Wertpapierbörse zugelassen sind, später aufgehoben durch die BörsenzulassungsRL.

1047 Begr. RegE Viertes Finanzmarktförderungsgesetz, BT-Drucks. 14/8017, 177.

Recht zur Gesetzgebung abschließend Gebrauch [gemacht habe].“[1048] In der Konsequenz, so befand man, müsse auch von der Unzulässigkeit einer entsprechenden Offenlegungspflicht auf Satzungsebene ausgegangen werden.[1049]

bb. Verweis eines konkreten Regulierungsgegenstands an den Börsenrat

„Darüber hinaus“, so ergänzte die Bundesregierung ihre ablehnende Stellungnahme aber, sei den Börsen mit dem Vierten Finanzmarktförderungsgesetz doch gerade die Möglichkeit eröffnet worden, selbstständig weitere Publizitätspflichten in den Teilbereichen ihrer Wertpapiermärkte zu statuieren.[1050] Dieser nachgeschobene Verweis auf das erweiterte börsliche Regulierungspotenzial durch die Ermächtigung zur Teilbereichsinstallation ergänzt nicht nur stimmig die zuvor geäußerten Bedenken gegen eine Quartalsberichtspflicht für *alle* börsennotierten Unternehmen, da in den Teilbereichen eine segmentspezifische Abstufung vorgenommen werden kann und aufgrund des Antragserfordernisses als besonderer Ausprägung der formellen Regulierungsgrenzen nur solche Unternehmen einer entsprechenden Pflicht unterworfen sind, die diese nach eigener Einschätzung als ökonomisch und strategisch sinnvoll, vor allem aber zumutbar empfinden.[1051] Die weiteren Ausführungen der Bundesregierung wären an dieser Stelle auch vollkommen fehlplatziert, sollte damit nicht gesagt werden, dass es fortan im Regulierungsermessen der Börsen stünde, ob Emittenten an dem jeweiligen Börsenplatz zu einer quartalsweisen Finanzberichterstattung verpflichtet werden können oder nicht und es einer börsengesetzlichen Verordnungsermächtigung aus diesem Grund überhaupt nicht mehr bedarf.[1052] Die Diskussion belegt anschaulich, dass nicht immer dann, wenn eine spezifische Publizitätspflicht Gegenstand konkreter Diskussionen im Laufe des Gesetzgebungsverfahrens gewesen ist, letztendlich aber keinen Eingang in das kapitalmarktrechtliche Pflichtenregime gefunden hat, ohne Weiteres von einem

---

1048 *Ganzer/Borsch*, BKR 2003, 484 (484, 486); in diese Richtung auch *Spindler*, WM 2003, 2073 (2075 ff.).

1049 So *Ganzer/Borsch*, BKR 2003, 484 (486); zurückhaltender und den *ambivalenten Willen des Gesetzgebers* betonend *Spindler*, WM 2003, 2073 (2075 ff.).

1050 Stellungnahme Bundesrat Viertes Finanzmarktförderungsgesetz, BT-Drucks. 14/8017, 154; vgl. auch Baumbach/Hopt/*Kumpan*, § 42 BörsG Rn. 1.

1051 Dazu schon oben Kapitel 4 § 1 II.

1052 Vgl. auch VGH Kassel WM 2007, 1264 (1269 f.); wie hier auch *Gebhardt*, in: Schäfer/Hamann, KMG, § 42 BörsG Rn. 11; zur Funktion der Ermächtigungsgrundlage vgl. auch Baumbach/Hopt/*Kumpan*, § 42 BörsG Rn. 1.

beredten Schweigen des Gesetzgebers[1053] und einem damit einhergehenden Verschluss einer konkreten Einzelpflicht für die börsenautonome Rechtsetzung in den Teilbereichen des regulierten Marktes ausgegangen werden muss.[1054] Es kann nämlich gerade – und dies ist in derartigen Konstellationen unter Zuhilfenahme der Gesetzesmaterialien einzelfallabhängig zu ermitteln – Anliegen des Gesetzgebers sein, spezifische Transparenzpflichten nicht selbst vorzuschreiben,[1055] sondern eine entsprechende Regelung dem Regulierungsermessen des Börsenrates anheimzustellen und dem börslichen Satzungsrecht zu übertragen.[1056] Auf eine ausdrückliche oder implizite Sperrung der (börsenautonomen) Regulierung der Quartalsfinanzberichterstattung hat der Gesetzgeber in einem solchen Fall dann gerade verzichtet, obwohl hierzu ausreichend Gelegenheit bestanden hätte.[1057]

In diesem Sinne ist auch der 5. ErwG der TransparenzRL-ÄnderungsRL zu verstehen. Die Änderungsrichtlinie sah ihrerzeit vor, dass es den Mitgliedstaaten nicht länger erlaubt sein sollte, in ihren nationalen Rechtsvorschriften die Publikation von häufigeren periodischen Finanzinformationen als Halbjahres- und Jahresfinanzberichten zu verlangen.[1058] In der Folge ist auf nationalstaatlicher Ebene die unterdessen durch die TransparenzRL eingeführte Pflicht zu einer quartalsweisen Finanzberichterstattung wieder aus dem WpHG gestrichen worden.[1059] In diesem Zusammenhang stellte der europäische Gesetzgeber in den Begründungserwägungen des Regelwerks ausdrücklich klar, dass die Reduktion der bereits von Gesetzes wegen zu beachtenden Pflichtenlast nicht automatisch bedeute, dass die nunmehr hinfällige Verhaltensvorgabe auch nicht Gegenstand eines marktautonom geschaffenen (untergesetzlichen) Regelbestandes sein

---

1053 So bei *Ganzer/Borsch*, BKR 2003, 484 (484).

1054 So auch VGH Kassel WM 2007, 1264 (1269 f.); s. ferner *Gebhardt*, WM-Sonderbeilage 2/2003, 2 (5); wohl auch Schwark/Zimmer/*Heidelbach*, KMRK, § 42 BörsG Rn. 9.

1055 Vgl. auch *Fleischer*, NJW-Beilage 23/2002, 37 (45).

1056 VGH Kassel WM 2007, 1264 (1269 f.); wie hier auch Schwark/*Heidelbach*, KMRK, 3. Auflage 2004, § 42 BörsG Rn.8; s. ferner *Hammen*, in: Kümpel/Hammen/Ekkenga, Kapitalmarktrecht, Loseblatt, Stand: 4/03, Kennz. 060 Rn. 314; *Gebhardt*, in: Schäfer/Hamann, KMG, § 42 BörsG Rn. 11; vgl. außerdem *Stürwald*, BKR 2002, 1021 (1023).

1057 So auch *Gebhardt*, WM-Sonderbeilage 2/2003, 2 (5) („Mithin ist bereits im Gesetzgebungsverfahren von der Zulässigkeit einer Quartalsberichtsregelung auf Satzungsebene ausgegangen worden."); vgl. auch Baumbach/Hopt/*Kumpan*, § 42 BörsG Rn. 1; außerdem VGH Kassel WM 2007, 1264 (1269 f.).

1058 ErwG (5) TransparenzRL-ÄnderungsRL.

1059 *Meyer*, in: Marsch-Barner/Schäfer, Hdb. börsennotierte AG, Rn. 7.53.

könne und weiterhin „der Betreiber eines geregelten Marktes von Emittenten, deren Wertpapiere zum Handel an diesem Markt zugelassen sind, verlangen [könne], dass sie in *einigen* oder *allen* Segmenten dieses Marktes zusätzliche regelmäßige Finanzinformationen veröffentlichen.“[1060]

Schließlich ist es auch nicht richtig, dass, wie in diesem Zusammenhang vereinzelt behauptet worden ist, der Börsenrat aufgrund seines regulatorischen Ermessensfreiraums „letztlich selbst über die Reichweite [der] Ermächtigungsgrundlage bestimmen könnte, die ihm gerade die Rechtsetzungsbefugnis erst verleiht“, wenn er einzelne, gesetzlich bisher nicht sanktionierte Pflichten in einem Teilbereich mittels des börslichen Satzungsrechts kreiert.[1061] Die Börse definiert die ihr gesteckten Rechtsetzungsgrenzen nämlich keinesfalls selbst, wenn sie innerhalb der ihr verliehenen Satzungsautonomie den legislativen Willen zu Ausführung und Geltung bringt oder nach eigenem Ermessen dort ergänzt, wo ihr diese Möglichkeit bewusst – wie bspw. im Rahmen des Vierten Finanzmarktförderungsgesetzes für den Bereich der Quartalsfinanzberichterstattung – eröffnet worden ist. Mit § 16 Abs. 3 S. 1 BörsG, wonach die Börsenordnung und jede ihrer Änderungen der Genehmigung der Börsenaufsichtsbehörde bedarf, steht außerdem ein Kontrollmechanismus zur Verfügung, der den Umfang des börslichen Rechtsetzungspotenzials in den nur unscharf konturierten Randbereichen – insbesondere also in Fällen impliziter Einzelermächtigungen – hinreichend zu überwachen imstande sein sollte.[1062]

2. Gesetzliches Pflichtenregime als statischer Ausgangs- und dynamischer Anknüpfungspunkt

Die vermeintlich selbstverständliche Orientierung der teilbereichsspezifischen Zulassungsfolgepflichten an den in der gesetzlichen Ausgangslage reflektierten legislativen Wertungen bedingt einige Besonderheiten im Umgang mit den materiellen Gestaltungsgrenzen der Ermächtigungsgrundlage.

1060 ErwG (5) TransparenzL-ÄnderungsRL, Hervorhebungen nur hier; vgl. auch *Meyer*, in: Marsch-Barner/Schäfer, Hdb. börsennotierte AG, Rn. 7.53.

1061 So die Kritik bei *Spindler*, WM 2003, 2073 (2083).

1062 Zu dem Genehmigungserfordernis auch *Hammen*, in: Kümpel/Hammen/Ekkenga, Kapitalmarktrecht, Loseblatt, Stand: 4/03, Kennz. 060 Rn. 318.

a. *Erlasszeitpunkt der Satzungsbestimmung und maßgeblicher Zeitpunkt der Rechtmäßigkeitskontrolle*

Dass der Verwaltungsgerichtshof in seiner Entscheidung wiederholt auf den Erlasszeitpunkt der streitgegenständlichen Satzungsbestimmung rekurriert, ist in mancher Hinsicht missverständlich. Denn maßgeblicher Zeitpunkt der verwaltungsgerichtlichen Rechtmäßigkeitskontrolle der Börsenordnung im Rahmen eines Normenkontrollverfahrens ist nicht etwa der Zeitpunkt des Satzungserlasses, sondern grundsätzlich der der gerichtlichen Entscheidung nach § 47 Abs. 5 VwGO; ändert sich nämlich die Zusammensetzung der gesetzlichen Grundpflichten nach Erlass einer Bestimmung der Börsenordnung, kann diese im Zeitpunkt der gerichtlichen Entscheidung aufgrund der in der Gesetzesänderung zum Ausdruck gebrachten gesetzgeberischen Wertung unverhältnismäßig erscheinen.[1063] Die Besonderheit bestand in dem Verfahren vor dem VGH nun darin, dass zwischen dem Erlass des damaligen § 63 der Frankfurter Börsenordnung und dessen gerichtlicher Überprüfung in dem Verfahren nach § 47 VwGO die Umsetzung der TransparenzRL durch das TransparenzRL-Umsetzungsgesetz zu einem erheblichen Zuwachs an gesetzlich geforderter Pflichtpublizität, darunter die Zwischenmitteilungspflicht nach § 37x WpHG a.F., geführt hatte.[1064] Der Verwaltungsgerichtshof bemerkte zu dieser Entwicklung lediglich, die Verschärfungen der (gesetzlichen) Unterrichtungspflichten hätten im Rahmen der Rechtmäßigkeitskontrolle außer Betracht zu bleiben.[1065] Unbeachtet lassen konnte der Verwaltungsgerichtshof die Gesetzesänderungen allerdings nur deshalb, weil das der Börse aufgrund von § 42 Abs. 1 BörsG zustehende Rechtsetzungspotenzial infolge der Umsetzung der TransparenzRL durch das TransparenzRL-Umsetzungsgesetz sogar noch erweitert worden war. Demgegenüber hätte eine Verringerung gesetzlicher Grundpflichten nach Erlass der Börsenordnung durchaus auch den Rechtmäßigkeitsmaßstab im Rahmen des § 47 VwGO beeinflussen können.[1066] Die hohe Eigendynamik des kapitalmarktlichen Normengefüges bedingt angesichts dessen einige Besonderheiten, wenn es darum geht, die materiellen Gestaltungsgrenzen des Börsenrates in den Teilbereichen zu bestimmen.

1063 *W.-R. Schenke/R. P. Schenke*, in: Kopp/Schenke, VwGO, § 47 Rn. 112 ff.; *Panzer*, in: Schoch/Schneider/Bier, VwGO, § 47 Rn. 111, 113.

1064 Vgl. auch *Schlitt/Schäfer*, AG 2007, 227 (228).

1065 VGH Kassel WM 2007, 1264 (1267).

1066 *Panzer*, in: Schoch/Schneider/Bier, VwGO, § 47 Rn. 111.

b. Gesetzliche Grundtransparenz als entwicklungsoffenes und dynamisches Konzept

Die Bedeutung des Erlasszeitpunkts einer Teilbereichsbestimmung für deren Rechtmäßigkeit beschränkt sich hiernach nämlich auf Fälle, in denen keine relevanten gesetzlichen Folgeänderungen mit Bezug zu dem konkreten Regelungsbereich zwischen Normerlass- und gerichtlichem Entscheidungszeitpunkt stattgefunden haben. Die satzungsrechtliche Segmentausgestaltung wird nur in dieser Hinsicht an die gesetzliche Pflichtpublizität in ihrem jeweiligen Bestand gekoppelt.[1067] Als der Gesetzgeber im Zuge des Vierten Finanzmarktförderungsgesetzes die Segmentierung des Amtlichen Marktes mittels zusätzlicher Zulassungsfolgepflichten an die Börsen übertrug, verstand er deren autonome Marktgestaltungsmacht dementsprechend auch als eine an der „im geltenden Recht ohnehin geregelten Publizität" ausgerichtete, ergänzende Regulierungstätigkeit, durch die einzig eine „Umgestaltung oder weitreichende Erweiterung" der gesetzlichen Publizitätspflichten nicht ermöglicht werden sollte.[1068] Die von der Börse im Rahmen ihrer Entscheidung zu beachtenden *im geltenden Recht ohnehin geregelten Publizitätspflichten* stimmen innerhalb eines hochdynamischen Regulierungsumfeldes wie dem europäischen Kapitalmarktrecht aber keinesfalls zwangsläufig auch mit der Rechtslage überein, die den Maßstab im Zeitpunkt einer verwaltungsgerichtlichen Rechtmäßigkeitskontrolle bildet.[1069]

Die Verknüpfung von gesetzlicher Ausgangslage und börsenautonomem Satzungsrecht entspricht auf diese Weise in materiell-gegenständlicher Hinsicht also einem entwicklungsoffenen und inhaltlich beweglichen Konzept, weil der gesetzliche Grundbestand, wie bereits mehrfach angedeutet, seinerseits nicht unerheblichen Schwankungen unterliegen kann.[1070] Ausgehend von der in diesem legislativen Transparenzniveau zum Ausdruck gebrachten gesetzgeberischen Entscheidung haben nachgeordnete Regulierungsinstanzen wie die Börsen die Möglichkeit, im Rahmen ihrer Satzungsautonomie, zwar *unwesentliche*, aber – so der Hessische Verwaltungsgerichtshof – durchaus *erhebliche*[1071]

1067 *Schäfer*, in: Marsch-Barner/Schäfer, Hdb. börsennotierte AG, Rn. 12.34.

1068 Begr. RegE. Vierten Finanzmarktförderungsgesetz, BT-Drucks. 14/8017, 81; *Schäfer*, in: Marsch-Barner/Schäfer, Hdb. börsennotierte AG, Rn. 12.34.

1069 Zu dem Kontrollumfang im Rahmen des Normenkontrollverfahrens vgl. etwa *Giesberts*, in: Posser/Wolff, BeckOK-VwGO, § 47 Rn. 1; auch *Panzer*, in: Schoch/Schneider/Bier, VwGO, § 47 Rn. 111.

1070 Vgl. dazu auch Schwark/Zimmer/*Heidelbach*, KMRK, § 42 BörsG Rn. 6.

1071 VGH Kassel WM 2007, 1264 (1268).

Erweiterungen der Offenlegungsstandards zu implementieren und dabei an der vorgefundenen gesetzlichen Transparenzbasis anzuknüpfen, wenn und soweit der Wille des Gesetzgebers dem nicht entgegensteht.[1072] Die materiellen Grenzen der Teilbereichseinrichtung sind also keinesfalls starr, sondern dynamisch, sie unterliegen Schwankungen und ihr Verlauf ist von dem jeweiligen Umfang gesetzlicher Pflichtpublizität abhängig.[1073] Die beiden Transparenzstandards können sich also auch derart voneinander entfernen, dass eine in ihrem Erlasszeitpunkt rechtmäßige Satzungsbestimmung des Teilbereichshandels infolge von Gesetzesänderungen entweder hinter der nunmehr verstärkten legislativen Basistransparenz zurückbleibt oder aber diese, im Falle einer Pflichtenentlastung, *wesentlich* übersteigt. Nur in der zweitgenannten Konstellation divergierten die Rechtmäßigkeitsmaßstäbe von Erlass- und Überprüfungszeitpunkt dann auch dergestalt, dass die betroffene Bestimmung der Börsenordnung in einem Normenkontrollverfahren für unwirksam zu erklären sein könnte.[1074] Die materiell-inhaltlichen Gestaltungsgrenzen der börslichen Teilbereichsregulierung sind auf diese Weise in steter Bewegung.

Zuletzt zeigte sich die zuvor beschriebene Dynamik anschaulich an der Reaktion der Frankfurter Wertpapierbörse auf die Umsetzung der TransparenzRL-ÄnderungsRL, infolge derer die gesetzliche Verpflichtung von Emittenten zur Veröffentlichung von Quartalsfinanzberichten entfallen war.[1075] Der Börsenrat in Frankfurt änderte die Börsenordnung und stellte es Emittenten des Prime Standards frei, statt eines umfangreichen Quartalsfinanzberichts fortan eine *Quartalsmitteilung* reduzierten Umfangs zu publizieren.[1076] Dennoch darf in den Fällen einer gesetzlichen Pflichtenerleichterung nicht voreilig auf die Rechtswidrigkeit entgegenstehender Satzungsbestimmungen in einem Teilbereich des regulierten Marktes geschlossen werden. Es kann nämlich auch sein, dass zwar der gesetzliche Pflichtenbestand reduziert werden soll, dieser aber gleichwohl zur Regulierung börsensegmentspezifischer Anforderungsprofile erhalten bleibt und auch weiterhin eine ausreichende Legalisierungsgrundlage bildet – der 5.

1072 *Schäfer*, in: Marsch-Barner/Schäfer, Hdb. börsennotierte AG, Rn. 12.34.

1073 Auch der VGH Kassel bediente sich zur Bestimmung der Wesentlichkeit eines *Abgleichs* der Teilbereichspflichten mit der jeweils geltenden Rechtslage, vgl. VGH Kassel WM 2007, 1264 (1267); s. dazu auch *Mülbert*, WuB I G 7, 3.07.

1074 Vgl. auch *Panzer*, in: Schoch/Schneider/Bier, VwGO, § 47 Rn. 111.

1075 *Seiffert*, in: Kümpel/Wittig, Bank- und Kapitalmarktrecht, Rn. 4.313; *Böckem/Rabenhorst*, IRZ 2016, 89 (89 f.).

1076 Vgl. auch den Bericht in der Börsen-Zeitung vom 13. November 2015 „Frankfurter Wertpapierbörse lockert Berichtspflicht".

Erwägungsgrund der TransparenzRL-ÄnderungsRL ist hinsichtlich der Zwischenberichterstattung anschaulicher Beleg dieser Annahme.

In dem umgekehrten Fall, in dem eine gesetzliche Pflichtenintensivierung stattfindet, erweitert eine solche zwar nicht den börslichen Regulierungsrahmen hinsichtlich einer zu einem früheren Zeitpunkt erlassenen Satzungsbestimmung, sie mag aber dazu führen, dass die Teilbereichsbestimmung mit der *im geltenden Recht ohnehin angelegten Regelpublizität* nunmehr übereinstimmt bzw. diese nur in unwesentlicher, wenn auch erheblicher Weise ergänzt.[1077]

Hieran nun lassen sich einige weitere Erkenntnisse ableiten. Es zeigt sich nämlich, dass der eigentliche Rechtmäßigkeitsmaßstab des satzungsrechtlichen Sonderpflichtenbestands nicht etwa § 42 Abs. 1 BörsG, sondern eher den jeweiligen Sachregelungskomplexen selbst zu entnehmen ist, anhand derer, wie auch im Fall der Quartalsfinanzberichterstattung, eine vorrangige Legislativwertung in Bezug auf ihren geschlossenen oder aber erweiterungsfähigen Charakter zu ermitteln ist. In dieser Hinsicht lässt sich die Ermächtigungsgrundlage auf einen *kodifizierten Verhältnismäßigkeitsgrundsatz* reduzieren, der die Regulierungsaktivitäten des Börsenrats den Gesetzesmaterialien und Ausführungen des Hessischen Verwaltungsgerichtshofs entsprechend entlang des Korridors zwischen *Erheblich-* und *Wesentlichkeit* navigiert.

Zugleich veranschaulichen die beschriebenen Anpassungsvorgänge den Dialog, in dem Gesetzgeber und Börse bei der regulatorischen Ausgestaltung des Börsenmarktes stehen:[1078] Der Gesetzgeber erhält die Möglichkeit, nichtlegislative Publizitätsanforderungen in den Teilbereichen zu evaluieren, auf dieser Grundlage über einen legislativen Nachvollzug des teilbereichsspezifischen Publizitätsregimes zu entscheiden und so Erfahrungswissen von Börsen und Marktteilnehmern zu nutzen. Erweist sich ein teilbereichsspezifisches Publizitätselement als wirkungslos, kann der Gesetzgeber an geeigneter Stelle nachbessern oder auf eine entsprechende Regulierung weiterhin verzichten.[1079] In diesem Dialog wirkt also nicht nur der gesetzliche Ausgangszustand einseitig formprägend

---

1077 Vgl. auch VGH Kassel WM 2007, 1264 (1269); *Schäfer*, in: Marsch-Barner/Schäfer, Hdb. börsennotierte AG, Rn. 12.34.

1078 Vgl. auch *Seiffert*, in: Kümpel/Wittig, Bank- und Kapitalmarktrecht, Rn. 4.313 („Flexibilität und Kreativität").

1079 Vgl. auch *Hammen*, in: Kümpel/Hammen/Ekkenga, Kapitalmarktrecht, Loseblatt, Stand: 4/03, Kennz. 060 Rn. 314.

auf die Teilbereichsausgestaltung.[1080] Auf diese Weise kann es zu einer „Koproduktion von Recht“ kommen,[1081] die sich mitunter auch auf europäischer Ebene fortsetzt. Als der Gesetzgeber mit der Umsetzung der TransparenzRL im Jahre 2004 die Zwischenmitteilungs- und Halbjahresberichterstattungspflicht verbindlich in allen öffentlich-rechtlich organisierten Marktsegmenten ausgestaltete, konnte er auch auf die Erfahrungen mit entsprechenden Anforderungen in den Teilbereichen des Geregelten und Amtlichen Marktes zurückblicken.[1082] Zusammenfassend ist diese auf dem Terrain der Finanzmarktregulierung gehäuft auftretende Erscheinung bereits als „[arbeitsteiliger] Normierungsprozess“ beschrieben worden, „bei dem der nicht-staatlichen Regelerarbeitung die Rolle zufällt, akzeptanzfähige sachverstandsgetränkte Regelungsmodelle zu entwerfen, die bei Bedarf und nach politischer Opportunität vom staatlichen Gesetzgeber teilweise oder nahezu gänzlich übernommen werden“ können.[1083]

c. *Dialog der Normproduzenten*

In einem solchen Dialog lässt sich weiter beobachten, dass sich gesetzliche Grundtransparenz und teilbereichseigene Zusatzanforderungen mehr und mehr – von unten nach oben – einander angleichen können und der qualitative Regulierungsabstand beider Transparenzsysteme schwindet.[1084] Zwar erleichtert ein solcher Zustand die materielle Grenzziehung entlang der Ermächtigungsgrundlage, er kann sich langfristig aber, ruft man sich die Grundfunktionen einer vertikalen Segmentierung des Börsenmarktes in Erinnerung,[1085] funktionshemmend auf den Teilbereichshandel auswirken, was zusätzlich noch dadurch verstärkt werden kann, dass auch die Börsen – nunmehr von oben nach unten – ihre segmentspezifischen Anforderungsprofile an den gesetzlichen Ausgangszustand absenken oder im Falle des legislativen Nachvollzugs teilbereichsspezifischer Publizitätspflichten in unzureichender Weise um einen erneuten

---

1080 Zu der Bedeutung der gesetzlichen Zulassungs- und Zulassungsfolgepflichten für die Teilbereichsregulierung vgl. auch Schwark/Zimmer/*Heidelbach*, KMRK, § 42 BörsG Rn. 6.

1081 *S. Augsberg*, Die Verwaltung 2016, 369 (377).

1082 Vgl. nur *Hammen*, in: Festschrift für Gerd Nobbe, 583 (594); auch *Schmidt*, Börsenorganisation, 93 ff. („Abstimmung von Börsen mit ihrer Umwelt“).

1083 *S. Augsberg*, Die Verwaltung 2016, 369 (377); dazu auch *Hammen*, in: Kümpel/Hammen/Ekkenga, Kapitalmarktrecht, Loseblatt, Stand: 4/03, Kennz. 060 Rn. 314; außerdem *Gebhardt*, in: Schäfer/Hamann, KMG, § 42 BörsG Rn. 9.

1084 Dazu auch *Meyer*, in: Marsch-Barner/Schäfer, Hdb. börsennotierte AG, Rn. 7.51.

1085 Dazu oben Kapitel 3 § 2.

Transparenzabstand bemüht sind.[1086] In beiden Fällen werden die wesentlichen Funktionen vertikaler Marktsegmentierung, die einen gewissen qualitativen Regulierungsabstand in unterschiedlichen Anforderungsprofilen des börslichen Wertpapiermarktes voraussetzen, konterkariert.[1087]

Die marktweite Steigerung der Unternehmenspublizität infolge der Umsetzung der TransparenzRL etwa hatte das Aus der börsenautonomen Sondersegmentierung *NextEconomy* und *NextPrime* an der *Euronext* zur Folge.[1088] Beide Segmente wurden mit der Begründung eingestellt, dass es infolge einer *undifferenzierten Transparenzsteigerung* und Pflichtenintensivierung fortan für Emittenten, deren Wertpapiere in einem der beiden Sondersegmente gelistet wurden, unmöglich geworden sei, die der Segmentierung in ihrem Ausgangspunkt zugrunde liegenden Ziele zu erreichen, nämlich eine *Kontrastierung* gegenüber dem Grundmarkthandel und in der Folge eine *erhöhte Visibilität* am Markt insgesamt.[1089] Ähnliches gilt für die Anwendung internationaler Rechnungslegungsstandards im Rahmen der Finanzberichterstattung. Bildete die entsprechende Verpflichtung in den ersten Jahren der Teilbereichsregulierung noch eine der wesentlichen Besonderheiten des neuen Prime Standards, folgte schon bald durch die IFRS-Verordnung[1090] die marktweite Regulierung von konsolidierten Abschlüssen nach internationalen Rechnungslegungsstandards für börsennotierte Mutterunternehmen für Geschäftsjahre ab dem 1. Januar 2005.[1091] Nicht-börsennotierten Konzernunternehmen und einzelabschlusspflichtigen Emittenten börsennotierter Wertpapiere räumte der Gesetzgeber ein Wahlrecht bezüglich der anzuwendenden Bilanzierungsstandards ein, sodass die Rechnungslegung nach IAS oder US-GAAP die betroffenen Unternehmen von ihrer Pflicht befreite, zusätzlich nach HGB bilanzieren zu müssen. Die

---

1086 Zu diesem Aspekt der Teilbereichsregulierung auch *Seiffert*, in: Kümpel/Mülbert/Früh/Seyfried, Bank- und Kapitalmarktrecht, Rn. 14.310; außerdem *Meyer*, in: Marsch-Barner/Schäfer, Hdb. börsennotierte AG, Rn. 7.51.

1087 Oben Kapitel 3 und noch weiter unten Kapitel 5 § 1 IV.

1088 Über die Auswirkungen einer gesetzlichen Aufwertung des Pflichtenbestands auf die Teilbereichsregulierung spekulierte schon Schwark/Zimmer/*Heidelbach*, KMRK, 4. Auflage 2010, § 42 BörsG Rn. 6.

1089 *Kim*, Journal of Corporate Finance 2014, 342 (343 f.).

1090 Verordnung (EG) Nr. 1606/2002 des Europäischen Parlaments und des Rates vom 19. Juli 2002 betreffend die Anwendung internationaler Rechnungslegungsstandards, ABl. L 243, 1 ff.

1091 Art. 4 der IFRS-Verordnung; dazu auch *Meyer*, in: Marsch-Barner/Schäfer, Hdb. börsennotierte AG, Rn. 7.51.

entsprechenden Pflichten in den Teilbereichen waren angesichts dieser Regelungen fortan weitgehend obsolet und wurden aus dem segmentspezifischen Sonderpflichtenbestand gestrichen.[1092] Bleibt also ein teilbereichsspezifisches Pflichtenregime in einem derartigen Umfeld unverändert bestehen, wird es die ihm zugedachten Grundfunktionen kaum mehr effektiv erfüllen können und die erwarteten Effekte drohen langfristig auszufallen.[1093]

3. *Zwischenbefund*

Die gesetzlichen, aus der Zulassung zum Börsenhandel resultierenden Basispflichten bilden nach dem zuvor Gesagten Ausgangspunkt und Legalisierungsgrundlage der börsenautonomen Rechtsetzung in den Teilbereichen des regulierten Marktes. Ihre Umgestaltung oder *weit reichende Erweiterung* kann aus rechtsstaatlichen Gründen nicht mehr auf die Ermächtigungsgrundlage gestützt werden, denn auch das Satzungsrecht in den Teilbereichen wird ungeachtet seiner Spezialität gegenüber der allgemeinen Satzungskompetenz durch die aus dem Parlamentsvorbehalt abgeleitete Wesentlichkeitstheorie begrenzt.[1094] Dass eine Umgestaltung bestehender Grundpflichten ausscheidet, ist neben normenhierarchischen Erwägungen auch damit zu erklären, dass sich das auf Teilbereiche beschränkte Satzungsrecht nicht in Widerspruch zu den gesetzlichen Grundpflichten setzen darf.[1095] Nicht ausgeschlossen sind hingegen Modifikationen und Erweiterungen im Rahmen der Börsenordnung, die den Grundbestand der jeweiligen Verhaltenspflicht unangetastet lassen. Denn lediglich *weit reichende Erweiterungen* sollen nach dem gesetzgeberischen Willen unzulässig sein. Entsprechendes gilt auch für den gesetzlichen Pflichtenbestand als solchen, dessen Zusammensetzung nicht zur Disposition der Börse steht. Auch insofern scheidet eine Umgestaltung kraft Satzungsrecht aus. Begrenzt wird der Gestaltungsspielraum des Börsenrats schließlich durch den Verhältnismäßigkeitsgrundsatz, im Rahmen dessen das Regulierungskonzept der Ermächtigungsgrundlage zu entfalten ist.[1096]

1092 Dazu auch *Strieder/Ammedick*, BB 2004, 2679 (2679, dort insbesondere Fn. 4).

1093 Zu den früheren Sondersegmenten der *Euronext* nur *Kim*, Journal of Corporate Finance 2014, 342 (343); vgl. auch *Seiffert*, in: Kümpel/Wittig, Bank- und Kapitalmarktrecht, Rn. 4.313.

1094 *Schäfer*, in: Marsch-Barner/Schäfer, Hdb. börsennotierte AG, Rn. 12.34.

1095 *Gebhardt*, WM-Sonderbeilage 2/2003, 3 (5).

1096 *Schlee*, in: Heidel, Aktienrecht und Kapitalmarktrecht, § 42 BörsG Rn. 3.

a. Bestimmung der materiellen Regulierungsgrenzen durch Vergleich von Grund- und teilbereichsspezifischen Sonderpflichten

Die materiellen Grenzen der Ermächtigungsgrundlage lassen sich hiernach im Wesentlichen in wenigen Schritten bestimmen, indem das teilbereichseigene Sonderpflichtenregime in unterschiedliche Pflichtenkategorien untergliedert wird.

In einem ersten Schritt ist, wie auch der Hessische Verwaltungsgerichtshof angedeutet hat, ein Abgleich des gesetzlichen und des teilbereichsspezifischen Pflichtenprogramms vorzunehmen. Aufgrund ihrer verhältnismäßig geringen Eingriffsintensität sind erweiterte Publizitätspflichten, die eine gesetzliche Grundpflicht in lediglich geringfügigem Maße modifizieren, bspw. die Pflicht, gesetzliche Publizitätsleistungen auch in englischer Sprache zu erbringen, ohne Weiteres zulässig,[1097] „wenn nicht die Vorschrift des § 42 Abs. 1 BörsG ihren Zweck verfehlen soll."[1098] Teilbereichspflichten, die keine Entsprechung innerhalb des gesetzlichen Pflichtenprogramms finden, können ebenfalls in der Börsenordnung vorgesehen werden und sind zulässig, solange sie nicht *contra legem* zu geltenden Transparenzstandards stehen und den Emittenten nicht zu einer Missachtung oder Verletzung des gesetzlichen Pflichtenregimes verleiten.[1099] Schon der Wortlaut der Ermächtigungsgrundlage, der von *ergänzenden* und *zusätzlichen* Pflichten in Teilbereichen des regulierten Marktes spricht, setzt nämlich voraus, dass auch neuartige, gesetzlich bisher nicht fixierte Pflichten in den Grenzen der Wesentlichkeitstheorie statuiert werden können.[1100]

Teilbereichspflichten ohne Vorbild innerhalb der gesetzlichen Transparenzbasis, die den Emittenten auf nur geringfügige Weise in finanzieller, aber auch unternehmenspolitischer, strategisch-kalkulierender und demnach grundrechtlicher Hinsicht belasten, können in einem zweiten Schritt als teilbereichskonform gewertet werden. Hierzu zählen etwa die Verpflichtungen zur Veranstaltung einer jährlichen Analystenkonferenz oder dem Aufstellen eines Unternehmenskalenders mit den wesentlichen Geschäftsdaten, wie sie im Prime Standard der Börse Frankfurt durch die §§ 54 und 55 vorgegeben werden.[1101] Sie

---

1097 Zur sprachlichen Modifikation der Berichtspflichten auch Schwark/Zimmer/*Heidelbach*, KMRK, § 42 BörsG Rn. 13.

1098 So der VGH Kassel WM 2007, 1264 (1268), in Bezug auf eine *erhebliche Erweiterung* der gesetzlichen Grundpublizität und eine damit verbundene Neuschöpfung teilbereichsspezifischer Sonderpflichten.

1099 *Gebhardt*, WM-Sonderbeilage 2/2003, 2 (5).

1100 Begr. RegE. Viertes Finanzmarktförderungsgesetz, BT-Drucks. 14/8017, 81.

1101 So wohl auch Schwark/Zimmer/*Heidelbach*, KMRK, § 42 BörsG Rn. 13.

erreichen in der Regel schon nicht den für einen Gesetzesvorbehalt geforderten Grad der Wesentlichkeit und sind deshalb zulässiger Regelungsgegenstand auf Satzungsebene.[1102]

b. *Soft law, gesetzliche Wahlrechte und Tatbestandskonkretisierung am Beispiel der CSR-Berichterstattung*

Eine besondere Stellung nehmen teilbereichsspezifische Pflichten ein, die sich zwischen den ersten beiden Kategorien bewegen, weil sie einerseits zwar ein börsen- oder kapitalmarktrechtliches Äquivalent kennen, dessen Ausgestaltung aber offen und für die Teilbereichsemittenten als börsennotierte Kapitalgesellschaft nicht unmittelbar verbindlich ist. Darunter fallen etwa Bestimmungen, die Emittenten im Falle ihrer Befolgung von anderen gesetzlichen Verpflichtungen freistellen, wie insbesondere gesetzlich statuierte Wahlrechte, hybride Regulierungsinstrumente und sog. *soft law*, Regelungen also, deren Nichtbefolgung mit keinen unmittelbaren rechtlichen Nachteilen für das Unternehmen verknüpft ist. Hierher gehört bspw. auch die Frage, ob die Anforderungen des DCGK als verbindliche Satzungsbestimmungen für den Teilbereichshandel implementiert werden können sollen, wie es in einer früheren Konzeptionsphase der Teilbereichsregulierung erwogen wurde.[1103] Da § 161 AktG jedenfalls die Wertung entnommen werden kann, dass die Vorgaben des Kodex börsennotierten Emittenten grundsätzlich zumutbar sind und der Gesetzgeber in der Regel erwartet, dass die Verhaltensanforderungen des Kodex auch befolgt werden, wird man – jedenfalls insoweit, als es sich um die Transparenzvorschriften des DCGK handelt – auch noch von deren Verhältnismäßigkeit für den Fall ausgehen können, dass eine Empfehlung des DCGK im Gewand einer teilbereichsspezifischen Sonderpflicht daherkommt. Und in den Fällen gesetzlicher Wahlrechte spricht grundsätzlich nichts dagegen, die Entscheidung des Emittenten für den Aufstieg in ein ranghöheres Marktsegment als verbindliche Ausübung seines Wahlrechts zu behandeln. Denn Wahlrechte, auch solche, durch die die Gesellschaft von anderen Verhaltens- oder Offenlegungspflichten freigestellt wird, dokumentieren ein entsprechendes Verständnis des Gesetzgebers, wonach dieser sowohl die Nichtbefolgung als auch eine nur partielle oder selektive Beachtung der

---

1102 *Gebhardt*, WM-Sonderbeilage 2/2003, 2 (5); auch Schwark/Zimmer/*Heidelbach*, KMRK, § 42 BörsG Rn. 13.

1103 *Gebhardt*, WM-Sonderbeilage 2/2003, 2 (5) Fn. 33; zu den Going-Public-Grundsätzen der Deutsche Börse AG vgl. *Schlitt/Smith/Werlen*, AG 2002, 478 (479, 489).

jeweiligen Verhaltensalternativen akzeptiert. Sie sind als Bestandteil einer segmentspezifischen Regelgebung geradezu prädestiniert.

Dazu ein Beispiel: Zuletzt haben Berichtspflichten kapitalmarktorientierter Unternehmen im Sinne des § 264d HGB über sog. nichtfinanzielle Leistungsindikatoren in erheblichem Umfang zugenommen. Die Reformbestrebungen auf nationaler und europäischer Ebene in diesem Sektor der Finanzberichterstattung haben vor nicht all zu langer Zeit durch die Corporate Social Responsibility-Richtlinie (CSR-RL)[1104] und das zu ihrer Umsetzung in nationales Recht ergangene CSR-RL-Umsetzungsgesetz[1105] konkrete Formen angenommen. Die Regelungen, die in den §§ 289b ff. HGB Eingang in das deutsche Bilanzrecht gefunden haben, erhöhen die Transparenz in Bezug auf ökologische und soziale Aspekte der Tätigkeit großer kapitalmarktorientierter Unternehmen,[1106] von Kreditinstituten, Finanzdienstleistungsinstituten und Versicherungsunternehmen. Es geht dabei um Informationen über Umwelt-, Sozial- und Arbeitnehmerbelange, die Achtung der Menschenrechte sowie die Bekämpfung von Korruption und Bestechung.[1107] Ausgangspunkt dieser Entwicklung war die Einsicht, dass die Auswirkungen unternehmerischen Handelns auf die Gesellschaft zunehmend in den Fokus der Öffentlichkeit rücken und somit zugleich zur Grundlage von Investitionsentscheidungen gemacht werden.[1108] Auch das vermehrte Auftreten sog. Ökofonds und ethischer Banken[1109] belegt anschaulich, dass nichtfinanzielle Leistungsindikatoren in gesteigertem Maße

---

1104 RL 2014/95/EU des Europäischen Parlaments und des Rates vom 22. Oktober 2014 zur Änderung der RL 2013/34/EU im Hinblick auf die Angabe nichtfinanzieller und die Diversität betreffender Informationen durch bestimmte große Unternehmen und Gruppen, ABl. L 330 v. 15. November 2014, berichtigt am 24. Dezember 2014, ABl. L 369, 79.

1105 Gesetz zur Stärkung der nichtfinanziellen Berichterstattung der Unternehmen in ihren Lage- und Konzernlageberichten (CSR-Richtlinie-Umsetzungsgesetz) v. 11. April 2017, BGBl. I, 802; zu dieser Thematik auch *Spießhofer*, in: Hauschka/Moosmayer/Lösler, Corporate Compliance, § 11 Rn. 2, 7.

1106 Zwar gelten gem. § 267 Abs. 3 S. 2 HGB kapitalmarktorientierte Gesellschaften im Sinne des § 264d HGB stets als große Kapitalgesellschaften, für § 289b Abs. 1 HGB müssen aber die Voraussetzungen beider Normen kumulativ vorliegen, § 289b Abs. 1 S. 1 Nr. 1 und 2 HGB; dazu vgl. *Blöink/Halbleib*, Der Konzern 2017, 182 (184).

1107 *Blöink/Halbleib*, Der Konzern 2017, 182 (183).

1108 *Zülch/Kretzmann*, DB 2016, 2617 (2617 ff.); *Blöink/Halbleib*, Der Konzern 2017, 182 (183).

1109 Vgl. zu ethischen Prinzipien als Handlungsdirektive im Bank- und Kapitalmarktrecht *Schneider*, ZIP 2010, 601 (601 ff.); vgl. ferner *Mock*, ZIP 2017, 1195 (1195 f.).

investmentrelevante Daten darstellen.[1110] An der Börse Frankfurt besteht sogar ein *Green Bond-Segment*, in das nur Anleihen einbezogen werden können, deren Emittenten den *Green Bond Principles* der International Capital Markets Association hinsichtlich der Verwendung des Emissionserlöses, des Prozesses der Projektauswahl, des Managements sowie des fortlaufenden Reportings entsprechen.[1111] Auch einen *DAX® 50 ESG* lässt die Deutsche Börse AG mittlerweile durch eine ihrer Tochtergesellschaften berechnen, in dem die Kursentwicklung der 50 größten und liquidesten Börsenwerte auf dem deutschen Markt abgebildet werden, deren Unternehmen auf Grundlage der ESG-Kriterien Umwelt, Soziales und Unternehmensführung[1112] als besonders nachhaltig gelten. Die Regelungen in den §§ 289b ff. HGB sollen vor diesem Hintergrund das Gesamtbild des Geschäftsmodells des Emittenten unter besonderer Hervorhebung der in § 289c Abs. 2 HGB genannten nichtfinanziellen Aspekte wie Umwelt-, Arbeitnehmer- und Sozialbelange sowie der Achtung der Menschenrechte und der Bekämpfung von Korruption und Bestechung vervollständigen. § 42 Abs. 1 BörsG eröffnet innerhalb dieses Berichtsformats grundsätzlich die Möglichkeit, den in § 289c Abs. 2 HGB vorgegebenen *Mindest*inhalt der Erklärung im Sinne von § 289b HGB („zumindest") um weitere nichtfinanzielle Leistungsindikatoren wie bspw. zusätzliche Informationen zu Unternehmensspenden oder Aspekten der Nachhaltigkeit im Zusammenhang mit der Vorstandsvergütung[1113] zu ergänzen, solange nur keine „Umgestaltung oder weit reichende Erweiterung" des Berichtsformats stattfindet[1114] und entsprechend der gesetzgeberischen Wertung, wonach den Börsen eine erhebliche Pflichtensteigerung in einem Teilbereich des regulierten Marktes möglich sein soll, nicht Gründe nachgewiesen werden können, aufgrund derer die in der Börsenordnung normierten zusätzlichen Elemente des Berichtsformats nicht selbst Gegenstand der gesetzlichen Bestimmungen geworden sind. Ziel der CSR-Pflichten ist immerhin, „die erfassten Unternehmen für grundlegende Aspekte der Nachhaltigkeit zu sensibilisieren und eine gewisse Erwartungshaltung des Gesetzgebers hin zu einer an

1110 Vgl. auch Begr. RegE CSR-RL-Umsetzungsgesetz, BT-Drucks. 18/9982, 1.

1111 Pressemitteilung der Deutsche Börse AG vom 12. November 2018, „Neues Green Bond Segment an der Börse Frankfurt", abrufbar unter http://deutsche-boerse.com/dbg-de/presse/pressemitteilungen/Neues-Green-Bond-Segment-an-der-Frankfurter-Boerse/3533478 (Zuletzt abgerufen am: 31. März 2021).

1112 ESG steht für Environmental Social Governance.

1113 *Fleischer*, AG 2017, 509 (522 f.).

1114 Begr. RegE Viertes Finanzmarktförderungsgesetz, BT-Drucks. 14/8017, 81; *Schäfer*, in: Marsch-Barner/Schäfer, Hdb. börsennotierte AG, Rn. 12.34.

den Aspekten der Nachhaltigkeit orientierten Unternehmensführung zu signalisieren".[1115] Dementsprechend könnte auch das Wahlrecht in § 289d HGB in einem Teilbereich entsprechend der vorstehenden Erwägungen grundsätzlich satzungsrechtlich zugunsten *einer* der Verhaltensoptionen des Emittenten verbindlich gestellt werden.[1116] Aus § 289d S. 2 Hs. 2 HGB ergibt sich nämlich, dass der Gesetzgeber zwar von der Verwendung eines entsprechenden Rahmenwerks im Rahmen der CSR-Berichterstattung ausgegangen ist,[1117] der Richtliniengeber des europäischen Kapitalmarktrechts aber in der 9. Begründungserwägung der CSR-RL dazu mehrere nationale, internationale und unionsbasierte Rahmenwerke anerkannt hat. Außerdem ist das Ziel der Regelung, den Unternehmen ein hohes Maß an Flexibilität bei der Auswahl und Anwendung der Standards und Rahmenwerke einzuräumen.[1118] Auch hier gilt, dass diese Flexibilität dem Emittenten nicht genommen wird, wenn lediglich die Ausübung des Wahlrechts aus § 289d S. 1 HGB auf den Zeitpunkt der Stellung des Zulassungsantrags zu dem jeweiligen Teilbereich vorverlagert wird.[1119]

Insgesamt ist also entscheidend, ob der eingeschränkte Geltungsanspruch einzelner gesetzlicher Grundpflichten, wie auch im Zusammenhang mit der CSR-Berichterstattung, ihrer satzungsrechtlichen, auf einen Teilbereich des regulierten Börsenmarktes beschränkten Verbindlicherklärung entgegensteht. Dies ist eine von der konkreten Sachmaterie abhängige Frage des Einzelfalls der jeweiligen Bestimmung der Börsenordnung.

Als der Frankfurter Prime Standard noch die Bilanzierung nach international anerkannten Rechnungslegungsgrundsätzen vorschrieb, wurde dieses teilbereichsspezifische Pflichtenelement damit gerechtfertigt, dass die Börsenordnung in dieser Hinsicht an die damalige Regelung des § 292a HGB a.F. anknüpfte; hiernach konnten Mutterunternehmen ihren Konzernabschluss und Konzernlagebericht auch nach international anerkannten Rechnungslegungsgrundsätzen aufstellen. Eine auf diese Weise vorgenommene Bilanzierung dispensierte das Unternehmen von einer Rechnungslegung nach den jeweiligen nationalen Vorschriften, wenn Abschluss und Lagebericht auch in die deutsche

---

1115 Begr. RegE CSR-RL-Umsetzungsgesetz, BT-Drucks. 18/9982, 31.

1116 Vgl. hierzu auch Begr. RegE CSR-RL-Umsetzungsgesetz, BT-Drucks. 18/9982, 27; auch *Morck/Düren*, in: Koller/Kindler/Roth/Drüen, HGB, § 289d Rn. 1 f.

1117 Vgl. hierzu allgemein auch *Spießhofer*, NZG 2014, 1281 (1285), die zugleich einen guten Überblick über international anerkannte Reportingleitsätze für nichtfinanzielle Mitteilungen bietet; auch *Mock*, ZIP 2017, 1195 (1199 f.).

1118 Begr. RegE CSR-RL-Umsetzungsgesetz, BT-Drucks. 18/9982, 27.

1119 Dazu noch sogleich Kapitel 4 § 2 II.4.b.

Sprache übersetzt und in Euro ausgewiesen wurden und ein Hinweis darauf erfolgte, dass internationale Rechnungslegungsgrundsätze angewendet wurden (§ 292a Abs. 1 S. 1, 3, Abs. 2 HGB a.F).[1120] Obgleich dem geltenden Recht also eine an internationalen Standards ausgerichtete Rechnungslegung an sich nicht fremd war, stellte sich die teilbereichsspezifische Verpflichtung zu dieser insofern als Verschärfung des kapitalmarktrechtlichen Publizitätsregimes dar, als sie Teilbereichsemittenten das ihnen bilanzrechtlich eingeräumte Wahlrecht nahm und sich auch tatbestandlich nicht auf Mutterunternehmen eines Konzerns im Sinne des damaligen § 292a Abs. 1 S. 1 HGB a.F. beschränkte.

Ein weiteres Anwendungsfeld der Sonderrechtsetzung in den Teilbereichen, das im Zusammenhang mit der zuvor erörterten Zwischenkategorie zu nennen ist, ist schließlich die satzungsrechtliche Konkretisierung gesetzlicher Offenlegungspflichten, bspw. in Form von Katalogtatbeständen. Diese können grundsätzlich auf die Ermächtigungsgrundlage gestützt werden, wenn und soweit dadurch keine dem Willen des Gesetzgebers entgegengesetzten Verpflichtungs- oder gar Haftungstatbestände geschaffen werden. Insofern gilt das zuvor Gesagte entsprechend; die Konkretisierung gesetzlicher Publizitätstatbestände in der Börsenordnung findet ihre Grenze dort, wo satzungsrechtlich eine Offenlegungspflicht geschaffen wird, die eine gesetzgeberische Entscheidung nicht lediglich konkretisiert, sondern sich über sie hinwegsetzt, etwa indem die Offenlegungspflicht in bewusst zweckwidrigerweise erweitert wird. Dabei müssen auch die über den jeweiligen Publizitätstatbestand hinausgehenden Verflechtungen beachtet werden, aufgrund derer eine Tatbestandskonkretisierung nicht isoliert, sondern insbesondere im Kontext ihrer aufsichts- und haftungsrechtlichen Implikationen zu bewerten ist. Hierauf wird noch im Zusammenhang mit § 41 BörsG zurückzukommen sein.[1121]

c. Maßgeblichkeit der der Sonderpflicht zugrunde liegenden Sachmaterie

Ganz ähnlich sind auch die nunmehr verbleibenden Teilbereichspflichten in einem weiteren Schritt auf diverse Eigenschaften hin zu untersuchen, um ihre Teilbereichskonformität innerhalb der materiellen Gestaltungsgrenzen der Ermächtigungsgrundlage evaluieren zu können. Auch hier liegt der Schwerpunkt auf der Analyse des gesetzgeberischen Willens, wie er in den Materialien und Wertungen derjenigen Sachnormen Ausdruck findet, die als Transparenzbasis Ausgangspunkt und Legalisierungsgrundlage der in das börsliche Satzungsrecht

---

1120 *Gebhardt*, WM-Sonderbeilage 2/2003, 2 (5).

1121 Dazu unten Kapitel 4 § 3 III.2.

verlagerten Pflichtenintensivierung bilden sollen. Es geht dann darum nachzuvollziehen, ob eine in Adressatenkreis, inhaltlicher Ausrichtung und informatorischer Zwecksetzung vergleichbare Publizitätspflicht im nationalen oder europäischen Recht bekannt ist und falls ja, aus welchen Gründen der Emittent des Teilbereichshandels – der Adressat der Satzungsbestimmung – hiervon nicht schon von Gesetzes wegen erfasst wird.[1122] Entscheidend ist, *warum* eine entsprechende Transparenzpflicht bzw. ein Ausschnitt derselben nicht Teil des gesetzlichen Publizitätsregimes geworden ist, das der Emittent ohnehin infolge seiner Zulassung zu dem börslichen Grundmarkthandel zu beachten hat. Nicht immer aber, wenn sich der Gesetzgeber im Laufe des Gesetzgebungsverfahrens gegen eine bestimmte Transparenzpflicht oder gegen die Anwendung einer solchen Pflicht auf eine bestimmte Emittentenkategorie ausgesprochen bzw. von einer entsprechenden Regelung vollständig abgesehen hat, darf a priori davon ausgegangen werden, der jeweilige Regelungsgegenstand sei in den Koordinaten des § 42 Abs. 1 BörsG nunmehr kein tauglicher bzw. zulässiger Baustein eines marktautonom geschaffenen Sonderpflichtenbestandes mehr; anschaulich hat dies die Diskussion um die Einführung einer Pflicht zur Quartalsfinanzberichterstattung im Rahmen des Vierten Finanzmarktförderungsgesetzes belegt.[1123] Der Anwendungsbereich der Teilbereichsermächtigungsgrundlage wäre andernfalls auch über Gebühr eingeschränkt.[1124] Die Antwort auf die Frage nach dem maßgebenden Legislativwillen ist deshalb über die Ermächtigungsgrundlage hinaus in den Materialien und Wertungsentscheidungen der jeweils fokussierten Sachmaterie zu suchen, die als die Gesamtheit der Regelungen und Offenlegungspflichten in Bezug auf ein konkretes Verhalten am Markt über ihren erweiterungsfähigen Charakter selbst entscheidet. Grundsätzlich ist einer Entscheidung des Gesetzgebers dabei der Vorrang einzuräumen.[1125] Die Ermittlung der maßstabsbildenden Transparenzbasis hat insofern von der jeweiligen Satzungsnorm auszugehen, deren gesetzliche Legitimationsgrundlage sie bilden soll. Sie ist anhand des konkreten Pflichtenzuschnitts in Form des gesetzlichen Adressatenkreises, des Berichtsformats und des informatorischen Aussagegehalts zu ermitteln.

1122 Wie hier *Gebhardt*, in: Schäfer/Hamann, KMG, § 42 BörsG Rn. 9 („Danach ist insbesondere eine Verschärfung bestehender gesetzlicher Zulassungsfolgepflichten nur dann unzulässig, wenn die betreffende Informationspflicht im Gesetz umfassend und abschließend geregelt ist.").

1123 Dazu soeben Kapitel 4 § 2 II.1.d.

1124 So aber bei *Ganzer/Borsch*, BKR 2003, 484 (485 ff.) hinsichtlich der Quartalsfinanzberichterstattung.

1125 Vgl. auch *Gebhardt*, in: Schäfer/Hamann, KMG, § 42 BörsG Rn. 9, 12.

Außerhalb legislativer Schablonen kommt aber grundsätzlich nur eine verhältnismäßig unwesentliche Pflichtenerweiterung in Form von satzungsrechtlichen Neuschöpfungen in Betracht, da „die wesentlichen Transparenzpflichten eines Unternehmens durch Gesetz festzulegen sind.“[1126]

Im Zuge dieser Grenzbestimmung wird man auch berücksichtigen müssen, dass sich die Emittenten des Teilbereichshandels freiwillig einem strengeren Zulassungsfolgenregime unterworfen haben.[1127] Orientiert sich ein Teilbereichsregime an der international üblichen Praxis der Berichterstattung, wie dies etwa im Falle der Quartalsfinanzberichterstattung mitursächlich für eine entsprechende segmentspezifische Ausgestaltung war,[1128] sollte die Zulässigkeit einer konkreten Pflicht, im Lichte des gesetzgeberischen Ermächtigungsanliegens und im Interesse einer funktionsfähigen vertikalen Strukturierung der Anforderungsprofile in den Marktsegmenten eines Handelsplatzes,[1129] unter Beachtung der zuvor skizzierten Grenzen, tendenziell auch eher großzügig beurteilt werden. Können also überhaupt keine entsprechenden Wertungen des Gesetzgebers identifiziert werden, sollte in Zweifelsfällen die Zulässigkeit einer teilbereichsspezifischen Pflichtenerweiterung bis hin zur Grenze der Unverhältnismäßigkeit den Regelfall bilden.[1130] Hiervon scheint auch der Hessische Verwaltungsgerichtshof ausgegangen zu sein, der in seiner Entscheidung angemerkt hat, es sei anzunehmen, „dass nach § 42 BörsG auch die satzungsrechtliche Schaffung von Pflichten zulässig ist, die […] in einem für die Marktteilnehmer *erheblichen Maße* über die gesetzlichen Vorgaben hinausgehen, wenn nicht die Vorschrift des § 42 BörsG ihren Zweck verfehlen soll.“[1131]

1126 Begr. RegE Viertes Finanzmarktförderungsgesetz, BT-Drucks. 14/8017, 81; *Schäfer*, in: Marsch-Barner/Schäfer, Hdb. börsennotierte AG, Rn. 12.34.

1127 *Schäfer*, in: Marsch-Barner/Schäfer, Hdb. börsennotierte AG, Rn. 12.34.

1128 *Gebhardt*, in: Schäfer/Hamann, KMG, § 42 BörsG Rn. 12; vgl. auch *Merkt/Göthel*, RIW 2003, 23 (24 ff.).

1129 Hierzu oben Kapitel 3.

1130 So der VGH Kassel WM 2007, 1264 (1268), in Bezug auf eine *erhebliche Erweiterung* der gesetzlichen Grundpublizität und eine damit verbundene Neuschöpfung teilbereichsspezifischer Sonderpflichten.

1131 VGH Kassel WM 2007, 1264 (1268), Hervorhebung nur hier.

III. Gesellschaftsrechtliche Struktur- und kapitalmarktrechtliche Verhaltensvorgaben als Gegenstand der Börsenordnung – Vorschlag einer materiellen Neuausrichtung der Ermächtigungsgrundlage

Neben der Betrachtung der inhaltlichen Kopplung von Teilbereichsregime und gesetzlichem Pflichtenbestand, die sich bisher nur auf die Grenzen der Ausgestaltung weitergehender Publizitätspflichten beschränkt hat, können die börsenautonomen Gestaltungsgrenzen im System des § 42 BörsG aber auch in eine andere Richtung verlaufen. Die soeben skizzierte materielle Grenzziehung entlang erweiterter Transparenzstandards verengt das börsliche Gestaltungspotenzial in den Teilbereichen erheblich. Denn es können neben Transparenzpflichten auch materielle Struktur- und Verhaltensvorgaben im Rahmen des segmentspezifischen Zulassungswesens zum Gegenstand der Teilbereichsregulierung gemacht werden; nur eine lange überfällige Neujustierung des börsenautonomen Regulierungsrahmens in den Teilbereichen befreit die vertikale Marktsegmentierung auf der Grundlage des § 42 BörsG von den wirkungshemmenden Konsequenzen der einstimmig herrschenden Meinung.[1132] Die nachfolgenden Ausführungen sollen zeigen, dass § 42 BörsG nur aufgrund der hier erwogenen Neuausrichtung entsprechend dem gesetzgeberischen Willen eingesetzt und zugleich dem europäischen Regulierungsansatz angenähert werden kann.

1. *Redaktioneller Defekt im Zuge der Normsynthese*

Um den Defekt aufzudecken, der der Ermächtigungsgrundlage in ihrer heutigen Fassung anhaftet, ist es erforderlich, an dieser Stelle in angemessener Kürze erneut den Ablauf der börsengesetzlichen Entwicklung der Teilbereichsregulierung in Erinnerung zu rufen.[1133]

Diese Entwicklung hat gezeigt, dass für den Amtlichen Markt zunächst nur die Möglichkeit bestand, eine Segmentierung des Handelsplatzes mittels gesteigerter Zulassungs*folge*pflichten in Form von Publizitätspflichten vorzunehmen und erweiterte Zulassungspflichten, die nach dem erklärten Verständnis des Gesetzgebers durchaus auch materielle Konturen annehmen konnten, auf die Ausgestaltung des Geregelten Marktes beschränkt waren. Erst infolge der Umsetzung

---

1132 Stellvertretend für viele etwa Schwark/Zimmer/*Heidelbach*, KMRK, § 42 BörsG Rn. 11 ff. sowie *Schäfer*, in: Marsch-Barner/Schäfer, Hdb. börsennotierte AG, Rn. 12.33.

1133 Eingehend hierzu bereits oben Kapitel 1 § 1.

der MiFID und der Zusammenlegung von Amtlichem und Geregeltem Markt zu einem einheitlichen Handelsplatz wurde § 42 BörsG, der in seiner Fassung nach dem Vierten Finanzmarktförderungsgesetz nur den Amtlichen Markt betraf, um die Möglichkeit erweitert, „zusätzliche Voraussetzungen für die Einführung von Aktien oder Aktien vertretenden Zertifikaten“ als zulässigen Regelungsgegenstand in die Börsenordnung aufzunehmen.[1134] Die entsprechenden Vorgängernormen für den Geregelten Markt hat man damals ersatzlos gestrichen.[1135]

Der tatbestandliche Bezugspunkt der „vom Unternehmen einzureichenden Unterlagen“ war bereits in der Fassung nach dem Vierten Finanzmarktförderungsgesetz in den Ermächtigungsgrundlagen für die Teilbereichsregulierung für beide Handelsplätze angelegt, also zu einem Zeitpunkt, in dem sich die Teilbereichsausgestaltung innerhalb des Amtlichen Marktes auf Zulassungs*folge*pflichten in Form von Publizitätspflichten beschränkte.[1136] Der ebenfalls nur die Zulassungs*folge*pflichten für Teilbereiche des Geregelten Marktes betreffende § 54 S. 2 BörsG wies bis zu seiner Streichung durch das FinanzmarktRL-Umsetzungsgesetz folgenden Wortlaut auf:

> *„Die Börsenordnung kann für Teilbereiche des geregelten Marktes ergänzend zu den vom Unternehmen einzureichenden Unterlagen weitere Unterrichtungspflichten des Emittenten auf Grund der Zulassung von Aktien oder Aktien vertretender Zertifikate zum Schutz des Publikums oder für einen ordnungsgemäßen Börsenhandel vorsehen.“*

§ 42 BörsG i.d.F. nach dem Vierten Finanzmarktförderungsgesetz für den Amtlichen Markt lautete nahezu identisch:

> *„Die Börsenordnung kann für Teilbereiche des amtlichen Marktes ergänzend zu den vom Unternehmen einzureichenden Unterlagen weitere Unterrichtungspflichten des Emittenten auf Grund der Zulassung von Aktien oder Aktien vertretenden Zertifikaten zum Schutz des Publikums oder für einen ordnungsgemäßen Börsenhandel vorsehen.“*

Die Erweiterung der Ermächtigungsgrundlage im Zuge der Zusammenlegung der Handelsplätze durch das FinanzmarktRL-Umsetzungsgesetz war nur deshalb erforderlich, weil auf der Grundlage der Norm in der Fassung, die sie durch das Vierte Finanzmarktförderungsgesetz erhalten hatte, *keine* teilbereichsspezifischen *Zulassungs*pflichten materiellen Gehalts implementiert werden

1134 *Groß*, Kapitalmarktrecht, § 42 BörsG Rn. 1; vgl. auch *Foelsch/Wittmann*, in: Hellner/Steuer, BuB, Rn. 7/591a.
1135 *Schlee*, in: Heidel, Aktienrecht und Kapitalmarktrecht, § 48 BörsG Rn. 1.
1136 *Gebhardt*, WM-Sonderbeilage 2/2003, 2 (5, dort insbesondere auch Fn. 29).

konnten.[1137] Die Regulierung solcher Zulassungspflichten war nämlich nur in dem damaligen § 50 Abs. 3 BörsG geregelt, der lautete:

> *„(3) Die Börsenordnung kann für Teilbereiche des geregelten Marktes zusätzliche Voraussetzungen für die Zulassung von Aktien oder Aktien vertretender Zertifikate zum Schutz des Publikums oder für einen ordnungsgemäßen Börsenhandel vorsehen."*

§ 50 Abs. 3 BörsG aber betraf ausschließlich den Geregelten Markt und ergänzte lediglich § 54 S. 2 BörsG („Teilbereiche des geregelten Markts"), nicht hingegen § 42 BörsG, der nur für den Amtlichen Markt galt.[1138] Eine entsprechende Bestimmung für den Amtlichen Markt gab es überhaupt nicht.[1139] Das war der Grund, weshalb ein § 50 Abs. 3 BörsG entsprechender Regelungsgehalt in die den regulierten Markt betreffende neue Fassung des § 42 BörsG aufgenommen werden musste[1140] und die bisherigen Ermächtigungsgrundlagen in einer Vorschrift zusammengefasst worden sind.[1141]

Dass aufgrund des damaligen § 50 Abs. 3 BörsG für den Geregelten Markt durchaus Zulassungsvoraussetzungen materiellen Gehalts sowie gesellschaftsrechtliche Struktur- und Verhaltensvorgaben statuiert werden konnten, war damals unbestritten[1142] und ist bereits dargelegt worden. Sogar eine bestimmte Branchenzugehörigkeit der antragstellenden Unternehmen sollte auf dieser Grundlage zur Voraussetzung der Teilbereichsaufnahme innerhalb des Geregelten Marktes erklärt werden können.[1143] Vergleicht man nun

---

1137 *Schlitt*, AG 2003, 57 (62); *Hutter/Leppert*, NZG 2002, 649 (650).

1138 Vgl. auch *Gebhardt*, in: Schäfer/Hamann, KMG, § 42 BörsG Rn. 2, der von einer „Kombination beider Ermächtigungsgrundlagen" spricht.

1139 *Hammen*, in: Festschrift für Gerd Nobbe, 583 (594 f.); Schwark/*Schwark*, KMRK, 3. Auflage 2004, § 54 BörsG Rn. 2; *Gebhardt*, in: Schäfer/Hamann, § 42 BörsG Rn. 2; *Schiemzik*, Segmentwechsel, 45.

1140 Vgl. auch *Groß*, Kapitalmarktrecht, § 42 BörsG Rn. 5.

1141 Begr. RegE Viertes Finanzmarktförderungsgesetz, BT-Drucks. 16/4028, 88 („§ 42 fasst die für den geregelten Markt und den amtlichen Markt geltenden Möglichkeiten zur Gestaltung von zusätzlichen Pflichten für Emittenten in einer Vorschrift zusammen und bestimmt, dass die Börsen für den regulierten Markt in Teilbereichen zum Schutz des Publikums oder für einen ordnungsgemäßen Börsenhandel den Emittenten sowohl zusätzliche Voraussetzungen für die Einführung von Wertpapieren [!] als auch zusätzliche Folgepflichten auferlegen können."); vgl. auch *Groß*, Kapitalmarktrecht, § 42 BörsG Rn. 5; *Schlee*, in: Heidel, Aktienrecht und Kapitalmarktrecht, § 42 BörsG Rn. 1.

1142 Etwa *Fenchel*, DStR 2002, 1355 (1356); *Hutter/Leppert*, NZG 2002, 649 (650).

1143 *Reuschle*, Viertes Finanzmarktförderungsgesetz, Einführung Rn. 21; Die Bundesregierung ging davon aus, dass im Rahmen dieses teilbereichsspezifischen

die das teilbereichsspezifische Zulassungswesen betreffende Bestimmung in § 50 Abs. 3 BörsG auf der einen und die die Zulassungsfolgepflichten betreffenden Normen und auf der anderen Seite, fällt zunächst auf, dass die „vom Unternehmen einzureichenden Unterlagen“ (vgl. §§ 42, 54 S. 2 BörsG a.F.) im Zusammenhang mit den in § 50 Abs. 3 BörsG a.F. angesprochenen (Zulassungs-)Pflichten überhaupt nicht genannt werden und im Rahmen der Regulierung des Zulassungsverfahrens demnach nicht unmittelbar relevant sind. Die teilbereichsspezifischen Zulassungs*folge*pflichten nach erfolgter Zulassung waren von den zusätzlichen Zulassungsvoraussetzungen in den Teilbereichen des Geregelten Marktes vielmehr streng zu trennen und deshalb auch nicht in § 50 Abs. 3 BörsG geregelt, sondern innerhalb des Börsengesetzes systematisch folgerichtig in § 54 S. 2 BörsG i.d.F. nach dem Vierten Finanzmarktförderungsgesetz ausgelagert.[1144]

Zu § 42 BörsG i.d.F. nach dem Vierten Finanzmarktförderungsgesetz merkte der Gesetzgeber damals an, es könne sich bei den weiteren Zulassungs*folge*pflichten im Amtlichen Markt „- ebenso wie nach den Parallelvorschriften des § 49 Abs. 3 [entspricht § 50 Abs. 3 BörsG i.d.F. nach dem Vierten Finanzmarktförderungsgesetz; Anm. d. Verf.] und des § 53 S. 2 [entspricht § 54 S. 2 BörsG i.d.F. nach dem Vierten Finanzmarktförderungsgesetz; Anm. d. Verf.] –“ nur „um Transparenzvorschriften“ handeln.[1145] Diese etwas missglückte Aussage ist insofern missverständlich, als es eine *Parallelvorschrift* zu § 50 Abs. 3 BörsG für den Amtlichen Markt überhaupt nicht gab. Dementsprechend wird der Entwurf des damaligen § 50 Abs. 3 BörsG für den Geregelten Markt im Rahmen der Begründung des Vierten Finanzmarktförderungsgesetzes auch nur wenige Zeilen weiter in der Gesetzesbegründung genau *entgegengesetzt* kommentiert, wenn es heißt, mit der Ermächtigungsgrundlage des § 50 Abs. 3 BörsG könnten „auf der Grundlage des geregelten Marktes besondere Handelssegmente mit zusätzlichen Zulassungsvoraussetzungen geschaffen werden.“ „Dies könnte“, so heißt es weiter, „bspw. die Verpflichtung zur Zulassung einer höheren Anzahl der handelbaren Aktien, die Bedingung einer höheren Marktkapitalisierung oder das Erfordernis von ‚Lock-up‘-Vereinbarungen sein. [...] Ergänzt wird die Regelung

---

Zulassungssystems Kriterien definiert werden können, die den Segmentzugang auf „bestimmte Unternehmen“ beschränken, vgl. Begr. RegE Viertes Finanzmarktförderungsgesetz, BT-Drucks 14/8017, 178.

1144 Vgl. nur Schwark/*Schwark*, KMRK, 3. Auflage 2004, § 50 BörsG Rn. 3; *Hutter/Leppert*, NZG 2002, 649 (650).

1145 Begr. RegE Viertes Finanzmarktförderungsgesetz, BT-Drucks. 14/8017, 80.

durch § 53 S. 2 [entspricht § 54 S. 2 BörsG i.d.F. nach dem Vierten Finanzmarktförderungsgesetz; Anm. d. Verf.] […].“[1146]

Die Zusammenlegung der Handelsplätze zu einem öffentlich-rechtlich ausgestalteten Handelssegment im Zuge des FinanzmarktRL-Umsetzungsgesetzes führte nun dazu, dass die §§ 50 Abs. 3, 54 S. 2 BörsG aufgrund des Wegfalls des Geregelten Marktes als gegenstandslos gestrichen worden sind.[1147] Die Schaffung *eines* regulierten Marktes begründete der Gesetzgeber unter anderem damit, dass die Unterscheidung zwischen Geregeltem und Amtlichem Markt nicht zuletzt aufgrund der Möglichkeit der Börsen, für Teilbereiche ihrer Handelsplätze zusätzliche Zulassungs- und Zulassungsfolgepflichten einzuführen, weitgehend entfallen war. Denn den Börsen, so argumentierte man, stünde auf eben jener Rechtsgrundlage „ein hinreichender Gestaltungsspielraum“ für den regulierten Markt zur Verfügung, um hier „eine den Bedürfnissen des Marktes entsprechende Marktstruktur zu schaffen. [...] Angesichts der mit [dem] Gesetzesentwurf [zum FinanzmarktRL-Umsetzungsgesetz] weitergeführten und von den Börsen in der Praxis positiv aufgenommenen Gestaltungsmöglichkeiten für Teilbereiche des börslichen Marktes [bestehe] keine rechtliche Notwendigkeit, die Zweiteilung des gesetzlichen Börsenhandels aufrechtzuerhalten.“[1148]

Die Zusammenlegung der öffentlich-rechtlichen Handelsplätze erforderte indes, dass auch das Repertoire der Börsen für eine satzungsautonome Ausgestaltung ihrer Märkte entsprechend angepasst wurde.[1149] Vor diesem Hintergrund betonte der Gesetzgeber, den Gestaltungsspielraum der Börsen auch im Zuge des FinanzmarktRL-Umsetzungsgesetzes und der Neufassung des Börsengesetzes *weiterführen* zu wollen.[1150] Das spricht zunächst dafür, dass der Gesetzgeber den börslichen Regulierungsrahmen für Teilbereiche ohne systematischen und konzeptionellen Bruch erhalten und nicht beschränken wollte. Schließlich sollte der neu geschaffene regulierte Markt auch die Funktion des Amtlichen Marktes übernehmen und als der am dichtesten regulierte Handelsplatz eine besondere Reputation bei den Marktteilnehmern, insbesondere aber internationalen Investoren, genießen.[1151] Innerhalb des hierarchisch

---

1146 Begr. RegE Viertes Finanzmarktförderungsgesetz, BT-Drucks. 14/8017, 82; nahezu wortgleich auch der Bundesrat in BR-Drucks. 936/01 (neu), 224 f., 228; dies übersieht *Schäfer*, in: Marsch-Barner/Schäfer, Hdb. börsennotierte AG, Rn. 12.33.

1147 *Schlee*, in: Heidel, Aktienrecht und Kapitalmarktrecht, § 48 BörsG Rn. 1.

1148 Begr. RegE FinanzmarktRL-Umsetzungsgesetz, BT-Drucks. 16/4028, 87;

1149 Vgl. auch *Groß*, Kapitalmarktrecht, § 42 BörsG Rn. 5.

1150 Vgl. auch *Groß*, Kapitalmarktrecht, § 42 BörsG Rn. 5.

1151 *Grundmann*, in: Schimansky/Bunte/Lwowsky, Bankrechts-Hdb., § 112 Rn. 15.

höchsten Handelsplatzes aber nicht die aus dem Geregelten Markt bekannten und bewährten, im Vergleich zu der Regulierung besonderer Teilbereiche innerhalb des Amtlichen Marktes umfangreicheren Gestaltungsmöglichkeiten[1152] zulassen zu wollen, stünde hierzu in Widerspruch.[1153] Eine Begründung des Gesetzgebers in diese Richtung gibt es auch nicht.[1154] Mehr noch, bereits die Regulierung besonderer Teilbereiche innerhalb des als Handelsplatz mit reduzierten Markteintrittsvoraussetzungen konzipierten Geregelten Marktes wurde damals von manchen als widersprüchlich empfunden.[1155] Der Gesetzgeber selbst erklärte im Zusammenhang mit der Regulierung besonderer Teilbereiche innerhalb des neuen regulierten Marktes, die „Gestaltungsmöglichkeiten für Teilbereiche des börslichen Markts [!]“[1156] beibehalten zu wollen.[1157] Deutlicher noch heißt es in einer klarstellenden Anmerkung zu § 42 Abs. 1 BörsG im Rahmen des FinanzmarktRL-Umsetzungsgesetzes betreffend die Reichweite der neuen Ermächtigungsgrundlage, „[inhaltlich] entsprechen die Gestaltungsmöglichkeiten der Börse denjenigen für den *geregelten Markt.*“[1158]

1152 Vgl. auch *Schiemzik*, Segmentwechsel, 45; vgl. auch *Groß*, Kapitalmarktrecht, § 42 BörsG Rn. 5.

1153 Von einem Gleichlauf der Gestaltungsmöglichkeiten scheinen auch *Schlitt/Schäfer*, AG 2007, 227 (227 f.), auszugehen; vgl. auch *Schlitt*, AG 2003, 57 (62) („Defizit des 4. FMFG“); ähnlich auch *Groß*, Kapitalmarktrecht, § 42 BörsG Rn. 5 („eine reine Zusammenfassung bereits bestehender Regelungen“); zur Rechtslage vor dem FinanzmarktRL-Umsetzungsgesetz vgl. *Schiemzick*, Segmentwechsel, 45, 73.

1154 Vgl. auch *Schiemzik*, Segmentwechsel, 47; dazu auch *Merkt*, Teilgutachten G zum 64. DJT, 103 f.

1155 So jedenfalls für die konkrete Ausgestaltung des Prime Standards im Geregelten Markt der Frankfurter Wertpapierbörse *Hammen*, WM 2003, 997 (999 f.); ebenso *Schlitt*, AG 2003, 57 (59 f.).

1156 Auch hier fällt auf, dass sich der Gesetzgeber auf die Gestaltungsmöglichkeiten innerhalb des Geregelten *und* des Amtlichen Marktes bezieht.

1157 Begr. RegE FinanzmarktRL-Umsetzungsgesetz, BT-Drucks. 16/4028, 87; *Schlitt*, AG 2003, 57 (62); auch *Schlitt/Schäfer*, AG 2007, 227 (227 f.); *Merkt*, Teilgutachten G zum 64. DJT, 103 f.; kritisch schon zur fehlenden Möglichkeit der Börsen zur teilbereichsspezifischen Verschärfung der Zulassungsanforderungen innerhalb des Amtlichen Marktes *Schiemzik*, Segmentwechsel, 47.

1158 So Begr. RegE FinanzmarktRL-Umsetzungsgesetz, BT-Drucks. 16/4028, 88 (Hervorhebung nur hier); vgl. außerdem *Hammen*, in: Festschrift für Gerd Nobbe, 583 (595), der früh für ein weitergehendes Selbstregulierungspotenzial der Börsen im Zusammenhang mit der Ausgestaltung besonderer Teilbereiche plädiert hat; s. dazu ferner Schwark/Zimmer/*Heidelbach*, KMRK, § 42 BörsG Rn. 2; ebenso *Schlee*, in: Heidel, Aktienrecht und Kapitalmarktrecht, § 42 BörsG Rn. 2; *Seiffert*, in: Kümpel/Wittig,

Wie soeben festgestellt werden konnte, orientierten sich auch nur die teilbereichsspezifischen Zulassungs*folge*pflichten in den §§ 42, 54 S. 2 BörsG i.d.F. nach dem Vierten Finanzmarktförderungsgesetz an den „vom Unternehmen einzureichenden Unterlagen". Auch *Spindler* hat diesen Bezug der *weiteren Unterrichtungspflichten* auf die *vom Unternehmen einzureichenden Unterlagen* damals, also noch vor der Umsetzung der MiFID, im Rahmen seiner umfangreichen Kritik an der teilbereichsspezifischen Verpflichtung zu einer quartalsweisen Finanzberichterstattung hervorgehoben.[1159] Die Formulierung stammt aus einer Zeit, in der die vom Unternehmen bei der Börse einzureichenden Unterlagen insbesondere auch noch den Börsenzulassungsprospekt umfassten, der dem Publikum ein zutreffendes Urteil über den Emittenten und die Wertpapiere ermöglichen sollte (vgl. § 32 Abs. 3 Nr. 2 BörsG i.d.F. nach dem Vierten Finanzmarktförderungsgesetz)[1160] und dessen Billigung nicht wie heute der BaFin, sondern noch der Börse selbst, nämlich der Zulassungsstelle oblag (vgl. § 32 Abs. 4 S. 1 BörsG i.d.F. nach dem Vierten Finanzmarktförderungsgesetz).[1161] Diese vom Unternehmen bei der Börse einzureichenden Unterlagen sollten ein gewisses Transparenzlevel bei Markteintritt schaffen[1162] und dienten zugleich als Ausgangspunkt der periodischen Sekundärmarktpublizität,[1163] die die Markteintrittspublizität „in die Zeit hinein fortschreiben sollte".[1164] Die Folgepflichten waren zur Zeit des Vierten Finanzmarktförderungsgesetzes allerdings noch deutlich schwächer ausgebildet als heute. Der Börsenzulassungsprospekt, dessen Kernstück die Unternehmensbilanz war, war das wesentliche Transparenzelement des Zulassungsverfahrens.[1165] Die kapitalmarktspezifische Folgepublizität bestand vor

---

Bank- und Kapitalmarktrecht, Rn. 4.313 und schließlich *Seiffert*, in: Kümpel/Mülbert/Früh/Seyfried, Bank- und Kapitalmarktrecht, Rn. 14.310.

1159 *Spindler*, WM 2003, 2073 (2075).

1160 Zu Einzelheiten des Prospektinhalts vgl. auch *Schlitt/Singhof/Schäfer*, BKR 2005, 251 (251 ff.).

1161 Vgl. auch Begr. RegE Vierten Finanzmarktförderungsgesetz, BT-Drucks. 14/8017, 17; zum Prüfungsumfang hinsichtlich des Prospekts vgl. *Gericke*, Börsenzulassung von Wertpapieren, 82 ff.; zur Zulassungsstelle *Foelsch/Wittmann*, in: Hellner/Steuer, BuB, Rn. 7/579, 7/591.

1162 *Trapp*, in: Habersack/Mülbert/Schlitt, Unternehmensfinanzierung, § 37 Rn. 1, spricht von einer „informationserzwingenden Markteintrittsschranke"

1163 Vgl. *Merkt*, Unternehmenspublizität, 141, zur Unterscheidung zwischen periodischer und laufender Information, solcher aus besonderem Anlass und Sonderinformation.

1164 So *Hopt*, ZHR 141 (1977), 389 (426).

1165 Vgl. auch *Lüthje*, Funktionsfähigkeit, 72 f.

dem Vierten Finanzmarktförderungsgesetz im Wesentlichen aus einer Zwischenberichtspflicht für Emittenten, deren Aktien zum Handel mit amtlicher Notierung zugelassen waren (§ 44b BörsG a.F.) und der Ad-hoc-Publizitätspflicht in § 15 WpHG a.F. Dass die die Markteintrittspublizität betreffenden Unterlagen im System der Zulassungsfolgepflichten verortet wurden (§§ 42, 54 S. 2 BörsG i.d.F. nach dem Vierten Finanzmarktförderungsgesetz), kann vor diesem Hintergrund also nur als *Impuls* des Gesetzgebers gedeutet werden, der angesichts eines erheblich schwächer ausgeprägten Zulassungsfolgepflichtenregimes die börsenautonome Teilbereichsregulierung konturieren sollte. Hinzu kommt, dass die Folgepublizitätssysteme von Amtlichem und Geregeltem Markt unterschiedlich ausgeprägt waren – denn für den Geregelten Markt gab es von Gesetzes wegen keine Zwischenberichtspflicht. Die identische Formulierung in den damaligen § 42 und § 54 S. 2 BörsG kann deshalb nur so verstanden werden, dass es sich um die *gleichen* einzureichenden Dokumente handelte, nämlich diejenigen, die bereits im Rahmen des Zulassungsverfahrens offenzulegen waren,[1166] und die aus einer funktionalen Perspektive den gemeinsamen Bezugspunkt der teilbereichsspezifischen Folgepflichtensysteme im Sinne eines *gemeinsamen Nenners* bildeten, der wiederum für einen Gleichlauf der regulatorischen Ausgestaltung der Teilbereiche innerhalb der unterschiedlichen Handelsplätze sorgen sollte. Damit ist zugleich gesagt, dass der Formulierung seit der Zusammenlegung beider Handelsplätze zu einem einheitlichen regulierten Markt keine vergleichbare Bedeutung mehr zukommen kann, da eine Harmonisierung divergierender Teilbereichskonzepte nicht mehr erforderlich ist.

Sprachlich spielten die „vom Unternehmen einzureichenden Unterlagen" aber schon damals für das teilbereichsspezifische Zulassungswesen keine Rolle. Lediglich der Passus „zusätzliche Voraussetzungen für die Zulassung von Aktien oder Aktien vertretenden Zertifikaten" ist § 50 Abs. 3 BörsG entnommen und in den neuen § 42 BörsG, der bisher lediglich Zulassungsfolgepflichten in Form von Transparenzpflichten betraf, für den regulierten Markt eingesetzt worden. Der deplatzierte Einschub hebt nun aber die systematische Verknüpfung der *weiteren Unterrichtungspflichten* mit den *vom Unternehmen einzureichenden Unterlagen*, wie sie in der Zeit nach dem Vierten Finanzmarktförderungsgesetz (vgl. § 42 BörsG a.F. für den Amtlichen bzw. § 54 S. 2 BörsG für den Geregelten Markt) rahmengebend für die Teilbereichsausgestaltung war, auf und bedingt die dargestellte Verengung des börslichen Rechtsetzungspotenzials auf einen erhöhten Transparenzstandard. Setzt man die einzelnen Normbausteine dem

---

1166 Vgl. hierzu auch *Harter/Franke/Hogrefe/Seger*, Wertpapiere, 66.

gesetzgeberischen Willen entsprechend zusammen, muss § 42 Abs. 1 BörsG in seiner heutigen Fassung richtigerweise wie folgt lauten:

> „(1) *Die Börsenordnung kann für Teilbereiche des regulierten Marktes zusätzliche Voraussetzungen für die Zulassung von Aktien oder Aktien vertretenden Zertifikaten*[1167] *und ergänzend zu den vom Unternehmen einzureichenden Unterlagen weitere Unterrichtungspflichten des Emittenten auf Grund der Zulassung*[1168] *von Aktien oder Aktien vertretenden Zertifikate zum Schutz des Publikums oder für einen ordnungsgemäßen Börsenhandel vorsehen.*"

Auf diese Weise eröffnet § 42 Abs. 1 BörsG durchaus die Möglichkeit, auch materielle Vorgaben zur Voraussetzung für die Teilbereichsaufnahme zu machen; nur so decken sich börsenautonomes Regulierungspotenzial und die Gestaltungsmöglichkeiten für den früheren Geregelten Markt.[1169]

2. *Zwischenbefund: Zulässigkeit teilbereichsspezifischer Zulassungsanforderungen materiellen Gehalts und Zutrittsbeschränkungen*

Unter Zugrundelegung eines um den dargestellten redaktionellen Defekt bereinigten Normverständnisses in der zuvor geschilderten Weise, dessen interpretatorischer Darstellung auch ohne Revision des aktuellen Normtextes keine unüberwindbaren Hürden entgegenstehen, ist es den Börsen möglich, eine weitergehende Profilierung ihrer Handelsplätze über das Zulassungswesen zu steuern. Zur Zeit des FinanzmarktRL-Umsetzungsgesetzes war es bereits infolge der Umsetzung der TransparenzRL zu einer nicht unerheblichen Verdichtung von Zulassungs*folge*pflichten in Form von Halbjahres- und Quartalsfinanzberichterstattung gekommen; auch das spricht zunächst dafür, dass der Gesetzgeber den Börsen eine weitergehende Segmentierung des eigenen Handelsplatzes über ein teilbereichsspezifisches *Zulassungswesen* ermöglichen wollte.[1170] Auf diese Weise sind Struktur- und Verhaltensanforderungen als teilbereichsspezifischer

---

1167 Wortlautidentisches und auch materielle Zulassungsanforderungen einschließendes Normelement aus § 50 Abs. 3 BörsG i.d.F. nach dem Vierten Finanzmarktförderungsgesetz

1168 Wortlautidentisches und ausschließlich Zulassungsfolgepflichten in Form von Publizitätspflichten betreffendes Element aus § 42 und § 54 S. 2 BörsG i.d.F. nach dem Vierten Finanzmarktförderungsgesetz.

1169 Begr. RegE FinanzmarktRL-Umsetzungsgesetz, BT-Drucks. 16/4028, 88.

1170 Begr. RegE FinanzmarktRL-Umsetzungsgesetz, BT-Drucks. 16/4028, 87; *Hammen*, in: Festschrift für Gerd Nobbe, 583 (595).

Regulierungsgegenstand anzuerkennen;[1171] so könnten neben Anforderungen hinsichtlich einer bestimmten Mindesteigenkapitalziffer, der Marktkapitalisierung oder der exklusiven Zulassungsfähigkeit von Stammaktien oder einer bestimmten Aktiengattung,[1172] auch gesellschaftsinterne Strukturvorgaben unter Beachtung gesellschaftsrechtlicher Vorgaben zur Voraussetzung für die Teilnahme am Teilbereichshandel deklariert werden. Insbesondere eine Notierungsbegleitung nach freiverkehrlichem Vorbild ließe sich zur Voraussetzung für die Zulassung zu einem Teilbereich des regulierten Marktes erklären. Insgesamt könnte damit einer „Segmentierung ohne substantielle, wirtschaftliche Qualitätskriterien" vorgebeugt werden, die, wie sich auch in der Ablehnung des Zulassungsantrags der Porsche Automobil SE durch die Frankfurter Wertpapierbörse gezeigt hat, unter Umständen zu dem „Paradoxon" führen kann, dass international etablierten und nachhaltig profitablen Unternehmen ein Teilbereichslisting verwehrt wird, „während erheblich weniger substanzhaltige Gesellschaften [einem Teilbereich] aus formellen Gründen angehören [können]."[1173]

Materielle Zulassungsanforderungen für Teilbereiche des regulierten Marktes befördern zudem auch die Abstufungsfunktion einer vertikalen Marktsegmentierung, indem das teilbereichsspezifische Anforderungsprofil zusätzlich verschärft wird. Durch die Steuerung des Teilbereichszugangs über das Zulassungswesen – etwa durch die Vorgabe verbindlicher Größenkriterien – könnte ein Teilbereichslisting außerdem auf solche Emittenten beschränkt werden, die die Segmentierung ihrer konzeptionellen Ausrichtung nach ursprünglich ansprechen sollte, ohne dabei aber eine zahlenmäßige Limitierung des Segmentzugangs zu statuieren. Freilich sollten die Funktionen vertikaler Marktstrukturen einer zügellosen Zulassungsregulierung Einhalt gebieten, da sich die strategische Ausrichtung eines Marktsegments stets auch in seinem konkreten Regelbestand widerspiegeln muss.[1174] So sind etwa nicht alle materiellen Listingvorgaben auch sinnvoller Bestandteil einer *blue-chip*-Segmentregulierung – Haltefristen von Altaktionären etwa können hier eine andere Bedeutung erlangen als im

1171 Die bislang herrschende Ansicht erkennt insofern lediglich an, dass die Börse eine entsprechende Berichtspflicht hinsichtlich des Bestehens bzw. Nichtbestehens oder der konkreten Ausformung gesellschaftsinterner Struktur- und Verhaltensvorgaben statuieren darf, Emittenten nicht aber zu der jeweiligen Maßnahme als solcher verpflichten kann, vgl. Schark/Zimmer/*Heidelbach*, KMRK, § 42 BörsG Rn. 11 ff.

1172 Die Liquidität eines Aktienwerts identifizieren *Braue/Hille*, Die Bank 1997, 140 (141), als das „primäre handelsorientierte Segmentierungskriterium".

1173 *Ganzer/Borsch*, BKR 2003, 484 (487).

1174 So auch *Dehlinger*, Vertragliche Marktsegmentregulierung, 85.

Bereich der Risikosegmentierung und den Signaleffekt verstärken,[1175] während eine Vorgabe, nach der die zuzulassenden Aktien aus einer (Mindest-)Kapitalerhöhung stammen müssen, angesichts der zu erwartenden Eigenkapitalausstattung etablierter Unternehmen eher notierungshemmend wirken dürfte.[1176] Teilbereichsunreife Unternehmen wären hingegen dazu angehalten, nach effizienzsteigernden Verfahren und Optimierungsprozessen zu suchen, um in die materiellen Zulassungsanforderungen *hineinzuwachsen*, was wiederum der Verbesserung der gesamten Marktergebnisse zuträglich wäre. Ein Teilbereichslisting könnte auf diese Weise als besonderer Anreiz für Unternehmen verstanden werden und Wachstum in der Realwirtschaft stimulieren.[1177] Materielle Zulassungsvoraussetzungen entsprechen daher auch eher dem Ordnungsanliegen vertikaler Börsenmarktsegmente. Schließlich ist ein segmentspezifisches materielles Zulassungswesen erforderlich, um ein Anforderungsprofil in den Teilbereichen des regulierten Marktes zu etablieren, das ohne Restriktionen im internationalen Vergleich den Wettbewerb mit führenden Börsenplätzen aufzunehmen imstande ist.[1178]

3. *Zur Regulierung des Segmentzutritts in den Motiven des europäischen Börsenorganisationsrechts, insbesondere ErwG (8) EU-ProspektVO*

Den vorstehenden Befund erhärtet ein Blick auf das europäische Kapitalmarktrecht. Betrachtet man erneut den 122. ErwG der MiFID II, der davon spricht, es solle einem geregelten Markt – der Börse – nicht verwehrt sein, die Emittenten von Wertpapieren oder Finanzinstrumenten, deren Zulassung zum Handel er in Betracht zieht, strengeren Anforderungen als denen dieser Richtlinie zu unterwerfen, fällt auf, dass die börsenautonome Pflichtenintensivierung auch nach europäischem Verständnis bereits im Vorfeld der Zulassung ansetzen können

1175 *Schrader*, Geregelter Markt und geregelter Freiverkehr, 109; grundlegend zu Haltevereinbarungen *Fleischer*, WM 2002, 2305 (2305 ff.), der unter verschiedenen Voraussetzungen eine Staffelung der Haltefristen vorschlägt.

1176 Damit dem Unternehmen tatsächlich neues Eigenkapital zufließt, musste im Neuen Markt mindestens die Hälfte der zuzulassenden Aktien aus einer Kapitalerhöhung gegen Bareinlage stammen, vgl. Ziff. 3.8 Regelwerk Neuer Markt; vgl. dazu auch *Schlitt*, AG 2003, 57 (60 f.).

1177 Zu diesem Gedanken vgl. *Kress*, Effizienzorientierte Kapitalmarktregulierung, 14.

1178 Vgl. etwa *Harrer/Fisher/Evans*, RIW 2003, 81 (94 ff.); *Schiemzik*, Segmentwechsel, 50.

soll.[1179] Eindeutig ist der Wortlaut insofern freilich nicht, da letztendlich bereits im Rahmen der Zulassungsentscheidung auch das pflichtenkonforme Verhalten des Emittenten für die Dauer des Teilbereichslistings im Sinne einer Prognose beurteilt werden muss. Allerdings schreibt die Richtlinie in ihrem Art. 51 selbst Anforderungen für die Zulassung von Finanzinstrumenten zum Handel in einem Börsenmarkt vor und betrifft eben nicht nur das Zulassungsfolgenregime. Der Richtliniengeber differenziert insofern auch nicht zwischen den beiden Pflichtensystemen. Dabei liegt eine klare Unterscheidung zwischen „Regeln für die Zulassung von Finanzinstrumenten zum Handel" (Art. 51 Abs. 1 MiFID II) und „Veröffentlichungspflichten" nach erfolgter Zulassung (Art. 51 Abs. 3 MiFID II) auch der MiFID II zugrunde. In den Erwägungsgründen der Richtlinie wird somit deutlich, dass die hier vorgeschlagene materielle Neuausrichtung der Ermächtigungsgrundlage auch mit dem europäischen Kapitalmarktrecht in Einklang steht. Noch deutlicher kommt dies in der 8. Begründungserwägung der EU-ProspektVO zum Ausdruck. Das europäische Kapitalmarktrecht geht hier davon aus, es müsse einer *Börse mittels ihrer Börsenordnung* möglich bleiben, weitere besondere Anforderungen im Zusammenhang mit der Zulassung von Wertpapieren zum Handel an einem geregelten Markt, insbesondere in Bezug auf die Entscheidungsstrukturen innerhalb des antragstellenden Unternehmens, vorzuschreiben. Das Verordnungsziel kann auf nationaler Ebene *de lege lata* indes ausschließlich durch die gebotene Neuinterpretation von § 42 Abs. 1 BörsG erreicht werden, weil die Ermächtigungsgrundlage, wie zu Beginn der Untersuchung festgestellt, einen Rückgriff auf § 16 BörsG nicht zulässt.

§ 3 „Zum Schutz des Publikums oder für einen ordnungsgemäßen Börsenhandel" – konzeptionelle Grenzen der Teilbereichsregulierung

Die börsenautonome Regulierung besonderer Marktsegmente erhält ihr äußeres Betätigungsfeld in Form der europarechtlich definierten Handelsplatzkategorien.[1180] Teilbereichs- oder segmentspezifische Börsenregulierung bewegt sich nach Maßgabe der §§ 42, 48 BörsG innerhalb des jeweiligen Ausgangshandelsplatzes, ohne dessen rechtliche Grundkonturen verlassen oder modifizieren

1179 Die englische Fassung der MiFID spricht insofern ganz vergleichbar von Wertpapieren und Finanzinstrumenten, „which it [die Börse; Anm. d. Verf.] is considering for admission to trading".

1180 Dazu schon oben Kapitel 1 § 2 I.3.a.

zu können. Die Regulierung besonderer Marktsegmente und Teilbereiche knüpft vielmehr an diesen gesetzlichen Ausgangszustand an und bildet ihn ausschnittsweise innerhalb des jeweiligen Handelsplatzes fort. Rechtsdogmatische Schranken ergeben sich für den Bereich der Teilbereichsregulierung nach § 42 Abs. 1 BörsG aus den formellen und materiellen Gestaltungsgrenzen der Ermächtigungsgrundlage.[1181] Als Satzung hat sich die Börsenordnung zudem an den Regelungszwecken ihrer Ermächtigungsgrundlage zu orientieren.[1182] Neben diese dogmatische Einrahmung der Teilbereichsregulierung tritt eine weitere Restriktion des börslichen Regulierungspotenzials, die der Ermächtigungsgrundlage als rechtsmethodisches Gebot anhaftet.[1183] Es geht um die Notwendigkeit einer systematisch folgerichtigen Segmentregulierung, die segmentspezifische Differenzierungen auf eine konzeptionelle Abstimmung und die Rückkopplung an übergreifende Grundgedanken der Börsenmarktregulierung verpflichtet.[1184] Die Frage ist im Zusammenhang mit der Teilbereichsregulierung von besonderer Relevanz, weil mit der Börse ein weiterer Normproduzent neben den Börsengesetzgeber tritt[1185] und segmentspezifische Differenzierungen „nicht von der Notwendigkeit zu systematisch und konzeptionell stimmiger Betrachtungsweise [entbinden].“[1186] Konkret geht es darum, die Implementierung eines regulatorischen Fremdkörpers innerhalb des börslichen Regulierungsgefüges zu verhindern. Zu diesem Zweck benennt § 42 Abs. 1 BörsG die Determinanten der Teilbereichsregulierung, die die Börsen auf eine regulatorische Segmentausgestaltung „zum Schutz des Publikums oder für einen ordnungsgemäßen Börsenhandel“ verpflichten.[1187]

1181 Zu den materiellen Schranken schon oben Kapitel 4 § 2.

1182 *Wilsing/Kruse*, NZG 2002, 807 (810).

1183 Zu dieser „Schutzrichtung“ der Ermächtigungsgrundlage auch Schwark/Zimmer/*Heidelbach*, KMRK, § 42 BörsG Rn. 5.

1184 *Hommelhoff*, ZGR 2000, 748 (771 f., 773).

1185 Grundlegend hierzu schon *Assmann*, in: Nörr, 40 Jahre Bundesrepublik Deutschland – 40 Jahre Rechtsentwicklung, 251 (263).

1186 *Hommelhoff*, ZGR 2000, 748 (773).

1187 Hierzu auch *Groß*, Kapitalmarktrecht, § 42 BörsG Rn. 3; auch Schwark/Zimmer/*Heidelbach*, KMRK, § 42 BörsG Rn. 5; zu den Regelungen des Geregelten Marktes außerdem *Hammen*, WM 2003, 997 (999); grundlegend zu den Zielen und Aufgaben des Kapitalmarktrechts *Poelzig*, Kapitalmarktrecht, § 1 Rn. 23 ff.

I. Publikums- und Funktionsschutz als Regulierungskonzept

Publikumsschutz und Ordnungsgemäßheit des Börsenhandels bilden das Fundament eines effizienten Kapitalmarktes.[1188] Die Offenheit der Rechtsbegriffe drückt ihren auf Optimierung angelegten Prinzipiencharakter aus:[1189] Ein hypertrophierter Anlegerschutz hielte Unternehmen von einem Gang an die Börse ab, während ein unkontrollierter Marktzutritt langfristig die Marktliquidität infolge des Misstrauens des Anlegerpublikums reduzieren würde.[1190] Die Folge einer derart unausgewogenen Börsenregulierung wären empfindliche Marktstörungen – etwa, wenn es Anlegern möglich sein sollte, spezifische Investitionsrisiken nachträglich in Form von Schadensersatz- oder Restitutionsansprüchen auf die Marktgegenseite „abzuwälzen".[1191] Publikums- bzw. Anlegerschutz und Funktionenschutz sind deshalb auch keine gegensätzlich angelegten Postulate marktkonformer Regelgebung.[1192] Erst ein funktionierender Kapitalmarkt schafft das erforderliche Vertrauen aufseiten der Anleger und bewirkt liquiditätsspendende Investitionen.[1193] Ein wirksamer Anlegerschutz befördert die Funktionsfähigkeit des Marktes und umgekehrt setzt diese Funktionsfähigkeit stets ein gewisses Maß an Anlegerschutz voraus, da Vertrauensverluste der Kapitalgeberseite dem Markt Liquidität entziehen und auf diese Weise schaden.[1194] Der Wortlaut des § 42 Abs. 1 BörsG („oder") suggeriert insofern ein nicht bestehendes Verhältnis exklusiver Alternativität.[1195] Denn eine Regelung, die dem Publikumsschutz, nicht aber zugleich auch dem ordnungsgemäßen Funktionieren des Börsenhandels dient, ist geradezu unvorstellbar, wobei der Normschwerpunkt freilich eher

---

1188 Vgl. grundlegend *Hopt/Baum*, in: Hopt/Rudolph/Baum, Börsenreform, 364 ff.; auch *Spindler*, WM 2003, 2073 (2077); vgl. auch *Augsberg*, Die Verwaltung 2016, 369 (373 f.).

1189 Zu beiden Schutzrichtungen auch Schwark/Zimmer/*Heidelbach*, KMRK, § 42 BörsG Rn. 5, 14 f.

1190 Vgl. auch *Grupp*, Börseneintritt und Börsenaustritt, 140 f.

1191 Vgl. insbesondere *Kübler*, AG 1977, 85 (87); zu dem erforderlichen Gleichgewicht und den Zwecken des Anlegerschutzes auch *Bröcker*, in: Claussen, Bank- u. Börsenrecht, § 6 Rn. 17.

1192 Grundlegend *Hopt*, Kapitalanlegerschutz, 51 f., 334 ff.; *Deckert/von Rüden*, EWS 1998, 46 (48 f.).

1193 Dazu auch *Grupp*, Börseneintritt und Börsenaustritt, 138 ff.; vgl. auch *Augsberg*, Die Verwaltung 2016, 369 (373 f.).

1194 Vgl. nur *Hopt/Baum*, in: Hopt/Rudolph/Baum, Börsenreform, 365.

1195 *Hopt*, Kapitalanlegerschutz, 52, verzichtete bewusst darauf, „zwischen beiden Schutzrichtungen einen Graben aufzureißen".

auf dem einen oder dem anderen Regelungsziel liegen mag. So bewirken bspw. auch kapitalmarktrechtliche Normen mit scheinbar anlegerschützendem Schwerpunkt – etwa das Insiderhandelsverbot,[1196] das die Chancengleichheit der Anleger gewährleisten soll –[1197] stets die Sicherung eines integren Finanzmarktes.[1198] Und selbst wenn man die Ermächtigungsgrundlage beim Wort nimmt und sich auf den Gedanken einer einseitigen regulatorischen Zielverfolgung einlässt, wird man ungeachtet der komplementären Beziehung von Anleger- und Funktionsschutz die Interdependenz beider Regulierungsmotive nicht leugnen können, da § 42 Abs. 1 BörsG die Statuierung zusätzlicher Pflichten ermöglicht und eine Öffnung des Marktzugangs *nach unten* gerade nicht zulässt.[1199] Der gesetzlich implementierte Anlegerschutz kann also nicht in funktionsgefährdender Weise unterschritten werden (sog. *race to the bottom*).[1200]. Die Überstrapazierung des Anlegerschutzes in einem Teilbereich des regulierten Marktes (*race to the top*) stellt demgegenüber trotz der Fokussierung des regulatorischen Ansatzes auf die Marktspitze keine realistische Gefahr dar, da es die Emittenten bleiben, von denen die Börse ihre Listinggebühren erhält, auch ein illiquides Premiumsegment mit Reputationseinbußen des gesamten Handelsplatzes einherginge und schließlich das Kosten/Nutzen-Kalkül des Emittenten in Widerspruch zu einem Listing in einem überprotektionistisch ausgestalteten Marktsegment stünde.[1201]

Im Ausgangspunkt börslicher Regulierungstätigkeit geht es stets um den Ausgleich dieses Zielkonflikts.[1202] Beide regulierungstragenden Leitmotive

---

1196 Nunmehr sanktioniert in Art. 14 MAR.

1197 *Samm*, Börsenrecht, 138.

1198 Vgl. auch *Beck*, in: Festschrift für Uwe H. Schneider zum 70. Geburtstag, 89 (94); s. ferner *Augsberg*, Die Verwaltung 2016, 369 (373 f.).

1199 *Gebhardt*, in: Schäfer/Hamann, KMG, § 42 BörsG Rn. 7.

1200 Anders liegen die Dinge im Freiverkehr. Hier kann, wie etwa im Hamburger *High Risk Market*, eine Reduktion des Anlegerschutzkonzepts auf ein Minimum und bis an die Grenze der Funktionsfähigkeit vorgenommen werden. Ob dieses Konzept angesichts der verschärften Publizitätsanforderungen der MAR zukunftsfähig ist, bleibt, wie schon erwähnt, vorerst abzuwarten; dazu vgl. *Kumpan*, ZGR 2016, 2 (31); kritisch zu dieser Entwicklung auch *Linnerz/Freyling*, BB 2017, 1354 (1357); von einem „Ende des Freiverkehrs" ist auch die Rede bei *Rubner/Pospiech*, NJW-Spezial 2015, 591 (591 f.); *Rubner/Pospiech*, GWR 2016, 228 (230); auch *Grupp*, Börseneintritt und Börsenaustritt, 141; *Seiler/Geier*, in: Schimansky/Bunte/Lwowsky, Bankrechts-Hdb., Vor § 104 Rn. 26 sowie *Grundmann*, in: Schimansky/Bunte/Lwowsky, Bankrechts-Hdb., § 112 Rn. 15.

1201 So auch bei *Grupp*, Börseneintritt und Börsenaustritt, 140 f.

1202 Schwark/Zimmer/*Heidelbach*, KMRK, § 42 BörsG Rn. 5, 14 f.

verdichten sich auf diese Weise zu einem Gesamtregulierungskonzept, an dem jede Form der Kapitalmarktregulierung auszurichten ist.[1203] In § 42 Abs. 1 BörsG sind die Programmsätze in Gestalt verbindlicher Regulierungsziele für den Börsenrat niedergelegt und auf marktnaher Ebene für die Teilbereichsausgestaltung fortgeschrieben. Dieser rechtssystematische Annex der Ermächtigungsgrundlage trägt auf diese Weise zu einer weiteren Verdichtung der börslichen Regulierungskonturen und der Annäherung der formellen und materiellen Teilbereichsregulierung an den konkreten Verlauf der Gestaltungsgrenzen im Einzelfall bei.[1204]

II. Folgen für die Segmentregulierung

1. Beschränkung des börsengesetzlichen Publikumsbegriffs auf das Aktionärspublikum und investmentrelevante Transparenzleistungspflichten

Bereits die synonyme Verwendung der Bezeichnungen *Anleger* und *Publikum* legt eine Verengung der Perspektive auf den Aktienhandel und eine Voreingenommenheit der Norminterpretation aufgrund der bereits dargelegten Begründungsansätze des Gesetzgebers zur Beschränkung der Teilbereichsregulierung auf den Aktienhandel offen.[1205] Denn auf den *Aktionärsschutz*, den Schutz der *Anleger* oder den der *Anteilseigner* verpflichtet das Börsengesetz die Teilbereichsregulierung in § 42 Abs. 1 *expressis verbis* gerade nicht. Es geht allein um den Schutz des Publikums als das wesentliche Element des regulatorischen Konzepts. Ungeachtet der materiellen Regulierungsgrenzen treten aber auch neben den Anteilseignern einer Aktiengesellschaft und anlageinteressierten Investoren am Markt Gruppen auf, die grundsätzlich aufgrund spezifischer Informationsbedürfnisse als potenzielle Informationsnehmer teilbereichsspezifischer Zusatzpublizität in Betracht zu ziehen sein könnten; Obligationäre, Arbeitnehmer, Lieferanten und Kunden oder staatliche Behörden könnten vor diesem Hintergrund als Teil des Publikums,[1206] dessen Schutz § 42 Abs. 1 BörsG vorsieht, in

1203 *Augsberg*, Die Verwaltung 2016, 369 (374).

1204 Zur Bedeutung konzeptioneller Grundlagen für die konkrete Ausrichtung nachgeordneter Regulierungstätigkeit vgl. *Kuntz*, Private Regelsetzung im Kapitalmarktrecht, in: Möslein (Hrsg.), Regelsetzung im Privatrecht, erscheint, 397 ff.

1205 Hierzu bereits oben Kapitel 4 § 2 I.

1206 Zu diesen Gruppen als Informationsnehmer *Grothe*, Publizität und Markttransparenz, 16; zum Begriff des Börsenpublikums allgemein *Göppert*, Börse und Publikum, passim.

gleichberechtigter Weise bei der regulatorischen Teilbereichsausgestaltung zu berücksichtigen sein. Ein derart weites Verständnis des Publikumsbegriffs hätte eine nicht unerhebliche Ausdehnung potenzieller Informationspflichten in Teilbereichen des regulierten Marktes zur Folge, da Informationsbedürfnisse und -interessen innerhalb dieser Gruppe heteronomer Informationsnehmer unterschiedlich gelagert sind. Damit verbunden ist die Frage, ob die disparaten Interessen der unterschiedlichen Gruppen im Rahmen der Teilbereichsregulierung zu berücksichtigen und gegebenenfalls untereinander auszugleichen sind.

Den Publikumsbegriff verwendet das Börsengesetz an verschiedenen Stellen und in unterschiedlichen Zusammenhängen. Teils geht es um die Wahrung der *Publikumsinteressen* – diese sind etwa bei der Ausgestaltung der Börsenordnung gem. § 16 Abs. 1 S. 1 BörsG zu berücksichtigen –, teils ist der *Schutz des Publikums* tatbestandlicher Anknüpfungspunkt börsengesetzlicher Regelungen; § 41 Abs. 2 S. 1 BörsG ist in diesem Zusammenhang zu nennen, ebenso wie § 33 Abs. 1 Nr. 2 BörsG, der das *Publikum* vor einer Übervorteilung bewahren will. Lediglich in § 39 Abs. 2 S. 2 BörsG spricht das Gesetz im Zusammenhang mit einem Delisting auf Antrag des Emittenten von dem Schutz der *Anleger* und verpflichtet die Geschäftsführung der Börse damit auf eine entsprechende Berücksichtigung anlegerspezifischer Interessen im Rahmen des Marktentlassungsverfahrens.[1207]

Der Publikums- ist gegenüber dem Anlegerbegriff grundsätzlich der weitere, da er schon sprachlich die Gesamtheit der Marktteilnehmer erfasst. Teilweise wird deshalb, der „traditionellen aktienrechtlichen Rechtsauffassung" entsprechend, das Publikum mit sämtlichen Geldgebern eines Unternehmens – Anteilseignern und Gläubigern – gleichgesetzt.[1208] Dieses Verständnis würde jedenfalls eine Einbeziehung gesellschaftsfremder Dritter in den Adressatenkreis ermöglichen und die teilbereichsspezifische Publizitätsleistungspflicht nicht auf gegenwärtige oder potenzielle Anleger am Markt begrenzen. Der Wortlaut des § 42 Abs. 1 BörsG steht dem grundsätzlich nicht entgegen.

Betrachtet man jedoch die Entstehungsgeschichte der Norm, wird deutlich, dass die materielle Grenzziehung entlang der Emission von Aktien und Aktienzertifikaten mit einem erhöhten Informations- und einem gesteigerten Schutzbedürfnis begründet worden ist, das aus dem Halten bzw. dem geplanten

1207 Dazu noch weiter unten Kapitel 5 § 3.

1208 Zu der ähnlichen Diskussion im Rahmen der Identifizierung der Berichtsadressaten der Zwischenberichterstattungspflicht aus § 44b BörsG a.F. s. *Henes*, Börsenrechtliche Zwischenberichtspublizität, 26 m.w.N.

Erwerb von Eigenkapitaltiteln abgeleitet wurde.[1209] Ein intensiviertes Pflichtenregime sollte zum Schutz der Aktionäre und zukünftiger Anleger etabliert werden können, nicht hingegen zum Schutz Dritter, deren Informationsbedürfnisse zur Verbesserung ihrer gesellschaftsexternen Stellung grundsätzlich weder an eine spezifische Gesellschaftsform des Informationserzeugers, noch an eine bestimmte Wertpapierart gekoppelt wäre. Mag sich auch das personelle Substrat des Publikumsbegriffs im Sinne der Relativität der Rechtsbegriffe verändern,[1210] so umschließt es doch in den Koordinaten des § 42 Abs. 1 BörsG – auch aufgrund der Verengung der Ermächtigungsgrundlage auf den Aktienhandel – nur die aktuellen Anteilseigner und potenzielle Investoren in Eigenkapitaltitel.[1211]

Ob der Börsenrat überhaupt zu einer weitergehenden Regulierung ermächtigt werden könnte, erscheint überdies fragwürdig. Denn gem. § 2 Abs. 1 BörsG *regelt* die Börse ein multilaterales System, das „die Interessen einer Vielzahl von Personen am Kauf und Verkauf von dort zum Handel zugelassenen Wirtschaftsgütern und Rechten" zusammenführt. Der so definierte Anstaltszweck umfasst folglich ausschließlich die Interessen der Investoren, die den Markt mittels Kauf- und Verkaufsorders beanspruchen.[1212] Daraus folgt auch, dass die Versorgung investmentfremder Informationsbedürfnisse keine Aufgabe ist, zu deren Erfüllung die Börsen primär berufen sind.[1213] Etwas anderes gilt auch nicht im Rahmen der börslichen Bewertungsfunktion.[1214] Denn hier geht es nur darum, bereits verfügbare Informationen in den Kursen, bzw. Preisen abzubilden und einen Handel zu markt- und informationsgerechten Preisen überhaupt zu ermöglichen.[1215]

1209 Dazu oben Kapitel 4 § 2 I.; außerdem Begr. RegE Drittes Finanzmarktförderungsgesetz, BT-Drucks. 13/8933, 81 f. sowie Begr. RegE Vierten Finanzmarktförderungsgesetz, BT-Drucks. 14/8017, 80 f.

1210 *Reimer*, Methodenlehre, Rn. 284 ff., 288.

1211 Zu einem so verstandenen Anlegerbegriff auch *Conring*, Informationsverhalten, 19 ff.

1212 Vgl. auch *Seiffert*, in: Kümpel/Mülbert/Früh/Seyfried, Bank- und Kapitalmarktrecht, Rn. 14.418 („Ermöglichung schneller, kostengünstiger Geschäftsabschlüsse") und noch enger Rn. 14.423 („die Börse dient […] lediglich dem Abschluss von Handelsgeschäften").

1213 Zum Anstaltszweck der Börse auch *Seiffert*, in: Kümpel/Mülbert/Früh/Seyfried, Bank- und Kapitalmarktrecht, Rn. 14.423.

1214 Zu den Grundfunktionen oben Kapitel 3 § 1 I.

1215 Dazu *Kress*, Effizienzorientierte Kapitalmarktregulierung, 36 ff.; vgl. auch *Poelzig*, Kapitalmarktrecht, § 1 Rn. 32.

Der heterogenen Struktur des Anlegerpublikums entspricht dabei eine ebenso heterogene Fülle an Unternehmensinformationen, zu deren Offenlegung Emittenten verpflichtet werden könnten.[1216] So nutzt die Börse Frankfurt die Ermächtigung des § 42 BörsG und statuiert Informationspflichten für ganz unterschiedliche Anlegergruppen: Während etwa die Verpflichtung zur Ausgabe eines Unternehmenskalenders (vgl. § 54 BörsO FWB), privaten Investoren zu dienen bestimmt ist,[1217] richtet sich die gem. § 55 BörsO FWB jährlich abzuhaltende Analystenkonferenz an Anlageberater und professionelle Finanzanalysten.[1218] Informationsintermediären kommt in diesem Zusammenhang die Rolle zu, solche Informationen aufzubereiten und anschließend ihre gewonnenen Erkenntnisse in dekodierter Form an das anlagebereite Publikum weiterzureichen und auf diese Weise mittelbar an dem Anlageentscheidungsprozess zu partizipieren.[1219] Finanzanalysten übernehmen dadurch eine bedeutende Rolle für die Informationseffizienz des Aktienmarktes.[1220] Dem Anlegerpublikumsschutz dienen nämlich unterschiedliche Informationsqualitäten, wenn die segmentspezifisch erhöhte Transparenzdichte letztendlich der Anlage- oder Desinvestitionsentscheidung des einzelnen Anlegers zugrunde gelegt werden kann.

Konkret lassen sich hieraus die folgenden Aussagen ableiten, die zu einer weitergehenden Konturierung des teilbereichsspezifischen Regulierungsrahmens beitragen: Nicht zu dem Kreis der von der erhöhten Publizität Begünstigten zählen Marktteilnehmer, die Unternehmensdaten für investmentfremde Zwecke benötigen bzw. nutzen wollen. Dies können Gläubiger des Unternehmens, Arbeitnehmer, Lieferanten und Kunden, staatliche Behörden oder konkurrierende Unternehmen sein.[1221] Die Informationsgenerierung in Bezug auf die spezifischen Interessen dieser Gruppen ist, ebenso wie ihr Schutz, nicht die primäre Funktion des börslichen Kapitalmarktes, vielmehr handelt es sich um Aufgaben, die insbesondere dem Gesellschafts-, Bilanz- oder Arbeitsrecht vorbehalten sind.[1222] Für den Börsenhandel ergibt sich das aus § 2 Abs. 1 BörsG, der

1216 Zur Zusammensetzung des Anlegerpublikums vgl. auch *Poelzig*, Kapitalmarktrecht, § 1 Rn. 16 f.

1217 So jedenfalls *Cahn/Götz*, AG 2007, 221 (222).

1218 *Gericke*, Hdb. für die Börsenzulassung, 21.

1219 Vgl. auch *Grothe*, Publizität und Markttransparenz, 16.

1220 *Bessler/Stanzel*, in: Festschrift für Hartmut Schmidt zum 65. Geburtstag, 227 (229).

1221 *Grothe*, Publizität und Markttransparenz, 16.

1222 Zu den Zielen der handelsrechtlichen Rechnungslegung auf dem Gebiet des Kapitalmarktrechts vgl. *Hommelhoff*, ZGR 2000, 748 (758, 761) („Im Zusammenhang des kapitalmarktrechtlichen Informationssystems dient die handelsrechtliche

die *Interessen der Marktteilnehmer an An- und Verkauf von börsengehandelten Wertpapieren* zum börslichen Anstaltszweck erklärt und mit dem eine entsprechende, bspw. unternehmensinterne, nur gegenüber den in einem Arbeitsverhältnis zu dem Emittenten stehenden Personen bestehende, Offenlegungspflicht in Teilbereichen auch dann nicht zu vereinbaren wäre, wenn die Informationspflicht Rückschlüsse auf die wirtschaftliche Gesamtsituation des Unternehmens zuließe.[1223] Dass eine segmentspezifische Transparenzsteigerung eine reflexive Schutzwirkung auch gegenüber diesen Akteuren bewirkt, wird dabei nicht in Abrede gestellt. Die Wirkung resultiert jedoch aus dem unterschiedlichen Nutzungsansatz der bereitgestellten Informationen,[1224] der sich im Falle der zuletzt genannten Gruppen etwa auf die Beurteilung eines möglichen Forderungsausfalls in der Insolvenz des Schuldners, der Reduktion von Arbeitsplätzen oder wettbewerbsrelevanten Unternehmensentwicklungen konzentriert.[1225] Von den unterschiedlich gelagerten Interessen fokussiert die Teilbereichseinrichtung allein diejenigen aktueller oder potenzieller Investoren in Aktien des Emittenten. Sie ist damit weder dem Schutz der Interessen anderer Gruppen von Informationsnehmern verpflichtet, noch muss bzw. darf sie sich um einen Ausgleich konträr gelagerter Informationsinteressen bemühen. Daraus folgt, dass Publizitätspflichten, die in ihrem Schwerpunkt Gläubiger, Lieferanten oder Arbeitnehmer etc. adressieren, aus denen sich aber im Wege eingehender Datenanalyse investmentrelevante Informationen zugunsten potenzieller Anleger gewinnen lassen, nicht auf § 42 Abs. 1 BörsG gestützt werden können, da sie sich in systemwidriger Weise außerhalb der konzeptionellen Ordnungsvorgaben der Ermächtigungsgrundlage bewegen.[1226]

2. *Modifikation der Verhältnismäßigkeitsprüfung aufgrund verbindlicher Zielvorgaben*

Das Regulierungskonzept wirkt sich auch auf die Verhältnismäßigkeitsprüfung von Teilbereichspflichten aus, wenn es um die Frage geht, ob einzelne

---

Rechnungslegung mithin der Anlegerinformation und auf dieser Ebene allein ihr, also weder dem Gläubigerschutz noch der Bemessung des ausschüttungsfähigen Ertrags. In den Diensten des Kapitalmarktrechts verändern sich mithin die Ziele der handelsrechtlichen Rechnungslegung“).

1223 Vgl. auch *Hommelhoff*, ZGR 2000, 748 (753 f.).

1224 Dazu auch *Merkt*, AG 2003, 126 (127 f.).

1225 Vgl. auch *Gerke/v. Rüth/Schöner*, Informationsbörse, 20.

1226 *Hommelhoff*, ZGR 2000, 748 (760).

der Sonderpflichten in einem Teilbereich des regulierten Marktes noch von der Ermächtigungsgrundlage gedeckt sind.[1227] Nach dem zuvor Gesagten ist die Regulierung besonderer Teilbereiche allein dem Schutz des Aktionärspublikums und – dazu sogleich – der Ordnungsgemäßheit des Börsenhandels als solchem verpflichtet.[1228] Die Komponenten dieses regulatorischen Konzepts der Ermächtigungsgrundlage geben zugleich die einzig zulässigen Zwecke der Regulierungstätigkeit der Börse im Rahmen der Verhältnismäßigkeitsprüfung vor.[1229] Bei der Ausgestaltung einzelner Teilbereiche hat der Börsenrat deshalb auch „an den Zwecken der Ermächtigung [anzuknüpfen]“, die auch über die Geeignetheit einer Maßnahme hinsichtlich ihrer Zielerreichungsförderung bestimmen.[1230] Modifikationen sind schließlich bei der Erforderlichkeitsprüfung angebracht, da die Natur der Teilbereichsregulierung als satzungsrechtlicher Pflichtenzusatz stets bedingt, dass Anleger- und Funktionsschutz auch durch weniger belastende Mittel, nämlich die von Gesetzes wegen ohnehin zu beachtenden Grundpflichten, erreicht werden könnten.[1231] Eine Maßstabsmodifikation wird an dieser Stelle im Rahmen einer etwaigen Rechtmäßigkeitskontrolle auch schon deshalb erforderlich, um die Ermächtigungsgrundlage nicht der ihr seitens des Gesetzgebers zugedachten Funktion, Segmente mit erhöhten Anforderungsprofilen einzurichten, zu berauben; die Verhältnismäßigkeitsprüfung wird sich daher in ihrem Schwerpunkt zwangsläufig auf eine solche im engeren Sinne beschränken müssen.[1232]

1227 Vgl. auch *Schäfer*, in: Marsch-Barner/Schäfer, Hdb. börsennotierte AG, Rn. 12.35; dazu auch *Gebhardt*, in: Schäfer/Hamann, KMG, § 42 BörsG Rn. 9.

1228 Schwark/Zimmer/*Heidelbach*, KMRK, § 42 BörsG Rn. 5, 14; auch *Groß*, Kapitalmarktrecht, § 42 BörsG Rn. 3.

1229 Vgl. auch Schwark/Zimmer/*Heidelbach*, KMRK, § 42 BörsG Rn. 14 f.

1230 Vgl. schon Begr. RegE Viertes Finanzmarktförderungsgesetz, BT-Drucks. 14/8017, 81.

1231 So auch bei Schwark/Zimmer/*Heidelbach*, KMRK, § 42 BörsG Rn. 14 f.; kritisch insofern auch *Spindler*, WM 2003, 2073 (2082 f.); unklar hingegen bei *Gebhardt*, in: Schäfer/Hamann, KMG, § 42 BörsG Rn. 9.

1232 Zur Modifikation des Verhältnismäßigkeitsmaßstabs im Rahmen der Teilbereichsregulierung auch *Schäfer*, in: Marsch-Barner/Schäfer, Hdb. börsennotierte AG, Rn. 12.35; zu undifferenziert *Gebhardt*, in: Schäfer/Hamann, KMG, § 42 BörsG Rn. 9.

III. Börsenaufsichtsrechtliche Segmentausrichtung zur Beförderung eines ordnungsgemäßen Börsenhandels?

1. *Offenlegungspflichten gegenüber Börsen- und Aufsichtsorganen*

Nicht nur Investoren und Marktteilnehmer können an Unternehmensinformationen interessiert sein. Auch aus Sicht der Börsenaufsicht, deren primärer Gegenstand die Funktionsfähigkeit des Handels sowie die Marktintegrität ist, erscheinen tiefer gehende Einblicke in ein Unternehmen sinnvoll.[1233] Auf der Grundlage von § 42 Abs. 1 BörsG können in Teilbereichen des regulierten Marktes auch Pflichten zur Unterstützung eines ordnungsgemäßen Börsenhandels implementiert werden. Dass beide Schutzrichtungen der Ermächtigungsgrundlage im Sinne eines konsistenten Regulierungskonzepts nicht voneinander zu trennen sind, wurde soeben dargelegt.

Schwark/Heidelbach haben bereits zu § 54 S. 2 BörsG i.d.F. nach dem Vierten Finanzmarktförderungsgesetz festgestellt, dass die Unterrichtungspflichten in Teilbereichen des Geregelten Marktes „sowohl als Pflichten gegenüber Börsenorganen als auch in Form von Publikationspflichten" gestaltet werden können.[1234] Soweit ersichtlich hat nur *Ledermann* diesen Gedanken aufgegriffen und dahin gehend fortentwickelt, die Ordnungsgemäßheit des Handels durch eine Form der Transparenz zu unterstützen, die nicht zugleich unmittelbar als Grundlage einer Investitionsentscheidung zur Verfügung steht. Es geht hierbei in der Tat um Informationspflichten, die einem Teilbereichsemittenten gegenüber den börslichen Aufsichtsorganen, also insbesondere Handelsüberwachungsstelle und Börsengeschäftsführung, aber auch gegenüber der BaFin, auferlegt werden können sollen.[1235] Der Wortlaut der Ermächtigungsgrundlage lässt dies durchaus zu und auch Sinn und Zweck einer segmentspezifischen Pflichtenintensivierung stehen diesem Ansatz grundsätzlich nicht entgegen. Dabei kann entscheidend sein, dass die entsprechenden Informationen ausschließlich für die Aufgaben der Aufsichtsbehörden relevant sind oder werden können, abseits von Corporate Governance-Erwägungen jedoch nicht für die Investitionsentscheidungen des Anlegerpublikums und eine Informationsweitergabe an den Markt

---

1233 Vgl. nur Schwark/Zimmer/*Kumpan*, KMRK, § 7 BörsG Rn. 7 ff.; *Petow*, in: Heidel, Aktienrecht und Kapitalmarktrecht, § 6 WpHG Rn. 1 ff., insb. Rn. 9.

1234 Schwark/*Heidelbach*, KMRK, 3. Auflage 2004, § 54 BörsG Rn. 2.

1235 Aus dem börsenrechtlichen Schrifttum benennt – soweit ersichtlich – lediglich *Ledermann*, in: Schäfer/Hamann, KMG, § 54 BörsG Rn. 5, auch die Börsenorgane als andere Informationsrezipienten neben dem Anlegerpublikum.

deshalb – unterhalb der Schwelle der Ad-hoc-Publizitätspflicht – überhaupt nicht erfolgt. Mittelbar profitierte hiervon allerdings auch das Anlegerpublikum, das im Wissen um ein erhöhtes Transparenzniveau zwischen Unternehmen und Marktaufsicht von einer entsprechenden Solidität des Emittenten und einer effizienten Aufsicht über den Teilbereichshandel ausgehen könnte.

Tatsächlich enthält der Prime Standard in seiner derzeitigen Ausgestaltung bereits segmentspezifische Elemente des Aufsichtsrechts. Hat die BaFin einem Teilbereichsemittenten nämlich Ausnahmen in Bezug auf die gesetzliche jährliche oder halbjährliche Finanzberichterstattungspflicht gewährt, so hat der Emittent die Geschäftsführung der Börse – und nicht den Markt – hierüber gem. §§ 51 Abs. 3 S. 2, 52 Abs. 5 S. 3 BörsO FWB zu unterrichten. Die Befreiung gilt aber auch für den Teilbereichshandel unmittelbar (vgl. § 51 Abs. 3 S. 2 BörsO FWB), das heißt, der Emittent ist nicht dazu verpflichtet, einen weiteren Befreiungsantrag an die Geschäftsführung der Börse zu richten.[1236] Gemeint ist damit die Freistellungsentscheidung der Aufsichtsbehörde für Inlandsemittenten mit Sitz in einem Drittstaat nach § 118 Abs. 4 S. 1 WpHG.[1237] Die BaFin nämlich kann solche Emittenten von den Anforderungen nach den §§ 114, 115 und 117 WpHG bezüglich der Übermittlungs- und Veröffentlichungsvorgaben für den Jahres- und Halbjahresfinanzbericht bzw. Konzernabschluss befreien, soweit diese Emittenten gleichwertigen Regeln eines Drittstaates unterliegen oder sich dort vergleichbaren Regeln unterworfen haben. Die nach den Regeln des Drittstaates zu erstellenden Finanzberichte sind aber nach denselben Modalitäten wie Jahres- und Halbjahresfinanzbericht nach WpHG in Deutschland zu publizieren, der BaFin mitzuteilen (§ 118 Abs. 4 S. 3 WpHG) und außerdem dem Unternehmensregister zur Speicherung zu übermitteln (§ 118 Abs. 4 S. 4 WpHG). Auf Verlangen der Geschäftsführung hat der Teilbereichsemittent der Börse sämtliche Unterlagen, die die Ausnahmegewährung betreffen, zur Verfügung zu stellen (vgl. §§ 51 Abs. 3 S. 4, 52 Abs. 5 S. 4 BörsO FWB). Die Börsengeschäftsführung wird dadurch in die Lage versetzt, zu entscheiden, ob die gewährten Ausnahmen *tragenden Gedanken des Prime Standards widersprechen* und deshalb nicht ohne

1236 Vgl. die IPO-Line Being Public Grundsätze der Frankfurter Wertpapierbörse, abrufbar unter https://www.deutsche-boerse-cash-market.com/dbcm-de/primary-market/being-public/ipo-line-being-public/regulierter-markt (Zuletzt abgerufen am 31. März 2021).

1237 Vgl. die IPO-Line Being Public Grundsätze der Frankfurter Wertpapierbörse, abrufbar unter https://www.deutsche-boerse-cash-market.com/dbcm-de/primary-market/being-public/ipo-line-being-public/regulierter-markt (Zuletzt abgerufen am 31. März 2021).

Weiteres auch für den Bereich des Teilbereichshandels Geltung beanspruchen können (vgl. §§ 51 Abs. 3 S. 2, 52 Abs. 5 S. 2 BörsO FWB). Die Regelungen zeigen im Umkehrschluss, dass die Börse unter gewissen Umständen den Verzicht des Emittenten auf die ihm seitens der Aufsichtsbehörde gewährten Ausnahmetatbestände erwartet und eine Finanzberichterstattung nach den Vorgaben des WpHG zur Auflage für den Verbleib in dem jeweiligen Teilbereich erklären kann. Abgesehen davon behält sich die Börse das Recht vor, die Gleichwertigkeit der Finanzberichterstattungspflichten von Inlandsemittenten aus Drittstaaten eigenständig und unabhängig von der BaFin zu überprüfen (§ 51 Abs. 3 S. 4 BörsO FWB).[1238] Die Entscheidung der Geschäftsführung im Rahmen der Gleichwertigkeitsprüfung ist indes auf den Teilbereichshandel beschränkt und hat auf die Berichtspflichten des Emittenten nach dem WpHG ohne eine entsprechende Freistellung durch die BaFin keine Auswirkungen.[1239]

Wann im umgekehrten Fall eine Freistellung nach § 118 Abs. 4 S. 1 WpHG durch die Aufsichtsbehörde *tragenden Gedanken des Prime Standards* widersprechen soll (vgl. § 51 Abs. 3 S. 1 BörsO FWB), bleibt indes unklar und wird auch von der Börse nicht näher präzisiert. Naheliegend ist in dieser Hinsicht, die hier herausgearbeiteten Grundfunktionen teilbereichsspezifischer Sonderregulierung als Bewertungsmaßstab heranzuziehen. So lässt sich im Einzelfall beurteilen, ob infolge der Freistellung von den Berichtspflichten der §§ 114, 115, 117 WpHG bzw. der Berichterstattung nach Maßgabe der als gleichwertig eingestuften Publizitätspflichten des Drittstaates das Stufenverhältnis zwischen Grund- und Teilbereichshandel begradigt oder die Ordnungsfunktion beeinträchtigt wird.[1240] Insgesamt sind an die Aussetzung der Befreiung für den Bereich des Teilbereichshandels aber hohe Anforderungen zu stellen, um Konflikte mit der aufsichtsbehördlichen Freistellungsentscheidung zu vermeiden und ihren Geltungsanspruch nicht leerlaufen zu lassen. Die engen Grenzen, die dem Befreiungstatbestand in § 118 Abs. 4 WpHG gezogen sind sowie die Anordnung der entsprechenden Anwendung der Veröffentlichungsmodalitäten in § 118 Abs. 4 S. 3, 4 WpHG tragen bereits in erheblichem Maße zur Begrenzung der Gefahr bei, dass Ausnahmen von der Jahresberichterstattung, der Halbjahresberichtspflicht

---

1238 Zu Recht kritisch *Mock*, in: KölnKomm. WpHG, § 37z Rn. 55.

1239 Vgl. die IPO-Line Being Public Grundsätze der Frankfurter Wertpapierbörse, abrufbar unter https://www.deutsche-boerse-cash-market.com/dbcm-de/primary-market/being-public/ipo-line-being-public/regulierter-markt (Zuletzt abgerufen am 31. März 2021).

1240 Oben Kapitel 3 § 2 zu den Grundfunktionen vertikaler Börsensegmente.

und der Konzernabschlusserstellung nach den Vorschriften des WpHG den Teilbereichshandel in funktionsgefährdender Weise beeinträchtigen und seinen tragenden Grundgedanken zuwiderlaufen könnten.[1241]

2. *Satzungsrechtliche Konkretisierung gesetzlicher Offenlegungstatbestände, insbesondere § 41 Abs. 1 BörsG*

In einem aufsichtsrechtlichen Kontext ist auch vorgeschlagen worden, durch Sonderpflichten in den Teilbereichen die Auskunftserteilungspflicht des Emittenten aus § 41 Abs. 1 BörsG mittels konkretisierender Katalogtatbestände zu verfeinern, also auf der Grundlage von § 42 Abs. 1 BörsG „Sachverhalte zu normieren, für die – widerleglich – vermutet wird, dass deren Kenntnis für die Geschäftsführung zur ordnungsgemäßen Erfüllung ihrer Aufgaben erforderlich ist."[1242] Das ist, wie schon ausgeführt, zwar grundsätzlich zulässig,[1243] im Rahmen von § 41 BörsG aber sind einige Besonderheiten zu beachten.[1244]

Denn hier gilt, dass eine Verletzung der Auskunftserteilungspflicht nach § 41 Abs. 1 BörsG wegen § 50 Abs. 1 Nr. 2 BörsG grundsätzlich als bußgeldbewehrter Ordnungswidrigkeitentatbestand ausgestaltet ist, das Analogieverbot aber auch für das Ordnungswidrigkeitenrecht (§ 3 OWiG) zu beachten ist. Hinzu kommt, dass § 50 BörsG im Zuge des 2. FiMaNoG neu gefasst worden ist. Dabei wurde insbesondere der Wortlaut von Abs. 1 Nr. 2 dahin gehend ergänzt, dass es sich bei der verletzten Auskunftserteilungspflicht um eine *dort benannte*, also in § 41 Abs. 1 BörsG enumerativ aufgezählte Pflicht gegenüber der Geschäftsführung der Börse handeln muss. Eine Erweiterung dieses Katalogs auf satzungsrechtlicher Ebene würde nun dazu führen, dass eine Missachtung teilbereichsspezifischen Sonderrechts nicht nur nach § 42 Abs. 2 BörsG sanktioniert werden könnte, sondern zugleich als Ordnungswidrigkeit mit einem Bußgeld von bis zu hunderttausend Euro belegt werden könnte (§ 50 Abs. 8 BörsG). Allerdings muss auch hier hinsichtlich des Wirkungsgrads teilbereichsspezifischer

1241 Auf die erst vor Kurzem in die Börsenordnung aufgenommene Verpflichtung des Emittenten, gegenüber der Geschäftsführung der Börse die Eröffnung eines Insolvenzverfahrens anzuzeigen (§ 53a BörsO FWB) wird weiter unten in Kapital 5 § 1 II.3. noch eingegangen.

1242 Schwark/Zimmer/*Heidelbach*, KMRK, § 42 BörsG Rn. 15.

1243 Dazu soeben Kapitel 4 § 2 II.4.b.

1244 Zu der analogen Anwendung verwaltungsrechtlicher Normen, die von einem Straftatbestand in Bezug genommen werden, vgl. *Hammen*, Der Konzern 2009, 18 (20 f.).

Sonderpflichten differenziert werden:[1245] Der Tatbestand des § 41 Abs. 1 BörsG lässt sich – und Entsprechendes gilt auch für andere (aufsichtsrechtliche) Offenlegungsvorschriften – mit den Mitteln des § 42 Abs. 1 BörsG durchaus präzisieren, wenn die auf den Teilbereichshandel beschränkten Transparenzstandards auch nur mit dem teilbereichseigenen Sanktionsmechanismus durchgesetzt werden können, sie also keine Erweiterung des Ordnungswidrigkeitentatbestands bewirken. Vergleichbar mit der börsenautonomen Freistellungsentscheidung nach § 51 Abs. 3 S. 4 BörsO FWB, die über die Aufsichts- und Sanktionskompetenz der Börsengeschäftsführung in Bezug auf den Teilbereichshandel nicht hinauswirken kann, können dann auch teilbereichsspezifische Regulierungselemente innerhalb des grundmarktlichen Regelungsgefüges nicht zu einer Erweiterung der auf den gesetzlichen Grundmarkthandel zugeschnittenen Sanktionstatbestände führen.

3. *Zwischenbefund*

Die Ermächtigungsgrundlage, die der Börse auch die Regelsetzung in Teilbereichen zur Unterstützung des ordnungsgemäßen Funktionierens des Börsenhandels gestattet, lässt zu, Emittenten des Teilbereichshandels aufsichtsspezifische Offenlegungspflichten gegenüber den Organen der Börse, der BaFin oder der Börsenaufsichtsbehörde aufzuerlegen. In dieser Hinsicht verpflichtet die Frankfurter Wertpapierbörse Emittenten des Prime Standards bereits dazu, der Börsengeschäftsführung aktuelle Gleichwertigkeitsentscheidungen der BaFin nach § 118 Abs. 4 S. 1 WpHG und die Eröffnung des Insolvenzverfahrens anzuzeigen. Die Börse wird so in die Lage versetzt, im Interesse von Teilbereichsstabilität und -funktionalität zu entscheiden, ob die aufsichtsrechtliche Freistellungsentscheidung auch für den Bereich des Teilbereichshandels Geltung beanspruchen kann. Wird dies verneint, weil die Befreiung des Emittenten *tragenden Gedanken*

1245 Zu der Möglichkeit einer gespaltenen Auslegung von miteinander verbundenen verwaltungs- und strafrechtlichen Normen vgl. *Hammen*, Der Konzern 2009, 18 (20 f.); allgemein zur Auslegung solcher Normen des BörsG, die keinen unionsrechtlichen Hintergrund, sondern einen straf- oder ordnungsrechtlichen Charakter haben, s. Schwark/Zimmer/*Kumpan*, KMRK, Einl. BörsG Rn. 58 („Bei der Auslegung des BörsG ist zu berücksichtigen, dass die Vorschriften des Gesetzes zwar überwiegend öffentlich-rechtlicher Natur sind, zum Teil haben sie aber auch straf- oder ordnungsrechtlichen Charakter. Dementsprechend sind bei der Normauslegung und -anwendung die für diese Rechtsgebiete jeweils geltenden Auslegungsregeln und -grundsätze zu berücksichtigen.").

des Prime Standards widerspricht, kann die Börse den Emittenten, dessen Offenlegungsverhalten nunmehr aus Sicht der Geschäftsführung hinter den Anforderungen des satzungsrechtlich definierten Pflichtenprogramms zurückbleibt, auf der Grundlage von § 42 Abs. 2 S. 1 BörsG von der weiteren Teilnahme am Teilbereichshandel ausschließen. Die mit der Überwachung der Handelsabläufe betrauten Börsen- und Aufsichtsorgane könnten auf der Grundlage von § 42 Abs. 1 BörsG also insgesamt verstärkt als mögliche Adressaten teilbereichsspezifischer Publizitätsleistungen in den Fokus der Segmentregulierung rücken. Um allerdings eine effektive Aufgabenwahrnehmung nicht zu trüben, sollte eine erhöhte Informationsversorgung wohl nur im Einvernehmen mit den entsprechenden Behörden implementiert werden.[1246]

§ 4 Die Ermächtigungsgrundlage als Formvorschrift der Segmentregulierung innerhalb des regulierten Marktes

Um nun die Bindungskraft der soeben dargestellten Gestaltungsgrenzen auszutesten, soll die Teilbereichsregulierung der Börsenordnung am Beispiel des *Prime Standards für Unternehmensanleihen* der Frankfurter Wertpapierbörse anderen Formen börslichen Handelns gegenübergestellt werden. Formelle und materielle Regulierungsschranken zu bestimmen, erscheint nur dann sinnvoll, wenn deren Konturen nicht über andere Gestaltungs(um)wege verwischt werden können. So bilden den äußeren Rahmen des Prime Standards für Unternehmensanleihen im regulierten Markt der Frankfurter Wertpapierbörse, der in einem ersten Schritt vorgestellt werden soll, privatrechtliche Handlungsinstrumente (unten Kapitel 4 § 4 I.), aufgrund derer die Frage in den Fokus der Betrachtung rückt, inwiefern die Börse an die ihr gesetzlich vorgegebenen Handlungs- und Regulierungsformen gebunden und dadurch in der Wahl anderer Handlungsinstrumente beschränkt ist (unten Kapitel 4 § 4 II.).

1246 Die Gefahr eines information overload ist in diesem aufsichtsrechtlichen Bereich nahezu ausgeschlossen. So bilden etwa auch sog. *courtesy letters* an die Aufsichtsbehörden im unmittelbaren zeitlichen Vorfeld eines berichtspflichtenauslösenden Ereignisses einen festen Bestandteil der Beratungspraxis. Es wird hier also eher darum gehen, dass Pflichtmitteilungen nicht in einer Welle freiwilliger Informationen untergehen, die den Aufsichtsorganen auf der Grundlage einer auf den Teilbereichshandel beschränkten Satzungsbestimmung zur Verfügung gestellt worden sind.

I. Der Prime Standard für Unternehmensanleihen als privatrechtlich reguliertes Sondersegment des öffentlich-rechtlichen Börsenmarktes

1. *Öffentlich-rechtliches Zulassungswesen und Pflichten für den Anleihehandel*

Neben dem Prime Standard für Aktien und Aktien vertretende Zertifikate bietet die Frankfurter Wertpapierbörse seit August 2012 Anleiheemittenten eine Listingoption im Prime Standard für Unternehmensanleihen an.[1247] Das Anleihesegment soll es großen mittelständischen und international agierenden Unternehmen erleichtern, Fremdkapital über die Börse aufzunehmen und ihre Position im internationalen Wettbewerb sowie ihre Reputation durch den Handel in einem auf die spezifischen Bedürfnisse des Anleihehandels zugeschnittenen Sondersegment zu stärken.[1248] In der Präambel des Regelwerks[1249] wird der Prime Standard für den Anleihehandel dem Markt als ein privatrechtlich organisiertes Listingsegment der Deutsche Börse AG für den Handel von Unternehmensanleihen vorgestellt. Das Segment zeichne sich, so heißt es weiter, durch besonders hohe Transparenzanforderungen an die Emittenten oder den dazugehörigen Garanten aus, die bei erstmaliger Aufnahme in den Prime Standard und darüber hinaus auch fortlaufend für die Dauer der Notierung zu erfüllen seien. In diesem Zusammenhang verpflichtet § 1 des Regelwerks die Deutsche Börse AG zu einer werblichen Herausstellung und Vermarktung des Prime Standards für Unternehmensanleihen, durch die eine bessere Positionierung der Anleihen am Markt ermöglicht und eine erhöhte Liquidität des segmentspezifischen Anleihehandels erreicht werden soll.[1250] Nur Anleiheemittenten des Prime Standards werden bei

1247 Zum Prime Standard für Unternehmensanleihen allgemein *Bröcker*, in: Claussen, Bank- u. Börsenrecht, § 6 Rn. 85.

1248 So die Frankfurter Wertpapierbörse auf https://www.deutsche-boerse-cash-market.com/dbcm-de/primary-market/marktstruktur/segmente/prime-standard-fuer-unternehmensanleihen (Zuletzt abgerufen am 31. März 2021).

1249 Auszüge des Regelwerks für den Prime Standard für Unternehmensanleihen sind der Arbeit als Anhang II beigefügt.

1250 In der Präambel des Regelwerks heißt es: „Dies [die werbliche Herausstellung des Segments; Anm. d. Verf.] erhöht ihre Visibilität, rückt sie verstärkt in den Blickpunkt potenzieller Investoren und trägt somit zur Steigerung der Liquidität bei.“

der Zusammensetzung des Segmentindex XETRA Prime Standard Corporate Bonds berücksichtigt.[1251]

Obgleich das als AGB zu qualifizierende Regelwerk von der Deutsche Börse AG gestellt wird und seiner Rechtsnatur entsprechend die Grundlage eines privatrechtlichen Listingvertrags nach freiverkehrlichem Vorbild bildet, vollzieht sich die Teilnahme an dem Anleihesegment ausschließlich über den regulierten Markt der Frankfurter Wertpapierbörse,[1252] das heißt die Teilnahme am Prime Standard für Anleihen setzt voraus, dass die Anleihe, die Gegenstand des Zulassungsantrags ist, an der Frankfurter Wertpapierbörse von der Geschäftsführung der Börse bereits zum Handel im regulierten Markt zugelassen worden ist (vgl. § 4 Abs. 1 lit. a) des Regelwerks).[1253] Über den Antrag auf Zulassung zum Prime Standard für den Anleihehandel, der gem. § 3 Abs. 7 gleichzeitig mit dem Antrag auf Zulassung zum regulierten Markt nach § 32 Abs. 1 BörsG gestellt und selbst dann abgelehnt werden kann, wenn der Anleiheemittent die in den AGB statuierten Teilnahmevoraussetzungen erfüllt,[1254] entscheidet gem. § 3 Abs. 6 S. 1 der AGB allerdings die Deutsche Börse AG.

Die in § 5 der AGB geregelten Teilnahmefolgepflichten entsprechen in weiten Teilen der satzungsrechtlichen Ausgestaltung des dem Aktienhandel vorbehaltenen Teilbereichs innerhalb des regulierten Marktes, wobei statt einer Quartalsmitteilung bzw. Quartalsfinanzberichterstattung gem. § 5 Abs. 3, 4 des Regelwerks für das Anleihesegment jeweils ein Unternehmens- oder Anleiherating sowie ein Unternehmens- oder Anleihekurzportrait an die Deutsche Börse AG übermittelt und für die Dauer des Listings aktualisiert werden muss. Weiteren produktspezifischen Informationsbedürfnissen trägt der Börsenträger Rechnung, indem neben der jährlichen Finanzanalystenkonferenz zusätzlich eine Informationsveranstaltung für Anleiheinvestoren zur Voraussetzung für den Verbleib in dem Sondersegment erklärt wird.[1255]

1251 Allen anderen Anleiheemittenten des regulierten Marktes steht der XETRA Overall Corporate Bonds Index zur Verfügung.

1252 Vgl. auch https://www.deutsche-boerse-cash-market.com/dbcm-de/primary-market/marktstruktur/segmente/prime-standard-fuer-unternehmensanleihen (Zuletzt abgerufen am 31. März 2021).

1253 Auch in der Präambel der AGB heißt es: „Die Teilnahme am Prime Standard für Anleihen erfolgt über den regulierten Markt der Frankfurter Wertpapierbörse"; kritisch wohl auch *Meyer*, in: Marsch-Barner/Schäfer, Hdb. börsennotierte AG, Rn. 7.51.

1254 § 3 Abs. 6 S. 2 AGB Prime Standard für Unternehmensanleihen.

1255 § 5 Abs. 6 AGB Prime Standard für Unternehmensanleihen.

Verletzt ein Emittent die ihm obliegenden Teilnahmefolgepflichten, ist die Deutsche Börse AG gem. § 6 des Regelwerks berechtigt, eine Vertragsstrafe zu fordern, deren Höhe sich nach Art und Dauer des Pflichtenverstoßes sowie der Höhe des platzierten Emissionsvolumens zum Zeitpunkt des Verstoßes richtet. Daneben besteht für den Börsenträger für den Fall hartnäckiger Pflichtverstöße gem. § 8 Abs. 2 des Regelwerks die Möglichkeit, die Teilnahme des Emittenten am Prime Standard für Unternehmensanleihen aus wichtigem Grund fristlos zu kündigen. Unabhängig von einem pflichtwidrigen Verhalten des Emittenten können beide, Deutsche Börse AG und Emittent, gem. § 8 Abs. 1 des Regelwerks die Teilnahme am Prime Standard für den Anleihehandel mit einer Frist von sechs Wochen kündigen. Die Kündigung lässt die Zulassung der Anleihe zum Handel im regulierten Markt in jedem Fall unberührt (vgl. § 8 Abs. 4 AGB Prime Standard für Unternehmensanleihen).

2. *Börsenorganisationsrechtliche Einordnung des Prime Standards für Unternehmensanleihen*

a. *Der Prime Standard für den Anleihehandel als Teilausschnitt des regulierten Börsenmarktes*

Aus einer börsenorganisationsrechtlichen Perspektive werfen die segmentkonstituierenden Listingvereinbarungen zwischen Börsenträger und den Anleiheemittenten des regulierten Marktes allerdings einige Fragen auf. Ungeachtet des Umstands, dass es sich bei dem auf der Grundlage dieser Bedingungen veranstalteten Prime Standard für Unternehmensanleihen um ein „privatrechtlich organisiertes Listing-Segment“ handeln soll,[1256] stuft die Börse das Sondersegment nämlich als einen besonderen Ausschnitt des regulierten Börsenmarktes ein.[1257] Die Verortung innerhalb des öffentlich-rechtlichen Handelsplatzes ist konsequent und börsenorganisationsrechtlich durchaus geboten, mögen die Segmentstrukturen aufgrund des vertraglichen Regelwerks und der für das Zulassungswesen begründeten Entscheidungszuständigkeit des Börsenträgers auch eher der rechtlichen Verfassung des Freiverkehrshandels eignen.[1258] Denn

1256 Vgl. die Präambel und § 1 des Regelwerks.

1257 Vgl. die Übersicht der Frankfurter Wertpapierbörse zu den angebotenen Marktsegmenten und deren Transparenzniveaus, abrufbar unter https://www.deutsche-boerse-cash-market.com/dbcm-de/primary-market/marktstruktur (Zuletzt abgerufen am 31. März 2021).

1258 Zu den Eigenheiten des Freiverkehrshandels vgl. *Seiffert*, in: Kümpel/Mülbert/Früh/Seyfried, Bank- und Kapitalmarktrecht, Rn. 14.323.

der Qualifikation des Prime Standards als freiverkehrliches Sondersegment steht entgegen, dass die Einbeziehung einer Anleihe in den Prime Standard für Unternehmensanleihen gem. § 4 Abs. 1 lit. a) des Regelwerks voraussetzt, dass dieselbe Anleihe an der Frankfurter Wertpapierbörse bereits zum Handel im regulierten Markt zugelassen worden ist.[1259] Wegen des weiter oben aus den §§ 38 Abs. 4 S. 1 BörsG (Gebot der Prospektaktualität) und 48 Abs. 1 S. 1 BörsG (Verbot der Parallelnotierung) abgeleiteten börsenorganisationsrechtlichen Grundsatzes, nach dem Zulassungs- und Einführungsmarkt an derselben Börse übereinstimmen müssen, kommt die Einstufung des Segments als Teil des Freiverkehrs also nicht mehr in Betracht.[1260] Als Freiverkehrshandel wäre das Segment ohnehin nur dann zu qualifizieren, wenn auch der Handel in den Anleihen außerhalb des öffentlich-rechtlichen Handelsplatzes stattfände.[1261] Da aber die Anleihe auch in den Handel im regulierten Markt eingeführt wird,[1262] kommt es nicht zu der beschriebenen Diskrepanz zwischen Zulassungs- und Notierungsmarkt.

b. *Kein Freiverkehr oder außerbörsliches MTF*

Der Prime Standard für Unternehmensanleihen kann demnach nicht als Teil des Freiverkehrs eingeordnet werden, was vonseiten der Frankfurter Wertpapierbörse scheinbar auch gar nicht gewollt ist.

Das Segment kann aber auch nicht als außerbörsliches MTF eingestuft und so den börsenorganisationsrechtlichen Bedenken entzogen werden kann.[1263] Zwar kann der Börsenträger grundsätzlich unabhängig von dem Betrieb eines Freiverkehrs im Sinne von § 48 Abs. 1 S. 1 BörsG auch weitere Handelsplätze wie MTF oder OTF betreiben;[1264] dann aber unterliegt er, da für ihn nicht § 2 Abs. 6 Nr. 16

1259 Vgl. auch *Dehlinger*, Vertragliche Marktsegmentregulierung, 34.

1260 Oben Kapitel 2 § 1 II.

1261 *Dehlinger*, Vertragliche Marktsegmentregulierung, 34 f.

1262 Das ergibt sich auch aus § 3 Abs. 1 S. 5 des Regelwerks für den Prime Standard für Unternehmensanleihen, wonach der Zulassungsantrag für Anleihen, die im Zeitpunkt der Antragstellung bereits zum regulierten Markt zugelassen und eingeführt worden sind, von dem Emittenten alleine gestellt werden kann und es der Mitwirkung eines Kredit- oder Finanzdienstleistungsinstituts nicht bedarf.

1263 Zur Einordnung des Betreibens außerbörslicher MTF als aufsichtsrelevante Wertpapier- und Finanzdienstleistung vgl. *Seiffert*, in: Kümpel/Mülbert/Früh/Seyfried, Bank- und Kapitalmarktrecht, Rn. 14.57.

1264 Dazu auch *Binder*, in: Großkomm. HGB, Bankvertragsrecht 11/2, Siebter Teil Rn. 165; zur früheren Rechtslage in Bezug auf die Organisation des Freiverkehrshandels durch den Börsenträger vgl. *Hammen*, WM 2001, 929 (936 ff.).

KWG, der die Betreiber organisierter Märkte privilegieren soll, eingreift,[1265] gem. § 2 Abs. 12 S. 1 und 2 KWG einer eingeschränkten Finanzdienstleistungsaufsicht durch die BaFin.[1266] Das folgt aus der Differenzierung zwischen dem Betreiber eines organisierten Marktes einerseits und dem Träger einer im Inland betriebenen Börse andererseits, wie sie auch in der MiFID II angelegt ist: Gem. Art. 4 Abs. 1 Nr. 18 der Richtlinie nämlich ist der Betreiber eines regulierten Börsenmarktes eine Person, die das Geschäft des regulierten Marktes verwaltet und/oder betreibt und die der regulierte Markt – die Börse – selbst sein kann. Wird der regulierte Börsenmarkt hingegen von einem anderen Marktbetreiber als dem regulierten Markt selbst verwaltet oder betrieben, ist gem. Art. 44 Abs. 1 UAbs. 3 MiFID II eine entsprechend differenzierte Pflichtenverteilung erforderlich. Für den Träger der Börse bedeutet das, dass gewisse Pflichten für Betreiber organisierter Märkte mit Sitz im Ausland nach § 2 Abs. 12 S. 1 KWG entsprechend für die Trägergesellschaft einer inländischen Börse gelten, wenn diese außer dem klassischen Freiverkehr als einzige Finanzdienstleistung ein weiteres multilaterales oder organisiertes Handelssystem betreibt.[1267] Das KWG beschränkt somit den Betrieb von Wertpapierhandelsplätzen für den Börsenträger in einem aufsichtsrechtlich zu vernachlässigenden Bereich auf die Einrichtung des Freiverkehrshandels nach Maßgabe des § 48 BörsG.[1268] Betreibt der Börsenträger zusätzlich zu dem Freiverkehr ein weiteres, *außerbörsliches* multilaterales (§§ 72, 74 WpHG) oder organisiertes (§§ 72, 75 WpHG) Handelssystem, erbringt er eine eingeschränkt aufsichtspflichtige Finanzdienstleistung (vgl. § 2 Abs. 12 S. 2, 1 KWG). Daraus ergibt sich, dass der Börsenträger ein MTF nur dann außerhalb der Anforderungen des KWG und dem Zuständigkeitsbereich der BaFin betreiben kann, wenn es als Freiverkehr i.S.d. § 48 BörsG und demnach als *börsliches MTF* (vgl. § 48 Abs. 3 S. 2 BörsG) von der Geschäftsführung der Börse zugelassen worden ist, infolgedessen in den Aufsichtsbereich der

---

1265 Begr. RegE FinanzmarktRL-Umsetzungsgesetz, BT-Drucks. 16/4028, 92; BFS-KWG/*Schäfer*, § 2 Rn. 100.

1266 BFS-KWG/*Schäfer*, § 2 Rn. 135; vgl. auch *Meyer*, in: Kümpel/Mülbert/Früh/Seyfried, Bank- und Kapitalmarktrecht, Rn. 14.58.

1267 Zu dem Freistellungstatbestand des WpHG vgl. *Lenenbach*, Kapitalmarktrecht, Rn. 3.22.

1268 Zu der Frage, ob auch eine öffentlich-rechtliche Einrichtung ein außerbörsliches MTF betreiben kann und welche in diesem Fall Gestaltungsbefugnisse bestehen vgl. *Hammen*, Börsen und multilaterale Handelssysteme, 61.

Börsenaufsichtsbehörde fällt (vgl. § 3 Abs. 1 S. 2 BörsG)[1269] und deshalb einer weitergehenden Finanzdienstleistungsaufsicht durch die BaFin nach Maßgabe des KWG nicht mehr bedarf.[1270]

Diese Unterscheidung kommt auch in § 1 Abs. 1 S. 2 BörsG zum Ausdruck, der den Anwendungsbereich des Börsengesetzes um den Betrieb eines MTF durch den Börsenträger *an einer Börse* erweitert.[1271] Ein börsliches MTF ist deshalb immer zugleich als Freiverkehr i.S.d. § 48 BörsG zu qualifizieren, dessen Betrieb aus Gründen des Gesamtmarktschutzes die vorherige Zustimmung der Börsengeschäftsführung erfordert, ein von dem Börsenträger ohne diese Genehmigung veranstaltetes multilaterales Handelssystem hingegen stets als nach Maßgabe des KWG erlaubnispflichtiges und gem. § 2 Abs. 12 S. 2, 1 KWG beschränkt der Finanzdienstleistungsaufsicht bedürftiges, außerbörsliches MTF.[1272]

Dass sich weder dem Privilegierungstatbestand in § 2 Abs. 6 Nr. 16 KWG noch dessen Rückausnahme für den Träger einer inländischen Börse in § 2 Abs. 12 S. 2, 1 KWG eine numerische Begrenzung entnehmen lässt,[1273] ist vor diesem Hintergrund irrelevant, denn die in § 2 Abs. 12 S. 1 KWG genannten aufsichtsrechtlichen Folgewirkungen knüpfen bereits an den Betrieb *eines* außerbörslichen MTF durch den Börsenträger an.[1274] Der Prime Standard für Unternehmensanleihen kann aus diesen Gründen nicht ohne Weiteres als eine außerbörsliche Handelsplattform eingeordnet werden, die der Börsenträger parallel zu Freiverkehr und reguliertem Markt veranstalten dürfte.

1269 *Seiffert*, in: Kümpel/Mülbert/Früh/Seyfried, Bank- und Kapitalmarktrecht, Rn. 14.69 f.; s. ferner Schwark/Zimmer/*Kumpan*, KMRK, § 3 BörsG Rn. 15; vgl. außerdem *Binder*, in: Großkomm. HGB, Bankvertragsrecht 11/2, Siebter Teil Rn. 165; vgl. auch *Lenenbach*, Kapitalmarktrecht, Rn. 3.22, 3.210.

1270 Vgl. auch *Seiffert*, in: Kümpel/Mülbert/Früh/Seyfried, Bank- und Kapitalmarktrecht, Rn. 14.403, der auch auf die größere *Sachnähe* der Börsenaufsichtsbehörde zu dem börslichen Handelsgeschehen hinweist.

1271 Begr. RegE 2. FiMaNoG, BT-Drucks. 18/10936, 266; dazu auch Baumbach/Hopt/*Kumpan*, § 1 BörsG Rn. 1; auch *Seiffert*, in: Kümpel/Mülbert/Früh/Seyfried, Bank- und Kapitalmarktrecht, Rn. 14.2.

1272 Vgl. auch *Meyer*, in: Kümpel/Mülbert/Früh/Seyfried, Bank- und Kapitalmarktrecht, Rn. 14.70; in diese Richtung auch *Reuschle/Fleckner*, BKR 2002, 617 (620 f., 624 f.), dort allerdings noch zur früheren Rechtslage („Der Freiverkehr ist folglich eine besondere Erscheinungsform des außerbörslichen Handels […]"); wohl auch *Lenenbach*, Kapitalmarktrecht, Rn. 3.22.

1273 BFS-KWG/*Schäfer*, § 2 Rn. 135.

1274 Dazu auch *Seiffert*, in: Kümpel/Mülbert/Früh/Seyfried, Bank- und Kapitalmarktrecht, Rn. 14.70.

Es kann also festgestellt werden, dass sich das auf den Handel in Unternehmensanleihen beschränkte Sondersegment nur als Teilausschnitt des regulierten Marktes einordnen lässt.[1275] Innerhalb des regulierten Marktes sticht der Prime Standard für Unternehmensanleihen aufgrund seiner atypischen Regulierungsstruktur hervor, die sich dadurch kennzeichnet, dass der Träger der Börse anstelle des Börsenrats die Regulierung eines Teilausschnitts des öffentlich-rechtlich verfassten Börsenmarktes mit den Mitteln des Privatrechts übernimmt.

II. Formbindung börsenautonomer Segmentierung des regulierten Marktes zur Begrenzung des Handlungsrahmens

Entscheidend ist deshalb, ob die Börse durch § 42 BörsG unter Achtung der normimmanenten Gestaltungsgrenzen im Rahmen der börsenautonomen Segmentierung des regulierten Marktes darauf beschränkt ist, ein bestimmtes Handlungsinstrument – in diesem Fall die Börsenordnung – einzusetzen, oder sich, auch unter Einschaltung des Börsenträgers, anderer Formen der Marktregulierung bedienen darf. Diese alternativen Handlungsformen sollen in einem ersten Schritt verbunden mit den ihnen eigenen Rechtmäßigkeitsanforderungen dargestellt werden (unten Kapitel 4 § 4 II.1.). Im Bewusstsein dieser Handlungsalternativen ist sodann eine Annäherung an die Ermächtigungsgrundlage als *Formvorschrift* möglich, eine Funktion, der aufgrund des Dualismus von öffentlich-rechtlich verfasster Wertpapierbörse und privatrechtlichem Börsenträger und mit Blick auf die Segmentregulierung innerhalb des Börsenmarktes mit den Mitteln des Privatrechts besondere Bedeutung zukommt (unten Kapitel 4 § 4 II.2.).

1. Börsenhandlungsformen zwischen öffentlich-rechtlichen und privatrechtlichen Geltungsanforderungen

a. Börsenordnung und Geschäftsbedingungen des Freiverkehrs

Den Ausgangspunkt des nachstehenden Überblicks über die alternativen Formen börslichen Handelns bildet § 42 Abs. 1 BörsG, in dem die Regulierung besonderer Teilbereiche des regulierten Marktes der Börsenordnung, einer öffentlich-rechtlichen Satzung (vgl. § 12 Abs. 2 S. 1 Nr. 1 BörsG), zugewiesen

1275 Vgl. die Übersicht der Frankfurter Wertpapierbörse zu den angebotenen Marktsegmenten und deren Transparenzniveaus, abrufbar unter https://www.deutsche-boerse-cash-market.com/dbcm-de/primary-market/marktstruktur (zuletzt abgerufen am 31. März 2021).

wird.[1276] Die Börsenordnung ist wesentliches Organisationsstatut der Börse und soll sicherstellen, dass die Börse die ihr obliegenden Aufgaben erfüllen kann und dabei den Interessen des Publikums und des Handels gerecht wird (§ 16 Abs. 1 S. 1 BörsG).[1277] Neben dem für den Erlass der Börsenordnung zuständigen Börsenrat kann aber auch der Träger der Börse Emittenten und Handelsteilnehmer in Form von Geschäftsbedingungen binden (vgl. § 48 Abs. 1 S. 1, 3 BörsG);[1278] ihm stehen, sofern es sich, wie in den meisten Fällen, bei der Börsenträgergesellschaft um eine juristische Person des Privatrechts handelt, auch ansonsten sämtliche Handlungsformen des Privatrechts zur Verfügung.[1279]

Wesentliche Unterschiede zwischen den beiden Formenkreisen – dem *öffentlich-rechtlichen* und dem *privatrechtlichen* – sind insbesondere in den §§ 12 und 16 des Börsengesetzes angelegt. So wird die Börsenordnung zunächst durch den Börsenrat – einem Organ der Anstalt *Börse* (vgl. § 3 Abs. 1 S. 2 BörsG) – erlassen, in dem die satzungsunterworfenen Handelsteilnehmer und Emittenten vertreten und auf diese Weise in den Rechtsetzungsprozess eingebunden sind (vgl. § 12 Abs. 1 BörsG).[1280] § 16 Abs. 1 S. 2, Abs. 2 BörsG schreibt verpflichtende Mindestinhalte für die Börsenordnung vor, die von der Art der jeweiligen Börse abhängen und teilweise bereits weiter oben erläutert worden sind.[1281]

1276 Auch die Handelsordnung für den Freiverkehr, die Zulassungsordnung für Börsenhändler und die Gebührenordnung werden ebenso wie die Börsengeschäftsbedingungen als Satzung erlassen, § 12 Abs. 2 S. 1 Nr. 1 BörsG. Von Relevanz für die vertikale Segmentierung des Börsenmarktes ist allerdings nur noch die Gebührenordnung, auf die noch zurückzukommen sein wird.

1277 Dass die einzelnen Börsenorgane in ihrer Eigenschaft als Behörde daneben auch und regelmäßig auf der Grundlage satzungsrechtlicher Bestimmungen durch *Verwaltungsakt* handeln können, muss hier nicht weiter ausgeführt werden. Was den Erlass einer *Geschäftsordnung* durch den Börsenrat für die Geschäftsführung der Börse, aber auch für den Börsenrat selbst angeht, so handelt es sich hierbei eher um börsenorganinternes Organisationsrecht mit nur mittelbarer Außenwirkung, als um eine separate Handlungsform im Verhältnis zu den jeweiligen Marktteilnehmern.

1278 Zur Unterscheidung der Regelwerke in reguliertem Markt und Freiverkehr vgl. auch *Hammen*, Börsen und multilaterale Handelssysteme, 59 ff.

1279 Zu diesem Aspekt und dem Verwaltungshandeln der Börse in Privatrechtsform vgl. auch *Seiffert*, in: Kümpel/Mülbert/Früh/Seyfried, Bank- und Kapitalmarktrecht, Rn. 14.431 ff.; vgl. auch *Hammen*, Börsen und multilaterale Handelssysteme, 62.

1280 Eingehend *S. Augsberg*, Rechtsetzung zwischen Staat und Gesellschaft, 168.

1281 Weitergehende Vorgaben gelten nach § 16 Abs. 2 BörsG für Wertpapierbörsen, während etwa Warenbörsen nur die Regelungen des ersten Absatzes zu beachten haben.

Demgegenüber werden die inhaltlichen Anforderungen an die freiverkehrlichen Geschäftsbedingungen in § 48 Abs. 1 S. 1 BörsG nur insoweit konturiert, als es sich um Vorschriften handeln muss, die eine ordnungsgemäße Durchführung des Handels und der Geschäftsabwicklung gewährleisten und zu diesem Zweck – S. 2 – die Teilnahme am Handel und die Einbeziehung von Wertpapieren regeln.[1282] Eine § 16 Abs. 1 S. 2 BörsG vergleichbare Bestimmung, wonach bestimmte Mindestschutzstandards in die Geschäftsbedingungen aufzunehmen wären, fehlt für diesen Bereich des Börsenhandels. Der im Freiverkehrshandel offensichtlich schwächer ausgeprägte Anlegerschutzgedanke klingt immerhin in Abs. 1 S. 4 an, dem sich im Wege eines Umkehrschlusses entnehmen lässt, dass durch die Geschäftsbedingungen auch zusätzliche Pflichten für Emittenten von Wertpapieren implementiert werden können. Im Vordergrund aber steht, dass durch die Regulierung des Freiverkehrs ein ordnungsgemäßer Handel aufrechterhalten und dadurch die Funktionsfähigkeit des gesamten Börsenplatzes, insbesondere des regulierten Marktes, sichergestellt wird.[1283] Während die Börsenordnung der Genehmigung durch die Börsenaufsichtsbehörde bedarf[1284] und dadurch unmittelbar der staatlichen Aufsichtsbefugnis über die Börse in Form eines Genehmigungsvorbehalts mit Rechtmäßigkeitskontrolle unterfällt,[1285] sieht das Gesetz für das privatrechtliche Handlungsinstrumentarium des Börsenträgers keine vergleichbaren Kontrollmechanismen vor, insbesondere fehlt es an einer unmittelbaren Gesetzmäßigkeitskontrolle durch die Börsenaufsichtsbehörde.[1286] Die freiverkehrlichen Geschäftsbedingungen des Börsenträgers sind gem. § 48 Abs. 1 S. 1 BörsG zum Schutz des Anlegerpublikums und dem ordnungsgemäßen Funktionieren des regulierten Marktes vor ihrem Erlass von der Geschäftsführung der Börse zu *billigen*.[1287] § 48 Abs. 2 BörsG, der es der Börsenaufsichtsbehörde erlaubt, den Handel im Freiverkehr zu untersagen, wenn ein ordnungsgemäßer Handel in einzelnen Werten nicht mehr gewährleistet

1282 *Meyer*, in: Kümpel/Mülbert/Früh/Seyfried, Bank- und Kapitalmarktrecht, Rn. 14.60.

1283 Baumbach/Hopt/*Kumpan*, § 48 BörsG Rn. 3a; *Meyer*, in: Kümpel/Mülbert/Früh/Seyfried, Bank- und Kapitalmarktrecht, Rn. 14.60 und 14.318 („Zum Schutze des Regulierten Marktes").

1284 *Schlüter*, Börsenhandelsrecht, 385 f. Rn. 177 ff.

1285 Schwark/Zimmer/*Schwark*, KMRK, § 16 BörsG Rn. 4; Baumbach/Hopt/*Kumpan*, § 42 BörsG Rn. 1.

1286 *Meyer*, in: Kümpel/Mülbert/Früh/Seyfried, Bank- und Kapitalmarktrecht, Rn. 14.60.

1287 *Foelsch/Wittmann*, in: Hellner/Steuer, BuB, Rn. 7/608; auch *Seiffert*, in: Kümpel/Mülbert/Früh/Seyfried, Bank- und Kapitalmarktrecht, Rn. 14.318.

erscheint,[1288] kann sich zwar auch auf den gesamten Freiverkehrshandel erstrecken, doch stellt die Untersagungsbefugnis als solche keinen präventiven Kontrollmechanismus der Freiverkehrsregularien dar;[1289] sie führt vielmehr dazu, dass auch die Geschäftsbedingungen für den Freiverkehr einer staatlichen Kontrollmöglichkeit nicht vollständig entzogen sind, mag sich diese auch eher mittelbar auf die Regelgebung durch den Börsenträger auswirken.[1290]

b. Wesentliche Unterschiede zwischen Börsenordnung und den AGB des Freiverkehrshandels

Stellt man Börsenordnung und freiverkehrliche Geschäftsbedingungen als die wesentlichen Regulierungsinstrumente und Handlungsformen des börslichen Handelsplatzes einerseits und des freiverkehrlichen Marktgeschehens andererseits einander gegenüber, so lassen sich nach all dem zwei wesentliche Unterschiede konstatieren.

Dies wäre zunächst die Urheberschaft des jeweiligen Regelungsstatuts: Dem pluralistisch besetzten Kollegialorgan Börsenrat (vgl. nur § 12 Abs. 1 S. 1 bis 5 BörsG)[1291] steht der – in der Regel als juristische Person des Privatrechts verfasste – Börsenträger gegenüber, aus dessen Sphäre sich die Normgenese nur ungleich schwerer nachvollziehen lässt und insbesondere kein rechtsstaatlichen Grundsätzen verpflichtetes Normsetzungsverfahren vorgesehen ist.[1292]

Ein weiterer wesentlicher Unterschied besteht hinsichtlich des Kontrollumfangs, dem die jeweiligen Regelwerke unterworfen sind. Hier steht die unmittelbare staatliche Gesetzmäßigkeitskontrolle mit präventiven Elementen durch die Börsenaufsichtsbehörde der Billigung freiverkehrlicher Geschäftsbedingungen durch die Geschäftsführung der Börse gegenüber.[1293] Die staatliche Börsenaufsicht erfasst die freiverkehrlichen Regularien als Grundlage eines

---

1288 Dazu auch *Seiffert*, in: Kümpel/Mülbert/Früh/Seyfried, Bank- und Kapitalmarktrecht, Rn. 14.319.

1289 Schwark/Zimmer/*Schwark*, KMRK, § 48 BörsG Rn. 29.

1290 Vgl. auch Baumbach/Hopt/*Kumpan*, § 48 BörsG Rn. 3; dazu auch *Seiffert*, in: Kümpel/Mülbert/Früh/Seyfried, Bank- und Kapitalmarktrecht, Rn. 14.319.

1291 VGH Kassel 2007, 1264 (1269); ausführlich *Augsberg*, Rechtsetzung zwischen Staat und Gesellschaft, 167 ff.; auch *Hammen*, AG 2001, 549 (552 ff.)

1292 Vgl. zur demokratischen Legitimation des Börsenträgerhandelns *Bredt*, WM 2013, 1839 (1846 f.); vgl. auch *Hammen*, Börsen und multilaterale Handelssysteme, 61 f., 67.

1293 *Meyer*, in: Kümpel/Mülbert/Früh/Seyfried, Bank- und Kapitalmarktrecht, Rn. 14.60.

ordnungsgemäßen Freiverkehrshandels nämlich erst, nachdem sie in Kraft gesetzt worden sind (vgl. § 48 Abs. 2 BörsG).

Für die Geschäftsbedingungen des Börsenträgers, die – wie im Falle des Prime Standards für Unternehmensanleihen – zu einer ausschnittsweisen Regulierung des regulierten Börsenmarktes eingesetzt werden sollen, bedeutet das, dass ein wesentliches Element staatlicher Börsenaufsicht ausgeschaltet wird, indem etwa auch Folgeänderungen des Regelwerks keiner Zustimmung der Aufsichtsbehörde bedürfen.[1294] Das wirkt sich auch auf die Möglichkeiten der Börse aus, Verstöße gegen das Regelwerk angemessen zu sanktionieren. Denn bei den privatrechtlichen Listingbedingungen des Anleihesegments handelt es sich nicht um die in § 22 Abs. 2 S. 1 BörsG tatbestandlich erfassten *börsenrechtlichen Vorschriften*.[1295] Auch § 22 Abs. 2 S. 2 BörsG bietet in diesem Fall keine Handhabe, um auf das Vertragswerk zuzugreifen, weil die weitergehenden Pflichten nicht *aus* der Zulassung des Emittenten zum regulierten Markt resultieren.[1296] Stattdessen sieht § 6 der Teilnahmebedingungen für den Prime Standard für Unternehmensanleihen eine nach Art und Schwere des Regelwerksverstoßes gestufte Vertragsstrafe vor, die nur mit einer auf Vertragserfüllung gerichteten Leistungsklage vor den Zivilgerichten durchgesetzt werden könnte.[1297]

Die Unterschiede und die gesetzlich konturierten Regelungs- und Anwendungsbereiche liegen letztendlich auch in der dualistischen Konzeption des

---

1294 Dazu auch *Seiffert*, in: Kümpel/Mülbert/Früh/Seyfried, Bank- und Kapitalmarktrecht, Rn. 14.60.

1295 So in Bezug auf die Handelsordnung für den Freiverkehr auch *Seiffert*, in: Kümpel/Mülbert/Früh/Seyfried, Bank- und Kapitalmarktrecht, Rn. 14.315; vgl. außerdem *Hammen*, in: Festschrift für Hartmut Schmidt zum 65. Geburtstag, 313 (327); a.A. noch bei Schwark/Zimmer/Beck, KMRK, 4. Auflage 2010, § 22 BörsG Rn. 17, dort aber in Bezug auf die Richtlinien des Freiverkehrshandels. Hier aber fehlt es gerade an der nach § 48 Abs. 1 S. 1 BörsG erforderlichen Genehmigung des Regelwerks durch die Börsengeschäftsführung; vgl. nunmehr auch Schwark/Zimmer/*Kumpan*, KMRK, § 22 BörsG Rn. 8.

1296 VG Frankfurt am Main, Urt. v. 8. Juli 2018, 1 E 2583/07 = ZIP 2009, 18 ff.; auch Baumbach/Hopt/*Kumpan*, § 48 BörsG Rn. 3; *Meyer*, in: Kümpel/Mülbert/Früh/Seyfried, Bank- und Kapitalmarktrecht, Rn. 14.72.

1297 Zu der Frage, ob es sich bei dem Regelwerk eines Marktsegments des regulierten Marktes um einen öffentlich-rechtlichen Vertrag handelt, der gem. $ 40 Abs. 2 S. 1 VwGO vor den Verwaltungsgerichten durchzusetzen wäre s. noch weiter unten Kapitel 4 § 2 II.2.c.

deutschen Börsenorganisationsrechts begründet,[1298] aufgrund dessen sich die Handlungspotenziale der börslichen Akteure in der zuvor geschilderten Weise „zwischen freier Aushandlung und hoheitlicher Festlegung“ bewegen.[1299] Sie geben Anlass zu der Annahme, dass die Börse nicht nach Belieben aus dem Strauß börslicher Handlungsformen wählen darf, und verlangen zugleich, wenn es um die autonome Regulierung des Börsenmarktes geht, nach einer Abgrenzung der Zuständigkeitsbereiche von Börsenrat und Börsenträger. Es wäre der Börse andernfalls unbenommen, spezifische Verfahrens-, Form- und Rechtmäßigkeitsanforderungen des Börsengesetzes an die Ausgestaltung der gesetzlichen Marktsegmente für den Börsenhandel zu umgehen, indem der Börsenträger ihren Platz einnimmt und eine Marktregulierung an der Börsenaufsicht vorbei betreibt.

2. *Unzulässigkeit einer privatrechtlichen Segmentregulierung im Normbereich des § 42 BörsG*

a. *Systematische Bedenken – Zur Abgrenzung der Regulierungskompetenzen anhand des Börsengesetzes*

Auch abseits einer ausdrücklichen Zuständigkeitsabgrenzung, wie sie etwa in § 48 Abs. 1 S. 1 bis 3 BörsG aufgrund des Umstands, dass der Börsenrat auch die Handelsordnung gem. § 12 Abs. 2 S. 1 Nr. 1 BörsG als Satzung erlässt,[1300] für die Regulierung des Freiverkehrshandels vorgenommen wird, geht das davon aus, dass sich die Regulierungskompetenzen von Börsenrat und Börsenträger grundsätzlich auf den börslichen Handelsplatz beschränken, der ihnen nach der gesetzlichen Konzeption zur eigenverantwortlichen Ausgestaltung zugewiesen ist; für den Börsenträger ist das der Freiverkehr, für den Börsenrat als Organ der Börse der regulierte Markt.[1301]

1298 Vgl. nur *Kümpel*, BKR 2003, 3 (4 f., 7 f.); *Grundmann*, in: Großkomm. HGB, Bankvertragsrecht 11/2, Siebter Teil Rn. 4; außerdem *Meyer*, in: Kümpel/Mülbert/Früh/Seyfried, Bank- und Kapitalmarktrecht, Rn. 14.91 ff., insbesondere Rn. 14.102; auch *S. Augsberg*, in: Ehlers/Fehling/Pünder, Öffentliches Wirtschaftsrecht, § 35 Börsenrecht Rn. 11; *Segna*, Rechtsform deutscher Wertpapierbörsen, 2 f.; grundlegend zur dualen Organisationsstruktur auch *Poelzig*, Kapitalmarktrecht, § 7 Rn. 154 ff.

1299 *S. Augsberg*, in: Ehlers/Fehling/Pünder, Öffentliches Wirtschaftsrecht, § 35 Börsenrecht Rn. 4.

1300 Dazu auch *Seiffert*, in: Kümpel/Mülbert/Früh/Seyfried, Bank- und Kapitalmarktrecht, Rn. 14.306.

1301 Zu den unterschiedlichen Zuständigkeitsbereichen von Börse und Börsenträger vgl. auch *Segna*, Rechtsform deutscher Wertpapierbörsen, 2 f.; auch *Bachmann*, WM 2001,

Dieselbe Zuständigkeits- und Kompetenzproblematik wie die hier vorliegende Fragestellung nach der Zulässigkeit der Regelsetzung durch den Börsenträger lag auch dem *Berliner Börsenstreit* von 1902 zugrunde. Damals stritten die Korporation der Berliner Kaufmannschaft, eine privatrechtliche Vereinigung und die Handelskammer Berlin, eine Körperschaft des öffentlichen Rechts, über die Zuständigkeitsverteilung im Rahmen der Aufsicht über das Börsengeschehen, nachdem man meinte, die Kaufmannschaft habe infolge der Einordnung der Börse als Einrichtung des öffentlichen Rechts durch das Börsengesetz von 1896 ihre bis dahin wahrgenommenen Regulierungs- und Aufsichtsbefugnisse verloren.[1302] Die Streitfrage nach der Zulässigkeit einer derartigen Kompetenzverschiebung entschied das Preußische Ministerium für Handel und Gewerbe schließlich dahin gehend, dass es die Zuständigkeit für den Erlass der Börsenordnung nicht bei der Kooperation der Berliner Kaufmannschaft als wirtschaftlichem Träger der Börsenveranstaltung, sondern den Organen der Börse ansiedelte.[1303] Damit entspricht die Entscheidung der heutigen Systematik der Regulierungskompetenzen des Börsengesetzes.[1304] Gem. § 1 Abs. 1 S. 1 BörsG nämlich gilt das Börsengesetz für den Betrieb und die Organisation von Börsen, die Zulassung von Handelsteilnehmern, Finanzinstrumenten, Rechten und Wirtschaftsgütern zum Börsenhandel, für die Ermittlung des Börsenpreises, die Zuständigkeiten und Befugnisse der Börsenaufsichtsbehörde und für die Sanktionierung von Verstößen gegen kapitalmarktrechtliche Verhaltensanforderungen. Es ist nach S. 2 aber auch anzuwenden auf den Betrieb von MTF oder OTF durch den Börsenträger an einer Börse. *Börsenbetrieb* meint in diesem Zusammenhang nicht nur die Bereitstellung und den Betrieb der Börsenhandels- und -abwicklungssysteme und den eigentlichen Handel in den Strukturen der Börsenhandelsplätze, sondern insbesondere auch die Vorgänge und Abläufe

---

1793 (1793 f.); außerdem *Bröcker*, in: Claussen, Bank- u. Börsenrecht, § 6 Rn. 13, der betont, das Börsengesetz bilde den „Rechtsrahmen für die Marktsegmente".

1302 Vgl. dazu *Hammen*, Verschmelzung von Börsen?, in: Francioni/Müller/Hammen, ILF-Symposion Börsenkooperationen im Labyrinth des Börsenrechts, Working Paper Series No. 81, 19 (28 f.).

1303 *Göppert*, Das Recht der Börsen, 4 f., 107, 185; *Seiffert*, in: Kümpel/Mülbert/Früh/Seyfried, Bank- und Kapitalmarktrecht, Rn. 14.165 ff.; *Hammen*, AG 2001, 549 (557); *Segna*, Rechtsform deutscher Wertpapierbörsen, 2 f.; *Burgi*, WM 2009, 2337 (2338); *Schlüter*, Börsenhandelsrecht, 374 f. Rn. 120 ff.

1304 Zu der Zusändigkeitsordnung des Börsengesetzes vgl. auch *Hammen*, in: Festschrift für Hartmut Schmidt zum 65. Geburtstag, 313 (331); außerdem *Hammen*, Börsen und multilaterale Handelssysteme, 57 f.

im Rahmen der börslichen Selbstverwaltung wie die Schaffung und Durchsetzung des börslichen Regelwerks.[1305] Das erklärt auch, warum nach § 1 Abs. 1 S. 2 BörsG als börsliche Handelsplätze durch den *Börsenträger* nur der Freiverkehr (§ 48 BörsG), ein KMU-Wachstumsmarkt (§ 48a BörsG) oder ein organisiertes Handelssystem (§ 48b BörsG) *betrieben* werden können.[1306] Der Begriff ist demnach nicht gleichzusetzen mit der in § 5 Abs. 1 S. 1 BörsG normierten Betriebspflicht des Börsenträgers in seiner Eigenschaft als Beliehener.[1307] Insofern obliegt dem Träger der Börse ja gerade, die unabhängige Aufgabenwahrnehmung der für die Börse handelnden Anstaltsorgane zu gewährleisten.[1308] Für den Bereich der Teilbereichsregulierung kann ihm lediglich die aus § 5 BörsG abgeleitete und an den sich „dynamisch verändernden Anforderungen des Börsenmarkts“[1309] orientierte Pflicht erwachsen, die Einrichtung des neuen Segments auch adäquat zu vermarkten, etwa durch die Berechnung teilbereichsbasierter Performanceindizes.[1310]

Die klare Trennung der Regulierungskompetenzen in Bezug auf die unterschiedlichen Handelsplätze, die an einer Börse organisiert werden können,[1311]

1305 Begr. RegE FinanzmarktRL-Umsetzungsgesetz, BT-Drucks. 16/4028, 79; Baumbach/Hopt/*Kumpan*, § 1 BörsG Rn. 2.

1306 Zu dem auf die börslichen Wertpapierhandelsplätze beschränkten Anwendungsbereich des Börsengesetzes vgl. auch *Seiffert*, in: Kümpel/Mülbert/Früh/Seyfried, Bank- und Kapitalmarktrecht, Rn. 14.2.

1307 Schwark/Zimmer/*Kumpan*, KMRK, § 5 BörsG Rn. 2 ff.; *Groß*, Kapitalmarktrecht, § 5 BörsG Rn. 4 f.; Baumbach/Hopt/*Kumpan*, § 5 BörsG Rn. 1a; *Hammen*, Börsen und multilaterale Handelssysteme, 61; s. zur Betriebspflicht ferner *Meyer*, in: Kümpel/Mülbert/Früh/Seyfried, Bank- und Kapitalmarktrecht, Rn. 14.156 ff.; zur Einführung einer Betriebspflicht des Börsenträgers im Rahmen des Vierten Finanzmarktförderungsgesetzes vgl. *Beck*, BKR 2002, 662 (664).

1308 *S. Augsberg*, in: Ehlers/Fehling/Pünder, Öffentliches Wirtschaftsrecht, § 35 Börsenrecht Rn. 12; deutlicher noch *Schwark*, WM 2000, 2517 (2529 f.), der den Börsenträger hinsichtlich der Prägung des Anstaltszwecks „insoweit außerhalb der Börse“ verortet.

1309 *Burgi*, WM 2009, 2337 (2340); dazu auch *Hammen*, Börsen und multilaterale Handelssysteme, 53, 55.

1310 *Kümpel*, in: Kümpel/Hammen/Ekkenga, Kapitalmarktrecht, Loseblatt, Stand: 4/03, Kennz. 060 Rn. 239.

1311 *Binder*, in: Großkomm. HGB, Bankvertragsrecht 11/2, Siebter Teil Rn. 142 („Der Börsenträger selbst hat nach alledem keinen gesetzlich vorgesehenen Einfluss auf den Börsenbetrieb, was in der Praxis indessen vielfach durch Personalunion zwischen Vertretern oder Angestellten des Börsenträgers und der Börsengeschäftsführung kompensiert wird.“); auch *Christoph*, Börsenkooperationen und Börsenfusionen,

ergibt sich weiter daraus, dass den Betriebs- bzw. Regulierungsbegriff des öffentlich-rechtlichen Marktsegments entsprechend der Konzeption des europäischen Rechts der börslichen Handelsplätze[1312] auszeichnet, „dass das zugrunde liegende Regelwerk verbindlich sein muss und nicht individuell abbedungen werden kann."[1313] Das entspricht der Forderung des Unionsgesetzgebers, nach der der Handel in den Strukturen des regulierten Marktes dem öffentlichen Recht des jeweiligen Herkunftsmitgliedstaats unterliegen muss.[1314] Im Falle privatrechtlicher Listinganforderungen, wie den Teilnahmebedingungen für das Anleihesegment innerhalb des regulierten Marktes, ist dies, anders als bei „im Wege der Selbstverwaltung der Börse erlassenen Bestimmungen", die einen „satzungsrechtlichen Charakter" aufweisen,[1315] aber nicht mehr ohne Weiteres gewährleistet. Anschaulich zeigt sich das insbesondere an § 16 der AGB für den Prime Standard für Unternehmensanleihen, nach dem Änderungen des Vertragswerks dem Anleiheemittenten schriftlich *angeboten* werden müssen. Es bestehen deshalb zunächst systematische Bedenken gegenüber der regulatorischen Ausgestaltung des Prime Standards für den Anleihehandel innerhalb des regulierten Marktes mit den Mitteln des Privatrechts.

b. Funktionale Bedenken

Im Rahmen der *penny-stock*-Krise des Neuen Marktes[1316] hat sich gezeigt, dass mit der privatrechtlichen Gestaltung besonderer Marktsegmente ein nicht unerheblicher Verlust regulatorischer Effizienz einhergeht. Dieser resultiert daraus, dass der Börsenträger – anders als der Börsenrat im Wege der Satzungsänderung unter Beteiligung der Börsenaufsichtsbehörde – grundsätzlich nicht einseitig in bestehende Börsennutzungsverhältnisse einzugreifen vermag.[1317] Deshalb bedürfen Änderungen des Regelwerks gem. § 16 der AGB für den Prime Standard für Unternehmensanleihen auch der vorherigen Zustimmung

146 f.; ähnlich auch *Kümpel*, BKR 2003, 3 (4 ff.); in diese Richtung auch *S. Augsberg*, in: Ehlers/Fehling/Pünder, Öffentliches Wirtschaftsrecht, § 35 Börsenrecht Rn. 12.

1312 Art. 44 Abs. 4 MiFID II und oben Kapitel 2 § 1 II.1.

1313 Begr. RegE FinanzmarktRL-Umsetzungsgesetz, BT-Drucks. 16/4028, 79.

1314 Oben Kapitel 2 § 1 II.1.

1315 Begr. RegE FinanzmarktRL-Umsetzungsgesetz, BT-Drucks. 16/4028, 79; vgl. auch *Brockhausen*, in: Becker/Förschler/Klein, MiFID, Rn. 226.

1316 Dazu vgl. *Hammen*, Börsen und multilaterale Handelssysteme, 68 f.

1317 Dazu auch *Hammen*, Börsen und multilaterale Handelssysteme, 62, 67 f.; *Kümpel*, BKR 2003, 3 (10 ff.); *Burgi*, WM 2009, 2337 (2338); vgl. dazu auch *Seiffert*, in: Kümpel/Mülbert/Früh/Seyfried, Bank- und Kapitalmarktrecht, Rn. 14.434.

des Anleiheemittenten. Erklärt sich ein Emittent mit einer ihm angetragenen Änderung des Regelwerks nicht einverstanden, steht der Deutsche Börse AG lediglich das ihr vertraglich eingeräumte Recht zu, die Teilnahme am Prime Standard für Anleihen gegenüber dem Emittenten gem. § 16 Abs. 3 des Regelwerks mit einer Frist von sechs Wochen zu kündigen. Dass im Prime Standard für Unternehmensanleihen auch mehrere Anleihen der Deutsche Börse AG selbst notieren,[1318] führt hier, ebenso wie im Rahmen der Überwachung und Sanktionierung möglicher Verstöße gegen das Regelwerk, zu geradezu kuriosen Folgefragen, die sich in dieser Form nicht stellten, wäre der Börsenträger als Anleiheemittent einem von dem Börsenrat innerhalb des börslichen Satzungsrechts erlassenen Regelwerk unterworfen.

Wurde der Neue Markt noch überwiegend als Teil des Freiverkehrs wahrgenommen, handelt es sich bei dem Prime Standard für Unternehmensanleihen um einen Ausschnitt des regulierten Marktes.[1319] Nun mag aber durch die Lokalisierung innerhalb des regulierten Marktes für das Anlegerpublikum der Eindruck entstehen, das Segment werde auch mit den Mitteln des öffentlichen Rechts, insbesondere also der Börsenordnung, ausgestaltet und die Regelsetzung durch die Börsenaufsichtsbehörde überwacht.[1320] Beides aber trifft jedenfalls auf die segmentspezifischen Transparenz- und Verhaltenspflichten nicht zu.[1321] Es kann deshalb auch nicht ausgeschlossen werden, dass dieser Eindruck noch durch den Prime Standard für den Aktienhandel, einem echten Teilbereich in den Strukturen des regulierten Marktes, verstärkt wird und das Anlegerpublikum die beiden Sondersegmente hinsichtlich der Leistungsfähigkeit ihrer rechtlichen Grundlagen als gleichwertig wahrnimmt.[1322] Äußerstenfalls besteht sogar die Gefahr, dass Missstände innerhalb des Prime Standards für Unternehmensanleihen, die auf der besonderen regulatorischen Struktur des Segments beruhen, auch den übrigen regulierten Markt und insbesondere den gleichnamigen

---

1318 Vgl. dazu die Übersicht der an der Frankfurter Wertpapierbörse in Prime Standard und Scale gelisteten Unternehmensanleihen, abrufbar unter https://www.deutsche-boerse-cash-market.com/dbcm-de/instrumente-statistiken/statistiken/unternehmensanleihen (Abrufdatum: 31. März 2021).

1319 Zur Einordnung des Segments auch *Bröcker*, in: Claussen, Bank- u. Börsenrecht, § 6 Rn. 85 und zu den Folgepflichten Rn. 115.

1320 Vgl. bereits oben Kapitel 1 § 2 I.3.

1321 Vgl. auch *Bröcker*, in: Claussen, Bank- u. Börsenrecht, § 6 Rn. 85, 115.

1322 Die Vorzüge einer öffentlich-rechtlichen Marktregulierung betont auch *Seiffert*, in: Kümpel/Mülbert/Früh/Seyfried, Bank- und Kapitalmarktrecht, Rn. 14.434.

Teilbereichshandel infizieren.[1323] Deshalb sieht sich das Anleihesegment, dessen Regulierung in den Formen des Privatrechts wesentliche Anliegen der Ermächtigungsgrundlage für den Teilbereichshandel konterkariert, auch mit Blick auf die institutionelle Gesamtmarkttransparenz nicht unerheblichen Bedenken ausgesetzt.[1324]

c. *Unzulässigkeit einer privatrechtlichen Ausgestaltung i.S.d. Zwei-Stufen-Theorie*

Schließlich handelt es sich, nicht zuletzt aufgrund der systematischen Bedenken, bei der Regulierung des öffentlich-rechtlichen Börsenmarktes mit den Mitteln des Privatrechts auch nicht um einen Fall der Zwei-Stufen-Theorie, aus deren Anwendungsbereich die Unterscheidung zwischen einer das Anstaltsbenutzungsverhältnis begründenden, dem öffentlichen Recht zuzuordnenden Zulassungsentscheidung („Ob") und dessen Ausgestaltung auf privatrechtlicher Grundlage („Wie") hinreichend bekannt ist.[1325] Werden Teilbereiche innerhalb des regulierten Marktes auf vertraglicher Basis *rekonstruiert* stellt sich nämlich weiter die Frage, ob dieser Ansatz überhaupt auf die Regulierung des öffentlich-rechtlich verfassten Börsenmarktes übertragen werden kann. Das ist jedenfalls im Bereich der Segmentregulierung mittels allgemeiner Listingbedingungen zu verneinen, die an entscheidenden Stellen von dem typischen Muster der Zwei-Stufen-Theorie abweicht.

Zunächst geht der originäre Anwendungsbereich der Zwei-Stufen-Theorie regelmäßig von der personalen Identität des hoheitlichen Entscheidungsträgers auf der ersten und dem Kontrahenten auf der zweiten Stufe des Nutzungs- oder Leistungsverhältnisses aus. Er setzt jedenfalls eine besondere Beziehung zwischen beiden voraus, vermöge derer der Entscheidungsträger auf das Abwicklungsverhältnis gestaltend einwirken kann.[1326] Entscheidend ist in diesem Zusammenhang in der Regel auch, dass für die zweite Stufe, das Leistungs- oder Nutzungsverhältnis, keine dem öffentlichen Recht zu entnehmende Regelung

---

1323 Zur rechtlichen Einordnung der Freiverkehrsregularien vgl. noch Schwark/Zimmer/*Beck*, KMRK, 4. Auflage 2010, § 22 BörsG Rn. 17 und nunmehr Schwark/Zimmer/*Kumpan*, KMRK, § 22 BörsG Rn. 8.

1324 Zu diesem Aspekt der Marktregulierung in Bezug auf die Werte des börslichen Freiverkehrshandels vgl. auch *Seiffert*, in: Kümpel/Mülbert/Früh/Seyfried, Bank- und Kapitalmarktrecht, Rn. 14.322.

1325 Eingehend *von Alemann/Scheffczyk*, in: Bader/Ronellenfitsch, BeckOK-VwVfG, § 35 Rn. 208 ff.; auch *Maurer*, Allgemeines Verwaltungsrecht, § 3 Rn. 18.

1326 *Ehlers/Schneider*, in: Schoch/Schneider/Bier, VwGO, § 40 Rn. 260.

bereitsteht und damit das Ausweichen der Verwaltung in privatrechtliche Handlungsformen gerechtfertigt wird.[1327] Beides ist im Anwendungsbereich von § 42 Abs. 1 BörsG nicht der Fall. Dass der *Börsenträger*, offensichtlich bedingt durch die mangelnde, in ihrer Reichweite jedenfalls nebulöse Privatrechtsfähigkeit der Börse und ihrer Geschäftsführung,[1328] zum Vertragspartner der Listingbedingungen deklariert wird, hat nämlich zur Folge, dass sich die in den bekannten Konstellationen vorausgesetzte Grundrechtsbindung des Verwaltungsträgers nicht ohne Weiteres auf der zweiten Stufe des Anstaltsnutzungsverhältnisses fortsetzen lässt.[1329] Hier stehen sich viel eher zwei Privatrechtssubjekte gegenüber, denn nach dem zuvor Gesagten umfasst auch der an den Börsenträger gerichtete Beleihungsauftrag insbesondere nicht die Regulierung des öffentlich-rechtlichen Börsenmarktes.[1330]

Die Zwei-Stufen-Theorie geht weiter davon aus, dass die zweite Stufe, die Durchführung des zunächst hoheitlich begründeten Verwaltungsverhältnisses, ein zivilrechtliches Rechtsverhältnis erfordert.[1331] Sie beruht damit auf der Prämisse, dass das öffentliche Recht dieses Durchführungsverhältnis entweder überhaupt nicht erfasst oder nicht sinnvoll erfassen kann, weil es sich etwa um ein Dauerschuldverhältnis handelt oder, im Falle der Subventionierung, eine privatrechtliche Institution zwischengeschaltet werden soll.[1332] Diese Annahme sowie das damit verbundene zweistufige Vorgehen ist freilich alles andere als unbestritten,[1333] sie trifft aber jedenfalls auf die Teilbereichsregulierung nicht zu. Für diese stehen nämlich spätestens seit dem Vierten Finanzmarktförderungsgesetz börsengesetzliche Ermächtigungsgrundlagen zur Verfügung, die die Bestimmung

1327 *Ehlers/Schneider*, in: Schoch/Schneider/Bier, VwGO, § 40 Rn. 255 ff., 295 ff.; zu den Voraussetzungen auch *Dehlinger*, Vertragliche Marktsegmentregulierung, 33.

1328 Hierzu jüngst *Hammen*, in: Festschrift für Theodor Baums zum siebzigsten Geburtstag, 547 (556 ff.); außerdem *Burgi*, WM 2009, 2337 (2339).

1329 *Wolf*, WM 2001, 1785 (1787); dazu auch *Ehlers*, Verwaltung in Privatrechtsform, 212 ff.

1330 Schwark/Zimmer/*Kumpan*, KMRK, § 5 BörsG Rn. 9; vgl. auch *Jaskulla*, WM 2002, 1093 (1094); s. ferner *Hammen*, Börsen und multilaterale Handelssysteme, 75 f., 78.

1331 *de Wall*, Anwendbarkeit privatrechtlicher Vorschriften im Verwaltungsrecht, 36; kritisch *Ehlers/Schneider*, in: Schoch/Schneider/Bier, VwGO, § 40 Rn. 255 ff., 265.

1332 *Bullinger*, Öffentliches Recht und Privatrecht, 66; MüKo-BGB/*Berger*, Vorbem. § 488 Rn. 82 f.

1333 Vgl. nur *Trute*, in: Hoffmann-Riem/Schmidt-Aßmann, Öffentliches Recht und Privatrecht, 167 (180); *Stelkens*, in: Stelkens/Bonk/Sachs, VwVfG, § 40 Rn. 109 ff.; *Ehlers/Schneider*, in: Schoch/Schneider/Bier, VwGO, § 40 Rn. 255 ff., 265.

der Komponenten des anstaltlichen Nutzungsverhältnisses der Börsenordnung, dadurch der Börsenanstalt zur Konkretisierung der ihr staatlicherseits übertragenen Aufgabe, den börslichen Wertpapierhandel zu organisieren, und demnach dem öffentlichen Recht zuweisen und gleichzeitig letztgültig determinieren.[1334] Die so verstandene *zweite Stufe* in einem solchen Bereich dem Zivilrecht zu unterstellen ist dann nicht nur verzichtbar, sondern auch unstatthaft, denn auch das Nutzungsverhältnis in seiner besonderen Prägung, die es infolge eines Teilbereichslistings erhält, kann in einem solchen Fall öffentlich-rechtlich ausgestaltet werden.[1335] Auch insofern weicht die Regulierung des Börsenmarktes in den Formen des Privatrechts von dem gedanklichen Ausgangspunkt der Zwei-Stufen-Theorie ab, die das Vollzugs- und Abwicklungsverhältnis regelmäßig als eine Rechtsbeziehung privatrechtlicher Natur betrachtet.[1336] Das Börsenbenutzungsverhältnis ist aber schon abseits des § 42 BörsG in seinen Grundstrukturen nach unbestrittener Ansicht dem öffentlichen Recht zuzuordnen.[1337] Die privatrechtliche Segmentregulierung innerhalb des regulierten Börsenmarktes stellt deshalb auch keinen Anwendungsfall der Zwei-Stufen-Theorie dar.[1338]

1334 Zur börslichen Aufgabenwahrnehmung als Staatsaufgabe vgl. *Burgi*, WM 2009, 2337 (2338 f.); vgl. auch *Kempen*, Formenwahlfreiheit, 128, für den Bereich des Verwaltungsprivatrechts; außerdem *Nassauer*, Verwaltung und Privatrechtsform, 120 f., 148 f., der die Geltung öffentlich rechtlicher Rechtssätze davon abhängig machen will, ob es sich bei dem jeweiligen Sachverhalt um die „Erfüllung einer Verwaltungsaufgabe" handelt. *Nassauer* lässt dann zwar auch die Zwischenschaltung eines Privaten zu, unterstellt dessen Verhältnis zu den Bürgern dann aber auch dem öffentlichen Recht und begründet dies damit, dass letztendlich die Verwaltung für die Funktion des zwischengeschalteten Privaten garantiert.

1335 *Stelkens*, in: Stelkens/Bonk/Sachs, VwVfG, § 35 Rn. 118; auch *Damrau*, Selbstregulierung, 318 („Im Zweifel ist aber auch hier von einer öffentlich-rechtlichen Nutzungsbeziehung auszugehen."); zur Ausgestaltung des Börsennutzungsverhältnisses in der Börsenordnung vgl. auch *Seiffert*, in: Kümpel/Mülbert/Früh/Seyfried, Bank- und Kapitalmarktrecht, Rn. 14.458.

1336 *von Alemann/Scheffczyk*, in: Bader/Ronellenfitsch, BeckOK-VwVfG, § 35 Rn. 209 ff.; *Ehlers/Schneider*, in: Schoch/Schneider/Bier, VwGO, § 40 Rn. 265.

1337 *Kümpel/Hammen*, Börsenrecht, 177 ff.; *Seiffert*, in: Kümpel/Mülbert/Früh/Seyfried, Bank- und Kapitalmarktrecht, Rn. 14.411 und deutlich Rn. 14.438 und Rn. 14.457; *Lenenbach*, Kapitalmarktrecht, Rn. 3.232; auch *Müssig*, Börsenbenutzungsverhältnisse, 31 ff., 143 ff.; *Schiemzik*, Segmentwechsel, 47.

1338 Vgl. auch *Mues*, Börse als Unternehmen, 82 f.

III. Zwischenbefund: § 42 Abs. 1 BörsG als *Formvorschrift* zur Regulierung des öffentlich-rechtlichen Börsenmarktes

Die vorstehenden Erwägungen deuten darauf hin, dass es sich bei dem Prime Standard für Unternehmensanleihen aufgrund seiner konkreten regulatorischen Strukturen um eine unzulässige Umgehungsstrategie der in § 42 Abs. 1 BörsG definierten Gestaltungsgrenzen handelt. Um den Verdacht zu entkräften, wird sich der Börsenträger wohl auch nicht auf den Standpunkt stellen können, es handele sich aufgrund des besonderen Zuschnitts auf den Anleihehandel um eine Form der Segmentregulierung, die sich außerhalb der Koordinaten des § 42 BörsG bewege und deshalb sämtlichen zuvor aufgezeigten Kritikpunkten entzogen sei. Denn wie bereits eingangs erläutert ist kollisionsrelevantes Abgrenzungskriterium der Teilbereichsregulierung nicht bloß die Wertpapierart, für die der jeweilige Teilbereich geschaffen worden ist, sondern die Segmentierung des regulierten Börsenmarktes in Gestalt weitergehender Sonderpflichten als solche, wobei ein Ausschnitt des Grundmarkthandels in seiner gesetzlichen Prägung fortbesteht.[1339] Der Ermächtigungsgrundlage kommt in dieser Hinsicht die Funktion einer besonderen *Formvorschrift* zu; sie schließt privatrechtliche Handlungsformen wie Listingbedingungen oder Regelwerke innerhalb ihres Normbereichs von der Gestaltung des regulierten Marktes aus und weist die Segmentierung desselben mittels teilbereichsspezifischer Zusatzpflichten dem börslichen Satzungsrecht zu.[1340] Das Gesetz zwingt die Börse hier also in eine bestimmte Handlungsform.[1341] Privatrechtlich regulierte Sondersegmente innerhalb des regulierten Marktes aber „unterlaufen“[1342] dieses gesetzgeberische Anliegen und nehmen in Kauf, dass für § 42 Abs. 1 BörsG an sich kein eigenständiger, sinnvoller Anwendungsbereich mehr verbleibt.

1339 *Gebhardt*, in: Schäfer/Hamann, KMG, § 42 BörsG Rn. 4 f.

1340 Vgl. auch *Pestalozza*, Formenmißbrauch des Staates, 171 f.; dazu auch *Erbguth*, Allgemeines Verwaltungsrecht, § 5 Rn. 15 f.; *Stelkens*, in: Stelkens/Bonk/Sachs, VwVfG, § 35 Rn. 3; zu den Konsequenzen der dualistischen Organisationsstruktur auch *Segna*, Rechtsform deutscher Wertpapierbörsen, 2 f.

1341 Dazu *Pestalozza*, Formenmißbrauch des Staates, 175 f. („Nur wo es an einer öffentlichrechtlichen Norm zur Regelung eines Sachverhaltes fehlt, an dem der Staat beteiligt ist, kommt die Anwendung nicht öffentlichrechtlicher Rechtssätze in Betracht. Öffentliches Recht ist in diesem Sinne zwingendes Recht; an der Kollisionsnorm kommt der Staat nicht vorbei [...]“); so auch *Ehlers/Schneider*, in: Schoch/Schneider/Bier, VwGO, § 40 Rn. 256; auch *Gebhardt*, in: Schäfer/Hamann, KMG, § 42 BörsG Rn. 14.

1342 *Gebhardt*, in: Schäfer/Hamann, KMG, § 42 BörsG Rn. 4.

Fünftes Kapitel Börsenhandel in Teilbereichen

Mit Rücksicht auf die Gestaltungsgrenzen der Ermächtigungsgrundlage wendet sich das nachfolgende letzte Kapitel der Darstellung des Sonderpflichtenbestands des Prime Standards für den Aktienhandel an der Frankfurter Wertpapierbörse zu. Es soll die Frage beantworten, inwiefern die Ermächtigungsgrundlage in der Regulierungspraxis vor dem Hintergrund ihrer Zwecksetzung genutzt wird, wobei zunächst das bereits zu Beginn der Untersuchung grob skizzierte teilbereichseigene Pflichtenregime an der Frankfurter Wertpapierbörse in seiner heutigen Gestalt eingehender betrachtet werden soll (unten Kapitel 5 § 1).[1343] Im Anschluss geht es um das börseneigene Sanktionsregime als Reaktionsmöglichkeit auf Pflichtverstöße in Teilbereichen (unten Kapitel 5 § 2), die Möglichkeit des freiwilligen Rückzugs des Emittenten in den Grundmarkthandel (unten Kapitel 5 § 3) und schließlich die Folgen der Beendigung eines Teilbereichslistings (unten Kapitel 5 § 4).

§ 1 Teilbereichsspezifische Sonderpflichten und Gebührenstruktur

I. Maßgeblicher Entstehungszeitpunkt der Pflichten nach §§ 51 bis 53 BörsO FWB

Die erweiterten, auf den Teilbereichshandel beschränkten Sonderpflichten gelten gegenüber dem Emittenten gem. § 50 Abs. 1 BörsO FWB erst ab dem Zeitpunkt, in dem die von ihm zuvor beantragte Zulassung seiner Wertpapiere zum Prime Standard erfolgt ist.[1344]

1. Zeitpunkt der Teilbereichszulassung

Die in den §§ 51 bis 53a der BörsO statuierten Sonderpflichten müssen dann erstmals für diejenigen Finanzberichte und Quartalsmitteilungen erfüllt

1343 Der Prime Standard ist als Teil des IV. Abschnitts der Börsenordnung der Frankfurter Wertpapierbörse über die Zulassung von Wertpapieren zum regulierten Markt in den §§ 48 bis 57 BörsO FWB geregelt.

1344 Vgl. aber auch *Schäfer*, in: Marsch-Barner/Schäfer, Hdb. börsennotierte AG, Rn. 12.37; BeckHdB-AG/*Harrer*, § 20 Rn. 38.

werden, in deren *Berichts*zeitraum „und/oder" *Erstellungs*zeitraum die Aktien oder Aktienzertifikate zum Handel im Prime Standard zugelassen worden sind. Nicht entscheidend ist demnach der vorgelagerte Zeitpunkt der Antragstellung, der auch noch in einem früheren Berichts- oder Erstellungszeitraum liegen kann. Wann allerdings die Zulassung – wie es in der Börsenordnung heißt – *erfolgt* ist, ergibt sich nicht aus § 50 Abs. 1 BörsO FWB. Es könnte einerseits auf die Wirksamkeit des Zulassungsverwaltungsakts abzustellen sein, andererseits aber dessen Bekanntgabe an den Markt gem. § 49 BörsO FWB das relevante Datum markieren. Auch könnte die Wirksamkeit des Verwaltungsakts selbst die Veröffentlichung der Zulassungsentscheidung erfordern. Letzteres wäre aber nur dann der Fall, wenn die Veröffentlichung als öffentliche Bekanntgabe i.S.v. § 41 Abs. 3, 4 VwVfG aufzufassen wäre. Dann allerdings würde der Zulassungsverwaltungsakt auch erst zwei Wochen nach dem Zeitpunkt der Veröffentlichung (§ 41 Abs. 4 S. 3 VwVfG) gegenüber dem Antragsteller wirksam. Dass dies kaum der Realität entspricht, muss nicht erst weiter ausgeführt werden. Die Zulassung wird dem antragstellenden Emittenten vielmehr noch vor der Veröffentlichung der Zulassungsentscheidung im Innenverhältnis zur Börse bekannt gegeben werden und somit gem. §§ 43 Abs. 1 S. 1, 41 Abs. 1 S. 1 HessVwVfG auch bereits in diesem früheren Zeitpunkt wirksam. Freilich können die Mitteilung an den Emittenten und die Veröffentlichung der Zulassungsentscheidung nach § 49 BörsO FWB auch zeitlich zusammenfallen. Da die Börsenordnung in §§ 49, 46 Abs. 6 und auch § 52 BörsZulVO im Gegensatz zu dem Veröffentlichungserfordernis im Falle eines Teilbereichs*ausschlusses*[1345] auch keine unverzügliche Bekanntgabe der Zulassungsentscheidung statuiert, ist aber immerhin denkbar, dass Wirksamwerden im Innenverhältnis und Veröffentlichung der Zulassungsentscheidung zeitlich auseinander- und in unterschiedlichen Berichts- bzw. Erstellungszeiträumen für die jeweiligen Offenlegungspflichten liegen. Dann stellt sich die Frage, ob das teilbereichsspezifische Pflichtenregime Anwendung finden soll, noch bevor der Markt über den Segmentaufstieg informiert worden ist. Dagegen lässt sich einwenden, dass der Berichtsumfang innerhalb eines Geschäftsjahres in Konstellationen, in denen sich die Antragstellung an der Schnittstelle zwischen Berichts- und Erstellungszeitraum bewegt, letztendlich vom Zeitpunkt der Veröffentlichung nach § 49 BörsO FWB abhinge. Das erscheint kaum sachgerecht und mit dem Interesse des Emittenten an einer vorausschauenden Planung seiner finanzkommunikativen Aktivitäten unvereinbar. Die Zulassung zum Prime Standard ist deshalb nach § 50 Abs. 1 der

---

1345 §§ 57 Abs. 2, 47 Abs. 2 BörsO FWB.

Börsenordnung in dem Zeitpunkt *erfolgt*, in dem der Zulassungsverwaltungsakt dem Emittenten gegenüber bekannt gegeben und wirksam wird.

2. *Antragstellung in den Berichts- und Erstellungszeiträumen der segmentspezifischen Publizitätspflichten*

Die Unterscheidung zwischen Berichts- und Erstellungszeitraum in § 50 Abs. 1 BörsO FWB ist von einer besonderen praktischen Relevanz. Werden bspw. die Aktien der X-AG am 3. Februar zum Handel im Prime Standard zugelassen und entspricht das Geschäftsjahr der X-AG dem Kalenderjahr, so erfolgt die Zulassung im Erstellungszeitraum des Jahresfinanzberichts für das vorangegangene Geschäftsjahr (§ 51 Abs. 2 S. 1 BörsO FWB), im Mitteilungszeitraum der Quartalsmitteilung für das erste Quartal des laufenden Geschäftsjahres und im Berichtszeitraum des Halbjahresfinanzberichts (§ 52 Abs. 1 BörsO FWB). Somit besteht die Übermittlungspflicht hinsichtlich der beiden Finanzberichte und der Quartalsmitteilung für das erste Quartal des aktuellen Geschäftsjahres. Mit Ablauf des viermonatigen Erstellungszeitraums für den Jahresfinanzbericht des Vorjahres wäre dieser am 30. April fällig und an die Geschäftsführung der Börse zu übermitteln.[1346]

Die Zulassung während des Erstellungszeitraums eines der Finanzberichte hat hiernach also zur Folge, dass der Emittent Ausführungen in Bezug auf einen bereits abgelaufenen Berichtszeitraum publizieren muss. Auf die dadurch aufgeworfene Frage, inwiefern sich eine solch rückwirkende Berichtspflicht im Vorfeld des Segmentaufstiegs zutrittshemmend auf den Teilbereichshandel auswirken kann, kann hier keine letztgültige Antwort gegeben werden. Nicht ausschließen aber lässt sich, dass die langen Erstellungszeiträume der in den §§ 51 bis 53 BörsO FWB geregelten Publizitätspflichten,[1347] aufgrund derer der antragstellende Emittent grundsätzlich einkalkulieren sollte, auch noch zur Berichterstattung über einen zurückliegenden Zeitraum vor der Antragstellung

---

1346 Beispiel aus den *Being Public*-Richtlinien der Frankfurter Wertpapierbörse betreffend die Zulassungsfolgepflichten des Prime Standard, abrufbar unter http://www.deutsche-boerse-cash-market.com/dbcm-de/primary-market/being-public/ipo-line-being-public/regulierter-markt/!ipo-1343530-1343542 (zuletzt abgerufen am 31. März 2021).

1347 Vgl. auch *Meyer*, in: Marsch-Barner/Schäfer, Hdb. börsennotierte AG, Rn. 7.52 ff., der darauf hinweist, dass die Erstellungszeiträume des Prime Standard länger sind als die empfohlenen Veröffentlichungszeiträume des *Deutschen Corporate Governance Kodex*.

herangezogen zu werden, dazu führen können, dass die Entscheidung für einen Segmentaufstieg zum Ende des Erstellungszeitraums eines bereits abgeschlossenen Berichtszeitraums aufgeschoben werden muss, wenn eine fristgerechte Berichterstattung mit Ablauf des Erstellungszeitraums nicht mehr möglich erscheint.[1348] Die Börse könnte hierauf nur mit einer entsprechend großzügig bemessenen Nachfristsetzung im Rahmen ihres Sanktionsermessens gem. § 42 Abs. 2 S. 1 BörsG reagieren.

Aus der Unterscheidung zwischen Berichts- und Erstellungszeitraum sowie dem in § 50 Abs. 1 der Frankfurter Börsenordnung angeordneten Geltungszeitpunkt lassen sich folgende Aussagen ableiten. Da der Jahresfinanzbericht für das aktuelle Geschäftsjahr ebenso wie eine Quartalsmitteilung in jedem Fall publiziert werden müssen, kann es nur darum gehen – ein günstiges Platzierungsumfeld im Sinne einer fortgesetzten Aufnahmebereitschaft am Markt vorausgesetzt –, weitergehende unterjährige und insbesondere rückwirkende Berichtspflichten zu vermeiden. Der Emittent des obigen Beispielfalls könnte eine nachträgliche Berichtspflicht über das der Antragstellung vorausgegangene Geschäftsjahr jedenfalls für den Jahresfinanzbericht umgehen, indem er den Antrag nach § 48 Abs. 1 S. 1 BörsO FWB erst unmittelbar nach Ablauf des Erstellungszeitraums an die Börsengeschäftsführung richtet. In einem Geschäftsjahr, das dem Kalenderjahr entspricht, ergibt sich deshalb bei Erstellungszeiträumen von vier Monaten für den Jahresfinanzbericht (§ 51 Abs. 2 S. 1 BörsO FWB), drei für den Halbjahresbericht (§ 52 Abs. 4 S. 1 BörsO FWB) und zwei Monaten für jede Quartalsmitteilung oder einen Quartalsfinanzbericht (§ 53 Abs. 5 S. 1, Abs. 6 S. 2 BörsO FWB), dass durch eine Antragstellung im letzten Monat des Geschäftsjahres die geringsten unmittelbaren Berichtspflichten ausgelöst werden und der Emittent zunächst nur eine Quartalsmitteilung für das laufende vierte Quartal neben dem aktuellen Jahresfinanzbericht veröffentlichen muss. Das folgt daraus, dass die Zulassung in diesem Zeitfenster nur innerhalb eines Berichts-, nicht aber auch eines Erstellungszeitraums für eine bereits abgelaufene Berichtsperiode beantragt wird. Außerdem erfolgt die Zulassung in diesem Fall auch außerhalb des Berichts- und Erstellungszeitraums für den Halbjahresfinanzbericht. Für die Antragstellung im letzten Monat des Geschäftsjahres gilt dies aufgrund des längeren Erstellungszeitraums für den Jahresfinanzbericht

1348 Darauf weist auch die Börse selbst in ihren IPO Being Public Guidelines für den regulierten Markt hin, vgl. https://www.deutsche-boerse-cash-market.com/dbcm-de/primary-market/being-public/ipo-line-being-public/regulierter-markt (Zuletzt abgerufen am 31. März 2021).

auch unabhängig davon, wann die Zulassung zum Teilbereichshandel letztendlich erfolgt.[1349] Da dem Emittenten in diesem Fall jeweils noch die vollständigen Erstellungszeiträume von zwei bzw. vier Monaten für Quartalsmitteilung und Jahresfinanzbericht ab Geschäftsjahresende zur Verfügung stehen, lassen sich auf diese Weise auch etwaige Sanktionsrisiken nach § 42 Abs. 2 BörsG weitmöglichst minimieren.

In jedem Fall sollte ein Unternehmen, das den Aufstieg in einen Teilbereich des regulierten Marktes beabsichtigt, genaues Augenmerk auf den Zeitpunkt der Antragstellung legen. Durch die Unterscheidung von Berichts- und Erstellungszeiträumen lässt sich durch den Zeitpunkt der Antragstellung nämlich steuern, ab wann der Emittent die teilbereichsspezifische Sonderpflichtenlast zu beachten hat. Dadurch können insbesondere kurzfristige Pflichten zur Berichterstattung über zurückliegende oder aktuelle Berichtszeiträume vermieden werden.

II. Der Pflichtenbestand des Prime Standards

Im Einzelnen treffen den Teilbereichsemittenten ab dem soeben beschriebenen Zulassungszeitpunkt die folgenden Verpflichtungen.

1. Jahres- und Halbjahresfinanzberichterstattung (§§ 51, 52 BörsO FWB)

Für das Zulassungsjahr – und je nach Zeitpunkt der Antragstellung auch das der Zulassungsentscheidung vorangegangene Geschäftsjahr – muss der Emittent der Aktien oder, im Falle von Aktienzertifikaten, der Emittent der vertretenen Aktien, einen Jahresfinanzbericht nach den Vorgaben des § 114 Abs. 2, 3 WpHG erstellen.[1350] Als Konzernmutter ist der Emittent darüber hinaus verpflichtet, einen Konzernabschluss oder Konzernlagebericht gem. § 117 Nr. 1 WpHG zu veröffentlichen (vgl. § 51 Abs. 1 S. 1 BörsO FWB). Die in § 52 Abs. 1 S. 1 BörsO geregelte Halbjahresfinanzberichterstattung verweist entsprechend auf §§ 115 Abs. 2 bis 4 und 117 Nr. 2 WpHG.

1349 Das gilt unabhängig von § 49 BörsO FWB, da in der beschriebenen Konstellation auch der Zeitpunkt des § 75 VwGO jedenfalls für den Jahresfinanzbericht noch in den Erstellungszeitraum fällt, während sich die Pflicht zur Veröffentlichung einer Quartalsmitteilung/eines Quartalsfinanzberichts auf das erste Quartal des nachfolgenden Geschäftsjahres verschieben kann.

1350 Vgl. auch *Meyer*, in: Marsch-Barner/Schäfer, Hdb. börsennotierte AG, Rn. 7.52; auch *Krämer/Gillessen*, in: Krieger/Schneider, Hdb. Managerhaftung, Rn. 32.18.

a. Modifikation der Berichtsformate der §§ 114, 115 und 117 WpHG

Beide Berichtsformate müssen in deutscher und englischer Sprache verfasst und publiziert werden (§§ 51 Abs. 1 S. 2, 52 Abs. 2 S. 1 BörsO FWB). Lediglich Emittenten, deren satzungsrechtlicher Sitz im Ausland liegt, können Jahres- und Halbjahresfinanzbericht ohne vorheriges Gestattungsverfahren ausschließlich in englischer Sprache veröffentlichen (§§ 51 Abs. 1 S. 3, 52 Abs. 2 S. 2 BörsO FWB).[1351] Der Emittent hat den Jahresfinanzbericht spätestens vier Monate nach Ablauf des Geschäftsjahres (§ 51 Abs. 2 S. 1 BörsO FWB) und den Halbjahresfinanzbericht innerhalb von drei Monaten nach dem Ende des Berichtszeitraums (§ 52 Abs. 4 S. 1 BörsO FWB) über die von der Börse eingerichtete *Exchange Reporting System*-Datenschnittstelle an die Börsengeschäftsführung zu übersenden.[1352] Eine Verlängerungsmöglichkeit der in der Börsenordnung festgelegten Veröffentlichungsfristen ist nicht vorgesehen.[1353] Endet der Erstellungszeitraum, ohne dass der Emittent seiner Berichtspflicht nachgekommen ist, schließt sich hieran allerdings zunächst eine Nachfrist nach § 42 Abs. 2 S. 1 BörsG an.[1354]

Die Geschäftsführung stellt die Berichte dem Börsenpublikum in elektronischer oder anderer geeigneter Weise zur Verfügung (vgl. §§ 51 Abs. 2 S. 3, 52 Abs. 4 S. 3 BörsO FWB). Der Jahresfinanzbericht kann in einem oder in mehreren Einzeldokumenten übersandt werden. Wird der Bericht getrennt nach seinen Bestandteilen übermittelt, akzeptiert die Frankfurter Wertpapierbörse laut eigener Aussage bis zu vier solcher Einzeldokumente. Entsprechendes gilt auch für den Halbjahresfinanzbericht.[1355]

1351 Vgl. http://www.deutsche-boerse-cash-market.com/dbcm-de/primary-market/being-public/ipo-line-being-public/regulierter-markt (zuletzt abgerufen am 31. März 2021).

1352 §§ 51 Abs. 2 S. 2 und 52 Abs. 4 S. 2 BörsO FWB regeln, dass die Art und Weise der elektronischen Übermittlung von der Geschäftsführung der Börse bestimmt werden kann; vgl. auch die Erläuterungen der Frankfurter Wertpapierbörse in den *Being Public*-Grundsätzen unter http://www.deutsche-boerse-cash-market.com/dbcm-de/primary-market/being-public/ipo-line-being-public/regulierter-markt (zuletzt abgerufen am 31. März 2021).

1353 Vgl. http://www.deutsche-boerse-cash-market.com/dbcm-de/primary-market/being-public/ipo-line-being-public/regulierter-markt/!ipo-1343530-1343542 (zuletzt abgerufen am 31. März 2021); vgl. hierzu auch *Noack*, AG 2003, 537 (541).

1354 Dazu sogleich Kapitel 5 § 2 I.1.b.aa.aaa.

1355 Vgl. http://www.deutsche-boerse-cash-market.com/dbcm-de/primary-market/being-public/ipo-line-being-public/regulierter-markt (zuletzt abgerufen am 31. März 2021).

Während der Jahresfinanzbericht schon von Gesetzes wegen einen geprüften Jahresabschluss, den geprüften Lagebericht des Unternehmens sowie den Bilanzeid des Vorstands enthalten muss, stellt § 115 Abs. 5 WpHG dem Emittenten frei, den Halbjahresfinanzbericht mit einem verkürzten Abschluss, dem Zwischenlagebericht und dem Bilanzeid einer entsprechenden prüferischen Durchsicht zu unterziehen. § 52 Abs. 3 BörsO FWB stellt insofern keine echte Verschärfung der gesetzlichen Grundtransparenz, sondern lediglich eine Empfehlung dar.[1356] Da die Pflichterfüllung in Bezug auf den Jahresfinanzbericht die Veröffentlichung eines geprüften Jahresabschlusses verlangt, setzt die Frankfurter Wertpapierbörse voraus, dass neben dem Jahresabschluss auch der Prüfungsvermerk des Abschlussprüfers in vollem Umfang an die Börsengeschäftsführung übermittelt wird. Dies gilt unabhängig davon, in welcher Sprache der Bericht erstellt worden ist.[1357]

b. Keine echte Teilbereichspflicht zur Bilanzierung nach internationalen Rechnungslegungsstandards

Emittenten des Prime Standards sind auch im Rahmen ihrer teilbereichsspezifischen Finanzberichterstattungspflichten nur unter den Voraussetzungen des § 315e HGB i.V.m. Art. 4 der IAS-Verordnung,[1358] d.h. als kapitalmarktorientierte Konzernmutter, zur Erstellung ihrer konsolidierten Abschlüsse nach internationalen Rechnungslegungsstandards verpflichtet.[1359] Die IAS/IFRS sind für Konzernabschlüsse kapitalmarktorientierter Unternehmen infolge der bereits im Zusammenhang mit der Quartalsfinanzberichterstattung erwähnten IAS-Verordnung seit dem 1. Januar 2005 verbindlich.[1360] Aus § 51 der Börsenordnung ergibt sich insbesondere für den Einzelabschluss nichts anderes. Wird

---

1356 Vgl. auch *Meyer*, in: Marsch-Barner/Schäfer, Hdb. börsennotierte AG, Rn. 7.52; vgl. auch *Krämer/Gillessen*, in: Krieger/Schneider, Hdb. Managerhaftung, Rn. 32.18.

1357 Vgl. die Stellungnahme der Börse zu § 51 BörsO FWB unter http://www.deutsche-boerse-cash-market.com/dbcm-de/primary-market/being-public/ipo-line-being-public/regulierter-markt (zuletzt abgerufen am 31. März 2021).

1358 Verordnung (EG) Nr. 1606/2002 des Europäischen Parlaments und des Rates vom 19. Juli 2002 betreffend die Anwendung internationaler Rechnungslegungsstandards, ABl. EG Nr. L 243 v. 11. September 2002, 1.

1359 *Rabenhorst*, in: Marsch-Barner/Schäfer, Hdb. börsennotierte AG, Rn. 56.20, 56.35 f.; Baumbach/Hopt/*Merkt*, § 315e HGB, Rn. 1.; *Morck/Bach*, in: Koller/Kindler/Roth/Drüen, HGB, § 315e Rn. 1.

1360 Baumbach/Hopt/*Merkt*, § 315e HGB, Rn. 1; außerdem *Strieder/Ammedick*, BB 2004, 2679 (2679 ff.); auch *Harrer/Müller*, WM 2006, 653 (655).

der Prime Standard dennoch weiterhin als Sondersegment mit internationalen Rechnungslegungspflichten beworben und wahrgenommen,[1361] so trifft dies nur hinsichtlich des konsolidierten (Jahres-)Abschlusses eines Konzernmutterunternehmens zu, was aber bereits aus den gesetzlichen Rechnungslegungspflichten für kapitalmarktorientierte Kapitalgesellschaften und nicht der Frankfurter Börsenordnung im Sinne einer echten satzungsrechtlichen Sonderpflicht auf der Grundlage von § 42 Abs. 1 BörsG folgt.[1362] Die entsprechenden Pflichten, die noch in der Anfangszeit der Teilbereichsregulierung den Kern des segmenteigenen Pflichtenregimes bildeten,[1363] sind infolge der IAS-Verordnung bereits 2005 weggefallen.[1364] Deshalb haben einzelabschlusspflichtige Teilbereichsemittenten ihren Abschluss in Jahres- und Halbjahresfinanzbericht auch nur nach dem nationalen Recht ihres Sitzstaates zu erstellen (vgl. § 51 Abs. 1 S. 1 BörsO FWB i.V.m. § 114 Abs. 2 WpHG, bzw. § 52 Abs. 1 BörsO FWB i.V.m. § 115 Abs. 2 WpHG). Emittenten mit Sitz in einem Staat außerhalb der EU oder des EWR müssen den Einzelabschluss im Rahmen ihres Jahresfinanzberichts nach den Vorgaben des HGB erstellen und übermitteln, wenn die Börsengeschäftsführung aufgrund der Gleichwertigkeit der rechtlichen Anforderungen an die Bestandteile des Jahresfinanzberichts nach § 114 Abs. 2 Nr. 1b) WpHG keine Ausnahme gem. § 51 Abs. 3 S. 5 BörsO FWB erteilt hat.

Auch das in § 315e Abs. 3 HGB übernommene Wahlrecht aus Art. 5 der IAS-Verordnung umfasst nicht den Einzelabschluss, sondern bezieht sich nur auf *nicht* kapitalmarktorientierte Konzernmutterunternehmen.[1365] Für Einzelabschlüsse kapitalmarktorientierter Unternehmen wurde die Option, mit befreiender Wirkung nach internationalen Rechnungslegungsstandards zu bilanzieren, in § 325

1361 So etwa bei Schwark/Zimmer/*Heidelbach*, KMRK, § 42 BörsG Rn. 1; *Schanz*, Börseneinführung, § 12 Rn. 59 ff.; BeckHdB-AG/*Harrer*, § 20 Rn. 129; *Weitnauer*, Hdb. Venture Capital, Teil I. Exit Rn. 122; vgl. außerdem das *Börsenlexikon* auf der Homepage der Frankfurter Wertpapierbörse, abrufbar unter http://www.boerse-frankfurt.de/boersenlexikon/Prime_Standard („Die Aufnahme in den Prime Standard setzt die Erfüllung der folgenden Transparenzanforderungen voraus: Abschluss nach internationalen Rechnungslegungsstandards (IFRS oder US-GAAP)") (zuletzt abgerufen am 31. März 2021).

1362 Daraus folgt etwa, dass § 42 Abs. 2 BörsG *insofern* schon keine Anwendung findet.

1363 *Gebhardt*, WM-Sonderbeilage 2/2003, 3 (9); Auszüge der Börsenordnung für die Frankfurter Wertpapierbörse vom 1. Januar 2003 sind in Anhang I dieser Arbeit abgedruckt.

1364 Zu diesem Dialog der Normproduzenten vgl. bereits weiter oben Kapitel 4 § 2 II.2.c.

1365 Baumbach/Hopt/*Merkt*, § 315e HGB Rn. 8.

Abs. 2a HGB niedergelegt.[1366] Hierauf wird allerdings nur für den Halbjahresbericht nach § 52 BörsO FWB verwiesen, der im Falle eines Einzelabschlusses gem. Abs. 1 nach den Vorgaben des § 115 Abs. 2 bis 4 WpHG zu erstellen ist; dann gilt über § 115 Abs. 3 S. 3 WpHG für den verkürzten Abschluss die Vorschrift des § 315e Abs. 1 HGB entsprechend, wenn der einzelabschlusspflichtige Emittent auch im Rahmen der Jahresfinanzberichterstattung von seinem Wahlrecht aus § 325 Abs. 2a HGB Gebrauch gemacht und nach internationalen Rechnungslegungsstandards bilanziert hat.[1367] Die Frankfurter Wertpapierbörse akzeptiert dennoch – „insoweit vom engen Wortlaut [der Börsenordnung] abweichend" – die Übermittlung eines nach den IFRS aufgestellten Jahresabschlusses und eines verkürzten Abschlusses im Rahmen der Halbjahresfinanzberichterstattung.[1368] Die Anwendung nationaler oder internationaler Rechnungslegungsstandards, so begründet die Börse ihre flexible Haltung, solle der Entscheidung des Emittenten überlassen werden, der sich auf diese Weise eher gegenüber einem nationalen oder internationalen Anlegerpublikum positionieren könne.[1369] Das erscheint inkonsequent, berücksichtigt man die dem Prime Standard ursprünglich zugedachte Internationalisierungsfunktion.[1370] Gleichsam ohne Rechtsgrundlage in der Börsenordnung steht dann auch die Erwartung der Börse, dass Emittenten, die einen nach IFRS aufgestellten Einzeljahresabschluss übermittelt haben, auch die unterjährige Berichterstattung, also insbesondere den Halbjahresfinanzbericht und etwaige Quartalsfinanzberichte, nach denselben internationalen Rechnungslegungsstandards erstellen müssen.[1371] Nur für den verkürzten

---

1366 Baumbach/Hopt/*Merkt*, § 325 HGB Rn. 6.

1367 *Hönsch*, in: Assmann/Schneider/Mülbert, Wertpapierhandelsrecht, § 115 Rn. 21.

1368 Vgl. die Stellungnahme der Börse zu den im Rahmen der Jahres- und Halbjahresfinanzberichterstattung anzuwendenden Rechnungslegungsgrundsätze unter http://www.deutsche-boerse-cash-market.com/dbcm-de/primary-market/being-public/ipo-line-being-public/regulierter-markt/!ipo-1343530-1343542 (zuletzt abgerufen am 31. März 2021).

1369 Vgl. http://www.deutsche-boerse-cash-market.com/dbcm-de/primary-market/being-public/ipo-line-being-public/regulierter-markt/!ipo-1343530-1343542 (zuletzt abgerufen am 31. März 2021).

1370 Dazu *Schanz*, Börseneinführung, § 12 Rn. 59 ff.; auch *Seiffert*, in: Kümpel/Mülbert/Früh/Seyfried, Bank- und Kapitalmarktrecht, Rn. 14.311; *Bröcker*, in: Claussen, Bank- u. Börsenrecht, § 6 Rn. 49.

1371 Vgl. http://www.deutsche-boerse-cash-market.com/dbcm-de/primary-market/being-public/ipo-line-being-public/regulierter-markt/!ipo-1343530-1343542 (zuletzt abgerufen am 31. März 2021).

Abschluss des Halbjahresfinanzberichts folgt dies, wie soeben erwähnt, bereits aus § 115 Abs. 3 S. 3 WpHG. Eine Rechtspflicht, in Teilbereichen des regulierten Marktes nach internationalen Rechnungslegungsstandards zu bilanzieren, besteht aber jedenfalls für den Einzelabschluss nicht mehr.

2. Veröffentlichung einer Quartalsmitteilung (§ 53 BörsO FWB)

Ähnlich liegen die Dinge im Rahmen der Zwischenberichterstattung. Mit der TransparenzRL-ÄnderungsRL ist die bisher für Aktienemittenten bestehende Pflicht zur Veröffentlichung von Zwischenmitteilungen durch die Geschäftsführung bzw. zur Publikation eines Quartalsfinanzberichts nach § 37x WpHG a.F. weggefallen.[1372] Begründet wurde dies im Wesentlichen mit Kosten-/Nutzenerwägungen und der Förderung einer auf Nachhaltigkeit ausgerichteten Unternehmensführung.[1373] Der Börsenrat der Frankfurter Wertpapierbörse hat durch eine Änderung der Börsenordnung im November 2015 diese Erleichterung auch an Emittenten des Prime Standards weitergegeben und die teilbereichsspezifische Quartalsfinanzberichterstattungs- und Zwischenmitteilungspflicht aufgehoben.[1374]

Emittenten des Prime Standards sind seitdem gem. § 53 Abs. 1 BörsO FWB verpflichtet, eine Quartals- bzw. Konzernquartalsmitteilung an die Geschäftsführung der Börse zu übermitteln. Veröffentlichungszeitpunkt ist der Stichtag des ersten und des dritten Quartals eines jeden Geschäftsjahres. Die Quartalsmitteilung innerhalb des dritten Quartals kann sich inhaltlich nach der Wahl des Emittenten auf den Zeitraum vom Beginn des Halbjahres oder vom Beginn des Geschäftsjahres bis zu dem Stichtag des dritten Quartals beziehen (vgl. § 53 Abs. 2 S. 1 BörsO FWB). Der Berichtszeitraum beträgt dann entweder drei oder neun Monate. Ebenso wie die Finanzberichterstattung muss auch die Quartalsmitteilung in deutscher und englischer Sprache übermittelt werden, wobei für Emittenten mit Sitz im Ausland die englische Fassung ausreichend ist (§ 53 Abs. 4 S. 1, 2 BörsO FWB). Der Erstellungszeitraum beträgt zwei Monate nach dem

---

1372 *Meyer*, in: Marsch-Barner/Schäfer, Hdb. börsennotierte AG, Rn. 7.53; *Krämer/Gillessen*, in: Krieger/Schneider, Hdb. Managerhaftung, Rn. 32.18.

1373 *Oser/Staß*, DB 2015, 2825 (2825); auch *Böckem/Rabenhorst*, IRZ 2016, 89 (89 f.).

1374 Vgl. auch den Bericht in der Börsen-Zeitung vom 13. November 2015 „Frankfurter Wertpapierbörse lockert Berichtspflicht" sowie *Bommer/Schiereck*, Gelebte Freiheit zum Quartal, in der Börsen-Zeitung v. 24. Mai 2016, 6; außerdem *Meyer*, in: Marsch-Barner/Schäfer, Hdb. börsennotierte AG, Rn. 7.53; *Krämer/Gillessen*, in: Krieger/Schneider, Hdb. Managerhaftung, Rn. 32.18.

Ende des jeweiligen Mitteilungszeitraums (vgl. § 53 Abs. 5 S. 1 BörsO FWB). Die Quartalsmitteilung ist der Geschäftsführung über dieselbe Datenschnittstelle zu übermitteln, wie auch der Jahres- und Halbjahresfinanzbericht.[1375]

Inhaltlich soll die Quartalsmitteilung darüber unterrichten, wie sich die Geschäftstätigkeit des Emittenten in dem jeweiligen Mitteilungszeitraum entwickelt hat (§ 53 Abs. 2 S. 2 BörsO FWB). Dazu hat sie Erläuterungen in Bezug auf die wesentlichen Ereignisse und Geschäfte und deren Auswirkungen auf die Finanzlage des Emittenten sowie eine Beschreibung der Finanzlage und Geschäftsergebnisse des Emittenten im Mitteilungszeitraum zu enthalten (§ 5 3 Abs. 2 S. 3 BörsO FWB).[1376] Ziel des Berichtsformats ist es, dem Anlegerpublikum einen Überblick über die Geschäftstätigkeit des Emittenten während des Mitteilungszeitraums zu verschaffen, an die in Jahres- und Halbjahresfinanzbericht publizierten Daten anzuknüpfen und so die einzelnen Berichtszeiträume zu verkürzen.[1377] Nach Auffassung der Börse soll dazu im Unterschied zur Quartalsfinanzberichterstattung eine rein deskriptive Darstellung ausreichend und weder eine Bilanz noch eine Gewinn- und Verlustrechnung erforderlich sein.[1378] Weitere inhaltliche oder formelle Vorgaben hinsichtlich der Beschreibung der Finanzlage und des Geschäftsergebnisses in einer Quartalsmitteilung sieht die Börsenordnung nicht vor.

1375 Vgl. http://www.deutsche-boerse-cash-market.com/dbcm-de/primary-market/being-public/ipo-line-being-public/regulierter-markt/!ipo-1343530-1343532 (zuletzt abgerufen am 31. März 2021).

1376 Vgl. auch die Erläuterungen der Frankfurter Börse zur Übermittlung einer Quartalsmitteilung im Rahmen ihrer Being Public-Richtlinien für Emittenten des Prime Standard, abrufbar unter http://www.deutsche-boerse-cash-market.com/dbcm-de/primary-market/being-public/ipo-line-being-public/regulierter-markt/!ipo-1343530-1343532 (zuletzt abgerufen am 31. März 2021); zum Berichtsumfang vgl. auch *Krämer/Gillessen*, in: Krieger/Schneider, Hdb. Managerhaftung, Rn. 32.18.

1377 Vgl. http://www.deutsche-boerse-cash-market.com/dbcm-de/primary-market/being-public/ipo-line-being-public/regulierter-markt/!ipo-1343530-1343532 (zuletzt abgerufen am 31. März 2021).

1378 Vgl. http://www.deutsche-boerse-cash-market.com/dbcm-de/primary-market/being-public/ipo-line-being-public/regulierter-markt/!ipo-1343530-1343532 (zuletzt abgerufen am 31. März 2021).

a. Prognoseveränderungsbericht und Art. 17 MAR

aa. Anwendungsbereich des § 53 Abs. 3 BörsO FWB

Trotz eines vermeintlich reduzierten Berichtsumfangs geht die Quartalsmitteilung an einer Stelle noch über die Anforderungen, die die Börsenordnung an einen Quartalsfinanzbericht stellt, hinaus.[1379] Sie muss gem. § 53 Abs. 3 BörsO FWB einen sog. *Prognoseveränderungsbericht* enthalten, wenn der Emittent aufgrund neuer Erkenntnisse zu der Einsicht gelangt, dass sich die in seinem letzten Konzern- bzw. Zwischenlagebericht getroffenen Prognosen und sonstigen Aussagen zur voraussichtlichen Entwicklung seines Geschäfts wesentlich verändert haben.[1380] Für den Prognoseveränderungsbericht soll es nach § 53 Abs. 3 S. 2 BörsO FWB genügen, dass der Emittent über die für die Beurteilung der voraussichtlichen Entwicklung aus seiner Sicht wesentlichen Prognosen und sonstigen Aussagen berichtet.[1381] Die Frankfurter Wertpapierbörse präzisiert den Anwendungsbereich des Berichtsformats dahin gehend, dass in einem Prognoseveränderungsbericht nur über *wesentliche Abweichungen* von einer *wesentlichen Prognose*, die im Rahmen vergangener Finanzberichterstattung veröffentlicht worden sind, zu unterrichten ist, wobei die eigentliche Prognoseabweichung nach Aussage der Börse nicht weiter erläutert oder quantifiziert werden muss.[1382] Hieraus folgt in einem Umkehrschluss, dass der Prognoseveränderungsbericht weder dazu bestimmt ist, über die *unwesentliche Abweichung* von einer *wesentlichen Prognose* zu unterrichten noch über eine *wesentliche Abweichung* von einer nur *unwesentlichen Prognose*.[1383] Die Beurteilung der Wesentlichkeitsschwelle obliegt dabei sowohl hinsichtlich des Grads der Abweichung als auch der Bedeutung der früheren Prognose allein

---

1379 Dazu auch *Meyer*, in: Marsch-Barner/Schäfer, Hdb. börsennotierte AG, Rn. 7.52.

1380 Vgl. zu Funktion und Umfang des Prognoseveränderungsberichts die Stellungnahme der Frankfurter Wertpapierbörse, abrufbar unter http://www.deutsche-boerse-cash-market.com/dbcm-de/primary-market/being-public/ipo-line-being-public/regulierter-markt/!ipo-1343530-1343532 (zuletzt abgerufen am 31. März 2021); vgl. auch *Krämer/Gillessen*, in: Krieger/Schneider, Hdb. Managerhaftung, Rn. 32.18; außerdem *Meyer*, in: Marsch-Barner/Schäfer, Hdb. börsennotierte AG, Rn. 7.52.

1381 *Meyer*, in: Marsch-Barner/Schäfer, Hdb. börsennotierte AG, Rn. 7.52.

1382 Vgl. http://www.deutsche-boerse-cash-market.com/dbcm-de/primary-market/being-public/ipo-line-being-public/regulierter-markt/!ipo-1343530-1343532 (zuletzt abgerufen am 31. März 2021); vgl. auch *Krämer/Gillessen*, in: Krieger/Schneider, Hdb. Managerhaftung, Rn. 32.18.

1383 Ähnlich auch bei *Meyer*, in: Marsch-Barner/Schäfer, Hdb. börsennotierte AG, Rn. 7.52.

dem Emittenten.[1384] Entscheidend soll nach § 53 Abs. 3 der Börsenordnung sein, dass der Emittent neue Erkenntnisse in Bezug auf die so definierte Prognoseveränderung erlangt hat, worunter die Börse nur solche Erkenntnisse versteht, die dem Emittenten auch ohne weitergehende Ermittlungen zur Verfügung stehen können.[1385] Spezialwissen des Emittenten ist also nicht erforderlich, zugleich aber darf sich der Emittent solchen Umständen nicht verschließen, die ihm ohne eigenständige Ermittlungen bekannt sein könnten oder bereits öffentlich bekannt sind. Eine Bestätigung der Aktualität einer früheren Prognose ist aber nicht vorzunehmen.[1386] Der Prognoseveränderungsbericht wirft die Frage auf, wie sich die engen Anwendungsvoraussetzungen der Berichtspflicht nach § 53 Abs. 3 BörsO FWB zu der Pflicht zur sofortigen Offenlegung von Insiderinformationen verhält.

bb. Eigenständiger Informationswert des Prognoseveränderungsberichts

Insiderrecht und Ad-hoc-Publizität sind seit dem 2. Juli 2016 in der MAR geregelt.[1387] Gem. Art. 17 Abs. 1 UAbs. 1 MAR geben Emittenten Insiderinformationen, die sie unmittelbar betreffen, der Öffentlichkeit unverzüglich bekannt.[1388] Nach Art. 7 Abs. 1 lit. a) MAR ist eine Insiderinformation eine nicht öffentlich bekannte präzise Information, die, wenn sie öffentlich bekannt würde, geeignet wäre, den Kurs der betreffenden Finanzinstrumente erheblich zu beeinflussen.[1389] Das Auftreten von Prognoseabweichungen und unerwarteten Geschäftszahlen

---

1384 Vgl. http://www.deutsche-boerse-cash-market.com/dbcm-de/primary-market/being-public/ipo-line-being-public/regulierter-markt/!ipo-1343530-1343532 (zuletzt abgerufen am 31. März 2021).

1385 Vgl. http://www.deutsche-boerse-cash-market.com/dbcm-de/primary-market/being-public/ipo-line-being-public/regulierter-markt/!ipo-1343530-1343532 (zuletzt abgerufen am 31. März 2021).

1386 Vgl. http://www.deutsche-boerse-cash-market.com/dbcm-de/primary-market/being-public/ipo-line-being-public/regulierter-markt/!ipo-1343530-1343532 (zuletzt abgerufen am 31. März 2021).

1387 Verordnung (EU) Nr. 596/2014 des Europäischen Parlaments und des Rates vom 16. April 2014 über Marktmissbrauch (Marktmissbrauchsverordnung) und zur Aufhebung der Richtlinie 2003/6/EG des Europäischen Parlaments und des Rates und der Richtlinien 2003/124/EG, 2003/125/EG und 2004/72/EG der Kommission, Abl. EU L 173.

1388 Grundlegend Klöhn/*Klöhn*, MAR, Art. 17 MAR Rn. 1 ff.

1389 Eingehend Baumbach/Hopt/*Kumpan*, Art. 7 MAR Rn. 1 ff.; zu dem Begriff der Insiderinformation auch Klöhn/*Klöhn*, MAR, Art. 7 MAR Rn. 23 ff.

kann deshalb eine ad-hoc-publizitätspflichtige Tatsache darstellen, wenn die Abweichung aus Sicht der Marktteilnehmer kurserheblich ist.[1390] Emittenten des Teilbereichshandels müssen im Falle einer wesentlichen Prognoseabweichung also ihre Offenlegungspflichten nach Art. 17 MAR zu ihrer Berichtspflicht aus § 53 Abs. 3 BörsO FWB in Beziehung setzen.

Ad-hoc-publizitätspflichtig wird der Emittent im Falle einer Prognoseänderung grundsätzlich erst dann, wenn es infolge außerordentlicher Erträge oder Aufwendungen zu einer wesentlichen Abweichung von einer zuvor ausgegebenen Prognose kommt.[1391] Die BaFin präzisiert in einer beispielhaften Aufzählung die Veröffentlichungspflicht mittels solcher Ereignisse, die regelmäßig beträchtliche außerordentliche Erträge oder Aufwendungen erwarten lassen und infolgedessen eine Prognosekorrektur bedingen.[1392] Die Beispiele der BaFin beruhen insofern auf den Elementen der Außerordentlichkeit und Kurserheblichkeit.[1393] Indem der Prognoseveränderungsbericht synonym hierzu eine wesentliche Abweichung von einer wesentlichen Prognose verlangt, lässt sich das Berichtsformat kaum unterhalb dieser Schwelle ansiedeln.[1394] Denn es liegt zumindest nahe, dass Prognosen, insbesondere solche, die den Grad der Wesentlichkeit überschreiten, bereits eine gewisse Erwartungshaltung des Marktes geweckt haben.[1395] Deshalb überschneiden sich die beiden sanktionsbewährten

1390 Zum Verhältnis von Ad-hoc-Publizität und Regelpublizität vgl. *Pfüller*, in: Fuchs, WpHG, 2. Auflage 2016, § 15 Rn. 212 ff.; *Assmann*, in: Assmann/Schneider, WpHG, 6. Auflage 2012, § 13 Rn. 68; auch Schwark/Zimmer/*Heidelbach/Doleczik*, KMRK, 4. Auflage 2010, § 37w WpHG Rn. 17.

1391 Generell zu Prognosekorrekturen und Art. 7 MAR vgl. Klöhn/*Klöhn*, MAR, Art. 7 MAR Rn. 70 ff.

1392 BaFin, Emittentenleitfaden Modul C, 18; dazu auch *Assmann*, in: Assmann/Schneider, WpHG, 6. Auflage 2012, § 15 Rn. 88; in der Literatur wird die Wesentlichkeit der Prognoseabweichung für den Bereich der *Ad-hoc*-Mitteilung mitunter quantifiziert und eine Abweichung von mehr als 8 % als kurserheblich bewertet, vgl. *Pfüller*, in: Fuchs, WpHG, 2. Auflage 2016, § 15 Rn. 214. Andere stellen darauf ab, ob die Prognoseabweichung den Markt überrascht oder sich noch in einem solchen Korridor bewegt, innerhalb dessen der Markt die Abweichung bereits erfahrungsgemäß oder aufgrund von Analysen erwartet, vgl. *Klöhn*, in: KölnKomm. WpHG, 2. Auflage 2014, § 13 Rn. 168 ff.; zu unterjährigen Ergebnisabweichungen im Anwendungsbereich der *Ad-hoc*-Publizitätspflicht vgl. auch *Kümpel*, AG 1997, 66 (70).

1393 Vgl. *Assmann*, in: Assmann/Schneider, WpHG, 6. Auflage 2012, § 15 Rn. 88.

1394 Eingehend zu Prognosen im Anwendungsbereich von Art. 17 MAR BaFin, FAQs zu Art. 17 MAR, 11 ff. (abrufbar unter https://www.bafin.de/SharedDocs/Downloads/DE/FAQ/dl_faq_mar_art_17_Ad-hoc.html, zuletzt abgerufen am 31. März 2021).

1395 Grundlegend *Cahn/Götz*, AG 2007, 221 ff.

Publikationskanäle – § 97 Abs. 1 WpHG einerseits, § 42 Abs. 2 BörsG andererseits –, wenn es um die Korrektur einer früheren Prognose oder früher kommunizierten Geschäftszahlen geht. Da die Mitteilungspflicht nach Art. 17 MAR regelmäßig noch im zeitlichen Vorfeld der Quartalsmitteilung aktiviert wird,[1396] darf der Emittent allerdings nicht dem Gedanken verfallen, er könne die Bekanntgabe an den Markt bis zur Veröffentlichung der nächsten Quartalsmitteilung aufschieben und sodann einen Prognoseveränderungsbericht publizieren.[1397] Nach Art. 17 Abs. 4 lit. b) MAR darf die Selbstbefreiung eines Emittenten von der Pflicht zur sofortigen Offenlegung von Informationen nach Art. 7 MAR nämlich nicht zu einer Irreführung der Öffentlichkeit führen. Hiervon aber wird man grundsätzlich ausgehen müssen, wenn der Emittent während des Befreiungszeitraums Informationen veröffentlicht, die in Widerspruch zu der zurückgehaltenen Insiderinformation stehen.[1398] Die ESMA geht von der Irreführung der Öffentlichkeit insbesondere dann aus, wenn die Insiderinformation, deren Offenlegung aufgeschoben wird, erheblich von vorherigen Ankündigungen des Emittenten in dieser Sache abweicht, die Information den Umstand betrifft, dass zuvor bekannt gegebene Finanzziele nicht erreicht werden können oder die aufgeschobene Insiderinformation in Widerspruch zu einer zuvor durch den Emittenten geweckten Markterwartung steht.[1399] Das Merkmal der Irreführung der Öffentlichkeit orientiert sich also entscheidend an der vergangenen Kapitalmarktkommunikation des Emittenten.[1400] Der Ansatz weicht zwar von der bisherigen *no comment policy* der BaFin ab, wonach während des Zeitraums der rechtmäßigen Selbstbefreiung keine widersprüchlichen Signale aktiv gesetzt werden durften,[1401] doch hat auch die Aufsichtsbehörde angekündigt, künftig die ESMA-Leitlinien zur Auslegung von Art. 17 Abs. 4 MAR beachten zu wollen.[1402] Innerhalb eines eng getakteten Publizitätsregimes wie dem

---

1396 Vgl. nur *Markworth*, BKR 2020, 438 (439).

1397 Eingehend zu Art. 17 Abs. 4 MAR *Klöhn/Schmolke*, ZGR 2016, 866 (867 ff.); außerdem Klöhn/*Klöhn*, MAR, Art. 17 MAR Rn. 134 ff.

1398 *Retsch*, NZG 2016, 1201 (1203 f.); *Cahn/Götz*, AG 2007, 221 (225 f.); vgl. auch ErwG (49) MAR.

1399 *ESMA*, MAR-2016/1130, Ziff. 3.3 Rn. 82 ff.

1400 *Retsch*, NZG 2016, 1201 (1204) („Ausrichtung des Merkmals auf die vergangene Kapitalmarktkommunikation").

1401 BaFin, Emittentenleitfaden Modul C, 38.

1402 Vgl. das Schreiben der BaFin zur Anwendung der „Leitlinien über die berechtigten Interessen des Emittenten für den Aufschub der Offenlegung von Insiderinformationen und über Fälle, in denen der Aufschub der Offenlegung von Insiderinformationen geeignet ist, die Öffentlichkeit irrezuführen" von ESMA vom 6. Dezember

Sonderpflichtenbestand in einem Teilbereich bedeutet dies, dass Prognosekorrekturen und unerwartete Geschäftszahlen eine Unterbrechung der konsistenten Finanzberichterstattung darstellen, die nach Maßgabe der ESMA-Leitlinien *ad hoc* publiziert werden müssen, da entweder zuvor bekannt gegebene Finanzziele nicht erreicht werden können oder unerwartete Geschäftszahlen in Widerspruch zu einer zuvor beförderten Markterwartung stehen.[1403] Auch die Börse weist darauf hin, dass die bevorstehende Publikation eines Prognoseveränderungsberichts nicht dazu verleiten sollte, die Offenlegung einer ad hoc publizitätspflichtigen Insiderinformation zu unterlassen oder aufzuschieben.[1404] Ebenso wenig wie einfache Synergieeffekte einen Mitteilungsaufschub rechtfertigen können,[1405] vermag nämlich der Prognoseveränderungsbericht die Veröffentlichung einer Ad-hoc-Mitteilung nach Art. 17 Abs. 1 MAR mit ihrer verschiedenartigen Wirkrichtung zu ersetzen.[1406]

Der Prognoseveränderungsbericht ergänzt die Ad-hoc-Publizitätspflicht aus Art. 17 MAR deshalb nur insofern, als die informationelle Gleichbehandlung des Anlegerpublikums gestärkt wird; private Investoren widmen der *Ad-hoc*-Publizität erfahrungsgemäß nämlich weniger Aufmerksamkeit als den periodischen Regelpublizitätsleistungen.[1407] Dass daneben keine Berichtspflicht über

---

2016 (abrufbar unter https://www.bafin.de/SharedDocs/Veroeffentlichungen/DE/Anlage/161205_Aufschub_Insiderinformationen_ESMA.html; zuletzt abgerufen am 31. März 2021).

1403 Vgl. auch *Kümpel*, AG 1997, 66 (69 f.).

1404 Vgl. http://www.deutsche-boerse-cash-market.com/dbcm-de/primary-market/being-public/ipo-line-being-public/regulierter-markt/!ipo-1343530-1343532 (zuletzt abgerufen am 31. März 2021).

1405 So auch die wohl herrschende Meinung, vgl. nur *Klöhn*, in: KölnKomm. WpHG, 2. Auflage 2014, § 15 Rn. 32; zu den Voraussetzungen der Selbstbefreiung vgl. *Franke/Grenzebach*, in: Hauschka/Moosmayer/Lösler, Corporate Compliance, § 17 Rn. 82.

1406 So auch *Krämer/Gillessen*, in: Krieger/Schneider, Hdb. Managerhaftung, Rn. 32.18, dort Fn. 2; außerdem *Assmann*, in: Assmann/Schneider, WpHG, 6. Auflage 2012, § 15 Rn. 35 ff.

1407 *Cahn/Götz*, AG 2007, 221 (222), weisen darauf hin, dass insbesondere Kleinanleger ihr Informationsverhalten an den ihnen bekannten Regelpublizitätsterminen ausrichten und nicht permanent die Veröffentlichungen der Unternehmen verfolgen. Dem lässt sich freilich entgegnen, dass im Wege der *Ad-hoc*-Publizität der Markt naturgemäß *außerperiodisch*, *anlassbezogen* und deshalb *überraschend* mit Insiderinformationen versorgt wird, die Zeiträume zwischen periodischer Finanzberichterstattung ausgefüllt werden sollen und die punktuelle Information des Marktes eine prägnante Darstellung gebietet, die nur einen begrenzten Umfang aufweisen kann.

den Anwendungsbereich des Art. 17 MAR hinaus statuiert wird, kann immerhin dazu beitragen, einen *information overload* und dadurch eine Beeinträchtigung des Informationskanals der Ad-hoc-Mitteilungspflicht zu verhindern.[1408]

b. Optionale Quartalsfinanzberichterstattung (§ 53 Abs. 6 BörsO FWB)

Nicht immer aber ist der Emittent zur Veröffentlichung einer Quartalsmitteilung verpflichtet. Die Pflicht entfällt, wenn der Emittent an ihrer Stelle einen Quartalsfinanzbericht entsprechend den Vorgaben des § 115 Abs. 2 Nr. 1, 2, Abs. 3, 4 bzw. § 117 Nr. 2 WpHG veröffentlicht (vgl. § 53 Abs. 6 S. 1 BörsO FWB).[1409]

Durch den Verweis auf die Vorschriften des WpHG enthält der Quartalsfinanzbericht die wesentlichen Bestandteile des Halbjahresfinanzberichts, insbesondere einen verkürzten Abschluss mit verkürzter Bilanz, Gewinn- und Verlustrechnung sowie einen Zwischenlagebericht (vgl. § 115 Abs. 2 Nr. 1, 2, Abs. 3 S. 1 WpHG). Daneben muss im Rahmen der Quartalsfinanzberichterstattung gem. § 115 Abs. 4 S. 1 WpHG über die wichtigen Ereignisse des zurückliegenden Berichtszeitraums im Unternehmen des Emittenten und ihre Auswirkungen auf den verkürzten Abschluss sowie über die wesentlichen Chancen und Risiken für den bevorstehenden Berichtszeitraum berichtet werden. Der verkürzte Abschluss und Zwischenlagebericht können einer Prüfung oder prüferischen Durchsicht nach § 115 Abs. 5 WpHG unterzogen werden (§ 115 Abs. 7 WpHG). Berichts- und Erstellungszeitraum, sprachliche Anforderungen sowie die Art und Weise der Übermittlung des Berichts an die Geschäftsführung der Börse entsprechen den Vorgaben für die Quartalsmitteilung, deren Publikation dadurch obsolet wird.[1410]

1408 In Art. 17 Abs. 1 UAbs. 1 S. 2 verbietet es die MAR Emittenten ausdrücklich, die Veröffentlichung von Insiderinformationen mit der *Vermarktung ihrer Tätigkeit* zu verbinden. Jegliche Vermischung der Ad-hoc-Publizität mit einer vermarktungsbezogenen Außendarstellung der Gesellschaft ist aus Gründen der Transparenz und Klarheit verboten: Zum einen sollen negative Ad-hoc-Meldungen nicht in einer reizüberflutenden Außendarstellung des Unternehmens untergehen, zum anderen soll der Informationskanal der Ad-hoc-Publizität nicht für Werbezwecke missbraucht werden, vgl. *Grundmann*, in: Großkomm. HGB, Bankvertragsrecht 11/1, Sechster Teil Rn. 519; zu § 15 Abs. 2 S. 1 WpHG a.F. vgl. auch Begr. RegE Vierten Finanzmarktförderungsgesetz, BT-Drucks. 15/8017, 87; außerdem *Scholz*, NZG 2016, 1286 (1290); *Möllers*, AG 1999, 433 (437); *Kiesewetter/Parmentier*, BB 2013, 2371 (2375).

1409 *Meyer*, in: Marsch-Barner/Schäfer, Hdb. börsennotierte AG, Rn. 7.52 f.

1410 Vgl. die Erläuterungen und Hinweise der Frankfurter Wertpapierbörse zu Quartalsmitteilung und alternativer Quartalsfinanzberichterstattung, abrufbar unter http://www.deutsche-boerse-cash-market.com/dbcm-de/primary-market/being-public/

Über den Verweis in Abs. 6 auf § 115 Abs. 3 WpHG für den verkürzten Abschluss des Halbjahresfinanzberichts gilt bezüglich der anzuwendenden Rechnungslegungsstandards das zu der Halbjahresfinanzberichterstattung Gesagte entsprechend, d.h. die Bilanzierung nach internationalen Standards ist auch im Rahmen der Quartalsfinanzberichterstattung nur dann erforderlich, wenn der einzelabschlusspflichtige Emittent von seinem Wahlrecht aus § 325 Abs. 2a HGB Gebrauch gemacht hat und auch seinen Jahresbericht nach den IAS/IFRS erstellt hat.[1411] Auf diese Weise soll die Konsistenz der Berichtsqualität gewährleistet werden.[1412]

Auf den Quartalsfinanzbericht sind gem. § 53 Abs. 6 S. 2 aber nur die Abs. 1, 4 und 5 für die Quartalsmitteilung anzuwenden. Die Pflicht zur Veröffentlichung eines Prognoseveränderungsberichts in Abs. 3 gilt deshalb nicht entsprechend für den Quartalsfinanzbericht. Begründen lässt sich dies allenfalls mit dem im Vergleich zur Quartalsmitteilung erweiterten Berichtsumfang und der Veröffentlichung eines verkürzten Abschlusses inklusive verkürzter Bilanz, Gewinn- und Verlustrechnung sowie des verkürzten Lageberichts im Rahmen der Quartalsfinanzberichterstattung entsprechend den Vorgaben des § 115 Abs. 2 Nr. 1, 2, Abs. 3 und 4 WpHG. Insbesondere sind nach § 115 Abs. 4 WpHG wichtige Ereignisse des Berichtszeitraums mit Auswirkungen auf den verkürzten Abschluss anzugeben. Im Rahmen der Quartalsmitteilung nach § 53 Abs. 2 S. 3 BörsO FWB sind die Auswirkungen solcher Ereignisse auf die Finanzlage des Emittenten zu erläutern. Die Anforderungen des § 53 Abs. 3 BörsO FWB gehen hierüber aber in beiden Fällen noch hinaus, zum einen, weil nicht jede sonstige Aussage zur voraussichtlichen Entwicklung des Emittenten dessen Finanzlage betreffen muss (§ 53 Abs. 2 S. 3, Abs. 3 BörsO), zum anderen, da solche Aussagen einer vorangegangenen Quartalsmitteilung nicht notwendig gleichzusetzen sind mit den Ereignissen im Unternehmen des Emittenten, die sich auf den verkürzten Abschluss auswirken können (§ 115 Abs. 4 S. 1 WpHG).[1413] In Fällen, in denen der Emittent nach der Veränderung einer wesentlichen Prognose im Rahmen der letzten Quartalsmitteilung zur Veröffentlichung eines

---

ipo-line-being-public/regulierter-markt/!ipo-1343530-1343532 (zuletzt abgerufen am 31. März 2021).

1411 Vgl. auch *Hönsch*, in: Assmann/Schneider/Mülbert, Wertpapierhandelsrecht, § 115 Rn. 21 ff.

1412 Dazu *Hönsch*, in: Assmann/Schneider/Mülbert, Wertpapierhandelsrecht, § 115 Rn. 50.

1413 Zu Funktion und Umfang des Prognoseveränderungsberichts vgl. auch *Meyer*, in: Marsch-Barner/Schäfer, Hdb. börsennotierte AG, Rn. 7.52.

Quartalsfinanzberichts nach § 53 Abs. 6 BörsO FWB übergeht, schließt immerhin die Ad-hoc-Publizitätspflicht die durch den begrenzten Verweisumfang des § 53 Abs. 6 S. 2 der Börsenordnung mögliche Berichtslücke.

Die Dissonanz beider Berichtsformate ist zugleich Ausgangspunkt einer Streitfrage, die sich infolge der Integration der teilbereichsspezifischen Quartalsberichterstattung in das kapitalmarktrechtliche Informationssystem stellt. Zu Beginn der Arbeit bereits angedeutet geht es nun um die Frage, ob der Berichtsumfang der Quartalsmitteilungspflicht ein Handelsverbot im zeitlichen Vorfeld der Veröffentlichung auslöst.

c. *Quartalsmitteilungen und closed periods*

Konkret betrifft die Frage die rechtliche Behandlung der Quartalsmitteilungspflicht im Anwendungsbereich von Art. 19 MAR, der gewisse Anforderungen an die Zulässigkeit von Eigengeschäften von Führungskräften des Emittenten beinhaltet. Art. 19 Abs. 11 MAR verbietet Geschäfte von Personen mit Führungsaufgaben in Anteilen, Schuldtiteln, Derivaten oder anderen Finanzinstrumenten des Emittenten in einem Zeitraum von 30 Kalendertagen vor der Ankündigung der Veröffentlichung eines Jahres- oder Zwischenberichts.[1414]

Bei diesen sog. *closed periods* handelt es sich um ein zeitlich begrenztes, absolutes Verbot von direktem oder indirektem Eigen- oder Dritthandel. Hierdurch sollen in den für Insidertransaktionen sensiblen Zeitfenstern sog. *Manager's transactions* unterbunden werden.[1415] Was den betroffenen Zeitraum angeht, ist die deutsche Fassung der Verordnung allerdings missverständlich, da nicht die Ankündigung der Veröffentlichung, sondern die Publikation des Finanzberichts entscheidend ist. Erst die Veröffentlichung selbst bildet das Ende des 30-tägigen Handelsverbotszeitraums.[1416] Zu dieser Veröffentlichung muss der Emittent nach nationalem Recht (vgl. Art. 19 Abs. 11 lit. b) MAR), oder gemäß den Vorschriften des Handelsplatzes, auf dem die Anteile des Emittenten zum Handel zugelassen sind (vgl. Art. 19 Abs. 11 lit. a) MAR, ErwG (61) MAR[1417]), verpflichtet

1414 *Grundmann*, in: Großkomm. HGB, Bankvertragsrecht 11/1, Sechster Teil Rn. 529 ff., 538.

1415 *Grundmann*, in: Großkomm. HGB, Bankvertragsrecht 11/1, Sechster Teil Rn. 538; *Poelzig*, NZG 2016, 761 (769 f.).

1416 *ESMA*, MAR-2015/224, Ziff. 5.3 Rn. 137; auch *Stüber*, DStR 2016, 1221 (1225 ff.).

1417 Unsauber ist insofern die deutsche Übersetzung der Verordnung, die in ErwG (61) von „Vorschriften *für* den Handelsplatz spricht“, vgl. aber auch die maßgebende

sein.[1418] Lit. a) schafft den Berührungspunkt des Marktmissbrauchsrechts mit der Teilbereichsregulierung und wirft konkret die Frage auf, ob die teilbereichsspezifischen unterjährigen Berichterstattungspflichten aus § 53 BörsO FWB Eigenhandelsverbote für Führungskräfte im Unternehmen des Teilbereichsemittenten zur Folge haben.

Um die Frage beantworten zu können, sind zunächst Sinn und Zweck von Art. 19 MAR sowie des damit verknüpften temporären Handelsverbots zu untersuchen. Die Veröffentlichungs- und Mitteilungspflicht bei Eigengeschäften von Personen mit Führungsaufgaben verfolgt im Wesentlichen vier Teilziele.[1419] Durch ihre Anzeige soll zunächst die Markttransparenz und damit einhergehend die informationelle Effizienz des Marktes insgesamt befördert werden.[1420] Die Gleichbehandlung der Anleger soll gefördert werden, indem der Wissensvorsprung des Führungspersonals, der sich bereits unterhalb der Schwelle einer Insiderinformation einstellen kann,[1421] zeitnah ausgeglichen wird.[1422] Eine Stärkung der Marktintegrität bewirkt die Offenlegung zum einen durch Prävention von Insiderhandel.[1423] Hiervon geht auch ErwG (49) S. 1 der MAR aus. Die Mitteilungspflicht erhöht das Entdeckungsrisiko von Insiderverstößen und Marktmanipulation und hat insofern eine abschreckende Wirkung auf potenzielle Insider.[1424] Die Regulierung wirkt dadurch zugleich repressiv, indem die Aufdeckungsmöglichkeiten von Marktmanipulation oder einer Insidertransaktion verbessert werden.[1425] Schließlich bewirkt die Anzeige und Veröffentlichung des Transaktionsverhaltens von Führungspersonen, dass dieses der Transaktionsentscheidung des einzelnen Anlegers zugrunde gelegt werden und von *manager's*

Englische Version („according to the rules of the trading venue where the issuer's shares are admitted to trading").

1418 Dazu bereits oben Kapitel 1 § 3 IV.

1419 Vgl. auch *Fleischer*, NJW 2002, 2977 (2978).

1420 Schwark/Zimmer/*Kumpan/Grütze/Misterek/Schmidt/Grübler*, KMRK, Art. 19 MAR Rn. 8 ff.

1421 *Veil*, ZBB 2014, 85 (95).

1422 *Fleischer*, ZIP 2002, 1217 (1220).

1423 S. dazu noch jeweils in der Vorauflage *Royé/Fischer zu Cramburg*, in: Heidel, Aktienrecht und Kapitalmarktrecht, 4. Auflage 2014, § 15a WpHG Rn. 1 und Schwark/Zimmer/*Zimmer/Osterloh*, KMRK, 4. Auflage 2010, § 15a WpHG Rn. 9 ff.

1424 Zu den Beweisschwierigkeiten im Zusammenhang mit Verstößen gegen das Insiderhandelsverbot vgl. auch Schwark/Zimmer/*Kumpan/Grütze/Misterek/Schmidt/Grübler*, KMRK, Art. 19 MAR Rn. 14; *Fleischer*, NJW 2002, 2977 (2978).

1425 *Fleischer*, ZIP 2002, 1217 (1220).

transactions dadurch eine besondere „Indikatorwirkung“ ausgehen kann.[1426] Es wird dem Anlegerpublikum dadurch ermöglicht, Rückschlüsse auf die Unternehmensentwicklung zu ziehen, da Vorstands- und Aufsichtsratsmitglieder die wirtschaftliche Situation der Gesellschaft regelmäßig besser und zuverlässiger einschätzen können.[1427]

Werden *manager's transactions* nun innerhalb bestimmter Zeitfenster unterbunden, können auch legal erworbene Wissensvorsprünge nicht ausgenutzt werden. Art. 19 Abs. 11 MAR unterdrückt dadurch die Informationsgenerierung im Interesse der Börsenpreisbildung und auch die Indikatorwirkung bleibt während des Handelsverbots für einen nicht unerheblichen Zeitraum aus.[1428] Das Handelsverbot, das auch die grundrechtlich geschützten Positionen des Führungspersonals beeinträchtigt,[1429] fällt nun umso länger aus, je mehr unterjährige Finanzberichterstattung der Emittent zu leisten verpflichtet ist. Infolge einer teilbereichsspezifischen Quartalsmitteilungs- oder Quartalsfinanzberichterstattungspflicht kann die Gesamtdauer des Handelsverbotszeitraums mehrere Monate im Jahr betragen.[1430]

Aufgrund des reduzierten Berichtumfangs der Quartalsmitteilung, insbesondere der Ausklammerung einer nach bilanzrechtlichen Standards erstellten Finanzberichterstattung, wird ein Handelsverbot für Führungspersonen im Vorfeld der Veröffentlichung nach § 53 Abs. 1, 2 BörsO teilweise abgelehnt. Es handele sich, so die Begründung, „nicht um die vom Wortlaut [des Art. 19 Abs. 11 MAR] vorausgesetzte zwingende Finanzberichterstattung.“[1431] In ähnlicher Weise wird darauf hingewiesen, dass der reduzierte Informationsumfang mangels einheitlicher Prüfstandards einer prüferischen Durchsicht nicht zugänglich sei und eine Quartalsmitteilung deshalb nicht die von Art. 19 Abs. 11 MAR geforderte

---

1426 Begr. RegE Vierten Finanzmarktförderungsgesetz, BT-Drucks. 14/8017, 87.

1427 *Fleischer*, ZIP 2002, 1217 (1220); Schwark/Zimmer/*Kumpan/Grütze/Misterek/Schmidt/Grübler*, KMRK, Art. 19 MAR Rn. 12 ff.

1428 Vgl. auch *Krause*, CCZ 2014, 248 (257); dieser Befund ist auch mit der ECMH in ihrer halbstrengen Ausprägung unvereinbar, da die unterdrückten Informationen nicht zwangsläufig Insiderinformationen darstellen müssen und der Preis eine solche Information also an sich widerspiegeln müsste, vgl. auch *Veil*, ZBB 2014, 85 (95).

1429 Zu diesem Aspekt vgl. *Osterloh*, Director's Dealings, 540 f.; *Maume/Kellner*, ZGR 2017, 273 (296 ff.).

1430 Vgl. nur *Poelzig*, NZG 2016, 761 (770) („bis zu 120 Tage“); auch *Franke/Schulenburg*, in. Umnuß, Corporate Compliance, Kapitel 3 Rn. 30.

1431 So *Stüber*, DStR 2016, 1221 (1226); in dieselbe Richtung auch *Söhner*, BB 2017, 259 (264).

Berichtsqualität aufweise.[1432] Zwingend ist die Veröffentlichung einer Quartalsmitteilung allerdings allemal, droht im Falle eines Pflichtverstoßes doch immerhin der Ausschluss aus dem Teilbereichshandel gem. § 42 Abs. 2 BörsG. Das gilt auch für die alternative Quartalsfinanzberichterstattung, die nur an die Stelle der Quartalsmitteilung treten kann (vgl. § 53 Abs. 1, 6 BörsO FWB).[1433] Entscheidend für die Anwendbarkeit des Art. 19 Abs. 11 MAR ist vielmehr, welche Qualität der geforderte Zwischenbericht aufweisen muss.[1434]

Nach der TransparenzRL kennzeichnen Jahresabschluss- und unterjährige Zwischenberichte, dass sie „ein den tatsächlichen Verhältnissen entsprechendes Bild der Vermögens-, Finanz- und Ertragslage des Emittenten vermitteln."[1435] Aufgrund der Gleichwertigkeit von Jahresabschlussbericht und Zwischenbericht erscheint ein einheitliches Verständnis auch in Art. 19 Abs. 11 MAR angezeigt. Deshalb gehen auch der Publikation einer Ad-hoc-Mitteilung, die nicht die Qualität eines Zwischenberichts aufweist, keine Handelsverbotszeiträume voraus. Hier werden regelmäßig nur singuläre Tatsachen übermittelt, die dem Markt kein Gesamtbild über den Vermögensstand und die wirtschaftliche Situation des Unternehmens verschaffen.[1436] Das zeitliche Vorfeld der Finanzberichterstattung ist demgegenüber aufgrund einer intensiven Datenauswertung und -aufbereitungsphase besonders anfällig für Insidertransaktionen.[1437] Deshalb aktiviert nur eine umfassende Darstellung der wirtschaftlichen Situation des Unternehmens im Rahmen der Zwischenberichterstattung ein vorgelagertes Eigenhandelsverbot für diejenigen Personen, die in dieser Phase frühzeitig Kontakt mit unveröffentlichten Daten erlangen. Quartalsmitteilungen müssen demnach einen entsprechenden Gesamtüberblick über die wirtschaftliche Lage des Unternehmens vermitteln, um als zeitlicher Endpunkt eines Handelsverbots eingestuft werden zu können. Nur wenn ihre Erstellung ein dem zeitlichen Vorfeld

---

1432 *Böckem/Rabenhorst*, IRZ 2016, 89 (93); *Meyer*, in: Kümpel/Mülbert/Früh/Seyfried, Bank- und Kapitalmarktrecht, Rn. 12.444.

1433 A.A. wohl *Meyer*, in: Kümpel/Mülbert/Früh/Seyfried, Bank- und Kapitalmarktrecht, Rn. 12.444, der davon ausgeht, der Quartalsfinanzbericht werde freiwillig erstellt.

1434 Die englische Fassung der MAR spricht an dieser Stelle von einem „interim financial report".

1435 *Poelzig*, NZG 2016, 761 (769 f.).

1436 Grundlegend die *Infomatec*-Entscheidung des BGH, *Urteil* vom 19. 7. 2004 – II ZR 217/03 (OLG München) = NJW 2004, 2668 ff.; vgl. außerdem *Spindler*, NZG 2012, 575 (576); *Gerber*, DStR 2004, 1793 (1794 f.); *Stackmann*, NJW 2013, 1985 (1987); a.A. aus strafrechtlicher Perspektive *Kiethe*, NStZ 2004, 73 (75).

1437 Wie hier BeckHdB-AG/*Paul*, § 26 Rn. 104.

einer Finanzberichterstattungspflicht vergleichbares Gefahrenpotenzial aufweist, lässt sich ein Handelsverbot für den betreffenden Zeitraum rechtfertigen.

Gem. § 53 Abs. 2 S. 1 BörsO FWB hat die Quartalsmitteilung die Beurteilung zu ermöglichen, wie sich die Geschäftstätigkeit des Emittenten im jeweiligen Mitteilungszeitraum entwickelt hat. Dazu sind gem. S. 3 dieses Absatzes die wesentlichen Ereignisse und Geschäfte des Mitteilungszeitraums sowie ihre Auswirkungen auf die Finanzlage und das Geschäftsergebnis zu erläutern. Es geht also zunächst darum, ein umfassendes Bild der Vermögens-, Finanz- und Ertragslage des Emittenten zu vermitteln.[1438] In ihrer Zielsetzung entspricht die Quartalsmitteilung ungeachtet ihres reduzierten Berichtsumfangs also durchaus der Quartalsfinanzberichterstattung.[1439] Dass Aufbau und Gestaltung der Quartalsmitteilung aufgrund der geringen formellen Anforderungen der Börsenordnung und fehlender Standardisierung weitgehend flexibel gehandhabt werden können, ändert hieran noch nichts.[1440] Doch auch wer ein Handelsverbot im Vorfeld einer Quartalsmitteilung ablehnen möchte,[1441] muss doch aufgrund des in § 53 Abs. 6 S. 1 BörsO FWB niedergelegten Wahlrechts zu einem anderen Ergebnis kommen, wenn der Emittent anstelle einer Quartalsmitteilung einen Quartalsfinanzbericht entsprechend den Vorgaben des WpHG für den Halbjahresfinanzbericht erstellt.

Unter praktischen Gesichtspunkten ist insofern zu berücksichtigen, dass zwischen der einfachen Quartalsmitteilung und einem Finanzbericht nach § 53 Abs. 6 BörsO FWB zahlreiche Zwischenformen unterschiedlichen Berichtsumfangs vorkommen können, deren Vorbereitung und Erstellung unterschiedlichen Aufwand erfordert.[1442] Entscheidend für die Aktivierung des Handelsverbots sollte aber die äußere Form der Berichterstattung sein und nicht deren inhaltliche Ausgestaltung im Einzelfall, mag das Berichtsformat auch eine entsprechende inhaltliche Flexibilität zulassen.[1443] Die Leitungsorgane

---

1438 Vgl. auch *Maume/Kellner*, ZGR 2017, 273 (293 f.).

1439 So auch *Maume/Kellner*, ZGR 2017, 273 (294); wohl auch BeckHdB-AG/*Paul*, § 26 Rn. 104.

1440 *Ahr/Loitz/Seidel*, BB 2017, 1451 (1453); vgl. auch *Pellens/Knappstein/Muschallik/Schmidt*, DB 2017, 1 (2 ff).

1441 So etwa *Stüber*, DStR 2016, 1221 (1226); auch *Söhner*, BB 2017, 259 (264).

1442 Vgl. auch *Krämer/Gillessen*, in: Krieger/Schneider, Hdb. Managerhaftung, Rn. 32.18.

1443 Eingehend *Eisenschmidt*, IRZ 2016, 419 (421 ff.). Die Untersuchung *Eisenschmidts* hat auch gezeigt, dass weniger als die Hälfte der Prime Standard-Emittenten (44,84 %) in dem reduzierten Umfang der Quartalsmitteilung publizieren (421). Auch die BaFin, die die Quartalsmitteilung nach § 53 BörsO FWB nicht unter den Begriff des *Zwischenberichts* i.S.v. Art. 19 Abs. 11 MAR subsumieren will, deutet an, dass letztendlich

derjenigen Unternehmen, die dem Markt bewusst ein reduziertes Maß an Informationen bereitstellen wollen, könnten sonst weiterhin ihre legalen Wissensvorsprünge in gewinnbringende Transaktionen umsetzen. Diese Gefahr kann auch im Vorfeld einer Quartalsmitteilung bestehen, die dem Quartalsfinanzbericht vergleichbar ein umfassendes Bild der wirtschaftlichen Lage des Emittenten vermitteln will (§ 53 Abs. 2 S. 3 BörsO FWB) und aufgrund des reduzierten Berichtsumfangs noch nicht zugleich auf eine geminderte Informationssammlung im Vorfeld der Berichterstattung geschlossen werden kann.[1444]

In der Folge können aufgrund der gleitenden Erstellungszeiträume für teilbereichsspezifische Publikationspflichten (vgl. für Jahres- und Halbjahresfinanzbericht sowie die Quartalsmitteilung bzw. den Quartalsfinanzbericht die §§ 51 Abs. 2 S. 1, 52 Abs. 4 S. 1, 53 Abs. 5 S. 1 BörsO FWB) für Emittenten des Prime Standards unterschiedliche *closed periods* innerhalb eines Geschäftsjahres bestehen. Die Überwachung dieser Handelsverbotszeiträume wird dadurch nicht unerheblich erschwert.[1445] Werden Jahresfinanzbericht und Quartalsmitteilung bzw. –bericht zudem an unterschiedlichen Daten innerhalb des jeweils zulässigen Erstellungszeitraums publiziert, beträgt das jährliche Handelsverbot in Summe sogar bis zu fünf Monate.[1446] Innerhalb dieses Zeitraums bleibt die Indikatorwirkung der Transaktionen aus und die Grundrechte der betroffenen Führungspersonen werden nicht unerheblich eingeschränkt.[1447] Dies könnte erklären, weshalb die BaFin die Quartalsmitteilung in ihrer derzeitigen Ausgestaltung in § 53 Abs. 1 BörsO FWB nicht als Zwischenbericht i.S.v. Art. 19 Abs. 11 MAR einordnen will.[1448] Das europäische Kapitalmarktrecht hingegen scheint all dies im Wissen um den Wert sog. *manager's transactions* für

---

die inhaltliche Ausgestaltung der Berichtsform entscheidend ist für das Vorliegen eines Zwischenberichts i.S.d. Marktmissbrauchsrechts, vgl. BaFin, FAQ zu Eigengeschäften von Führungskräften nach Art. 19 MAR, abrufbar unter https://www.bafin.de/SharedDocs/Downloads/DE/FAQ/dl_faq_mar_art_19_DD.html?nn=7852994 (zuletzt abgerufen am 31. März 2021).

1444 Dass auch Quartalsmitteilungen Insiderinformationen enthalten können, erkennt auch BeckHdB-AG/*Goslar/Klingen*, § 26 Rn. 104.

1445 Ebenso *Maume/Kellner*, ZGR 2017, 273 (294) („der Markteffizienz abträglich" und „deutlich schwerer zu überwachen").

1446 *Krause*, CCZ 2014, 248 (257); *Maume/Kellner*, ZGR 2017, 273 (294).

1447 *Osterloh*, Director's Dealings, 540 f.

1448 BaFin, FAQ zu Eigengeschäften von Führungskräften nach Art. 19 MAR, abrufbar unter https://www.bafin.de/SharedDocs/Downloads/DE/FAQ/dl_faq_mar_art_19_DD.html?nn=7852994 (Zuletzt abgerufen am 31. März 2021).

die Informationseffizienz des Marktes in Art. 19 Abs. 11 lit. b) MAR bewusst in Kauf genommen zu haben.

3. *Insolvenzverfahren (§ 53a BörsO FWB)*

Gem. § 53a der Börsenordnung sind Emittenten des Prime Standards ferner verpflichtet, der Geschäftsführung der Börse unverzüglich anzuzeigen, wenn sie einen Antrag auf Eröffnung des Insolvenzverfahrens über das Vermögen der Gesellschaft gestellt haben oder ein solches Verfahren bereits eröffnet worden ist. Entsprechendes soll für Emittenten mit Sitz im Ausland gelten, wobei es insofern darauf ankommen wird, ob diese Gesellschaften überhaupt dem Insolvenzrecht des Staates der Antragstellung unterliegen.[1449]

Die Vorschrift ist durch die Elfte Änderungssatzung der Frankfurter Wertpapierbörse zum 23. November 2020 Teil der Börsenordnung geworden und als Reaktion der Börse auf den Wirecard-Skandal zu verstehen. Als solche ist sie im Zusammenspiel mit dem ebenfalls neu eingefügten § 48 Abs. 5 BörsO FWB zu lesen, der Emittenten, die einen Antrag auf Eröffnung des Insolvenzverfahrens gestellt haben bzw. über deren Vermögen das Insolvenzverfahren bereits eröffnet worden ist, den Zugang zum Prime Standard a priori versperrt; im Falle der (drohenden) Insolvenz eines Emittenten soll die Auskunftspflicht nach § 53a BörsO FWB der Börse nun ein schnelles Tätigwerden auf der Grundlage des durch das Gesetz zur Stärkung der Finanzmarktintegrität reformierten § 42 Abs. 2 S. 1 BörsG ermöglichen. Freilich fällt der informatorische Mehrwert der neuen Offenlegungspflicht neben der Ad-hoc-Publizitätspflicht eher gering aus.

4. *Veröffentlichung eines Unternehmenskalenders nach § 54 BörsO FWB*

Teilbereichsemittenten sind weiter verpflichtet, mit Aufnahme des Handels sowie fortlaufend zu Beginn jedes Geschäftsjahres für die Dauer ihrer Notierung einen Unternehmenskalender in deutscher und englischer Sprache zu erstellen und fortlaufend zu aktualisieren (vgl. § 54 Abs. 1 BörsO FWB).[1450] Der Kalender, der gem. § 54 Abs. 3 S. 1, 3 BörsO FWB sowohl auf der Unternehmenswebsite als auch auf der Homepage der Börse veröffentlicht wird, soll über die wichtigsten Termine des Emittenten informieren.[1451] Zu diesem Zwecke hat er die

---

1449 Dazu allgemein Uhlenbruck/*Lüer*/*Knof*, InsO, § 335 Rn. 1 ff.

1450 Vgl. auch *Meyer*, in: Marsch-Barner/Schäfer, Hdb. börsennotierte AG, Rn. 7.52.

1451 Die Erläuterungen der Frankfurter Wertpapierbörse zu § 54 der Börsenordnung sind abrufbar unter http://www.deutsche-boerse-cash-market.com/

wesentlichen Termine im Unternehmen des Emittenten und insbesondere den Termin der ordentlichen Hauptversammlung, der Bilanzpressekonferenz sowie den Termin, der für die nach § 55 der Börsenordnung abzuhaltende Analystenveranstaltung angesetzt wurde, zu enthalten (vgl. § 54 Abs. 2 BörsO FWB).[1452] Die Angabe der Termine für die Veröffentlichung der Finanzberichterstattung ist demgegenüber nach Auffassung der Börse nicht erforderlich.[1453] Insofern blieben die Vorgaben für den Unternehmenskalender lange hinter den früheren Anforderungen an die Unternehmenstransparenz in Ziff. 6.2 DCGK a.F. zurück, wonach im Rahmen der laufenden Öffentlichkeitsarbeit eines Unternehmens die Termine, an denen die Geschäftsberichte und unterjährige Finanzinformationen publiziert werden, in einem Finanzkalender mit ausreichendem Zeitvorlauf auf der Internetpräsenz des Emittenten veröffentlicht werden sollten.[1454] Im Vergleich dazu wird den Emittenten des Prime Standards ermöglicht, die großzügigen Erstellungszeiträume flexibel auszunutzen. Zusätzliche Sanktionsrisiken nach § 42 Abs. 2 BörsG lassen sich dadurch eher vermeiden. Auch die aktuelle Fassung des DCGK verzichtet nunmehr auf eine entsprechende Empfehlung.

Der Unternehmenskalender ist gem. § 54 Abs. 1 BörsO FWB für die Dauer des Geschäftsjahres fortlaufend in Bezug auf die zuvor genannten Daten zu aktualisieren. Die Frankfurter Wertpapierbörse weist in diesem Zusammenhang darauf hin, dass die Aktualisierung oder Ergänzung einzelner Daten durch die Börse nicht möglich ist und in diesem Fall der gesamte Kalender inklusive der bereits gemeldeten Kalendereinträge erneut übermittelt werden muss.[1455]

---

dbcm-de/primary-market/being-public/ipo-line-being-public/regulierter-markt/!ipo-1343530-1343534 (zuletzt abgerufen am 31. März 2021).

1452 Vgl. auch *Meyer*, in: Marsch-Barner/Schäfer, Hdb. börsennotierte AG, Rn. 7.52; auch *Seiffert*, in: Kümpel/Mülbert/Früh/Seyfried, Bank- und Kapitalmarktrecht, Rn. 14.312.

1453 Vgl. http://www.deutsche-boerse-cash-market.com/dbcm-de/primary-market/being-public/ipo-line-being-public/regulierter-markt/!ipo-1343530-1343534 (zuletzt abgerufen am 31. März 2021). Die Börse weist hier darauf hin, dass die Angabe der genannten Daten dem Emittenten freisteht, viele Emittenten die Termine aber zu Informationszwecken dennoch eintragen.

1454 Zur Zulässigkeit einer solchen Regulierung in den Teilbereichen auch Schwark/Zimmer/*Heidelbach*, KMRK, § 42 BörsG Rn. 13.

1455 Vgl. http://www.deutsche-boerse-cash-market.com/dbcm-de/primary-market/being-public/ipo-line-being-public/regulierter-markt/!ipo-1343530-1343534 (zuletzt abgerufen am 31. März 2021).

5. *Jährliche Analystenveranstaltung gem. § 55 BörsO FWB*

§ 55 BörsO FWB schreibt vor, dass Emittenten des Prime Standards mindestens einmal jährlich eine Analystenveranstaltung außerhalb der Pressekonferenz zur Bekanntgabe der Jahresabschlusszahlen durchführen müssen.[1456]

Die Analystenveranstaltung ist eine von dem Aktienemittenten zu organisierende Informationsveranstaltung, die Analysten die Möglichkeit geben soll, dem Geschäftsführungsorgan oder sonstigem Führungspersonal des Emittenten Fragen zur Geschäftstätigkeit sowie zur Vermögens-, Finanz- und Ertragslage des Unternehmens zu stellen.[1457] Die turnusmäßig abzuhaltende Analystenkonferenz bietet Finanzanalysten die Möglichkeit, sich über die wirtschaftliche Lage des Emittenten und die Geschäftstätigkeit des Unternehmens umfassend zu informieren. § 55 BörsO FWB sorgt auf diese Weise für eine erhöhte Analystencoverage der Teilbereichsemittenten und dient somit dem Informationsfluss und der Beförderung informierter Sekundärmarkttransaktionen. Die Einbindung von Finanzanalysten in das teilbereichsspezifische Transparenzsystem wirkt sich demnach positiv auf die Informationseffizienz des Teilbereichshandels aus.[1458]

Ort und Sprache der Veranstaltung sind von dem Emittenten zu bestimmen. Die Analystenkonferenz ist einmal jährlich abzuhalten, wobei für den Turnus nach Wahl des Emittenten auf das Geschäfts- oder Kalenderjahr abgestellt werden kann.[1459] Gem. § 54 Abs. 2 BörsO FWB muss der zu Beginn des Geschäftsjahres zu publizierende Unternehmenskalender (vgl. § 54 Abs. 1 BörsO FWB) über den Termin der Analystenveranstaltung nach § 55 der Börsenordnung unterrichten.[1460]

Die Börse Frankfurt erwartet außerdem, dass die Analystenveranstaltung in Form einer Präsenzveranstaltung durchgeführt wird und mindestens einer

---

1456 Dazu auch *Seiffert*, in: Kümpel/Mülbert/Früh/Seyfried, Bank- und Kapitalmarktrecht, Rn. 14.312; auch *Meyer*, in: Marsch-Barner/Schäfer, Hdb. börsennotierte AG, Rn. 7.52.

1457 Vgl. die Definition der Frankfurter Wertpapierbörse, abrufbar unter http://www.deutsche-boerse-cash-market.com/dbcm-de/primary-market/being-public/ipo-line-being-public/regulierter-markt/!ipo-1343530-1343536 (zuletzt abgerufen am 31. März 2021); so auch *Gebhardt*, WM-Sonderbeilage 2/2003, 3 (13).

1458 *Bessler/Stanzel*, in: Festschrift für Hartmut Schmidt zum 65. Geburtstag, 227 (229).

1459 Vgl. http://www.deutsche-boerse-cash-market.com/dbcm-de/primary-market/being-public/ipo-line-being-public/regulierter-markt/!ipo-1343530-1343536 (zuletzt abgerufen am 31. März 2021).

1460 Zur Analystenveranstaltung als tauglicher Gegenstand der Teilbereichsregulierung auch Schwark/Zimmer/*Heidelbach*, KMRK, § 42 BörsG Rn. 13.

der Vertreter des Emittenten physisch anwesend ist und für Fragen der Analysten zur Verfügung steht. Da eine Präsenzveranstaltung von § 55 BörsO FWB nicht vorgeschrieben wird, akzeptiert die Frankfurter Wertpapierbörse auch die Durchführung der Analystenveranstaltung in Form einer Telefon- oder Videokonferenz.[1461] Sanktionen nach § 42 Abs. 2 BörsG hat der Emittent dann aber mangels satzungsrechtlicher Verankerung des genauen Veranstaltungsformats nicht zu befürchten.[1462] Die Analystenveranstaltung muss gem. § 55 BörsO FWB außerhalb der Bilanzpressekonferenz durchgeführt werden. Auch die gleichzeitige Durchführung von Hauptversammlung und Analystenkonferenz soll nach Auffassung der Börse unzulässig sein.[1463] Begründet wird die obligatorische Entkopplung der Veranstaltungen mit ihren unterschiedlichen Aufgaben, Funktionen und Adressatenkreisen, „die eine kumulierte Durchführung nicht sachgerecht erscheinen lassen."[1464] Die Verpflichtung hindert den Emittenten indes nicht daran, weitere Informationsveranstaltungen im Laufe des Geschäftsjahres anzubieten, die nicht den Vorgaben der Analystenveranstaltung entsprechen. Dies können etwa Gespräche mit Einzelpersonen oder ausgewählten Finanzmarktanalysten sein.[1465]

Weitere inhaltliche Anforderungen an die Veranstaltung bestehen nicht. Ob der Emittent zusätzliche Informationsmaterialien ausgibt oder Fragen einzelner Journalisten oder Analysten zurückweist, steht ihm frei.[1466] Dennoch sollen organisatorische Maßnahmen eine Teilnahme nicht erschweren.[1467] Mit der Vorschrift und den Zwecken der Veranstaltung unvereinbar wäre etwa die selektive Auswahl oder Zurückweisung einzelner Analysten oder eine Beschränkung der Einladung auf Vertreter bestimmter Kredit- oder Finanzdienstleistungsinstitute oder Fondsgesellschaften.[1468] Da der Emittent den Veranstaltungsort

1461 Vgl. die Anforderungen an die Analystenveranstaltung der Frankfurter Wertpapierbörse, abrufbar unter http://www.deutsche-boerse-cash-market.com/dbcm-de/primary-market/being-public/ipo-line-being-public/regulierter-markt/!ipo-1343530-1343536 (zuletzt abgerufen am 31. März 2021).

1462 Vgl. auch *Gebhardt*, WM-Sonderbeilage 2/2003, 3 (13).

1463 Vgl. auch *Meyer*, in: Marsch-Barner/Schäfer, Hdb. börsennotierte AG, Rn. 7.53.

1464 Vgl. http://www.deutsche-boerse-cash-market.com/dbcm-de/primary-market/being-public/ipo-line-being-public/regulierter-markt/!ipo-1343530-1343536 (zuletzt abgerufen am 31. März 2021); auch *Gebhardt*, WM-Sonderbeilage 2/2003, 3 (13); vgl. auch *Schanz*, Börseneinführung, § 12 Rn. 65.

1465 *Gebhardt*, WM-Sonderbeilage 2/2003, 3 (14).

1466 *Gebhardt*, WM-Sonderbeilage 2/2003, 3 (14).

1467 *Schanz*, Börseneinführung, § 12 Rn. 65.

1468 *Gebhardt*, WM-Sonderbeilage 2/2003, 3 (13).

grundsätzlich frei bestimmen kann, kann es aber zu einer Begrenzung der Teilnehmerzahl aus organisatorischen Gründen kommen, ohne dass der Emittent dadurch seine Pflichten aus der Börsenordnung verletzt.[1469]

6. *Übersetzungspflicht für Ad-hoc-Mitteilungen (§ 56 BörsO FWB)*

Das teilbereichsspezifische Pflichtenregime wird durch die Pflicht des Emittenten nach § 56 BörsO FWB, Insiderinformationen zeitgleich in deutscher und englischer Sprache zu veröffentlichen, vervollständigt.[1470] Die Vorschrift setzt voraus, dass eine entsprechende Verpflichtung des Emittenten nach Art. 17 MAR, § 26 Abs. 1 WpHG auch tatsächlich besteht. Ziel ist es, durch die Übersetzungspflicht Chancengleichheit auch für nicht-deutschsprachige Investoren herzustellen.[1471]

Die Übersetzungspflicht gilt auch für Ad-hoc-Publikationen, die der Emittent aufgrund vergleichbarer Vorschriften leisten muss (vgl. § 56 BörsO FWB). Dies können die entsprechenden Regelungen eines Drittstaates oder die Vorschriften eines ausländischen Handelsplatzes sein. Eine Ausnahme hiervon gewährt die Börse in Fällen, in denen die Publikation der Insiderinformation schon aufgrund des Heimatrechts des Emittenten in englischer Sprache erfolgt ist. Eine Übersetzung ins Deutsche ist dann nicht mehr erforderlich.[1472] Entsprechendes gilt, wenn die Veröffentlichung auf der Grundlage von § 3b Abs. 1 S. 1 WpAV in englischer Sprache vorgenommen wurde.[1473]

Beide sprachlichen Fassungen müssen gem. § 56 BörsO FWB zeitgleich publiziert werden. Da das Übersetzungserfordernis keinen Aufschub begründen

---

1469 *Gebhardt*, WM-Sonderbeilage 2/2003, 3 (13); *Schanz*, Börseneinführung, § 12 Rn. 65.

1470 Zur Finanzkommunikation in englischer Sprache als Basis eines international ausgerichteten Börsensegments vgl. *Riess/Altmann*, in: Achleitner/Bassen, Investor Relations am Neuen Markt, 195 (202); zur internationalen Ausrichtung des Teilbereichshandels vgl. auch *Seiffert*, in: Kümpel/Mülbert/Früh/Seyfried, Bank- und Kapitalmarktrecht, Rn. 14.311.

1471 So die Begründung der Börse, abrufbar unter http://www.deutsche-boerse-cash-market.com/dbcm-de/primary-market/being-public/ipo-line-being-public/regulierter-markt/!ipo-1343530-1343528 (zuletzt abgerufen am 31. März 2021).

1472 Vgl. http://www.deutsche-boerse-cash-market.com/dbcm-de/primary-market/being-public/ipo-line-being-public/regulierter-markt/!ipo-1343530-1343528 (zuletzt abgerufen am 31. März 2021).

1473 Vgl. http://www.deutsche-boerse-cash-market.com/dbcm-de/primary-market/being-public/ipo-line-being-public/regulierter-markt/!ipo-1343530-1343528 (zuletzt abgerufen am 31. März 2021).

kann und die Übersetzungstätigkeit die unverzügliche Offenlegung der Insiderinformation nicht verzögern darf, geht die Frankfurter Wertpapierbörse von einem weiten Verständnis dieses zeitlichen Kriteriums aus. Zeitgleich i.S.v. § 56 BörsO FWB erfolgt die Veröffentlichung der Übersetzung hiernach, wenn sie der deutschsprachigen Ad-hoc-Mitteilung innerhalb von 24 Stunden nachfolgt, d. h. über dieselbe Datenschnittstelle an die Geschäftsführung der Börse übermittelt wird.[1474] Weitere Schritte, insbesondere eine weitere Vorabmeldung gem. § 26 Abs. 1 WpHG an die BaFin, sind zu diesem Zeitpunkt regelmäßig nicht mehr erforderlich, da es sich nunmehr aufgrund der vorhergehenden öffentlichen Bekanntgabe rechtlich nicht mehr um eine Insiderinformation handelt. Ob dann noch von einer Nachteilsausgleichung für ausländische Investoren die Rede sein kann, erscheint jedenfalls zweifelhaft.[1475]

III. Kosten und Gebühren eines Teilbereichslistings

Neben der konkreten Sonderpflichtenlast kann auch die mit einem Teilbereichslisting verbundene Kostenbelastung des Unternehmens die Entscheidung für einen Segmentaufstieg beeinflussen.

1. Gebührenstruktur

Schon mit dem erstmaligen *going public* ist eine nicht unerhebliche Kostenbelastung für das Unternehmen verbunden. Neben dem Wertpapierdruck, der Wertpapierzulassung, Anwaltskosten und Bankprovisionen fallen auch Kosten im Vorfeld des Börsengangs für Werbeaktionen und Marketing an.[1476] Der gesteigerten Visibilität infolge eines Teilbereichslistings, der verbesserten Finanzierungsposition sowie der Indexfähigkeit des Unternehmens stehen Kosten gegenüber, die der Emittent bei der Entscheidung über ein Listing oder den Aufstieg in ein Qualitätssegment in jedem Fall berücksichtigen muss.[1477]

1474 Vgl. http://www.deutsche-boerse-cash-market.com/dbcm-de/primary-market/being-public/ipo-line-being-public/regulierter-markt/!ipo-1343530-1343528 (zuletzt abgerufen am 31. März 2021).

1475 Zur Ausrichtung der Teilbereichsregulierung auf die Interessen des internationalen Investorenpublikums allgemein vgl. *Seiffert*, in: Kümpel/Mülbert/Früh/Seyfried, Bank- und Kapitalmarktrecht, Rn. 14.311.

1476 *Grupp*, Börseneintritt und Börsenaustritt, 57 f., 74 f.

1477 Zu den Vorzügen der Indexzugehörigkeit vgl. *Meyer*, in: Marsch-Barner/Schäfer, Hdb. börsennotierte AG, Rn. 7.61.

§ 11 der GebührenO FWB, der auf § 17 Abs. 1 Nr. 3 BörsG beruht, sieht die Erhebung einer Zulassungsgebühr für die Zulassung von Wertpapieren zum regulierten Markt vor.[1478] § 11 Abs. 2 der Gebührenordnung trägt dem Umstand Rechnung, dass es sich bei der Teilbereichszulassung um einen rechtlich eigenständigen Zulassungsverwaltungsakt handelt. Aus der Gebührentabelle IV ergibt sich hiernach für die Zulassung von Aktien oder Aktien vertretenden Zertifikaten zum regulierten Grundmarkthandel der Frankfurter Wertpapierbörse eine Zulassungsgrundgebühr von 12.000,00 Euro und eine variable Gebühr, deren degressive Staffelung sich an der Marktkapitalisierung orientiert. Nach § 11 Abs. 2 GebührenO FWB i.V.m. Gebührentabelle VI fallen für die Zulassung nach § 48 Abs. 1 BörsO FWB keine zusätzlichen Gebühren an. Dass auch für die Einführung in den Teilbereichshandel nach § 14 Abs. 2 i.V.m. Gebührentabelle IX keine Gebühren zu entrichten sind, folgt daraus, dass mit der Einführung nach § 38 BörsG in den regulierten Markt der Handel auch in den Teilbereichen des regulierten Marktes stattfinden kann und insofern bereits über die Einführungsgebühr nach § 14 Abs. 1 S. 1 GebührenO FWB abgegolten ist.

Marginale Kostenunterschiede ergeben sich gem. § 15 Abs. 1 der Gebührenordnung i.V.m. Gebührentabelle X für die Notierung im regulierten Markt oder einem Teilbereich davon. Für den regulierten Grundmarkt fällt eine jährliche Gebühr i.H.v. 14.480,00 Euro an, für den Teilbereichshandel beträgt die Notierungsgebühr 15.470,00 Euro. Die Grundgebühr ist jeweils verbunden mit einer variablen Gebühr i.H.v. 0,10 Euro für jede angefangene Million Euro Marktkapitalisierung. Die von der Marktkapitalisierung abhängige Gebühr richtet die Listingkosten des Emittenten am Börsenwert der Gesellschaft aus und bewirkt auf diese Weise, dass für Unternehmen mit einem geringeren Börsenwert entsprechend geringere Gebühren anfallen als für Gesellschaften, die entsprechend mehr Kapital aufgenommen haben. Übertragen auf das zur Veranschaulichung der Gebührenstruktur in *Scale* herangezogene Rechenbeispiel für eine Marktkapitalisierung von 260 Millionen Euro bedeutet dies, dass die Zulassung zum Prime Standard des regulierten Marktes erheblich günstiger sein kann, als eine Einbeziehung in das Segment des Freiverkehrs und die Kosten eines Listings erst aufgrund der relativ höheren fortlaufenden Notierungsentgelte des regulierten Marktes aneinander angeglichen werden.[1479] Auf die

1478 Dazu auch dazu auch *Seiffert*, in: Kümpel/Mülbert/Früh/Seyfried, Bank- und Kapitalmarktrecht, Rn. 14.421 f.

1479 Zu *Scale* und den dort mit einem Listing verbundenen Gebühren s. oben Kapitel 2 § 2 I.1.

Gebühren, die für einen freiwilligen Teilbereichsrückzug oder für Maßnahmen nach § 42 Abs. 2 S. 1 BörsG fällig werden, wird im Zusammenhang mit den jeweiligen Maßnahmen zurückzukommen sein.

2. *Stellungnahme: Adäquate Gebührenstrukturen zur Steuerung des Segmentzugangs*

Die in wesentlichen Teilen von der Marktkapitalisierung abhängige Vergütungsstruktur führt nun dazu, dass ein Teilbereichslisting auch von kleineren Unternehmen mit einem geringeren Börsenwert mit vergleichsweise niedrigen Kosten getragen werden kann. Die segmentspezifische Notierungsgrundgebühr übersteigt diejenige für den Grundmarkthandel nur ganz unwesentlich, sodass sich insofern keine nennenswerten Kostenunterschiede feststellen lassen. Dies hat allerdings zur Folge, dass Emittenten, die ihrer equity story die Notierung in einem Teilbereich des regulierten Marktes hinzufügen wollen, das Sondersegment zu den gleichen Konditionen in Anspruch nehmen können, wie den regulierten Grundmarkt, obwohl sie konzeptuell nicht darauf angewiesen und eher dem General Standard zuzuordnen sind – etwa, weil sie primär national agieren oder sich bisher für keinen der Auswahlindizes qualifizieren konnten.[1480] Neben der regulatorischen Gestaltung von Grund- und Sondersegment stellt auch die Kostenstruktur ein entscheidendes Ventil der Teilbereichszugangssteuerung dar, über das zugleich eine Beförderung der Grundfunktionen vertikaler Börsensegmente erreicht werden kann. So könnte anknüpfend an die Marktkapitalisierung in Wachstumssegmenten eine progressive, in den ranghöheren Sondersegmenten hingegen eine degressive Kostenstruktur dazu eingesetzt werden, der Inkongruenz von Emittententypus und Segmentzuschnitt entgegenzuwirken und auf diese Weise Anordnungs- und Profilierungsfunktion zu unterstützen. Dadurch könnten langfristig auch Anreize zu einem Wechsel zwischen den Segmenten gesetzt werden. Auch an dieser Stelle macht sich also die fehlende Zugangsregulierung durch weitergehende Zulassungsvoraussetzungen bemerkbar,[1481] über die insbesondere eine Steuerung des Mindestemissionsvolumens oder die

1480 Wie schon erwähnt. stellt ein Listing im Prime Standard der Frankfurter Wertpapierbörse aufgrund der schrittweisen Anpassung des Indexleitfadens ab März 2021 keine Voraussetzung der Indexfähigkeit des Emittenten mehr dar.

1481 Die Zulassungsvoraussetzungen des Neuen Marktes sahen noch ein Mindestvolumen für die erstmalige Zulassung und eine Mindeststückelung vor, Ziff. 3.7 Regelwerk Neuer Markt; zu dem Vorschlag einer materiellen Neuausrichtung der Teilbereichsanforderungen vgl. oben Kapitel 4 § 2 III.

Vorgabe einer bestimmten Grundkapitalziffer möglich wäre. Die segmentspezifische Gebührenstruktur stellt insofern nur eine Notlösung dar. Die Börse wird hier freilich zwischen ihrem Interesse an einer funktionsfähigen Segmentierung und den Emittenteninteressen abwägen müssen.

IV. Zwischenbefund: Die Teilbereichsregulierung in der Identitätskrise

1. *Intransparenz infolge selbstdefinierender Formalien*

Nach der Darstellung des Anforderungsprofils der §§ 51 bis 56 der Frankfurter Börsenordnung kann festgestellt werden, dass sich das teilbereichsspezifische Pflichtenregime in seinen wesentlichen Punkten aus einer Vielzahl geringfügiger Modifikationen der gesetzlichen Grundtransparenz zusammenfügt, die vornehmlich die Übermittlung der Finanzberichte und Quartalsmitteilungen an die Geschäftsführung der Börse sowie die Sprache der Veröffentlichungen betreffen.[1482] Nur für den Teilbereichshandel gelten die Pflichten zur Publikation eines Unternehmenskalenders (§ 54 BörsO FWB) und zur jährlichen Veranstaltung einer Analystenkonferenz (§ 55 BörsO FWB), die keine Entsprechung innerhalb des gesetzlichen Transparenzsystems finden. Überschneidungen bestehen auch zwischen der Übersetzungspflicht aus § 56 BörsO für Ad-hoc-Mitteilungen und § 3b WpAV.

Mit der Quartalsmitteilung hat die Börse als Reaktion auf die Änderungen der TransparenzRL-ÄnderungsRL ein vierteljährliches Berichtsformat geschaffen, das an die Stelle der Quartalsfinanzberichterstattung getreten ist, hinsichtlich Umfangs und Tiefe aber hinter diesem zurückbleibt. Die originären Teilbereichspflichten stellen damit im Verhältnis zu den gesetzlichen Finanzberichterstattungspflichten eine nur geringfügige Zusatzbelastung des Emittenten und unwesentliche Erweiterung der von Gesetzes wegen zu beachtenden Basistransparenz dar. Einzelabschlusspflichtige Teilbereichsemittenten müssen ihre Finanzberichterstattung auch für die Zwecke ihres Teilbereichslistings nicht mehr an internationalen Rechnungslegungsstandards ausrichten. Die Vorschriften der Börsenordnung verweisen nur hinsichtlich des Halbjahres- und des Quartalsfinanzberichts nach § 53 Abs. 6 BörsO FWB auf das dem Emittenten von Gesetzes wegen ohnehin zustehende Wahlrecht aus § 325 Abs. 2a HGB, nach dem es einem Unternehmen, das nicht schon nach § 315e HGB zur Anwendung internationaler Rechnungslegungsstandards verpflichtet ist, freisteht,

1482 So schon *Lenenbach*, Kapitalmarktrecht, Rn. 3.206.

im Jahreseinzelabschluss nach IFRS zu bilanzieren. *Veil* hat hierzu zu Recht angemerkt, dass sich der Prime Standard in dieser Hinsicht den europäischen Wachstumsmärkten und deren liberalen Marktzugangs- und Listinganforderungen angenähert hat.[1483] Mit Blick auf die Grundfunktionen vertikal strukturierter Segmentprofile, denen die operative Markteffizienz zugrunde liegt, ist diese regulatorische Annäherung von Grund- und Sondersegment zumindest bedenklich.[1484]

Inkonsequent mit Blick auf die Profilierungsfunktion erscheint insbesondere, dass die Börse regelmäßig dem Teilbereichsemittenten die Wahl zwischen unterschiedlichen Transparenzlevels überlässt. Dies gilt bspw. für die Erstellung eines Quartalsfinanzberichts gem. § 53 Abs. 6 BörsO FWB oder die freiwillige Bilanzierung nach IFRS für den Einzelabschluss. Infolge dieser börslichen Flexibilität verlagert sich der Profilierungsgedanke aus dem Grundmarkt- in den hierarchisch höherrangigen Teilbereichshandel. Dabei sollten die Erwägungen, die auch die Börse für und gegen eine Bilanzierung nach IFRS nennt,[1485] viel eher bereits auf der hierarchisch niedrigeren Marktebene die Entscheidung des Segmentaufstiegs bestimmen. Das alles ist nicht unproblematisch, da zu befürchten steht, dass der Markt nicht weiter zwischen unterschiedlichen Publizitätsleistungen innerhalb eines Teilbereichs differenzieren wird, das Listing in demselben Segment aber die Gleichwertigkeit des Offenlegungsverhaltens suggeriert.[1486] Die verpflichtende Vorgabe einer Rechnungslegungspflicht nach IFRS oder US-GAAP, wie in der Anfangszeit des Prime Standards, wäre einer klaren Segmentprofilierung, durch die sich auch die Transparenz des gesamten Börsenmarktes

---

1483 *Veil*, in: Festschrift für Theodor Baums zum siebzigsten Geburtstag, 1267 (1270); zum Verhältnis von Prime und General Standard auch *Meyer*, in: Marsch-Barner/Schäfer, Hdb. börsennotierte AG, Rn. 7.51 und insb. Rn. 7.53; a.A. wohl bei *Weitnauer*, Hdb. Venture Capital, Teil I. Exit Rn. 122, der die internationale Ausrichtung des Prime Standard betont.

1484 Dazu oben Kapitel 3 § 2.

1485 Vgl. http://www.deutsche-boerse-cash-market.com/dbcm-de/primary-market/being-public/ipo-line-being-public/regulierter-markt/!ipo-1343530-1343542 (zuletzt abgerufen am 31. März 2021).

1486 In diese Richtung für die damalige Zulassung zum Neuen Markt auch *Claussen*, BB 2002, 105 (107 f.); zu der mangelnden Unterscheidbarkeit der Freiverkehrswerte in den Augen des Anlegerpublikums vgl. auch *Seiffert*, in: Kümpel/Mülbert/Früh/Seyfried, Bank- und Kapitalmarktrecht, Rn. 14.321; ähnlich auch noch bei Schwark/Zimmer/*Beck*, KMRK, 4. Auflage 2010, § 22 BörsG Rn. 17; vgl. aber nunmehr auch Schwark/Zimmer/*Kumpan*, KMRK, § 22 BörsG Rn. 8.

verbessern würde, hingegen eher zuträglich.[1487] Das gilt entsprechend auch für die quartalsweise Finanzberichterstattung.[1488]

Zusammenfassend ist festzustellen, dass die hierarchische Herausstellung eines Segments ein klares regulatorisches Qualitätsgefälle gegenüber dem korrespondierenden Grundmarkthandel[1489] in Form einer hinreichenden Unterscheidbarkeit der Segmentfunktionen, Anforderungsprofile und Listingkosten erfordert.[1490] Der VGH Kassel stellte dazu fest, „dass nach § 42 BörsG auch die satzungsrechtliche Schaffung von Pflichten zulässig ist, die unterschiedlichen Erfordernissen des Marktes Rechnung tragen und damit in einem für die Marktteilnehmer erheblichen Maße über die gesetzlichen Vorgaben hinausgehen, wenn nicht die Vorschrift des § 42 BörsG ihren Zweck verfehlen soll."[1491] Eben hieran aber mangelt es dem Prime Standard,[1492] dessen regulatorische Ausgestaltung in ihrem Kern von „selbstdefinierenden Formalien" beherrscht wird, die „weder Transparenz noch Anlegerschutz fördern."[1493] Es kommt in der Folge zu einer Scheinhierarchie der Marktsegmente des regulierten Marktes, die mit Blick auf die Grundfunktionen differenzierter Anforderungsprofile nicht nur ineffizient erscheint, sondern der Gesamttransparenz des börslichen Transaktionsumfelds eher abträglich ist.[1494]

2. *Faktische Überlagerung des Grundmarkthandels*

Die konkrete Segmentausgestaltung wirkt sich in unterschiedlicher Weise auch auf den übrigen Börsenplatz, insbesondere den korrespondierenden

1487 Den Mehrwert eines *klaren Segmentprofils* betonen auch *Riess/Altmann*, in: Achleitner/Bassen, Investor Relations am Neuen Markt, 195 (198).

1488 Vgl. § 53 Abs. 6 BörsO FWB.

1489 Zum Erfordernis eines solchen Regulierungsgefälles als Wesen der Marktsegmentierung *Schrader*, Geregelter Markt und geregelter Freiverkehr, 36; *Schmidt*, Die Bank 1987, 288 (295 f.); *Kumpan*, ZGR 2016, 2 (32) („stärkere Differenzierungsmöglichkeit zwischen den verschiedenen Marktformen"); *Ostrowski*, ZBB 1999, 19 (23).

1490 *Hopt*, WM 1985, 793 (798), hier noch zu dem Verhältnis von Geregeltem Markt und geregeltem Freiverkehr.

1491 VGH Kassel WM 2007, 1264 (1268).

1492 Vgl. auch *Meyer*, in: Marsch-Barner/Schäfer, Hdb. börsennotierte AG, Rn. 7.51.

1493 *Ganzer/Bosch*, BKR 2003, 484 (487).

1494 *Ganzer/Bosch*, BKR 2003, 484 (487); auch *Meyer*, in: Marsch-Barner/Schäfer, Hdb. börsennotierte AG, Rn. 7.51; zu den unterschiedlichen Anforderungsprofilen in der Zeit nach dem Vierten Finanzmarktförderungsgesetz auch *Mai*, AG 2004, R282, der damals noch von „klar differenzierten Segmenten" sprach.

Grundmarkthandel aus. Eine dieser Auswirkungen ist die bereits angedeutete zunehmende Verlagerung des Notierungsschwerpunkts im Rahmen des Kassamarkthandels.[1495] An der Frankfurter Wertpapierbörse kann beobachtet werden, dass vermehrt Emittenten im Prime Standard gelistet werden, während die Zulassungszahlen des Grundmarkthandels abnehmen. Der auf die gesetzlichen Zulassungsfolgepflichten beschränkte *General Standard* verzeichnet derzeit[1496] den Handel mit Wertpapieren von 133 Emittenten, während im Prime Standard schon 305 Unternehmen notieren. Das entspricht einem Anteil von ca. 70% aller im regulierten Markt der Frankfurter Wertpapierbörse zum Handel zugelassenen Unternehmen. Unmittelbar nach der Neusegmentierung des Frankfurter Aktienmarktes und nach der Schließung des Neuen Marktes kurz nach der Jahrtausendwende listeten in den Prime Standards des Amtlichen und Geregelten Marktes noch lediglich 382 Unternehmen (48,17 %), während innerhalb des General Standard die Wertpapiere von insgesamt 411 Emittenten (51,83 % der zum damaligen Zeitpunkt zum Handel im Geregelten und Amtlichen Markt der Börse Frankfurt zugelassenen Unternehmen) gehandelt wurden.[1497] Die Entwicklung erscheint über die letzten Jahre weitgehend konstant. 2015 zogen zwölf der insgesamt 13 Erstlistings an der Frankfurter Wertpapierbörse den Teilbereich einem Listing im General Standard vorzogen. Ein Jahr später wurden vier von insgesamt nur sechs Neuemissionen unmittelbar im Prime Standard der Frankfurter Wertpapierbörse gelistet.[1498] Noch 2017 notierten dann 301 Unternehmen (67,79 %) im Prime Standard, während die Papiere von 143 Emittenten am Grundmarkthandel teilnahmen.[1499] Damals wählten sieben von insgesamt nur elf IPOs an der Frankfurter Wertpapierbörse den Teilbereich als Zielmarkt ihrer Erstnotiz, ein Jahr später, 2018, waren es 16 von insgesamt 17 Neuemissionen, wobei in den General Standard lediglich ein Unternehmen aus

1495 Vgl. auch *Meyer*, in: Marsch-Barner/Schäfer, Hdb. börsennotierte AG, Rn. 7.53.

1496 Stand: 31. März 2021.

1497 Zu den Zahlen und deren Entwicklung nach der Neusegmentierung des Aktienmarktes vgl. *Bessler/Schneck*, ZBB 2016, 362 (368, 371 ff.); von rund 360 Teilbereichs- und ca. 490 Grundmarktemittenten im Jahr 2004 berichtet auch *Mai*, AG 2004, R282.

1498 Eine Analyse der Neuemissionen im Jahr 2016 findet sich bei *Bösl*, CF 2017, 23 (23 ff.). Dabei ist zu beachten, dass eine der Neuemissionen in *Scale* gelistet wurde und demnach nur eins der IPOs in den General Standard stattgefunden hat.

1499 Vgl. die von der Deutsche Börse AG veröffentlichte Liste der in Prime Standard, General Standard und Entry Standard gelisteten Unternehmen vom 2. Januar 2017, abrufbar unter: www.deutsche-boerse-cash-market.com/dbcm-de/instrumente-statistiken/statistiken/gelistete-unternehmen (zuletzt abgerufen am 11. Juni 2019).

Scale aufstieg. 2019 erfolgten dann die beiden einzigen IPOs an der Frankfurter Wertpapierbörse in den Prime Standard, doch verteilten sich die Unternehmen, die den regulierten Markt über einen Segmentaufstieg aus dem Freiverkehr oder für ein Zweitlisting nutzen wollen, insgesamt gleichmäßiger auf den Teilbereich und den Grundmarkthandel.[1500] Auch 2020 und im ersten Quartal 2021 war ausschließlich der Teilbereich des regulierten Marktes Zielmarkt aller Neuemissionen.

Die ursprüngliche Intention des Gesetzgebers, innerhalb eines Ausschnitts des börsengesetzlichen Grundmarkthandels segmentspezifische Transparenzstandards zu implementieren und den auf die gesetzlichen Pflichten beschränkten regulierten Markt für den Großteil der Börsenaspiranten zu erhalten,[1501] scheint angesichts dieses Trends in ihr Gegenteil verkehrt.[1502] Der Prime Standard wird zunehmend einer Notierung in den rangniedrigeren Börsensegmenten vorgezogen.[1503] Das liegt auch daran, dass die Vorteile eines solchen Teilbereichslistings die damit verbundenen Kosten aus Sicht des Emittenten mittlerweile übersteigen dürften,[1504] der Markt das vermeintlich gesteigerte Transparenzniveau in Teilbereichen in Form eines erhöhten Aktienkurses auf dem Sekundärmarkt honoriert[1505] und Investitionen in Werte des regulierten Grundmarkthandels

---

1500 Die Daten können der Primärmarktstatistik auf der Seite der Frankfurter Wertpapierbörse entnommen werden, https://www.deutsche-boerse-cash-market.com/dbcm-de/instrumente-statistiken/statistiken/primaermarktstatistiken (zuletzt abgerufen am 31. März 2021).

1501 So ausdrücklich Begr. RegE Vierten Finanzmarktförderungsgesetz, BT-Drucks. 14/8017, 80.

1502 Vgl. dazu auch *Schlitt*, AG 2003, 57 (59), der in der Zeit nach dem Vierten Finanzmarktförderungsgesetz die *gesetzgeberische Wertung* identifiziert, nach der „die Zulassungsvoraussetzungen und Folgepflichten im geregelten Markt nicht in einer Weise verschärft werden dürfen, dass die erhöhten Pflichten für den Teilbereich zur Regel werden und die reduzierten Vorgaben für das Grundsegment zur Ausnahme."; vgl. außerdem *Meyer*, in: Marsch-Barner/Schäfer, Hdb. börsennotierte AG, Rn. 7.54.

1503 So auch bei *Meyer*, in: Marsch-Barner/Schäfer, Hdb. börsennotierte AG, Rn. 7.54.

1504 Vgl. hierzu nur *Mitental/Anders*, DStR 2003, 1893 (1898 f.), die insbesondere die Indexfähigkeit des Unternehmens und die damit einhergehende gesteigerte Attraktivität insbesondere für institutionelle Investoren und indexabbildende Investmentfonds hervorheben; auch *Scholz*, Selbst- und Fremdregulierung, 120 f.; *Riess/Altmann*, in: Achleitner/Bassen, Investor Relations am Neuen Markt, 195 (198); ähnlich auch *Meyer*, in: Marsch-Barner/Schäfer, Hdb. börsennotierte AG, Rn. 7.54 f.

1505 Vgl. *Jäger*, NZG 1999, 381 (386); *Ostrowski*, ZBB 1999, 19 (23); dazu auch *Merkt*, Disclosure Rules as a Primary Tool for Fostering Party Autonomy, in: Grundmann/Kerber/Weatherhill, Party Autonomy and the Role of Information in the Internal

äußerstenfalls sogar mit Preisabschlägen bestraft.[1506] Die Notierung in einem in der Marktwahrnehmung ranghöheren Börsensegment kann nämlich einen Wettbewerbsvorteil im Verhältnis zu einem Listing im General Standard bedeuten.[1507] Der Grundmarkthandel büßt demgegenüber an Attraktivität ein,[1508] sodass es zwar nicht zu Fehlallokationen, langfristig aber zu einer Beeinträchtigung der Funktionalität des Grundsegments, zu einer Austrocknung[1509] des Grundmarkthandels aufgrund der besonderen Anziehungskraft[1510] der vermeintlich verschärften und ein gesteigertes Schutzniveau des Investments suggerierenden Listinganforderungen kommen kann.[1511] Der Verweis auf die

---

Market, 230 (236); *Dehlinger*, Vertragliche Marktsegmentregulierung, 21 f., betont in diesem Zusammenhang auch die positiven Auswirkungen erhöhter Transparenz auf die Erstemission; *Monopolkommission*, Sondergutachten 26: Ordnungspolitische Leitlinien für ein funktionsfähiges Finanzsystem, 51; auch *Bessler/Schneck*, ZBB 2016, 362 (362 ff.); ähnlich auch *Schiereck/Hartmann*, in: Festschrift für Hartmut Schmidt zum 65. Geburtstag, 205 (216 ff., 218 ff.); *Kleber*, in: Baetge, Die deutsche Rechnungslegung vor dem Hintergrund internationaler Entwicklungen, 67 (79); aus regulierungstheoretischer Perspektive auch *Grupp*, Börseneintritt und Börsenaustritt, 16.

1506 So auch bei *Ostrowski*, ZBB 1999, 19 (25); vgl. auch *Francioni*, in: Hummel/Breuer, Hdb. Europäischer Kapitalmarkt, 528 f.; auch *Dehlinger*, Vertragliche Marktsegmentregulierung, 22; außerdem *Schanz*, Börseneinführung, § 11 Rn. 36 ff.; dazu auch *Grupp*, Börseneintritt und Börsenaustritt, 81.

1507 *Gerke/v. Rüth/Schöner*, Informationsbörse, 35.

1508 So auch *Dehlinger*, Vertragliche Marktsegmentregulierung, 35.

1509 *Dehlinger*, Vertragliche Marktsegmentregulierung, 22.

1510 Vgl. nur *Schanz*, Börseneinführung, § 10 Rn. 209 („Liquidität zieht Liquidität an"); *Rudolph/Röhrl*, in: Hopt/Rudolph/Baum, Börsenreform, 180; *Kress*, Effizienzorientierte Kapitalmarktregulierung, 64 f.; diese Abwärtsspirale kann dadurch weiter befördert werden, dass institutionelle Investoren ihren Anlagerichtlinien entsprechend zunehmend das ranghöhere Segment bevorzugen und den Grundmarkthandel im Rahmen ihrer Anlageentscheidung ausblenden, vgl. *Mitental/Anders*, DStR 2003, 1893 (1898) sowie *Plückelmann*, Der Neue Markt, 51 f.

1511 Zu den Gefahren einer Fragmentierung von Liquidität infolge einer Marktsegmentierung schon *Merkt*, Teilgutachten G zum 64. DJT, 49, dort freilich mit Blick auf die Einrichtung besonderer Themenmärkte („Segmentierung in diesem produktbezogenen Sinn bedeutet zumindest theoretisch immer auch die Gefahr des Liquiditätsverlustes (Fragmentierung). Dennoch wird in der aktuell zunehmenden Segmentierung der Kapitalmärkte eine solche Gefahr nicht gesehen, da diese Segmentierung mit einer segmentspezifischen Konzentration einhergeht und mithin keine schädliche Ausdünnung der Orderströme zur Folge hat."); vgl. auch *Francioni*, in: Hummel/Breuer, Hdb. Europäischer Kapitalmarkt, 526 f. („mit der Verteilung des Handels auf

formellen Grenzen der Teilbereichsregulierung, die nicht berührt werden, solange nur die rechtliche Möglichkeit eines Grundmarktlistings fortbesteht,[1512] wird dem hier angedeuteten Problem aus einem funktionalen, den Gesamtmarkt einbeziehenden Blickwinkel nicht gerecht. Den qualitativen Anforderungen an die Liquidität des Grundmarkthandels kommt in diesem Zusammenhang vielmehr entscheidende Bedeutung zu, da die Vorzüge der Teilbereichsregulierung nicht isoliert betrachtet werden können und auch die Auswirkungen auf den Grundmarkthandel zu berücksichtigen sind. Dabei lassen sich mitunter gegenläufige Beziehungen beobachten, etwa hinsichtlich der Möglichkeit eines sofortigen Orderausgleichs infolge der Liquiditätsverhältnisse oder der medialen Aufmerksamkeit.[1513] Darüber täuscht hinweg, dass, wie bereits dargestellt, die Ausführungsqualität für Orders innerhalb des regulierten Marktes nach § 26e BörsG bislang einheitlich und unabhängig von dem jeweiligen Handelssegment beurteilt wird.[1514] In der Folge dieses Trends kann die durch eine schwindende Marktbreite bedingte Illiquidität des Grundmarkthandels die Kosten der Eigenkapitalaufnahme derjenigen Unternehmen erhöhen, die das rangniedrigere Marktsegment beanspruchen. Wenn ein Segmentaufstieg für diese Emittenten aus unternehmenspolitischen oder finanziellen Gründen nicht in Betracht kommt, könnten sich solche Werte langfristig vollständig vom Börsenhandel zurückziehen und den zuvor beschriebenen Trend weiter verstärken.[1515]

Nicht zuletzt aus einem ökonomisch-funktionalen Betrachtungswinkel ist die schleichende Verlagerung des Notierungsschwerpunkts innerhalb eines hierarchisch strukturierten Börsenmarktes als erhebliches Störpotenzial einzustufen, infolgedessen Ordnungs- und Profilierungsfunktion der Segmentarchitektur beeinträchtigt werden können. Hier sollten dann auch Maßnahmen der Gegensteuerung, deren Erforderlichkeit sich freilich nur langfristig sicher beurteilen lässt, ansetzen, da sich eine Hierarchie unter den Marktsegmenten

---

verschiedene Plattformen verringerte sich die Markttiefe und -breite in den einzelnen Werten").

1512 Oben Kapitel 4 § 1 I.

1513 *Gerke*, in: Juncker/Schlegelmilch, Kapitalbeteiligungsgesellschaft, 115 (119 f.); zur Bedeutung des börslichen Wertpapierhandels in der öffentlichen Wahrnehmung allgemein auch *Seiffert*, in: Kümpel/Mülbert/Früh/Seyfried, Bank- und Kapitalmarktrecht, Rn. 14.4.

1514 Vgl. auch Baumbach/Hopt/*Kumpan*, § 26e BörsG Rn. 1; s. ferner *Dehio/Fritzsche*, in: Heidel, Aktienrecht und Kapitalmarktrecht, § 26e BörsG Rn. 1; dazu bereits weiter oben Kapitel 1 § 3 IV.4.

1515 *Dehlinger*, Vertragliche Marktsegmentregulierung, 22.

aus den segmentspezifischen Anforderungsprofilen als solchen, den dort angebotenen Leistungen und segmentspezifischen Funktionen stabilisieren können muss.[1516] Diese Strukturen müssen dadurch abgestützt werden, dass für die Zulassung zu einem höheren Börsensegment auf der Grundlage des § 42 BörsG auch entsprechend höhere Zutritts- und Listinganforderungen aufgestellt werden,[1517] wobei abermals dem Einsatz materieller Segmentzutrittsvoraussetzungen gesteigerte Bedeutung beizumessen sein kann. Das gilt umso mehr, als das gesetzliche Transparenzniveau innerhalb eines mehrschichtigen europäischen Kapitalmarktrechts permanent aufgewertet wird[1518] und sich die erweiterten kapitalmarktrechtlichen Verhaltensanforderungen insbesondere für den Freiverkehrshandel auch im Bewusstsein des Anlegerpublikums zunehmend verfestigen werden.[1519]

Eine solche Überlagerung des gesetzlich verfassten Grundmarkthandels durch besondere Teilbereiche hielt der Hessische Verwaltungsgerichtshof zwar bereits 2007 unter anderen Vorzeichen für möglich, damals aber noch fernliegend,[1520] und erklärte, die Verschiebung der Kräfteverhältnisse der Segmente des regulierten Marktes setze „einen Erfolg des Modells des Prime Standards voraus, der zu einer weitgehenden Verdrängung des General Standard führen müsste."[1521] Ob nun von einem Erfolg der Teilbereichsregulierung in einem Fall die Rede sein kann, in dem das segmentspezifische Anforderungsprofil größtenteils den gesetzlichen Anforderungen an ein Grundmarktlisting entspricht[1522]

1516 *Hopt*, WM 1985, 793 (799).

1517 *Hopt*, WM 1985, 793 (799).

1518 Vgl. auch *Linnerz/Freyling*, BB 2017, 1354 (1359).

1519 *Rubner/Pospiech*, NJW-Spezial 2015, 591 (591), die von einem „Paradigmenwechsel" sprechen und es für wahrscheinlich halten, dass Freiverkehrsemittenten entweder eine Zulassung zum regulierten Markt anstreben oder sich für ein vollständiges Delisting entscheiden werden (592); kritisch zu dieser Entwicklung *Linnerz/Freyling*, BB 2017, 1354 (1357); vgl. außerdem auch *Hopt*, WM 1985, 793 (798).

1520 Hierzu auch *Huchzermeier*, Investor Relations beim Börsengang, 64, der schon 2006 betonte, der Prime Standard sei unter Liquiditätsaspekten dem General Standard vorzugswürdig; auch *Schiereck/Hartmann*, in: Festschrift für Hartmut Schmidt zum 65. Geburtstag, 205 (207) betonen, dass strikter regulierten Börsensegmenten eine intensivere Presseberichterstattung zuteilwird.

1521 Vgl. noch VGH Kassel WM 2007, 1264 (1270); vgl. auch *Schlitt*, AG 2003, 57 (59).

1522 Vgl. zu dieser Problematik auch *Riess/Altmann*, in: Achleitner/Bassen, Investor Relations am Neuen Markt, 195 (207), die das Zusammenwachsen mehrerer Segmente „zu einem gemeinsamen Standard" positiv bewerten und annehmen, *der Gesamtmarkt werde so für den Anleger begreifbarer*.

und weit hinter den Standards des internationalen Kapitalmarktrechts zurückbleibt,[1523] muss allerdings angezweifelt werden.

§ 2 Börsenordnungspolitischer Teilbereichsausschluss und weitere Maßnahmen nach § 42 Abs. 2 BörsG

Das Listing in einem Teilbereich kann auf verschiedenen Wegen und mit unterschiedlichen Folgewirkungen beendet werden. Je nach Beendigungstatbestand hat dieser zugleich Auswirkungen auf die Handelbarkeit der Wertpapiere innerhalb des regulierten Marktes insgesamt. Mit einem Teilbereichsausschluss nach § 42 Abs. 2 BörsG kann die Börsengeschäftsführung als Ultima Ratio auf ein defizitäres Publizitätsverhalten des Teilbereichsemittenten reagieren. Unterhalb dieser Schwelle kommen weitere Sanktionen in Betracht.

I. Ordnungspolitischer Teilbereichsausschluss gem. § 42 Abs. 2 S. 1 BörsG als börseneigener Sanktionsmechanismus

Die Börsengeschäftsführung kann Emittenten, die auch nach einer angemessenen Frist teilbereichsspezifische Sonderpflichten nach § 42 Abs. 1 BörsG nicht erfüllt haben, aus dem entsprechenden Teilbereich des regulierten Marktes ausschließen (§ 42 Abs. 2 S. 1 BörsG).[1524] § 42 Abs. 2 S. 2 BörsG bestimmt über einen Verweis auf § 25 BörsG, dass die Geschäftsführung der Börse sowohl die Börsenaufsichtsbehörde des Sitzlandes als auch die BaFin unverzüglich über den Ausschluss in Kenntnis zu setzen hat und die Maßnahme außerdem veröffentlicht werden muss.[1525]

1523 So auch *Meyer*, in: Marsch-Barner/Schäfer, Hdb. börsennotierte AG, Rn. 7.53, in Bezug auf die Quartalsfinanzberichterstattungspflicht und die Standards des US-amerikanischen Kapitalmarktrechts.

1524 *Groß*, Kapitalmarktrecht, § 42 BörsG Rn. 7.

1525 Baumbach/Hopt/*Kumpan*, § 42 BörsG Rn. 2.

1. *Standort innerhalb des börsenautonomen und börsenaufsichtsrechtlichen Sanktionensystems*

a. *Entwicklung eines börsenautonomen Sanktionsinstruments für den Teilbereichshandel*

Mit der endgültigen Integration der Teilbereichsregulierung in das öffentlich-rechtliche Satzungsrecht der Börsenordnung im Zuge des Vierten Finanzmarktförderungsgesetzes war zugleich die Frage verbunden, welche Möglichkeiten der Börse hinsichtlich der Kontrolle und Sanktionierung defizitären Emittentenverhaltens in den Teilbereichen zur Verfügung stehen sollten.[1526] Eine Folge der Überführung der Sondersegmente in die öffentlich-rechtlich verfassten Handelsplätze war nämlich, dass dem Börsenträger die Durchsetzung des Sonderpflichtenregimes auf einer privatrechtlichen Grundlage fortan nicht mehr offenstand.[1527] Seit damals hat deshalb – anders als noch zu Zeiten des Neuen Marktes – auch die Deutsche Börse AG als privatrechtlich verfasster Börsenträger keine Zugriffsmöglichkeiten mehr im Falle der Missachtung teilbereichsspezifischer Sondervorschriften des Prime Standards.[1528] Bis zur Umsetzung der MiFID war aber in § 42 BörsG für den Teilbereichshandel kein eigenständiger Sanktionsmechanismus angelegt. Entsprechendes galt auch für die Teilbereichsregulierung innerhalb des Geregelten Marktes.[1529]

§ 42 BörsG i.d.F. vor dem FinanzmarktRL-Umsetzungsgesetz sollte daher, so wurde vertreten, eine entsprechende und auf die Regulierung besonderer Teilbereiche zugeschnittene Sanktionsmöglichkeit im Wege der Auslegung zu entnehmen sein.[1530] Das praktische Bedürfnis nach einer den Erfordernissen des Handels entsprechenden Reaktionsmöglichkeit der Börsen im Falle der Verletzung des Sonderpflichtenregimes half seinerzeit darüber hinweg, dass den gesetzlichen Grundlagen der Teilbereichsregulierung Anhaltspunkte für eine derartige Kompetenzerweiterung überhaupt nicht zu entnehmen waren.

1526 Vgl. auch *Kümpel/Hammen*, Börsenrecht, 200; auch *Groß*, Kapitalmarktrecht, § 42 BörsG Rn. 2, 7.

1527 *Fleischer*, NJW 2002, 2977 (2982).

1528 *Gebhardt*, WM-Sonderbeilage 2/2003, 3 (14); *Mitental/Anders*, DStR 2003, 1893 (1896).

1529 Zur Fassung des § 42 BörsG vor dem FinanzmarktRL-Umsetzungsgesetz vgl. die Kommentierung bei *Gebhardt*, in: Schäfer/Hamann, KMG, § 42 BörsG Rn. 1 ff.; dazu auch *Groß*, Kapitalmarktrecht, § 42 BörsG Rn. 1.

1530 *Groß*, Kapitalmarktrecht, § 42 BörsG Rn. 7; vgl. auch *Zietsch/Holzborn*, WM 2002, 2356 (2358).

Deshalb wurde teilweise auch die Übertragung des Strafsystems aus § 43 BörsG i.d.F. vor dem FinanzmarktRL-Umsetzungsgesetz, also die Veröffentlichung des Pflichtverstoßes durch die damalige Zulassungsstelle (S. 1) und schließlich die Möglichkeit des Widerrufs der Zulassung zu dem jeweiligen Teilbereich, auf den Teilbereichshandel befürwortet.[1531] Diese letzte Ansicht konnte sich insbesondere auf die Begründung des Gesetzgebers berufen, der nicht nur von der gleichwertigen Anwendbarkeit des damaligen § 43 BörsG auf Grundmarkt- und teilbereichseigene Sonderpflichten ausging, sondern zugleich bemerkte, dass sich ein Zulassungswiderruf im Falle eines Verstoßes des Emittenten gegen weitere Zulassungsfolgepflichten nach § 42 BörsG stets auf den entsprechenden Teilbereich zu beschränken habe.[1532] Der Ausschluss des Emittenten aus dem amtlichen Grundmarkthandel insgesamt dürfe hingegen bei der Missachtung teilbereichsspezifischer Sonderpflichten auf der Grundlage von § 43 BörsG a.F. nicht erfolgen.[1533] § 43 BörsG, der nicht zwischen unterschiedlichen Qualitäten von Zulassungsfolgepflichten differenzierte,[1534] sollte deshalb beide Pflichtenkategorien gleichermaßen erfassen und dann, je nach Art der Pflichtverletzung, im Sinne einer differenzierten Lesart zur Anwendung gelangen.[1535] Denn als ultima ratio sah § 43 BörsG in seiner damaligen Fassung in S. 2 nur vor, dass die Zulassungsstelle die *Zulassung zum amtlichen Markt* widerrufen konnte, wenn der Emittent auch nach einer ihm gesetzten angemessenen Frist *diese Pflichten* nicht erfüllte – eben jene Rechtsfolge also, die der Gesetzgeber bei einem Verstoß gegen Pflichten in Teilbereichen gerade vermeiden wollte.[1536] Immerhin, so hielt man dafür, ließe sich durch eine solch differenzierte Anwendung des damaligen § 43 BörsG, dem Grundsatz der Verhältnismäßigkeit entsprechend, der Zulassungswiderruf – wohl im Wege einer teleologischen Reduktion – auf den jeweiligen Teilbereich beschränken.[1537] Umgekehrt sollte die Verletzung regulärer Grundmarktpflichten freilich den vollständigen Widerruf der Zulassung

---

1531 *Gebhardt*, in: Schäfer/Hamann, KMG, § 42 BörsG Rn. 13; vgl. auch *Kümpel/Hammen*, Börsenrecht, 200.
1532 *Kümpel/Hammen*, Börsenrecht, 200; *Schlitt*, AG 2003, 57 (68).
1533 Begr. RegE Vierten Finanzmarktförderungsgesetz, BT-Drucks. 14/8017, 81.
1534 Vgl. auch *Kümpel/Hammen*, Börsenrecht, 200; *Schiemzick*, Segmentwechsel, 150 ff.
1535 *Gebhardt*, in: Schäfer/Hamann, KMG, § 43 BörsG Rn. 3; dazu auch *Schlitt*, AG 2003, 57 (68).
1536 Begr. RegE Vierten Finanzmarktförderungsgesetz, BT-Drucks. 14/8017, 81.
1537 *Kümpel/Hammen*, Börsenrecht, 200.

und – aufgrund einseitiger Akzessorietät der Zulassungsakte – zugleich das automatische Erlöschen der Teilbereichszulassung zur Folge haben.[1538]

Schließlich wurde auch eine börsenautonome Ausformung eines teilbereichsspezifischen Ausschlussverfahrens in der jeweiligen Börsenordnung erwogen, im Ergebnis aber mangels börsengesetzlicher Ermächtigungsgrundlage in den damaligen §§ 42, 54 S. 2 BörsG und der Unzulänglichkeit der börslichen Satzungsautonomie in dieser grundrechtssensiblen Materie abgelehnt.[1539]

Ein zwischen gesetzlichem Grund- und teilbereichsspezifischem Sonderpflichtenkreis differenzierender tatbestandlicher Anknüpfungspunkt wurde als Reaktion auf die unsichere Rechtsgrundlage des Teilbereichsausschlussverfahrens schließlich im Zuge der Neufassung des Börsengesetzes durch das FinanzmarktRL-Umsetzungsgesetz geschaffen.[1540] § 42 Abs. 2 BörsG regelte fortan das Recht der Börsengeschäftsführung, in Fällen, in denen ein Emittent auch nach Fristsetzung zusätzliche Zulassungs- oder Zulassungsfolgepflichten nach Abs. 1 nicht erfüllte, „diesen Emittenten aus dem entsprechenden Teilsegment des Marktes auszuschließen."[1541]

Mit der Erweiterung des börslichen Handlungsrahmens beseitigte der Gesetzgeber die bis dahin bestehende Unsicherheit im Umgang mit der Nichterfüllung teilbereichsspezifischer Zusatzpflichten. Die Neuregelung trägt seither zugleich dem Umstand Rechnung, dass eine angemessene Sanktionierung von auf den Teilbereichshandel beschränkten Pflichtverstößen ein wesentliches Qualitätselement börsenautonomer Segmentregulierung darstellt und im Interesse von Anleger- und Funktionsschutz unverzichtbar ist.[1542] Auf die Reichweite von § 22 Abs. 2 S. 2 BörsG, der bereits zuvor, nämlich im Zuge des Vierten Finanzmarktförderungsgesetzes in das Börsengesetz aufgenommen worden war und die Anwendbarkeit der Norm auf Pflichtverletzungen in den Teilbereichen wird später noch einzugehen sein.[1543] Zunächst bietet es sich an, die Wirkung des Teilbereichsausschlusses und die Anforderungen an das Ausschlussverfahren nach § 42 Abs. 2 S. 1, 2 BörsG genauer zu betrachten.[1544]

1538 *Gebhardt*, in: Schäfer/Hamann, KMG, § 43 BörsG Rn. 12.

1539 *Schiemziek*, Segmentwechsel, 352 f.

1540 *Groß*, Kapitalmarktrecht, § 42 BörsG Rn. 1, 7.

1541 Begr. RegE FinanzmarktRL-Umsetzungsgesetz, BT-Drucks. 16/4028, 88.

1542 Dazu auch *Schiemzik*, Segmentwechsel, 285 f.

1543 Zu § 22 BörsG und § 42 Abs. 2 BörsG sogleich unten Kapitel 5 § 2 I.2.b.

1544 Zu den verfahrensrechtlichen Schritten auch Baumbach/Hopt/*Kumpan*, § 42 BörsG Rn. 2.

b. *Wirkung des Teilbereichsausschlusses und Anforderungen an das Ausschlussverfahren*

Das Ausschlussrecht der Börsengeschäftsführung hat in § 42 Abs. 2 BörsG eine sprachlich knappe, inhaltlich aber weitreichende und unterschiedliche Sanktionsintensitäten umfassende Regelung erfahren.

aa. *Teilbereichsausschluss als Widerruf des begünstigenden Zulassungsverwaltungsakts*

aaa. *Einordnung der Maßnahme nach § 42 Abs. 2 S. 1 BörsG und notwendige Verfahrensschritte*

§ 42 Abs. 2 S. 1 BörsG statuiert das Recht der Börsengeschäftsführung, einen Emittenten, der auch nach Ablauf einer angemessenen Frist segmentspezifische Zulassungs- oder Zulassungsfolgepflichten nach § 42 Abs. 1 BörsG nicht erfüllt hat, aus dem entsprechenden Teilbereich des regulierten Marktes auszuschließen, in den Grundmarkthandel zurückzustufen und die entsprechenden Maßnahmen publik zu machen und den Aufsichtsbehörden anzuzeigen.[1545]

Der Teilbereichsausschluss nach § 42 Abs. 2 S. 1 BörsG stellt gegenüber dem Emittenten einen belastenden Verwaltungsakt dar, da die ursprünglich gewährte Teilbereichszulassung aufgehoben und der Rechtskreis des Emittenten, dessen Aktien fortan als untauglicher Gegenstand des Teilbereichshandels zu qualifizieren sind, beschränkt wird.[1546] Der ordnungspolitische Teilbereichsausschluss nach § 42 Abs. 2 S. 1 BörsG steht daher seinem Wesen nach dem Widerruf eines ursprünglich rechtmäßigen Verwaltungsakts nach § 49 VwVfG näher als der Rücknahme eines rechtswidrigen Verwaltungsakts gem. § 48 VwVfG, weil der Ausschluss aus einem Teilbereich auch dann in rechtmäßiger Weise erfolgen kann, wenn der erstmalige Zutritt zu dem Marktsegment auf der Grundlage von §§ 42 Abs. 1 BörsG, 48 Abs. 4 S. 1 BörsO FWB nicht hätte verwehrt werden können.[1547] Eine Rücknahme kommt demgegenüber nur dann in Betracht, wenn der

---

1545 So die Begr. RegE FinanzmarktRL-Umsetzungsgesetz, BT-Drucks. 16/4028, 88; vgl. auch *Schäfer*, in: Marsch-Barner/Schäfer, Hdb. börsennotierte AG, Rn. 12.39, wo aber aus nicht nachvollziehbaren Gründen von einer entsprechenden Anwendung der Regelung in § 39 Abs. 1 BörsG auf den Teilbereichshandel die Rede ist. § 42 Abs. 2 BörsG wird hier vollständig ausgeblendet.

1546 *Kallerhoff/Mayen*, in: Stelkens/Bonk/Sachs, VwVfG, § 28 Rn. 30.

1547 BeckHdB-AG/*Goslar/Klingen*, § 26 Rn. 40 weisen darauf hin, dass die Bedeutung des allgemeinen Verwaltungsrechts neben den spezialgesetzlichen Ausschluss- und Widerrufstatbeständen des Börsenrechts eher gering ist.

Verwaltungsakt bereits in seinem Erlasszeitpunkt rechtswidrig war,[1548] wobei unter den Voraussetzungen des § 49 VwVfG auch der Widerruf eines rechtswidrigen Verwaltungsakts möglich bleibt.[1549] Fälle des Zulassungswiderrufs, in denen ein ordnungsgemäßer Börsenhandel auf Dauer trotz Befolgung des Sonderpflichtenregimes nicht mehr gewährleistet ist, werden von § 39 Abs. 1 BörsG abschließend erfasst.[1550] Nur wenn der Emittent aufgrund arglistiger Täuschung oder falscher Angaben gegenüber der Geschäftsführung der Börse zu einem Teilbereich des regulierten Marktes zugelassen worden ist, wird der Teilbereichsausschluss nach § 42 Abs. 2 BörsG insofern durch die Bestimmungen über die Rücknahme eines rechtswidrigen Verwaltungsakts in § 48 VwVfG ergänzt, sodass hinsichtlich der subsidiär heranzuziehenden Rückstufungsvoraussetzungen auf die entsprechenden Bestimmungen des allgemeinen Verwaltungsverfahrensrechts zurückgegriffen werden kann.[1551] Die Darstellung beschränkt sich hier auf den Widerruf der Teilbereichszulassung aufgrund defizitären Emittentenverhaltens.

Vor einem solchen Widerruf der in ihrem Ausgangspunkt begünstigenden Teilbereichszulassung auf der Grundlage von § 42 Abs. 1 BörsG ist dem Emittenten zunächst Gelegenheit zur Abhilfe zu gewähren. Dieses verfahrensrechtliche Gebot hat für das Verwaltungsverfahrensrecht mit dem Anhörungserfordernis in § 28 VwVfG eine allgemeine Grundlage[1552] und in § 42 Abs. 2 S. 1 BörsG für das börsliche Ausschlussverfahren eine besondere Ausprägung erfahren. Die hiernach erforderliche Fristsetzung dient zunächst der Nachleistung ausstehender Transparenzpflichten, deren Missachtung Anlass zu dem laufenden Ausschlussverfahren gegeben hat.[1553] Nicht ausdrücklich in § 42 Abs. 2 BörsG angelegt, aber unter Berücksichtigung der selbstständigen verfahrensrechtlichen Schutzfunktion von § 28 VwVfG geboten,[1554] lässt sich dem Fristsetzungserfordernis zugleich das Erfordernis der Gelegenheit zur Stellungnahme des säumigen

---

1548 Dazu BeckHdB-AG/*Goslar/Klingen*, § 26 Rn. 40; allgemein *Sachs*, in: Stelkens/Bonk/Sachs, VwVfG, § 48 Rn. 53.

1549 *Sachs*, in: Stelkens/Bonk/Sachs, VwVfG, § 49 Rn. 6.

1550 Vgl. auch *Schäfer*, in: Marsch-Barner/Schäfer, Hdb. börsennotierte AG, Rn. 12.39.

1551 *Gebhardt*, WM-Sonderbeilage 2/2003, 3 (8); auch dazu auch *Seiffert*, in: Kümpel/Mülbert/Früh/Seyfried, Bank- und Kapitalmarktrecht, Rn. 14.446; dazu auch *Ruffert*, in: Ehlers/Pünder, Allgemeines Verwaltungsrecht, § 24 Rn. 9.

1552 Eingehend, auch zu den verfassungsrechtlichen Grundlagen, *Kallerhoff/Mayen*, in: Stelkens/Bonk/Sachs, VwVfG, § 28 Rn. 2 ff.

1553 Schwark/Zimmer/*Heidelbach*, KMRK, § 42 BörsG Rn. 16; *Beck*, BKR 2002, 699 (708).

1554 Vgl. auch *Kallerhoff/Mayen*, in: Stelkens/Bonk/Sachs, VwVfG, § 28 Rn. 4.

Emittenten entnehmen, im Rahmen derer er sein defizitäres Publizitätsverhalten erläutern oder gar widerlegen kann.[1555] So dient die Anhörung des Emittenten insbesondere der Bestimmung einer angemessenen Frist, innerhalb derer der Emittent die teilbereichsspezifischen Zulassungsfolgepflichten nachleisten und die an den Umständen des Einzelfalls, insbesondere dem Umfang der ausstehenden Sonderpflicht, ausgerichtet und auch verlängert werden kann.[1556] Auf diese Weise befördert das Fristsetzungserfordernis nach § 42 Abs. 2 S. 1 BörsG zugleich die Entscheidungsfindung und dient einer informierten Ermessensbetätigung durch die Geschäftsführung der Börse im Zusammenhang mit einem Teilbereichsausschlussverfahren.[1557]

bbb. Erinnerungsmails der Frankfurter Wertpapierbörse und Verzugszeitpunkt bei ausbleibender Publizitätsleistung

Die Frankfurter Wertpapierbörse versendet rund zwei Wochen und erneut drei Tage vor dem Ablauf der Frist sog. Erinnerungsmails an Emittenten des Prime Standards, um diese auf noch ausstehende Finanzberichte aufmerksam zu machen.[1558] Damit ist das Ende des jeweils in der Börsenordnung definierten Erstellungszeitraums gemeint, da zum Ende des vorgelagerten Berichtszeitraums eine Erinnerung des Emittenten an noch ausstehende Berichtspflichten verfrüht wäre. Die zweite E-Mail ist dabei laut Börse auf den jeweiligen Emittenten und die konkret ausstehenden Berichte zugeschnitten.[1559] Das gilt sowohl für Jahres- und Halbjahresfinanzbericht als auch für die quartalsweise Berichterstattung in Form einer Quartalsmitteilung oder der Quartalsfinanzberichterstattung.

Unklar ist in diesem Zusammenhang, ob derartige Erinnerungsmails rechtliche Auswirkungen haben können. Zunächst ist aufgrund der unterschiedlichen Erstellungszeiträume der einzelnen Berichterstattungspflichten darauf zu achten, dass die Erinnerungsmails der Börse zu einem Zeitpunkt versendet werden, in

---

1555 Schwark/Zimmer/*Heidelbach*, KMRK, § 42 BörsG Rn. 16.

1556 So auch BeckHdB-AG/*Goslar/Klingen*, § 26 Rn. 42 in Bezug auf § 39 Abs. 1 Alt. 2 BörsG.

1557 Vgl. *Kallerhoff/Mayen*, in: Stelkens/Bonk/Sachs, VwVfG, § 28 Rn. 8.

1558 Vgl. hierzu die IPO-Line Being Public der Frankfurter Wertpapierbörse, abrufbar unter http://www.deutsche-boerse-cash-market.com/dbcm-de/primary-market/being-public/ipo-line-being-public/Jahresfinanzbericht/1556810 (zuletzt abgerufen am 31. März 2021).

1559 Vgl. https://www.deutsche-boerse-cash-market.com/dbcm-de/primary-market/being-public/ipo-line-being-public/regulierter-markt (zuletzt abgerufen am 31. März 2021).

dem der Emittent, wie in diesem Zusammenhang bereits angedeutet, noch überhaupt nicht mit seinen Berichtspflichten in Rückstand geraten ist. Es geht also nicht um die erneute Erinnerung während der Frist nach § 42 Abs. 2 S. 1 BörsG, denn zu diesem Zeitpunkt ist der säumige Emittent bereits hinreichend gewarnt. Fraglich ist deshalb nur, ob die zweite, auf den jeweiligen Emittenten zugeschnittene Erinnerungs-E-Mail eine Frist nach § 42 Abs. 2 S. 1 BörsG zum Ende des Erstellungszeitraums in Gang setzen kann. Davon kann aber aus mehreren Gründen nicht ausgegangen werden. Es ist zum einen nicht klar, in welchem Umfang die geschuldete Publizitätsleistung ausbleiben wird und wie lange eine Frist zur Nachleistung zu bemessen ist. Hierfür ist das Ende des Erstellungszeitraums abzuwarten. Zum anderen ist auch in anderen Bereichen, etwa dem Schuldrecht, anerkannt, dass eine vor Fälligkeit der Leistung ausgesprochene Mahnung keine Rechtswirkungen hervorrufen kann und gegebenenfalls in dem die Fälligkeit begründenden Zeitpunkt nachgeholt werden muss.[1560]

Weder in Börsengesetz noch Börsenordnung angelegt ist eine solche Serviceleistung also rechtlich nur schwer fassbar. Teilbereichsemittenten haben auf sie grundsätzlich keinen Anspruch. In Anbetracht der langjährigen Übung der Frankfurter Wertpapierbörse dürfte aber mittlerweile davon auszugehen sein, dass das Ausbleiben einer Erinnerungsmail ohne vorherige Mitteilung der Börse zugunsten eines bei Fälligkeit der konkreten Berichtspflicht säumigen Emittenten zu berücksichtigen sein wird und sich unter Umständen auf die nunmehr nach § 42 Abs. 2 S. 1 BörsG in Gang zu setzende Nachleistungsfrist – wenn auch nur geringfügig – *Frist verlängernd* auswirken kann. Die Frankfurter Wertpapierbörse hat sich insofern auf einen entsprechenden Vertrauenstatbestand eingelassen. Es wäre überdies widersprüchlich und dem Markt kaum zu vermitteln, rechtliche Konsequenzen zu leugnen, wo ein Widerspruch zwischen dem Verhalten der Börse und ihren eigenen Verlautbarungen nachteilige Auswirkungen auf die Stellung des Teilbereichsemittenten haben soll.

bb. Konzentration der Ausschlusswirkung auf den Teilbereichshandel

aaa. Grundsätzliche Fortsetzung der Börsennotierung innerhalb des korrespondierenden Grundmarkthandels

Bereits im Zusammenhang mit den börslichen Sanktionsmöglichkeiten in den Sondersegmenten des Freiverkehrshandels konnte festgestellt werden, dass die Sanktionierung defizitären Emittentenverhaltens hinsichtlich ihrer Wirkweise

1560 Vgl. nur MüKo-BGB/*Ernst*, § 286 Rn. 55 m.w.N.

stets einen konkreten Segmentbezug aufweist und, von funktionsschutzbedingten Ausnahmen abgesehen,[1561] die grundmarktlichen Beziehungen des Emittenten unberührt lässt. Dogmatisch lässt sich dies für den Bereich der Teilbereichsregulierung mit der einseitig akzessorischen Bindung der Teilbereichszulassung an den Bestand der Grundmarktzulassung sowie die rechtliche Selbstständigkeit beider Zulassungsakte bekräftigen, infolge derer sich der Zulassungswiderruf nach § 42 Abs. 2 S. 1 BörsG zunächst auf die jeweils bestehende Teilbereichszulassung beschränkt und den Zulassungsverwaltungsakt nach § 32 Abs. 1 BörsG nicht tangiert.[1562] Konsequent greift § 57 Abs. 3 BörsO FWB diesen Grundsatz für die Teilbereichsregulierung auf und stellt klar, dass der Widerruf nach §§ 42 Abs. 2 S. 1 BörsG, 57 Abs. 2 BörsO FWB die Zulassung zum General Standard im Übrigen unberührt lässt.[1563] Die Bestimmung ist nach dem Vorstehenden rein deklaratorischer Natur. Nur wenn die Zulassungsfolgepflichtverletzung in Teilbereichen des regulierten Marktes zugleich einen solchen Umstand darstellt, der nach Art und Gewicht auch den Widerruf der Zulassung nach § 32 Abs. 1 BörsG rechtfertigen könnte, kann die Börsengeschäftsführung auch nach § 39 Abs. 1 S. 1 BörsG vorgehen.[1564] Dann laufen, je nach Sachverhaltskonstellation, zwei parallele Widerrufsverfahren, deren verfahrensrechtliche Anforderungen aber insbesondere hinsichtlich des Fristsetzungserfordernisses und den Vorgaben der § 39 Abs. 1a und §§ 42 Abs. 2 S. 2, 25 Abs. 1b BörsG zusammengefasst werden können. Andernfalls endet die Teilbereichszulassung aufgrund einseitiger Akzessorietät *ipso iure* im Falle eines Widerrufs nach § 39 Abs. 1 BörsG.[1565] Aufgrund der Beschränkung auf den Teilbereichshandel steht der Ausschluss somit grundsätzlich einer Herabstufung des Emittenten gleich, dessen Wertpapiere fortan an dem jeweiligen Grundmarkthandel

---

1561 Lediglich die Kündigung der Aufnahme in den *High Risk Market* der Hanseatischen Wertpapierbörse Hamburg hat zugleich den Ausschluss des Emittenten aus dem Freiverkehrshandel insgesamt zur Folge, vgl. § 27 Abs. 2 AGB Freiverkehr Hamburg; hierzu bereits oben Kapitel 2 § 2 VI.2.

1562 *Schäfer*, in: Marsch-Barner/Schäfer, Hdb. börsennotierte AG, Rn. 12.39; *Beck*, BKR 2002, 699 (706); BeckHdB-AG/*Harrer*, § 20 Rn. 25.

1563 Noch zu § 43 BörsG a.F. zu § 43 BörsG a.F. *Gebhardt*, in: Schäfer/Hamann, KMG, § 43 BörsG Rn. 12.

1564 *Beck*, BKR 2002, 699 (706); *Schäfer*, in: Marsch-Barner/Schäfer, Hdb. börsennotierte AG, Rn. 12.39; außerdem BeckHdB-AG/*Harrer*, § 20 Rn. 25.

1565 *Schlitt*, AG 2003, 57 (68); *Gebhardt*, in: Schäfer/Hamann, KMG, § 43 BörsG Rn. 12.

teilzunehmen berechtigt sind.[1566] Gem. § 57 Abs. 4 BörsO FWB hat deshalb die Geschäftsführung der Börse die Einführung der herabgestuften Wertpapiere in den regulierten Markt von Amts wegen zu veranlassen.[1567] Die Regelung stützt sich auf die allgemeine Satzungsautonomie und soll ein erneutes Zulassungs- und Einführungsverfahren für den Grundmarkthandel vermeiden.[1568] Sie trägt der Interessenlage des Emittenten Rechnung, den organisierten Börsenmarkt nicht vollständig zu verlassen, den Wertpapierhandel innerhalb des hierarchisch niedrigeren Grundmarktsegments fortzusetzen und von hieraus gegebenenfalls ein erneutes *Uplisting* vorzunehmen.[1569] Einschneidendste Folge des Zulassungswiderrufs nach § 42 Abs. 2 S. 1 BörsG war deshalb – bis zu der bereits erwähnten Änderung des Indexleitfadens – der Verlust der Indexfähigkeit des Emittenten sein, infolgedessen das Unternehmen vorzeitig aus den auf dem Prime Standard aufbauenden Leitindizes ausschied.[1570]

Die Notierungsaufnahme innerhalb des Grundmarkthandels erfolgt nach § 57 Abs. 4 BörsO FWB indes erst im Falle der Beendigung der Zulassung zum Teilbereich, also nachdem die Zulassung wirksam zurückgenommen oder auf Antrag des Emittenten widerrufen worden ist. Für den Prime Standard der Börse Frankfurt bestimmte § 57 Abs. 2 S. 1 BörsO FWB bis zu seiner Änderung durch die Elfte Änderungssatzung zur Börsenordnung für die Frankfurter Wertpapierbörse eine entsprechende Anwendung der Vorschriften über den Widerruf der Grundmarktzulassung von Amts auf den Widerruf der Teilbereichszulassung. Von dem Verweis war insbesondere § 47 Abs. 2 BörsO FWB erfasst, wonach der Widerruf der Grundmarktzulassung von der Geschäftsführung der Börse unverzüglich im Internet veröffentlicht werden muss.[1571] Auf eine Veröffentlichung

1566 *Schanz*, Börseneinführung, § 12 Rn. 74; *Mitental/Anders*, DStR 2003, 1893 (1896); *Schäfer*, in: Marsch-Barner/Schäfer, Hdb. börsennotierte AG, Rn. 12.39; auch *Zietsch/Holzborn*, WM 2002, 2356 (2358, dort insbesondere Fn. 17).

1567 *Ledermann*, in: Schäfer/Hamann, KMG, § 50 BörsG Rn. 4.

1568 *Ledermann*, in: Schäfer/Hamann, KMG, § 50 BörsG Rn. 4. Die Einführung der Wertpapiere in den Grundmarkt obliegt der Börsengeschäftsführung nach § 57 Abs. 4 BörsO FWB unabhängig davon, auf welche Weise die Teilbereichszulassung beendet wurde – durch Widerruf auf Antrag des Emittenten oder durch Teilbereichsausschluss gem. § 42 Abs. 2 BörsG, vgl. auch BeckHdB-AG/*Harrer*, § 20 Rn. 25.

1569 Wie hier *Schiemzik*, Segmentwechsel, 148 f.

1570 Ziff. 4.1.1.1 sowie 4.1.1.2 Leitfaden zu den Aktienindizes der Deutsche Börse AG, Version 9.2.4, Stand: 26. Juni 2019.

1571 Dazu auch BeckHdB-AG/*Harrer*, § 20 Rn. 25.

der Widerrufsentscheidung auf der eigenen Homepage verzichtete die Börse nunmehr. § 57 Abs. 2 S. 3 BörsO FWB sieht aber weiterhin die Verpflichtung der Börse vor, die Börsenaufsichtsbehörde und die BaFin unverzüglich über eine Maßnahme nach § 42 Abs. 2 S. 1 BörsG zu unterrichten; der Geschäftsführung der Börse steht hier kein Ermessensspielraum zu.[1572] Auf diese Weise genügt die Ausgestaltung des Ausschlussverfahrens auch den Anforderungen, die das Gesetz in §§ 42 Abs. 2 S. 2, 25 Abs. 1 S. 2 BörsG an das Widerrufsverfahren stellt.

bbb. Veröffentlichungen nach §§ 42 Abs. 2 S. 2, 25 Abs. 1 S. 2, 3 BörsG

§ 25 BörsG hat durch das 2. FiMaNoG allerdings einige Änderungen erfahren.[1573] Unter anderem wurde die Unterrichtungspflicht der Börsengeschäftsführung für den Fall, dass der Börsenhandel ausgesetzt oder eingestellt wird, von § 25 Abs. 1 S. 3 BörsG in einen neuen Abs. 1b verschoben, um zukünftig auch Maßnahmen der Geschäftsführung nach Abs. 1a im Bereich des Derivatehandels zu erfassen. Die Änderungen wurden bisher weder in § 42 Abs. 2 S. 2 BörsG noch in der Börsenordnung der Frankfurter Wertpapierbörse für den Prime Standard nachvollzogen. § 25 Abs. 1 S. 3 BörsG sieht nunmehr vor, dass nähere Bestimmungen über die Veröffentlichung in der jeweiligen Börsenordnung zu treffen sind. Der Verweis umfasst seit der Änderung also die Unterrichtung der Aufsichtsbehörden nicht mehr, ohne aber vollständig ins Leere zu gehen; zwar fehlt es an einer dahin gehenden Begründung, es ist aber zumindest denkbar, dass der Gesetzgeber den Börsen in der Tat eine flexiblere Ausgestaltung des Widerrufsverfahrens ermöglichen wollte, indem die Börse die näheren Bestimmungen über die Veröffentlichung der Widerrufsentscheidung fortan in der Börsenordnung regeln können soll (vgl. § 25 Abs. 1 S. 3 BörsG). In Ermangelung entsprechender gesetzgeberischer Erläuterungen wird man die Änderung des in Bezug genommenen § 25 BörsG allerdings nicht so verstehen dürfen, dass die Börsenaufsicht nicht länger zwingend in das Ausschlussverfahren nach § 42 Abs. 2 S. 1 BörsG einzubeziehen ist. Davon scheint auch die Frankfurter Wertpapierbörse nicht auszugehen.

Um die Funktionsfähigkeit des Teilbereichshandels durch derartige Ungenauigkeiten nicht unnötig zu gefährden, empfiehlt es sich langfristig, Veröffentlichungs- und Unterrichtungspflichten der Geschäftsführung in § 42 Abs. 2 BörsG selbst zu regeln, indem S. 2 und ein neu anzufügender S. 3 wie folgt formulieret werden: „*(2) […] ^{2}Die Geschäftsführung hat Maßnahmen nach*

1572 Vgl. auch Baumbach/Hopt/*Kumpan*, § 42 BörsG Rn. 2.

1573 Zu den Einzelheiten vgl. Baumbach/Hopt/*Kumpan*, § 25 BörsG Rn. 1.

Satz 1 unverzüglich im Internet zu veröffentlichen. ³Börsenaufsichtsbehörde und Bundesanstalt sind von Maßnahmen nach diesem Absatz unverzüglich in Kenntnis zu setzen."

2. Bestand und Umfang des börseneigenen Sanktionsapparats

Der in § 42 Abs. 2 BörsG niedergelegte Sanktionsmechanismus gibt Anlass zu einigen Erwägungen hinsichtlich seines Umfangs und seinen konkreten Ausprägungen. § 42 Abs. 2 S. 2 BörsG, nach dem „Maßnahmen der Geschäftsführung nach diesem Absatz" veröffentlicht werden müssen, deutet an, dass sich hinter dem Teilbereichsausschluss ein austariertes Sanktionssystem und mehr als eine Alles-oder-Nichts-Lösung verbirgt.

a. Repertoire der Börsengeschäftsführung

aa. Temporäre Rückstufung in den Grundmarkthandel unterhalb der Schwelle eines dauerhaften Teilbereichsausschlusses

Ob § 42 Abs. 2 BörsG unterhalb der Schwelle eines permanenten Teilbereichsausschlusses weitere Sanktionsmechanismen enthält, ist bisher noch nicht abschließend geklärt. Die Frage wird im börsenrechtlichen Schrifttum nicht einheitlich beantwortet.

aaa. Umfassende Inbezugnahme von § 25 BörsG nach Groß

Groß etwa will aufgrund des Verweises in § 42 Abs. 2 S. 2 BörsG auf § 25 Abs. 1 S. 2, 3 BörsG den Begriff des Ausschließens in § 42 Abs. 2 S. 1 BörsG „umfassend" interpretieren und auch die Aussetzung und Einstellung des Handels in dem betroffenen Teilbereichswert unter § 42 Abs. 2 S. 1 BörsG subsumieren.[1574] Handelsaussetzung und -einstellung nach Maßgabe des § 25 Abs. 1 S. 1 Nr. 1, 2 BörsG seien, so die Argumentation, gegenüber einem vollständigen und insbesondere endgültigen Teilbereichs*ausschluss* auch die milderen Sanktionsmittel und einem vollständigen Teilbereichsausschluss daher insgesamt vorzugswürdig.[1575] Im Ergebnis ist dem freilich zuzustimmen, doch greift die Begründung wohl zu kurz. Die ausdrückliche Inbezugnahme des § 25 Abs. 1 S. 2 und 3 BörsG mag ebenso gut und damit *e contrario* belegen, dass die übrigen Bestimmungen des § 25 BörsG, insbesondere dessen S. 1, gerade nicht auf den Teilbereichshandel übertragen werden können. Immerhin fehlt

---

1574 So bei *Groß*, Kapitalmarktrecht, § 42 BörsG Rn. 7.

1575 *Groß*, Kapitalmarktrecht, § 42 BörsG Rn. 7.

eine entsprechende Anordnung des Gesetzgebers und auch mit den Materialien zu § 42 BörsG lässt sich eine derartige Handhabung des Sanktionstatbestands nicht legitimieren. § 42 Abs. 2 S. 2 BörsG, der die Unterrichtungs- und Veröffentlichungspflichten der Geschäftsführung *bei* einer Aussetzung oder Einstellung des Handels nach § 25 BörsG in Bezug nimmt, differenziert zudem selbst zwischen dem eigentlichen ordnungspolitischen Eingriff der Börsengeschäftsführung in die Handelsabläufe einerseits und dessen Anzeige und Veröffentlichung andererseits. Gewollt war konsequenterweise auch nur eine entsprechende Anwendung der Unterrichtungs- und Veröffentlichungstatbestände seitens des Gesetzgebers, dem die unterschiedlichen Intensitätsstufen des Handelsausschlusses durchaus bewusst waren.[1576]

bbb. Flexible Handhabung des Ausschlusstatbestands im Sinne einer temporären Segmentrückstufung?

Aussetzung und Einstellung des Handels in bestimmten Teilbereichswerten könnten aber stattdessen als mögliche Sanktionen unterhalb der Schwelle des Teilbereichsausschlusses in § 42 Abs. 2 S. 1 BörsG selbst angelegt sein. Denn statt eines umfassenden Verweises auf eine Eingriffsnorm, die eine gänzlich andere Schutzrichtung als die ordnungspolitische Maßnahme der Börsengeschäftsführung nach § 42 Abs. 2 S. 1 BörsG aufweist,[1577] ließe sich eine Erweiterung des börslichen Handlungsrahmens auch mittels eines *argumentum a maiore ad minus* begründen.[1578] Auf diese Weise bliebe auch das Sanktionenarsenal abschließend und in konzentrierter Form in der Ermächtigungsgrundlage selbst angelegt.

Zunächst ist insofern festzuhalten, dass der Wortlaut („ausschließen“) keinesfalls zwingend eine dauerhafte und endgültige Rückstufung säumiger Emittenten in den korrespondierenden Grundmarkthandel erfordert. Auch der kurzfristige, nur vorübergehende Ausschluss von Werten eines Emittenten, der seine teilbereichsspezifischen Sonderpflichten nicht ordnungsgemäß befolgt hat, lässt sich noch unter § 42 Abs. 2 S. 1 BörsG subsumieren. Wie bereits angemerkt kann auch ein gesetzgeberischer Wille, der einem solchen temporären

1576 Begr. RegE FinanzmarktRL-Umsetzungsgesetz, BT-Drucks. 16/4028, 88.

1577 So dann auch bei *Groß*, Kapitalmarktrecht, § 25 BörsG Rn. 2, der selbst den *systematischen Unterschied* „zwischen den Materien“ betont und feststellt, es handele sich bei Aussetzung bzw. Einstellung des Handels und dem Widerruf der Zulassung um „zwei streng zu unterscheidende Komplexe“.

1578 Dazu *Reimer*, Methodenlehre, Rn. 323 ff.

Teilbereichsausschluss entgegenstünde, nicht eindeutig identifiziert werden.[1579] Vielmehr hat der Gesetzgeber die noch in § 43 S. 2 BörsG idF nach dem Vierten Finanzmarktförderungsgesetz eindeutig bestimmte Rechtsfolge des *Widerrufs der Zulassung*, die seinem erklärten Willen nach auch auf den Teilbereichshandel anwendbar sein sollte,[1580] im Zuge des FinanzmarktRL-Umsetzungsgesetzes durch die Möglichkeit des *Ausschließens* in § 42 Abs. 2 S. 1 BörsG ersetzt. Wo das Börsengesetz an anderer Stelle, bspw. in § 20 Abs. 4 S. 5 BörsG, der den Fall unzureichender Sicherheitsleistungen durch einen Handelsteilnehmer betrifft, die Möglichkeit eines *Ausschlusses* gewährt, steht ein solcher stets *ganz oder teilweise* zur Verfügung der Börsengeschäftsführung. Und auch in § 22 Abs. 2 S. 1 BörsG wird der Sanktionsausschuss ermächtigt, einen Handelsteilnehmer „mit vollständigem oder teilweisem Ausschluss von der Börse [...] [zu] belegen", wodurch der Gesetzgeber „mehr Flexibilität im Einzelfall" gewährleisten wollte.[1581] Auch der Ausschlussbegriff des § 42 Abs. 2 S. 1 BörsG steht einem derart differenzierten Verständnis grundsätzlich offen. Als Bestandteile des teilbereichsspezifischen Sanktionsapparats handelt es sich dann auch um *Maßnahmen der Geschäftsführung nach diesem Absatz* i.S.d. § 42 Abs. 2 S. 2 BörsG, die nach Maßgabe von § 25 Abs. 1 S. 2 und 3 BörsG entsprechend zu publizieren sind.

Gegen die Möglichkeit eines vorübergehenden Teilbereichsausschlusses lassen sich freilich Praktikabilitätserwägungen anführen. Gegen die Zulässigkeit eines solch temporären Ausschlusses der Wertpapiere des Emittenten i.S.v. § 25 BörsG lässt sich etwa einwenden, dass die Aussetzung des Handels im Sinne einer vorübergehenden Unterbrechung der Preisfeststellung in bestimmten Börsenwerten vorrangig als Instrument einzusetzen ist, das dem Schutz der Preisbildungsfunktion zu dienen bestimmt ist und nicht als börslicher Sanktionsmechanismus gegenüber säumigen Emittenten zur Verfügung steht.[1582] Dies belegen auch die hohen Eingriffsschwellen, die tatbestandlich für eine Aussetzung oder Einstellung des Handels verlangt werden. § 25 BörsG dient dem Schutz der Börsenpreisermittlung und der börslichen Preisbildungsfunktion, nicht aber

---

1579 Begr. RegE FinanzmarktRL-Umsetzungsgesetz, BT-Drucks. 16/4028, 88.

1580 Hierzu sowie zu einer entsprechenden Anwendung auf den Teilbereichshandel in der Zeit vor der Umsetzung der MiFID vgl. oben Kapitel 5 § 2 I.1.a.

1581 Begr. RegE 2. FiMaNoG, BT-Drucks. 18/10936, 269; *Foelsch/Wittmann*, in: Hellner/Steuer, BuB, Rn. 7/567; Schwark/Zimmer/*Kumpan*, KMRK, § 22 BörsG Rn. 11; auch Baumbach/Hopt/*Kumpan*, § 22 BörsG Rn. 1.

1582 Vgl. auch *Kümpel/Hammen*, Börsenrecht, 241 ff.; so auch bei *Groß*, Kapitalmarktrecht, § 25 BörsG Rn. 2.

der Sanktionierung defizitären Emittentenverhaltens.[1583] Diskutiert man also über die Zulässigkeit eines temporären Teilbereichsausschlusses,[1584] dann kann damit jedenfalls nicht zugleich eine vollständige Unterbrechung der Preisfeststellung in den jeweiligen Börsenwerten verbunden sein, sondern es kann sich im System des § 42 BörsG, vergleichbar mit den Regelungen in §§ 20 Abs. 4 S. 5 und 22 Abs. 2 S. 1 BörsG, nur um eine *zeitweise Segmentrückstufung* handeln. Dies lässt sich auch damit begründen, dass eine ordnungsgemäße Preisbildung in den betroffenen Werten bei kurzzeitigen[1585] Handelsunterbrechungen sanktionierenden Charakters wohl eher gefährdet denn geschützt würde und die zeitlich befristete Beendigung der Preisfeststellung zudem den jeweiligen Skontroführern gegenüber ergehen müsste.[1586] Ein Teilbereichsausschluss nach § 42 Abs. 2 S. 1 BörsG kann aber ungeachtet seines zeitlichen Umfangs nur gegen den säumigen Emittenten gerichtet werden. In systematischer Hinsicht wäre mit einer vollständigen Notierungsunterbrechung zudem eine Dimension des teilbereichsspezifischen Sanktionenarsenals aufgedeckt, die den Emittenten in teilbereichsuntypischer und systemwidriger Weise in seinen grundmarktlichen Beziehungen berührte. Auch § 57 Abs. 4 BörsO FWB bestimmt, dass die zugelassenen Wertpapiere eines Emittenten im Falle der Beendigung der Teilbereichszulassung von Amts wegen in den Grundmarkthandel einzuführen sind und verdeutlicht, dass die börsliche Preisfeststellung in den betroffenen Wertpapieren unabhängig von dem konkreten Beendigungstatbestand des Teilbereichslistings sowie seiner Dauer im Rahmen des Grundmarkthandels aufrechtzuerhalten ist. Damit sind freilich längst nicht alle Bedenken gegen ein solches Vorgehen ausgeräumt. So steht etwa zu befürchten, dass ein erheblichen Schwankungen unterliegender Emittentenbestand in einem Teilbereich des regulierten Marktes infolge temporärer Segmentausschlüsse die Stabilität des Teilbereichshandels und die Funktionsfähigkeit des jeweiligen Börsenplatzes eher gefährdet. Für grundlegende Fragen in diesem Zusammenhang, wie bspw. die nach der

---

1583 *Hammen*, WM 2017, 2133 (2138); *Jaskulla*, WM 2002, 1093 (1094 ff.); *Binder*, in: Großkomm. HGB, Bankvertragsrecht 11/2, Siebter Teil Rn. 158.

1584 Vgl. insbesondere *Groß*, Kapitalmarktrecht, § 42 BörsG Rn. 7.

1585 Hinsichtlich der Dauer der Kursaussetzung nach § 25 Abs. 1 S. 1 Nr. 1 BörsG werden in der Literatur Zeiträume von einer Stunde bis 90 Minuten genannt, vgl. *Groß*, Kapitalmarktrecht, § 25 BörsG Rn. 7; s. ferner *Kümpel/Hammen*, Börsenrecht, 251 ff. Im Falle der Eröffnung eines Insolvenzverfahrens soll sogar „eine Kursaussetzung über einige Tage" gerechtfertigt sein, vgl. *Grub/Streit*, BB 2004, 1397 (1398).

1586 Vgl. noch zur Rechtslage nach dem Vierten Finanzmarktförderungsgesetz und dem damaligen § 38 BörsG *Kümpel/Hammen*, Börsenrecht, 244.

Dauer eines vorübergehenden Ausschlusses, hält das Gesetz schon keine passenden Antworten bereit. Zudem sind Portfolioumschichtungen institutioneller Investoren infolge permanenter Bestandswechsel in einem Teilbereich ebenso unrealistisch wie die Neuberechnung Segment abbildender Indizes aufgrund temporärer Rückstufungen. Eine flexible Handhabung des Ausschlusstatbestands ist deshalb kaum praxisgerecht umzusetzen. Sie ist, wie sogleich gezeigt werden soll, aber auch gar nicht erforderlich, um die Reaktionsmöglichkeiten der Börse zu erweitern.

bb. Öffentliche Abmahnung im System des § 42 Abs. 2 BörsG als Maßnahme der Geschäftsführung i.S.v. § 42 Abs. 2 S. 2 BörsG

Neben dem Ausschluss aus einem Teilbereich des regulierten Marktes wird mitunter die Möglichkeit einer *Abmahnung* als alternative Sanktionsmöglichkeit für den Teilbereichshandel genannt.[1587] Damit ist nicht der verfahrensrechtliche Schritt der Fristsetzung gegenüber dem Emittenten gemeint, sondern eine öffentliche Abmahnung, die dem Markt das defizitäre Publizitätsverhalten des Teilbereichsemittenten anzeigt.[1588] Eine taugliche Rechtsgrundlage zu benennen sind die Befürworter dieses Sanktionsmittels bislang allerdings schuldig geblieben.[1589]

Hier nun könnte erwogen werden, das Fristsetzungserfordernis in § 42 Abs. 2 S. 1 BörsG nicht nur verfahrensrechtlich, sozusagen als notwendige Vorstufe einer Rückstufung in den Grundmarkthandel, sondern vielmehr als eigenständiger Sanktionsmechanismus unterhalb der Schwelle des Teilbereichsausschlusses einzusetzen.[1590] Nach § 42 Abs. 2 S. 2 BörsG sind „Maßnahmen der Geschäftsführung nach diesem Absatz" durch Verweis auf § 25 Abs. 1 S. 2 und 3 BörsG zu veröffentlichen. Wenn dies auch für die Fristsetzung gilt, dann mutiert der verfahrensrechtliche Schritt über den Mechanismus des *naming and shaming* zu einer Art Abmahnung.[1591] Eine solche Abmahnung,

1587 Vgl. etwa Schwark/Zimmer/*Heidelbach*, KMRK, § 42 BörsG Rn. 16; *Beck*, BKR 2002, 699 (708).

1588 Schwark/Zimmer/*Heidelbach*, KMRK, § 42 BörsG Rn. 16.

1589 Zu dem Erfordernis einer gesetzlichen Handlungsbefugnis im Bereich der börslichen Eingriffsverwaltung auch *Seiffert*, in: Kümpel/Mülbert/Früh/Seyfried, Bank- und Kapitalmarktrecht, Rn. 14.437.

1590 Vgl. auch *Groß*, Kapitalmarktrecht, § 42 BörsG Rn. 7, der von einem differenzierten und *umfassenden Verständnis* des Begriffs „ausschließen" ausgeht.

1591 *Klöhn/Schmolke*, NZG 2015, 689 (696) sprechen von „Reputationsmechanismen", die neben gesetzlichen Sanktionen zur Regeleinhaltung eingesetzt werden können.

mit ihrer disziplinierenden Wirkung, stellt gegenüber einem temporären und vollständigen Teilbereichsausschluss in jedem Fall auch das mildere Sanktionsmittel dar.[1592] Dafür spricht letztendlich auch, dass eine öffentliche Abmahnung im Falle des Verzugs auf die Einhaltung der vorgegebenen Erstellungszeiträume der Teilbereichspublizität hinwirkenund mithin eine gewisse Teilbereichsdisziplin fördern könnte, während die einfache Fristsetzung im Verhältnis von Börsengeschäftsführung und Emittenten eine wiederholt ungesühnte Fristenübertretung zulässt.[1593]

Problematisch dabei aber ist, dass ein solcher Automatismus in Fällen, in denen die Anhörung des Emittenten erst die vorgelagerte Frage nach der Sanktionswürdigkeit seines Verhaltens klären soll, den verfahrensrechtlichen in einen sanktionierenden Schritt verkehrte, wenn sich im Nachhinein nämlich herausstellt, dass der Emittent bei Fristende einen regelkonformen Zustand hat herbeiführen können. Denn auch § 42 Abs. 2 S. 1 BörsG lässt sich entnehmen, dass sanktionswürdiges Emittentenverhalten nicht bereits bei Ablauf des jeweiligen *Erstellungszeitraums*, sondern erst mit erfolglosem Verstreichen einer angemessenen Nachfrist vorliegt und bis zu diesem Zeitpunkt an sich von einem Publizitätsverhalten des Emittenten auszugehen ist, das den Anforderungen des Teilbereichs genügt. Eine pauschale Durchsetzung der in §§ 42 Abs. 2 S. 2, 25 Abs. 1 S. 3 BörsG angelegten Veröffentlichung kann so zu einem überproportionalen Schaden infolge ungerechtfertigter Reputationseinbußen führen, die mit Kursverlusten abgestraft werden.[1594] Auch § 43 BörsG, der in seiner Fassung nach dem Vierten Finanzmarktförderungsgesetz auch auf den Teilbereichshandel angewandt wurde[1595] und dem als historisches Vorbild des heutigen § 42 Abs. 2 BörsG ein gleichfalls differenziertes Verständnis von Anhörung und (Teilbereichs-)Ausschluss einerseits und Veröffentlichungspflicht der damaligen Zulassungsstelle nach S. 1 andererseits zugrunde lag, deutet in diese Richtung. Denn zwar war die Nichterfüllung von Pflichten aus der (Teilbereichs-)Zulassung nach S. 1 durch Börsenbekanntmachung zu veröffentlichen, § 43 BörsG a. F erforderte aber bereits tatbestandlich, dass die Pflichtverletzung unbestreitbar festgestellt worden war und nur diese *Tatsache* Gegenstand der Veröffentlichung

---

1592 Dazu auch *Gebhardt*, in: Schäfer/Hamann, KMG, § 43 BörsG Rn. 7.

1593 Zur früheren Rechtslage *Schlüter*, Börsenhandelsrecht, 454 Rn. 538 („Hinweis- und Warneffekt").

1594 Eingehend zu diesem Mechanismus auch *Fleischer*, ZGR 2004, 437 (475 f.); auch *Möllers*, AcP 208 (2008), 1 (17).

1595 Vgl. nur *Gebhardt*, in: Schäfer/Hamann, § 43 BörsG Rn. 12.

war.[1596] Aus diesen Gründen kann aber nur die eigentliche Fristsetzung nach § 42 Abs. 2 S. 1 BörsG noch nicht als Maßnahme der Geschäftsführung gem. § 42 Abs. 2 S. 2 BörsG veröffentlicht werden, wohl aber das erfolglose Verstreichen derselben.[1597] Dann nämlich steht unwiderruflich fest, dass statt eines teilbereichskonformen Verhaltens des Emittenten in Übereinstimmung mit dem einschlägigen Regelwerk ein sanktionswürdiges Fehlverhalten des Emittenten vorliegt. Diese Lösung lässt sich nicht nur auf § 42 Abs. 2 BörsG stützen, sie stellt gegenüber dem Teilbereichsausschluss nach § 42 Abs. 2 S. 1 BörsG in der Tat auch den weniger schwerwiegenden Eingriff dar und stattet zudem die Geschäftsführung im Rahmen der Teilbereichsaufsicht über die Bekanntgabe des defizitären Publizitätsverhaltens an den Markt mit den Mitteln des *naming and shaming* aus.[1598] Zugleich wird der Sanktionsmechanismus auf diese Weise flexibilisiert. Die Börse ist außerdem gezwungen, ihr Ermessen bei wiederholtem Fehlverhalten auch entsprechend einzusetzen und den Emittenten in den Grundmarkthandel zurückzustufen, da sonst Reputations- und Glaubwürdigkeitsverluste drohen, wenn die Geschäftsführung auf wiederholte Pflichtverletzungen nicht angemessen reagiert. Die öffentliche Abmahnung wirkt also in zweierlei Hinsicht disziplinierend.[1599]

b. Zugriffsbefugnis des Sanktionsausschusses nach § 22 Abs. 2 S. 2 BörsG?

Ungeachtet des bisherigen Befundes gehen Börse und bedeutende Teile des Schrifttums von weiteren Sanktionsbefugnissen aus, wenn Emittenten gegen Pflichten nach § 42 Abs. 1 BörsG verstoßen.[1600] Auch hinsichtlich des teilbereichsspezifischen Sonderpflichtenregimes wird die Sanktionspraxis an der Frankfurter Wertpapierbörse von dem Ordnungsgeldtatbestand aus § 22 Abs. 2 S. 2 BörsG bestimmt. Es wird in diesem Zusammenhang vorgetragen, der im Zuge des Vierten Finanzmarktförderungsgesetzes in das Gesetz aufgenommene

---

1596 *Schlitt*, AG 2003, 57 (68); vgl. auch *Schlüter*, Börsenhandelsrecht, 454 Rn. 538 („Hinweis- und Warneffekt").

1597 Zu § 43 BörsG a.F. *Gebhardt*, in: Schäfer/Hamann, KMG, § 43 BörsG Rn. 9.

1598 Zu den Vorzügen allgemein *Klöhn/Schmolke*, NZG 2015, 689 (696) („Reputationsmechanismen").

1599 Vgl. *Schiemzik*, Segmentwechsel, 285 f., der ebenfalls die Bedeutung effektiver Sanktionsmechanismen und ihre Auswirkungen auf die Qualität der Segmentregulierung betont.

1600 Schwark/Zimmer/*Heidelbach*, KMRK, § 42 BörsG Rn. 17; ebenso *Zietsch/Holzborn*, WM 2002, 2356 (2359).

Ordnungsgeldtatbestand stärke das Selbstverwaltungsrecht der Börse und erlaube eine Sanktionierung säumiger Teilbereichsemittenten „unterhalb der Schwelle des Zulassungswiderrufs".[1601] Diesem Verständnis folgend kündigt die Frankfurter Wertpapierbörse auf ihrer Homepage gegenüber Emittenten des Prime Standards an, Verstöße gegen die Pflichten aus § 51 der Börsenordnung mit einem *Verweis* oder mit einem *Ordnungsgeld* nach § 22 Abs. 2 Satz 2 BörsG zu ahnden.[1602] Die Möglichkeit, säumige Emittenten gem. § 42 Abs. 2 BörsG von der Teilnahme am Handel in einem Teilbereich auszuschließen, scheint dabei vollständig in den Hintergrund zu treten.

aa. § 42 Abs. 2 BörsG als in den Grenzen seines Anwendungsbereichs exklusiver Sanktionstatbestand des Teilbereichshandels

Der auf den Teilbereichshandel zugeschnittene Sanktionsmechanismus ist, wie soeben dargestellt, erst durch das FinanzmarktRL-Umsetzungsgesetz zur Regulierung besonderer Teilbereiche ergänzt worden.[1603] Der bis zu diesem Zeitpunkt sowohl auf den Teilbereichs- als auch den Grundmarkthandel anwendbare § 43 S. 2 a.F.[1604] wurde im Zuge der Richtlinienumsetzung gestrichen, das Widerrufsrecht von der damaligen Zulassungsstelle auf die Geschäftsführung der Börse übertragen und in einem neuen § 39 Abs. 1 in das Börsengesetz aufgenommen.[1605] Fortan waren die Widerrufstatbestände also erstmals auf zwei eigenständige Ermächtigungsgrundlagen verteilt, eine davon mit einem spezifischen Zuschnitt auf den Teilbereichshandel in § 42 Abs. 2 BörsG, die andere ausgerichtet auf den Widerruf der Grundmarktzulassung in § 39 Abs. 1 BörsG.[1606] Jedenfalls für diejenigen Normelemente, die den *Widerruf* des jeweiligen Zulassungsverwaltungsakts betreffen und deren Tatbestandsvoraussetzungen

---

1601 Schwark/Zimmer/*Heidelbach*, KMRK, § 42 BörsG Rn. 17.

1602 Vgl. die Erläuterungen der Börse zu den Sanktionsmöglichkeiten im Falle eines Verstoßes gegen § 51 BörsO FWB, abrufbar unter http://www.deutsche-boerse-cash-market.com/dbcm-de/primary-market/being-public/ipo-line-being-public/regulierter-markt/!ipo-1343530-1343542 (zuletzt abgerufen am 31. März 2021). Auf § 42 Abs. 2 BörsG geht die Börse an dieser Stelle überhaupt nicht ein.

1603 Dazu bereits oben Kapitel 4 § 2 III.

1604 Begr. RegE Viertes Finanzmarktförderungsgesetz 14/8017, 81.

1605 Begr. RegE FinanzmarktRL-Umsetzungsgesetz 16/4028, 88; *Schlee*, in: Heidel, Aktienrecht und Kapitalmarktrecht, § 39 BörsG Rn. 2; *Foelsch/Wittmann*, in: Hellner/Steuer, BuB, Rn. 7/579, 7/591; *Lenenbach*, Kapitalmarktrecht, Rn. 3.182.

1606 Vgl. auch *Groß*, Kapitalmarktrecht, § 39 BörsG Rn. 6 zu den Beendigungstatbeständen des VwVfG.

einerseits an der Verletzung gesetzlicher Grundmarktpflichten ansetzen (§ 39 Abs. 1 BörsG) und andererseits die Nichterfüllung teilbereichsspezifischer Sonderpflichten sanktionieren (§ 42 Abs. 2 S. 1 BörsG), kann daher davon ausgegangen werden, dass der Sanktionstatbestand des Teilbereichshandels als *lex specialis* dem Widerruf nach § 39 Abs. 1 BörsG vorgeht.[1607] § 39 Abs. 1a BörsG, der durch das 2. FiMaNoG neu in das Börsengesetz aufgenommen worden ist, sorgt zwar nunmehr für einen Gleichlauf mit den in § 42 Abs. 2 S. 2 BörsG normierten Publikationspflichten der Börsengeschäftsführung im Falle eines Zulassungswiderrufs,[1608] doch enthält § 42 Abs. 2 BörsG, anders als § 39 Abs. 1 BörsG, keine marktfunktionsschützenden Elemente, die einen Zulassungswiderruf auch im Falle einer dauerhaften Notierungseinstellung vorsehen.[1609] Obwohl also die zum Grundmarkt zugelassenen Wertpapiere des Teilbereichsemittenten formell in den Teilbereichshandel eingeführt werden (vgl. § 57 Abs. 4 BörsO FWB), bleibt § 39 Abs. 1 BörsG insoweit anwendbar, als die Gefährdung der Ordnungsgemäßheit des Teilbereichshandels betroffen ist und Maßnahmen nach § 25 Abs. 1 S. 1 Nr. 2 BörsG in Bezug auf die Wertpapiere des Teilbereichsemittenten ergriffen worden sind.[1610] Die Voraussetzungen dieser Tatbestände lassen sich nämlich nicht sinnvoll hinsichtlich Teilbereichs- und Grundmarkthandel unterscheiden, da insofern der Schutz der Funktionsfähigkeit des gesamten Börsenplatzes im Vordergrund steht. Dieser Befund lässt sich aber nicht nur mit Praktikabilitätserwägungen erklären, sondern folgt, wie schon zu Beginn der Untersuchung festgestellt, auch aus den unterschiedlichen tatbestandlichen Anknüpfungspunkten („Pflichten aus der Zulassung" bzw. „ordnungsgemäßer Börsenhandel").[1611]

Monetäre Sanktionen sieht § 42 Abs. 2 BörsG im Falle der Missachtung von zusätzlichen Pflichten nach § 42 Abs. 1 BörsG dagegen nicht vor.[1612] Deshalb verdrängt die Norm innerhalb ihres Anwendungsbereichs zwar § 39 Abs. 1 BörsG,

1607 Vgl. dazu auch Baumbach/Hopt/*Kumpan*, § 42 BörsG Rn. 2.

1608 Vgl. aber § 47 Abs. 2 BörsO FWB.

1609 Vgl. auch BeckHdB-AG/*Goslar/Klingen*, § 26 Rn. 42; außerdem *Groß*, Kapitalmarktrecht, § 39 BörsG Rn. 7; auch Baumbach/Hopt/*Kumpan*, § 42 BörsG Rn. 2.

1610 *Groß*, Kapitalmarktrecht, § 25 BörsG Rn. 8; auch Baumbach/Hopt/*Kumpan*, § 42 BörsG Rn. 2.

1611 Zu dieser Unterscheidung bereits oben Kapitel 1 § 3 IV.3.; außerdem auch Baumbach/Hopt/*Kumpan*, § 42 BörsG Rn. 2.

1612 Schwark/Zimmer/*Heidelbach*, KMRK, § 42 BörsG Rn. 16; auch *Zietsch/Holzborn*, WM 2002, 2356 (2358); für die *öffentliche Abmahnung* wurde dies bereits festgestellt, vgl. Kapitel 5 § 2 I.2.a.bb.

steht aber einer Übertragung von Sanktionstatbeständen unterhalb der Schwelle eines Zulassungswiderrufs jedenfalls aus systematischen Erwägungen nicht zwingend entgegen.

bb. Keine verdrängende Wirkung auf § 22 Abs. 2 S. 2 BörsG

Auch den Gesetzesmaterialien lässt sich nichts Gegenteiliges entnehmen. Wenn der Gesetzgeber des FinanzmarktRL-Umsetzungsgesetzes erklärte, der neu eingefügte § 42 Abs. 2 BörsG regele fortan das „Recht der Geschäftsführung", Emittenten, die gegen das Zusatzpflichtenprogramm verstoßen haben, aus dem entsprechenden Teilbereich des regulierten Marktes auszuschließen,[1613] so zeigt sich hieran lediglich, dass er insofern davon ausging, ein bisher aus § 43 BörsG a.F. abgeleitetes *Recht* der im Zuge der Gesetzesnovelle weggefallenen Zulassungsstelle in Bezug auf den Teilbereichshandel auf die Börsengeschäftsführung zu übertragen[1614] und auf eine eigene Rechtsgrundlage zu stellen. Der neue § 42 Abs. 2 BörsG kodifizierte daher nur, was dem Börsengesetz nach dem ausdrücklich erklärten Willen des Gesetzgebers bisher im Wege einer differenzierten Auslegung des Ausschlusstatbestands aus § 43 BörsG a.F. ohnehin zu entnehmen sein sollte.[1615]

Dass neben § 43 BörsG a.F. auch der Ordnungsgeldtatbestand in der Zeit nach dem Vierten Finanzmarktförderungsgesetz in undifferenzierter Weise sowohl bei einem Verstoß gegen gesetzliche Grund- als auch satzungsrechtliche Zusatzpflichten anwendbar sein sollte, war dem Gesetzgeber zwar durchaus bewusst, wurde im Rahmen der Umsetzung der MiFID aber nicht weiter kommentiert. Denn anders als bei § 43 BörsG a.F. wurde das gesetzliche Fundament des Ordnungsgeldtatbestands im Zuge der Reform auch nicht grundlegend angetastet. Insbesondere das zuständige Börsenorgan – der Sanktionsausschuss – sollte, anders als die börslichen Zulassungsstellen, über die Reform hinaus fortbestehen.[1616] Den Ordnungsgeldtatbestand grundlegend neu zu regeln war deshalb

---

1613 Begr. RegE FinanzmarktRL-Umsetzungsgesetz, BT-Drucks. 16/4028, 88.

1614 Vgl. auch *Schlee*, in: Heidel, Aktienrecht und Kapitalmarktrecht, § 39 BörsG Rn. 2.

1615 Begr. RegE Viertes Finanzmarktförderungsgesetz, BT-Drucks. 14/8017, 81; Begr. RegE FinanzmarktRL-Umsetzungsgesetz, BT-Drucks. 16/4028, 88; dazu schon oben Kapitel 5 § 2 I.1.a.

1616 Die öffentlich zugänglichen Entscheidungen des für die hessischen Börsen zuständigen Sanktionsausschusses datieren zurück bis auf das Jahr 2004. Sie sind abrufbar unter https://service.hessen.de/html/Entscheidungen-FWB-6124.htm (zuletzt abgerufen am 31. März 2021). Den Entscheidungssammlungen aus den Jahren vor der Umsetzung der MiFID – also bis 2007 – lässt sich entnehmen, dass Verfahren nach dem heutigen § 22 Abs. 2 S. 2 BörsG schon bevor der auf den Teilbereichshandel

nach dem Verständnis des Gesetzgebers überhaupt nicht erforderlich.[1617] Es kann deshalb auch ein Legislativwille, der der Anwendbarkeit des Ordnungsgeldtatbestands in der Zeit, nachdem der Widerrufstatbestand auf § 42 Abs. 2 BörsG übertragen worden ist, genau so wenig identifiziert werden, wie in der Zeit vor der Richtlinienumsetzung. Die Regelung eines eigens auf den Teilbereichshandel ausgerichteten monetären Sanktionstatbestands war viel eher aus Sicht des Gesetzgebers nicht erforderlich, weil eine entsprechende Ermächtigungsgrundlage, die den Sanktionsausschuss adressierte, mit § 22 Abs. 2 S. 2 BörsG bereits zur Verfügung stand. Deshalb erscheint es naheliegend, dass der Gesetzgeber den Börsen die Möglichkeit, Pflichtverstöße in Teilbereichen mithilfe von Ordnungsgeldern zu sanktionieren, auch für die Zeit *nach* dem FinanzmarktRL-Umsetzungsgesetz belassen und insbesondere nicht dadurch versperren wollte, dass er den Widerrufstatbestand aus organisationsrechtlichen Gründen auf die Geschäftsführung der Börse und eine eigenständige Rechtsgrundlage übertragen hat.

cc. Integration des Ordnungsgeldtatbestands aus § 22 Abs. 2 S. 2 BörsG in das teilbereichseigene Sanktionssystem des § 42 Abs. 2 BörsG

Wenn aber nach dem zuvor Gesagten Zulassungswiderruf und Ordnungsgeld grundsätzlich als selbstständige Sanktionen zur Verfügung stehen, um auf Verstöße gegen Pflichten nach § 42 Abs. 1 BörsG reagieren zu können, bedarf zwangsläufig auch die Folgefrage nach dem Verhältnis der beiden Normen zueinander einer Antwort. Die Frage stellt sich unabhängig davon, ob man mit der Börse § 22 Abs. 2 S. 2 BörsG ungeachtet des Zuschnitts der Norm auf die Missachtung von *Pflichten aus der Grundmarktzulassung* für anwendbar oder, wie hier, die sprachliche Erweiterung des Tatbestands um die Sonderpflichten nach § 42 Abs. 1 BörsG für erforderlich hält.[1618]

aaa. Flexibilisierung der Sanktionsmöglichkeiten bei Pflichtverstößen

Um sie zu beantworten, ist zunächst die ursprüngliche Intention des Gesetzgebers zu erläutern, aufgrund derer dem Ausschlusstatbestand eine

---

zugeschnittene Widerrufstatbestand in § 42 Abs. 2 BörsG eingefügt wurde, Verstöße gegen Sonderpflichten nach § 42 Abs. 1 BörsG betrafen.

1617 Begr. RegE FinanzmarktRL-Umsetzungsgesetz, BT-Drucks. 16/4028, 85. Die Änderungen in Bezug auf den Sanktionstatbestand für Emittenten beschränkten sich auf redaktionelle Korrekturen.

1618 Oben Kapitel 1 § 3 IV.3.

Ermächtigungsgrundlage für die Sanktionierung säumiger Emittenten in Form eines Ordnungsgeldes zur Seite gestellt worden ist.

Der Ordnungsgeldtatbestand ist im Zuge des Vierten Finanzmarktförderungsgesetzes in das Börsengesetz aufgenommen worden, um die Reaktionsmöglichkeiten der Geschäftsführung nach § 39 Abs. 1 BörsG für den Fall defizitären Emittentenverhaltens durch die Möglichkeit eines Verweises und der Verhängung eines Ordnungsgeldes zu flexibilisieren.[1619] Bemängelt wurde nämlich, dass der damaligen Zulassungsstelle „kein ausreichend fein gestuftes Sanktionssystem" zur Ahndung von Verstößen gegen die gesetzlichen Grundpflichten zur Verfügung stünde.[1620] Die Zulassungsstelle konnte Emittenten nach § 43 S. 1 BörsG a.F. entweder nur öffentlich abmahnen oder die Grundmarktzulassung vollständig widerrufen (§ 43 S. 2 BörsG a. F.). Demgegenüber sollten der Verweis und die Verhängung eines Ordnungsgeldes nach § 22 Abs. 2 S. 2 BörsG den börslichen Handlungsrahmen erweitern und eine flexiblere Reaktion auf etwaige Pflichtverstöße ermöglichen.[1621] Zugleich sollten die Voraussetzungen dafür geschaffen werden, „Verstöße gegen Vorschriften zum Schutz der Funktionsfähigkeit einer Börse angemessen ahnden zu können" und den Sanktionsausschuss in die Lage zu versetzen, „den Gesetzgeber und die Börsenteilnehmer zu unterstützen, an der Börse Transparenz, Fairness und Chancengleichheit sicherzustellen und damit das Vertrauen der Anleger, Emittenten und unmittelbaren Börsennutzer in die Funktionsfähigkeit der Börse zu schützen".[1622] Vorbildregelung des § 22 Abs. 2 BörsG war damals hinsichtlich der Sanktionierung von Emittenten das Vertragsstrafeversprechen aus dem Regelwerk des Neuen Marktes, nach dem an den Börsenträger im Falle eines Verstoßes gegen die im Rahmen des privatrechtlichen Regelwerks statuierten Zulassungsfolgepflichten eine Summe von bis zu 100.000 Euro zu zahlen war.[1623] Gleichsam als

---

1619 Ber. Finanzauss. Viertes Finanzmarktförderungsgesetz, BT-Drucks. 14/8601, 13; Schwark/Zimmer/*Kumpan*, KMRK, § 22 BörsG Rn. 13.

1620 Schwark/Zimmer/*Kumpan*, KMRK, § 22 BörsG Rn. 13; auch *Gebhardt*, WM-Sonderbeilage 2/2003, 3 (15).

1621 Vgl. Schwark/Zimmer/*Kumpan*, KMRK, § 22 BörsG Rn. 13 und noch deutlicher die Vorauflage Schwark/Zimmer/*Beck*, KMRK, 4. Auflage 2010, § 22 BörsG Rn. 23 („Verweis und Ordnungsgeld stellen hingegen zwischen diesen beiden Polen befindliche Sanktionsinstrumente dar."); vgl. außerdem Ber. Finanzauss. Viertes Finanzmarktförderungsgesetz, BT-Drucks. 14/8601, 13.

1622 Begr. RegE Viertes Finanzmarktförderungsgesetz, BT-Drucks. 14/8017, 75; *Foelsch/Wittmann*, in: Hellner/Steuer, BuB, Rn. 7/566.

1623 *Gebhardt*, WM-Sonderbeilage 2/2003, 3 (15); *Riess/Altmann*, in: Achleitner/Bassen, Investor Relations am Neuen Markt, 195 (207).

„Ersatz“[1624] hierfür sowie für den Umstand, dass die Ermächtigungsgrundlage der Teilbereichsregulierung, die sich ja an die Geschäftsführungen der Börsen richtete, keinen Ordnungs- oder Bußgeldtatbestand enthielt, sind die Befugnisse des Sanktionsausschusses im Rahmen des Vierten Finanzmarktförderungsgesetzes in diese Richtung erweitert worden.[1625]

Der Zweck der Norm und das mit ihr verbundene Regelungsanliegen, eine Ausdifferenzierung des Sanktionenspektrums zwischen Verweis/Abmahnung und Zulassungswiderruf zu erreichen, lässt sich ohne Bedenken auch auf den Teilbereichshandel und in das System des § 42 Abs. 2 BörsG übertragen.[1626] Gerade dort, wo regelmäßig nur geringfügige Modifikationen gesetzlicher Grundtransparenzpflichten geschuldet sind, deren Sanktionierung mit den Mitteln des § 42 Abs. 2 BörsG wenig interessengerecht und zu grob erscheinen mag, erscheint eine nach Schwere des Regelverstoßes abgestufte Reaktionsmöglichkeit der Börse sachgerecht. Eine derartige Kopplung der beiden Sanktionentatbestände erfordert dann aber auch, dass über die unterschiedlichen Voraussetzungen und Implikationen des börslichen Handelns Klarheit herrscht.

bbb. Wesentliche Unterschiede der Sanktionstatbestände

Dabei liegt das Hauptproblem schon darin, dass das derzeit praktizierte Nebeneinander von Verweis (§ 22 Abs. 2 S. 2 Alt. 1 BörsG) und Ordnungsgeld bzw. Teilbereichsausschluss nach näherer Maßgabe des § 42 Abs. 2 S. 1 BörsG gesetzlich nicht geregelt ist.[1627] Hieraus resultieren die bereits angedeuteten Abgrenzungs- und Anwendungsfragen.

Die Vertreter der Ansicht, die die Anwendbarkeit des § 22 Abs. 2 S. 2 BörsG auf den Teilbereichshandel unkritisch bejaht, sind in der Folge auch dazu gezwungen, die Alternativität beider Sanktionsregime im Sinne eines „entweder [...] oder“-Verhältnisses[1628] anzunehmen, ohne diesen Konflikt aber sachgerecht auflösen zu können. Eindeutige Aussagen zu dem Verhältnis der einzelnen Sanktionsmechanismen untereinander lassen sich außerhalb von § 42 Abs. 2 BörsG

1624 So bei *Zietsch/Holzborn*, WM 2002, 2356 (2358).

1625 Dazu auch *Hammen*, in: Festschrift für Hartmut Schmidt zum 65. Geburtstag, 313 (315) („öffentlich-rechtliches Pendant einer privatrechtlichen Vertragsstrafenregelung“).

1626 Ber. Finanzauss. Viertes Finanzmarktförderungsgesetz, BT-Drucks. 14/8601, 13; wohl auch Schwark/Zimmer/*Heidelbach*, KMRK, § 42 BörsG Rn. 17.

1627 Vgl. deshalb auch noch die Anmerkung bei Schwark/Zimmer/*Beck*, KMRK, 4. Auflage 2010, § 22 BörsG Rn. 24.

1628 Schwark/Zimmer/*Heidelbach*, KMRK, § 42 BörsG Rn. 17.

insgesamt nicht treffen. Kann der aus einem Teilbereich ausgeschlossene Emittent zusätzlich mit einem Ordnungsgeld belegt werden? Soll sich die Börse die Möglichkeit eines Teilbereichsausschlusses in Form eines Ordnungsgeldes abkaufen lassen können?[1629] Oder darf die Börse schon aus finanziellem Eigeninteresse (Ordnungsgeld, erhöhte Listinggebühren in Teilbereichen des regulierten Marktes, Kostentragungspflicht des Emittenten im Falle der Sanktionierung durch den Sanktionsausschuss, § 32 Abs. 5 hess. BörsVO) die Sanktionierung des Emittenten mittels der Zahlung eines Ordnungsgeldes einem möglichen Teilbereichsausschluss vorziehen?[1630]

Dass das Verhältnis und insbesondere die Rangfolge der Sanktionentatbestände untereinander bisher nicht geklärt ist, belegt der Umstand, dass die teilbereichsspezifischen Sanktionsmechanismen aus § 42 Abs. 2 S. 1 BörsG in der Praxis faktisch nicht existent sind. Dadurch werden auch die in § 42 Abs. 2 S. 2 BörsG angeordneten Verfahrensschritte im Rahmen der Sanktionierung defizitären Emittentenverhaltens in den Teilbereichen nicht berücksichtigt.

Während Maßnahmen der Börsengeschäftsführung nach §§ 42 Abs. 2 S. 2, 25 Abs. 1 S. 2, 3 BörsG an die Börsenaufsichtsbehörde und die BaFin weiterzuleiten und zu veröffentlichen sind, existiert eine entsprechende Regelung im Falle der Sanktionierung von Pflichtverletzungen durch den Sanktionsausschuss überhaupt nicht.[1631] Die Unterrichtungs- und Veröffentlichungspflicht aus § 25 Abs. 1 S. 2, 3 BörsG, auf die in § 42 Abs. 2 S. 2 BörsG verwiesen wird, erfüllt aber zwei wesentliche Funktionen. Über sie wird zum einen die staatliche

---

1629 Skeptisch wohl auch Schwark/Zimmer/*Beck*, KMRK, 4. Auflage 2010, § 22 BörsG Rn. 24, der in der Vorauflage noch festgestellt hat, dass die Aktivitäten des Sanktionsausschusses zu weiten Teilen die Verletzung spezifischer Teilbereichspflichten betreffen („Zwischenzeitlich hat zumindest der Sanktionsausschuss der FWB eine umfangreiche Entscheidungspraxis entwickelt; Schwerpunkte waren die verspätete Zwischenberichtserstattung, verspätete Vorlage von Jahresabschlüssen oder fehlende Übersetzungen."); vgl. aber an anderer Stelle Schwark/Zimmer/*Heidelbach*, KMRK, 4. Auflage 2010, § 42 BörsG Rn. 17.

1630 Vgl. dazu noch Schwark/Zimmer/*Beck*, KMRK, 4. Auflage 2010, § 22 BörsG Rn. 24.

1631 Auch in den §§ 22 ff. der Hessischen Börsenverordnung vom 16. Dezember 2008, zuletzt geändert durch Verordnung vom 12. März 2013 (GVBl., 128), abrufbar unter https://wirtschaft.hessen.de/sites/default/files/HMWVL/boersenverordnung_konsolidierte_fassung.pdf (Zuletzt abgerufen am 31. März 2021), findet sich keine entsprechende Anordnung; zu den möglichen Gefahren einer solchen *verdeckten Sanktionierungsmöglichkeit* vgl. *Rudolph/Röhrl*, in: Hopt/Rudolph/Baum, Börsenreform, 218 („Mantel des Schweigens"); vgl. ferner *Möllers*, AcP 208 (2008), 1 (13).

Marktaufsicht in den Sanktionsprozess einbezogen, die die Pflichtverletzung des Emittenten für ihre jeweiligen Zwecke evaluieren kann. Hierdurch wird auch dem börslichen Sanktionsapparat eine gesteigerte Durchsetzungskraft zuteil.[1632] Zum anderen fördert die Veröffentlichung der Sanktionsentscheidung, neben der bereits angesprochenen Disziplinierungswirkung, dass Anleger, die infolge des pflichtwidrigen Verhaltens einen Schaden erlitten haben, ihre Ansprüche effektiver durchsetzen können und insbesondere von Verstößen gegen Teilbereichsbestimmungen Kenntnis erlangen, denen aufgrund ihrer individualschützenden Zielrichtung im Einzelfall die Qualität eines Schutzgesetzes im Sinne des § 823 Abs. 2 BGB zukommen kann.[1633] Soll die Funktionsfähigkeit von Teilbereichen des regulierten Marktes langfristig erhalten bleiben, erscheint die anonyme Sanktionierung über § 22 Abs. 2 S. 2 BörsG deshalb kaum effizient.[1634] Darüber hilft auch nicht hinweg, dass die Börsenaufsichtsbehörde die Entscheidungen des Sanktionsausschusses in anonymisierter Form im Internet publik macht. Denn § 22 BörsG selbst enthält keine Ermächtigung für die Veröffentlichung der Sanktionsentscheidungen und auch über § 50a BörsG kann die Publikation derselben nicht erreicht werden, insbesondere handelt es sich bei der Verhängung eines Ordnungsgeldes nach § 22 Abs. 2 S. 2 BörsG nicht um einen Ordnungswidrigkeitentatbestand, der über § 50 BörsG einer Veröffentlichungspflicht der Aufsichtsorgane unterläge.[1635] Weitere Unterschiede ergeben sich im Hinblick auf § 22 Abs. 3 S. 2 BörsG. Hiernach bedarf es vor Erhebung einer Klage gegen Maßnahmen des Sanktionsausschusses nach § 22 Abs. 2 BörsG keiner Nachprüfung in einem Vorverfahren, d.h. die Maßnahme ist nicht erst mittels eines Widerspruchs gem. § 68 Abs. 1 Hs. 1 VwGO anzugreifen. Demgegenüber ist vor einer verwaltungsgerichtlichen Anfechtung des Teilbereichsausschlusses zunächst Widerspruch gegen die Widerrufsentscheidung der Börsengeschäftsführung einzulegen.[1636] Da die wesentlichen Unterschiede auch daraus folgen, dass jeweils unterschiedliche Börsenorgane zum Handeln berufen sind, bietet es sich an, die Tatbestände zu koordinieren, indem die Kompetenzen von

1632 Dazu *Möllers*, AcP 208 (2008), 1 (13 ff., insbesondere 15 f.), der die Überlegenheit staatlicher Marktüberwachung auch mit ökonomischen Erwägungen begründen will.

1633 Vgl. auch *Möllers*, AcP 208 (2008), 1 (17); zu dieser Möglichkeit sogleich unten Kapitel 5 § 2 III.

1634 *Möllers*, AcP 208 (2008), 1 (16) („Täterschutz"); dazu auch *Möllers*, ZBB 2003, 390 (408).

1635 Eine Antwort hierauf bleibt auch die hess. BörsVO schuldig; *Zietsch/Holzborn*, WM 2002, 2356 (2358) sprechen von einem „aufwendigen Sanktionsausschussverfahren".

1636 Dazu noch sogleich Kapitel 5 § 2 IV.1.

Sanktionsausschuss und Börsengeschäftsführung im Falle eines Verstoßes gegen satzungsrechtliche Pflichten nach § 42 BörsG aufeinander abgestimmt werden.

dd. Koordination der Sanktionstatbestände über börsliche Ermessensspielräume und Verhältnismäßigkeitserwägungen – Vorschlag eines dreistufigen Sanktionensystems

Im Interesse eines effizienten Sanktionensystems zur Aufrechterhaltung der Funktionsfähigkeit und Stabilität des Wertpapierhandels in den Teilbereichen sollte zunächst die Zweigleisigkeit der Reaktionsmöglichkeiten der Börse im Falle der Missachtung satzungsrechtlicher Sonderpflichten vermieden werden, indem die Besonderheiten des Teilbereichshandels und der in § 42 Abs. 2 S. 2 BörsG enthaltene Verweis auf die besonderen Publikationspflichten für den Fall der Handelsaussetzung oder -einstellung auch im Rahmen der Integration des Ordnungsgeldtatbestands in das System des § 42 Abs. 2 BörsG berücksichtigt werden.

Eine Koordination von Ordnungsgeld- und Ausschlussverfahren ist für den Grundmarkthandel nur in § 22 Abs. 4 BörsG angelegt, dort aber nur für Verfahren, die vor dem Sanktionsausschuss gegen einen Handelsteilnehmer oder Skontroführer geführt werden und nicht für die Fälle des § 22 Abs. 2 S. 2 BörsG, in denen sich das Verfahren gegen einen an der Börse zugelassenen Emittenten richtet. Der Sanktionsausschuss muss hiernach ein Ordnungsgeldverfahren an die Geschäftsführung der Börse abgeben, wenn sich in einem Verfahren vor dem Sanktionsausschuss Tatsachen ergeben haben, welche die Rücknahme oder den Widerruf der Zulassung eines Handelsteilnehmers oder eines Skontroführers rechtfertigen. Sanktionen nach § 22 BörsG und der Widerruf der Zulassung stehen hiernach grundsätzlich in einem Verhältnis exklusiver Alternativität zueinander.[1637] Aus diesem Grund gibt auch § 22 Abs. 2 S. 2 BörsG, anders als in Abs. 2 S. 1 im Falle des Verstoßes gegen börsenrechtliche Vorschriften durch einen der Handelsteilnehmer, dem Sanktionsausschuss nicht das Recht, einen Emittenten auch nur vorübergehend von der Teilnahme am Handel auszuschließen.[1638]

Für die Börse ergibt sich nun die folgende Situation: Nach dem erfolglosen Verstreichen einer in jedem Fall nach § 42 Abs. 2 S. 1 BörsG erforderlichen

---

1637 *Groß*, Kapitalmarktrecht, § 22 BörsG Rn. 2.

1638 Schwark/Zimmer/*Kumpan*, KMRK, § 22 BörsG Rn. 18; Baumbach/Hopt/*Kumpan*, § 22 BörsG Rn. 1; *Dehio/Fritzsche*, in: Heidel, Aktienrecht und Kapitalmarktrecht, § 22 BörsG Rn. 1; vgl. ferner *Schlüter*, Börsenhandelsrecht, 399 Rn. 261.

Nachfrist muss sie zwischen der Publikation des defizitären Emittentenverhaltens nach §§ 42 Abs. 2 S. 2, 25 Abs. 1 S. 2, 3 BörsG, der Verhängung eines Ordnungsgeldes durch den Sanktionsausschuss oder dem Widerruf des auf den Teilbereichshandel beschränkten Zulassungsverwaltungsakts nach § 42 Abs. 2 S. 1 BörsG wählen. Dass die vorstehende Reihenfolge regelmäßig auch der empfundenen Strafintensität des jeweiligen Sanktionsinstruments entsprechen wird, liegt auf der Hand.[1639] Lediglich die Anwendung des § 22 Abs. 2 S. 2 BörsG auf den Teilbereichshandel ist dabei mit Unsicherheiten behaftet.[1640]

Der Ordnungsgeldtatbestand für Emittenten in § 22 Abs. 2 S. 2 BörsG ist damals in das Gesetz aufgenommen worden, um zwischen Abmahnung und Zulassungswiderruf eine *Zwischenstufe* zur Sanktionierung säumiger Emittenten zu schaffen.[1641] Da nichts anderes für den Handel in einem Teilbereich gelten kann, sollte sich auch die Sanktionierung des Teilbereichsemittenten auf die Publikation des Pflichtverstoßes beschränken, wenn dieser erstmalig das teilbereichsspezifische Regelwerk missachtet hat (*Erste Sanktionsstufe*).[1642] Erst danach sollte, auf der nächsten Stufe, der Vorstellung des Gesetzgebers entsprechend, die Verhängung eines Ordnungsgeldes (*Zweite Sanktionsstufe*) in Betracht gezogen werden und schließlich, bei einem weiteren, dritten Verstoß gegen teilbereichsspezifische Sonderpflichten, die Zulassung nach § 42 Abs. 2 S. 1 BörsG widerrufen werden (*Dritte Sanktionsstufe*). Da nun die Verhängung eines Ordnungsgeldes die Zuständigkeit des Sanktionsausschusses begründet und nur der Widerruf der Zulassung der Börsengeschäftsführung zusteht, ist die zweite Sanktionsstufe auch unter Einbeziehung des Sanktionsausschusses umzusetzen, an den das Verfahren in Konstellationen, in denen der Zulassungswiderruf noch nicht in Betracht kommt, abgegeben werden muss.[1643] Das lässt sich umsetzen, wenn man berücksichtigt, dass das Ordnungsgeldverfahren nach

---

1639 Zu den unterschiedlichen Sanktionsmöglichkeiten vgl. auch Schwark/Zimmer/*Heidelbach*, KMRK, § 42 BörsG Rn. 16 f.

1640 Zu der umfangreichen Sanktionspraxis des Sanktionsausschusses in Bezug auf die Missachtung teilbereichsspezifischer Verhaltensvorgaben vgl. noch Schwark/Zimmer/*Beck*, KMRK, 4. Auflage 2010, § 22 BörsG Rn. 24.

1641 Ber. Finanzauss. Viertes Finanzmarktförderungsgesetz, BT-Drucks. 14/8601, 13; auch Schwark/Zimmer/*Kumpan*, KMRK, § 22 BörsG Rn. 12 f.

1642 So auch Schwark/Zimmer/*Heidelbach*, KMRK, § 42 BörsG Rn. 16.

1643 Zu der Möglichkeit der Börsengeschäftsführung, ein Sanktionsverfahren an den Sanktionsausschuss zurückzuverweisen, wenn die in diesem Verfahren festgestellten Tatsachen die Verhängung eines Ordnungsgeldes angemessener erscheinen lassen als den Widerruf der Zulassung vgl. *Schlüter*, Börsenhandelsrecht, 399 Rn. 261.

§ 22 Abs. 2 S. 2 BörsG vor dem Sanktionsausschuss nach § 25 S. 1 hess. BörsVO nach vorheriger Sachverhaltsaufklärung durch die Handelsüberwachungsstelle überhaupt nur von der Geschäftsführung der Börse oder der Börsenaufsichtsbehörde eingeleitet werden kann.[1644]

aaa. Erste Sanktionsstufe: Öffentliche Abmahnung des Emittenten

Auf der ersten Sanktionsstufe sind es zunächst Verhältnismäßigkeitserwägungen, die dazu führen, dass ein solches Ordnungsgeldverfahren (noch) nicht eingeleitet und der erstmalige Verstoß eines Emittenten gegen teilbereichsspezifische Sonderpflichten ausschließlich mit den Mitteln des § 42 Abs. 2 S. 1 BörsG sanktioniert werden kann.[1645] Auf dieser ersten Sanktionsstufe ist § 42 Abs. 2 S. 1 BörsG vorrangig vor dem Ordnungsgeldtatbestand anzuwenden; der Emittent ist der gesetzgeberischen Vorstellung entsprechend zunächst abzumahnen, indem das erfolglose Verstreichen der in § 42 Abs. 2 S. 1 BörsG normierten Nachfrist nach näherer Maßgabe des § 25 Abs. 1 S. 2, 3 BörsG publik gemacht und dem Markt angezeigt wird.[1646]

Den erforderlichen Raum für die Berücksichtigung derartiger Verhältnismäßigkeitserwägungen im Rahmen der Sanktionierung von Pflichtverstößen bieten die börslichen Ermessensspielräume bei Einleitung und Durchsetzung von Sanktionsmaßnahmen.[1647] Zum einen kann bereits die Einleitungsbefugnis der Börsengeschäftsführung nach § 25 S. 1 hess. BörsVO eingeschränkt sein, wenn es sich um die erstmalige Missachtung teilbereichsspezifischer Sonderpflichten handelt und derselbe Emittent bisher noch überhaupt nicht nach § 42 Abs. 2 S. 1 BörsG abgemahnt worden ist; dann nämlich hat die Geschäftsführung keine Veranlassung, das Verfahren an den Sanktionsausschuss abzugeben. Zum anderen lässt sich auf dieser ersten Sanktionsstufe begründen, dass die Verhängung eines Ordnungsgeldes, das im Ermessen des Sanktionsausschusses steht,[1648] unstatthaft ist, solange noch keine Abmahnung durch die Börsengeschäftsführung

1644 Zu dem Sanktionsverfahren vgl. auch *Hugger/Pasewaldt*, WM 2016, 726 (726 f.).

1645 Schwark/Zimmer/*Heidelbach*, KMRK, § 42 BörsG Rn. 16 f.

1646 Zu dieser Möglichkeit s. bereits oben Kapitel 5 § 2 I.2.a.bb.; vgl. ferner Schwark/Zimmer/*Heidelbach*, KMRK, § 42 BörsG Rn. 16.

1647 Dazu auch Schwark/Zimmer/*Kumpan*, KMRK, § 22 BörsG Rn. 11.

1648 Zu dem Ermessen des Sanktionsausschusses im Rahmen von § 22 Abs. 2 S. 2 BörsG vgl. auch *Hugger/Pasewaldt*, WM 2016, 726 (727).

ausgesprochen und nach Maßgabe von § 42 Abs. 2 S. 2 BörsG publiziert worden ist.[1649]

bbb. Zweite Sanktionsstufe: Ordnungsgeld

Berücksichtigt man den gesetzgeberischen Willen aufgrund der gleichartigen Struktur der Widerrufstatbestände in § 39 Abs. 1 und § 42 Abs. 2 BörsG weiter auch im Rahmen des teilbereichseigenen Ausschlussverfahrens,[1650] liegt der Schluss nahe, dass Maßnahmen nach § 22 Abs. 2 S. 2 BörsG auch im Bereich der Teilbereichsregulierung nur als Zwischenstufe, nämlich zwischen der *ersten* und der *letzten* Sanktionsstufe, dem Zulassungswiderruf, einzusetzen und demnach grundsätzlich erst verhältnismäßig sind, nachdem der Emittent bereits öffentlich abgemahnt worden ist, weil er gegen Pflichten nach § 42 Abs. 1 BörsG verstoßen hat.[1651] Erst dann kann die Geschäftsführung der Börse als weitere Reaktionsmöglichkeit ein entsprechendes Ordnungsgeldverfahren vor dem Sanktionsausschuss einleiten.[1652] Das der Börsengeschäftsführung aus § 42 Abs. 2 S. 1 BörsG zustehende Ermessen ist in solchen Fällen dahin gehend zu betätigen, dass aus Gründen der Verhältnismäßigkeit ein Widerruf der Zulassung einstweilen unstatthaft und daher nicht in Betracht zu ziehen ist, solange gegen den Emittenten noch nicht mit den Mitteln des § 22 Abs. 2 S. 2 BörsG vorgegangen worden ist.[1653] Denn in Fällen, in denen ein Emittent zum wiederholten Male gegen Pflichten nach § 42 Abs. 1 BörsG verstoßen hat, er bisher also lediglich abgemahnt wurde, ist auch nach der gesetzgeberischen Wertung der Widerruf der Teilbereichszulassung grundsätzlich unstatthaft; der Ordnungsgeldtatbestand dient dazu, den Raum „zwischen [den] beiden Polen" aus *Abmahnung* (Sanktionsstufe 1) und *Zulassungswiderruf* (Sanktionsstufe 3) auszufüllen.[1654] Dem Umstand, dass es sich womöglich *nur* um die Missachtung einer teilbereichsspezifischen Pflichtenmodifikation handelt, hat wiederum der Sanktionsausschuss, wie schon

---

1649 Schwark/Zimmer/*Heidelbach*, KMRK, § 42 BörsG Rn. 16, weisen in diesem Zusammenhang darauf hin, dass das Börsengesetz auch keinen eigenen Ordnungswidrigkeitentatbestand für die Missachtung teilbereichseigener Sonderpflichten enthält.

1650 Vgl. nur Schwark/Zimmer/*Heidelbach*, KMRK, § 42 BörsG Rn. 16 f.

1651 Schwark/Zimmer/*Kumpan*, KMRK, § 22 BörsG Rn. 13.

1652 Dazu auch Schwark/Zimmer/*Kumpan*, § 22 BörsG Rn. 11.

1653 Zu § 39 BörsG vgl. auch BeckHdB-AG/*Goslar/Klingen*, § 26 Rn. 43.

1654 *Gebhardt*, WM-Sonderbeilage 2/2003, 3 (15); Schwark/Zimmer/*Kumpan*, KMRK, § 22 BörsG Rn. 13.

erläutert, im Rahmen seiner Ermessensbetätigung nach § 22 Abs. 2 S. 2 BörsG und der Bemessung der Höhe des Ordnungsgeldes Rechnung zu tragen.[1655]

Um nun zu gewährleisten, dass die besonderen Verfahrensvorgaben des § 42 Abs. 2 S. 2 BörsG auch auf dieser zweiten Sanktionsstufe, die ja unter Einschaltung des Sanktionsausschusses umzusetzen ist, beachtet werden, sind die entsprechenden Maßnahmen der Börsengeschäftsführung wie insbesondere die Einleitung des Verfahrens vor dem Sanktionsausschuss nach § 25 S. 1 hess. BörsVO in entsprechender Anwendung des § 25 Abs. 1 S. 2, 3 BörsG zu veröffentlichen. Nur auf diese Weise lässt sich auf den einzelnen Stufen eine konsistente Sanktionierung und lückenlose Marktaufsicht in den Teilbereichen sicherstellen.

ccc. Dritte Sanktionsstufe: Teilbereichsausschluss

Erst nachdem der Emittent gem. § 22 Abs. 2 S. 2 BörsG sanktioniert und mit einem Ordnungsgeld belegt worden ist und ein weiteres Mal gegen teilbereichsspezifische Sonderpflichten verstößt, erfordert § 42 Abs. 2 S. 1 BörsG auf der letzten Sanktionsstufe den Ausschluss des Emittenten aus dem Teilbereich und seine Rückstufung in den Grundmarkthandel.[1656] Je nach Art und Intensität der einzelnen Pflichtverletzungen mag hier im Einzelfall auch eine Ermessensreduzierung auf null anzunehmen sein, die den Ausschluss des Emittenten aus Gründen des Anleger- und Funktionenschutzes – auch mit Blick auf die Stabilität des Sondersegments und den gesamten Börsenplatz – gebietet.[1657] Die Einleitung eines weiteren Ordnungsgeldverfahrens nach näherer Maßgabe der hessischen Börsenverordnung kommt dann grundsätzlich nicht mehr in Betracht und § 42 Abs. 2 BörsG ist nun vorrangig anzuwenden.

3. Zusammenfassung: Geltungsschwund von § 42 Abs. 2 S. 1 BörsG

Seit der Eröffnung der Teilbereiche im Jahre 2003 ist § 42 Abs. 2 BörsG nach Angaben der Frankfurter Wertpapierbörse nicht ein einziges Mal eingesetzt und bisher auch kein Emittent aus dem Prime Standard des regulierten Marktes ausgeschlossen worden.[1658] Das überrascht, da stattdessen jährlich zahlreiche Ordnungsgeldverfahren aufgrund von Verletzungen teilbereichsspezifischer

---

1655 *Hugger/Pasewaldt*, WM 2016, 726 (726 f.).

1656 Vgl. dazu auch BeckHdB-AG/*Goslar/Klingen*, § 26 Rn. 43 („*ultima ratio*").

1657 Zu einer solchen Ermessensreduzierung im Falle eines Zulassungswiderrufs von Amts wegen bei wiederholten Pflichtverletzungen vgl. schon *Schwark/Geiser*, ZHR 161 (1997), 739 (742 f.)

1658 Stand: März 2021.

Transparenzvorschriften vor dem Sanktionsausschuss der Börse durchgeführt werden.[1659] Dem teilbereichseigenen Sanktionsmechanismus kommt neben § 22 Abs. 2 S. 2 BörsG in der Sanktionspraxis der Börse Frankfurt keine eigenständige Bedeutung zu; sogar wiederholtes Fehlverhalten in dem Teilbereich des regulierten Marktes wird nicht konsequent mit den Mitteln des § 42 Abs. 2 S. 1 BörsG sanktioniert,[1660] die in § 42 Abs. 2 BörsG angelegte Vorstellung des Gesetzgebers von dem Umgang mit Pflichtverstößen ignoriert.[1661] Mag der Mechanismus aus börsenpolitischer Perspektive auch unbequem erscheinen, da immerhin die Gefahr besteht, die „eigenen Kunden“ zu verlieren,[1662] so erscheint die Anwendung des § 42 Abs. 2 BörsG im Interesse der Stabilität des Teilbereichshandels und dessen Anteil am Aktienhandel im nationalen Wirtschaftsraum insgesamt als *ultima ratio* durchaus verhältnismäßig und langfristig unverzichtbar.[1663]

Mit der hier vorgeschlagenen Koordination der Sanktionstatbestände, die der gesetzgeberischen Intention entsprechend aufeinander abgestimmt werden,

---

1659 Eine Übersicht aller Verfahren vor dem Sanktionsausschuss findet sich auf der Internetseite der Hessischen Börsenaufsichtsbehörde, abrufbar unter https://service.hessen.de/html/Entscheidungen-FWB-6124.htm (zuletzt abgerufen am 31. März 2021). Die ganz überwiegende Anzahl der gegen Emittenten geführten Verfahren nach § 22 Abs. 2 S. 2 BörsG zwischen 2004 und 2017 betrifft Teilbereichsemittenten. Die Sanktionen reichen von einem Verweis bei kurzzeitiger Fristübertretung bis hin zu Ordnungsgeldern i.H.v. bis zu 66.000 € bei mehrfachen Verstößen gegen teilbereichsspezifische Zulassungsfolgepflichten.

1660 Im Zusammenhang mit dem Bilanzskandal um den Zahlungsdienstleister *Wirecard* vgl. den Artikel von *Neubacher* in der Börsen-Zeitung vom 20. Juni 2020, „BaFin prüft Ad-hoc-Mitteilung von Wirecard“. Dort wird der Vorstandsvorsitzende der Deutsche Börse AG *Theodor Weimer* mit den Worten zitiert, es sei viel zu wenig, „wenn die Reaktion der Börse auf das Wirecard-Desaster nur eine Prüfung der Einleitung eines Sanktionsverfahrens [sei].“.

1661 Die Übersicht über Verfahren des Sanktionsausschusses zeigt einen Fall vom 31. Juli 2012, in dem ein Teilbereichsemittent, der sich in den vergangenen Jahren mehrfach pflichtwidrig verhalten hat, keine Vorkehrungen für teilbereichskonformes Publizitätsverhalten in der Zukunft getroffen hat und dessen Finanzberichte sogar teilweise noch ausstanden, mit einem Ordnungsgeld i.H.v. 66.000 € belegt wurde, ohne aber aus dem Prime Standard ausgeschlossen worden zu sein.

1662 *Möllers*, AcP 208 (2008), 1 (13, 16).

1663 Unter Verweis auf ihre Kassamarktstatistik betont auch *Seiffert*, in: Kümpel/Mülbert/Früh/Seyfried, Bank- und Kapitalmarktrecht, Rn. 14.3, die besondere Umsatzstärke der Frankfurter Wertpapierbörse.

lässt sich diesem Trend in gesetzes- und zugleich praxisnaher Weise begegnen. Die in § 42 Abs. 2 BörsG angelegten Eigenheiten des Teilbereichshandels, insbesondere die aufsichtsrechtlich relevanten Mitteilungspflichten, können zugleich innerhalb eines Systems berücksichtigt werden, das sich, dem Maßstab der Verhältnismäßigkeit verpflichtet, flexibel über drei Intensitätsstufen erstreckt.[1664] Innerhalb dieses Systems bedingt grundsätzlich jede Sanktionsstufe die ihr nachfolgende, indem die Frage nach Verhältnis und Rangfolge über die Ermessensspielräume der Börsenorgane in § 42 Abs. 2 S. 1 BörsG und § 22 Abs. 2 S. 2 BörsG, die den für Verhältnismäßigkeitserwägungen erforderlichen Raum bieten, aufgelöst wird. Dem hinter § 42 Abs. 2 BörsG stehenden gesetzgeberischen Willen kann auf diese Weise ebenso Rechnung getragen werden, wie den Erwägungen, die § 22 Abs. 2 S. 2 BörsG zugrunde liegen.[1665] Zugleich ist gewährleistet, dass die einzelnen Sanktionsstufen nicht starren Grenzen verhaftet sind. Denn aus Gründen der Verhältnismäßigkeit kann der Widerruf der Zulassung bereits auf der ersten Sanktionsstufe (bspw. Ermessensreduzierung auf null) ebenso gerechtfertigt sein, wie die Verhängung eines weiteren Ordnungsgeldes („Ordnungsgeld bis zu einer Million Euro", § 22 Abs. 2 S. 2 BösG).[1666] Der Publikationstatbestand des § 42 Abs. 2 S. 2 BörsG, über den die Börse den Markt nicht nur über defizitäres Emittentenverhalten, sondern auch ihre Reaktion hierauf unterrichten muss, bietet zudem, wie bereits erwähnt, einen zuverlässigen Kontrollmechanismus, der den Gefahren einer laxen Sanktionspraxis im Interesse der Segmentstabilität zukünftig entgegenwirken kann.[1667]

1664 Hinsichtlich der dem Widerruf der Grundmarktzulassung von Amts wegen vorgelagerten Sanktionsstufen vgl. auch *Grub/Streit*, BB 2004, 1397 (1398) („Gleiches gilt für einen Widerruf nach § 43 Absatz 2 BörsG, der die hartnäckige Nichterfüllung der aus der Zulassung folgenden Emittentenpflichten voraussetzt und auch dann nur als ultima ratio nach fruchtlosem Ablauf einer zuvor zu setzenden Frist und der Erfolglosigkeit von Ordnungsgeldern und anderen Sanktionen gem. § 20 Absatz 2 BörsG in Betracht kommt").

1665 Vgl. dazu Schwark/Zimmer/*Kumpan*, KMRK, § 22 BörsG Rn. 13.

1666 Zur Koordination der Zuständigkeits- und Kompetenzbereiche über § 22 Abs. 4 S. 1 BörsG vgl. *Gebhardt*, WM-Sonderbeilage 2/2003, 3 (15).

1667 Es sei noch einmal daran erinnert, dass die vorstehenden Erwägungen allesamt unter der Prämisse stehen, dass der tatbestandlich auf den Grundmarkthandel zugeschnittene Ordnungsgeldtatbestand *de lege lata* überhaupt auf die Verletzung satzungsrechtlich definierter Sonderpflichten anwendbar ist.

II. Tatbestandlicher Anknüpfungspunkt des § 42 Abs. 2 S. 1 BörsG

Nachdem zuvor die möglichen Rechtsfolgen des teilbereichsspezifischen Sanktionenarsenals dargestellt wurden, sollen in diesem Abschnitt die wesentlichen Begrifflichkeiten des Tatbestands näher beleuchtet werden.

1. Umfassender Pflichtenbegriff des Sanktionstatbestands

Von zentraler Bedeutung ist in diesem Zusammenhang die Nichterfüllung zusätzlicher Pflichten nach § 42 BörsG, die den tatbestandlichen Anknüpfungspunkt des Teilbereichsausschlusses bildet.[1668] Die Sanktionsmechanismen knüpfen nicht, wie andernorts im BörsG, an die Verletzung von *Pflichten aus der Zulassung* an, sondern setzen voraus, dass *Pflichten nach § 42 BörsG* nicht erfüllt worden sind. § 32 Abs. 4 oder auch § 39 Abs. 1 BörsG verlangen demgegenüber eine Missachtung von Zulassungs*folge*pflichten.[1669] In der Einschränkung drückt sich aus, dass sich die Wirkungen von Maßnahmen nach diesem Absatz auf die Notierung in den Teilbereichsstrukturen beschränken.[1670] Der Vergleich zeigt auch, dass § 42 Abs. 2 S. 1 BörsG nicht zwischen teilbereichsspezifischen Zulassungs- und Zulassungsfolgepflichten differenziert, sondern, da aufgrund von § 42 Abs. 1 BörsG auch „zusätzliche Voraussetzungen für die Zulassung" etabliert werden können, beide Pflichtenkategorien gleichermaßen erfasst und von einem umfassenden Pflichtenbegriff ausgeht.[1671]

1668 Dazu auch auch Baumbach/Hopt/*Kumpan*, § 42 BörsG Rn. 2.

1669 § 32 Abs. 4 BörsG spricht von „Pflichten aus (!) der Zulassung", weshalb es sich um die Missachtung von Zulassungsfolgepflichten handeln muss. Kommt der antragstellende Emittent hingegen schon Pflichten für die erstmalige Zulassung nicht nach, so ist diese zu verweigern und es treffen ihn keine weiteren Folgepflichten. Die Ablehnung eines Zulassungsantrags ist dann von der Geschäftsführung den anderen Börsen mitzuteilen (vgl. § 35 Abs. 1 BörsG). Auch muss der Emittent die Geschäftsführung über früher gestellte und alsbald zu stellende Zulassungsanträge an anderen Börsen unterrichten (vgl. § 48 Abs. 1 S. 3 BörsZulVO). Schließlich stützt diesen Befund auch ein systematischer Vergleich mit § 39 BörsG: Hier ist ebenfalls die Rede von *Pflichten aus der Zulassung*, deren Verletzung die Börsengeschäftsführung zum Widerruf einer bereits erteilten Börsenzulassung berechtigt. Auch insofern muss es sich also um Zulassungsfolgepflichten handeln, vgl. insgesamt auch Schwark/Zimmer/*Heidelbach*, KMRK, § 32 BörsG Rn. 61 f.

1670 Vgl. auch Baumbach/Hopt/*Kumpan*, § 42 BörsG Rn. 2.

1671 Dass der Teilbereichsausschluss die Nichterfüllung *zusätzlicher* Pflichten voraussetzt, die Teilbereichsregulierung allerdings zwischen *zusätzlichen* Zulassungs- und *weiteren* Zulassungsfolgepflichten unterscheidet (§ 42 Abs. 1 BörsG) ist irrelevant und darf

Geht es um die Nichterfüllung zusätzlicher *Zulassungs*voraussetzungen, greift aber zunächst nicht § 42 Abs. 2 S. 1 BörsG ein, sondern es obliegt der Börsengeschäftsführung, den Zulassungsantrag des Emittenten auf der Basis des § 48 Abs. 4 BörsO FWB abzulehnen.[1672] Erst nach erfolgter Teilbereichsaufnahme geht es dann nicht länger um die Zulassungsbedingungen im engeren Sinne, sondern um deren Fortbestand als Grundlage des Verbleibs des Emittenten in dem jeweiligen Teilbereich.[1673] Wird etwa eine in der Börsenordnung für den Teilbereichshandel vorgegebene Marktkapitalisierung unterschritten, die als materielles Zulassungskriterium definiert worden ist, kann auch dies den Widerruf der Teilbereichszulassung rechtfertigen, wenn der Emittent auch nach Ablauf einer angemessenen Frist einen regelkonformen Zustand nicht wieder herzustellen vermochte.[1674]

Das soll demnächst durch eine Änderung der Ermächtigungsgrundlage durch das Finanzmarktintegritätsstärkungsgesetz (FISG)[1675] klargestellt werden: § 42 Abs. 2 S. 1 BörsG soll dahin gehend geändert werden, dass die Geschäftsführung der Börse den Emittenten aus dem entsprechenden Teilbereich des regulierten Marktes ausschließen kann, wenn der Emittent auch nach einer ihm gesetzten angemessenen Frist weitere Unterrichtungspflichten nach § 42 Abs. 1 BörsG nicht erfüllt oder „zusätzliche Voraussetzungen nach Absatz 1 nicht mehr [vorliegen]". Ein Emittent kann also insbesondere dann aus einem Teilbereich des

---

nicht darüber hinwegtäuschen, dass der Gesetzgeber im Zuge des FinanzmarktRL-Umsetzungsgesetzes einen einheitlichen, auf Teilbereiche zugeschnittenen Sanktionstatbestand schaffen wollte. In § 42 Abs. 2 S. 1 BörsG drückt der Passus „zusätzliche Pflichten nach § 42" lediglich aus, dass es um Sonder- und nicht um gesetzliche Grundpflichten geht, vgl. Begr. RegE FinanzmarktRL-Umsetzungsgesetz, BT-Drucks. 16/4028, 88; *Groß*, Kapitalmarktrecht, § 42 BörsG Rn. 7; auch Baumbach/Hopt/*Kumpan*, § 42 BörsG Rn. 2.

1672 Vgl. auch BeckHdB-AG/*Harrer*, § 20 Rn. 22; auch *Gebhardt*, in: Schäfer/Hamann, KMG, § 43 BörsG Rn. 6.

1673 Zu § 50 Abs. 3 BörsG i.d.F. nach dem Vierten Finanzmarktförderungsgesetz vgl. Schwark/*Schwark*, KMRK, 3. Auflage 2004, § 50 BörsG Rn. 3.

1674 Zu diesem Beispiel *Schlitt*, AG 2003, 57 (59); allgemeiner auch Baumbach/Hopt/*Kumpan*, § 42 BörsG Rn. 2.

1675 Gesetz zur Stärkung der Finanzmarktintegrität (FISG), das derzeit als Entwurf der Bundesregierung vorliegt und abrufbar ist auf der Seite des Bundesministeriums der Finanzen (https://www.bundesfinanzministerium.de/Content/DE/Gesetzestexte/Gesetze_Gesetzesvorhaben/Abteilungen/Abteilung_VII/19_Legislaturperiode/2020-10-26-Finanzmarktintegritaetsstaerkungsgesetz/2-Regierungsentwurf.pdf?__blob=publicationFile&v=2).

regulierten Marktes ausgeschlossen werden, wenn eine Voraussetzung für die Zulassung zu dem entsprechenden Teilbereich nicht mehr vorliegt.[1676]

2. *Nichterfüllung als sanktionsrelevante Tatbestandshandlung und maßgeblicher Zeitpunkt*

Soweit die Handlungsmöglichkeiten der Börsengeschäftsführung die Nichterfüllung von Teilbereichspflichten voraussetzen, ist zu differenzieren: Das Verstreichen der in der Börsenordnung für den Prime Standard definierten Erstellungs- und Übermittlungszeiträumen als Fälligkeitstermine der einzelnen Publizitätsleistungspflichten (vgl. für Jahres- und Halbjahresfinanzbericht sowie die Quartalsmitteilung bzw. den Quartalsfinanzbericht die §§ 51 Abs. 2 S. 1, 52 Abs. 4 S. 1, 53 Abs. 5 S. 1 BörsO FWB) markiert den frühesten Anfangszeitpunkt des Verzugszeitraums, zu dessen Beginn die Börsengeschäftsführung dem nunmehr säumigen Emittenten eine angemessene Frist nach § 42 Abs. 2 S. 1 BörsG zu setzen hat. Zu diesem Zeitpunkt ist eine weitergehende Sanktionierung des Emittenten also noch nicht zulässig. Hieran werden auch etwaige Daten im Unternehmenskalender des Emittenten nichts ändern können, zumal eine Ankündigung der Termine für die jeweilige Finanzberichterstattung nicht zwingend enthalten sein muss.[1677] Der Emittent erhält vielmehr die Möglichkeit, ausstehende Publizitätspflichten innerhalb einer angemessenen Frist nachzuleisten.[1678] Die konkrete Fristlänge wird nach Art und Umfang der geschuldeten Teilbereichsverpflichtung zu bemessen sein, da starre Fristenregelungen der Angemessenheit der Zeitdauer i.S.v. § 42 Abs. 2 S. 1 BörsG im Einzelfall entgegenstehen können. Eine Nichterfüllung teilbereichsspezifischer Zulassungsfolgepflichten liegt also erst im Zeitpunkt des Fristablaufs vor. Entscheidend ist dann, ob der Emittent eine Publizitätsleistung erbracht hat, die objektiv dem satzungsrechtlich definierten Pflichtenumfang entspricht und, wäre sie fristgerecht im letzten Zeitpunkt des Erstellungszeitraums übermittelt worden, den Verzug des Emittenten verhindert hätte.[1679] Nichterfüllung meint in diesem Kontext also nicht nur die *Nicht*leistung, sondern – in schuldrechtlichen Kategorien – auch die *Schlecht*leistung, das heißt das Erbringen einer teilbereichsspezifischen Publizitätspflicht in nicht erfüllungstauglicher Weise

---

1676 Vgl. die Begründung der Änderung von § 42 Abs. 2 BörsG auf S. 99 des Gesetzesentwurfs des FISG.

1677 Dazu bereits oben Kapitel 5 § 1 II.3.

1678 Zu dem Anhörungserfordernis bereits oben Kapitel 5 § 2 I.1.b.aa.aaa.

1679 Wie hier auch *Gebhardt*, in: Schäfer/Hamann, KMG, § 43 BörsG Rn. 4.

im Zeitpunkt des Ablaufs der Nachfrist.[1680] Geringfügige Abweichungen oder Unzulänglichkeiten des Informationsverhaltens können im Rahmen des Ermessens der Börsengeschäftsführung berücksichtigt werden und einen Teilbereichsausschluss äußerstenfalls als unverhältnismäßig erscheinen lassen, während wiederholte Säumnis am Ende der Erstellungszeiträume umgekehrt die Fristlänge über das Kriterium der Angemessenheit reduzieren und die Teilbereichstauglichkeit des Emittenten insgesamt infrage stellen kann.

III. Haftungsrechtlicher Sanktionsmechanismus – Schutznormqualität teilbereichsspezifischen Satzungsrechts?

Zu der hinsichtlich ihres Anwendungsbereichs abschließenden Regelung des § 42 Abs. 2 BörsG wird auch angemerkt, die Norm lasse weitergehende haftungsrechtliche Folgen grundsätzlich unberührt.[1681] Wenn damit die kapitalmarktrechtlichen Haftungstatbestände im Falle fehlerhafter oder unterlassener Ad-hoc-Mitteilungen gemeint sein sollen (vgl. §§ 97, 98 WpHG), ist dies eine Selbstverständlichkeit.[1682] Es stellt sich aber die Frage, ob Emittenten, die unter Verstoß gegen spezifische Teilbereichspflichten gar keine, unvollständige oder inhaltlich unzutreffende periodische Informationsleistungen erbringen, dem geschädigten Anlegerpublikum gegenüber auch aus §§ 823 Abs. 2 i.V.m. § 42 Abs. 1 BörsG, bzw. der jeweiligen teilbereichsspezifischen Publizitätsnorm der Börsenordnung, zum Ersatz eines aus dem defizitären Publizitätsverhalten resultierenden Vermögensschadens verpflichtet sein können.[1683]

Bisweilen wird die Schutznormqualität der Ermächtigungsgrundlage unter Verweis auf die konzeptionelle Ausrichtung der Ermächtigungsgrundlage auf den *Publikumsschutz* oder die Beschränkung des börslichen Organhandelns auf

1680 Vgl. auch *Schiemzik*, Segmentwechsel, 151 f., der den Begriff der *Nichterfüllung* aber erheblich enger auslegt und schon die nur teilweise Erfüllung segmentspezifischer Sonderpflichten nicht darunter subsumieren will. Das widerspricht aber nicht nur der Terminologie des Schuldrechts, sondern erweist sich auch als wenig praxisgerecht, da die Mehrzahl von Regelverstößen die verzögerte oder unvollständige Berichterstattung betrifft.

1681 Baumbach/Hopt/*Kumpan*, § 42 BörsG Rn. 2.

1682 Zum Nebeneinander öffentlich-rechtlicher und zivilrechtlicher Rechtsfolgen im Kapitalmarktrecht vgl. *Poelzig*, Kapitalmarktrecht, § 2 Rn. 59 ff.

1683 Zu der teilbereichsspezifischen Zwischenmitteilungspflicht in der Zeit nach dem Dritten Finanzmarktförderungsgesetz vgl. *Groß*, WM 2002, 477 (483).

lediglich *öffentliche Interessen* in Abrede gestellt.[1684] Dabei findet allerdings der Umstand der gespaltenen Urheberschaft von Ermächtigungsgrundlage einerseits und teilbereichsspezifischem Sonderpflichtenregime andererseits keine hinreichende Beachtung.

1. *Haftungsrechtlicher Individualschutz in Teilbereichen*

Zunächst ist auch hier zu differenzieren. Im Falle einer auf geringfügige Modifikationen der gesetzlichen Transparenzbasis beschränkten Teilbereichsregulierung wird regelmäßig bereits das Produkt der konkret eingeforderten Verhaltenspflicht in einem anderen Zusammenhang in haftungsrechtlich relevanter Weise von den Normen des allgemeinen Deliktsrechts erfasst.[1685] So fallen unrichtige Darstellungen im Rahmen des Jahresabschlusses oder Lageberichts etwa schon unter § 331 Nr. 1 HGB, andere Berichtsformen, wie Darstellungen oder Übersichten über den Vermögensstand, werden von § 400 Abs. 1 Nr. 1 AktG erfasst.[1686] Die Schutznormqualität beider Vorschriften ist anerkannt und muss deshalb hier nicht näher erläutert werden.[1687] Darstellungen und Übersichten werden ganz allgemein als eine übersichtsartige Zusammenstellung vermögensrelevanter Kennzahlen und Informationen verstanden, die einen Gesamtvermögensüberblick über die Gesellschaft ermöglichen sollen[1688] und dabei den Eindruck der Vollständigkeit erwecken.[1689] Die Norm erfasst damit insbesondere unterjährige Finanzberichte wie Quartalsberichte oder Zwischenmitteilungen – und damit zugleich einen wesentlichen Gegenstand der Teilbereichsregulierung.[1690] Entsprechendes gilt, wenn das von Sonderpflichten in Teilbereichen eingeforderte

---

1684 Vgl. etwa Schwark/Zimmer/*Heidelbach*, KMRK, § 42 BörsG Rn. 17; instruktiv auch *Ekkenga* ZIP 2004, 781 (784 ff.); zu der Problematik allgemein vgl. *Fleischer*, in: Assmann/Schütze/Buck-Heeb, KapAnlR-Hdb, § 6 Rn. 12.

1685 Vgl. dazu auch MüKo-BGB/*Wagner*, § 823 Rn. 498 („zusammengesetztes Schutzgesetz").

1686 MüKo-AktG/*Schaal*, § 400 Rn. 20; außerdem *Groß*, WM 2002, 477 (483 f.).

1687 Vgl. etwa MüKo-HGB Bd. 4/*Quedenfeld*, § 331 Rn. 2; *Hefendehl*, in: Spindler/Stilz, Aktiengesetz Bd. 2, § 400 Rn. 7; *Müller-Michaels*, in: Hölters, AktG, § 400 Rn. 2; *Fleischer*, in: Assmann/Schütze/Buck-Heeb, KapAnlR-Hdb, § 6 Rn. 16 f.; zu § 331 HGB vgl. *Böcking/Gros/Rabenhorst*, in: Ebenroth/Boujong/Joost/Strohn, HGB, § 331 Rn. 8.

1688 *Hefendehl*, in: Spindler/Stilz, Aktiengesetz Bd. 2, § 400 Rn. 65 ff.

1689 MüKo-AktG/*Schaal*, § 400 Rn. 21.

1690 *Hefendehl*, in: Spindler/Stilz, Aktiengesetz Bd. 2, § 400 Rn. 66; Baumbach/Hopt/*Merkt*, § 331 HGB Rn. 1; *Weitnauer*, DB 2003, 1719 (1721).

Verhalten als solches durch Normen des Kernstrafrechts, wie insbesondere §§ 263, 264a StGB, bereits schutzgesetzlich und somit in haftungsrelevanter Weise abgedeckt wird.[1691]

Auch Emittenten, die Darstellungen im Rahmen einer Quartals*mitteilung* nach § 53 Abs. 1 BörsO FWB verfälschen, verstoßen nach dem zuvor Gesagten gegen § 400 Abs. 1 Nr. 1 AktG, weil auch die Quartalsmitteilung in einem Teilbereich den Anspruch erhebt, eine Beurteilung der Geschäftstätigkeit des Emittenten in dem jeweiligen Berichtszeitraum und die Auswirkungen wesentlicher Ereignisse und Geschäfte auf dessen Finanzlage zu ermöglichen (vgl. § 53 Abs. 2 BörsO FWB).[1692] Das Berichtsformat kennzeichnet ein umfassender Informations- und Auskunftsanspruch, der nicht dadurch eingeschränkt wird, dass die deskriptiven Darstellungen eine Bilanz oder Gewinn- und Verlustrechnung nicht erfordern.[1693] Wird die Teilbereichstransparenz über besondere Publizitätskanäle realisiert, für die im Falle eines Fehlverhaltens keine spezialgesetzlichen Sanktionsmechanismen, wie etwa die §§ 97, 98 WpHG, vorgesehen sind,[1694] bleibt es grundsätzlich bei den allgemeinen zivilrechtlichen Anspruchsgrundlagen, um Fehlverhalten auch haftungsrechtlich zu ahnden.[1695] In den überwiegenden Fällen aber wird es sich um den Ersatz primärer Vermögensschäden handeln,[1696] die – unterhalb der hohen Schwelle des § 826 BGB – von den Normen des Deliktsrechts nicht erfasst werden.[1697]

1691 Zu den Schutzgesetzen aus dem Bereich des Kernstrafrechts vgl. *Fleischer,* in: Assmann/Schütze/Buck-Heeb, KapAnlR-Hdb, § 6 Rn. 18; zu den verschiedenen Haftungsgrundlagen allgemein vgl. *Buck-Heeb*, Kapitalmarktrecht, § 5 Rn. 285 ff.

1692 Vgl. http://www.deutsche-boerse-cash-market.com/dbcm-de/primary-market/being-public/ipo-line-being-public/regulierter-markt/!ipo-1343530-1343532 (zuletzt abgerufen am 31. März 2021).

1693 Vgl. http://www.deutsche-boerse-cash-market.com/dbcm-de/primary-market/being-public/ipo-line-being-public/regulierter-markt/!ipo-1343530-1343532 (zuletzt abgerufen am 31. März 2021).

1694 *Mülbert/Steup*, WM 2005, 1633 (1633, 1635, 1638).

1695 *Markworth*, ZHR 183 (2019), 46 (53).

1696 Vgl. auch *Schwark*, NJW 1987, 2041 (2045).

1697 *Leisch*, ZIP 2004, 1573 (1574); dazu auch *Buck-Heeb*, NZG 2016, 1125 (1125 ff.); zu der Haftungsschwelle im Zusammenhang mit einer Haftung wegen der Verletzung objektiven Rechts i.R.d. § 823 Abs. 2 BGB s. auch *Ekkenga*, ZIP 2004, 781 (783 f., 792 f.).

2. *Individualschutzrichtung als autonome Entscheidung des Börsenrats*

Zunächst ist einzuräumen, dass der Börsenrat als das zur Rechtsetzung berufene Organ der Börse seine ihm gesetzlich zugewiesenen Aufgaben gem. § 12 Abs. 6 BörsG nur im öffentlichen Interesse wahrnimmt;[1698] das allerdings zwingt noch nicht zu dem Schluss, der Börsenrat könne dann auch keine individualschützenden Normen produzieren.[1699] § 12 Abs. 6 BörsG trägt – entsprechendes gilt für die übrigen Börsenorgane, aber auch die Börsenaufsichtsbehörde und die BaFin –[1700] dem Umstand Rechnung, dass das Ziel börsengesetzlicher Bestimmungen der Vertrauensschutz des Anlegerpublikums in die Fairness und Chancengleichheit des börslichen Wertpapierhandels ist, die Handlungen der Börsenorgane also der Aufrechterhaltung der Funktionsfähigkeit des Börsenhandels dienen sollen. Außenstehenden Dritten ist es hiernach verwehrt, ein bestimmtes Tätigwerden der genannten Behörden einzuklagen oder diese aus amtshaftungsrechtlichen Ansprüchen auf Schadensersatz in Anspruch zu nehmen.[1701] Hinter dieser im Zuge des Vierten Finanzmarktförderungsgesetzes etablierten, umgreifenden Haftungsfreistellung[1702] der Börsen steht nicht zuletzt der Gedanke, das jeweilige Sitzland der Börse von den finanziellen Belastungen einer möglichen Staatshaftung aus der Verletzung von Dritten gegenüber obliegenden Amtspflichten zu verschonen.[1703] Anerkannt in diesem Zusammenhang ist aber auch, dass der unmittelbare Adressat einer pflichtwidrigen Handlung durchaus Schadensersatzansprüche gegen das betroffene Börsenorgan geltend machen kann, die Verpflichtung eines Amtshandelns auf das öffentliche Interesse also nicht den Zweck haben kann, das jeweilige Behördenhandeln als tauglichen Ausgangspunkt haftungsrechtlicher Konsequenzen aus der Welt zu schaffen.[1704] Auch wird, sofern die Schutznormqualität einzelner Bestimmungen eines Teilbereichsregimes anzuerkennen wäre, nicht das mit der Verpflichtung

---

1698 So Schwark/Zimmer/*Heidelbach*, KMRK, § 42 BörsG Rn. 17.

1699 Vgl. auch *Schäfers*, in: Christandl u.a. (Hrsg.), 257 (282 f.).

1700 Für die Börsenaufsichtsbehörde vgl. § 3 Abs. 3 BörsG, für die BaFin vgl. § 4 Abs. 4 FinDAG, § 7 Abs. 6 BörsG für die Handelsüberwachungsstelle, § 15 Abs. 8 BörsG für die Geschäftsführung der BörsG und schließlich § 22 Abs. 2 S. 3 BörsG für den Sanktionsausschuss der Börse.

1701 Schwark/Zimmer/*Kumpan*, KMRK, § 7 BörsG Rn. 26.

1702 Kritisch hierzu *Kümpel/Hammen*, Börsenrecht, 135 ff.

1703 *Groß*, Kapitalmarktrecht, § 7 BörsG Rn. 12.

1704 *Lenenbach*, Kapitalmarktrecht, Rn. 3.230.

des Börsenorganhandelns auf das öffentliche Interesse verfolgte, in der *Vertikalen* angelegte gesetzgeberische Anliegen einer Haftungsbeschränkung konterkariert, wenn eine Haftungsgrundlage lediglich im Verhältnis zwischen Anlegern und Emittenten, auf einer *horizontalen* Ebene, eröffnet wird.[1705] In einer Konstellation, in der haftungsrechtliche Konsequenzen also gar nicht der Börse, sondern einem Emittenten drohen, greift die oben dargestellte Argumentation zu kurz. Die Unterscheidung von vertikaler Aufgaben*konturierung* zwischen Gesetzgeber und Börse und einer in das horizontale Verhältnis der Normadressaten projizierten Aufgaben*wahrnehmung* bewirkt letztendlich sogar eine Stärkung des börslichen Selbstverwaltungsrechts. Eine Regelung, nach der die Börsenorgane die ihnen im vertikalen Verhältnis zugewiesenen Aufgaben nur im öffentlichen Interesse wahrnehmen, führt, wie bereits dargelegt, nur dazu, dass die Börse nicht zu einem bestimmten Tätigwerden verpflichtet und für drittbezogene Amtspflichtverletzungen ihrer Organwalter grundsätzlich nicht haftbar gemacht werden kann.[1706] Dadurch wird die Börse in ihrer Aufgabenwahrnehmung freier. Deshalb haben auch Dritte keinen Anspruch gegen die Börse auf Regulierung eines Teilbereichs innerhalb des regulierten Marktes oder auf die Aufnahme bestimmter segmentspezifischer Sonderbestimmungen in die Börsenordnung.[1707] Dass der Börsenrat im Rahmen seiner Aufgabenwahrnehmung nur dem öffentlichen Interesse verpflichtet ist, hindert ihn aber grundsätzlich nicht daran, innerhalb eines solchen Teilbereichs und in den Formen des börslichen Satzungsrechts individualschützende Rechtsnormen zu produzieren.[1708]

Eine Einschränkung des Börsenrats, wonach dieser Teilbereiche des regulierten Marktes nicht mittels haftungsbewehrter Individualschutznormen ausgestalten kann, mag sich deshalb allenfalls aus den konzeptionellen Regulierungsgrenzen der Ermächtigungsgrundlage ergeben.[1709] Hierzu wurde aber bereits herausgearbeitet, dass sich der Publikumsbegriff des § 42 Abs. 1 BörsG zunächst auf die in das Unternehmen eines Teilbereichsemittenten investierten Aktionäre sowie potenzielle Investoren beschränkt und über die Zugehörigkeit

1705 Ähnlich wie hier *Poelzig*, Kapitalmarktrecht, § 1 Rn. 29 f.

1706 Zwar greift zunächst die in Art. 34 GG niedergelegte Haftungsüberleitung zugunsten der Börse ein. Nach § 5 Abs. 6 BörsG hat aber der Börsenträger das Land, in dessen Gebiet die Börse ansässig ist, allerdings von allen Ansprüchen Dritter wegen Schäden freizustellen, die durch die für die Börse handelnden Personen in Ausübung der ihnen übertragenen Aufgaben verursacht werden.

1707 Schwark/Zimmer/*Heidelbach*, KMRK, § 42 BörsG Rn. 6, 18.

1708 Vgl. auch MüKo-HGB Bd. 6/*Ekkenga*, Effektengeschäft Rn. 79 m.w.N.

1709 Dazu oben Kapitel 4 § 3 I.

des Emittenten zu einem Teilbereich des regulierten Marktes von anderen Marktgruppen abgrenzen lässt, denen gegenüber die Vorzüge der verschärften Sonderpflichten in der Tat lediglich reflexartige Wirkung entfalten.[1710] Ein entscheidendes Kriterium zur Bestimmung der Schutznormqualität wird auch nach der Rechtsprechung des BGH insbesondere darin gesehen, dass nach Inhalt und Zweck des Gesetzes der Schutz des Vermögens eines einzelnen oder bestimmten Personenkreises erreicht werden soll.[1711] Es geht hiernach also weniger um die Individualisierbarkeit eines einzelnen Klägers, als vielmehr um die Bestimm- und Abgrenzbarkeit einer von einem Fehlverhalten unmittelbar betroffenen Personengruppe.[1712]

Die Schutznormqualität von Verpflichtungen zu Haltevereinbarungen zwischen Altaktionären und Emittenten zugunsten potenzieller Investoren etwa, wie sie auch in der Phase nach dem Vierten Finanzmarktförderungsgesetz auf der Grundlage des § 50 Abs. 3 BörsG in der damaligen Fassung vorgegeben werden konnten und sogar von der Bayerischen Börse zur Segmentierung ihres Geregelten Marktes eingesetzt wurden, galt damals als unbestritten.[1713] Und auch in Bezug auf die Zwischenmitteilungspflicht in Teilbereichen des Geregelten Marktes in der Zeit nach dem Dritten Finanzmarktförderungsgesetz wurde die Schutznormqualität der Satzungsbestimmungen diskutiert.[1714]

Die Frage nach der individualschützenden Zielrichtung eines Normenkomplexes lässt sich also nicht pauschal und unter Verweis auf die dem normsetzenden Organ zugedachten Grenzen seiner Aufgabenwahrnehmung bestimmen; die Frage ist vielmehr mit Blick auf Tatbestand, Schutzgut und personellen Schutzbereich der konkreten Norm zu untersuchen und einzelfallabhängig zu beantworten.[1715] Die generelle Eignung des teilbereichsspezifischen

1710 Dazu oben Kapitel 4 § 3 II.1.

1711 Vgl. BGH, Urt. v. 13.12.2011 – XI ZR 51/10 (OLG Düsseldorf) = NJW 2012, 1800 (1802); auch *Markworth*, ZHR 183 (2019), 46 (54); *Groß*, WM 2002, 477 (483 f.).

1712 Zu den Kriterien der Schutzgesetzqualität auch MüKo-BGB/*Wagner*, § 823 Rn. 500.

1713 *Fleischer*, WM 2002, 2305 (2305, 2308).

1714 *Groß*, WM 2002, 477 (483 f.).

1715 So auch MüKo-BGB/*Wagner*, § 823 Rn. 569 („Der Kapitalmarkt ist Gegenstand einer Vielzahl von Rechtsnormen, die das Verhalten der Anbieter normieren und die im Fall der Verletzung als Schutzgesetze in Betracht kommen. Angesichts der bekannten Missstände auf dem Kapitalmarkt, aber auch mit Blick auf den Umstand, dass die Kapitalanlage kein Glücksspiel zum Privatvergnügen, sondern für viele Menschen ein Instrument der Alterssicherung ist, liegt die Individualschutzrichtung des Kapitalmarkt-Regulierungsrechts durchaus nahe."); vgl. außerdem *Schäfers*, in: Christandl u.a. (Hrsg.), 257 (282 f.).

Sonderpflichtenregimes als Schutznorm sollte jedenfalls nicht voreilig bestritten, sondern der autonomen Entscheidung des Börsenrats überlassen werden.[1716]

IV. Rechtsschutz gegen Maßnahmen nach § 42 Abs. 2 S. 1 BörsG

Der nachfolgende Abschnitt soll einen kursorischen Überblick über die Rechtsschutzmöglichkeiten desjenigen Emittenten geben, der zu Unrecht nach § 42 Abs. 2 S. 1 BörsG aus einem Teilbereich des regulierten Marktes ausgeschlossen und in den Grundmarkthandel zurückgestuft wurde. Die Darstellung fällt ganz bewusst knapp aus, da § 42 Abs. 2 BörsG in der Geschichte des Teilbereichshandels bisher noch nicht eingesetzt worden ist.

1. *Statthaftigkeit der Anfechtungsklage gegen den Zulassungswiderruf nach § 42 Abs. 2 S. 1 BörsG*

Der Zulassungswiderruf auf der Grundlage des § 42 Abs. 2 S. 1 BörsG stellt einen belastenden Verwaltungsakt i.S.d. § 35 S. 1 VwVfG dar, der gegenüber dem säumigen Teilbereichsemittenten ergeht und diesem gegenüber unmittelbare Rechtswirkung entfaltet. Der Teilbereichszulassungswiderruf fällt in den Zuständigkeitsbereich der Börsengeschäftsführung (§ 42 Abs. 2 S. 1 BörsG).[1717]

Der Rechtsschutz gegen eine solche Maßnahme richtet sich deshalb vorrangig nach der VwGO, d.h. es ist zunächst Widerspruch nach § 68 Abs. 1 S. 1 VwGO einzulegen, sofern nicht das Vorverfahren ausgeschlossen ist.[1718] Die Nachprüfung eines Verwaltungsakts in einem Vorverfahren schließt das Börsengesetz aber nur an einer einzigen Stelle aus, nämlich in dem bereits erwähnten § 22 Abs. 3 S. 2 BörsG, wo der Widerspruch gegen Maßnahmen des Sanktionsausschusses nach § 22 Abs. 2 BörsG pauschal für unstatthaft erklärt wird.[1719] § 42 BörsG kennt keine vergleichbare Regelung im Rahmen der Teilbereichsregulierung, sodass nicht nur von der Erforderlichkeit eines Vorverfahrens auszugehen ist, sondern auch dessen Suspensiveffekt gem. § 80 Abs. 1 S. 1 VwGO eintritt (*e contrario* § 15 Abs. 6 BörsG). Daraus folgt, dass die Teilbereichspflichten auch weiterhin und unabhängig von dem Ausgang des Verfahrens nach § 50 Abs. 2 BörsO FWB

1716 Vgl. auch MüKo-HGB Bd. 6/*Ekkenga*, Effektengeschäft Rn. 79; in diese Richtung wohl auch MüKo-BGB/*Wagner*, § 823 Rn. 569 und, wie hier, am Beispiel der BaFin, *Poelzig*, Kapitalmarktrecht, § 1 Rn. 29 f.

1717 Dazu soeben oben Kapitel 5 § 2 I.

1718 *Gebhardt*, WM-Sonderbeilage 2/2003, 3 (8); *Beck*, BKR 2002, 699 (708); *Schanz*, Börseneinführung, § 12 Rn. 74.

1719 Schwark/Zimmer/*Kumpan*, KMRK, § 22 BörsG Rn. 19.

zu erfüllen sind. Begründen schwere Pflichtverstöße einen Zulassungswiderruf nach § 42 Abs. 2 S. 1 BörsG, kann die Geschäftsführung der Börse auch nach § 80 Abs. 2 S. 1 Nr. 4 VwGO die sofortige Vollziehung des Widerrufsverwaltungsakts anordnen, wobei im Rahmen dieser Entscheidung Aspekte des Anlegerschutzes in besonderem Maße zu berücksichtigen sein werden.[1720]

Hilft die Geschäftsführung der Börse dem Widerspruch nicht ab, indem sie den Zulassungswiderruf nach § 42 Abs. 2 S. 1 BörsG im Rahmen ihrer Abhilfeentscheidung gem. § 72 VwGO aufhebt,[1721] und ergeht stattdessen ein Widerspruchsbescheid, steht dem Emittenten der Weg offen, den rechtswidrigen Teilbereichszulassungswiderruf mittels Klage bei dem zuständigen Verwaltungsgericht zu beseitigen. Klagebefugt i.S.v. § 42 Abs. 2 VwGO ist indes ausschließlich der Emittent als Adressat des Zulassungswiderrufs, nicht aber dessen Aktionäre, die eine Veränderung des Handelsumfelds infolge einer Rückstufung in den Grundmarkt verhindern wollen.[1722] Bestimmt sich die statthafte Klageart nach dem Begehren des Klägers und sind dessen Interessen auf eine Aufhebung des Zulassungswiderrufsverwaltungsakts gerichtet, so kann eine solche bereits mit der Anfechtungsklage erreicht werden, infolge derer die widerrufene Teilbereichszulassung fortgilt.[1723] Eine Verpflichtungsklage gegen die Börse, durch die die Geschäftsführung zu einer erneuten Zulassung eines zu Unrecht ausgeschlossenen Teilbereichsemittenten verpflichtet werden soll, ist hingegen nicht erforderlich und daher grundsätzlich unstatthaft.[1724] Die erneute Durchführung des Zulassungsverfahrens wäre bloßer Formalismus, wenn in einem verwaltungsgerichtlichen Verfahren festgestellt wird, dass dem bereits zugelassenen Emittenten ein Verstoß gegen eine rechtmäßige Vorschrift des Teilbereichshandels nicht zur Last gelegt werden kann. Daneben sind die Wertpapiere des Emittenten weiterhin als Teilbereichswerte zu führen, sofern noch keine Einführung in den Grundmarkthandel stattgefunden hat. Sie können deshalb weiterhin als dem Teilbereich zugehörig gekennzeichnet und bei der Indexzusammensetzung berücksichtigt werden.[1725]

1720 *Gebhardt*, in: Schäfer/Hamann, KMG, § 43 BörsG Rn. 15.

1721 *Dolde/Porsch*, in: Schoch/Schneider/Bier, VwGO, § 72 Rn. 14 ff.

1722 *Gebhardt*, WM-Sonderbeilage 2/2003, 3 (8).

1723 *Pietzcker*, in: Schoch/Schneider/Bier, VwGO, § 42 Rn. 5.

1724 *Beck*, BKR 2002, 699 (708).

1725 Infolge der Änderung des Indexleitfadens stellt ein Listing im Prime Standard der Frankfurter Wertpapierbörse zukünftig keine Voraussetzung der Indexfähigkeit des Emittenten mehr dar, die Notierung im regulierten Grundmarkt ist fortan ausreichend.

2. Normenkontrollklage gem. § 47 VwGO

Keinen unmittelbaren Rechtsschutz gegen einen Teilbereichsausschuss, sondern eine abstrakte Kontrollmöglichkeit der Einhaltung der formellen und materiellen Regulierungsgrenzen der Ermächtigungsgrundlage eröffnet Emittenten schließlich das Normenkontrollverfahren nach § 47 VwGO[1726] vor dem zuständigen Oberverwaltungsgericht.[1727] Wird der Teilbereichsausschluss mit einem Verstoß gegen Zulassungsfolgepflichten begründet, die sich im Rahmen dieses objektiven Beanstandungsverfahrens als rechtswidrig erweisen, führt die Normenkontrolle zur Aufhebung der entsprechenden Satzungsbestimmungen.[1728] Gegenstand der Normenkontrolle ist zunächst die konkret angegriffene Satzungsbestimmung, die – für die Börsenordnung der Frankfurter Wertpapierbörse – der Verwaltungsgerichtshof im Falle des Obsiegens des antragstellenden Emittenten für unwirksam erklärt (§ 47 Abs. 5 S. 2 VwGO).[1729] Der antragstellende Emittent, der sich etwa gegen die Verpflichtung zur Quartalsfinanzberichterstattung wehren möchte, mit den übrigen teilbereichsspezifischen Satzungsanforderungen aber einverstanden ist, erstrebt lediglich eine Teilunwirksamkeitserklärung der Börsenordnung.[1730] Entgegen § 88 VwGO ist das Normenkontrollgericht an das Begehren des Antragstellers aber in einem Verfahren nach § 47 VwGO nur dann gebunden, wenn sich der angegriffene Rechtsakt auch entsprechend teilen lässt, wenn das Gericht also nicht zu dem Ergebnis kommt, dass die angegriffene Satzungsbestimmung untrennbar mit anderen Vorschriften verbunden ist und eine Teilunwirksamkeitserklärung den Fortbestand der verbundenen Vorschriften sinnlos erscheinen lässt –[1731] die Gefahr erscheint insbesondere dann real, wenn eine wesentliche, Charakter gebende Teilbereichsbestimmung den Gegenstand des Verfahrens bildet. In diesen Fällen kann das Gericht über den Antrag hinaus sämtliche Teilbereichsbestimmungen für unwirksam erklären und dem

---

1726 *Panzer*, in: Schoch/Schneider/Bier, VwGO, § 47 Rn. 3, 8; Schwark/Zimmer/*Heidelbach*, KMRK, § 42 BörsG Rn. 18.

1727 Im Fall des Prime Standard der Frankfurter Wertpapierbörse wäre der Verwaltungsgerichtshof in Kassel zuständig, vgl. § 184 VwGO, § 1 Abs. 1 S. 1 HessAGVwGO sowie § 15 HessAGVwGO.

1728 *Remmert*, in: Ehlers/Pünder, Allgemeines Verwaltungsrecht, § 17 Rn. 12; außerdem VGH Kassel WM 2007, 1264 (1266).

1729 Eingehend VGH Kassel WM 2007, 1264 ff.; auch *Ganzer/Borsch*, BKR 2003, 484 (486).

1730 *Giesberts*, in: Posser/Wolff, BeckOK-VwGO, § 47 Rn. 76.

1731 *Giesberts*, in: Posser/Wolff, BeckOK-VwGO, § 47 Rn. 76.

Teilbereichshandel so seine regulatorische Grundlage vollständig entziehen.[1732] Eine Teilunwirksamkeitserklärung führt indes für antragsbefugte Grundmarktemittenten nicht zu einer automatischen Aufnahme in den jeweiligen Teilbereich.[1733] Dem Emittenten steht nunmehr das entsprechende Zulassungsverfahren oder – im Falle einer ablehnenden Bescheidung – die Möglichkeit offen, mit einer Verpflichtungsklage gegen die Börse vorzugehen.[1734]

Soll die Teilbereichszulassung demgegenüber von vornherein im Wege der Verpflichtungsklage erstritten werden – etwa, weil bereits vonseiten der Börsengeschäftsführung signalisiert worden ist, dem Zulassungsbegehren aufgrund mangelnder Bereitschaft des Emittenten zu teilbereichskonformem Verhalten nicht zu entsprechen –[1735] wird die einer positiven Zulassungsentscheidung entgegenstehende Satzungsbestimmung zur Grundlage einer inzidenten Normenkontrolle.[1736] Die Inzidententscheidung ist zwar für den Ausgang des Verpflichtungsprozesses entscheidend, führt aber anders als das Normenkontrollverfahren nach § 47 VwGO nicht zu einer (Teil-)Unwirksamkeitserklärung der teilbereichsspezifischen Satzungsbestimmungen; die Entscheidung ist nur für das konkrete Verfahren maßgebend,[1737] in dem das zuständige Verwaltungsgericht die streitgegenständliche Satzungsbestimmung unangewandt lässt.[1738] Beide Verfahren können parallel betrieben werden,[1739] wobei im Rahmen der Zulässigkeit der prinzipalen Normenkontrolle die Antragsfrist des § 47 Abs. 2 S. 1 VwGO zu beachten ist.

a. *Antragsbefugnis des Teilbereichsaspiranten*

Antragsbefugt sind aber nicht nur Teilbereichsemittenten, die bereits Adressaten eines belastenden Verwaltungsakts – ablehnender Zulassungsbescheid oder Teilbereichsausschluss – geworden sind, sondern auch Emittenten, deren

---

1732 *Ganzer/Borsch*, BKR 2003, 484 (486) („Zerstörung des Premium-Segments").

1733 *Ganzer/Borsch*, BKR 2003, 484 (486).

1734 Schwark/Zimmer/*Heidelbach*, KMRK, § 42 BörsG Rn. 16; *Gebhardt*, WM-Sonderbeilage 2/2003, 3 (8).

1735 Ähnlich lagen die Dinge zwischen der Porsche Automobil SE und der Frankfurter Wertpapierbörse, wobei die teilbereichsspezifische Satzungsbestimmung hier im Wege eines Normenkontrollverfahrens angegriffen wurde.

1736 *Panzer*, in: Schoch/Schneider/Bier, VwGO, § 47 Rn. 8; *Remmert*, in: Ehlers/Pünder, Allgemeines Verwaltungsrecht, § 17 Rn. 12.

1737 *Maurer*, Allgemeines Verwaltungsrecht, § 13 Rn. 18 f.

1738 *Remmert*, in: Ehlers/Pünder, Allgemeines Verwaltungsrecht, § 17 Rn. 12.

1739 *Maurer*, Allgemeines Verwaltungsrecht, § 13 Rn. 20.

Papiere lediglich zum Grundmarkt zugelassen sind, die aber aufgrund einer teilbereichsspezifischen Satzungsbestimmung, die sie für rechtswidrig halten, von einem Teilbereichslisting abgehalten werden.[1740] Auch sie könnten *in absehbarer Zeit*, nämlich im Zeitpunkt der Antragstellung durch die konkrete Teilbereichsbestimmung in ihren Rechten verletzt werden, wenn ein Teilbereichslisting „konkret ins Auge gefasst wurde oder zumindest bei realistischer Betrachtung der Entwicklungsmöglichkeiten naheliegt."[1741] Die Absicht der Antragstellung bei der Geschäftsführung der Börse in zeitlicher Nähe zu einem Normenkontrollantrag muss zur vollen Überzeugung des Gerichts feststehen.[1742] Entscheidend für das Rechtsschutzbedürfnis des antragstellenden Emittenten ist, dass sich die Inanspruchnahme des Gerichts nicht als nutzlos erweist, weil das Unternehmen seine Rechtsstellung mit der begehrten Entscheidung überhaupt nicht verbessern kann.[1743] Deshalb sind Grundmarktemittenten, die ein Teilbereichslisting nicht ernsthaft in Erwägung ziehen und einen Teilbereich innerhalb des regulierten Marktes aus anderen Motiven torpedieren – etwa, um einen infolge der Handelsplatzsegmentierung erlittenen Wertschätzungsverlust des eigenen Grundsegments wieder zu beseitigen – auch mangels Rechtsschutzbedürfnis nicht antragsbefugt; sie mögen zwar faktisch eine Verbesserung ihrer Position am Kapitalmarkt erreichen, ihre Rechtsstellung bleibt davon aber in jeder Hinsicht unberührt.[1744]

b. Rechtsschutzbedürfnis trotz fakultativen Segmentzutritts

Ein wesentlicher Streitpunkt des Normenkontrollverfahrens vor dem VGH Kassel war seinerzeit das Rechtsschutzbedürfnis der Antragstellerin. Die Frankfurter Wertpapierbörse verteidigte sich damals mit der Ansicht, rechtsschutzbedürftig sei die Antragstellerin schon deshalb nicht, „weil sie weder rechtlich noch tatsächlich gezwungen sei, für ihre Aktien die Zulassung zum Prime Standard zu beantragen."[1745]

Zunächst ist zuzugeben, dass die formellen Regulierungsgrenzen der Ermächtigungsgrundlage die fakultative Ausgestaltung des Teilbereichszutritts erfordern und eine Einbeziehung gegen oder ohne den Willen des Emittenten unstatthaft

1740 *Ganzer/Borsch*, BKR 2003, 484 (486).
1741 S. *Ziekow*, in: Sodan/Ziekow, VwGO, § 47 Rn. 180.
1742 *Ziekow*, in: Sodan/Ziekow, VwGO, § 47 Rn. 180.
1743 Vgl. nur VGH Kassel WM 2007, 1264 (1266).
1744 *Giesberts*, in: Posser/Wolff, BeckOK-VwGO, § 47 Rn. 43.
1745 VGH Kassel WM 2007, 1264 (1265).

ist.[1746] Ob insofern dem Grundsatz *volenti non fit iniuria* entsprechend auch das Rechtsschutzbedürfnis im Rahmen eines Verfahrens nach § 47 VwGO entfällt, erscheint indes fragwürdig. Zweck dieses objektiven Beanstandungsverfahrens ist nämlich zunächst der Angriff einer einzelnen oder mehrerer Satzungsbestimmungen zur Ausgestaltung des Teilbereichshandels, die den Emittenten nach dessen Meinung in seinen Rechten verletzen oder im Falle der Antragstellung nach § 48 Abs. 1 BörsO FWB in absehbarer Zeit verletzen würden. Ein Rechtsschutzbedürfnis besteht deshalb nur dann nicht, „wenn sich die Inanspruchnahme des Gerichts als nutzlos erweisen würde, weil der Antragsteller seine Rechtsstellung mit der begehrten Entscheidung nicht verbessern kann."[1747] Es entfällt aber nicht bereits dann, wenn sich Emittenten aufgrund des fakultativen Teilbereichszutritts einer nach ihrer Auffassung rechtswidrigen Satzungsbestimmung durch freie Entscheidung ausgesetzt haben oder auszusetzen gedenken.[1748] Denn die Stellung des Emittenten kann auch dann noch verbessert werden, wenn eine einzelne belastende Regelung der Teilbereichsregulierung beseitigt, das Pflichtenregime im Übrigen aber aufrechterhalten wird. Entscheidend ist allein, dass die Ungültigerklärung der in Streit stehenden Satzungsbestimmung die behauptete Rechtsverletzung zu beseitigen vermag, wovon selbst dann noch auszugehen ist, wenn der Börsenrat als satzungsgebendes Organ zu verstehen gegeben hat, er werde bei Erfolg des Normenkontrollverfahrens eine für den Teilbereichsemittenten mildere Regelung in die Börsenordnung aufnehmen.[1749]

Umgekehrt fehlt das Rechtsschutzbedürfnis des Antragstellers, wenn aufgrund des zuvor beschriebenen Dialogs der Normproduzenten[1750] eine Sonderpflicht des Teilbereichshandels nach ihrer Aufnahme in die Börsenordnung nunmehr inhaltsgleich in Gesetzesform nachvollzogen worden ist.[1751] Denn in einem solchen Fall kann der Antragsteller seine rechtliche Situation nicht durch die Ungültigkeitserklärung der Satzungsbestimmung verbessern. Konsequent und für die Segmentstabilität insgesamt förderlich wäre es hiernach, das Rechtsschutzbedürfnis auch dann zu verneinen, wenn seit Satzungserlass strengere gesetzliche Publizitätspflichten in Kraft getreten sind, die nunmehr die

---

1746 Dazu oben Kapitel 1 § 3 IV.2.a. und Kapitel 4 § 1 II.

1747 VGH Kassel WM 2007, 1264 (1266).

1748 *Ziekow*, in: Sodan/Ziekow, VwGO, § 47 Rn. 180.

1749 *Panzer*, in: Schoch/Schneider/Bier, VwGO, § 47 Rn. 77.

1750 Dazu bereits oben Kapitel 4 § 2 II.2.c.

1751 *Giesberts*, in: Posser/Wolff, BeckOK-VwGO, § 47 Rn. 46.

Regulierung einer inhaltsgleichen oder gar strengeren Teilbereichsbestimmung legitimieren würden.[1752]

c. *Materieller Prüfungsmaßstab des Normenkontrollverfahrens*

Den Prüfungsmaßstab des Normenkontrollverfahrens kennzeichnet seine Mehrdimensionalität, die sich im Einzelnen aus den vorstehenden Kapiteln dieser Arbeit ergibt.[1753] Zu unterscheiden sind allgemeine Anforderungen an die Rechtsetzung in Satzungsform von den konkreten Rechtmäßigkeitsmaßstäben der Ermächtigungsgrundlage selbst sowie den Regulierungsgrenzen, die sich aus dem jeweiligen Bestand der gesetzlichen Grundtransparenz unter dem Gesichtspunkt der Wesentlichkeit ergeben.[1754] Dieser letztgenannte Prüfungspunkt, der im Wesentlichen die materiellen Regulierungsschranken der Ermächtigungsgrundlage betrifft, wird wiederum entscheidend durch den aus dem europäischen Kapitalmarktrecht abgeleiteten Regulierungsansatz in Bezug auf eine marktautonome Rechtsetzung in einzelnen Segmenten des börslichen Wertpapierhandels determiniert,[1755] der ebenfalls als Teil dieses Gesamtprüfungsmaßstabs zu beachten ist und insbesondere die materiellen Grenzen des § 42 Abs. 1 BörsG auszuweiten imstande sein kann.[1756] In § 42 BörsG angelegt sind Anforderungen hinsichtlich der formellen Grenzen der Teilbereichsregulierung[1757] sowie der konzeptionellen Ausrichtung der Regulierung des Teilbereichshandels auf den Anleger- und Funktionenschutz.[1758] Zugrunde liegt jeder dieser Rechtmäßigkeitsdimensionen die allgemein an das Satzungsrecht zu stellende Anforderung der Verhältnismäßigkeit.[1759]

1752 Zu diesem Aspekt auch Schwark/Zimmer/*Heidelbach*, KMRK, § 42 BörsG Rn. 6.

1753 Dazu allgemein auch *Hammen*, Börsen und multilaterale Handelssysteme, 66 f., dort allerdings in Bezug auf die Börsengeschäftsbedingungen.

1754 Dazu bereits Kapitel 4 § 2 II.2.b.

1755 Dazu Kapitel 1 § 2 I.2.b. und Kapitel 4 § 2 I.2.

1756 *Ehlers*, DVBl. 2004, 1441 (1445); *Pache/Burmeister*, NVwZ 1996, 979 (980 f.); *Dünchheim*, DÖV 2004, 137 (141 f.); *Giesberts*, in: Posser/Wolff, BeckOK-VwGO, § 47 Rn. 69 f.

1757 Dazu Kapitel 4 § 1.

1758 Dazu Kapitel 4 § 3.

1759 Vgl. auch Schwark/Zimmer/*Heidelbach*, KMRK, § 42 BörsG Rn. 6.

§ 3 Widerruf der Teilbereichszulassung auf Antrag des Emittenten

Unabhängig von einem Verstoß gegen die satzungsrechtlichen Zusatzpflichten ist der Emittent frei darin, mittels eines Antrags an die Börsengeschäftsführung sein Teilbereichslisting zu beenden.

I. Grundsatz der freien Segmentwahl

Der fakultativen Ausgestaltung des Segmentzutritts entspricht die Möglichkeit des Emittenten, den Teilbereich auch wieder verlassen, und die erhöhte Pflichtenlast ablegen zu können.[1760] Der Rückzug innerhalb eines hierarchisch regulierten Börsenmarktes in das jeweils rangniedrigere Marktsegment kann je nach Handelsplatzstruktur unterschiedliche Formen annehmen.[1761] Denkbar, praktisch mangels entsprechender Staffelung aber derzeit ausgeschlossen, ist zunächst der Wechsel zwischen mehreren Teilbereichen mit unterschiedlichen Regulierungsniveaus. Das gilt auch für den Freiverkehr, in dem eine Vielzahl unterschiedlicher Segmente angeboten wird.[1762] Der in der kapitalmarktrechtlichen Terminologie als Downgrading[1763] bezeichnete Rückzug eines Emittenten ist daneben in das jeweils rangniedrigere Marktsegment oder den korrespondierenden Grundmarkthandel unter Fortsetzung der Börsenpräsenz an einem regulierten Markt möglich.[1764] Daneben kann der Segmentaustritt verbunden sein mit einem Wechsel des Handelsplatzes, wenn die Zulassung zum regulierten Markt zugunsten eines Freiverkehrslistings aufgegeben wird.[1765] Grundsätzlich wird nur in dem letztgenannten Fall das ausdifferenzierte Marktentlassungsverfahren des § 39 Abs. 2 BörsG aktiviert.[1766] Dass daneben im Rahmen des

---

1760 Oben Kapitel 4 § 1 II.

1761 Vgl. *Grupp*, Börseneintritt und Börsenaustritt, 14 f., der allerdings behauptet, die Wahl eines niedrigeren Segments scheide „nahezu aus“, da ein solcher „anlegerfeindlicher Akt“ den „Ruf der Gesellschaft in Mitleidenschaft“ ziehe.

1762 Oben Kapitel 2.

1763 *Groß*, Kapitalmarktrecht, § 39 BörsG Rn. 16; *Storm*, Alternative Freiverkehrssegmente, 94 f.; zur Terminologie auch *Klöhn*, NZG 2012, 1041 (1042); von einem *Downlisting* ist die Rede bei *Rubel/Kunz*, AG 2011, 399 (399 f.); zu den unterschiedlichen Erscheinungsformen von vollständigem und partiellem Delisting allgemein s. auch *Mülbert*, ZHR 165 (2001), 104 (106 f.).

1764 Vgl. auch *Groß*, Kapitalmarktrecht, § 39 BörsG Rn. 16; vgl. auch *Schanz*, Börseneinführung, § 12 Rn. 84.

1765 Dazu *Schwichtenberg*, AG 2005, 911 (912 ff.).

1766 Schwark/Zimmer/*Heidelbach*, KMRK, § 39 BörsG Rn. 18.

Downgradings auch mehrere Transparenzstufen gleichzeitig übersprungen und außerdem mit einem echten Delisting verbunden werden können – etwa, wenn ein Emittent des Prime Standards sowohl den Teilbereichs- als auch den regulierten Grundmarkthandel verlassen und fortan am Freiverkehrshandel teilnehmen möchte –, sei hier vorläufig nur am Rande erwähnt. Dann können mehrere Rückzugs- und Entlassungsmechanismen parallel zur Anwendung gelangen, die gegebenenfalls aufeinander abzustimmen sind.[1767]

Die Bewegungsfreiheit des Emittenten innerhalb des börslichen Sekundärmarktes beruht auf den Grundsätzen der freien Segmentwahl und des freien Segmentwechsels, die zunächst im Vorfeld des erstmaligen Markteintritts und schließlich im Laufe der Notierung dem Emittenten die Entscheidung über das regulatorische Handelsumfeld seiner Wertpapiere erlauben. Die Auswahl eines geeigneten Zielmarktes, die regelmäßig von rein wirtschaftlichen Überlegungen bestimmt wird, kann maßgeblichen Einfluss auf Erfolg oder Misserfolg eines IPO haben.[1768] Der Grundsatz, dass das Börsensegment der Erstnotiz jederzeit verlassen werden kann, gilt innerhalb eines vertikal segmentierten Handelsplatzes sowohl für die Ab- als auch die Aufstiegsmöglichkeiten innerhalb der Segmenthierarchie, sofern bestimmte Segmentebenen nicht einer bestimmten Emittentenkategorie vorbehalten sind.[1769]

Aus § 39 Abs. 2 BörsG ergibt sich, dass die zuvor beschriebene Freiheit des Emittenten nach erstmaliger Notierung im Interesse des Anlegerschutzes einige Einschränkungen erfährt, die dem Emittenten die freie Dispositionsbefugnis über die Handelsbedingungen seiner Emission entziehen können. Der Widerruf nach § 39 Abs. 2 S. 1 BörsG, der – als Ermessensentscheidung ausgestaltet[1770] – dem Schutz der Anleger nicht widersprechen darf (§ 39 Abs. 2 S. 2 BörsG), ist bei Wertpapieren i.S.d. § 2 Abs. 2 WpÜG, d.h. bei Aktien und Aktienzertifikaten, nämlich nur unter den Voraussetzungen des § 39 Abs. 2 S. 3 Nr. 1 oder Nr. 2 BörsG zulässig, d.h. der Emittent muss bei Antragstellung entweder ein an die Aktionäre gerichtetes und den Anforderungen des § 39 Abs. 3 BörsG genügendes Erwerbsangebot nach den Vorschriften des WpÜG vorlegen (Nr. 1) oder

1767 Zu den Anforderungen an einen freiwilligen Rückzug aus dem Prime Standard auch *Lenenbach*, Kapitalmarktrecht, Rn. 3.203.

1768 *Weitnauer*, Hdb. Venture Capital, Teil I. Exit Rn. 104 ff.; BeckHdB-AG/*Harrer*, § 20 Rn. 10.

1769 *Schanz*, Börseneinführung, § 12 Rn. 84; *Grupp*, Börseneintritt und Börsenaustritt, 14 ff.; zu den Begrifflichkeiten auch *Trapp*, in: Habersack/Mülbert/Schlitt, Unternehmensfinanzierung, § 37 Rn. 6.

1770 *Groß*, Kapitalmarktrecht, § 39 BörsG Rn. 15.

es müssen die Anteile, auf die sich der Widerrufsantrag bezieht, weiterhin zum Handel an einem inländischen (Nr. 2a)) oder EU-/EWR-ausländischen Börsenmarkt zugelassen sein, an dem den Anteilseignern im Falle eines Widerrufs der Zulassung auf Antrag ein den Anforderungen des § 39 Abs. 2 S. 3 Nr. 1 BörsG entsprechendes Erwerbsangebot zu unterbreiten ist (Nr. 2b)).

Im Zusammenhang mit der Notierung in einem Teilbereich des regulierten Marktes wird zu beachten sein, dass sich ein exzessiv ausgestaltetes Rückzugsverfahren hemmend auf die Entscheidung für ein Teilbereichslisting auswirken kann, wenn zu befürchten steht, die teilbereichsspezifische Sonderpflichtenlast nicht kurzfristig ablegen zu können.[1771] Ausschlaggebend für einen solchen Teilbereichsrückzug sind in der Regel Kosten/Nutzen-Erwägungen.[1772]

Die Reduktion des kapitalmarktrechtlichen Transparenzniveaus kann aber aus Sicht der Anleger, insbesondere mit Blick auf die Informationsbedürfnisse der Minderheitsaktionäre,[1773] problematisch sein, wenn das liquide und transparente Handelsumfeld in Voraussicht der Desinvestition ausschlaggebend für den Erwerb der Anteile war.[1774] Das gilt insbesondere dann, wenn der Teilbereichsrückzug von einem Großinvestor betrieben wird, dem die erweiterten Berichtspflichten in seiner Position als Mehrheitsaktionär weniger nützlich erscheinen mögen.[1775]

Für den Teilbereichshandel der Frankfurter Wertpapierbörse bestimmt § 57 Abs. 1 der Börsenordnung, dass die Börsengeschäftsführung auf Antrag des Aktienemittenten oder, im Falle der Zertifikatezulassung, beider Emittenten,[1776]

1771 Zu diesem Gedanken aus dem Kartellrecht vgl. *Hopt/Baum*, in: Hopt/Rudolph/Baum, Börsenreform, 435 ff.; auch *Grupp*, Börseneintritt und Börsenaustritt, 176, 180.

1772 *Bessler/Schneck*, ZBB 2016, 362 (365); auch *Schanz*, Börseneinführung, § 12 Rn. 84; zum Börsenaustritt allgemein bereits *Grupp*, Börseneintritt und Börsenaustritt, 2 f., 104 ff., 110 ff.; *Kleindiek*, in: Festschrift für Gerold Bezzenberger zum 70. Geburtstag am 13. März 2000, 653 (654 f.).

1773 Zur Interessenlage im Rahmen einer Delistingentscheidung vgl. *Eckhold*, in: Marsch-Barner/Schäfer, Hdb. börsennotierte AG, Rn. 61.31; *Schanz*, Börseneinführung, § 12 Rn. 84.

1774 *Kleindiek*, in: Festschrift für Gerold Bezzenberger zum 70. Geburtstag am 13. März 2000, 653 (656, 664), der im Zusammenhang mit einem vollständigen Börsenrückzug von dem „Wegfall der Geschäftsgrundlage der ursprünglichen Investitionsentscheidung des Aktionärs" spricht; vgl. auch *Grupp*, Börseneintritt und Börsenaustritt, 107 f., 119.

1775 Zu diesem Beispiel der *Linos AG* vgl. *Schanz*, Börseneinführung, § 12 Rn. 84.

1776 Zu der besonderen Struktur von Aktienzertifikaten und Hinterlegungsscheinen bereits oben Kapitel 1 § 3 III.3.a. und zu den Besonderheiten im Rahmen des Teilbereichsrückzugsverfahrens sogleich Kapitel 5 § 3 IV.

die Teilbereichszulassung nach § 48 Abs. 1 S. 1 BörsO FWB widerruft. Im Folgenden soll zunächst der Frage nachgegangen werden, inwiefern der zuvor beschriebene Interessenkonflikt eine analoge Anwendung des Marktentlassungsverfahrens nach § 39 Abs. 2 BörsG rechtfertigen kann (unten Kapitel 5 § 3 II.). Daran anschließend soll das in der Börsenordnung näher ausgestaltete Teilbereichsrückzugsverfahren dargestellt werden (unten Kapitel 5 § 3 III.). Schließlich sollen die spezifischen Probleme beleuchtet werden, die im Rahmen des Teilbereichsrückzugs aus einem solidarischen Antragserfordernis von Aktien- und Zertifikateemittent resultieren (unten Kapitel 5 § 3 IV.).

II. Keine Vergleichbarkeit mit Sach- und Interessenlage im Rahmen des Marktentlassungsverfahrens nach § 39 Abs. 2 S. 1 BörsG

Während das reguläre Delistingverfahren in § 39 Abs. 2 BörsG eine ausdifferenzierte Regelung erfahren hat,[1777] fehlen vergleichbare Bestimmungen in § 42 BörsG für den Rückzug aus einem Teilbereich des regulierten Marktes.[1778] In Fällen des § 39 Abs. 2 S. 1 BörsG entfällt eine weitergehende Zulassung zu einem Teilbereich des regulierten Marktes *ipso iure* aufgrund der einseitigen Akzessorietät des Teilbereichslistings.[1779] Dagegen ist der auf einen Zulassungswiderruf gerichtete Antrag des Emittenten an die Geschäftsführung der Börse in den Fällen des § 57 Abs. 1 S. 1 BörsO FWB auf die teilbereichsspezifische Zulassungsentscheidung nach § 48 Abs. 1 S. 1 BörsO FWB beschränkt; die Grundmarktzulassung nach § 32 BörsG bleibt hiervon unberührt.[1780] In jedem Fall ergeht die Entscheidung der Börsengeschäftsführung als Widerrufs*verwaltungsakt*.[1781] Der Antrag ist – wie auch im Rahmen des Zulassungsverfahrens – auszulegen und, sofern keine entsprechenden Formulare zur Verfügung stehen, zu fragen, ob ein Grundmarkt- auch ohne das Teilbereichslisting fortbestehen soll. Bei isoliertem Widerrufsantrag für den Teilbereichshandel läuft der Rückzugsvorgang grundsätzlich außerhalb des Anwendungsbereichs des

1777 Hierzu grundlegend *Poelzig*, Kapitalmarktrecht, § 7 Rn. 202 ff.; auch *Buck-Heeb*, Kapitalmarktrecht, § 3 Rn. 189 ff.

1778 Vgl. aber *Eckhold*, in: Marsch-Barner/Schäfer, Hdb. börsennotierte AG, Rn. 61.11.

1779 Dazu bereits oben Kapitel 1 § 3 IV.2.a.

1780 *Wieneke/Schulz*, AG 2016, 809 (812).

1781 *Eckhold*, in: Marsch-Barner/Schäfer, Hdb. börsennotierte AG, Rn. 61.11; *Groß*, Kapitalmarktrecht, § 39 BörsG Rn. 14.

§ 39 Abs. 2 BörsG ab,[1782] sodass das börsengesetzliche Marktentlassungsverfahren nicht zugunsten der investierten Aktionäre eingreift.[1783]

Die Frage, ob an dieser Stelle eine analoge Erstreckung der Schutzvorschriften des § 39 Abs. 2 BörsG auf den Teilbereichsrückzug angezeigt ist, wird in der börsenrechtlichen Literatur einhellig verneint und kann hier dementsprechend knapp dargestellt werden. Denn es geht insofern allein darum, ob im Rahmen eines Teilbereichsrückzugs schutzwürdige Belange der investierten Anteilseignerschaft in gleichem Maße berührt werden, wie im Falle eines vollständigen Börsenaustritts.[1784] Die wesentliche Funktion des Verfahrens nach § 39 Abs. 2 bis 6 BörsG, mit dem der Gesetzgeber 2015 in Reaktion auf die *Frosta*-Entscheidung des BGH eine kapitalmarktrechtliche Lösung zum Schutz der Minderheitsaktionäre umzusetzen beabsichtigte,[1785] besteht zunächst darin, einen Ausgleich der Anleger für den Verlust des börslichen Sekundärmarktes als attraktives Transaktionsumfeld zu schaffen.[1786] Damit ist der freiwillige Teilbereichsrückzug schon grundsätzlich nicht vergleichbar,[1787] da sich bei einer Rückstufung von einem Teilbereich in den korrespondierenden Grundmarkthandel der vermeintliche Nachteil, vor dem § 39 Abs. 2 bis 6 BörsG die Aktionäre schützen wollen, nicht verwirklicht, wenn der Handel der Anteile in den Grundstrukturen des Börsenmarktes mit ausreichend Abschluss- und Bewertungsmöglichkeiten fortgesetzt werden kann.[1788] Die Aktionäre sind hier nicht in demselben Maße schutzbedürftig wie bei einem vollständigen *going private* ihrer Gesellschaft, da die gesetzlichen und verordnungsrechtlichen Anlegerschutzkonzepte sowie die auf die Funktionsfähigkeit des Marktgeschehens ausgerichteten Vorgaben der BörsZulVO und der einzelnen Börsenordnungen weiter erhalten bleiben und den rechtlichen Rahmen des sekundärmarktlichen Handelsumfelds bilden.[1789] Während in den Fällen des § 39 Abs. 1, 2 S. 1 BörsG

1782 Vgl. auch *Lenenbach*, Kapitalmarktrecht, Rn. 3.203.

1783 Schwark/Zimmer/*Heidelbach*, KMRK, § 39 BörsG Rn. 18; *Eckhold*, in: Marsch-Barner/Schäfer, Hdb. börsennotierte AG, Rn. 61.18; *Schiemzick*, Segmentwechsel, 116.

1784 Schwark/Zimmer/*Heidelbach*, KMRK, § 39 BörsG Rn. 18.

1785 *Hoffmann*, in: Spindler/Stilz, Aktiengesetz Bd. 1, § 119 Rn. 39 ff.

1786 Hierzu instruktiv *Thomale/Walter*, ZGR 2016, 679 ff.; auch *Kocher/Seiz*, DB 2016, 153 ff.

1787 Schwark/Zimmer/*Heidelbach*, KMRK, § 39 BörsG Rn. 18.

1788 Vgl. hierzu *Eckhold*, in: Marsch-Barner/Schäfer, Hdb. börsennotierte AG, Rn. 61.15.

1789 *Schiemzik*, Segmentwechsel, 116 f.; zu den Zwecken der Delisting-Regelung auch dazu auch *Seiffert*, in: Kümpel/Mülbert/Früh/Seyfried, Bank- und Kapitalmarktrecht, Rn. 14.461 ff.

auch die Einführung der Wertpapiere in den Börsenhandel endet,[1790] wird die Notierung im Falle des Teilbereichsrückzugs gem. § 57 Abs. 4 BörsO FWB innerhalb des börslichen Grundmarkthandels fortgesetzt. Deshalb bleibt jedenfalls die rechtliche Möglichkeit erhalten, das Investment zu Börsenhandelsbedingungen liquidieren zu können, sodass eine Kompensation in dem in § 39 Abs. 2 BörsG angelegten Ausmaß nicht erforderlich und aus Sicht des Emittenten überzogen erscheint.

III. Das Teilbereichsrückzugsverfahren als satzungsautonomer Regulierungsgegenstand

1. *Widerruf auf Antrag des Emittenten als gebundene Entscheidung und Fristenlösung*

Dass Belange des Anlegerschutzes bei einem Rückzug des Emittenten aus einem Teilbereich des regulierten Marktes nicht tangiert werden, zeigt auch die unterschiedliche Regulierung der Austrittsverfahren. Da den Börsen eine Sondervorschrift zu § 39 Abs. 1 BörsG nur für den Fall eines ordnungspolitischen Teilbereichsausschlusses auf Initiative der Börse zur Verfügung gestellt worden ist, lässt § 42 Abs. 2 BörsG Raum für eine regulatorische Ausgestaltung des freiwilligen Teilbereichsrückzugs auf der Grundlage der allgemeinen Satzungsautonomie. Denn wenn § 39 Abs. 5 S. 3 BörsG für das reguläre Delisting bestimmt, dass die näheren Bestimmungen über das Rückzugsverfahren aus dem Grundmarkthandel und insbesondere die Dauer des Übergangszeitraums zwischen Veröffentlichung der Widerrufsentscheidung und Wirksamwerden des Widerrufs in der Börsenordnung zu treffen sind, kann eine entsprechende Regulierungskompetenz der Börsen auch für den Teilbereichshandel angenommen werden. Das satzungsrechtlich konturierte Teilbereichsrückzugsverfahren tritt dann im Interesse des börslichen Funktions- und Anlegerschutzes als spezielles Beendigungsverfahren an die Stelle eines nach allgemeiner Verwaltungsrechtsdogmatik anerkannten Verzichts des Emittenten auf die ihm zugewiesene öffentlich-rechtliche Rechtsposition.[1791] Gem. § 57 Abs. 1 S. 1 BörsO FWB wird

---

1790 *Groß*, Kapitalmarktrecht, § 39 BörsG Rn. 11.

1791 Zur Möglichkeit des Verzichts allgemein *Sachs*, in: Stelkens/Bonk/Sachs, VwVfG, § 53 Rn. 29 f.; außerdem *Hammen*, WM 2017, 2133 (2136); vgl. auch *Eickhoff*, WM 1988, 1713 (1714 ff.); wie hier auch Schwark/Zimmer/*Heidelbach*, KMRK, § 39 BörsG Rn. 48; *Groß*, Kapitalmarktrecht, § 39 BörsG 26 und *Seiffert*, in: Kümpel/Mülbert/Früh/Seyfried, Bank- und Kapitalmarktrecht, Rn. 14.465, dort jeweils für den Bereich des Grundmarkthandels.

die Teilbereichszulassung außer in den Fällen des § 42 Abs. 2 S. 1 BörsG daher nur auf Antrag des Emittenten widerrufen, dessen Aktien zum Teilbereichshandel zugelassen wurden.[1792]

Der Zulassungswiderruf ist satzungsrechtlich als gebundene Entscheidung der Geschäftsführung ausgestaltet worden („widerruft"), die es der Börsengeschäftsführung nicht gestattet, die Rückzugsentscheidung auf weitergehende materielle Voraussetzungen zu hinterfragen oder wettbewerbspolitische Börseninteressen zu berücksichtigen.[1793] Insofern unterscheidet sich das Rückzugsverfahren von der Ausgestaltung des regulären Delistings in § 39 Abs. 2 S. 1 BörsG, wonach die Geschäftsführung der Börse die Grundmarktzulassung auf Antrag des Emittenten widerrufen *kann*.[1794] Im Rahmen des freiwilligen Teilbereichsrückzugs prüft die Börsengeschäftsführung also lediglich das Vorliegen eines entsprechenden Antrags, den sie gegebenenfalls auszulegen hat. Während die Rückzugsinteressen des Emittenten an einem regulären Delisting hinter Aspekten des Anlegerschutzes und den Interessen investierter Aktionäre zurücktreten können, lässt § 57 Abs. 1 S. 1 BörsO FWB für derartige Ermessenserwägungen keinen Raum. Das ist sachgerecht, da der Emittent, der nur die erweiterte Sonderpflichtenlast ablegen, aber fortan am Grundmarkthandel in seiner gesetzlichen Ausformung teilnehmen möchte, Anlegerinteressen grundsätzlich nicht in dem gleichen Maße zuwiderhandelt wie ein Emittent, der sich vollständig vom börslichen Kapitalmarkt zurückziehen will.[1795] Die Regelung bestätigt damit, dass der Interessenkonflikt bei einem Teilbereichsrückzug keine vergleichbaren Erwägungen wie im Rahmen des vollständigen Marktaustritts rechtfertigt. Insbesondere steht es der Börsengeschäftsführung nicht zu, etwaige Folgewirkungen oder Nachteile eines Teilbereichsrückzugs für die investierten Aktionäre in ihre Widerrufsentscheidung einfließen zu lassen.[1796]

Der Widerruf ist von der Börsengeschäftsführung unverzüglich im Internet zu veröffentlichen (§ 57 Abs. 1 S. 2 BörsO FWB). Eine ausreichende

---

1792 Vgl. auch *Eckhold*, in: Marsch-Barner/Schäfer, Hdb. börsennotierte AG, Rn. 61.11.

1793 Zum Delisting auch *Schiemzik*, Segmentwechsel, 130.

1794 Schwark/Zimmer/*Heidelbach*, KMRK, § 39 BörsG Rn. 38; *Groß*, Kapitalmarktrecht, § 39 BörsG Rn. 15; *Eckhold*, in: Marsch-Barner/Schäfer, Hdb. börsennotierte AG, Rn. 61.12 f.; Baumbach/Hopt/*Kumpan*, § 39 BörsG Rn. 6 f.; außerdem *Auer*, JZ 2015, 71 (76).

1795 *Gebhardt*, WM-Sonderbeilage 2/2003, 3 (8); *Schiemzick*, Segmentwechsel, 116 f.

1796 Zu den Ermessensleitlinien der Börsengeschäftsführung im Rahmen einer regulären Delistingentscheidung vgl. *Eckhold*, in: Marsch-Barner/Schäfer, Hdb. börsennotierte AG, Rn. 61.13.

Berücksichtigung erfahren die Interessen investierter Anleger durch die Regelung des § 57 Abs. 1 S. 3 BörsO FWB, wonach der Widerruf der Teilbereichszulassung erst nach einer Frist von drei Monaten ab der Veröffentlichung der Widerrufsentscheidung nach S. 2 wirksam wird.[1797] Dadurch erhalten Anleger und insbesondere institutionelle Investoren sowie indexabbildende Fonds ausreichend Gelegenheit, ihre Anteile unter Erwerbsbedingungen zu veräußern und die Portfolios ihren Anlagebestimmungen anzupassen.[1798]

2. *Teilbereichsrückzug und Delisting*

Die Schutzmechanismen des § 39 Abs. 2 bis 5 BörsG werden aber auch für den Teilbereichshandel virulent, wenn die beiden Austrittsverfahren parallel ablaufen sollen. Abhängig davon, welche der drei zuvor dargestellten Fallkonstellationen des § 39 Abs. 2 S. 3 BörsG nun dem Emittenten den Rückzug aus dem Grundmarkthandel ermöglicht, sieht die Börse über den in § 39 Abs. 5 S. 2 und 3 BörsG eröffneten Gestaltungsspielraum unterschiedlich lange Zeiträume vor, die zwischen der Veröffentlichung der Widerrufsentscheidung (vgl. § 39 Abs. 5 S. 1 BörsG, § 46 Abs. 6 BörsO FWB) und deren Wirksamwerden liegen müssen. Das sind in den Fällen des § 39 Abs. 2 S. 3 Nr. 1 und 2a) BörsG drei Börsentage und bei Vorliegen der Voraussetzungen des § 39 Abs. 2 S. 3 Nr. 2b) drei Monate (vgl. § 46 Abs. 3 S. 1 und 2 BörsO FWB). Es stellt sich dann die Frage, was hinsichtlich der in § 57 Abs. 1 S. 3 BörsO FWB geregelten Übergangsfrist gelten soll. Nach dem zuvor Gesagten endet die Notierung in einem besonderen Teilbereich des regulierten Marktes mit erweiterten Zulassungsfolgepflichten nur dann nicht vor Ablauf der in § 57 Abs. 1 S. 3 BörsO FWB bestimmten Übergangsfrist, wenn die Aktien weiterhin an einem EU-/EWR-ausländischen organisierten Börsenmarkt zugelassen sind und dort für den Widerruf der Zulassung § 39 Abs. 2 S. 3 Nr. 1 BörsG entsprechende Voraussetzungen zu beachten sind; denn nur dann stimmen die Fristen bis zum Wirksamwerden der Widerrufsentscheidung überein (vgl. §§ 46 Abs. 3 S. 2, 57 Abs. 1 S. 3 BörsO FWB). Sollen hingegen die Voraussetzungen des § 39 Abs. 2 S. 3 Nr. 1 oder 2a) BörsG für den vollständigen Rückzug von der Börse genutzt werden, wird wegen § 39 Abs. 5 S. 2, 3 BörsG,

---

1797 *Gebhardt*, WM-Sonderbeilage 2/2003, 3 (8).

1798 Vgl. auch *Schiemzik*, Segmentwechsel, 120; außerdem *Seibt/Wollenschläger*, AG 2009, 807 (815); ebenso *Gebhardt*, WM-Sonderbeilage 2/2003, 3 (8); außerdem *Meyer*, in: Marsch-Barner/Schäfer, Hdb. börsennotierte AG, Rn. 7.67; zu diesem Aspekt auch *Schiereck/Hartmann*, in: Festschrift für Hartmut Schmidt zum 65. Geburtstag, 205 (207).

§ 46 Abs. 3 S. 1 BörsO FWB der Widerruf der Grundmarkt- zeitlich vor der Teilbereichszulassung, nämlich bereits nach drei Börsentagen[1799] ab der Veröffentlichung der Widerrufsentscheidung wirksam. Was dann aus dem gesonderten Zulassungsverwaltungsakt für den Handel in einem Teilbereich des regulierten Marktes wird, ist bereits festgestellt worden; er erledigt sich *ipso iure* (§ 43 Abs. 2 VwVfG), d.h. ohne besonderen Gegenakt der Börsengeschäftsführung und vor Ablauf der in § 57 Abs. 1 S. 3 BörsO FWB angelegten Drei-Monats-Frist.[1800] Aus Sicht der Anleger entfällt dann relativ abrupt die über §§ 57 Abs. 1 S. 3, 50 Abs. 2 BörsO FWB vorgesehene Möglichkeit, im Falle eines Rückzugs der Gesellschaft aus einem Teilbereich in den regulierten Markt, auf das veränderte Transaktionsumfeld reagieren, d.h. die teilbereichsspezifisch erhöhten Transparenzstandards noch zur Veräußerung des eigenen Investments nutzen zu können. Infolge der Erledigung der Teilbereichszulassung fehlt es fortan an einer Verpflichtung des Emittenten zu teilbereichskonformem Verhalten, d.h. die in der Börsenordnung niedergelegten Zusatzpflichten zu beachten (vgl. § 50 Abs. 2 BörsO FWB).

Unschädlich erscheint dies nur, wenn ein Angebot zum Erwerb der von dem Delisting betroffenen Aktien gem. § 39 Abs. 2 S. 3 Nr. 1 BörsG veröffentlicht wird, dessen Referenzgröße nach § 39 Abs. 3 S. 2 BörsG der unter Teilbereichshandelsbedingungen und im Rahmen erweiterter Publizitätspflichten ermittelte Börsenkurs während der letzten sechs Monate vor der Veröffentlichung nach § 10 Abs. 1 S. 1 oder § 35 Abs. 1 S. 1 WpÜG bildet, die Möglichkeit der Veräußerung zu Erwerbsbedingungen also trotz der verkürzten Übergangsfrist von drei Börsentagen jedenfalls wirtschaftlich erhalten bleibt.

Anders liegen die Dinge aber, wenn im Falle einer Mehrfachnotierung die Zulassung zum regulierten Markt einer anderen inländischen Börse fortbesteht, § 39 Abs. 2 S. 3 Nr. 2a) BörsG, ein das attraktive Transaktionsumfeld des Teilbereichshandels inkorporierendes Erwerbsangebot also gar nicht vorgelegt werden muss. Dann büßt das Anlegerpublikum schon deutlich vor Ablauf der in § 57 Abs. 1 S. 3 BörsO FWB geregelten Drei-Monats-Frist die Möglichkeit der Handelbarkeit seiner Aktien in einem durch satzungsrechtliche Zusatzpflichten ausgestalteten Teilbereich des regulierten Marktes ein. Es empfängt hierfür, anders als in den Fällen des § 39 Abs. 2 S. 3 Nr. 1 BörsG, aber auch keinen wirtschaftlichen Ausgleich. Hinter § 39 Abs. 2 S. 3 Nr. 2a) BörsG steht vielmehr

---

1799 § 33 Abs. 1 der Bedingungen für Geschäfte an der Frankfurter Wertpapierbörse, abrufbar unter www.deutsche-boerse-cash-market.com (Zuletzt abgerufen am 31. März 2021).

1800 *Groß*, Kapitalmarktrecht, § 39 BörsG Rn. 20.

der Gedanke, dass die Aktien trotz des (partiellen) Börsenrückzugs weiterhin „an einem anderen gleichwertigen Handelsplatz […] zum Handel zugelassen sind“[1801], dem Anlegerpublikum deshalb weder der „Verlust der Handelbarkeit“ generell noch eine „Beeinträchtigung der Veräußerungschancen“ droht.[1802] Eine Veräußerung unter Erwerbsbedingungen ist demnach zwar bei einem regulären (Teil-)Delisting weiterhin möglich,[1803] nicht hingegen bei dem freiwilligen Rückzug aus einem Teilbereich des regulierten Marktes mit erweiterten Publizitäts- und Verhaltensvorgaben, da es insofern an der Gleichwertigkeit der rechtlichen Rahmenbedingungen, insbesondere der Pflichtenregime, von Grundmarkt- und Teilbereichshandel fehlt; der Zulassung zum regulierten (Grund-)Markt kommt hier keine vergleichbare kompensatorische Wirkung zu, wie schon die Regelung der §§ 57 Abs. 1 S. 3, 50 Abs. 2 BörsO FWB beweist, dem Anleger wird vielmehr die Möglichkeit der Desinvestition zu Erwerbsbedingungen erheblich erschwert.

Will man, wie teilweise vertreten, auch die Zulassung und Handelbarkeit der Aktien an einem Markt in einem Drittstaat als für § 39 Abs. 2 S. 3 Nr. 2b) BörsG ausreichend ansehen, sofern der Emittent dort vergleichbaren Verhaltens- und Publizitätspflichten zu beachten hat und Kursermittlung und Börsenaufsicht der hiesigen entsprechen,[1804] kann der Gleichwertigkeitsmaßstab im Falle des freiwilligen Teilbereichsrückzugs unter gleichzeitiger Aufgabe der Börsenzulassung insgesamt, jedenfalls hinsichtlich des Transparenzniveaus, konsequenterweise auch nur dem teilbereichsspezifischen Pflichtenbestand entnommen werden, dessen Wegfall es aus Sicht der Anleger auszugleichen gilt. Insofern wird zumindest die internationale Konzeption des Prime Standards und dessen konkrete Ausgestaltung in der Börsenordnung eine Rolle spielen; dann könnte es etwa drauf ankommen, ob der ausländische Markt ein quartalsweises Berichtsformat, vergleichbar der in § 53 BörsO FWB geregelten Quartalsmitteilungs- bzw. Quartalsfinanzberichterstattungspflicht, kennt oder es an einer gleichwertigen Zulassungsfolgepflicht fehlt.

1801 Begr. RegE Gesetz zur Umsetzung der Transparenzrichtlinie-Änderungsrichtlinie BTDrucks. 18/6220, S. 86.

1802 Begr. RegE Gesetz zur Umsetzung der Transparenzrichtlinie-Änderungsrichtlinie BTDrucks. 18/6220, S. 84; Baumbach/Hopt/*Kumpan*, § 39 BörsG Rn. 5.

1803 *Groß*, Kapitalmarktrecht, § 39 BörsG Rn. 18.

1804 Vgl. *Groß*, Kapitalmarktrecht, § 39 BörsG Rn. 16, der für die Vergleichbarkeit der Märkte nicht auf deren Standort, sondern auf die geltenden Mitteilungs- und Informationspflichten als die „für die hier allein maßgeblichen Anlegerinteressen maßgeblichen Kriterien“ abstellt.

In den unterschiedlichen Delistingszenarien, in denen die Handelbarkeit der Aktien an einem regulierten Markt bestehen bleibt – im Falle des Grundmarktzulassungswiderrufs an einer anderen inländischen Börse, im Falle des Teilbereichsrückzugs im Grundmarkthandel derselben Börse – werden die Anlegerinteressen an einem Fortbestand des Teilbereichslistings also höher bewertet als im Falle der Verlagerung oder Konzentration des Handels auf einen anderen Börsenplatz. Das wird teilweise als *wertungswidersprüchlich* empfunden.[1805] Es ist allerdings zu beachten, dass nur bei einem inländischen Börsenwechsel das regulatorische Handelsumfeld unverändert erhalten bleibt, wohingegen der Rückzug aus einem Teilbereich des regulierten Marktes in den Grundmarkthandel segmentspezifische Transparenz- und Anlegerschutzvorschriften entfallen lässt[1806] und die Gesellschaft fortan einem relativ reduzierten Pflichtenregime untersteht.[1807] Ein Gleichlauf der Fristen wäre etwa dann angezeigt, wenn der Handel in mehreren börsenverschiedenen Teilbereichen in nur einem Sondersegment fortgesetzt werden soll und die Teilbereichsregulierung an den unterschiedlichen Börsenplätzen im Wesentlichen gleichwertig ist. So aber dient die Übergangsfrist als Ausgleich dafür, dass Aspekte des Anlegerschutzes im Rahmen der gebundenen Widerrufsentscheidung nach § 57 Abs. 1 S. 1 BörsO FWB keine Berücksichtigung finden können.

Weiter stellt sich die Frage, wie zu verfahren ist, wenn ein Teilbereichsemittent an mehreren regulierten Grundmärkten im Inland zum Handel zugelassen ist und im Falle des Teilbereichsrückzugs auf Antrag die verkürzte Frist nach § 46 Abs. 3 S. 1 BörsO FWB für sich beansprucht. Da beide Fristenvorgaben auf einer Entscheidung des Börsenrats beruhen und in der Börsenordnung angelegt sind (vgl. § 39 Abs. 5 S. 3 BörsG), kann jedenfalls nicht ohne Weiteres von dem Vorrang des Grundmarktentlassungsverfahrens ausgegangen werden. Vielmehr gilt, dass sich die Übergangsfrist für den Teilbereichsrückzug auf die für das Delisting geltende verkürzte Frist reduziert, da die Teilbereichszulassung aufgrund einseitiger Akzessorietät nicht ohne die Zulassung nach § 32 Abs. 1

1805 So bei *Schiemzik*, Segmentwechsel, 129.

1806 Vgl. auch *Kleindiek*, in: Festschrift für Gerold Bezzenberger zum 70. Geburtstag am 13. März 2000, 653 (656); ebenso erkennt *Gebhardt*, WM-Sonderbeilage 2/2003, 3 (8) den *veränderten Zulassungsstatus* des Emittenten nach einer Rückstufung in den Grundmarkthandel.

1807 Vgl. auch *Grupp*, Börseneintritt und Börsenaustritt, 107 ff., der die Interessenlage der Minderheitsaktionäre bei einem Börsenrückzug des Emittenten beschreibt; auch *Geyrhalter/Zirngibl*, DStR 2004, 1048 (1050); *Schiereck/Hartmann*, in: Festschrift für Hartmut Schmidt zum 65. Geburtstag, 205 (207).

BörsG bestehen kann.[1808] Da aber der Widerruf der Grundmarktzulassung auf Antrag des Emittenten nach § 39 Abs. 2 S. 2 BörsG dem Schutz der Anleger nicht widersprechen darf und in Form der Fristenregelung des § 57 Abs. 1 S. 3 BörsO FWB ein wesentliches Schutzelement für den Teilbereichshandel ausgeschaltet würde, sollten die dargestellten Anlegerschutzdefizite im Rahmen von Delisting und Teilbereichsrückzug jedenfalls über § 39 Abs. 5 S. 3 BörsG und äußerstenfalls sogar über die Ermessensbetätigung der Börsengeschäftsführung im Rahmen des regulären Delistingverfahrens ein Gleichlauf der Wirksamkeitsfristen für den jeweiligen Zulassungswiderruf hergestellt werden. Für § 39 Abs. 2 S. 3 Nr. 2b) existiert ein solcher Gleichlauf bereits (vgl. § 46 Abs. 3 S. 2 BörsO FWB), sodass Teilbereichsemittenten, deren Aktien lediglich noch an einem EU-/EWR-ausländischen Börsenmarkt mit einer § 39 Abs. 2 S. 3 Nr. 1 BörsG gleichwertigen Erwerbsangebotsregelung für den Fall des Börsenrückzugs gelistet sind, nicht vor Ablauf der in § 57 Abs. 1 S. 3 BörsO FWB normierten Übergangsfrist aus ihren teilbereichsspezifischen Zusatzpflichten entlassen werden (vgl. § 50 Abs. 2 BörsO FWB). § 39 Abs. 5 S. 2, 3 BörsG gibt den Börsen ausreichend Raum für eine entsprechende Regelung, nachdem der Widerruf der Zulassung zum regulierten Markt nach § 39 Abs. 2 S. 1 BörsG außer in den Fällen des § 39 Abs. 2 S. 3 Nr. 1 BörsG nicht vor Ablauf der Wirksamkeitsfrist für den Widerruf der Teilbereichszulassung wirksam wird. Emittenten, die sich für den Aufstieg in einen Teilbereich des regulierten Marktes entschieden haben, ist eine entsprechend verlängerte Übergangsfrist bis zum Wirksamwerden des Zulassungswiderrufs aus Gründen des Anlegerschutzes durchaus zuzumuten. Deren Dauer sollte sich aber, auch um eine zutrittshemmende Wirkung zu vermeiden, unterhalb der zeitlichen Grenze des § 39 Abs. 5 S. 2 BörsG bewegen und berücksichtigen, dass eine Beeinträchtigung von Handelbarkeit und Anlegerschutzniveau nicht in gleichem Maße wie bei einem vollständigen Börsenrückzug zu befürchten steht.

Die Widerrufsentscheidung wird gem. § 57 Abs. 1 S. 2 BörsO FWB unverzüglich von der Geschäftsführung der Börse im Internet veröffentlicht. Erst die Veröffentlichung, nicht bereits der Widerrufsausspruch, setzt die Frist nach S. 3 in Gang. Das Wirksamwerden des Widerrufs nach Fristablauf entbindet den Emittenten sodann von allen teilbereichsspezifischen Sonderpflichten.[1809] Daraus folgt aber, dass Publizitätsleistungspflichten, deren Erstellungszeiträume noch während der Wirksamkeitsfrist enden, selbst dann noch zu erfüllen sind, wenn

---

1808 Oben Kapitel 1 § 3 IV.2.a.

1809 Dazu sogleich Kapitel 5 § 4 II.

sich prognostische Elemente einzelner Berichtsformen auf die Zeit nach dem Teilbereichsrückzug beziehen.[1810] Dazu sogleich im Einzelnen.

IV. Sonderproblem: Die Beendigung des Aktienzertifikatehandels in Teilbereichen des regulierten Marktes

Auch im Rahmen des Teilbereichsrückzugsverfahrens birgt die besondere Struktur des Zertifikathandels einige Sonderprobleme.[1811] Sofern ein Emittent Aktien vertretende Zertifikate seine Präsenz in einem Teilbereich des regulierten Marktes beenden möchte, ist auch hierfür ein Antrag an die Geschäftsführung der Börse erforderlich. In diesem Zusammenhang statuiert § 57 Abs. 1 S. 1 BörsO FWB als Gegenstück der simultanen Antragstellung im Rahmen des Zulassungsverfahrens ein solidarisches Antragserfordernis („Auf Antrag des [...] Emittenten der Aktien vertretenden Zertifikate und des Emittenten der vertretenen Aktien widerruft die Geschäftsführung [...]"), durch das der zertifikatetypischen Emittentendopplung Rechnung getragen werden soll. Die Vorschrift führt dazu, dass sich der Zertifikateemittent nur im Einvernehmen mit dem Aktienemittenten von einem Teilbereichslisting lösen kann, und berücksichtigt auf diese Weise die Interessen des Aktienemittenten an einer fortbestehenden Repräsentanz seiner Papiere auf dem deutschen Kapitalmarkt. Aus der Perspektive des Emittenten der Hinterlegungsscheine wirft die Regelung aber einige Fragen auf. Denn vorbehaltlich entsprechender depotvertraglicher Zusicherungen erhält der Aktienemittent die Möglichkeit, die Depotbank an ihrem Teilbereichslisting festzuhalten. Gleichzeitig ist es nach der Konzeption des § 42 Abs. 1, Abs. 2 S. 1 BörsG der Emittent der Aktien, dem ein teilbereichskonformes Informationsverhalten aufgegeben ist, aber der notierte Zertifikateemittent, demgegenüber etwaige Sanktionen aufgrund der Nichterfüllung teilbereichsspezifischer Sonderpflichten ergehen können.

Auch die individuelle Unterwerfungserklärung des anstaltsfremden Aktienemittenten nach § 48 Abs. 2 BörsO FWB[1812] erleichtert den anvisierten Segmentrückzug für die Depotbank nicht. Im Rahmen der Antragstellung erklärt der Emittent der vertretenen Aktien gegenüber der Börsengeschäftsführung nämlich lediglich, „die in den §§ 51 bis 56 [der BörsO FWB; Anm. d. Verf.]

1810 Hierzu insbesondere Kapitel 5 § 1 II.2.a.

1811 Zu den Problemen rund um die gemeinsame Antragstellung von Aktien- und Zertifikateemittent vgl. schon oben Kapitel 1 § 3 III.3.

1812 Zu diesem Erfordernis bereits oben Kapitel 1 § 3 III.3.c.

genannten Pflichten anstelle des Emittenten der Aktien vertretenden Zertifikate zu erfüllen." Zu einer solidarischen Antragstellung nach § 57 Abs. 1 S. 1 der Frankfurter Börsenordnung im Falle des Rückzugswunsches des Zertifikateemittenten verpflichtet er sich also nicht ohne Weiteres.

Drei Monate nach der Veröffentlichung des Zulassungswiderrufs auf Antrag beider Emittenten wird das Teilbereichslisting des Zertifikateemittenten mit Wirksamwerden der Widerrufsentscheidung beendet (§ 57 Abs. 1 S. 3 BörsO FWB). Die Zertifikate können fortan am Grundmarkthandel teilnehmen (§ 57 Abs. 4 BörsO FWB). Die Börsenordnung enthält sich aber einer Antwort auf die Frage, welche Auswirkungen der Zulassungswiderruf gegenüber dem Zertifikateemittenten auf die vertragliche Pflichtenbindung des Aktienemittenten gegenüber der Geschäftsführung der Börse hat, die dieser im Rahmen des Antragsverfahrens gem. § 48 Abs. 2 BörsO FWB eingegangen ist. Hier wird davon auszugehen sein, dass die Beziehung zwischen Börsengeschäftsführung und Aktienemittent eine entsprechende Lösungsmöglichkeit für den Fall des Zulassungswiderrufs bereithält, etwa in Form eines Sonderkündigungsrechts. Wo dies nicht der Fall ist, wird man die vertragliche Pflichtenbindung im Wege ergänzender Vertragsauslegung unter die auflösende Bedingung des Widerrufs der Teilbereichszulassung gegenüber dem Zertifikateemittenten stellen müssen, da mit dessen Ausscheiden eine fortgesetzte Pflichtenerfüllung durch die Aktiengesellschaft aus Sicht der Börse letztlich überflüssig wird.

§ 4 Folgen der Beendigung des Teilbereichshandels

Die dargestellten Beendigungstatbestände und die rechtliche Selbstständigkeit von Grundmarkt- und Teilbereichszulassung führen abschließend zu der Frage, welche Folgen sich an die Beendigung des Teilbereichshandels anschließen.

I. Einführung in den Grundmarkthandel von Amts wegen

Der Widerruf des auf den Teilbereichshandel gerichteten Zulassungsverwaltungsakts lässt die Zulassung zum Grundmarkthandel unabhängig von der Art der Beendigung grundsätzlich unberührt.[1813] § 57 Abs. 3 BörsO FWB stellt in dieser Hinsicht klar, was aus der rechtlichen Selbstständigkeit der Zulassungsakte und ihrer nur einseitig akzessorischen Verklammerung folgt.[1814] Wird die Teilbereichszulassung durch die Geschäftsführung der Börse widerrufen, findet

---

1813 Baumbach/Hopt/*Kumpan*, § 42 BörsG Rn. 2.

1814 Dazu eingehend oben Kapitel 1 § 3 IV.2.a.

eine Herabstufung des Emittenten statt, dessen Wertpapiere grundsätzlich fortan am Grundmarkthandel teilnehmen.[1815] Die Geschäftsführung der Börse hat die Einführung der herabgestuften Wertpapiere in den regulierten Markt von Amts wegen zu veranlassen, nachdem der Widerruf der Teilbereichszulassung wirksam geworden ist (§ 57 Abs. 4 BörsO FWB). Auch die Einführung der Wertpapiere in den Grundmarkt obliegt der Börsengeschäftsführung unabhängig davon, auf welche Weise die Teilbereichszulassung beendet worden ist – durch Widerruf auf Antrag des Emittenten oder durch Teilbereichsausschluss gem. § 42 Abs. 2 S. 1 BörsG. Bei einem Widerruf der Teilbereichszulassung auf Antrag des Emittenten ist die 3-Monats-Frist gem. § 57 Abs. 1 S. 3 BörsO FWB zu beachten, ehe der Grundmarkthandel aufgenommen werden kann. Solange nehmen die Papiere des Emittenten noch am Teilbereichshandel teil, wie § 57 Abs. 4 BörsO FWB *e contrario* entnommen werden kann.

Durch die Einführung in den Grundmarkthandel von Amts wegen entfällt für den Emittenten das nach § 38 Abs. 1 S. 1 BörsG vorgesehene Antragserfordernis. Das ist sachgerecht, da im Rahmen des Teilbereichsrückzugsverfahrens die Interessen des Anlegerpublikums nur deshalb hinter der kapitalmarktrechtlichen Bewegungsfreiheit des Emittenten zurücktreten mussten, weil die Notierung in den Grundstrukturen des regulierten Marktes und der Handel innerhalb eines anleger- und funktionsschützenden Rechtsrahmens fortgesetzt wird. Widerspricht der Emittent der Einführung seiner Wertpapiere in den Grundmarkthandel, steht sein Verhalten einem Antrag nach § 39 Abs. 2 BörsG entsprechend einem Delisting aus dem regulierten Markt gleich. Um einen Ausgleich der widerstreitenden Interessen von Emittenten und Anlegern zu erreichen und Wertungswidersprüche zu vermeiden, erscheint in einem solchen Fall auch die Beachtung der einzelnen Schritte des Marktentlassungsverfahrens nach § 39 Abs. 2 bis 5 BörsG notwendig.

II. Erlöschen der erweiterten Folgepflichten (§ 50 Abs. 2 BörsO FWB)

1. *Teilbereichsrückzug*

Mit dem Wirksamwerden des Widerrufs der Zulassung zum Prime Standard endet die teilbereichsspezifische Verpflichtung zu jährlicher und halbjährlicher Finanzberichterstattung sowie zur Veröffentlichung von Quartalsmitteilungen

1815 *Schanz*, Börseneinführung, § 12 Rn. 74; *Mitental/Anders*, DStR 2003, 1893 (1896); BeckHdB-AG/*Harrer*, § 20 Rn. 25.

(§ 50 Abs. 2 S. 1 BörsO FWB). Für Erstellungszeiträume, die bereits vor dem Wirksamwerden des Widerrufsbeschlusses abgeschlossen waren, müssen die Pflichten aus den §§ 51 bis 53 BörsO FWB aber noch erfüllt werden.[1816] Das ergibt sich aus § 50 Abs. 2 S. 2 BörsO FWB, der sich insofern auf die Pflichten zur Finanzberichterstattung bezieht, bei denen Berichts- und Erstellungszeiträume zu unterscheiden sind.[1817] Wie auch für die Beendigung des Grundmarkthandels ist demnach ein Bericht über den Zeitraum, in dem der Zulassungswiderruf wirksam wird, im Gegensatz zu einem Bericht oder einer Quartalsmitteilung über den unmittelbar vorangegangenen Berichts- und Erstellungszeitraum, nicht zwingend erforderlich. Je nachdem, wann der Zulassungswiderruf beantragt wird, können die Veröffentlichungspflichten des Emittenten also sowohl für den Berichts- oder Erstellungszeitraum der Antragstellung als auch für den Berichts- oder Erstellungszeitraum der Veröffentlichung der Widerrufsentscheidung bestehen bleiben. Bereits abgeschlossene Berichtszeiträume sind demgegenüber irrelevant, wenn der Widerruf der Zulassung vor Ablauf des sich an den Berichtszeitraum anschließenden Erstellungszeitraums mit Ablauf der dreimonatigen Übergangsfrist nach § 57 Abs. 1 S. 3 BörsO FWB wirksam wird. Das kann insbesondere bei dem längeren Erstellungszeitraum für den Jahresbericht relevant werden. Im Übrigen gelten die Ausführungen zu Antragstellung und Zeitpunkt der Zulassung sinngemäß.

Eine für das laufende Geschäftsjahr noch nicht durchgeführte Analystenveranstaltung wird nur dann noch abzuhalten sein, wenn das Geschäftsjahr endet, bevor der Zulassungswiderruf wirksam geworden ist. Das ergibt sich zwar nicht aus der Börsenordnung, folgt aber daraus, dass bis zu diesem Zeitpunkt das satzungsrechtliche Pflichtenregime gegenüber dem Emittenten fortgilt und Verstöße auch weiterhin sanktioniert, insbesondere mit einem Ordnungsgeld belegt werden können.[1818] Entsprechendes wird man für den Unternehmenskalender anzunehmen haben, der bis zur Beendigung des Teilbereichslistings, nicht aber darüber hinaus, aktualisiert werden muss.

Wenn also, um auf die Finanzberichtspflichten zurückzukommen, der Widerrufsbeschluss der Börsengeschäftsführung mit Ablauf der in § 57 Abs. 1 S. 3 BörsO FWB statuierten Drei-Monats-Frist mit Ablauf des 3. Juli wirksam wird, sind zu diesem Zeitpunkt in einem Geschäftsjahr, das dem Kalenderjahr

---

1816 BeckHdB-AG/*Harrer*, § 20 Rn. 38.

1817 Zu der insbesondere im Rahmen des Antragsverfahrens relevanten Unterscheidung zwischen Berichts- und Erstellungszeitraum vgl. schon oben Kapitel 5 § 1 I.

1818 Oben Kapitel 5 § 2 I.2.b.bb. und cc.

entspricht, die Erstellungszeiträume des Jahresfinanzberichts für das vorangegangene Geschäftsjahr und der ersten Quartalsmitteilung bereits abgeschlossen.[1819] Beide Berichtsformate waren also noch bis zum Ende des jeweiligen Erstellungszeitraums zu übermitteln. Einen Halbjahresfinanzbericht hingegen muss der Emittent in dem hier gewählten Beispiel nicht mehr veröffentlichen, da zwar der Berichts-, nicht aber auch der Erstellungszeitraum bei Wirksamwerden des Zulassungswiderrufs abgeschlossen ist (§ 50 Abs. 2 S. 2 BörsO FWB).[1820]

Zweck des § 50 Abs. 2 BörsO FWB ist es, in Verbindung mit der großzügigen Übergangsfrist im Falle des freiwilligen Teilbereichsrückzugs ein geordnetes Rückzugsverfahren zu gewährleisten. Zugleich stellt die Regelung sicher, dass auch die börslichen Sanktionsmechanismen bis zur Beendigung des Teilbereichshandels nicht leerlaufen, sondern weiterhin an die zu veröffentlichenden Finanzberichte und den fortgeltenden Pflichtenbestand anknüpfen können. Nur, wenn das Transaktionsumfeld der ursprünglichen Investitionsentscheidung bis zum Wirksamwerden des Widerrufs erhalten wird, dient die satzungsrechtliche Fristenlösung auch den Interessen des Anlegerschutzes.[1821]

2. *Teilbereichsausschluss*

Wird die Zulassung zu einem Teilbereich des regulierten Marktes in Form eines Teilbereichsausschlusses auf der Grundlage von § 42 Abs. 2 S. 1 BörsG widerrufen, sollen gem. § 57 Abs. 2 S. 1 BörsO FWB die Vorschriften der Börsenordnung über den Widerruf der Zulassung zum regulierten Grundmarkt von Amts wegen entsprechend gelten. Der so in Bezug genommene § 47 der Börsenordnung sieht aber, wie auch § 39 Abs. 1 BörsG, keine Frist zwischen der Veröffentlichung der Widerrufsentscheidung und ihrem Wirksamwerden vor. Über §§ 57 Abs. 2 S. 1, 47 Abs. 2 BörsO FWB wird nur angeordnet, dass der Widerruf durch die Börsengeschäftsführung unverzüglich im Internet zu veröffentlichen ist. § 57 Abs. 2 S. 2 BörsO FWB, der auf §§ 42 Abs. 2 S. 2, 25

1819 Beispiel aus den Being Public Guidelines der Frankfurter Wertpapierbörse für den regulierten Markt, abrufbar unter https://www.deutsche-boerse-cash-market.com/dbcm-de/primary-market/being-public/ipo-line-being-public/regulierter-markt (zuletzt abgerufen am 31. März 2021).

1820 Vgl. https://www.deutsche-boerse-cash-market.com/dbcm-de/primary-market/being-public/ipo-line-being-public/regulierter-markt (zuletzt abgerufen am 31. März 2021).

1821 Zu den Unterschieden zu einem Delisting nach § 39 Abs. 1 BörsG vgl. soeben oben Kapitel 5 § 3 III.1.

Abs. 1 S. 2, 3 BörsG zurückgeht, gibt weiter vor, dass die Börsengeschäftsführung die Börsenaufsichtsbehörde und die BaFin unverzüglich über die Ausschließung nach § 42 Abs. 2 S. 1 BörsG zu unterrichten hat. Hiernach also wird der ordnungspolitische Teilbereichsausschluss gem. §§ 42 Abs. 2 S. 1 BörsG, 57 Abs. 2 BörsO FWB fristlos wirksam. Das erscheint zwar angesichts der tatbestandlichen und auch rechtsfolgenbezogenen Anforderungen an einen Zulassungswiderruf konsequent, blendet aber Aspekte des Anlegerschutzes weitgehend aus. Denn anders als im Falle des freiwilligen Teilbereichsrückzugs wird der Emittent in einem solchen Fall ohne Übergangsfrist aus den teilbereichseigenen Sonderpflichten entlassen, da der Teilbereichsausschluss spätestens wirksam wird, wenn die Widerrufsentscheidung der Geschäftsführung im Internet veröffentlicht wird (§ 50 Abs. 2 BörsO FWB). Auch seine Wertpapiere sind – abgesehen von solch schwerwiegenden Verstößen, die auch den Widerruf der Zulassung nach § 39 Abs. 1 BörsG rechtfertigen könnten – gem. § 57 Abs. 4 BörsO FWB in den Grundmarkthandel einzuführen. Nimmt man außerdem erneut die Gebührenordnung für die Frankfurter Wertpapierbörse und dort § 13 Abs. 2 i.V.m. Tabelle VIII in den Blick, fällt auf, dass für den Teilbereichszulassungswiderruf von Amts wegen auf der Grundlage von § 42 Abs. 2 S. 1 BörsG geringere Gebühren anfallen, als für den Widerruf der Zulassung auf Antrag des Teilbereichsemittenten.[1822] Hier entsteht der Eindruck, es könne ein Teilbereichsausschluss als kosteneffiziente Austrittsalternative provoziert werden, um dem teilbereichsspezifischen Pflichtenregime zeitnah zu entkommen. Da aber im Falle des Teilbereichsausschlusses, anders als bei einem freiwilligen Teilbereichsrückzug nach § 57 Abs. 1 S. 1 BörsO FWB, die Unterrichtungspflichten der Börsengeschäftsführung gegenüber BaFin und Börsenaufsichtsbehörde nach den §§ 42 Abs. 2 S. 2 BörsG, 57 Abs. 2 S. 2 BörsO FWB aktiviert werden[1823] und zudem die Möglichkeit besteht, das Ausschlussverfahren auszusetzen und die Sache stattdessen an den Sanktionsausschuss zu verweisen,[1824] dürfte sich diese Gefahr kaum je realisieren.[1825]

1822 Für den Widerruf der Zulassung auf Antrag des Emittenten erhebt die Börse eine Gebühr i.H.v. 3000 €, während für einen Zulassungswiderruf von Amts wegen 2.500,00 € zur Zahlung fällig werden.

1823 Dazu bereits oben Kapitel 5 § 2 I.1.

1824 Kapitel 5 § 2 I.2.b.

1825 So auch *Gebhardt*, in: Schäfer/Hamann, KMG, § 43 BörsG Rn. 13, der außerdem auf eine mögliche Haftung des Vorstands sowie die zu befürchtenden Reputationseinbußen hinweist.

Schlussbetrachtung

§ 1 Zusammenfassung der wesentlichen Ergebnisse der Arbeit

I. Regulierungstheoretischer Rahmen der Rechtsetzung in Teilbereichen

Auf der Grundlage des zur Integration der nationalen Wertpapiermärkte weitgehend vereinheitlichten europäischen Kapitalmarktrechts wird auch das Profil der deutschen Börsenlandschaft durch die unionsrechtlich vorgezeichneten Handelsplatzkategorien bestimmt. Innerhalb dieses äußeren Rahmens börsenorganisationsrechtlicher Strukturvorgaben entspricht die börsenautonome Regulierung besonderer Teilbereiche einem strategischen Regulierungsansatz des europäischen Kapitalmarktrechts, aufgrund dessen die durch die kapitalmarktrechtlichen Basisrechtsakte konstituierten Marktkategorien für den börslichen Wertpapierhandel nur in ihren Grundzügen verbindlich ausgestaltet sind, darüber hinaus aber Raum für eine weitergehende Ausdifferenzierung im Wege marktautonomer Regelsetzung besteht. Vor diesem Hintergrund ermöglicht § 42 Abs. 1 BörsG den Börsen, in ihren Börsenordnungen, die gem. § 12 Abs. 2 S. 1 Nr. 1 BörsG die Rechtsqualität einer öffentlich-rechtlichen Satzung haben, vertikale Marktstrukturen in Form differenzierter Anforderungsprofile in Teilbereichen des regulierten Marktes einzurichten. Die Zulassung zu einem solchen Teilbereich stellt gegenüber der korrespondierenden Grundmarktzulassung einen rechtlich eigenständigen Zulassungsverwaltungsakt dar, der das teilbereichsspezifische Sonderpflichtenregime dem Emittenten gegenüber in Geltung setzt und als einseitig akzessorische Regelung die satzungsrechtlich definierten Zulassungsfolgepflichten mit dem Verwaltungsakt der Grundmarktzulassung verknüpft.

II. Grundfunktionen vertikaler Marktsegmente

Die Regulierung besonderer Teilbereiche innerhalb des regulierten Marktes dient keinen Selbstzweck. Als regulatorischer Eingriff in die Strukturen des börslichen Wertpapierhandelsplatzes ist die Teilbereichsregulierung insbesondere der operativen Markteffizienz verpflichtet. Dabei erlaubt eine Rangfolge unter den Börsensegmenten zunächst eine *Ordnung* der Anlageprodukte nach Risikoklassen und eine *Abschichtung* der Transparenzstandards durch eine proportionale Segmentregulierung, die den Markt nach unten für Erstemissionen offenhält und gleichzeitig erlaubt, die ranghöheren Börsensegmente als Mittel strategischer Selbstselektion zur Überwindung asymmetrischer Informationsstände auf den Primär- und börslichen Sekundärmärkten bereitzustellen. Funktionsbeeinträchtigend kann sich auswirken, dass Segmente von Emittenten besetzt werden, die dem segmentspezifischen Anforderungsprofil nicht entsprechen.

III. Grenzen der Ermächtigungsgrundlage und materielle Neuausrichtung des Regulierungspotenzials

Als Satzungsrecht unterliegt die Einrichtung besonderer Teilbereiche den Regulierungsschranken der Ermächtigungsgrundlage, die als *lex specialis* auch einen Rückgriff auf die allgemeine börsliche Satzungsautonomie blockiert. § 42 Abs. 1 BörsG beinhaltet sowohl formelle als auch materielle Gestaltungsgrenzen. Es konnte nachgewiesen werden, dass das börsliche Regulierungspotenzial in Teilbereichen innerhalb dieser Grenzen entgegen der ganz überwiegenden Meinung *nicht* auf die Vorgabe weitergehender Transparenz- und Unterrichtungspflichten beschränkt ist. Gesetzgeberischem Willen und Zielvorgaben des europäischen Kapitalmarktrechts entsprechend können in Teilbereichen des regulierten Marktes auf der Grundlage der Ermächtigungsgrundlage auch materielle Verhaltens- und gesellschaftsrechtliche Strukturvorgaben als segmentspezifische Zulassungspflichten in der Börsenordnung formuliert werden.

IV. Zum Standort von § 42 Abs. 1 BörsG in einem regulatorischen Mehrebenensystem

Welche Verhaltens- und Transparenzpflichten konkret zur satzungsrechtlichen Ausgestaltung eines Teilbereichs eingesetzt werden können, ergibt sich allerdings nicht aus § 42 Abs. 1 BörsG, sondern ist anhand der jeweiligen Regelungsmaterie zu bestimmen, im Rahmen derer der Gesetzgeber darüber befindet, inwieweit die jeweiligen Bestimmungen abschließend oder für eine auf den Teilbereichshandel beschränkte Verschärfung durch die Börsen im Rahmen des börslichen Satzungsrechts geeignet sind. Die Ermächtigungsgrundlage dient insofern als *kodifizierter Verhältnismäßigkeitsgrundsatz*. Die materiellen Rechtmäßigkeitsanforderungen unterliegen dabei aufgrund des Umstands, dass das teilbereichsspezifische Satzungsrecht der Börse in besonderer Weise von der Ausformung des gesetzlichen Pflichtenbestandes als Legalisierungsgrundlage abhängig ist, nicht unerheblichen Schwankungen. Infolge der intensiven Kapitalmarktgesetzgebung der letzten Jahre wird es für die Börsen immer schwieriger, in Teilbereichen den für die vertikale Marktsegmentregulierung erforderlichen qualitativen Regulierungsabstand durch echte segmentspezifische Sonderpflichten herzustellen und in dem *Dialog der Normproduzenten* auf die Ambitionen des Gesetzgebers zu reagieren.

V. Formbindung der Teilbereichsregulierung aus Gründen des Anleger- und Funktionsschutzes

Um dem entgegenzuwirken, können die Regulierungsgrenzen der Ermächtigungsgrundlage aber nicht mit den Mitteln des Privatrechts erweitert werden. Mit § 42 BörsG hat der Gesetzgeber bewusst eine Ermächtigungsgrundlage geschaffen, die die Segmentierung des öffentlich-rechtlichen Handelsplatzes dem börslichen Satzungsrecht zuweist. Privatrechtliche, zwischen Emittenten und Börsenträger vereinbarte Listingbedingungen zur Segmentierung des regulierten Marktes widersprechen hiernach nicht nur börsengesetzlichen Kompetenzzuweisungen und den dahinterstehenden Erwägungen des Anleger- und Funktionsschutzes. Wie der Prime Standard für den Anleihehandel gezeigt hat, umgehen derartige Gestaltungsmuster zugleich die in der Ermächtigungsgrundlage angelegten Regulierungsgrenzen des Börsenrats. Sie sind deshalb auf die Gestaltung des Freiverkehrshandels zu beschränken.

VI. Scheinhierarchie

Verbunden mit einer zunehmenden Aufwertung des gesetzlichen Pflichtenbestands haben die dynamischen Gestaltungsgrenzen der Ermächtigungsgrundlage sowie das aufgrund eines redaktionellen Defekts verkürzte Rechtsetzungspotenzial der Börsen dazu geführt, dass sich der Regelbestand des Prime Standards für den Aktienhandel an der Frankfurter Wertpapierbörse weitgehend und von geringfügigen Modifikationen abgesehen der grundmarktlichen Pflichtenbasis angeglichen hat. Konsequent verlagert sich zunehmend auch der Handelsschwerpunkt an der Frankfurter Wertpapierbörse in einen Teilbereich des regulierten Marktes mit der Folge, dass das Sondersegment von deutlich mehr Emittenten besetzt wird, als der korrespondierende regulierte Grundmarkt. Dadurch steht weder der ranghöhere Teilbereich als echter Selbstselektionsmechanismus zur Verfügung, noch weist der Grundmarkthandel einen verhältnismäßig geringeren Pflichtenbestand als Einstiegssegment auf. Die regulatorische Aufwertung des Freiverkehrshandels infolge des erweiterten Anwendungsbereichs der MAR führt zu einer weitergehenden Angleichung der Regulierungsniveaus. In der Folge wird dem Markt eine Hierarchie unter den börslichen Marktsegmenten suggeriert, wo sich diese mangels hinreichend proportionaler Regulierung zunehmend in Richtung eines gemeinsamen Standards bewegen, der die Gesamtmarkttransparenz beeinträchtigen und Ineffizienzen für das gesamte Handelsgeschehen begünstigen kann. Mit § 42 BörsG steht den Börsen ein Mittel zur Verfügung, diesem Trend entgegenzuwirken.

VII. Beendigung des Teilbereichshandels

Von den zahlreichen Einzelproblemen rund um die Notierung in einem Teilbereich des regulierten Marktes bereiteten vor allem die Reaktionsmöglichkeiten der Börse auf Regelwerksverstöße des Emittenten größere Schwierigkeiten. Insbesondere die Anwendbarkeit des Ordnungsgeldtatbestandes auf Sonderpflichten nach § 42 Abs. 1 BörsG, der tatbestandlich an die Pflichten des Emittenten *aus dessen Grundmarktzulassung* anknüpft, kann, entgegen der börslichen Sanktionspraxis, nicht ohne Vorbehalte angenommen werden. Geht man aber von ihr aus, sind die unterschiedlichen Sanktionstatbestände über Verhältnismäßigkeitserwägungen im Rahmen der Ermessensbetätigung zu koordinieren und entsprechend der gesetzgeberischen Vorstellung aufeinander abzustimmen, sodass Emittenten, die wiederholt gegen teilbereichsspezifische Sonderpflichten verstoßen, zunächst abzumahnen, dann mit einem Ordnungsgeld zu belegen und schließlich mit den Mitteln des § 42 Abs. 2 S. 1 BörsG aus dem jeweiligen Teilbereich auszuschließen sind.

§ 2 Ausblick

Vieles von dem, was den Gesetzgeber des Vierten Finanzmarktförderungsgesetzes dazu veranlasst hat, die börsenautonome Regulierung besonderer Teilbereiche in das börsliche Satzungsrecht und eine generalklauselartige Ermächtigungsgrundlage zu überführen, scheint heute in dem Bewusstsein der Börsen kaum mehr präsent. Es fehlt, so könnte man den Eindruck gewinnen, den zur Rechtsetzung berufenen Börsenorganen an dem erforderlichen Mut zum Börsengesetz und zu einer Ausschöpfung ihres Regulierungspotenzials, insbesondere aber zu einer konsequenten Sanktionierung von Rechtsverstößen im Rahmen des Teilbereichshandels nach den Vorgaben des Börsengesetzes. Zugegeben, die Rolle der Börsen ist alles andere als einfach, sie ist geprägt durch ein Changieren zwischen dem richtigen Maß an Anlegerschutz, dem Erhalt eines attraktiven Transaktionsumfelds mit Blick auf die Interessen ihrer Kunden und schließlich der Wahrnehmung eines Rechtsetzungsauftrags innerhalb eines mehrschichtigen Regulierungsmilieus, mit dessen Eigendynamik heute kaum mehr Schritt gehalten werden kann. Die Teilbereichsregulierung der Frankfurter Wertpapierbörse hat sich im Laufe der Jahre geradezu auf ein Sinnbild dieses Konflikts reduziert. Inwiefern die regulatorische Aufwertung des Freiverkehrshandels hier in der Lage sein wird, Druck auf die rechtlichen Strukturen des regulierten Marktes und insbesondere die Teilbereichsregulierung auszuüben, bleibt vorerst abzuwarten. Die Börsen sollten sich mit Blick auf § 42 Abs. 1 BörsG jedenfalls in Erinnerung rufen, dass „der Sinn gesetzlicher Experimentierklauseln gerade nicht in dem Ziel liegen [kann], bestehende Strukturen ungeschmälert zu erhalten."[1826]

1826 VGH Kassel WM 2007, 1264 (1270).

Anhang

Anhang I: Börsenordnung der Frankfurter Wertpapierbörse, Stand: 01. Januar 2003

Auszug aus der Börsenordnung für die Frankfurter Wertpapierbörse, Stand: 01. Januar 2003

[…]

XIV. Abschnitt
Teilbereich des amtlichen Marktes mit weiteren Zulassungsfolgepflichten (Prime Standard)

§ 60 Zulassungsantrag; Zuständigkeit

(1) Für Aktien oder aktienvertretende Zertifikate, die zum amtlichen Markt (General Standard) zugelassen sind, kann der Emittent die Zulassung zum Teilbereich des amtlichen Marktes mit weiteren Zulassungsfolgepflichten (Prime Standard) beantragen. Der Antrag muss sich auf alle zum amtlichen Markt (General Standard) zugelassenen Aktien oder aktienvertretende Zertifikate derselben Gattung beziehen. Der Antrag kann zusammen mit dem Antrag auf Zulassung zum amtlichen Markt (General Standard) gestellt werden.
(2) Über die Zulassung zum Teilbereich des amtlichen Marktes mit weiteren Zulassungsfolgepflichten (Prime Standard) entscheidet die Zulassungsstelle.
(3) Die Aktien oder aktienvertretenden Zertifikate sind zuzulassen, wenn der Zulassungsstelle keine Umstände bekannt sind, wonach der Emittent die weiteren Zulassungsfolgepflichten nicht ordnungsgemäß erfüllen wird. Derartige Umstände werden regelmäßig vermutet,
   1. wenn Antrag auf Eröffnung des Insolvenzverfahrens über das Vermögen des Emittenten gestellt worden ist; für Emittenten mit Sitz im Ausland gilt dies entsprechend; oder
   2. wenn der Emittent bereits zugelassener Aktien oder aktienvertretender Zertifikate seine Pflichten aus der Zulassung nicht oder nicht ordnungsgemäß erfüllt hat.

§ 61 Veröffentlichung der Zulassung
Für die Veröffentlichung der Zulassung zum Teilbereich des amtlichen Marktes mit weiteren Zulassungsfolgepflichten (Prime Standard) gilt § 51 BörsZulVO entsprechend.

§ 62 Abschluss

(1) Der Emittent zugelassener Aktien oder aktienvertretender Zertifikate muss einen konsolidierten Abschluss nach den International Financial Reporting Standards (IFRS) gemäß den jeweils aktuellen Vorgaben des International Accounting Standards Board (IASB) – www.iasc.org.uk – oder nach den US-amerikanischen Generally Accepted Accounting Principles (US-GAAP) gemäß den jeweils aktuellen Vorgaben des Financial Accounting Standards Board (FASB) – www.fasb.org – erstellen und gemäß Absatz 3 veröffentlichen. Der Abschluss gemäß Satz 1 umfasst auch solche zusätzlichen Angaben, die aufgrund nationaler Vorschriften veröffentlicht werden müssen sowie das Prüfertestat gemäß Absatz 2. Eine Überleitungsrechnung der nationalen Rechnungslegung nach IFRS oder US-GAAP kann anerkannt werden. Der Abschluss gemäß Satz 1 muss in deutscher und englischer Sprache abgefasst sein. Auf Antrag des Emittenten kann die Zulassungsstelle gestatten, dass der Abschluss von Emittenten mit Sitz im Ausland ganz oder zum Teil ausschließlich in englischer Sprache abgefasst ist.
(2) Der Abschluss nach Absatz 1 ist in Übereinstimmung mit den Internationalen Standards of Auditing (ISA) zu prüfen. Weitere aufgrund nationaler Vorschriften zu machende Zusatzangaben sind gemäß den nationalen Vorschriften des Emittenten zu prüfen.
(3) Der Emittent hat den gemäß Absatz 1 erstellten Abschluss unverzüglich nach der Billigung durch den Aufsichtsrat, spätestens jedoch innerhalb von vier Monaten nach Ende des Berichtszeitraums, dem Publikum bei den Zahlstellen zur Verfügung zu stellen, sofern nicht diese Unterlagen in der Bundesrepublik Deutschland veröffentlicht worden sind. Auf das Zurverfügungstehen bei den Zahlstellen ist in einem überregionalen Börsenpflichtblatt hinzuweisen. Gleichzeitig mit dem Zurverfügungstellen oder der Veröffentlichung sind die Unterlagen gemäß Satz 1 der Zulassungsstelle in elektronischer Form zu übermitteln. Die Art und Weise der elektronischen Übermittlung wird von der Zulassungsstelle bestimmt. Die Zulassungsstelle stellt den Abschluss dem Publikum elektronisch oder in anderer geeigneter Weise zur Verfügung.
(4) Bei Emittenten, die überwiegend den Betrieb von Rückversicherungsgeschäften zum Gegenstand des Unternehmens haben, ist der gemäß Absatz 1

erstellte Abschluss innerhalb von sechs Monaten zu veröffentlichen. Im Übrigen gilt Absatz 3 entsprechend.

(5) Die Zulassungsstelle kann hinsichtlich des einzureichenden Abschlusses die Frist nach Absatz 3 Satz 1 und 3 oder Absatz 4 auf Antrag des Emittenten einmalig um höchstens vier Wochen verlängern, sofern dieser glaubhaft macht, die Frist weder vorsätzlich noch leichtfertig nicht einhalten zu können.

(6) Gesetzliche Vorschriften über den Konzernabschluss sowie den Jahresabschluss und Lagebericht bleiben unberührt.

§ 63 Quartalsberichte

(1) Der Emittent ist zur Veröffentlichung von Quartalsberichten verpflichtet, die nach denselben internationalen Rechnungslegungsgrundsätzen wie der gemäß § 62 Absatz 1 erstellte Abschluss zu erstellen sind.

(2) Quartalsberichte sind nur jeweils zum Stichtag der ersten drei Quartale eines Geschäftsjahres aufzustellen.

(3) Der Quartalsbericht muss eine Beurteilung ermöglichen, wie sich die Geschäftstätigkeit des Emittenten im jeweiligen Berichtszeitraum und vom Beginn des Geschäftsjahres bis zum Quartalsstichtag entwickelt hat. Er muss die folgenden Zahlenangaben über die Tätigkeit und die Ergebnisse des Emittenten im Berichtszeitraum sowie Erläuterungen hierzu enthalten:

1. eine Bilanz zum Ende des aktuellen Quartals und zum Vergleich eine Bilanz zum Ende des vorangegangenen Geschäftsjahres;
2. Gewinn- und Verlustrechnungen für das aktuelle Quartal sowie vom Beginn des aktuellen Geschäftsjahres bis zum Ende des aktuellen Quartals fortgeführt und zum Vergleich Gewinn- und Verlustrechnungen für die entsprechenden Zeiträume des vorangegangenen Geschäftsjahres;
3. eine vom Beginn des aktuellen Geschäftsjahres bis zum Ende des aktuellen Quartals fortgeführte Darstellung der Veränderungen des Eigenkapitals entsprechend der Darstellung im Abschluss und zum Vergleich eine solche Darstellung für den entsprechenden Zeitraum des vorangegangenen Geschäftsjahres;
4. eine vom Beginn des aktuellen Geschäftsjahres bis zum Ende des aktuellen Quartals fortgeführte Kapitalflussrechnung und zum Vergleich eine Kapitalflussrechnung für den entsprechenden Zeitraum des vorangegangenen Geschäftsjahres;
5. erläuternde Anhangsangaben mit Vergleichsinformationen;

6. eine Segmentberichterstattung entsprechend dem gewählten Rechnungslegungsstandard IFRS oder US-GAAP.

(4) Sofern nicht bereits nach IFRS oder US-GAAP erforderlich, ist der Quartalsbericht um folgende Angaben, soweit zutreffend, zu erweitern:
1. im aktuellen Quartal gezahlte oder vorgeschlagene Dividenden als Gesamtbetrag oder je Aktie, gesondert für Stammaktien und sonstige Aktien;
2. Erläuterungen zum Bestand eigener Aktien des Emittenten und zu Bezugsrechten von Organmitgliedern und Arbeitnehmern entsprechend den Angaben nach § 160 Absatz 1 Nr. 2 und 5 des Aktiengesetzes;
3. personelle Veränderungen von Geschäftsführungs- oder Aufsichtsorganen;
4. die Zahl der Arbeitnehmer am Ende des aktuellen Quartals oder als Durchschnittswert für den Zeitraum vom Beginn des aktuellen Geschäftsjahres bis zum Ende des aktuellen Quartals unter Angabe der Ermittlungsmethode;
5. Erläuterungen zur Auftragslage zu Investitionen, zu Forschungs- und Entwicklungsaufwendungen sowie zu Vorgängen von besonderer Bedeutung im Berichtszeitraum und nach dem Ende des Quartals, die sich auf das Ergebnis der Geschäftstätigkeit auswirken können;
6. Angaben über die Aussichten für das laufende Geschäftsjahr, wobei auch auf wesentliche Änderungen hinsichtlich der Risiken der künftigen Entwicklung seit Beginn des Geschäftsjahres einzugehen ist.

(5) Der Quartalsbericht muss in deutscher und in englischer Sprache abgefasst sein. Die Zulassungsstelle kann gestatten, dass der Quartalsbericht von Emittenten mit Sitz im Ausland ganz oder zum Teil ausschließlich in englischer Sprache abgefasst ist.

(6) Die Angaben nach Absatz 3 Nr. 1, 2 und 4 sollen unter Berücksichtigung der in der Anlage zur Börsenordnung aufgeführten Posten gemacht werden.

(7) Die Angaben im Quartalsbericht können einer prüferischen Durchsicht unterzogen werden. Im Rahmen der Berichterstattung über die Prüfung oder die prüferische Durchsicht durch den Abschlussprüfer kann der Bestätigungsvermerk oder der Vermerk über dessen Versagung oder eine erteilte Bescheinigung vollständig wiedergegeben werden.

(8) Der Emittent hat den Quartalsbericht unverzüglich nach der Fertigstellung, spätestens jedoch innerhalb von zwei Monaten nach Ende des Berichtszeitraums zu veröffentlichen und der Zulassungsstelle in elektronischer Form zu übermitteln. Die Art und Weise der elektronischen Übermittlung wird von der Zulassungsstelle bestimmt. Die Zulassungsstelle stellt den

Quartalsbericht dem Publikum elektronisch oder in anderer geeigneter Weise zur Verfügung.

(9) Bei Emittenten, die überwiegend den Betrieb von Rückversicherungsgeschäften zum Gegenstand des Unternehmens haben, ist der Quartalsbericht innerhalb von vier Monaten gemäß Absatz 8 Satz 1 zu veröffentlichen.

(10) Die Zulassungsstelle kann hinsichtlich des einzureichenden Quartalsberichts die Frist nach Absatz 8 und 9 auf Antrag des Emittenten einmalig um höchstens vier Wochen verlängern, sofern dieser glaubhaft macht, die Frist weder vorsätzlich noch leichtfertig nicht einhalten zu können.

(11) Gesetzliche Vorschriften über den Zwischenbericht bleiben unberührt.

§ 64 Unternehmenskalender

(1) Der Emittent ist verpflichtet, mit Aufnahme der Notierung sowie fortlaufend zu Beginn jedes Geschäftsjahres für die Dauer mindestens des jeweiligen Geschäftsjahres einen Unternehmenskalender in deutscher und englischer Sprache zu erstellen und fortlaufend zu aktualisieren.

(2) Der Unternehmenskalender muss Angaben über die wesentlichen Termine des Emittenten, insbesondere die Hauptversammlung, die Bilanzpressekonferenz und Analystenveranstaltungen, enthalten.

(3) Der Emittent ist verpflichtet, den Unternehmenskalender im Internet unter seiner Adresse zu veröffentlichen und der Zulassungsstelle in elektronischer Form zu übermitteln. Die Art und Weise der elektronischen Übermittlung wird von der Zulassungsstelle bestimmt. Die Zulassungsstelle stellt den Unternehmenskalender dem Publikum elektronisch oder in anderer geeigneter Weise zur Verfügung.

§ 65 Analystenveranstaltung

Der Emittent ist verpflichtet, mindestens einmal jährlich eine Analystenveranstaltung außerhalb der Bilanzpressekonferenz durchzuführen.

§ 66 Veröffentlichung und Mitteilung kursbeeinflussender Tatsachen in englischer Sprache

Der Emittent ist verpflichtet, Veröffentlichungen nach § 15 WpHG zeitgleich in englischer Sprache vorzunehmen. § 15 WpHG bleibt unberührt.

§ 67 Widerruf der Zulassung

(1) Auf Antrag des Emittenten widerruft die Zulassungsstelle die Zulassung zum Teilbereich des amtlichen Marktes mit weiteren Zulassungsfolgepflichten (Prime Standard). Die Zulassungsstelle hat den Widerruf auf Kosten

des Emittenten unverzüglich in mindestens einem überregionalen Börsenpflichtblatt zu veröffentlichen. Der Zeitraum zwischen der Veröffentlichung und der Wirksamkeit des Widerrufs beträgt drei Monate.

(2) Die Vorschriften über den Widerruf der Zulassung zum amtlichen Markt (General Standard) von Amts wegen gelten entsprechend.

(3) Der Widerruf lässt die Zulassung zum amtlichen Markt (General Standard) im Übrigen unberührt.

(4) Im Fall der Beendigung der Zulassung zum Teilbereich des amtlichen Marktes mit weiteren Zulassungsfolgepflichten (Prime Standard) hat die Geschäftsführung die Aufnahme der Notierung (Einführung) der zugelassenen Wertpapiere im amtlichen Markt (General Standard) von Amts wegen zu veranlassen.

[…]

XVI. Abschnitt
Teilbereich des geregelten Marktes mit weiteren Zulassungsfolgepflichten (Prime Standard)

§ 75 Zulassungsantrag; Zuständigkeit

(1) Für Aktien oder aktienvertretende Zertifikate, die zum geregelten Markt (General Standard) zugelassen sind, kann der Emittent die Zulassung zum Teilbereich des geregelten Marktes mit weiteren Zulassungsfolgepflichten (Prime Standard) beantragen. Der Antrag muss sich auf alle zum geregelten Markt (General Standard) zugelassenen Aktien oder aktienvertretenden Zertifikate derselben Gattung beziehen. Der Antrag kann zusammen mit dem Antrag auf Zulassung zum geregelten Markt (General Standard) gestellt werden.

(2) Über die Zulassung zum Teilbereich des geregelten Marktes mit weiteren Zulassungsfolgepflichten (Prime Standard) entscheidet die Zulassungsstelle.

(3) Die Aktien oder aktienvertretenden Zertifikate sind zuzulassen, wenn der Zulassungsstelle keine Umstände bekannt sind, wonach der Emittent die weiteren Zulassungsfolgepflichten nicht ordnungsgemäß erfüllen wird. Derartige Umstände werden regelmäßig vermutet,

1. wenn Antrag auf Eröffnung des Insolvenzverfahrens über das Vermögen des Emittenten gestellt worden ist; für Emittenten mit Sitz im Ausland gilt dies entsprechend; oder

2. wenn der Emittent bereits zugelassener Aktien oder aktienvertretender Zertifikate seine Pflichten aus der Zulassung nicht oder nicht ordnungsgemäß erfüllt hat.

§ 76 Veröffentlichung der Zulassung
Für die Veröffentlichung der Zulassung zum Teilbereich des geregelten Marktes mit weiteren Zulassungsfolgepflichten (Prime Standard) gilt § 51 BörsZulVO entsprechend.

§ 77 Abschluss
Für den Abschluss des Emittenten und die Zusatzangaben gilt die Vorschrift des § 62 entsprechend.

§ 78 Quartalsberichte
Für die Quartalsberichte des Emittenten gilt die Vorschrift des § 63 entsprechend.

§ 79 Unternehmenskalender
Für den Unternehmenskalender des Emittenten gilt die Vorschrift des § 64 entsprechend.

§ 80 Analystenveranstaltung
Für die Analystenveranstaltung des Emittenten gilt die Vorschrift des § 65 entsprechend.

§ 81 Veröffentlichung und Mitteilung kursbeeinflussender Tatsachen in englischer Sprache
Für die Veröffentlichung und Mitteilung kursbeeinflussender Tatsachen in englischer Sprache gilt die Vorschrift des § 66 entsprechend.

§ 82 Widerruf der Zulassung
Für den Widerruf der Zulassung zum Teilbereich des geregelten Marktes mit weiteren Zulassungsfolgepflichten (Prime Standard) gilt die Vorschrift des § 67 entsprechend.

Anhang II: AGB der Deutsche Börse AG für den Prime Standard für Unternehmensanleihen

Allgemeine Geschäftsbedingungen der Deutsche Börse AG für die Teilnahme am Prime Standard für Unternehmensanleihen, Stand: 21. April 2017

[...]

Präambel

Der Prime Standard für Unternehmensanleihen ist ein privatrechtlich organisiertes Listing-Segment der Deutsche Börse AG (im Folgenden „DBAG") für Unternehmensanleihen (im Folgenden „Anleihen"). Diese Anleihen sind verbriefte Inhaberschuldverschreibungen eines Unternehmens. Im Prime Standard für Anleihen werden besonders hohe Transparenzanforderungen an die Emittenten oder den ggf. dazugehörigen Garanten gestellt, die sowohl erstmalig bei Aufnahme in das Listing-Segment als auch fortlaufend zu erfüllen sind. Eine werbliche Herausstellung des Prime Standard für Anleihen durch die DBAG und die hohen Transparenzstandards ermöglichen dem Emittenten eine bessere Positionierung der Anleihen am Kapitalmarkt. Dies erhöht ihre Visibilität, rückt sie verstärkt in den Blickpunkt potenzieller Investoren und trägt somit zur Steigerung der Liquidität bei. Angesichts der hohen Transparenzanforderungen bietet der Prime Standard für Anleihen den Anlegern die Möglichkeit, sich einen fundierten Überblick über die Emittenten und deren Anleihen zu verschaffen und darauf aufbauend eine interessengerechte Anlageentscheidung zu treffen. Die Teilnahme am Prime Standard für Anleihen erfolgt über den regulierten Markt der Frankfurter Wertpapierbörse (im Folgenden „FWB").

I. Abschnitt: Allgemeine Bestimmungen

§ 1 Prime Standard für Anleihen

Die DBAG stellt mit dem Prime Standard für Anleihen ein privatrechtlich organisiertes Listing-Segment für den Handel von Anleihen zur Verfügung und vermarktet dieses entsprechend.

§ 2 Geltungsbereich der Teilnahmebedingungen

(1) Diese Geschäftsbedingungen (im Folgenden „Teilnahmebedingungen") regeln die Teilnahme am Prime Standard für Anleihen.
(2) Die Vorschriften über die Zulassung von Anleihen zum regulierten Markt der FWB bleiben unberührt.

II. Abschnitt: Bestimmungen zur Teilnahme

§ 3 Antragsberechtigter, Teilnahmeantrag

(1) Die Teilnahme am Prime Standard für Anleihen erfolgt auf Antrag des Emittenten der Anleihe zusammen mit einem Kreditinstitut, einem Finanzdienstleistungsinstitut oder einem nach § 53 Abs. 1 Satz 1 des Kreditwesengesetzes (im Folgenden „KWG") oder § 53 b Abs. 1 Satz 1 KWG tätigen Unternehmen (im Folgenden „Mitantragsteller"). Der Mitantragsteller muss an der FWB mit dem Recht zur Teilnahme am Handel zugelassen sein und ein haftendes Eigenkapital im Gegenwert von mindestens EUR 730.000 nachweisen. Mit seiner Antragstellung steht der Mitantragsteller für die Vollständigkeit und Richtigkeit der im Antrag gemachten Angaben und für die Vollständigkeit der eingereichten Unterlagen ein. Ein Emittent, der die Voraussetzungen des Mitantragstellers gemäß Satz 1 und 2 erfüllt, kann den Teilnahmeantrag allein stellen. Bei Anleihen, die zum Zeitpunkt der Antragstellung bereits zum regulierten Markt zugelassen und eingeführt worden sind, ist kein Mitantragsteller erforderlich.

(2) Ist der Emittent Begünstigter einer unbedingten und unwiderruflichen Garantie, so ist der Teilnahmeantrag gemäß Absatz 1 zusätzlich von jedem Garanten zu stellen. In diesem Fall bestimmt die DBAG in Abhängigkeit der jeweiligen Garantie, ob die Teilnahmevoraussetzungen in Bezug auf den Emittenten oder in Bezug auf den Garanten zu erfüllen sind. Ist der mitantragstellende Garant zur Erfüllung der Teilnahmevoraussetzungen verpflichtet, muss er diese wie ein Emittent erfüllen.

(3) Der Teilnahmeantrag ist in Textform zu stellen. Die DBAG kann verlangen, dass der Teilnahmeantrag in einer bestimmten Form und/oder in einem bestimmten Format zu übermitteln ist.

(4) Der Teilnahmeantrag muss Firma und Sitz des Emittenten und des Mitantragstellers enthalten. Die DBAG ist berechtigt, im Teilnahmeantrag zusätzliche Angaben zu verlangen.

(5) Dem Teilnahmeantrag sind alle zur Prüfung der Teilnahmevoraussetzungen erforderlichen Unterlagen und Nachweise beizufügen. Der DBAG sind auf Verlangen weitere Unterlagen oder Nachweise vorzulegen.

(6) Über den Teilnahmeantrag entscheidet die DBAG. Der Teilnahmeantrag kann auch bei Vorliegen der Teilnahmevoraussetzungen abgelehnt werden.

(7) Der Teilnahmeantrag kann gleichzeitig mit dem Antrag auf Zulassung zum regulierten Markt der FWB gestellt werden.

§ 4 *Teilnahmevoraussetzungen*

(1) Die Teilnahme am Prime Standard für Anleihen setzt voraus, dass

a) die Anleihe an der FWB zum regulierten Markt zugelassen ist,

b) die Anleihe in Teilschuldverschreibungen von EUR 1.000 nominal gestückelt ist und

c) das platzierte Emissionsvolumen mindestens EUR 100 Mio. oder einen diesem Volumen entsprechenden Betrag in einer anderen Währung beträgt oder

d) entweder der Jahresumsatz des Emittenten oder des Garanten basierend auf dem letzten veröffentlichten Jahresabschluss mindestens EUR 300 Mio. oder einen entsprechenden Betrag in einer anderen Währung beträgt oder – wenn der Emittent oder der Garant ein Handelsunternehmen ist – die Bilanzsumme basierend auf dem letzten veröffentlichten Jahresabschluss mindestens EUR 300 Mio. oder einen entsprechenden Betrag in einer anderen Währung beträgt.

Besteht die Verpflichtung zur Aufstellung eines Konzernabschlusses, muss der Konzernumsatz oder die Konzernbilanzsumme basierend auf dem letzten veröffentlichten Konzernabschluss mindestens EUR 300 Mio. oder einen entsprechenden Betrag in einer anderen Währung betragen.

(2) Die Teilnahme am Prime Standard für Anleihen setzt ferner die Übermittlung der folgenden Unterlagen an die DBAG voraus:

a) den zuletzt veröffentlichten und geprüften Jahresabschluss samt Lagebericht und dem Bestätigungsvermerk oder dem Vermerk über dessen Versagung; ist der Emittent verpflichtet, einen Konzernabschluss und einen Konzernlagebericht zu erstellen, so ist ausschließlich der Konzernabschluss nebst Konzernlagebericht zu übermitteln;

b) eine Bestätigung des Emittenten über das platzierte Emissionsvolumen gemäß Absatz 1 lit. c);

c) ein aktuelles und gültiges Unternehmens- oder Anleiherating, es sei denn

aa) der Emittent gehört einem der Auswahlindizes Dax oder MDax an oder

bb) sein Jahresumsatz betrug in den vorangegangen drei Geschäftsjahren jeweils mindestens EUR 1 Mrd. oder einen entsprechenden Betrag in einer anderen Währung. § 4 Abs. 1 lit. d) ist entsprechend anzuwenden.

Das Rating muss ein Bonitätsurteil der Ratingagentur in Bezug auf den Emittenten der Anleihe oder in Bezug auf die Anleihe enthalten und dabei anhand eines festgelegten oder definierten Einstufungsverfahrens für Ratingkategorien abgegeben worden sein. Neben dem Bonitätsurteil ist eine Zusammenfassung des Ratingberichts zu übermitteln. Das Rating muss von einer Ratingagentur abgegeben worden sein, die
- entweder gemäß der Verordnung (EG) Nr. 1060/2009 des Europäischen Parlaments und des Rates vom 16. September 2009 über Ratingagenturen registriert oder
- nach §§ 52 und 53 der Verordnung über die angemessene Eigenmittelausstattung von Instituten, Institutsgruppen und Finanzholding-Gruppen (SolvV) anerkannt ist;

d) ein gemäß der Anlage erstelltes Unternehmens- und Anleihekurzportrait des Emittenten und
e) einen Unternehmenskalender, der die wesentlichen Termine des Emittenten (insbesondere gesetzliche Pflichtveranstaltungen und den Termin der Informationsveranstaltung für Anleiheinvestoren und -analysten gemäß § 5 Abs. 6 enthält.

(3) Die DBAG kann Ausnahmen von den in Absatz 1 und 2 genannten Einbeziehungsvoraussetzungen gestatten, sofern die Abweichung geringfügig oder nicht geeignet ist, die Beurteilung der Finanzlage und der Entwicklungsaussichten des Emittenten oder Garantiegebers wesentlich zu beeinflussen.

(4) Die nach Absatz 2 geforderten Unterlagen und Nachweise sind bei Antragstellung an die DBAG zu übermitteln. Der DBAG sind auf Verlangen weitere Unterlagen oder Nachweise vorzulegen.

§ 5 *Teilnahmefolgepflichten*

Der Emittent, dessen Anleihe am Prime Standard für Anleihen teilnimmt, muss folgende Pflichten erfüllen:

(1) Übermittlung eines Jahresfinanzberichts
a) Der Emittent muss nach Ablauf eines jeden Geschäftsjahres einen Jahresfinanzbericht entsprechend § 37 v Abs. 2 WpHG erstellen. Abweichend von § 37 v Abs. 2 Nr. 1 WpHG kann der Jahresabschluss auch nach internationalen Rechnungslegungsstandards erstellt werden.
b) Ist der Emittent verpflichtet, einen Konzernabschluss und einen Konzernlagebericht zu erstellen, gilt § 37 y Nr. 1 WpHG entsprechend mit

der Maßgabe, dass an die Stelle der Einzelangaben die entsprechenden Konzernangaben treten.

c) Der Jahresfinanzbericht ist spätestens vier Monate nach Ablauf eines jeden Geschäftsjahres an die DBAG zu übermitteln.

(2) Übermittlung eines Halbjahresfinanzberichts

a) Der Emittent muss für die ersten sechs Monate eines jeden Geschäftsjahres einen Halbjahresfinanzbericht entsprechend § 37 w Abs. 2 bis 4 S. 1, Abs. 5 WpHG erstellen.

b) Auf den verkürzten Abschluss sind die für den Jahresabschluss angewandten Rechnungslegungsgrundsätze anzuwenden.

c) Ist der Emittent verpflichtet, einen Konzernabschluss und Konzernlagebericht zu erstellen, ist der Halbjahresfinanzbericht entsprechend § 37 y Nr. 2 WpHG zu erstellen.

d) Der Halbjahresfinanzbericht ist spätestens drei Monate nach Ablauf der ersten sechs Monate eines jeden Geschäftsjahres an die DBAG zu übermitteln.

(3) Übermittlung eines Unternehmens- oder Anleiheratings

Der Emittent muss über ein aktuelles und gültiges Unternehmens- oder Anleiherating gemäß den Voraussetzungen des § 4 Abs. 2 lit. c) verfügen. Die aktuellste Fassung des Ratings ist unverzüglich nach Erhalt an die DBAG zu übermitteln; es sei denn

a) der Emittent gehört einem der Auswahlindizes Dax oder MDax an oder

b) sein Jahresumsatz betrug in den vorangegangen drei Geschäftsjahren jeweils mindestens EUR 1 Mrd. oder einen entsprechenden Betrag in einer anderen Währung. § 4 Abs. 1 lit. d) ist entsprechend anzuwenden.

Das gemäß Satz 2 zu übermittelnde Rating muss dem zuvor übermittelten seiner Art nach entsprechen.

(4) Aktualisierung und Übermittlung des Unternehmens- und Anleihekurzportraits

Der Emittent muss das gemäß § 4 Abs. 2 lit. d) geforderte Unternehmens- und Anleihekurzportrait bei Änderung der darin gemachten Angaben aktualisieren und die aktualisierte Fassung an die DBAG übermitteln. Insbesondere muss der Emittent das Kurzportrait im Hinblick auf das platzierte Emissionsvolumen spätestens nach Ende der Zeichnung über die Zeichnungsfunktionalität DirectPlace der DBAG und bis zur Beendigung der Platzierung mindestens einmal im Monat aktualisieren und anschließend der DBAG übermitteln.

(5) Aktualisierung und Übermittlung des Unternehmenskalenders

Der Emittent muss den gemäß § 4 Abs. 2 lit. e) geforderten Unternehmenskalender fortlaufend aktualisieren. Wenigstens zu Beginn eines jeden Geschäftsjahres ist der Unternehmenskalender an die DBAG zu übermitteln.

(6) Informationsveranstaltung für Anleiheinvestoren und -analysten
  a) Mindestens einmal jährlich ist eine Informationsveranstaltung abzuhalten, auf der gezielt die Anleiheinvestoren und -analysten informiert werden. Diese Veranstaltung kann gemeinsam mit der Analystenveranstaltung nach § 53 Börsenordnung abgehalten werden.
  b) Der Termin der Informationsveranstaltung ist im Unternehmenskalender anzugeben (vgl. § 4 Abs. 2 lit. e)). Terminänderungen sind unverzüglich im Unternehmenskalender einzutragen.

(7) Beginn der Berichtsübermittlungspflicht

Die Pflicht zur Übermittlung nach Absatz 1 und 2 entsteht erstmals in dem Berichts- oder Erstellungszeitraum, in dem die DBAG über den Teilnahmeantrag entscheidet.

(8) Hat die DBAG im Falle von garantierten Anleihen gemäß § 3 Abs. 2 bestimmt, dass die Teilnahmevoraussetzungen in Bezug auf den Garanten zu erfüllen waren, ist der Garant auch zur Erfüllung der Teilnahmefolgepflichten verpflichtet und muss diese wie ein Emittent erfüllen.

(9) Die DBAG kann Ausnahmen von den in Absatz 1 bis 6 und 8 genannten Teilnahmefolgepflichten gestatten, sofern die Abweichung geringfügig oder nicht geeignet ist, die Beurteilung der Finanzlage und der Entwicklungsaussichten des Emittenten oder Garantiegebers wesentlich zu beeinflussen.

§ 6 *Vertragsstrafe bei Verletzung der Teilnahmefolgepflichten*

(1) Erfüllt der Emittent oder der Garant (im Folgenden „Verpflichtete") entgegen den jeweiligen Vorgaben seine Pflichten hinsichtlich
  a) des Jahresfinanzberichts (§ 5 Abs. 1),
  b) des Halbjahresfinanzberichts (§ 5 Abs. 2),
  c) des Unternehmens- oder Anleiheratings (§ 5 Abs. 3),
  d) des Unternehmens- und Anleihekurzportraits (§ 5 Abs. 4),
  e) des Unternehmenskalenders (§ 5 Abs. 5) oder
  d) der Informationsveranstaltung für Anleiheinvestoren und -analysten (§ 5 Abs. 6)

nicht oder nicht fristgerecht oder nicht vollständig, ist die DBAG berechtigt, eine Vertragsstrafe von dem Verpflichteten zu fordern, es sei denn, dieser hat den Pflichtverstoß nicht zu vertreten.

(2) Im Fall von vorsätzlichem Handeln kann die Vertragsstrafe betragen:

im Fall bis zu EUR
des Jahresfinanzberichts 100.000
des Halbjahresfinanzberichts 50.000
des Unternehmens- oder Anleiheratings 25.000
des Unternehmens- und Anleihekurzportraits 10.000
des Unternehmenskalenders 10.000
der Informationsveranstaltung für Anleiheinvestoren und -analysten 10.000

(3) Im Fall von fahrlässigem Handeln kann im Höchstmaß eine Vertragsstrafe mit der Hälfte des jeweils für vorsätzliches Handeln angedrohten Höchstbetrags gefordert werden.
(4) Für jeden Pflichtverstoß kann im Rahmen der jeweiligen Teilnahme am Prime Standard für Anleihen insgesamt nur eine Vertragsstrafe von dem Verpflichteten gefordert werden.
(5) Die Bestimmung der konkreten Vertragsstrafe gemäß Absatz 2 ist insbesondere von folgenden Faktoren abhängig:
- Dauer der Pflichtverletzung und
- Höhe des platzierten Emissionsvolumens zum Zeitpunkt des Verstoßes.

§ 7 Veröffentlichung der Verhängung einer Vertragsstrafe

Die DBAG ist berechtigt, eine gemäß § 6 verhängte Vertragsstrafe unter Nennung des Verpflichteten und des konkreten Pflichtverstoßes gemäß § 12 zu veröffentlichen.

§ 8 Kündigung und Beendigung der Teilnahme

(1) Die DBAG und der Emittent können die Teilnahme am Prime Standard für Anleihen mit einer Frist von sechs Wochen kündigen.
(2) Das Recht zur fristlosen Kündigung aus wichtigem Grund bleibt unberührt.
(3) Mit Ablauf der Kündigungsfrist gemäß Absatz 1 oder mit Wirksamkeit der Kündigung gemäß Absatz 2 endet die Teilnahme am Prime Standard für Anleihen. Mit der Beendigung der Teilnahme entfallen sämtliche Rechte und Pflichten des Emittenten und ggf. des Garanten im Zusammenhang mit

der Teilnahme am Prime Standard für Anleihen; hiervon unberührt bleibt die Verpflichtung zur Zahlung bereits fälliger Entgelte gemäß § 17.

(4) Die Kündigung der Teilnahme am Prime Standard für Anleihen nach Absatz 1 oder 2 lässt die Zulassung zum regulierten Markt unberührt.

(5) Die Teilnahme am Prime Standard für Anleihen endet automatisch, wenn der Handel der Anleihe im regulierten Markt eingestellt wird; hiervon unberührt bleibt die Verpflichtung zur Zahlung bereits fälliger Entgelte gemäß § 17.

[Von einem Abdruck der §§ 9 bis 15 des Regelwerks wurde abgesehen.]

§ 16 Änderung der Teilnahmebedingungen

(1) Die DBAG ist berechtigt, diese Teilnahmebedingungen zu ändern.

(2) Änderungen der Teilnahmebedingungen werden den Emittenten, den Mitantragstellern und den Garanten spätestens drei Wochen vor dem Zeitpunkt ihres Wirksamwerdens schriftlich oder elektronisch angeboten. Sie gelten als genehmigt, wenn der Emittent, der Mitantragsteller oder der Garant eine Ablehnung nicht vor dem Zeitpunkt des Wirksamwerdens schriftlich oder elektronisch anzeigt. Auf diese Genehmigungswirkung wird die DBAG in ihrem Angebot besonders hinweisen.

(3) Im Fall einer Ablehnung gemäß Absatz 2 kann die DBAG die Teilnahme am Prime Standard für Anleihen gegenüber dem Emittenten, dem Mitantragsteller oder dem Garanten mit einer Frist von sechs Wochen kündigen. Das Recht zur fristlosen Kündigung bleibt unberührt.

[Von einem Abdruck der §§ 17 und 18 sowie der Anlagen des Regelwerks wurde abgesehen.]

Anhang III: Börsenordnung der Frankfurter Wertpapierbörse, Stand: 23. November 2021

Auszug aus der Börsenordnung für die Frankfurter Wertpapierbörse, Stand: 23. November 2021

[…]

2. Teilabschnitt: Zulassung zum Teilbereich des regulierten Marktes mit weiteren Zulassungsfolgepflichten (Prime Standard)

§ 48 Zulassungsvoraussetzungen; Zuständigkeit

(1) Für Aktien oder Aktien vertretende Zertifikate, die zum regulierten Markt (General Standard) zugelassen sind, kann der Emittent die Zulassung zum Teilbereich des regulierten Marktes mit weiteren Zulassungsfolgepflichten (Prime Standard) beantragen. Der Antrag muss sich auf alle zum regulierten Markt (General Standard) zugelassenen Aktien oder Aktien vertretende Zertifikate derselben Gattung beziehen. Der Antrag kann zusammen mit dem Antrag auf Zulassung zum regulierten Markt (General Standard) gestellt werden.

(2) Im Falle der Zulassung von Aktien vertretenden Zertifikaten muss der Emittent der vertretenen Aktien den Zulassungsantrag mit unterzeichnen und sich gegenüber der Geschäftsführung schriftlich verpflichten, die in den §§ 51 bis 56 genannten Pflichten anstelle des Emittenten der Aktien vertretenden Zertifikate zu erfüllen.

(3) Über die Zulassung zum Teilbereich des regulierten Marktes mit weiteren Zulassungsfolgepflichten (Prime Standard) entscheidet die Geschäftsführung.

(4) Die Aktien oder Aktien vertretenden Zertifikate sind zuzulassen, wenn der Geschäftsführung keine Umstände bekannt sind, wonach der Emittent der Aktien oder der Emittent der vertretenen Aktien die weiteren Zulassungsfolgepflichten nicht ordnungsgemäß erfüllen wird. Derartige Umstände werden regelmäßig vermutet, wenn der Emittent bereits zugelassener Aktien oder im Fall von bereits zugelassenen Aktien vertretenden Zertifikaten der Emittent der vertretenen Aktien seine Pflichten aus der Zulassung nicht oder nicht ordnungsgemäß erfüllt hat.

(5) ber das Vermögen des Emittenten zuzulassender oder nach Absatz 4 zugelassener Aktien oder Aktien vertretender Zertifikate darf die Eröffnung eines Insolvenzverfahrens weder beantragt worden sein noch darf ein

Insolvenzverfahren eröffnet worden sein. Für Emittenten mit Sitz im Ausland gilt dies entsprechend.

§ 49 Veröffentlichung der Zulassung

Für die Veröffentlichung der Zulassung zum Teilbereich des regulierten Marktes mit weiteren Zulassungsfolgepflichten (Prime Standard) gelten die Vorschriften über die Veröffentlichung der Zulassung zum regulierten Markt (General Standard) entsprechend.

§ 50 Entstehen und Erlöschen der Folgepflichten von Finanzberichten und Quartalsmitteilungen im Prime Standard

(1) Die Pflichten nach § 51 bis § 53 a müssen erstmals für diejenigen Finanzberichte und/oder Quartalsmitteilungen erfüllt werden, in deren Berichtszeitraum und/oder Erstellungszeitraum die Zulassung zum Prime Standard erfolgt ist.

(2) Die in Absatz 1 genannten Pflichten enden mit dem Wirksamwerden des Widerrufs der Zulassung zum Prime Standard. Für sämtliche Erstellungszeiträume, die bereits vor dem Wirksamwerden des Widerrufsbeschlusses abgeschlossen waren, müssen die in Absatz 1 genannten Pflichten ebenfalls erfüllt werden.

§ 51 Jahresfinanzbericht

(1) Der Emittent der Aktien oder der Emittent der vertretenen Aktien muss für den Schluss eines jeden Geschäftsjahres einen Jahresfinanzbericht, in Form eines Einzeldokuments oder mehrerer Dokumente, nach den Vorgaben des § 114 Absatz 2 und 3 WpHG oder – falls er verpflichtet ist, einen Konzernabschluss und Konzernlagebericht aufzustellen – nach den Vorgaben des § 117 Nr. 1 WpHG erstellen. Der Jahresfinanzbericht muss in deutscher und englischer Sprache abgefasst sein. Emittenten mit Sitz im Ausland können den Jahresfinanzbericht ausschließlich in englischer Sprache abfassen.

(2) Der Emittent der Aktien oder der Emittent der vertretenen Aktien hat den Jahresfinanzbericht spätestens vier Monate nach Ablauf eines jeden Geschäftsjahres der Geschäftsführung in elektronischer Form zu übermitteln. Die Art und Weise der elektronischen Übermittlung wird von der Geschäftsführung bestimmt. Die Geschäftsführung stellt den Jahresfinanzbericht dem Publikum elektronisch oder in anderer geeigneter Weise zur Verfügung.

(3) Gesetzliche Vorschriften über den Jahresfinanzbericht bleiben unberührt. Von der Bundesanstalt für Finanzdienstleistungsaufsicht gewährte Ausnahmen gelten unmittelbar, es sei denn, die gewährten Ausnahmen widersprechen tragenden Gedanken des Prime Standard. Der Emittent der Aktien oder der Emittent der vertretenen Aktien hat die Geschäftsführung über gewährte Ausnahmen nach Satz 2 zu informieren. Auf Verlangen hat der Emittent der Aktien oder der Emittent der vertretenen Aktien der Geschäftsführung sämtliche Unterlagen, die die Ausnahmegewährung betreffen, zur Verfügung zu stellen. Darüber hinaus kann die Geschäftsführung für Emittenten mit Sitz in einem Staat außerhalb der Europäischen Union oder außerhalb eines anderen Vertragsstaates des Abkommens über den Europäischen Wirtschaftsraum Ausnahmen von den Anforderungen des § 48 zulassen, soweit die Emittenten gleichwertigen Regeln eines Drittstaates unterliegen oder sich solchen Regeln ganz oder teilweise unterwerfen.

§ 52 Halbjahresfinanzbericht

(1) Der Emittent der Aktien oder der Emittent der vertretenen Aktien muss einen Halbjahresfinanzbericht nach den Vorgaben des § 115 Absatz 2 bis 4 WpHG oder – falls er verpflichtet ist, einen Konzernabschluss und Konzernlagebericht aufzustellen – einen Halbjahresfinanzbericht nach den Vorgaben des § 117 Nr. 2 WpHG für die ersten sechs Monate eines jeden Geschäftsjahres erstellen.
(2) Der Halbjahresfinanzbericht muss in deutscher und in englischer Sprache abgefasst sein. Emittenten mit Sitz im Ausland können den Halbjahresfinanzbericht ausschließlich in englischer Sprache abfassen.
(3) Die Angaben im Halbjahresfinanzbericht können einer prüferischen Durchsicht durch einen Abschlussprüfer oder einer Prüfung entsprechend § 317 Handelsgesetzbuch unterzogen werden. Es gilt § 115 Absatz 5 WpHG.
(4) Der Emittent der Aktien oder der Emittent der vertretenen Aktien hat den Halbjahresfinanzbericht innerhalb von drei Monaten nach dem Ende des Berichtszeitraums der Geschäftsführung in elektronischer Form zu übermitteln. Die Art und Weise der elektronischen Übermittlung wird von der Geschäftsführung bestimmt. Die Geschäftsführung stellt den Halbjahresfinanzbericht dem Publikum elektronisch oder in anderer geeigneter Weise zur Verfügung.
(5) Gesetzliche Vorschriften über den Halbjahresfinanzbericht bleiben unberührt. Von der Bundesanstalt für Finanzdienstleistungsaufsicht

gewährte Ausnahmen gelten unmittelbar, es sei denn, die gewährten Ausnahmen widersprechen tragenden Gedanken des Prime Standard. Der Emittent der Aktien oder der Emittent der vertretenen Aktien hat die Geschäftsführung über gewährte Ausnahmen nach Satz 2 zu informieren. Auf Verlangen hat der Emittent der Aktien oder der Emittent der vertretenen Aktien der Geschäftsführung sämtliche Unterlagen, die die Ausnahmegewährung betreffen, zur Verfügung zu stellen. Darüber hinaus kann die Geschäftsführung für Emittenten mit Sitz in einem Staat außerhalb der Europäischen Union oder außerhalb eines anderen Vertragsstaates des Abkommens über den Europäischen Wirtschaftsraum Ausnahmen von den Anforderungen des § 49 zulassen, soweit die Emittenten gleichwertigen Regeln eines Drittstaates unterliegen oder sich solchen Regeln ganz oder teilweise unterwerfen.

§ 53 Quartalsmitteilung

(1) Der Emittent der Aktien oder der Emittent der vertretenen Aktien muss eine Quartalsmitteilung oder – falls er verpflichtet ist, einen Konzernabschluss und Konzernlagebericht aufzustellen – eine Konzernquartalsmitteilung zum Stichtag des ersten und des dritten Quartals eines jeden Geschäftsjahres erstellen.

(2) Die Quartalsmitteilung hat Informationen über den jeweiligen Mitteilungszeitraum zu enthalten, wobei sich Informationen in der Quartalsmitteilung zum Stichtag des dritten Quartals wahlweise auf den Zeitraum vom Beginn des Halbjahres bis zum Stichtag oder vom Beginn des Geschäftsjahres bis zum Stichtag beziehen können. Die Informationen haben die Beurteilung zu ermöglichen, wie sich die Geschäftstätigkeit des Emittenten im jeweiligen Mitteilungszeitraum entwickelt hat. In der Quartalsmitteilung sind die wesentlichen Ereignisse und Geschäfte des Mitteilungszeitraums im Unternehmen des Emittenten und ihre Auswirkungen auf die Finanzlage des Emittenten zu erläutern sowie die Finanzlage und das Geschäftsergebnis des Emittenten im Mitteilungszeitraum zu beschreiben.

(3) Kommt der Emittent aufgrund neuer Erkenntnisse zu dem Ergebnis, dass sich die im letzten Konzernlagebericht bzw. im letzten Zwischenlagebericht abgegebenen Prognosen und sonstige Aussagen zur voraussichtlichen Entwicklung des Emittenten für das Geschäftsjahr wesentlich verändert haben, so ist hierüber in der Quartalsmitteilung zu berichten. Dabei ist es ausreichend, über die für die Beurteilung der voraussichtlichen Entwicklung aus

Sicht des Emittenten wesentlichen Prognosen und sonstigen Aussagen zu berichten.

(4) Die Quartalsmitteilung muss in deutscher und in englischer Sprache abgefasst sein. Emittenten mit Sitz im Ausland können die Quartalsmitteilung ausschließlich in englischer Sprache abfassen.

(5) Der Emittent der Aktien oder der Emittent der vertretenen Aktien hat die Quartalsmitteilung innerhalb von zwei Monaten nach dem Ende des jeweiligen Mitteilungszeitraums der Geschäftsführung in elektronischer Form zu übermitteln. Die Art und Weise der elektronischen Übermittlung wird von der Geschäftsführung bestimmt. Die Geschäftsführung stellt die Quartalsmitteilung dem Publikum elektronisch oder in anderer geeigneter Weise zur Verfügung.

(6) Wird ein Quartalsfinanzbericht entsprechend den Vorgaben des § 115 Absatz 2 Nr. 1 und 2, Absatz 3 und 4 WpHG oder des § 117 Nr. 2 WpHG analog erstellt, entfällt die Pflicht zur Erstellung einer Quartalsmitteilung. Die Absätze 1, 4 und 5 gelten dann entsprechend für den Quartalsfinanzbericht.

(7) Die Geschäftsführung kann für Emittenten mit Sitz in einem Staat außerhalb der Europäischen Union oder außerhalb eines anderen Vertragsstaates des Abkommens über den Europäischen Wirtschaftsraum Ausnahmen von den Anforderungen des § 50 zulassen, soweit die Emittenten gleichwertigen Regeln eines Drittstaates unterliegen oder sich solchen Regeln ganz oder teilweise unterwerfen.

§ 53a Insolvenzverfahren

Der Emittent ist verpflichtet, der Geschäftsführung unverzüglich anzuzeigen, wenn ein Antrag auf Eröffnung eines Insolvenzverfahrens über sein Vermögen gestellt oder ein Insolvenzverfahren über sein Vermögen eröffnet wurde. Für Emittenten mit Sitz im Ausland gilt dies entsprechend.

§ 54 Unternehmenskalender

(1) Der Emittent der Aktien oder der Emittent der vertretenen Aktien ist verpflichtet, mit Aufnahme des Handels sowie fortlaufend zu Beginn jedes Geschäftsjahres für die Dauer mindestens des jeweiligen Geschäftsjahres einen Unternehmenskalender in deutscher und englischer Sprache zu erstellen und fortlaufend zu aktualisieren.

(2) Der Unternehmenskalender muss Angaben über die wesentlichen Termine des Emittenten der Aktien oder des Emittenten der vertretenen Aktien, insbesondere die Hauptversammlung, die Pressekonferenzen und Analystenveranstaltungen, enthalten.

(3) Der Emittent der Aktien oder der Emittent der vertretenen Aktien ist verpflichtet, den Unternehmenskalender im Internet unter seiner Adresse zu veröffentlichen und der Geschäftsführung in elektronischer Form zu übermitteln. Die Art und Weise der elektronischen Übermittlung wird von der Geschäftsführung bestimmt. Die Geschäftsführung stellt den Unternehmenskalender dem Publikum elektronisch oder in anderer geeigneter Weise zur Verfügung.

§ 55 Analystenveranstaltung

Der Emittent der Aktien oder der Emittent der vertretenen Aktien ist verpflichtet, mindestens einmal jährlich eine Analystenveranstaltung außerhalb der Pressekonferenz zur Bekanntgabe der Jahresabschlusszahlen durchzuführen.

§ 56 Veröffentlichung und Mitteilung von Insiderinformationen in englischer Sprache

Der Emittent der Aktien oder der Emittent der vertretenen Aktien ist verpflichtet, Veröffentlichungen nach Artikel 17 der Verordnung (EU) Nr. 596/2014 oder nach vergleichbaren Vorschriften zeitgleich in englischer Sprache vorzunehmen.

§ 57 Widerruf der Zulassung zum Teilbereich des regulierten Marktes mit weiteren Zulassungsfolgepflichten (Prime Standard)

(1) Auf Antrag des Emittenten der Aktien oder des Emittenten der Aktien vertretenden Zertifikate und des Emittenten der vertretenen Aktien widerruft die Geschäftsführung die Zulassung zum Teilbereich des regulierten Marktes mit weiteren Zulassungsfolgepflichten (Prime Standard). Die Geschäftsführung hat den Widerruf unverzüglich im Internet (www.deutsche-boerse.com) zu veröffentlichen. Der Zeitraum zwischen der Veröffentlichung und der Wirksamkeit des Widerrufs beträgt drei Monate.

(2) Die Geschäftsführung kann die Zulassung zum Teilbereich des regulierten Marktes mit weiteren Zulassungsfolgepflichten (Prime Standard) von Amts wegen gemäß § 42 Abs. 2 BörsG widerrufen. Die Geschäftsführung kann die Zulassung insbesondere dann widerrufen, wenn ein Antrag auf Eröffnung eines Insolvenzverfahren gestellt oder ein Insolvenzverfahren über das Vermögen eines Emittenten eröffnet worden ist. Für Emittenten mit Sitz im Ausland gilt dies entsprechend. Die Geschäftsführung unterrichtet die Börsenaufsichtsbehörde und die Bundesanstalt für Finanzdienstleistungsaufsicht unverzüglich über die Ausschließung.

(3) Der Widerruf lässt die Zulassung zum regulierten Markt (General Standard) im Übrigen unberührt.
(4) Im Fall der Beendigung der Zulassung zum Teilbereich des regulierten Marktes mit weiteren Zulassungsfolgepflichten (Prime Standard) hat die Geschäftsführung die Aufnahme des Handels (Einführung) der zugelassenen Wertpapiere im regulierten Markt (General Standard) von Amts wegen zu veranlassen.

Literaturverzeichnis

Achleitner, Ann-Kristin/Bassen, Alexander (Hrsg.): Investor Relations am Neuen Markt – Zielgruppen, Instrumente, rechtliche Rahmenbedingungen und Kommunikationsinhalte, Stuttgart 2001 [zitiert als: *Bearbeiter*, in: Achleitner/Bassen, Investor Relations am Neuen Markt].

Ahr, Eva-Maria/Loitz, Rüdiger/Seidel, Björn: Informationsvermittlung durch Quartalsberichterstattung – wachsender Trend zur Quartalsmitteilung, BB 2017, S. 1451–1456.

Akerlof, George A.: The Market for "Lemons": Quality Uncertainty and the Market Mechanism, Quarterly Journal of Economics 84 (1970), S. 488–500.

Assmann, Heinz-Dieter, Kapitalmarktrecht – Zur Formation eines Rechtsgebiets in der vierzigjährigen Rechtsentwicklung der Bundesrepublik Deutschland, in: Nörr, Knut Wolfgang (Hrsg.), 40 Jahre Bundesrepublik Deutschland – 40 Jahre Rechtsentwicklung: Ringvorlesung der Juristischen Fakultät der Universität Tübingen 1989, Tübingen 1990, S. 251–291 [zitiert als: *Assmann*, in: Nörr, 40 Jahre Bundesrepublik Deutschland – 40 Jahre Rechtsentwicklung].

ders.: Konzeptionelle Grundlagen des Anlegerschutzes, ZBB 1989, S. 49–63.

ders.: Prospekthaftung als Haftung für die Verletzung kapitalmarktbezogener Informationsverkehrspflichten nach deutschem und US-amerikanischem Recht, Habil. Frankfurt am Main 1984, Köln/Berlin/Bonn/München 1985 [zitiert als: *Assmann*, Prospekthaftung].

Assmann, Heinz-Dieter/Schneider, Uwe H. (Hrsg.): Wertpapierhandelsgesetz Kommentar, 6. Auflage, Köln 2012 [zitiert als: *Bearbeiter*, in: Assmann/Schneider, WpHG, 6. Auflage 2012].

dies.: Wertpapierhandelsgesetz Kommentar, 3. Auflage, Köln 2003 [zitiert als: *Bearbeiter*, in: Assmann/Schneider, WpHG, 3. Auflage 2003].

Assmann, Heinz-Dieter/Schneider, Uwe H./Mülbert, Peter O. (Hrsg.): Wertpapierhandelsrecht Kommentar, 7. Auflage, Köln 2019 [zitiert als: *Bearbeiter*, in: Assmann/Schneider/Mülbert, Wertpapierhandelsrecht].

Assmann, Heinz-Dieter/Schüze, Rolf A./Buck-Heeb, Petra (Hrsg.): Handbuch des Kapitalanlagerechts, 5. Auflage, München 2020 [zitiert als: *Bearbeiter* in Assmann/Schütze/Buck-Heeb, KapAnlR-Hdb].

Auer, Marietta: Der Rückzug von der Börse als Methodenproblem, JZ 2015, S. 71–79.

Augsberg, Steffen: Hybride Regulierungsinstrumente im Finanzmarktrecht, Die Verwaltung 2016, S. 369–396.

ders.: Rechtsetzung zwischen Staat und Gesellschaft – Möglichkeiten differenzierter Steuerung des Kapitalmarktes, Diss. Heidelberg, Berlin 2003 [zitiert als: *Augsberg*, Rechtsetzung zwischen Staat und Gesellschaft].

Bachmann, Gregor.: Regelwerk und Rechtsgeschäft – Zur einseitigen Änderung privater Börsenregeln –, WM 2001, S. 1793–1798.

Bader, Johann/Ronellenfitsch, Michael (Hrsg.): Beck'scher Online-Kommentar VwVfG mit VwVG und VwZG, 31. Edition, München Stand: 01.04.2019 [zitiert als: *Bearbeiter*, in: Bader/Ronellenfitsch, BeckOK-VwVfG].

Baetge, Jörg (Hrsg.): Die deutsche Rechnungslegung vor dem Hintergrund internationaler Entwicklungen – Vorträge und Diskussionen aus nationaler und internationaler Sicht zum 10. Münsterischen Tagesgespräch „Haben die Deutschen Rechnungslegungsvorschriften noch eine Chance", Düsseldorf 1994 [zitiert als: *Bearbeiter*, in: Baetge, Die deutsche Rechnungslegung vor dem Hintergrund internationaler Entwicklungen].

Bauer, Hartmut/Pleyer, Marcus/Hirche, Kirsten: Die Befugnis der Deutsche Börse AG zur einseitigen Änderung des Regelwerks Neuer Markt – Zugleich ein Beitrag zur Penny-Stock-Kontroverse und zu Privaten Rechtsnormen, BKR 2002, S. 102–119.

Baumbach, Adolf (Begr.): Handelsgesetzbuch mit GmbH & Co., Handelsklauseln, Bank- und Börsenrecht, Transportrecht (ohne Seerecht), 40. Auflage, München 2021 [zitiert als: Baumbach/Hopt/*Bearbeiter*].

Baums, Theodor: Recht der Unternehmensfinanzierung, München 2017 [zitiert als: *Baums*, Unternehmensfinanzierung].

ders.: Anlegerschutz und Neuer Markt, ZHR 166 (2002), S. 375–382.

Bartsch, Meinhard: Effektives Kapitalmarktrecht – Zur Rechtsfolgenseite der Richtlinien im Europäischen Kapitalmarktrecht, Diss. Augsburg 2005 [zitiert als: *Bartsch*, Effektives Kapitalmarktrecht].

Beck, Heiko: Das Chamäleon Anlegerschutz oder „Worüber reden wir eigentlich?", in: Burghard, Ulrich/Hadding, Walther/Mülbert, Peter O./Nietsch, Michael/Welter, Reinhard (Hrsg.), Festschrift für Uwe H. Schneider zum 70. Geburtstag, Köln 2011, S. 89–111 [zitiert als: *Beck*, in: FS U. H. Schneider].

ders.: Die Reform des Börsenrechts im Vierten Finanzmarktförderungsgesetz Teil 1: Änderung des Börsenorganisationsrechts, BKR 2002, S. 662–668.

ders.: Die Reform des Börsenrechts im Vierten Finanzmarktförderungsgesetz Teil 2: Neuregelung der Handelsplattformen, des Maklerrechts und der Wertpapierzulassung, BKR 2002, S. 699–709.

Becker, Axel/Förschler, Dominik/Klein, Jochen (Hrsg.): MiFID – Umsetzungsanleitung und Umsetzungsprüfung für die Praxis von Banken und Sparkassen,

Bearbeitungs- und Prüfungsleitfaden, Frankfurt am Main 2007 [zitiert als: *Bearbeiter*, in: Becker/Förschler/Klein, MiFID].

Benz, Nadja/Kiwitz, Thorsten: Der Neue Markt der Frankfurter Wertpapierbörse – Zulassung und Folgepflichten, DStR 1999, S. 1162–1168.

Berg, Wilfried: Die öffentlichrechtliche Anstalt, NJW 1985, S. 2294–2301.

Bessler, Wolfgang/Schneck, Colin: Securities Market Design and Stock Market Segments for Small Company Shares: Empirical Evidence from Initial Public Offerings in Germany, ZBB 2016, S. 362–387.

Bessler, Wolfgang/Stanzel, Matthias: Die Rolle der Wertpapieranalysten am Neuen Markt, in: Bessler, Wolfgang (Hrsg.), Börsen, Banken und Kapitalmärkte – Festschrift für Hartmut Schmidt zum 65. Geburtstag, Berlin 2006, S. 227–261 [zitiert als: *Bessler/Stanzel*, in: Festschrift für Hartmut Schmidt zum 65. Geburtstag].

Bloß, Henning/Schneider, Jörg: Prospektfreie Teilzulassung für später ausgegebene Aktien, WM 2009, S. 879–887.

Blöink, Thomas/Halbleib, Anja: Umsetzung der sog. CSR-Richtlinie 2014/95/EU: Aktueller Überblick über die verabschiedeten Regelungen des CSR-Richtlinie-Umsetzungsgesetzes, Der Konzern 2017, S. 182–195.

Böckem, Hanne/Rabenhorst, Dirk: Änderungen bei der Quartalsberichterstattung in Deutschland, IRZ 2016, S. 89–94.

Bommer, Kay/Schiereck, Dirk: Gelebte Freiheit zum Quartal, Börsen-Zeitung v. 24. Mai 2016, S. 6.

Boos, Karl-Heinz/Fischer, Reinfrid/Schult-Mattler, Hermann (Hrsg.): KWG CRR-VO – Kommentar zu Kreditwesengesetz, VO (EU) 575/2013 (CRR) und Ausführungsvorschriften, Band 1 und 2, 5. Auflage, München 2016 [zitiert als: BFS-KWG/*Bearbeiter*].

Bopp, Matthias: Fusionen und Kooperationen deutscher Börsen und ihrer Träger, Diss. Gießen 2013, Frankfurt am Main 2015.

Bösl, Konrad: Das Börsenjahr 2016: Schwache Neuemissionen und ein neues SME-Handelssegment, CF 2017, S. 23–36.

Braue, Carsten/Hille, Lars: Xetra – Elektronisches Handelssystem am Finanzplatz Deutschland, Die Bank 3/1997, S. 140–145.

Bredt, Stephan: Das Börsenrecht als Ausgleichsinstrument zwischen öffentlichem Auftrag, Trägerinteresse und Anforderungen der internationalen Finanzmärkte, WM 2013, S. 1839–1852.

Breitkreuz, Tilman: Die Ordnung der Börse – Verwaltungsrechtliche Zentralfragen des Wertpapierbörsenwesens, Diss. Gießen 2000, Berlin 2000, (zit.: *Breitkreuz*, Die Ordnung der Börse.

Bruns, Georg: Effektenhandel an deutschen und ausländischen Börsen – Eine vergleichende Betrachtung zur Internationalisierung des Effektenwesens, Frankfurt am Main 1961.

Buck-Heeb, Petra: Kapitalmarktrecht, 11. Auflage, Heidelberg 2020.

dies.: Neuere Rechtsprechung zur Haftung wegen fehlerhafter oder fehlender Kapitalmarktinformation, NZG 2016, S. 1125–1133.

Bullinger, Martin: Öffentliches Recht und Privatrecht – Studien über Sinn und Funktionen der Unterscheidung, Stuttgart/Berlin/Köln/Mainz 1968 [zitiert als: *Bullinger*, Öffentliches Recht und Privatrecht].

Bundesanstalt für Finanzdienstleistungsaufsicht: Emittentenleitfaden der Bundesanstalt für Finanzdienstleistungsaufsicht, Modul C: Regelungen aufgrund der Marktmissbrauchsverordnung (MAR) (ersetzt Kapitel III.-VII. der 4. Auflage des Emittentenleitfadens), Stand: 25. März 2020 [zitiert als: BaFin, Emittentenleitfaden Modul C].

dies.: Merkblatt – Hinweise zu Finanzinstrumenten nach § 1 Abs. 11 S. 1 bis 5 KWG (Aktien, Vermögensanlagen, Schuldtitel, sonstige Rechte, Anteile an Investmentvermögen, Geldmarktinstrumente, Devisen, Rechnungseinheiten, Emissionszertifikate und Kryptowerte) (Stand: 22. Februar 2021), abrufbar unter https://www.bafin.de/SharedDocs/Veroeffentlichungen/DE/Merkblatt/mb_111220_finanzinstrumente.html.

dies.: Leitlinien über die berechtigten Interessen des Emittenten für den Aufschub der Offenlegung von Insiderinformationen und über Fälle, in denen der Aufschub der Offenlegung von Insiderinformationen geeignet ist, die Öffentlichkeit irrezuführen vom 6. Dezember 2016, abrufbar unter https://www.bafin.de/SharedDocs/Veroeffentlichungen/DE/Anlage/161205_Aufschub_Insiderinformationen_ESMA.html.

dies.: FAQs zu Art. 17 MAR, abrufbar unter https://www.bafin.de/SharedDocs/Downloads/DE/FAQ/dl_faq_mar_art_17_Ad-hoc.html.

dies.: FAQ zu Eigengeschäften von Führungskräften nach Art. 19 MAR (Stand: 01.02.2018), abrufbar unter https://www.bafin.de/SharedDocs/Downloads/DE/FAQ/dl_faq_mar_art_19_DD.html?nn=7852994.

Burgi, Martin: Börse, Börsenträger und Börsenaufsicht im System des Wirtschaftsverwaltungsrechts, WM 2009, S. 2337–2343.

Bydlinski, Franz: Juristische Methodenlehre und Rechtsbegriff, Wien 1982 [zitiert als: *Bydlinski*, Juristische Methodenlehre].

Cahn, Andreas/Götz, Jürgen: Ad-hoc-Publizität und Regelberichterstattung, AG 2007, S. 221–226.

Calliess, Christian/Ruffert, Matthias (Hrsg.): EUV/AEUV – Das Verfassungsrecht der Europäischen Union mit Europäischer Grundrechtecharta Kommentar,

5. Auflage, München 2016 [zitiert als: *Bearbeiter*, in: Calliess/Ruffert, Verfassungsrecht der Europäischen Union].

Canaris, Claus-Wilhelm/Habersack, Mathias/Schäfer, Carsten (Hrsg.): Staub Handelsgesetzbuch Großkommentar, Elfter Band Bankvertragsrecht, Erster Teilband Investment Banking I, Bandherausgaber: Grundmann, Stefan, 5. Auflage Berlin 2017 [zitiert als: *Bearbeiter*, in: Großkomm. HGB, Bankvertragsrecht 11/1].

Christoph, Fabian L.: Börsenkooperationen und Börsenfusionen Organisationsrecht, Aufsichtsrecht, Kartellrecht – Eine Untersuchung unter besonderer Berücksichtigung der europäischen Richtlinie 2004/39/EG über Märkte für Finanzinstrumente und deren Umsetzung ins deutsche Recht, Diss. Göttingen 2006, Berlin 2009 [zitiert als: *Christoph*, Börsenkooperationen und Börsenfusionen].

Claussen, Carsten Peter (Begr.): Bank- und Börsenrecht, 5. Auflage, München 2014 [zitiert als: *Bearbeiter*, in: Claussen, Bank- u. Börsenrecht].

ders.: Dem Neuen Markt eine zweite Chance, BB 2002, S. 105–112.

ders.: Der Neue Zweite Markt – Über die Notwendigkeit und Gestaltungsmöglichkeiten eines neuen Wertpapiermarktes –, ZGR 1984, S. 1–22.

Clemens, Thomas: Normenstrukturen im deutschen Recht, in: Grawert, Rolf/Schlink, Bernhard/Wahl, Rainer/Wieland, Joachim (Hrsg.), Offene Staatlichkeit – Festschrift für Ernst-Wolfgang Böckenförde zum 65. Geburtstag, Berlin 1995, S. 259–276.

Conring, Feyko: Sittenwidriges Informationsverhalten – Die Haftung für fehlerhaftes Informationsverhalten gegenüber den Anlegern am regulierten Wertpapiermarkt, Diss. Bayreuth 2017, Frankfurt am Main 2017 [zitiert als: *Conring*, Informationsverhalten].

Damrau, Jan: Selbstregulierung im Kapitalmarktrecht – Eine rechtsökonomische Analyse der Normsetzung der deutschen Börsen und ihrer Träger, Diss. Göttingen 2003, Berlin 2003 [zitiert als: *Damrau*, Selbstregulierung].

Deckert, Martina R./von Rüden, Jens: Anlegerschutz durch Europäisches Kapitalmarktrecht – Publizität statt Verbot, EWS 1998, S. 46–54.

Dehlinger, Klaus-Dieter: Vertragliche Marktsegmentregulierung an Wertpapierbörsen, Diss. Konstanz 2003, Baden-Baden 2003 [zitiert als: *Dehlinger*, Vertragliche Marktsegmentregulierung].

Deutscher Anwaltsverein, Ausschuss Bank- und Kapitalmarktrecht: Stellungnahme zur Konsultation des Bundesministeriums der Finanzen (BMF) zu Erfahrungen und möglichem Änderungsbedarf im Hinblick auf die EU-Finanzmarktrichtlinie (MiFID II) und die EU-Finanzmarktverordnung (MiFIR), NZG 2019, S. 537–539.

Deutsche Bundesbank, Monatsbericht März 2021 mit Statistischem Beiheft, abrufbar unter https://www.bundesbank.de/de/publikationen/berichte/monatsberichte/monatsbericht-maerz-2021-861406.

Deutsche Börse AG, Pressemitteilung vom 24. November 2021, „Deutscher Leitindex DAX wird durch zusätzliche Qualitätskriterien und Angleichung an internationale Standards gestärkt", abrufbar unter https://deutsche-boerse.com/dbg-de/media/pressemitteilungen/Deutscher-Leitindex-DAX-wird-durch-zus-tzliche-Qualit-tskriterien-und-Angleichung-an-internationale-Standards-gest-rkt-2346282.

dies., Pressemitteilung vom 16. Dezember 2019, „Scale ist jetzt registrierter KMU-Wachstumsmarkt", abrufbar unter https://www.deutsche-boerse.com/dbg-de/media/pressemitteilungen/Scale-ist-jetzt-registrierter-KMU-Wachstumsmarkt--1674108.

dies., Pressemitteilung vom 12. November 2018, „Neues Green Bond Segment an der Börse Frankfurt", abrufbar unter http://deutsche-boerse.com/dbg-de/presse/pressemitteilungen/Neues-Green-Bond-Segment-an-der-Frankfurter-Boerse/3533478.

dies., Pressemitteilung vom 13. März 2017, „Deutsche Börse startet Scale All Share Index", abrufbar unter http://deutsche-boerse.com/dbg-de/presse/pressemitteilungen/Deutsche-Boerse-startet-Scale-All-Share-Index/2945528.

dies., Pressemitteilung vom 1. März 2017, „Neues KMU-Segment Scale gestartet", abrufbar unter http://deutsche-boerse.com/dbg-de/presse/pressemitteilungen/Neues-KMU-Segment-Scale-gestartet/2931018.

dies., Pressemitteilung vom 21. November 2016, „Neues SME-Segment soll Unternehmen Zugang zu Wachstumskapital erleichtern", abrufbar unter http://deutsche-boerse.com/dbg-de/presse/pressemitteilungen/Neues-SME-Segment-soll-Unternehmen-Zugang-zu-Wachstumskapital-erleichtern/2812500.

dies., Pressemitteilung vom 13. Juni 2008, „Deutsche Börse und Porsche beenden einvernehmlich Auseinandersetzung über Quartalsberichte", abrufbar unter http://deutsche-boerse.com/dbg-de/presse/pressemitteilungen/Deutsche-Boerse-und-Porsche-beenden-einvernehmlich-Auseinandersetzung-ueber-Quartalsberichte/2580168.

de Wall, Heinrich: Die Anwendbarkeit privatrechtlicher Vorschriften im Verwaltungsrecht dargestellt anhand der privatrechtlichen Regeln über Rechtsgeschäfte und anhand des Allgemeinen Schuldrechts, Habil. Erlangen-Nürnberg 1997/1998, Tübingen 1999, (zit.: *de Wall*, Anwendbarkeit privatrechtlicher Vorschriften im Verwaltungsrecht).

Döhmel, Doris: Die Unternehmen des Neuen Marktes als börsennotierte Gesellschaften – Ad-hoc-Publizität, Mitteilung bedeutender Stimmrechtsanteile, Zielgesellschaften von Übernahmen –, WM 2002, S. 2351–2355.

Drinhausen, Florian/Eckstein, Hans-Martin (Hrsg.): Beck'sches Handbuch der AG Gesellschaftsrecht – Steuerrecht – Börsengang, 3. Auflage, München 2018 [zitiert als: BeckHdB-AG/*Bearbeiter*].

Drygala, Tim: Anwendbarkeit des AGB-Gesetzes auch auf Gesellschaftsverträge – eine Nebenwirkung der Richtlinie über missbräuchliche Klauseln in Verbraucherverträgen?, ZIP 1997, S. 968–971.

Dünchheim, Thomas: Die Einwirkungen des Europarechts auf die verwaltungsprozessuale Normabwehr-, Normerlaß- und Normergänzungsklage, DÖV 2004, S. 137–146.

Easterbrook, Frank H./Fischel, Daniel R.: Mandatory Disclosure and the Protection of Investors, Virginia Law Review, Vol. 70, No. 4, Fifty Years of Federal Securities Regulation: Symposium on Contemporary Problems in Securities Regulation (May, 1984), S. 669–715.

Ehlers, Dirk/Pünder, Hermann (Hrsg.): Allgemeines Verwaltungsrecht, 15. Auflage, Berlin 2016 [zitiert als: *Bearbeiter* in Ehlers/Pünder, Allgemeines Verwaltungsrecht].

Ehlers, Dirk/Fehling, Michael/Pünder, Hermann (Hrsg.): Besonderes Verwaltungsrecht, Band 1 Öffentliches Wirtschaftsrecht, 3. Auflage, Heidelberg 2012 [zitiert als: *Bearbeiter*, in: Ehlers/Fehling/Pünder, Öffentliches Wirtschaftsrecht].

Ehlers, Dirk: Die Europäisierung des Verwaltungspozessrechts, DVBl. 2004, S. 1441–1451.

ders.: Verwaltung in Privatrechtsform, Habil. Erlangen-Nürnberg 1981, Berlin 1984.

Eickhoff, Wolfgang: Der Gang an die Börse – und kein Weg zurück?, WM 1988, S. 1713–1717.

Eisenschmidt, Karsten: Quartalsberichterstattung im Spannungsverhältnis zwischen Pflicht und Kür: Eine empirische Analyse zur praktischen Umsetzung im Prime Standard nach Änderung der Börsenordnung, IRZ 2016, S. 419–425.

Ekkenga, Jens: Handbuch der AG-Finanzierung, 2. Auflage, Köln 2019 [zitiert als: *Bearbeiter*, in: Ekkenga, Hdb. der AG-Finanzierung].

Ekkenga, Jens/Maas, Heyo: Das Recht der Wertpapieremission, Berlin 2006.

Ekkenga, Jens: Fragen der deliktischen Haftungsbegründung bei Kursmanipulation und Insidergeschäften, ZIP 2004, S. 781–793.

ders.: Anlegerschutz, Rechnungslegung und Kapitalmarkt – Eine vergleichende Studie zum europäischen, deutschen und britischen Bilanz-, Gesellschafts- und Kapitalmarktrecht, Habil. Frankfurt am Main 1995, Tübingen 1998 [zitiert als: *Ekkenga*, Anlegerschutz].

Erbguth, Wilfried: Allgemeines Verwaltungsrecht mit Verwaltungsprozess und Staatshaftungsrecht, 10. Auflage, Baden-Baden 2019 [zitiert als: *Erbguth*, Allgemeines Verwaltungsrecht].

European Securities and Markets Authority: Final Report: Guidelines on the Market Abuse Regulation – market soundings and delay of disclosure of inside information, ESMA 2016/1130 v. 13. Juli 2016, abrufbar unter www.esma.europa.eu [zitiert als: *ESMA*, MAR-2016/1130].

dies.: Final Report: ESMA's technical advice on possible delegated acts concering the Market Abuse Regulation, ESMA 2015/224 v. 3. Februar 2015, abrufbar unter www.esma.europa.eu [zitiert als: *ESMA*, MAR-2015/224].

dies.: Final Report: Technical Advice to the Commission on MiFID II and MiFIR, ESMA/2014/1569 v. 19. Dezember 2014 [zit.: ESMA, MiFID II/MiFIR-2014/1569].

Eva, Heinrich: Die Rechtsstellung der für die Börse tätigen Personen, Diss. Gießen 2016, Frankfurt am Main 2017.

Fenchel, Udo: Das Vierte Finanzmarktförderungsgesetz – ein Überblick, DStR 2002, S. 1355–1362.

Fink, Karsten: Der Freiverkehr – Die rechtliche Organisation des Handelssegments Freiverkehr an deutschen Börsen, Diss. Gießen 2012, Frankfurt am Main 2013 [zitiert als: *Fink*, Freiverkehr].

Fleischer, Holger: Corporate Social Responsibility – Vermessung eines Forschungsfeldes aus rechtlicher Sicht, AG 2017, S. 509–525.

ders.: Erweiterte Außenhaftung der Organmitglieder im Europäischen Gesellschafts- und Kapitalmarktrecht – Insolvenzverschleppung, fehlerhafte Kapitalmarktinformation, Tätigkeitsverbote, ZGR 2004, S. 437–479.

ders.: Das Vierte Finanzmarktförderungsgesetz, NJW 2002, S. 2977–2983.

ders.: Empfiehlt es sich, im Interesse im Interesse des Anlegerschutzes und zur Förderung des Finanzplatzes Deutschland das Kapitalmarkt- und Börsenrecht neu zu regeln?, NJW-Beilage 23/2002, S. 37–45.

ders.: Marktschutzvereinbarungen beim Börsengang – Eine Bestandsaufnahme nach dem Vierten Finanzmarktförderungsgesetz –, WM 2002, S. 2305–2314.

ders.: Director's Dealings, ZIP 2002, S. 1217–1229.

Fleischer, Holger/Merkt, Hanno: Empfiehlt es sich, im Interesse des Anlegerschutzes und zur Förderung des Finanzplatzes Deutschland das Kapitalmarkt- und

Börsenrecht neu zu regeln?, Börsenrechtliche Teilgutachten F + G zum 64. Deutschen Juristentag, Berlin 2002 [zitiert als: *Bearbeiter*, Teilgutachten F/G zum 64. DJT].

Foppe, Manuel: SPAC AG – Deutsche Aktiengesellschaft als Special Purpose Acquisition Company?, Diss. Münster 2011, Hamburg 2011 [zitiert als: *Foppe*, SPAC AG].

Förschle, Gerhart/Helmschrott, Harald: Neuer Markt an der Frankfurter Wertpapierbörse: Update 1999 – Bedeutung, wesentliche Änderungen, Ausblick, WPK-Mitt. 1999, S. 210–220.

Francioni, Reto/Müller, Roger/Hammen, Horst: ILF-Symposion Börsenkooperationen im Labyrinth des Börsenrechts, Working Paper Series No. 81, 04/2008, abrufbar unter https://www.ilf-frankfurt.de/fileadmin/_migrated/content_uploads/ILF_WP_081.pdf.

Frühauf, Markus: Der Mittelstandsanleihe droht der Todesstoß, in: FAZ v. 3. August 2016.

Fuchs, Andreas (Hrsg.): WpHG Wertpapierhandelsgesetz Kommentar, 2. Auflage, München 2016 [zitiert als: *Bearbeiter*, in: Fuchs, WpHG, 2. Auflage 2016].

Ganzer, Uwe F.H./Borsch, Uwe: Quartalsberichte und die Zulassung zum „Prime-Standard" des Amtlichen Markts, BKR 2003, S. 484–488.

Gebauer, Stefan: Kurzkommentar zu LG Frankfurt a. M., Urt. v. 16.8.2001 - 3-13 O 110/01, § 78 BörsG 1/01, EWiR 2001, S. 865–866.

Gebhardt, Cord: Prime und General Standard: Die Neusegmentierung des Aktienmarkts an der Frankfurter Wertpapierbörse, WM 2003 Sonderbeilage Nr. 2 zu Heft 14/2003.

Gerber, Olaf: Die Haftung für unrichtige Kapitalmarktinformationen – Zugleich eine Besprechung der BGH-Entscheidungen vom 19.7.2004 „Infomatec", DStR 2004, S. 1793–1798.

Gericke, Horst: Handbuch für die Börsenzulassung von Wertpapieren, Frankfurt am Main 1992 [zitiert als: *Gericke*, Hdb. für die Börsenzulassung].

ders.: Die Börsenzulassung von Wertpapieren, Wiesbaden 1961 [zitiert als: *Gericke*, Börsenzulassung von Wertpapieren].

Gerke, Wolfgang/van Rüth/Volker/Schöner, Manfred A.: Informationsbörse für Beteiligungen an mittelständischen Unternehmen, Stuttgart 1992 [zitiert als: *Gerke/v. Rüth/Schöner*, Informationsbörse].

Gerke, Wolfgang: Der Kapitalmarktzutritt nicht-emissionsfähiger Unternehmen, in: Juncker, Klaus/Schlegelmilch, Klaus (Hrsg.), Die Kapitalbeteiligungsgesellschaft in Theorie und Praxis – Zum 60. Geburtstag von Prof. Dr. Joachim Krahnen, Frankfurt am Main 1976, S. 115–139 [zitiert als: *Gerke*, in: Juncker/Schlegelmilch, Kapitalbeteiligungsgesellschaft].

Geyrhalter, Volker/Zirngibl, Nikolas: Alles unklar beim formalen Delisting – eine Zwischenbilanz 18 Monate nach „Macrotron“, DStR 2004, S. 1048–1053.

Giersch, Herbert/Schmidt, Hartmut: Offene Märkte für Beteiligungskapital: USA – Großbritannien – Bundesrepublik Deutschland, Eine Studie anlässlich des 125 jährigen Jubiläums der Baden-Württembergischen Wertpapierbörse zu Stuttgart, Stuttgart 1986 [zitiert als: *Giersch/Schmidt*, Offene Märkte für Beteiligungskapital].

Gilson, Ronald J./Kraakman, Reinier H.: The Mechanisms of Market Efficiency, in: Virginia Law Review, Vol. 70, No. 4, Fifty Years of Federal Securities Regulation: Symposium on Contemporary Problems in Securities Regulation (May, 1984), S. 549–644.

Goette, Wulf/Habersack, Mathias (Hrsg.): Münchener Kommentar zum Aktiengesetz Band 6, §§ 329–410, WpÜG, Österreichisches Übernahmerecht, 5. Auflage, München 2021 [zitiert als: MüKo-AktG/*Bearbeiter*].

dies: Münchener Kommentar zum Aktiengesetz Band 1 §§ 1–75, 5. Auflage, München 2019, [zitiert als: MüKo-AktG/*Bearbeiter*].

Göppert, Heinrich: Das Recht der Börsen – Ein Beitrag zum Verwaltungsrecht, Berlin 1932, [zitiert als: *Göppert*, Das Recht der Börsen].

ders.: Börse und Publikum – Zwei Vorträge gehalten als Gastvorlesungen am 22. u. 23. Mai 1930 in der Ludwig-Maximilians-Universität München, Berlin 1930 [zitiert als: *Göppert*, Börse und Publikum].

Grigoleit, Hans Christoph (Hrsg.): Aktiengesetz Kommentar, 2. Auflage, München 2020 [zitiert als: *Bearbeiter*, in: Grigoleit, AktG].

Groß, Wolfgang: Kapitalmarktrecht, Kommentar zum Börsengesetz, zur Börsenzulassungs-Verordnung und zum Wertpapierprospektgesetz, 7. Auflage, München 2020 [zitiert als: *Groß*, Kapitalmarktrecht].

ders.: Kapitalmarktrecht, Kommentar zum Börsengesetz, zur Börsenzulassungs-Verordnung, zum Wertpapierprospektgesetz und zum Verkaufsprospektgesetz, 3. Auflage, München 2006 [zitiert als: *Groß*, Kapitalmarktrecht 3. Auflage 2006].

ders.: Kapitalmarktrecht, Kommentar zum Börsengesetz, zur Börsenzulassungs-Verordnung, zum Verkaufsprospektgesetz und zur Verkaufsprospekt-Verordnung, 2. Auflage, München 2002 [zitiert als: *Groß*, Kapitalmarktrecht 2. Auflage 2002].

ders.: Haftung für fehlerhafte oder fehlende Regel- oder ad-hoc-Publizität, WM 2002, S. 477–486.

ders.: Rechtsprobleme des Delisting, ZHR 165 (2001), S. 141–166.

ders.: Kapitalmarktrecht, Kommentar zum Börsengesetz, zur Börsenzulassungs-Verordnung, zum Verkaufsprospektgesetz und zur Verkaufsprospekt-

Verordnung, München 2000, [zitiert als: *Groß*, Kapitalmarktrecht, 1. Auflage 2000].

Grothe, Alexander: Publizität und Markttransparenz – Einfluss der Unternehmensberichterstattung auf Informationsasymmetrien am Kapitalmarkt, Diss. Gießen 2010, Hamburg 2011 [zitiert als: *Grothe*, Publizität und Markttransparenz].

Grub, Volker/Streit, Georg: Börsenzulassung und Insolvenz, BB 2004, S. 1397–1411.

Grundmann, Stefan/Binder, Jens-Hinrich/Moslein, Florian (Hrsg.): Staub Handelsgesetzbuch Großkommentar, Elfter Band Bankvertragsrecht, Zweiter Teiband Investment Banking II, 5. Auflage, Berlin 2018 [zitiert als: *Bearbeiter*, in: Großkomm. HGB, Bankvertragsrecht 11/2].

Grundmann, Stephan M.: Die Auslegung des Gemeinschaftsrechts durch den Europäischen Gerichtshof – Zugleich eine rechtsvergleichende Studie zur Auslegung im Völkerrecht und im Gemeinschaftsrecht –, Diss. Bochum 1997, Konstanz 1997 [zitiert als: *Grundmann*, Auslegung des Gemeinschaftsrechts].

Grupp, Alexander: Börseneintritt und Börsenaustritt – Individuelle und institutionelle Interessen, Diss. Hohenheim 1995, Berlin 1995 [zitiert als: *Grupp*, Börseneintritt und Börsenaustritt].

Güllner, Mariam: MiFID II: Die neue Handelsplatzarchitektur in der EU, WM 2017, S. 938–945.

Habersack, Mathias (Red.): Münchener Kommentar zum Bürgerlichen Gesetzbuch Band 6, Schuldrecht Besonderer Teil IV, §§ 705–853, Partnerschaftsgesellschaftsgesetz, Produkthaftungsgesetz, 7. Auflage, München 2017 [zitiert als: MüKo-BGB/*Bearbeiter*].

Habersack, Mathias/Mülbert, Peter O./Schlitt, Michael (Hrsg.): Handbuch der Kapitalmarktinformation, 3. Auflage, München 2020 [zitiert als: *Bearbeiter*, in: Habersack/Mülbert/Schlitt, Hdb. der Kapitalmarktinformation].

dies.: Unternehmensfinanzierung am Kapitalmarkt, 4. Auflage, Köln 2019 [zitiert als: *Bearbeiter*, in: Habersack/Mülbert/Schlitt, Unternehmensfinanzierung].

Hammen, Horst: Widerruf einer Zulassung von Derivaten zum Handel an einer Terminbörse, WM 2017, S. 2133–2141.

ders.: Parteifähigkeit der Börse im Zivilprozess?, in: Siekmann, Helmut (Hrsg.), Festschrift für Theodor Baums zum siebzigsten Geburtstag, Tübingen 2017, S. 547–559.

ders.: Börsen und multilaterale Handelssysteme – Eine wirtschaftsrechtliche Analyse, Frankfurt am Main 2011 [zitiert als: *Hammen*, Börsen und multilateriale Handelssysteme].

ders.: Swinging of the pendulum – Zulassung von Wertpapieren zum Börsenhandel zwischen Gesetzgebung und Selbstregulierung, in: Habersack, Mathias (Hrsg.), Entwicklungslinien im Bank- und Kapitalmarktrecht: Festschrift für Gerd Nobbe, Köln 2009, S. 583–599 [zitiert als: *Hammen*, in: Festschrift für Nobbe].

ders.: Analogieverbot beim Acting in Concert, Der Konzern 2009, S. 18–23.

ders.: Verschmelzung von Börsen?, Der Konzern 2008, S. 269–274.

ders.: Börsenreform und Verfassungsrecht – Rechtsnatur der Börsenbedingungen und Zuständigkeit für die Einführung von Aktien zum Börsenhandel in den Teilbereichen –, WM 2007, S. 1297–1305.

ders.: Sanktionsausschuß einer Börse und Anspruch auf kaufmännisches Vertrauen, in: Bessler, Wolfgang (Hrsg.), Börsen, Banken und Kapitalmärkte – Festschrift für Hartmut Schmidt zum 65. Geburtstag, Berlin 2006, S. 313–332.

ders.: Zwischenberichtspflicht im Geregelten Markt der Frankfurter Wertpapierbörse?, WM 2003, S. 997–1003.

ders.: Wertpapierübernahmegesetz und Neuer Markt, WM 2002, S. 2349–2351.

ders.: „Best" – Was ist Börsenhandel?, WM 2002, S. 2129–2137.

ders.: Börsenorganisationsrecht im Wandel – Vorschläge für ein 4. Finanzmarktförderungsgesetz, AG 2001, S. 549–567.

ders.: Börsen- und kreditwesengesetzliche Aufsicht über börsenähnliche Handelssysteme, Wertpapierbörsen und Börsenträger, WM 2001, S. 929–940.

ders.: Rechte der Emittenten bei der „Fusion" von Wertpapierbörsen, ZBB 2001, S. 84–91.

Harrer, Herbert/Müller, Roger: Die Renaissance des Freiverkehrs – Eine aktuelle Analyse mit internationalem Vergleich, WM 2006, S. 653–664.

Harrer, Herbert/Fisher, Raymond/Evans, Jasper: Der amtliche Markt an der Frankfurter Wertpapierbörse im Vergleich zur Notierung an der NYSE und an der LSE, RiW 2003, S. 81–97.

Harter, Winfried/Franke, Jörg/Hogrefe, Jürgen/Seger, Rolf: Wertpapiere in Theorie und Praxis, 3. Auflage, Stuttgart 1990 [zitiert als: *Harter/Franke/Hogrefe/Seger*, Wertpapiere].

Hasler, Peter Thilo: Mittelstandsanleihe-Report 2014: Trends, Entwicklungen und Ausblick, CF 2015, S. 27–31.

Hauschka, Christoph E./Moosmayer, Klaus/Lösler, Thomas (Hrsg.): Corporate Compliance – Handbuch der Haftungsvermeidung in Unternehmen, 3. Auflage, München 2016 [zitiert als: *Bearbeiter*, in: Hauschka/Moosmayer/Lösler, Corporate Compliance].

Häuser, Karl/Rosenstock, Adolf: Börse und Kapitalmarkt, 5. Auflage, Frankfurt am Main 1997, [zitiert als: *Häuser/Rosenstock*, Börse und Kapitalmarkt].

Heidel, Thomas (Hrsg.): Aktienrecht und Kapitalmarktrecht, 5. Auflage, Baden-Baden 2020, [zitiert als: *Bearbeiter*, in: Heidel, Aktienrecht und Kapitalmarktrecht].

ders.: Aktienrecht und Kapitalmarktrecht, 4. Auflage, Baden-Baden 2014 [zitiert als: *Bearbeiter*, in: Heidel, Aktienrecht und Kapitalmarktrecht, 4. Auflage 2014].

Hellner, Thorwald/Steuer, Stephan (Begr.): Bankrecht und Bankpraxis, Band 4, 117. Ergänzungslieferung, Stand: Juli 2015 (7. Wertpapierhandel), 78. Ergänzungslieferung, Stand: Oktober 2008 (8. Depotgeschäft), Köln [zitiert als: *Bearbeiter*, in: Hellner/Steuer, BuB].

Hellwig, Hans-Jürgen/Bormann, Michael: Die Abfindungsregeln beim Going Private – Der Gesetzgeber ist gefordert!, ZGR 2002, S. 465–496.

Henes, Frank: Börsenrechtliche Zwischenberichtspublizität, Diss. Augsburg 1995, Stuttgart 1995 [zitiert als: *Henes*, Börsenrechtliche Zwischenberichtspublizität].

Heyder, Stefan: Die einseitige Abänderung des Regelwerks Neuer Markt – Zugleich Besprechung des Urteils des OLG Frankfurt a. M., BKR 2002, 459, und der Entscheidung des Primary Markets Arbitration Panel, BKR 2002, 468, BKR 2002, S. 806–810.

Hirschberg, Holger: MiFID – Ein neuer Rechtsrahmen für die Wertpapierhandelsplätze in Deutschland, AG 2006, S. 398–406.

Hirte, Heribert/Vallender, Heinz (Hrsg.): Insolvenzordnung Kommentar Band 1, 15. Auflage, München 2019 [zitiert als: Uhlenbruck/*Bearbeiter*, InsO].

Hirte, Heribert/Möllers, Thomas M. J. (Hrsg.): Kölner Kommentar zum WpHG, 2. Auflage, Köln 2014 [zitiert als: *Bearbeiter*, in: KölnKomm. WpHG].

Hoffmann-Riem, Wolfgang/Schmidt-Aßmann, Eberhard/Voßkuhle, Andreas (Hrsg.): Grundlagen des Verwaltungsrechts Band I Methoden, Maßstäbe, Aufgaben, Organisation, 2. Auflage, München 2012 [zitiert als: *Bearbeiter*, in: Grundlagen des Verwaltungsrechts Band I].

Hoffmann-Riem, Wolfgang/Schmidt-Aßmann, Eberhard (Hrsg.): Öffentliches Recht und Privatrecht als wechselseitige Auffangordnungen, Baden-Baden 1996 [zitiert als: *Bearbeiter*, in: Hoffmann-Riem/Schmidt-Aßmann, Öffentliches Recht und Privatrecht].

Hommelhoff, Peter: Anlegerinformation im Aktien-, Bilanz- und Kapitalmarktrecht, ZGR 2000, S. 748–775.

ders.: Börsenhandel von GmbH- und KG-Anteilen?, ZHR 153 (1989), S. 181–215.

Hopf, Michael: Informationen für Märkte und Märkte für Informationen, Diss. Frankfurt am Main 1983, Frankfurt am Main 1983 [zitiert als: *Hopf*, Informationen für Märkte und Märkte für Informationen].

Hopt, Klaus J./Rudolph, Bernd/Baum, Harald (Hrsg.): Börsenreform: eine ökonomische, rechtsvergleichende und rechtspolitische Untersuchung, Stuttgart 1997 [zitiert als: *Bearbeiter*, in: Hopt/Rudolph/Baum, Börsenreform].

Hopt, Klaus J.: Disclosure Rules as a Primary Tool for Fostering Party Autonomy – Observations from a Functional and Comparative Legal Perspective, in: Grundmann, Stefan/Kerber, Wolfgang/Weatherhill, Stephen, Party Autonomy and the Role of Information in the Internal Market, Berlin 2012, S. 246–263, [zitiert als: *Hopt*, Disclosure Rules as a Primary Tool for Fostering Party Autonomy – Observations from a Functional and Comparative Legal Perspective, in: Grundmann/Kerber/Weatherhill, Party Autonomy and the Role of Information in the Internal Market].

ders.: Risikokapital, Nebenbörsen und Anlegerschutz, WM 1985, S. 793–805.

ders.: Vom Aktien- und Börsenrecht zum Kapitalmarktrecht? – Teil 2: Die deutsche Entwicklung im internationalen Vergleich –, ZHR 141 (1977), S. 389–441.

ders.: Der Kapitalanlegerschutz im Recht der Banken, München 1975 [zitiert als: *Hopt*, Kapitalanlegerschutz].

Hopt, Klaus J./Voigt, Hans-Christoph (Hrsg.): Prospekt- und Kapitalmarktinformationshaftung – Recht und Reform in der Europäischen Union, der Schweiz und den USA, Tübingen 2005 [zitiert als: *Bearbeiter*, in: Hopt/Voigt, Prospekt- und Kapitalmarktinformationshaftung].

Hölters, Wolfgang (Hrsg.): Aktiengesetz Kommentar, 3. Auflage, München 2017 [zitiert als: *Bearbeiter*, in: Hölters, Aktiengesetz].

Huchzermeier, Malte: Investor Relations beim Börsengang – Konzept für mittelständische Unternehmen, Diss. Ilmenau 2006, Wiesbaden 2006 [zitiert als: *Huchzermeier*, Investor Relations beim Börsengang].

Hugger, Heiner/Pasewaldt, David: Sanktionsverfahren der Börsen und Einstellungsmöglichkeiten nach dem Opportunitätsprinzip, WM 2016 S. 726–728.

Hummel, Detlev/Breuer, Rolf-E. (Hrsg.): Handbuch Europäischer Kapitalmarkt, Wiesbaden 2001 [zitiert als: *Bearbeiter*, in: Hummel/Breuer, Hdb. Europäischer Kapitalmarkt].

Hutter, Stephan/Leppert, Michael: Das 4. Finanzmarktförderungsgesetz aus Unternehmenssicht, NZG 2002, S. 649–657.

Hüffer, Uwe (Begr.)/Koch, Jens: Aktiengesetz, 14. Auflage, München 2020 [zitiert als: Hüffer/Koch/*Bearbeiter*, AktG].

Isensee, Josef/Kirchhof, Paul (Hrsg.): Handbuch des Staatsrechts der Bundesrepublik Deutschland, Band V, Rechtsquellen, Organisation, Finanzen, 3. Auflage,

Heidelberg 2007 [zitiert als: *Bearbeiter*, in: Isensee/Kirchhof (Hrsg.), Hdb. des Staatsrechts, Band V].

Jaskulla, Ekkehard M.: Voraussetzungen und haftungsrechtliche Konsequenzen einer Aussetzung des Börsenhandels vor dem Hintergrund der Ereignisse des 11. September 2001 – Zugleich Überlegungen im Anschluss an die Entscheidung des OLG Frankfurt a. M. – 1 U 209(99 – (rechtskräftig) vom 18. Januar 2001 –, WM 2002, S. 1093–1105.

Jäger, Axel: Wahl des richtigen Börsensegments, NZG 1999, S. 381–386.

Joost, Detlev/Strohn, Lutz (Hrsg.): Handelsgesetzbuch Band 1 §§ 1–342e, 4. Auflage, München 2020 [zitiert als: *Bearbeiter*, in: Ebenroth/Boujong/Joost/Strohn, HGB].

Kalss, Susanne: Anlegerinteressen – Der Anleger im Handlungsdreieck von Vertrag, Verband und Markt, Habil. Wien 2000, Wien/New York 2001 [zitiert als: *Kalss*, Anlegerinteressen].

Kastl, Stephanie: Der Rückzug kapitalmarktfähiger Unternehmen von der Börse – Ein Beitrag zur Rechtsprechungshistorie und zur Gesetzgebungsentwicklung des Delistings, Diss. Augsburg 2016, Baden-Baden 2016, (zit.: *Kastl*, Der Rückzug kapitalmarktfähiger Unternehmen von der Börse].

Kaufhold, Ann-Katrin: Die Verfassung der Börse – Rechte und Pflichten von Börsenträgern und ihre Prägung durch Grundgesetz und Unionsrechts, ZHR 184 (2020), S. 562–607.

Kempen, Bernhard: Die Formenwahlfreiheit der Verwaltung – Die öffentliche Verwaltung zwischen öffentlichem und privatem Recht, Diss. Köln 1988, München 1989 [zitiert als: *Kempen*, Formenwahlfreiheit].

Kersting, Mark Oliver: Der Neue Markt der Deutsche Börse AG, AG 1997, S. 222–228.

Kiesewetter, Matthias/Parmentier, Miriam: Verschärfung des Marktmissbrauchsrechts – ein Überblick über die neue EU-Verordnung über Insidergeschäfte und Marktmanipulation, BB 2013, S. 2371–2379.

Kiethe, Kurt: Strafrechtlicher Anlegerschutz durch § 400 I Nr. 1 AktG – Zugleich Besprechung von LG München I, Urteil vom 8.4.2003 – 4 KLs 305 Js 52373/00 (EM.TV) –, NStZ 2004, S. 73–77.

Kim, Abby: The value of firms' voluntary commitment to improve transparency: The case of special segments on Euronext, Journal of Corporate Finance 2014, S. 342–359.

Kirchner, Tobias: Segmentierte Aktienmärkte – Informationsverarbeitung und Preisfindung, Diss. Karlsruhe 1999, Wiesbaden 1999 [zitiert als: *Kirchner*, Segmentierte Aktienmärkte].

Kleindiek, Detlef: „Going Private“ und Anlegerschutz, in: Westermann, Harm Peter/Mock, Klaus (Hrsg.), Festschrift für Gerold Bezzenberger zum 70. Geburtstag am 13. März 2000 – Rechtsanwalt und Notar im Wirtschaftsleben, Berlin/New York 2000, S. 653–671.

Klenke, Hilmar: Börsendienstleistungen im Europäischen Binnenmarkt – Die Marktkonzeption der Wertpapierdienstleistungsrichtlinie am Beispiel der Aktienmärkte, Diss. Konstanz 1997, Berlin 1998 [zitiert als: *Klenke*, Börsendienstleistungen].

Klöhn, Lars (Hrsg.): Marktmissbrauchsverordnung Verordnung (EU) Nr. 596/ 2014 über Marktmissbrauch, 1. Auflage, München 2018 [zitiert als: Klöhn/ *Bearbeiter*, MAR].

ders.: Delisting – Zehn Jahre später Die Auswirkungen von BVerfG, NZG 2012, 826, auf den Rückzug vom Kapitalmarkt und den Segmentwechsel, NZG 2012, S. 1041–1047.

Klöhn, Lars/Schmolke, Klaus Ulrich: Der Aufschub der Ad-hoc-Publizität nach Art. 17 Abs. 4 MAR zum Schutz der Unternehmensreputation, ZGR 2016, S. 866–896.

dies.: Unternehmensreputation (Corporate Reputation) – Ökonomische Erkenntnisse und ihre Bedeutung im Gesellschafts- und Kapitalmarktrecht, NZG 2015, S. 689–697.

Kluth, Winfried: Funktionale Selbstverwaltung, Habil. Köln 1996, Tübingen 1997.

Kocher, Dirk/Seiz, Elke: Das neue Delisting nach § 39 Abs. 2 – 6 BörsG, DB 2016, S. 153–158.

Koller, Ingo/Kindler, Peter/Roth, Wulf-Henning/Drüen, Klaus Dieter (Hrsg.): Handelsgesetzbuch Kommentar, 9. Auflage, München 2019 [zitiert als: *Bearbeiter*, in: Koller/Kindler/Roth/Drüen, HGB].

Kopp, Ferdinand O. (Begr.)/Schenke, Wolf-Rüdiger (Hrsg.): Verwaltungsgerichtsordnung Kommentar, 25. Auflage, München 2019 [zitiert als: *Bearbeiter*, in: Kopp/Schenke, VwGO].

Köndgen, Johannes: Effizienzorientierung im Kapitalmarktrecht?, in: Fleischer, Holger/Zimmer, Daniel (Hrsg.), Effizienz als Regelungsziel im Handels- und Wirtschaftsrecht, Symposium an der Universität Bonn 2007, Frankfurt am Main 2008, S. 100–139 [zitiert als: *Köndgen*, in: Fleischer/Zimmer, Effizienz als Regelungsziel].

Krause, Hartmut: Kapitalmarktrechtliche Compliance: neue Pflichten und drastisch verschärfte Sanktionen nach der EU-Marktmissbrauchsverordnung, CCZ 2014, S. 248–260.

Krebs, Walter: Die öffentlichrechtliche Anstalt, NVwZ 1985, S. 609–616.

Kress, Sabine L.: Effizienzorientierte Kapitalmarktregulierung – Eine Analyse aus institutionenökonomischer Perspektive, Diss. Frankfurt am Main 1995, Wiesbaden 1996 [zitiert als: *Kress*, Effizienzorientierte Kapitalmarktregulierung].

Krieger, Gerd/Schneider, Uwe H. (Hrsg.): Handbuch Managerhaftung, 3. Auflage, Köln 2017 [zitiert als: *Bearbeiter*, in: Krieger/Schneider, Hdb. Managerhaftung].

Krüger, Wolfgang (Red.): Münchener Kommentar zum Bürgerlichen Gesetzbuch, Band 2, Schuldrecht – Allgemeiner Teil I, 8. Auflage, München 2019 [zitiert als: MüKo-BGB/*Bearbeiter*].

Kudlich, Hans/Christensen, Ralph: Die Lücken-Lüge, JZ 2009, S. 943–949.

Kumpan, Christoph: Ad-hoc-Publizität nach der Marktmissbrauchsverordnung, DB 2016, S. 2039–2046.

ders.: Die Europäische Kapitalmarktunion und ihr Fokus auf kleinere und mittlere Unternehmen, ZGR 2016, S. 2–35.

ders., Die Regulierung außerbörslicher Wertpapierhandelssysteme im deutschen, europäischen und US-amerikanischen Recht, Diss. Hamburg 2005, Berlin 2006 [zitiert als: *Kumpan*, Regulierung außerbörslicher Wertpapierhandelssysteme].

Kunz, Jens H.: Ausgewählte Rechtsprobleme des Zentralen Kontrahenten: Unter besonderer Berücksichtigung des Cleearing-Systems an der Frankfurtr Wertpapierbörse, Diss. Gießen 2006, Frankfurt am Main 2008 [zitiert als: *Kunz*, Ausgewählte Rechtsprobleme des Zentralen Kontrahenten].

Kunz, Harald: Marktsystem und Information ‚Konstitutionelle Unwissenheit' als Quelle von ‚Ordnung', Habil. Saabrücken 1983, Tübingen 1985 [zitiert als: *Kunz*, Marktsystem und Information].

Kübler, Friedrich: Transparenz am Kapitalmarkt – Wirtschaftspolitische Grundfragen aktueller Regelungsprobleme, AG 1977, S. 85–92.

Kümpel, Siegfried: Kapitalmarktrecht – Eine Einführung, 3. Auflage, Berlin 2004 [zitiert als: *Kümpel*, Kapitalmarktrecht].

ders.: Zur öffentlichrechtlichen Organisation der deutschen Wertpapierbörsen, BKR 2003, S. 3–13.

ders.: Aktuelle Fragen der Ad-hoc-Publizität, AG 1997, S. 66–73.

ders.: Börsenrechtliche Fragen bei Schaffung des geregelten Marktes, in: Hofmann, Paul (Hrsg.), Festschrift für Klemens Pleyer zum 65. Geburtstag, Köln 1986, S. 59–76.

Kümpel, Siegfried (Begr.)/Mülbert, Peter O./Früh, Andreas/Seyfried, Thorsten (Hrsg.): Bank- und Kapitalmarktrecht, 5. Auflage, Köln 2019 [zitiert als: *Bearbeiter*, in: Kümpel/Mülbert/Früh/Seyfried, Bank- und Kapitalmarktrecht].

Kümpel, Siegfried/Wittig, Arne (Hrsg.): Bank- und Kapitalmarktrecht, 4. Auflage, Köln 2011 [zitiert als: *Bearbeiter*, in: Kümpel/Wittig, Bank- und Kapitalmarktrecht].

Kümpel, Siegfried/Hammen, Horst/Ekkenga, Jens (Hrsg.): Kapitalmarktrecht Handbuch für die Praxis – Systematische Sammlung der Gesetze, Verordnungen, behördlichen Verlautbarungen sowie Einführungen und Kurzerläuterungen, Band 1, Loseblatt, Berlin 2007 [zitiert als: *Bearbeiter*, in: Kümpel/Hammen/Ekkenga, Kapitalmarktrecht].

Kümpel, Siegfried/Hammen, Horst: Börsenrecht – Eine systematische Darstellung, 2. Auflage, Berlin 2003 [zitiert als: *Kümpel/Hammen*, Börsenrecht].

Langenbucher, Katja: Zur Genehmigungsfähigkeit eines geplanten Börsenverbundes, WM 2000, Sonderbeilage Nr. 3, S. 3–23.

Larenz, Carl/Canaris, Claus-Wilhelm: Methodenlehre der Rechtswissenschaft, 3. Auflage, Berlin/Heidelberg 1995 [zitiert als: *Larenz/Canaris*, Methodenlehre].

Leible, Stefan: Bilanzpublizität und Effektivität des Gemeinschaftsrechts, ZHR 162 (1998), S. 594–618.

Leisch, Franz Clemens: Vorstandshaftung für falsche Ad-hoc-Mitteilungen – ein höchstrichterlicher Beitrag zur Stärkung des Finanzplatzes Deutschland. Zugleich Besprechung der BGH-Urteile vom 19.7.2004 – Infomatec, ZIP 2004, 1593, 1599, 1604, ZIP 2004, S. 1573–1580.

Lenenbach, Markus: Kapitalmarktrecht und kapitalmarktrelevantes Gesellschaftsrecht, 2. Auflage, Köln 2010 [zitiert als: *Lenenbach*, Kapitalmarktrecht].

Leuering, Dieter/Simon, Stefan: Der Freiverkehr als Börsensegment für kleine und mittlere Unternehmen, NJW-Spezial 2006, S. 27–28.

Linnerz, Markus/Freyling, Till: Delisting im Freiverkehr – Sanktionsregime und Pflichtenprogramm, BB 2017, S. 1354–1359.

Lorenz, Oliver: Die Wertpapierbörse und ihr Träger – Ein Beitrag zur Inhaltsbestimmung der Betriebspflicht und zur erwerbswirtschaftlichen Betätigung des Trägers, Diss. Gießen 2003, Frankfurt am Main 2004 [zitiert als: *Lorenz*, Die Wertpapierbörse und ihr Träger].

Lutter, Marcus/Bayer, Walter/Schmidt, Jessica: Europäisches Unternehmens- und Kapitalmarktrecht, 5. Auflage, Berlin/Boston 2012 [zitiert als: *Lutter/Bayer/Schmidt*, Europäisches Unternehmens- und Kapitalmarktrecht].

Lüthje, Bernd: Die Funktionsfähigkeit der deutschen Aktienbörse, Göttingen 1970 [zitiert als: *Lüthje*, Funktionsfähigkeit].

Mai, Stefan: Deutsche Börse startet neuen Teilbereich „Entry Standard“, AG 2005, S. R516–R517.

ders.: Deutsche Börse positioniert Freiverkehr neu, AG 2005, S. R494–R495.

ders.: Frankfurter Wertpapierbörse verzeichnet Börsengänge im General und Prime Standard, AG 2004, R282.

Markworth, David: Kapitalmarktinformationshaftung wegen Bilanzmanipulation, BKR 2020, S. 438–447.

ders: Marktmissbrauchsverordnung und effet utile – Europarechtlich determinierte Zeitenwende im Kapitalmarktdeliktsrecht? –, ZHR 183 (2019), S. 46–72

Marsch-Barner, Reinhard/Schäfer, Frank A. (Hrsg.): Handbuch börsennotierte AG Aktien- und Kapitalmarktrecht, 4. Auflage, Köln 2018 [zitiert als: *Bearbeiter*, in: Marsch-Barner/Schäfer, Hdb. börsennotierte AG].

dies.: Handbuch börsennotierte AG, Aktien- und Kapitalmarktrecht, Köln 2005 [zitiert als: *Bearbeiter*, in: Marsch-Barner/Schäfer, Hdb. börsennotierte AG, 1. Auflage 2005].

Martens, Sebastian A. E.: Methodenlehre des Unionsrechts, Habil. Regensburg 2012, Tübingen 2013 [zitiert als: *Martens*, Methodenlehre des Unionsrechts].

Maume, Philipp/Kellner, Martin: Director's Dealings unter der EU-Marktmissbrauchsverordnung, ZGR 2017, S. 273–311.

Maunz, Theodor/Dürig, Günter (Begr.): Grundgesetz Kommentar, Werkstand: 93. Ergänzungslieferung Oktober 2020, München [zitiert als: Maunz/Dürig/*Bearbeiter*].

Maurer, Hartmut: Allgemeines Verwaltungsrecht, 18. Auflage, München 2011.

Merkt, Hanno: Disclosure Rules as a Primary Tool for Fostering Party Autonomy, in: Grundmann, Stefan/Kerber, Wolfgang/Weatherhill, Stephen, Party Autonomy and the Role of Information in the Internal Market, Berlin 2012, S. 230–245.

ders.: Zum Verhältnis von Kapitalmarktrecht und Gesellschaftsrecht in der Diskussion um die Corporate Governance, AG 2003, S. 126–136.

ders.: Unternehmenspublizität – Offenlegung von Unternehmensdaten als Korrelat der Marktteilnahme, Habil. Hamburg 2000, Tübingen 2001 [zitiert als: *Merkt*, Unternehmenspublizität].

Merkt, Hanno/Göthel, Stephan R.: Vorschriften und Ansätze der Quartalsberichterstattung: Vergleich USA – Deutschland, RIW 2003, S. 23–32.

Mitental, Daniel/Anders, Dietmar: Erste Erfahrungen mit den neuen Aktiensegmenten der Frankfurter Wertpapierbörse, DStR 2003, S. 1893–1900.

Mock, Sebastian: Berichterstattung über Corporate Social Responsibility nach dem CSR-Richtlinie-Umsetzungsgesetz, ZIP 2017, S. 1195–1203.

Monopolkommission: Ordnungspolitische Leitlinien für ein funktionsfähiges Finanzsystem – Sondergutachten der Monopolkommission gemäß § 24 b Abs. 5 Satz 4 GWB –, Sondergutachten 26, Baden-Baden 1998 [zitiert als: *Monopolkommission*, Sondergutachten 26: Ordnungspolitische Leitlinien für ein funktionsfähiges Finanzsystem].

Möller, Andreas: Das Vierte Finanzmarktförderungsgesetz – Der Regierungsentwurf –, WM 2001, S. 2405–2415.

Möllers, Thomas M. J.: Effizienz als Maßstab des Kapitalmarktrechts – Die Verwendung empirischer und ökonomischer Argumente zur Begründung zivil-, straf- und öffentlich-rechtlicher Sanktionen, AcP 208 (2008), S. 1–36.

ders.: Kapitalmarkttauglichkeit des deutschen Gesellschaftsrechts – Kritik am sachlichen und persönlichen Anwendungsbereich der Novellierung von AktG und HGB im Bereich von Rechnungslegung, *Corporate* Governance und Transparenz, AG 1999, S. 433–442.

Mues, Jochen: Anmerkungen zum Börsengesetz nach dem Diskussionsentwurf für das Vierte Finanzmarktförderungsgesetz, ZBB 2001, S. 353–360.

ders.: Die Börse als Unternehmen – Modell einer privatrechtlichen Börsenorganisation, Diss. Bonn 1999, Baden-Baden 1999 [zitiert als: *Mues*, Börse als Unternehmen].

Mülbert, Peter O.: Anlegerschutz bei Zertifikaten – Beratungspflichten, Offenlgungspflichten bei Interessenkonflikten und die Änderungen durch das Finanzmarkt-Richtlinie-Umsetzungsgesetz (FRUG), WM 2007, S. 1149–1163.

ders.: Urteilsanmerkung zu VGH Kassel, Urt. v. 28. März 2007 – 6 N 3224/04 = WM 2007, 1264 ff., WuB 1 G 7, 3.07.

ders.: Rechtsprobleme des Delisting, ZHR 165 (2001), S. 104–140.

Mülbert, Peter O./Steup, Steffen: Emittentenhaftung für fehlerhafte Kapitalmarktinformation am Beispiel der fehlerhaften Regelpublizität – das System der Kapitalmarktinformationshaftung nach AnSVG und WpPG mit Ausblick auf die Transparenzrichtlinie –, WM 2005, S. 1633–1655.

Müller, Welf/Rödder, Thomas (Hrsg.): Beck'sches Handbuch der AG, Gesellschaftsrecht – Steuerrecht – Börsengang, 3. Auflage, München 2018 [zitiert als: *Bearbeiter*, in: Müller/Rödder, Beck'sches Hdb. der AG].

Müller-Michaels, Olaf/Wecker, Johannes: Freiverkehr: gesetzliche Rahmenbedingungen und Börsenordnungen, in: Finanz Betrieb (heute: Corporate Finance) 11/2005, S. 736–743.

Müssig, Claudio Christian: Börsenbenutzungsverhältnisse unter Berücksichtigung multilateraler Handelssysteme – Die Haftung der Börse am Beispiel der Aussetzung nach § 25 Abs. 1 Satz 1 Nr. 1 BörsG, Diss. Gießen 2013, Hamburg 2014 [zitiert als: *Müssig*, Börsenbenutzungsverhältnisse].

Nassauer, Wilhelm: Verwaltung und Privatrechtsform, Diss. Marburg 1980, Marburg 1980, [zitiert als: *Nassauer*, Verwaltung und Privatrechtsform].

Neubacher, Bernd: BaFin prüft Ad-hoc-Mitteilung von Wirecard, Börsen-Zeitung vom 20. Juni 2020.

Noack, Ulrich: Elektronische Publizität im Aktien- und Kapitalmarktrecht in Deutschland und Europa, AG 2003, S. 537–550.

Nowak, Eric/Gropp, Alexander: Ist der Ablauf der Lock-up Frist bei Neuemissionen ein kursrelevantes Ereignis? Eine empirische Analyse von Unternehmen des Neuen Marktes, Schmalenbachs Zeitschrift für betriebswirtschaftliche Forschung (ZfbF) 2002, S. 19–45.

Oser, Peter/Staß, Alexander: Gesetz zur Umsetzung der Transaprenzrichtlinie-Änderungsrichtlinie – Neuerungen in Rechnungslegung, Berichterstattung und Enforcement –, DB 2015, S. 2825–2829.

Osterloh, Falk: Director's Dealings – § 15a WpHG im Vergleich mit den Regelungen in den Vereinigten Staaten von Amerika, Großbritannien sowie der europäischen Marktmissbrauchsrichtlinie unter besonderer Berücksichtigung des persönlichen Anwendungsbereichs, Diss. Bonn 2006, Berlin 2009 [zitiert als: *Osterloh*, Director's Dealings].

Ostrowski, Markus: Die Offenlegung der Jahresabschlüsse von im Freiverkehr an der Börse gehandelten Aktiengesellschaften – Anmerkungen zur Änderung des § 267 Abs. 3 S. 2 HGB –, ZBB 1999 S. 19–26.

Pache, Eckhard/Burmeister, Frank: Gemeinschaftsrecht im verwaltungsgerichtlichen Normenkontrollverfahren, NVwZ 1996, S. 979–981.

Parmentier, Miriam: Die Entwicklung des europäischen Kapitalmarktrechts in den Jahren 2016–2017, EuZW 2018, S. 53–60.

dies.: Die Entwicklung des europäischen Kapitalmarktrechts 2014 – 2015, EuZW 2016, S. 45–51.

Peiseler, Eva: Börsencomputersysteme – Eine ökonomische und rechtliche Analyse, Diss. Münster 1990, Köln 1990 [zitiert als: *Peiseler*, Börsencomputersysteme].

Pellens, Bernhard/Knappstein, Janina/Muschallik, Marco/Schmidt, André: Quartalsfinanzbericht oder Quartalsmitteilung? – Empirische Analyse der quartalsweisen Berichterstattungspraxis der DAX30- und MDAX-Unternehmen –, DB 2017, S. 1–7.

Pestalozza, Christian: „Formenmißbrauch" des Staates – Zu Figur und Folgen des „Rechtsmißbrauchs" und ihrer Anwendung auf staatliches Verhalten, Habil. München 1973, München 1973 [zitiert als: *Pestalozza*, Formenmißbrauch des Staates].

Pfefferle, Simon: Die Anwendbarkeit des AGB-Rechts auf Verträge auf dem Gebiet des Gesellschaftsrechts, Diss. Berlin 2012, Berlin 2013 [zitiert als: *Pfefferle*, Anwendbarkeit des AGB-Rechts].

Plückelmann, Katja: Der Neue Markt der Deutsche Börse AG, Diss. Osnabrück 2000 [zitiert als: *Plückelmann*, Der Neue Markt].

Poelzig, Dörte: Kapitalmarktrecht, München 2018.

dies.: Insider- und Marktmanipulationsverbot im neuen Marktmissbrauchsrecht, NZG 2016, S. 528–538.

dies.: Die Neuregelung der Offenlegungsvorschriften durch die Marktmissbrauchsverordnung, NZG 2016, S. 761–773.

Posser, Herbert/Wolff, Heinrich Amadeus (Hrsg.): BeckOK VwGO, 56. Edition, Stand: 01. Juli 2020, München [zitiert als: *Bearbeiter*, in: Posser/Wolff, BeckOK-VwGO].

Potthoff, Volker/Stuhlfauth, Jutta: Der Neue Markt: Ein Handelssegment für innovative und wachstumsorientierte Unternehmen – kapitalmarktrechtliche Überlegungen und Darstellung des Regelwerks, WM 1997, Sonderbeilage Nr. 3, S. 3–24.

Reckers, Hans: IX – Verlust für Frankfurt a. M. oder Gewinn für den Finanzplatz Europa?, WM 2000, S. 1631.

Reimer, Franz: Juristische Methodenlehre, Baden-Baden 2016 [zitiert als: *Reimer*, Methodenlehre].

Retsch, Alexander: Die Selbstbefreiung nach der Marktmissbrauchsverordnung, NZG 2016, S. 1201–1207.

Reuschle, Fabian: Viertes Finanzmarktförderungsgesetz, München 2002.

Reuschle, Fabian/Fleckner, Andreas: Börsenähnliche Einrichtungen – die privatrechtliche Organisation einer Börse im materiellen Sinne, BKR 2002, S. 617–625.

Riesenhuber, Karl (Hrsg.): Europäische Methodenlehre – Handbuch für Ausbildung und Praxis, 3. Auflage, Berlin 2015 [zitiert als: *Bearbeiter*, in: Riesenhuber, Europäische Methodenlehre].

Rubel, Jörgen/Kunz, Eugen: Notwendigkeit eines Hauptversammlungsbeschlusses beim „Delisting" aus einem Qualitätssegment des Freiverkehrs? – Eine Untersuchung am Beispiel des Entry Standard –, AG 2011, S. 399–407.

Rubner, Daniel/Pospiech, Lutz: „Scale" – das neue Marktsegment der Deutsche Börse AG für KMU, NJW-Spezial 2017, S. 143–144.

dies.: Die EU-Marktmissbrauchsverordnung – verschärfte Anforderungen an die kapitalmarktrechtliche Compliance auch für den Freiverkehr, GWR 2016, S. 228–230.

dies.: EU-Marktmissbrauchsverordnung – das Ende des Freiverkehrs?, NJW-Spezial 2015, S. 591–592.

Rudolph, Bernd: Viertes Finanzmarktförderungsgesetz – ist der Name Programm?, BB 2002, S. 1036–1041.

Samm, Carl-Theodor: Börsenrecht – Grundzüge, Insider-Problematik, Optionshandel, Wiesbaden 1978 [zitiert als: *Samm*, Börsenrecht].

Schanz, Kay-Michael: Börseneinführung – Handbuch für den Börsengang und für die börsennotierte Gesellschaft, 4. Auflage, München 2012 [zitiert als: *Schanz*, Börseneinführung].

Schäfer, Frank A./Zwirlein, Susanne: Gefahrtragung bei börsenmäßigen Wertpapiergeschäften – Traditionsprinzip oder „periculum est emptoris"? –, ZHR 183 (2019), S. 454–476.

Schäfer, Frank A./Hamann, Uwe (Hrsg.): Kapitalmarktgesetze – Wertpapierhandelsgesetz, Börsengesetz mit BörsZulVO, Wertpapierprospektgesetz, Wertpapiererwerbs- und Übernahmegesetz Kommentar, Band 2, 2. Auflage einschließlich 5. Ergänzungslieferung (Stand: 10/2010), Stand Börsengesetz: 1. Lfg., 01/2006, Stuttgart 2006 [zitiert als: *Bearbeiter*, in: Schäfer/Hamann, KMG].

Schäfer, Frank A.: Emission und Vertrieb von Wertpapieren nach dem Wertpapierverkaufsprospektgesetz, ZIP 1991, S. 1557–1565.

ders.: Grundzüge des neuen Börsenrechts, ZIP 1987, S. 953–959.

Schäfers, Dominik: Intradisziplinäre Rechtswissenschaft im Überschneidungsbereich von öffentlichem Recht und Privatrecht, in: Christandl, Gregor/Laimer, Simon/Nemeth, Kristin/Skarics, Florian/Tamerl, Daniel/Trenker, Martin/Voithofer, Caroline/Walch, Mathias (Hrsg.), Jahrbuch Junger Zivilrechtswissenschaftler Innsbruck 2017, Intra- und Interdisziplinarität im Zivilrecht, Baden-Baden 2018, S. 257–286.

Schiemzik, Boris Jan: Segmentwechsel börsenaktiver Unternehmen – Eine rechtsvergleichende Untersuchung zur Marktentlassung und zum Marktausschluss im deutschen und US-amerikanischen Kapitalmarktrecht, Univ. Diss. Düsseldorf 2004, Baden-Baden 2005 [zitiert als: *Schiemzik*, Segmentwechsel].

Schiereck, Dirk/Hartmann, Imke: Kurseffekte beim Wechsel aus dem Neuen Markt, in: Bessler, Wolfgang (Hrsg.), Börsen, Banken und Kapitalmärkte – Festschrift für Hartmut Schmidt zum 65. Geburtstag, Berlin 2006, S. 205–225 [zitiert als: *Schiereck/Hartmann*, in: Festschrift für Hartmut Schmidt].

Schimansky, Herbert/Bunte, Hermann-Josef/Lwowski, Hans-Jürgen (Hrsg.): Bankrechts-Handbuch, Band I und II, 5. Auflage, München 2017 [zitiert als: *Bearbeiter*, in: Schimansky/Bunte/Lwowski, Bankrechts-Hdb.].

Schimmöller, Heinrich: Kapitalmarktstrukturen im internationalen Vergleich – Eine Marktanalyse in Verbindung mit einem Ansatz zur Bestimmung der

Funktionsfähigkeit des Kapitalmarktes, Diss. Münster 1974 [zitiert als: *Schimmöller*, Kapitalmarktstrukturen].

Schlitt, Michael.: Die neuen Marktsegmente der Frankfurter Wertpapierbörse – Struktur, Zulassungsvoraussetzungen und Folgepflichten, AG 2003, S. 57–69.

Schlitt, Michael/Schäfer, Susanne: Auswirkungen der Umsetzung der Transparenzrichtlinie und der Finanzmarktrichtlinie auf Aktien- und Equity-Linked-Emissionen, AG 2007, S. 227–236.

Schlitt, Michael/Singhof, Bernd/Schäfer, Susanne: Aktuelle Rechtsfragen und neue Entwicklung im Zusammenhang mit Börsengängen, BKR 2005, S. 251–264.

Schlitt, Michael/Smith, Philip D./Werlen, Thomas: Die Going-Public-Grundsätze der Deutschen Börse AG, AG 2002, S. 478–489.

Schlüter, Uwe: Börsenhandelsrecht – Handbuch für Banken und Finanzdienstleistungsinstitute, 2. Auflage, München 2002 [zitiert als: *Schlüter*, Börsenhandelsrecht].

Schmidt, Karsten (Hrsg.): Münchener Kommentar zum Handelsgesetzbuch, Band 6 Bankvertragsrecht - Recht des Zahlungsverkehrs, Emissionsgeschäft, Anlageberatung, Effektengeschäft, Depotgeschäft, Ottawa Übereinkommen über Internationales Factoring, 4. Auflage, München 2019 [zitiert als: MüKo-HGB Bd. 6/*Bearbeiter*].

ders.: Münchener Kommentar zum Handelsgesetzbuch, Band 4 Drittes Buch Handelsbücher, §§ 238–342e HGB, 4. Auflage, München 2020 [zitiert als: MüKo-HGB Bd. 4/*Bearbeiter*].

Schmidt, Hartmut/Schrader, Torsten: Kurseffekte beim Wechsel in den geregelten Markt, ZfbF 1993, Sonderheft 31, S. 227–255.

Schmidt, Hartmut/Schurig, Matthias/Welcker, Johannes: Bank- und Börsenwesen Band 1: Struktur und Leistungsangebot, München 1981 [zitiert als: *Bearbeiter*, in: Schmidt/Schurig/Welcker, Struktur und Leistungsangebot].

Schmidt, Hartmut: Freiverkehrsmärkte an Europas Börsen, Die Bank 1987, S. 288–298.

ders.: Marktorganisationsbedingte Kosten und Transaktionskosten als börsenpolitische Kategorien – Grundsätzliche Überlegungen zur Weiterentwicklung des Anlegerschutzes aus ökonomischer Sicht, Kredit und Kapital 16/1983, S. 184–204.

ders.: Vorteile und Nachteile eines integrierten Zirkulationsmarktes für Wertpapiere gegenüber einem gespaltenen Effektenmarkt, Brüssel 1977 [zitiert als: *Schmidt*, Vorteile und Nachteile eines integrierten Zirkulationsmarktes].

ders.: Börsenorganisation zum Schutze der Anleger, Diss. Saarbrücken 1969, Tübingen 1970 [zitiert als: *Schmidt*, Börsenorganisation].

Schmidt, Reinhard H.: Die Rolle von Informationen und Institutionen auf Finanzmärkten, Habil. Frankfurt am Main 1979, Frankfurt am Main 1979 [zitiert als: *R. Schmidt*, Informationen und Institutionen auf Finanzmärkten].

Schnapp, Friedrich E./Kaltenborn, Markus: Grundrechtsbindung nichtstaatlicher Institutionen, JuS 2000, S. 937–943.

Schneider, Uwe H.: Ethik im Bank- und Kapitalmarktrecht, ZIP 2010, S. 601–608.

ders.: Internationales Kapitalmarktrecht – Regelungsprobleme, Methoden und Aufgaben, AG 2001, S. 269–278.

Schneider, Uwe H./Burgard, Ulrich: Börsenrechtliche Bewertung einer Einbeziehung der Trägergesellschaft der Frankfurter Wertpapierbörse in einen multinationalen Börsenkonzern und die Verlagerung des Handels in Standardwerten an eine andere Börse, WM 2000, Sonderbeilage Nr. 3, S. 24–45.

Schoch, Friedrich/Schneider, Jens-Peter/Bier, Wolfgang (Hrsg.): Verwaltungsgerichtsordnung Band I Kommentar, Werkstand: 39. Ergänzungslieferung Juli 2020, München [zitiert als: *Bearbeiter*, in: Schoch/Schneider/Bier, VwGO].

Scholz, Philipp: Ad-hoc-Publizität und Freiverkehr, NZG 2016, S. 1286–1291.

Scholz, Doreen: Selbst- und Fremdregulierung von Wertpapierbörsen, Diss. Bonn 2008, Hamburg 2009 [zitiert als: *Scholz*, Selbst- und Fremdregulierung].

Schrader, Torsten: Geregelter Markt und geregelter Freiverkehr – Auswirkungen gesetzgeberischer Eingriffe, Diss. Hamburg 1993, Wiesbaden 1993 [zitiert als: *Schrader*, Geregelter Markt und geregelter Freiverkehr].

Schulz, Stephan: Aktienemissionen nach der Europäischen Prospektverordnung, WM 2018, S. 212–220.

Schwark, Eberhard (Hrsg.): Kapitalmarktrechts-Kommentar, Börsengesetz mit Börsenzulassungsverordnung, Verkaufsprospektgesetz mit Verkaufsprospektverordnung, Wertpapierhandelsgesetz, Wertpapiererwerbs- und Übernahmegesetz, 3. Auflage, München 2004 [zitiert als: Schwark/*Bearbeiter*, KMRK, 3. Auflage 2004].

ders.: Zur rechtlichen Zulässigkeit der Konzerneingliederung des Trägers der Frankfurter Wertpapierbörse unter eine ausländische Holding und eines blue-chips-Handelssegments in alleiniger Zuständigkeit einer ausländischen Börsenholding, WM 2000, S. 2517–2532.

ders.: Börsen und Wertpapierhandelsmärkte in der EG, WM 1997, S. 293–307.

ders.: Börsengesetz – Kommentar zum Börsengesetzt und zu den börsenrechtlichen Nebenbestimmungen, 2. Auflage, München 1994 [zitiert als: *Schwark*, Börsengesetz, 2. Auflage 1994].

ders.: Das neue Kapitalmarktrecht, NJW 1987, S. 2041–2048.

ders.: Anlegerschutz durch Wirtschaftsrecht – Entwicklungslinien, Prinzipien und Fortbildung des Anlegerschutzes, zugleich ein Beitrag zur Überlagerung bürgerlich-rechtlicher Regelung und gewerbepolizeilicher Überwachung durch Wirtschaftsrecht, Habil. Bonn 1977, München 1979 [zitiert als: *Schwark*, Anlegerschutz durch Wirtschaftsrecht].

Schwark, Eberhard/Zimmer, Daniel (Hrsg.): Kapitalmarktrechts-Kommentar, Börsengesetz mit Börsenzulassungsverordnung, Wertpapierprospektgesetz, Verkaufsprospektgesetz mit Vermögensanlagen-Verkaufsprospektverordnung, Wertpapierhandelsgesetz, Wertpapiererwerbs- und Übernahmegesetz, 5. Auflage, München 2020 [zitiert als: Schwark/Zimmer/*Bearbeiter*, KMRK].

dies.: Kapitalmarktrechts-Kommentar, Börsengesetz mit Börsenzulassungsverordnung, Wertpapierprospektgesetz, Verkaufsprospektgesetz mit Vermögensanlagen-Verkaufsprospektverordnung, Wertpapierhandelsgesetz, Wertpapiererwerbs- und Übernahmegesetz, 4. Auflage, München 2010 [zitiert als: Schwark/Zimmer/*Bearbeiter*, KMRK, 4. Auflage 2010].

Schwark, Eberhard/Geiser, Frank: Delisting, ZHR 161 (1997), S. 739–773.

Schwartz, Gerhard: Anlegerschutz im Freiverkehr – Überprüfung der Funktionsfähigkeit des Marktplatzes als Finanzierungsinstrument für kleinere und mittelständische Unternehmen, Diss. Augsburg 2006, Baden-Baden 2008 [zitiert als: *Schwartz*, Anlegerschutz im Freiverkehr].

Schwichtenberg, Jörg: Downgrading oder Delisting? Der Wechsel vom regulierten Markt in das Segment M:access der Börse München, AG 2005, S. 911–917.

Segna, Ulrich: Die Rechtsform deutscher Wertpapierbörsen – Anmerkungen zur Reformdisukussion –, Arbeitspapier Nr. 75, Osnabrück, abrufbar unter https://www.jura.uni-frankfurt.de/43029870/paper75.pdf [zitiert als: *Segna*, Rechtsform deutscher Wertpapierbörsen].

Seibt, Christoph H./Wollenschläger, Bernward: Downlisting einer börsennotierten Gesellschaft ohne Abfindungsangebot und Hauptversammlungsbeschluss, AG 2009, S. 807–817.

Sester, Peter: Zur Interpretation der Kapitalmarkteffizienz in Kapitalmarktgesetzen, Finanzmarktrichtlinien und -standards, ZGR 2009, S. 310–345.

Shapiro, Carl: Consumer Information, Product Quality, and Seller Reputation, The Bell Journal of Economics, Vol. 13, No. 1 (1982), S. 20–35.

Sickinger, Mirko: Das Börsensegment Scale: Eine Zwischenbilanz, Börsen-Zeitung Spezial v. 6. Dezember 2017, S. 22–23.

Siebel, Ulf R./Gebauer, Stefan: Prognosen im Aktien- und Kapitalmarktrecht – Lagebericht, Zwischenbericht, Verschmelzungsbericht, Prospekt usw. – – Teil II –, WM 2001, S. 173–193.

Sodan, Helge/Ziekow, Jan (Hrsg.): Verwaltungsgerichtsordnung Großkommentar, 5. Auflage, Baden-Baden 2018 [zitiert als: *Bearbeiter*, in: Sodan/Ziekow, VwGO].

Söhner, Matthias: Praxis-Update Marktmissbrauchsverordnung: Neue Leitlinien und alte Probleme, BB 2017, S. 259–266.

Spießhofer, Birgit: Die neue europäische Richtlinie über die Offenlegung nichtfinanzieller Informationen – Paradigmenwechsel oder Papiertiger?, NZG 2014, S. 1281–1287.

Spindler, Gerald: Haftung für fehlerhafte und unterlassene Kapitalmarktinformationen – ein (weiterer) Meilenstein, NZG 2012, S. 575–579.

ders.: Prime Standard und General Standard – Die Börse als Ersatzgesetzgeber für Quartalsberichte?, WM 2003, S. 2073–2085.

Spindler, Gerald/Stilz, Eberhard (Hrsg.): Kommentar zum Aktiengesetz, Band 1 §§ 1–149, 4. Auflage, München 2019 [zitiert als: *Bearbeiter*, in: Spindler/Stilz, Aktiengesetz Bd. 1].

dies.: Kommentar zum Aktiengesetz, Band 2 §§ 150 – 410 AktG, SpruchG, SE-VO, 4. Auflage, München 2019 [zitiert als: *Bearbeiter*, in: Spindler/Stilz, Aktiengesetz Bd. 2].

Spindler, Gerald/Kasten, Roman A.: Der neue Rechtsrahmen für den Finanzdienstleistungssektor – die MiFID und ihre Umsetzung – Teil I –, WM 2006, S. 1749–1756.

Spindler, Gerald/Christoph, Fabian L.: Die Entwicklung des Kapitalmarktrechts in den Jahren 2003/2004, BB 2004, S. 2197–2205.

Stackmann, Nikolaus: Böses Erwachen – die gesetzliche Haftung für fehlgeschlagene Kapitalanlagen, NJW 2013, S. 1985–1989.

Stage, Diana: Strafbare Marktmanipulation während der Aktienemission im engeren Sinne, Diss. Potsdam 2016, Baden-Baden 2016 [zitiert als: *Stage*, Strafbare Marktmanipulation].

Stelkens, Paul/Bonk, Heinz Joachim/Sachs, Michael (Hrsg.): Verwaltungsverfahrensgesetz Kommentar, 9. Auflage, München 2018 [zitiert als: *Bearbeiter*, in: Stelkens/Bonk/Sachs, VwVfG].

Steuer, Stephan: Die Förderung des Finanzplatzes Deutschland durch den Gesetzgeber, in: Ekkenga, Jens/Hadding, Walther/Hammen, Horst (Hrsg.), Bankrecht und Kapitalmarktrecht in der Entwicklung – Festschrift für Siegfried Kümpel zum 70. Geburtstag, Berlin 2003, S. 519–542.

Storm, Philipp: Alternative Freiverkehrssegmente im Kapitalmarktrecht – Zugleich ein Beitrag zur rechtsökonomischen Analyse emittentenbezogener Regulierung durch einen Marktveranstalter und zum System der

Segmentierung, Diss. Hamburg, Frankfurt am Main 2010 [zitiert als: *Storm*, Alternative Freiverkehrssegmente].

Strieder, Thomas/Ammedick, Oliver: Zwischenberichterstattung im Jahr 2005 durch zur Umstellung auf IFRS verpflichtete Unternehmen, BB 2004, S. 2679–2683.

Struwe, Matthias: Neuer Handelsplatz „M:Access" – Die Börse entdeckt den Mittelstand, Handelsblatt v. 7. September 2005.

Stüber, Katharina: Director's Dealings nach der Marktmissbrauchsverordnung, DStR 2016, S. 1221–1228.

Stürwald, Florian: Pflicht zur Quartalsberichterstattung im amtlichen und geregelten Markt durch die „Hintertür"?, BKR 2002, S. 1021–1023.

Süßmann, Rainer: Wertpapier-Verkaufsprospektgesetz und Verkaufsprospektordnung, EuZW 1991, S. 210–217.

Thießen, Friedrich/Döweling, Henrik: Mittelstandsanleihen seit der Subprimekrise – Die Ursachen des Scheiterns und Lösungen für die Zukunft –, CF 2017, S. 136–143.

Thomale, Chris/Walter, Andreas: Delisting als Regulierungsaufgabe, ZGR 2016, S. 679–728.

Thomas, Stefan: Die Unternehmensfinanzierung durch ewige Anleihen zwischen Gesellschaftsrecht und Bürgerlichem Recht, ZHR 171 (2007), S. 684–712.

Umnuß, Karsten (Hrsg.): Corporate Compliance Checklisten – Rechtliche Risiken im Unternehmen erkennen und vermeiden, 4. Auflage, München 2020 [zitiert als: *Bearbeiter*, in: Umnuß, Corporate Compliance].

Veil, Rüdiger: KMU-Wachstumsmärkte nach MiFID II – Alter Wein in neuen Schläuchen?, in: Siekmann, Helmut (Hrsg.), Festschrift für Theodor Baums zum siebzigsten Geburtstag, Tübingen 2017, S. 1267 – 1279 [zitiert als: *Veil*, in: Festschrift für Theodor Baums zum siebzigsten Geburtstag].

ders. (Hrsg.): Europäisches Kapitalmarktrecht, Tübingen 2011 [zitiert als: *Bearbeiter*, in: Veil, Europäisches Kapitalmarktrecht].

ders.: Compliance-Organisation in Wertpapierdienstleistungsunternehmen im Zeitalter der MiFID, WM 2008, S. 1093–1098.

ders.: Europäisches Insiderrecht 2.0 – Konzeption und Grundsatzfragen der Reform durch MAR und CRIM-MAD, ZBB 2014, S. 85–96.

Vismara, Silvio/Paleari, Stefano/Ritter, Jay R.: Europe's Second Markets for Small Companies, European Financial Management 2012, Vol. 18 No. 3, S. 352–388.

Weber, Johannes: Sponsored American Depositary Shares: Umfang und Grenzen der Gleichstellung mit Aktien, Diss. Mainz 2011, Berlin 2011 [zitiert als: *Weber*, Sponsored American Depositary Shares].

Weber, Martin: Die Entwicklung des Kapitalmarktrechts in 2017/2018, NJW 2018, S. 995–1000.

ders.: Die Entwicklung des Kapitalmarktrechts im Jahre 2007, NJW 2007, S. 3688–3696.

ders.: Die Entwicklung des Kapitalmarktrechts im Jahre 2003, NJW 2004, S. 28–38.

ders.: Die Entwicklung des Kapitalmarktrechts 1998–2000: Organisation, Emission und Vertrieb, NJW 2000, S. 2061–2075.

Weichert, Ronald: Probleme des Risikokapitalmarktes in der Bundesrepublik – Ursachen, Auswirkungen, Lösungsmöglichkeiten, Diss. Kiel 1987, Tübingen 1987 [zitiert als: *Weichert*, Risikokapitalmarkt].

Weisgerber, Thomas/Baur, Georg/Wagner, Oliver: Das Vierte Finanzmarktförderungsgesetz – Erläuterungen, Gesetzestexte, Materialien, Köln 2002 [zitiert als: *Weisgerber/Baur/Wagner*, Das Vierte FMFG].

Weitnauer, Wolfgang: Handbuch Venture Capital – Von der Innovation zum Börsengang, 6. Auflage, München 2019 [zitiert als: *Weitnauer*, Hdb. Venture Capital].

ders.: Haftung für die Außendarstellung des Unternehmens, DB 2003, S.1719–1725.

Weitnauer, Manuel: Das neue Börsensegment „Scale" der Deutschen Börse AG: Neue Finanzierungs- und Exit-Möglichkeiten für KMUs?, GWR 2017, S. 235–239.

Westermann, Harm Peter (Red.): Münchener Kommentar zum Bürgerlichen Gesetzbuch, Band 4 Schuldrecht – Besonderer Teil I, §§ 433–534, Finanzierungsleasing, CISG, 8. Auflage, München 2019 [zitiert als: MüKo-BGB/*Bearbeiter*].

Wiede, Peter: Die Börse als verwaltungsrechtliches Problem und Rechtsinstitut, Diss. Köln 1965 [zitiert als: *Wiede*, Börse als verwaltungsrechtliches Problem].

Wieneke, Laurenz/Schulz, Stephan: Durchführung eines Delistings – Gesellschafts- und kapitalmarktrechtliche Pflichten von Vorstand und Aufsichtsrat der Gesellschaft, AG 2016, S. 809–819.

Wilsing, Hans-Ulrich/Kruse, Tobias: Die Änderung des § 54a BörsO/Ffm: Ein Schritt in die richtige Richtung?, NZG 2002, S. 807–812.

Witte, Jürgen/Rafiqpoor, Parwäz: Die „Beerdigung" des Neuen Marktes – rechtliche Aspekte, BB 2002, S. 2615–2619.

Wittkowski, Bernd: Die Entwicklung am Kapitalmarkt, insbesondere am Neuen Markt, ZHR 167 (2003), S. 130–138.

Wolf, Manfred: Der Ausschluss vom Neuen Markt und die Aufnahme von Ausschlussgründen in das Regelwerk Neuer Markt, WM 2001, S. 1785–1792.

Zielke, Wolfgang/Kronner, Markus: Umstrukturierung der Deutschen Börse, Finanz Betrieb 2003, S. 4–49.

Zietsch, Udo A./Holzborn, Timo: Zulassungsfolgepflichten börsennotierter Unternehmen – Eine Übersicht der Pflichten von Unternehmen nach deren Zulassung an einer deutschen Börse („Zulassungsfolgepflichten") – – Teil I –, WM 2002, S. 2356–2367.

dies.: Zulassungsfolgepflichten börsennotierter Unternehmen – Eine Übersicht der Pflichten von Unternehmen nach deren Zulassung an einer deutschen Börse („Zulassungsfolgepflichten") – – Teil II –, WM 2002, S. 2393–2401.

Zülch, Henning/Kretzmann, Christian W.: Verantwortungsbewusste Unternehmensführung im Spiegel der Öffentlichkeit – CSR, finanzielle Integrität und öffentliche Wahrnehmung –, DB 2016, S. 2617–2621.

ohne Verfasser: Frankfurter Wertpapierbörse lockert Berichtspflicht – Quartalszahlen bleiben im Prime Standard Vorschrift, Börsen-Zeitung vom 13. November 2015

ohne Verfasser: Porsche zieht Antrag auf Prime Standard zurück, AG 2005, R28.

ohne Verfasser: Porsche reicht Klage gegen Fankfurter Börse ein, AG 2003, S. R270.

www.ingramcontent.com/pod-product-compliance
Ingram Content Group UK Ltd.
Pitfield, Milton Keynes, MK11 3LW, UK
UKHW022106051026
15623UKWH00003B/712

9 783631 846728